NATURA

BIOLOGIE FÜR GYMNASIEN

Lehrerband
5. und 6. Schuljahr

von

Irmtraud Beyer

Richard Müller

Horst Schneeweiß

Christina Winger

Ernst Klett Verlag

Stuttgart · Düsseldorf · Leipzig

1. Auflage

A 1^5 4 3 | 2005 2004

Internetadresse:
http://www.klett-verlag.de

Redaktion
Detlef Eckebrecht

Druck: Druckhaus Götz, Ludwigsburg

ISBN 3-12-045170-3

Autoren
Dr. Irmtraud Beyer; Langen
Richard Müller, Balve-Eisborn
Dr. Horst Schneeweiß, Hamburg
Christina Winger, Lieskau

Grafiken
Jörg Mair, Herrsching

Einbandgestaltung
höllerer kommunikation, Stuttgart; unter Verwendung zweier Fotos von Premium (F. Lanting), Düsseldorf und Okapia (Manfred Danegger), Frankfurt

Schülerbuch und Lehrerband – zwei Stützen Ihres Unterrichts

Natura neu – das Schülerbuch

Das neue Schülerbuch Natura 5/6 stellt eine Überarbeitung von Natura 1 dar. Bewährte Elemente, wie das Doppelseitenprinzip, die Randspalte mit zusätzlichen Definitionen oder Grafiken und Sonderseiten Praktikum und Lexikon sind erhalten geblieben. Daten wurden aktualisiert, Texte optimiert und neue Lehrplanschwerpunkte eingearbeitet.

Großer Wert wurde auf die Förderung der Selbstständigkeit der Schülerinnen und Schüler beim Lernen gelegt, ebenso wie auf soziales Lernen und Methodenkenntnis. Eine Vielzahl von Aufgaben auf den Informationsseiten, aber insbesondere die neuen **Material- und Impulseseiten** machen Natura 5/6 zu einem Buch, das noch besser im Unterricht eingesetzt werden kann.

Die Gestaltung der Seiten verbindet optimale Übersichtlichkeit mit neuen Sehgewohnheiten und soll den Schülerinnen und Schülern so ein gleichermaßen interessantes und schönes Buch bieten.

Natura neu – der Lehrerband

Beim Durchblättern dieses Bandes fällt eine gewisse Ähnlichkeit mit dem bekannten Lehrerband zu Natura 1 auf, da auch hier bewährte Gestaltungselemente übernommen wurden. Er erleichtert die Vorbereitung des Biologieunterrichts. Dazu bietet er keine fertigen Unterrichtseinheiten an, sondern er soll vielmehr eine Fundgrube für Bausteine und interessante Informationen für einen selbst konzipierten Unterricht sein.

Die **Inhalte** dieses Lehrerbandes sind **neu**. Auch wenn Sie die bisher erschienen Lehrerbände benutzen oder nicht mit Natura unterrichten, ist dieser Band eine hilfreiche Ergänzung. Zu fast jeder Seite bzw. Doppelseite des Schülerbuches erhalten Sie nützliche Informationen und Materialien.

Die **Lehrerseite** enthält viele bekannte Elemente, wie die Lösungen zu den Aufgaben des Schülerbandes und der Arbeitsblätter, Zusatzinformationen, -aufgaben oder -experimente sowie Literatur- und Medienhinweise. Neu sind ihre Inhalte und ihre grafische Hervorhebung durch Symbole, wodurch die einzelnen Elemente schneller erkannt werden.

Die Literaturhinweise sind zeitgemäß durch über 60 hilfreiche Internetadressen ergänzt.

Lösungen zum Schülerbuch

Lösungen zum Arbeitsblatt

Zusatzinformationen

Hinweise

Literaturhinweise

Medienhinweise

Mehr als **150 neue Arbeitsblätter** für Schüler auf der rechten Seite und zahlreiche Abbildungen oder Informationen für Lehrer auf der linken Seite ermöglichen die Themenvorbereitung „mit einem Blick". Neben wissensorientierten Anregungen gibt es dabei viele handlungsorientierte Ansätze, Anleitungen zu Experimenten, zur Auswertung von Materialien, Spiele, Puzzles und Bastelbögen für vereinfachte Modelle.

Eine Neuheit stellen die **Projektseiten** dar, die in der Art einer Pinnwand gestaltet sind. Sie bieten eine Fülle unterschiedlichster Informationen, Materialien und Anregungen für den projektartigen Biologie- oder fächerübergreifenden Unterricht an. Ausgangspunkt sind Themen des Schülerbuchs. Neben Projektvorschlägen, die in der Schule unter Einbehaltung des regulären Stundenplans realisiert werden, sind auch Vorschläge zu finden, die eher für Projekttage o. ä. geeignet sind. Adressen außerschulischer Kooperationspartner erleichtern die Vorbereitung der Aktivitäten. Die knappe Darstellung vieler Ideen zu einem Thema soll Anregung und Hilfe sein, mit der Lerngruppe einen eigenen Weg zur Bearbeitung des Themas zu finden.

Neu sind die **Schlagworte**, die identisch mit den Suchbegriffen auf der CD-ROM sind. Sie sollen schnell über den Inhalt der Seite informieren und durch ein **Register** das **Auffinden weiterer Informationen und Arbeitsblätter zu dem selben Thema** erleichtern. Sie beziehen sich auf eine Einheit aus Arbeitsblatt und Lehrerseite, auch wenn sie nur für eine Rubrik relevant sind.

Der Lehrerband als CD-ROM

Der neue Lehrerband auf CD-ROM eröffnet die Möglichkeit, die Arbeitsblätter und Inhalte der Lehrerseite nicht nur im Original zu verwenden, sondern sie nach eigenen Ideen anzuordnen und zu gestalten.

Diese Arbeit wird durch verschiedene Leistungsmerkmale erleichtert: Die **themen- und schlagwortorientierte Suche** ermöglicht das schnelle Auffinden geeigneten Materials, übersichtliche **Vorschaumöglichkeiten** beschleunigen die Auswahl. Die Inhalte können komfortabel in die **Textverarbeitung** (word) übertragen und die Grafiken dort in Größe und Anordnung verändert werden. Über die Zwischenablage stehen die Abbildungen auch für Grafikprogramme zur Verfügung.

Ein **Paket aus Buch und CD-ROM** ermöglicht eine erste Suche nach Materialien ohne den Computer. Ausgewählte Arbeitsblätter oder Informationen können dann bei Bedarf mithilfe des Computers an die eigenen Bedürfnisse angepasst werden.

Projektplanung

Eine weitere Ergänzung stellt die neue Reihe von **Heften zur Projektplanung** dar. Neben dem Heft „Grundlagen des Projektunterrichts" werden zu verschiedenen unterrichtsrelevanten Themen viele Anregungen und Hilfen zur Gestaltung von Projektunterricht angeboten.

Übersicht: Arbeitsblätter und Projektseiten

Fische – Lurche – Kriechtiere

1 Fische – ein Leben im Wasser

2 Lurche sind Feuchtlufttiere

3 Kriechtiere bewohnen vielfältige Lebensräume

4 Verwandtschaft bei Wirbeltieren

Blütenpflanzen – Bau und Leistung

1 Aufbau einer Blütenpflanze

2 Von der Blüte zur Frucht

3 Was Pflanzen zum Leben benötigen

4 Pflanzen sind angepasst

5 Pflanzen im Wechsel der Jahreszeiten

Blütenpflanzen – Vielfalt und Nutzen

1 Verwandtschaft und Ordnung bei Pflanzen

2 Der Mensch nutzt Pflanzen

Lebewesen und ihre Umwelt

1 Lebensraum und Lebensgemeinschaft

2 Unsere Umwelt ist gefährdet

Die Kennzeichen der Lebewesen

Natura 5/6, Seite 6/7

Schülerbuch Seite 7

① Sind folgende Dinge lebendig: eine Wolke, ein ferngesteuertes Auto, ein Bergkristall, ein Veilchen, ein Wetterhahn? Begründe deine Entscheidung!

– *Grundlage für die Entscheidung sind die Kennzeichen der Lebewesen:*
a) Bewegung aus eigener Kraft,
b) Wachstum
c) Stoffwechsel,
d) Reizbarkeit,
e) Fortpflanzung und
f) Aufbau aus Zellen.
Bei der Wolke fehlen sicher a, d, e und f, bei dem ferngesteuerten Auto b, c, e und f, beim Bergkristall a, d und f, beim Wetterhahn a, b, c, e und f. Schwierig ist die Entscheidung beim Veilchen. Zwar sind b, c und e schnell einzusehen, aber a und d müssen anhand der Texte zu Pflanzen im Schülerbuch plausibel gemacht werden. Der zelluläre Aufbau lässt sich nur mit dem Mikroskop endgültig klären.

Arbeitsblatt Seite 7

1. a) Die Maus (M) läuft, klettert, putzt sich. Das Tamagotchi (T) ist unbeweglich, auf dem Bildschirm sind Bewegungen zu sehen.
   b) M: Käse, Wurst, Brot
   T: Keine Ernährung, Batterien speisen das Gerät.
   c) M: Wirft mehrmals im Jahr 6 – 8 Junge und säugt sie.
   T: Wird in Fabriken hergestellt; Schlüpfen ist auf dem Bildschirm zu beobachten.
   d) M: Bei Geburt 2 cm lang, 1 g schwer; erwachsen 12 cm lang, 30 g schwer.
   T: Bleibt gleich groß; auf dem Bildschirm ist das Wachsen des Kükens zu beobachten.
   e) M: Hört, riecht, sieht, fühlt und schmeckt
   T: Keine Sinnesorgane, reagiert auf Knopfdruck.
2. Siehe Schülerbuchlösung
3. Ja, denn sie weisen alle Kennzeichen von Lebewesen auf.

Die Kerzenflamme – ein Modell des Lebendigen?

Die Kerzenflamme zeigt viele Analogien zu Lebensäußerungen. Die wesentlichen Unterschiede liegen nicht nur auf rein biologischem, sondern auch auf biochemischem Gebiet:

a) Lebewesen bestehen aus Zellen, eine Flamme aus glühenden Gasen.
b) Lebewesen vermehren sich durch Zellteilung mit Verdoppelung der DNA; bei der „Vermehrung" der Kerzenflamme werden immer andere Rußteilchen zum Glühen gebracht.
c) Alle Lebensäußerungen laufen auf der Grundlage von Eiweißen ab; die Flamme besteht aus Gasen und Rußteilchen.
d) Lebewesen bauen auch aus einfachen Stoffen kompliziertere (energiereichere) Materie auf; die Flamme dagegen baut nur energiereiche Materie (Wachs) zu energieärmeren Stoffen ab.

Bewegung bei Pflanzen

Pflanzen zeichnen sich als Lebewesen natürlich auch durch Bewegung und Reaktionen auf Reize aus. *Freie Ortsbewegungen* finden sich bei niederen Pflanzen (z.B. Augentierchen Euglena) und bei Fortpflanzungszellen bis hinauf zu den Farnen. Krümmungsbewegungen sind meist langsam (z.B. Orientierung zum Licht).
Bei einigen Pflanzen gibt es jedoch Bewegungen als spontane Reaktionen auf Umweltreize. Sie stehen in ihrer Geschwindigkeit tierischen Bewegungen nicht nach, wie beim Gemeinen Wasserschlauch *(Utricularia)*, der Mimose *(Mimosa)*, beim Sauerklee *(Oxalis)* und der Venusfliegenfalle *(Dionaea)*.

Literaturhinweise

FARADAY, M. Naturgeschichte einer Kerze. Reihe „reprinta historica didacta", Bd. 3.; B. Franzbecker, Bad Salzdetfurth 1980
FEIERABEND, H.: Tamagotchi: Das offizielle Taschenbuch; Ullstein, Berlin 1997
MEYER, R.: Spielzeug oder Lebewesen? In: Psychologie heute, Heft 2, S. 9, 1998

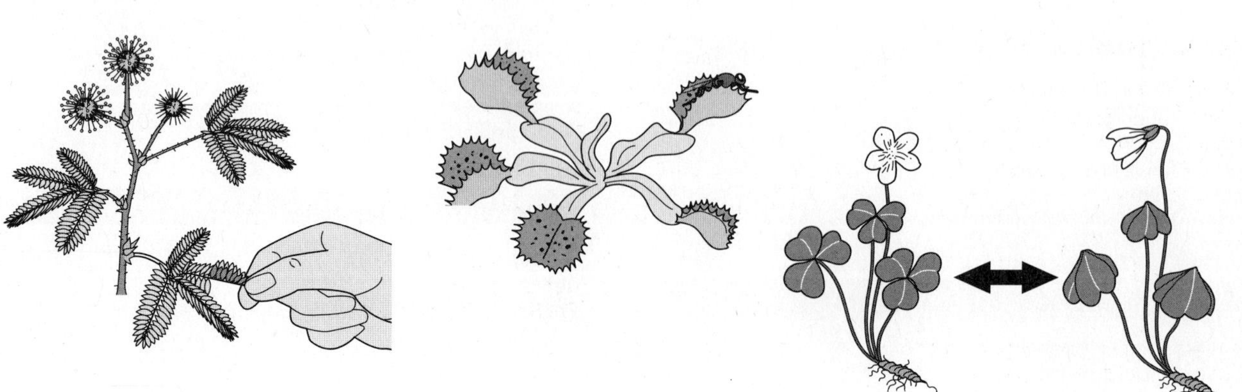

Mimose Venusfliegenfalle Sauerklee

Lebewesen oder nicht?

Auf den ersten Blick erscheint es einfach, den Unterschied zwischen einem Lebewesen und einem unbelebten Ding zu benennen. Ein Tamagotchi ist ein elektronisches Spielzeug, das auf einem Bildschirm ein gerade geschlüpftes Küken nachahmt, das man hegen und pflegen muss. Durch das Drücken bestimmter Tasten kann man es füttern oder nach der Verdauung Kot wegschaffen. Es fordert seinen Besitzer zur Gesundheitspflege auf. Fühlt es sich nicht wohl, gibt es Töne von sich, die erst nach Betätigung der richtigen Tasten verstummen. Vernachlässigt man das Gerät, so kann sogar der „Tod“ eintreten, das Gerät stellt dann seinen Betrieb ein bzw. durch Knopfdruck wird „ein neues Lebewesen geboren“.

Aufgaben

1. Die unten aufgeführten fünf Punkte sollen dir bei der Formulierung der Unterschiede zwischen einer Hausmaus und einem Tamagotchi helfen. Notiere jeweils Stichworte.

Hausmaus

Tamagotchi

a) Bewegung ____________________ ____________________

b) Ernährung ____________________ ____________________

c) Fortpflanzung ____________________ ____________________

d) Wachstum ____________________ ____________________

e) Reaktion auf Reize ____________________ ____________________

2. Was haben alle Lebewesen gemeinsam?

____

____

____

____

3. Sind Pflanzen eigentlich auch Lebewesen? Begründe deine Ansicht.

____

____

____

Arbeitsmethoden im Fach Biologie

Natura 5/6, Seite 8/9

Schülerbuch Seite 8

① Die Abbildungen auf dieser Seite zeigen Schüler im Biologieunterricht. Gib an, welche Arbeitsmethoden du erkennst.

– *Im Fach Biologie muss man vor allem betrachten, beobachten und beschreiben, wobei oft Hilfsmittel wie Lupe, Mikroskop oder Fernglas benötigt werden, außerdem zählen, messen und vergleichen, weiterhin zeichnen, sammeln, ordnen und vor allem experimentieren und protokollieren. Auf den Abbildungen ist davon das Beobachten, Protokollieren und Mikroskopieren zu erkennen.*

② Überlegt gemeinsam, wie man sein Biologieheft sinnvoll benutzen kann.

– *Vorschläge zur Heftbenutzung : Grundsätzlich Datum und Thema der Stunde eintragen, Anschrieb und Zeichnungen von der Tafel übernehmen, Merksätze und wichtige Stundenergebnisse aufschreiben, Arbeitsblätter einkleben, selbst gesammelte Abbildungen, die zum Thema gehören (z.B. aus Zeitschriften) ergänzen, eigene Aufzeichnungen und Beobachtungen zum Unterricht notieren, ggf. Hausaufgaben eintragen und machen.*

Schülerbuch Seite 9

① Verschiedene Kostproben, zum Beispiel Erdbeergelee, Nusscreme, Ketschup, Apfelmus und Mayonnaise oder Sahnemeerrettich werden vom Lehrer vorbereitet und in nummerierten Schälchen verdeckt aufbewahrt.
Einer Versuchsperson werden die Augen verbunden, damit sie nicht sehen kann, was ihr zum Schmecken angeboten wird. Außerdem wird ihr die Nase zugehalten. Mit einem Löffelchen werden nacheinander Kostproben in den Mund gegeben und die Versuchsperson soll ihre Geschmacksempfindung nennen. Dieser Versuch wird mit mehreren Schülerinnen und Schülern wiederholt. Die Ergebnisse werden protokolliert und anschließend in einer Tabelle festgehalten. Danach wird der Versuch mit mehreren Versuchspersonen ohne Zuhalten der Nase durchgeführt. Auch diese Antworten werden protokolliert. Wertet die Ergebnisse aus.

– *Das Experiment zeigt, dass nur die Geschmacksempfindungen süß, sauer, salzig und ggf. scharf genannt werden. Die Geschmacksfülle kann nur durch das Geruchsorgan wahrgenommen werden (s. Schülerbuch S. 48).*

Arbeitsblatt Seite 9

1. Beobachtung (Kork schwimmt), Versuch (Klärung der Frage, warum Kork schwimmt), Anfertigung eines Schnittpräparates, mikroskopische Untersuchung, protokollieren, zeichnen.
2. HOOKE hat ein Experiment durchgeführt, das durch folgende Merkmale charakterisiert ist:
   1. Ein Problem: Der Grund für die Tatsache, dass Kork oben schwimmt, ist unbekannt.
   2. Eine zu klärende Frage lautet: Warum schwimmt Kork?
   3. Eine Versuchsanordnung (Anfertigung eines Präparates, Bau eines Lichtmikroskops), mit deren Hilfe die Frage zu klären ist.

Experimente und Untersuchungsvorschläge

Farbe bringt mehr Klarheit – Kernfärbung

Methylenblau gibt eine vorzügliche Kernfärbung in einem kräftigen blauen Farbton. 1 g Methylenblau wird in 100 ml Leitungswasser gelöst. Vor dem Gebrauch wird die Lösung filtriert (Papierfilter). Die 1%ige Lösung wird wie gezeigt von den Schülern auf das Präparat gegeben. Notfalls wird überschüssige Färbelösung durch Nachspülen mit klarem Leitungswasser entfernt.
Wenn der Lehrer die Präparate herstellt, gibt er das Präparat 10 Minuten in die Färbelösung und dann 10 Minuten in reines Wasser zum Klären.

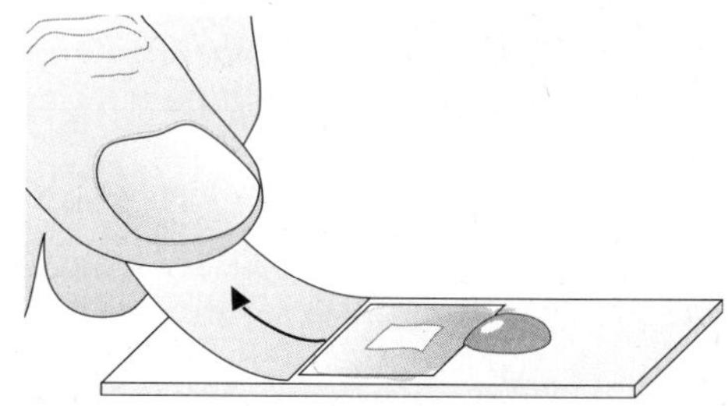

Wachstumsvorgänge indirekt beobachten

Alles, was sich verändert, ist besonders interessant für Schüler. Getreidekeimlinge, ausgewachsene Pflanzen und abgestorbene, versteifte Halme können geschnitten und mikroskopiert werden. Im Auflicht können unter der Lupe Quer- und Längsschnitte von Früchten des Steinobstes im frühen Stadium und kurz vor der Fruchtreife untersucht und gezeichnet werden.

Literaturhinweise

BÖCK, P. (Hrsg.): Romeis Mikroskopische Technik; 17. Aufl.; Urban und Schwarzenberg, München 1989

NACHTIGALL, W.: Einführung in biologisches Denken und Arbeiten, 2. Aufl.; Quelle und Meyer, Heidelberg 1978

Forschungsreise ins Unsichtbare

Der englische Naturforscher ROBERT HOOKE fragte sich 1665, warum die Rinde der Korkeiche, die zu Flaschenkorken verarbeitet wird, zusammengedrückt werden kann und schwimmt. HOOKE schnitt hauchdünne Scheiben aus Kork und betrachtete sie unter einem selbstgebauten Lichtmikroskop. Er war der erste Mensch, der jemals Zellen gesehen hat. In seinen Aufzeichnungen ist zu lesen:

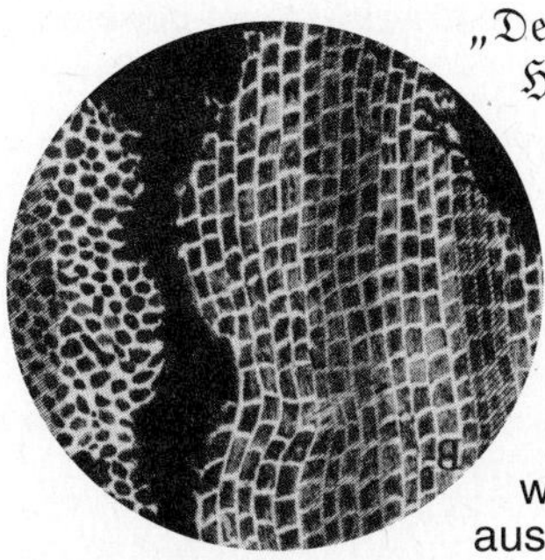

„Demnach war Kork wie eine Honigwabe aus einer großen Zahl kleiner, flacher Kästchen, jenen Poren oder Zellen zusammengesetzt."

ROBERT HOOKE fertigte auch Zeichnungen der Zellen an. Heute wissen wir, dass alle Lebewesen aus Zellen aufgebaut sind.

Abb. 1 Zeichnung von Korkzellen

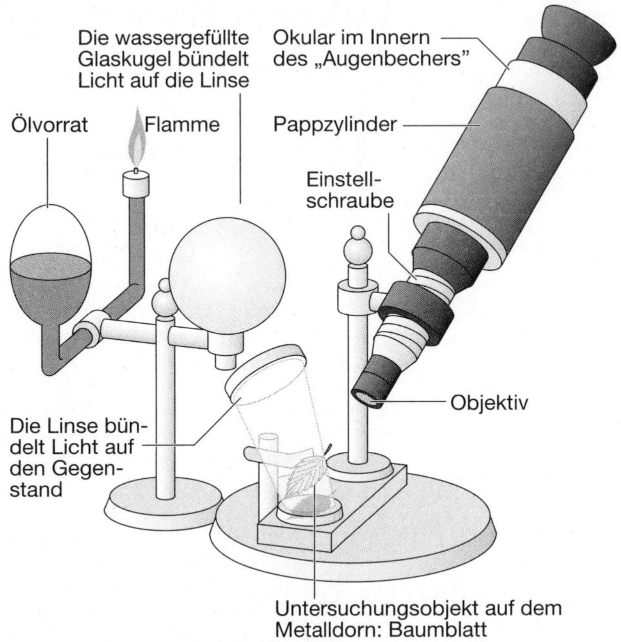

Abb. 2 HOOKES historisches Mikroskop

Aufgaben

1. Welche Arbeitsmethoden hat ROBERT HOOKE eingesetzt?

____

____

2. Was versteht man unter einem Versuch? Hat ROBERT HOOKE die Arbeitsmethode des Versuches eingesetzt? Begründe deine Meinung.

____

____

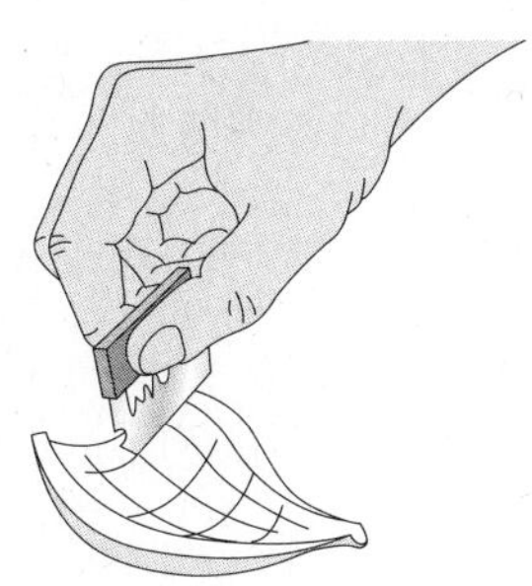

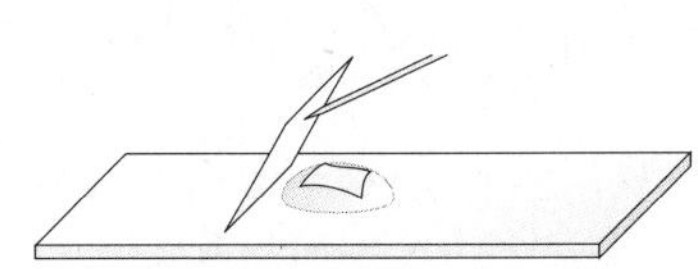

3. Auch du kannst Zellen betrachten, wenn du dich genau an die folgende Anleitung hältst: Schneide eine Küchenzwiebel in vier Teile und trenne eine der Schuppen heraus. Ritze mit einer Rasierklinge auf der Innenseite der Schuppe ein kleines Viereck. Jetzt lässt sich dort mit einer Pinzette das feine Zwiebelhäutchen abziehen, das du in einen Tropfen Wasser auf einen Objektträger legst. Lege ein Deckgläschen auf. Überflüssiges Wasser saugst du mit Filterpapier auf. Du hast ein Präparat angefertigt.
   Betrachte das Zwiebelhäutchen bei der niedrigsten mikroskopischen Vergrößerung. Drehe am Feintrieb des Mikroskops und beobachte, wie sich das Bild verändert. Ziehe auch die Blende am Blendenhebel auf und zu und wähle die Lichtmenge, die das beste Bild ermöglicht.

4. Wähle diejenige Vergrößerung, bei der du 5 Zellen gut erkennen kannst. Notiere auf dem Blatt den Namen des Präparates und die gewählte Vergrößerung.

5. Zeichne den Zellverband mit Bleistift auf DIN A4 Zeichenpapier. Zeichne den Zellverband so, dass er etwa die Größe deines Handtellers einnimmt.

Arbeitsmethoden
Mikroskop
Mikroskopie
Zelle

Praktikum: Mikroskopieren
Die Zelle – Grundbaustein aller Lebewesen

Natura 5/6, Seite 10/11

Schülerbuch Seite 10

① a) Die Vergrößerungswerte sind auf den Fassungen von Objektiven und Okularen angegeben. Beispiel: 8 x 40 = 320.
b) Für das genannte Beispiel ergibt sich, dass 1 mm dann 32 cm lang erscheint.

② Dabei kann geübt werden, ein Objekt unter dem Mikroskop zu finden und scharf einzustellen. Der Schüler erkennt, dass das Bild nach rechts wandert, wenn das Objekt nach links verschoben wird. Entsprechendes gilt umgekehrt bzw. für die Verschiebung nach oben oder unten.

③ Die Werte hängen vom Typ des Mikroskops ab.

④ Die Breite eines Haares beträgt etwa 0,1 mm, d.h. 10 Haare nebeneinander ergeben 1 mm.

⑤ Wasserpest findet man in vielen Tümpeln (Schulgarten, Hausgarten). Die Technik des Nasspräparates sollte geübt werden. Wer mehr Zeit zum Mikroskopieren und Zeichnen verwenden möchte, sollte mit den Zellen des Zwiebelhäutchens beginnen. Geeignet ist auch ein Quetschpräparat der Zellen aus dem Fruchtfleisch von Ligusterbeeren.

häufige Fehler beim Zeichnen

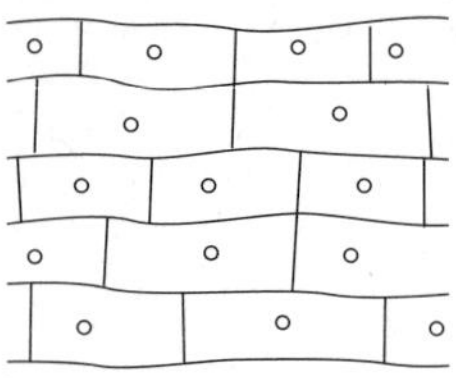

Falsch: Aufeinanderstoßen von vier Zellwänden

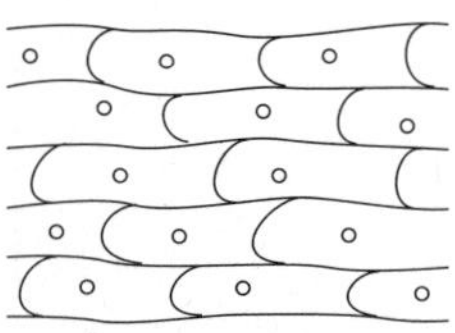

Falsch: Dachschindel-Zellen

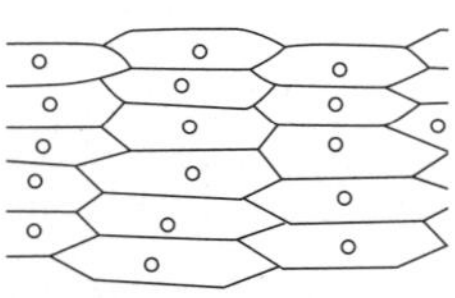

Korrekte Zeichnung

Arbeitsblatt Seite 11

1. a) OKULAR, b) TUBUS, c) OBJEKTIVREVOLVER, d) OBJEKTIV, f) BLENDE, g) BELEUCHTUNG, h) STATIV, i) FEINTRIEB, j) GROBTRIEB, k) FUSS.
   Das Lösungswort lautet: OBJEKTTRAEGER
2. Der Objekttisch (e) ist nicht enthalten. Auf ihn wird das Präparat aufgelegt. Mit dem Grob- und Feintrieb kann der Abstand zwischen Tisch und Objektiv verstellt und damit die Schärfe reguliert werden.

Arbeitsblatt Seite 12

1.

I Mikroskop am Stativ anfassen, zweite Hand sichert; sanft absetzen (Birne ist erschütterungsempfindlich).

II a) Objekttisch mit Grobtrieb herunterdrehen,
b) Netzverbindung herstellen,
c) Licht einschalten,
d) Objektträger mit Präparat und Deckgläschen auf den Objekttisch legen.

III Bei kleinster Vergrößerung (kürzestes Objektiv) Objekttisch langsam hochdrehen, bis das Objekt scharf erscheint, optische Kontrolle. Helligkeit und Kontrast mithilfe der Blende einstellen.

IV a) Nächsthöhere Vergrößerung wählen (mittellanges Objektiv).
b) Der Arbeitsabstand zwischen Deckgläschen und Objektiv ist kleiner geworden.
c/d) Objekttisch vorsichtig mit dem Feintrieb hochdrehen (Frontlinse wird bei Berührung beschädigt), Schärfe des Objektes mit dem Auge kontrollieren (Helligkeit mit der Blende nachstellen).

V Nach der mikroskopischen Untersuchung:
a) Licht ausschalten;
b) Netzstecker ziehen;
c) Objekttisch mit Grobtrieb herunterdrehen;
d) Objektträger entfernen;
e) das kürzeste Objektiv reindrehen.

VI Netzkabel um das Stativ wickeln und Staubhaube überstreifen.

2.
Er hat die Staubhaube nicht übergestülpt.

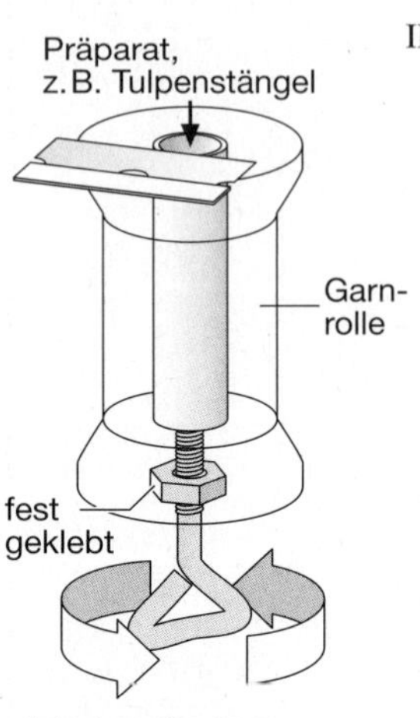

einfaches Gerät zur Herstellung von Schnittpräparaten

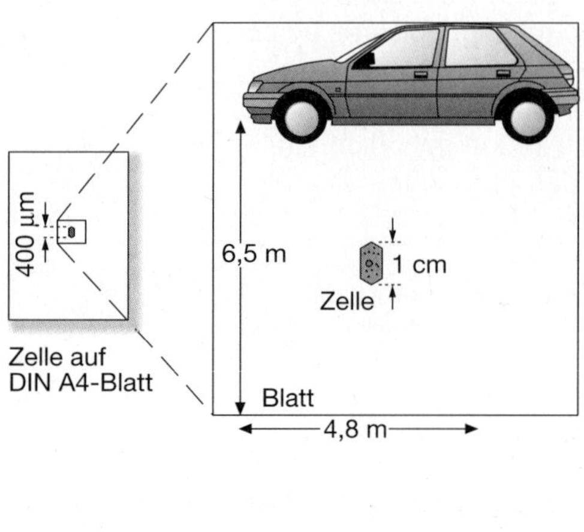

Mikroskopieren

Zeichnen mikroskopischer Präparate

Die Schüler sollen zum großformatigen Zeichnen angehalten werden. Dabei kommt es weniger auf Details an als vielmehr auf die Umrisse und die Lage der Zellen im Gewebeverband. Die Zahl der gezeichneten Zellen bzw. der gezeichnete Ausschnitt darf nicht zu groß gewählt werden. Ein Beispiel: Aus dem Präparat der Zwiebelschalenepidermis sollten nur etwa fünf Zellen gezeichnet werden, jede ca. 5 cm groß.
Bei den ersten Zeichenversuchen unterstützen Größenvergleiche die Anschaulichkeit. Mit der Millimeterpapiermethode (Schülerbuch S. 10, Aufgabe 3) wird die Länge einer Zelle der Zwiebelschalenepidermis gemessen. Der Durchmesser einer Zwiebel, die Zellen von der gezeichneten Größe (5 cm) hätte, betrüge rund 6 m.

Anfertigung eines gefärbten Präparates der Zwiebelhaut; Färbung der Vakuole

Den Farbstoff Neutralrot (0,1 g in 100 ml Leitungswasser lösen und filtrieren) von der Seite zugeben und mit Filterpapier unter das Deckgläschen saugen. Neutralrot sammelt sich bevorzugt in der Vakuole an.

Literaturhinweise

GERLACH, D.: Mikroskopieren ganz einfach; Franckh-Kosmos, Stuttgart 1984
OXLADE, C. STOCKLEY, C.: Das Mikroskopierbuch; Ars Edition, München 1990

Bau des Mikroskops

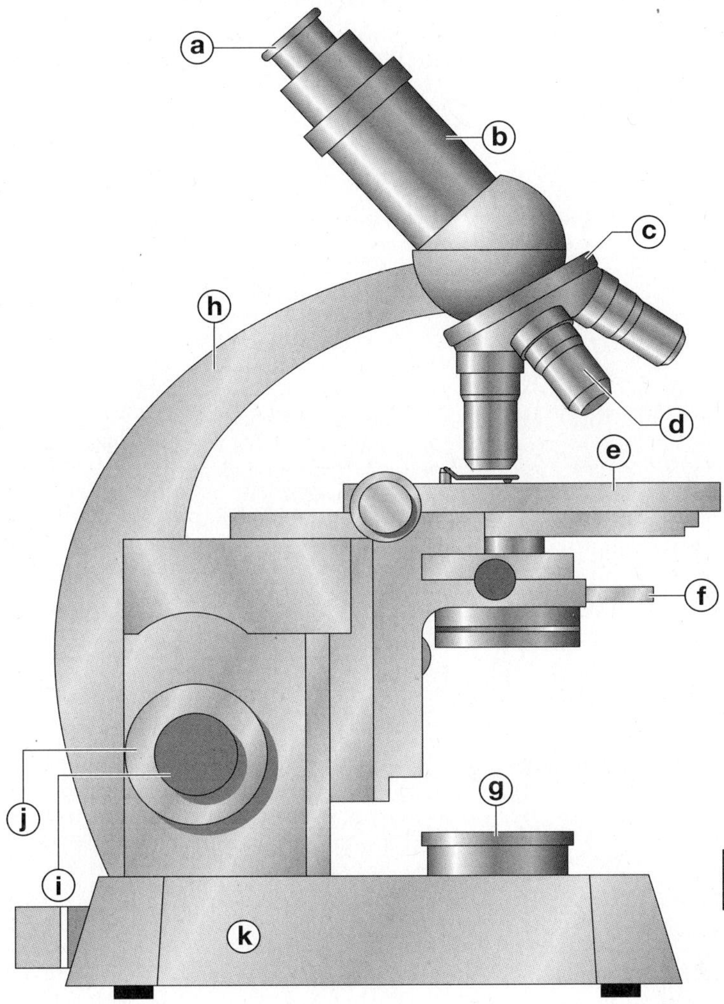

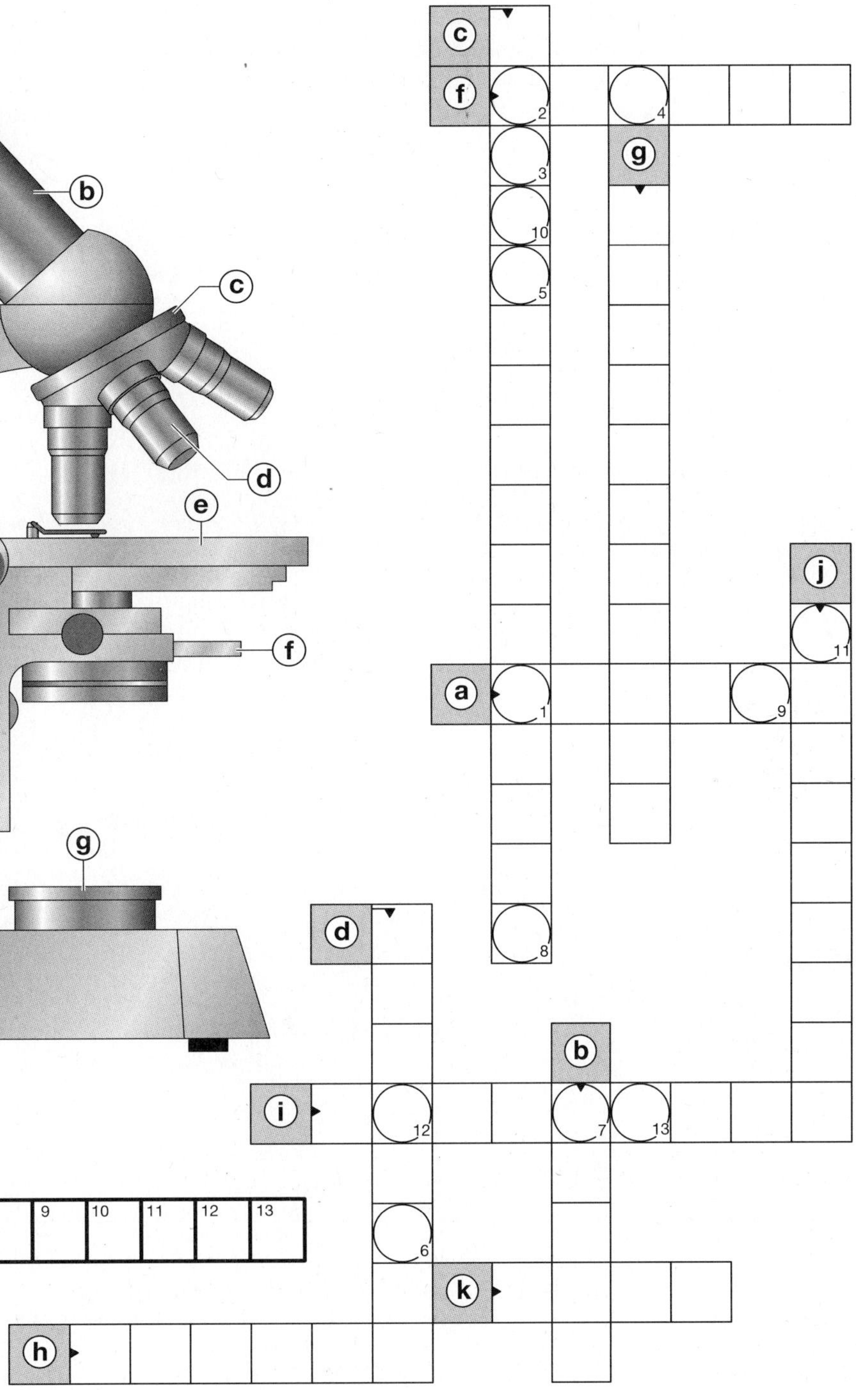

1	2	3	4	5	6	7	8	9	10	11	12	13

Aufgaben

1. Trage die Bezeichnungen der verschiedenen Teile des Mikroskops in das Kreuzworträtsel ein. Beachte: ä = ae, ü = ue, ö = oe, ß = ss. Die eingekreisten Felder ergeben in der Reihenfolge von 1–13 das Lösungswort.

2. Ein Teil des Mikroskops ist im Rätsel nicht enthalten. Wie heißt es und welche Aufgabe hat es?

Richtige Handhabung des Lichtmikroskopes

Das Lichtmikroskop ist ein empfindliches und teures Hilfsmittel in der Biologie. Damit kannst du biologische Präparate untersuchen und Dinge sichtbar machen, die mit dem bloßen Auge nicht erkennbar sind. Das gelingt aber nur, wenn du mit dem Mikroskop richtig umgehen kannst.

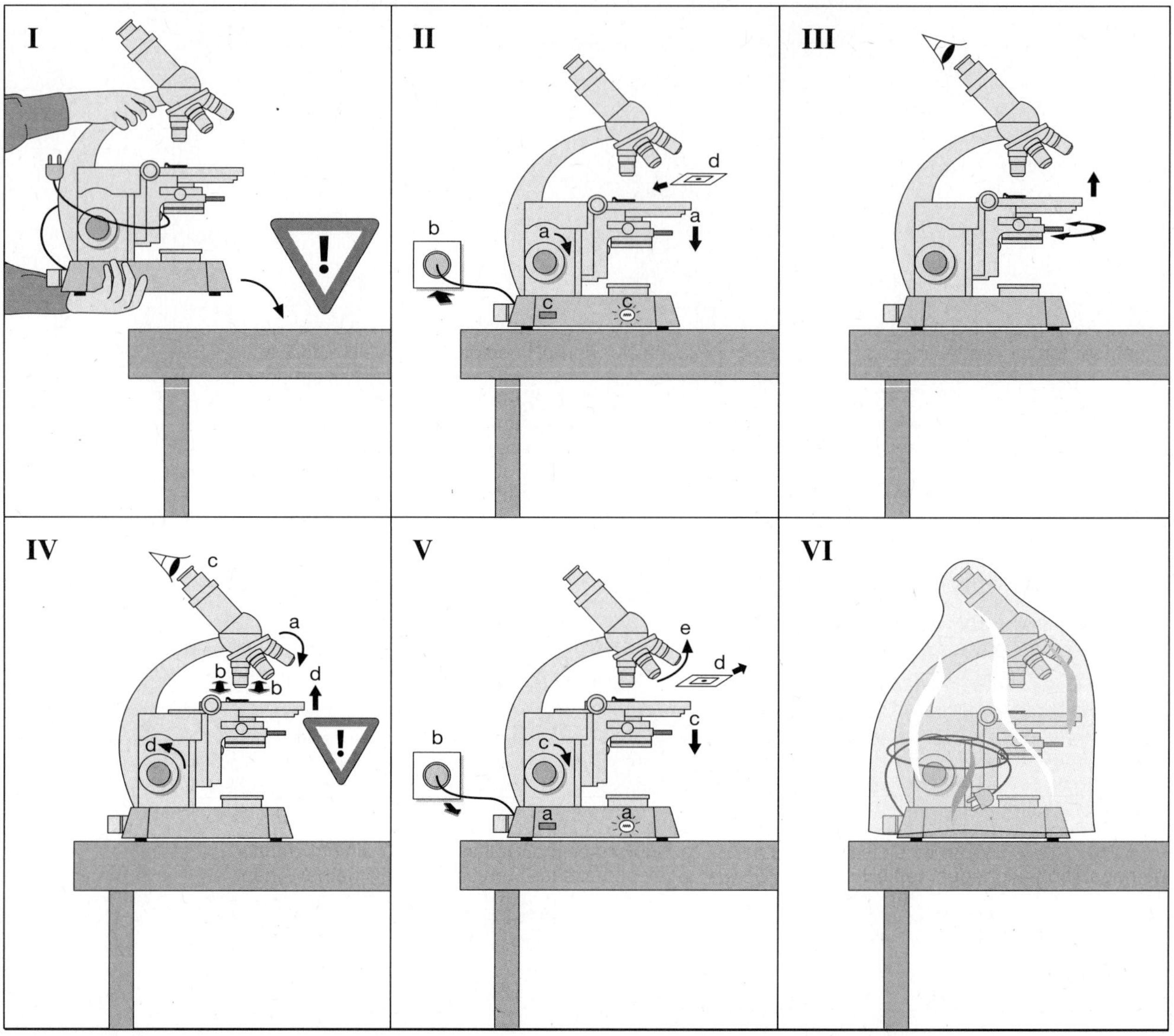

Aufgaben

1. Schau dir die acht Bilder genau an und schreibe in Stichwörtern auf, was gerade geschieht und worauf man besonders achten muss. Die Buchstaben, die du in einigen Abbildungen siehst, geben die Reihenfolge der einzelnen Handgriffe an.

____

____

2. Du weißt jetzt richtig mit dem Lichtmikroskop umzugehen. Schau dir nochmal die ersten beiden Bilder an und finde heraus, was der Vorbenutzer falsch gemacht hat.

____

____

Bastelbogen für ein Zellmodell

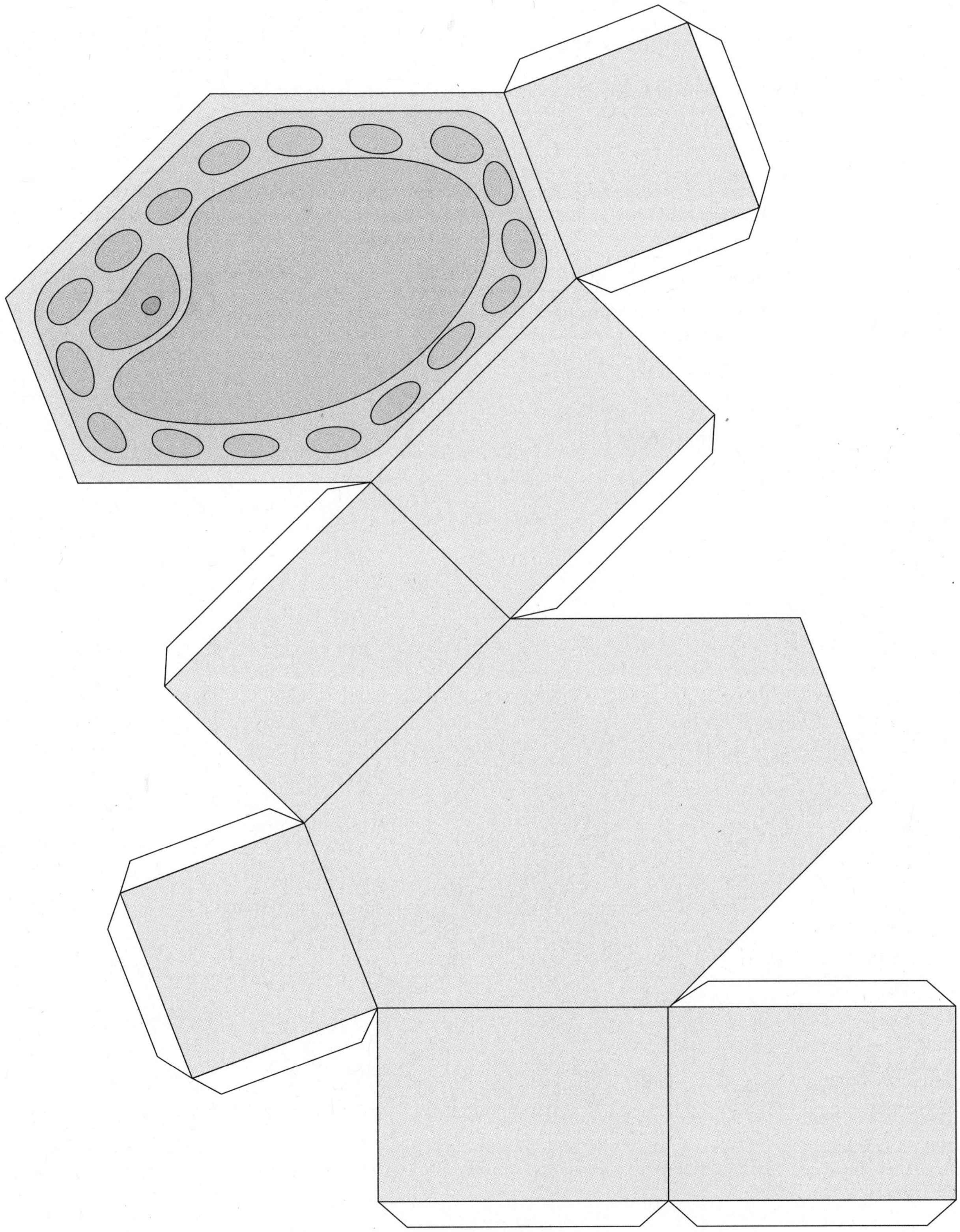

Aufgaben

1. Male die erkennbaren Zellstrukturen an.
2. Schneide die Vorlage aus.
3. Falte die Ränder nach innen und klebe das Modell zusammen.

Texte auswerten – aber wie?

Natura 5/6, Seite 12/13

! **Schülerbuch Seite 12/13**

Eine Textauswertung ist Teil der Einheit „Das Lernen lernen“ (vgl. Heft Projektplanung: Lernen lernen, Klett) und wird hier mit der 5-Schritt-Lesemethode verknüpft. Die gesamte Thematik ist auch für andere Fächer von Bedeutung und erfordert daher Absprachen. Die Schülerinnen und Schüler sollten zudem darauf hingewiesen werden, dass Texte im Buch nicht mit Marker oder durch Unterstreichen bearbeitet werden dürfen, sofern es sich nicht um das eigene Buch handelt. Für erste Übungen kann es sinnvoll sein, mit einer Folie, die auf den Text geheftet wird, und wasserlöslichen Stiften zu arbeiten, sodass nicht unnötig viele Kopien gemacht werden müssen.

Das Lesen gehört in unserem Kulturkreis zwar zu den selbstverständlichen Techniken, muss aber in dieser Altersstufe besonders geübt werden (s. Lerntipps Seite 64 und Bsp. S. 109 u. S. 173). Häufig beteiligt sich die gesamte Klasse an Vorlesewettbewerben, zu deren Training durchaus auch naturwissenschaftliche Texte verwendet werden können. Sowohl der Schritt 1 (Überblick gewinnen) wie auch das gründliche Lesen (Schritt 3) sind mit zahlreichen Wiederholungen, Übungen und erhöhter Konzentration anhand spezieller Lesetechniken zu trainieren. Die eigentliche Texterarbeitung zum sinnerfassenden Lesen benötigt zunächst die geeigneten Fragen, eine übersichtliche Zusammenfassung, dann aber auch zusätzliche Hilfsmittel: Zettelkästen für wichtige Begriffe und Zusammenhänge, Ordnung im Hefter oder Ordner, etc.

Welche Merksätze verbergen sich in den Sprechblasen?

Übungstext: 5-Schritt-Lesetechnik

Meerschweinchen wurden schon vor mindestens 3000 Jahren in Südamerika von den Indios gezüchtet. Diese hielten Meerschweinchen als Fleischlieferanten. Im 16. Jahrhundert kamen sie erstmals nach Europa. Hier wurden sie von Liebhabern weiter gezüchtet. Sie werden heutzutage aber auch als Versuchstiere in Labors gehalten. Die Stammform des Hausmeerschweinchens ist das etwas kleinere Wildmeerscheinchen, das in fast ganz Südamerika verbreitet ist. Es lebt dort in Sippen von bis zu 20 Tieren. Meerschweinchen sind tagaktiv und bewohnen selbst gegrabene oder von anderen Tieren verlassene Erdhöhlen.

Die Jungtiere sollten bei der Anschaffung im Alter von 2 bis 4 Monaten sein. Will man bei Gemeinschaftshaltung keinen Nachwuchs haben, sollte man entweder nur Weibchen halten oder Männchen kastrieren lassen. Sonst sind 4 bis 5 Würfe pro Jahr zu erwarten! Mehrere Männchen vertragen sich nicht.

Zur Haltung dient ein Käfig oder eine Plastikwanne (Größe mindestens 60 x 30 cm, Höhe mindestens 25 cm, wenn der Behälter oben offen ist). Man braucht Einstreu aus Sägemehl, Stroh und Heu sowie Schlafhaus, Wasser- und Futternapf.

Meerschweinchen werden mit Fertigfutter aus dem Zoofachgeschäft versorgt und erhalten zusätzlich noch Grünfutter, Gemüse und Obst (zum Beispiel Löwenzahn, Salat, Möhren, Birnen und Äpfel) und Trockenfutter (gutes Heu).

Der Käfig muss alle 2 bis 3 Tage gesäubert und die Einstreu gewechselt werden. Meerschweinchen brauchen ebenso wie Goldhamster eine Eingewöhnungszeit.

Aufgabe

Bearbeite den Text nach der 5-Schritt-Lesetechnik.

Knochen
Skelett – Mensch
Skelett – Säugetier

Der Mensch

1 Skelett und Muskulatur

Bewegung – Zusammenarbeit von Knochen, Muskeln und Gelenken
Das Skelett des Menschen

Natura 5/6, Seite 16/17

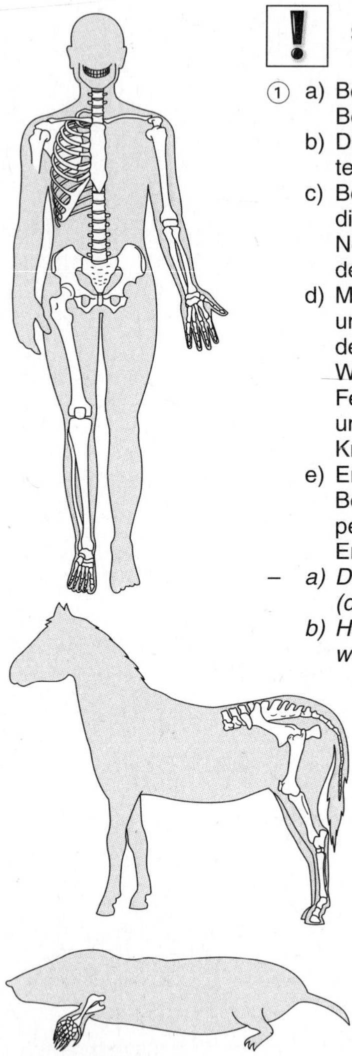

Skelettteile vom „blauen Ritter“, Pferd und Maulwurf

Schülerbuch Seite 17

① a) Betrachte die Seitenansicht der Wirbelsäule. Beschreibe ihre Form.
b) Die Wirbelsäule besteht aus Wirbeln. Ertaste an dir einige Wirbel.
c) Betrachte die Wirbelsäule und vergleiche die Größe der Wirbel miteinander. Notiere, was dir daran auffällt. Welche Bedeutung haben die Größenunterschiede?
d) Man unterscheidet zwischen Hals-, Brust- und Lendenwirbeln. Hier sind sie verschieden farbig dargestellt. Wie viele Wirbel gibt es von jedem Typ? Fertige eine kleine Tabelle in deinem Heft und notiere dein Ergebnis. Welche weiteren Knochen gehören zur Wirbelsäule?
e) Ertaste die Knochen des Brustkorbs an dir. Betrachte die Abbildung und zähle die Rippenpaare. Vergleiche diese Zahl mit dem Ergebnis von d).

– *a) Die Wirbelsäule ist mehrfach gekrümmt (doppelt-S-förmig).*
b) Hinweis: Wirbel lassen sich gut ertasten, wenn man den Rücken etwas nach vorne krümmt.
c) Die Wirbel werden vom Kopf zum Becken immer größer. Je weiter unten ein Wirbel sitzt, desto stärker wird er belastet, weil er die darüber liegenden Körperteile bei allen Bewegungen mittragen muss.
d) Halswirbel: 7 Wirbel
Brustwirbel: 12 Wirbel
Lendenwirbel: 5 Wirbel
Kreuzbein und Steißbein sind weitere Knochen, die zur Wirbelsäule gehören.
e) 12 Paar Rippen, wobei das 11. und 12. Paar nicht den Brustbeinkamm erreicht. An jedem Brustwirbel setzt ein Rippenpaar an.

② Überlege, was sich beim Menschen innerhalb des knöchernen Brustkorbs befindet. Welche weitere wichtige Funktion, außer der Stützfunktion, erfüllt er?

– *Schutzfunktion für die dort befindlichen inneren Organe.*

③ Suche in der Abbildung den Schultergürtel. Notiere, welche Knochen zum Schultergürtel gehören. Ertaste sie.

– *Schlüsselbein und Schulterblatt.*

④ a) Ertaste die Knochen eines Arms. Weißt du wie sie heißen? Suche sie in der Abbildung und prüfe, ob du die richtigen Namen bereits wusstest.
b) Zeige deinem Nachbarn, wo in deinem Unterarm die Speiche verläuft.
c) Ertaste die Knochen einer Hand. Beginne an den Fingerspitzen. Bestimme mithilfe der Abbildung Namen und Anzahl der Knochen. Notiere das Ergebnis in einer Tabelle.

– *a) Oberarmknochen, Elle und Speiche.*
b) Die Speiche verläuft von der Ellenbogenbeuge bis zur Daumenseite des Handgelenks.
c) Fingerknochen: 14
Mittelhandknochen: 5
Handwurzelknochen: 8

⑤ Suche die Röhrenknochen des Skeletts.

– *Typische Röhrenknochen sind Oberarmknochen, Elle, Speiche, Oberschenkelknochen, Schienbein, Wadenbein und Rippen.*

⑥ Welcher Knochen ist der längste?

– *Der längste Knochen ist der Oberschenkelknochen.*

Arbeitsblatt Seite 17

Zu den fehlenden Knochen siehe Randspalte. Es handelt sich um das Armskelett eines Maulwurfs, die Hand besitzt einen zusätzlichen Knochen, das Sichelbein.

Die Geschichte zum Arbeitsblatt: Der Blaue Ritter und sein Pferd

Vor vielen hundert Jahren ritt der berühmte Blaue Ritter in Windeseile auf seinem Pferd durch eine gebirgige Gegend. Schroffe Abgründe taten sich auf, kein Problem für den Ritter und sein Pferd, ein gut eingespieltes Team. Als es dunkel wurde, hatte der Ritter nur noch wenige Steinwürfe bis zum nächsten Gasthaus zurückzulegen. Er träumte schon von Wurstsalat und einem kräftigen Schluck. Aber das war sein letzter Traum! Er übersah einen der tiefsten Abgründe in der Gegend und stürzte samt seinem Pferd tief hinab in einen Sumpf. Beide gingen sofort unter. Viele hundert Jahre später wurde der Sumpf trockengelegt, um ein Fastfood-Restaurant zu bauen. Dabei fanden die Bauarbeiter die sterblichen Überreste des Blauen Ritters und seines Pferdes.

Die sterblichen Überreste des Blauen Ritters und seines Pferdes

Bei Ausgrabungsarbeiten wurden die unten abgebildeten Knochen gefunden. Leider waren die Skelette nicht ganz vollständig.

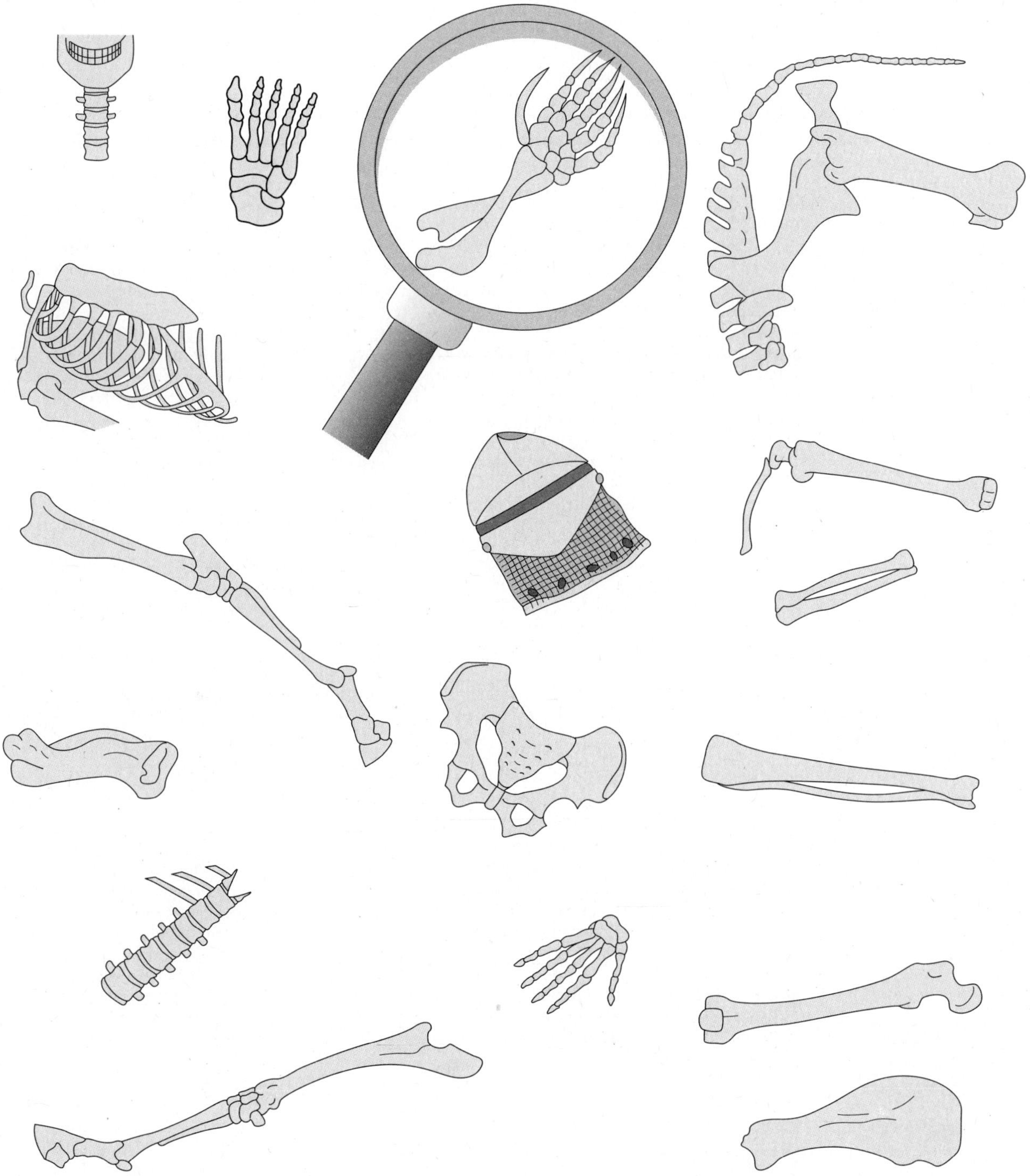

Aufgabe

Schneide die Knochen des Blauen Ritters aus, setze sie richtig zusammen und klebe sie auf. Schreibe auf, welche Knochen fehlen. Setze auch die Pferdeknochen zusammen. Wie ein Pferdeskelett aussieht, erfährst du in deinem Biologiebuch. Zuletzt ist noch das Armskelett eines unbekannten Säugetieres übrig. Finde mithilfe deines Buches heraus, um welches Tier es sich handelt. Eine kleine Hilfe: Vergleiche das Armskelett mit der abgebildeten Hand.

Beuger
Knochen
Muskulatur
Skelett – Mensch
Strecker
Wirbelsäule

Gelenke machen das Skelett beweglich
Praktikum: Knochen

Natura 5/6, Seite 18/19

Schülerbuch Seite 18

① Wie viele Gelenke hat ein Finger? Versuche den Gelenktyp herauszufinden.
– *Alle Finger zeigen drei Gelenke. Der Daumen besteht aus zwei Fingergliedern und einem Mittelhandknochen, der mit der Handwurzel das Grundgelenk bildet. Die Fingergelenke sind Scharniergelenke. Das Daumengrundgelenk ist ein Sattelgelenk.*

② Betrachte die Skelettabbildung auf Seite 17. Benenne Knochen, die durch Gelenke verbunden sind. Versuche auch hier den jeweiligen Gelenktyp herauszufinden.
– *Unterkiefer / Schädel → Scharniergelenk*
Schädel / Wirbelsäule → Drehgelenk
Oberarm / Schultergürtel → Kugelgelenk
Oberarm / Unterarm → Scharniergelenk
Unterarm / Handwurzel → Scharniergelenk
Elle / Speiche → Drehgelenk
Fingerglieder → Scharniergelenke
Daumen / Handwurzel → Sattelgelenk
Wirbel / Wirbel → Scharniergelenk
Beine: entsprechend zum Armskelett

③ Ordne den einzelnen Gelenkteilen die folgenden Aufgaben zu.
a) schützt das Gelenk
b) hält Stöße ab
c) hält Reibung gering
– *a) Gelenkkapsel*
b) Gelenkknorpel, Gelenkschmiere, faserknorpelige Menisken als Zwischenlager im Kniegelenk.
c) Gelenkknorpel, Gelenkschmiere

Schülerbuch Seite 19

① Kreide bricht etwa bei einer Belastung von 1 kg.
② In der Praxis kann man den Knochen kaum so stark belasten, dass er bricht. Es ist jedoch bereits bei geringeren Belastungen die elastische Verformung des Knochens zu beobachten. Auf einen stabilen mechanischen Aufbau achten, wenn man den Knochen hoch belasten will!
③ Röhrenknochen (s. Randspalte)
– Gelenkköpfe, Schaft (Mitte)
– Knochenwand aus kompakter Knochensubstanz; überzogen von fester Knochenhaut mit Blutgefäßen, die durch Poren der Knochenwand treten
– Gelenkköpfe mit weißlichem Knorpel; innen von feinem, schwammartigem Gitterwerk aus Knochenbälkchen erfüllt; dazwischen blutbildendes rotes Knochenmark

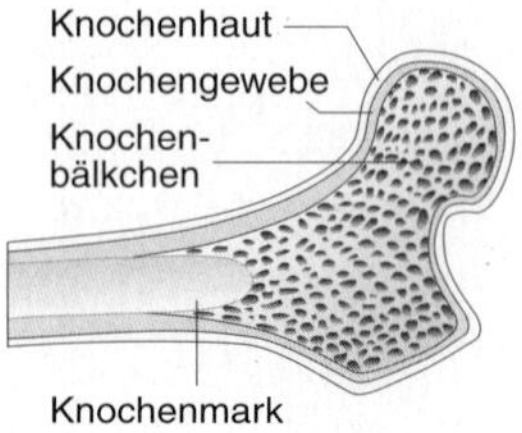

Röhrenknochen

④ Die Knochenbälkchen verlaufen so, dass die auf das Gelenk wirkenden Druck- und Zugkräfte aufgefangen und mit geringstem Materialaufwand den Schaftwänden zugeleitet werden (vgl. Präparat: Natürlicher Knochenschnitt Oberschenkel, Schlüter 87a oder 89; Modell Bälkchenstruktur, Schlüter 3405a, Gitterkran, Stahlbrücke, Verstrebungen gotischer Kathedralen).
⑤ Der Knochen ist nun biegsam wie Gummi, mit dem Messer schneidbar.
⑥ *Schlussfolgerung:* Dem Knochen wird durch Salzsäure eine Substanz entzogen, die ihm Festigkeit verleiht.
⑦ *Beobachtungen:* An Kalk und Knochen bilden sich Gasbläschen. Die Gasentwicklung ist am Kalkstückchen gut beobachtbar, am Knochen wegen der geringen Konzentration der Salzsäure nur deutlich mit der Lupe.
Für einen Demonstrationsversuch: Salzsäure (in diesem Fall höher konzentrieren) in 3 Glasschälchen füllen; diese nebeneinander auf den Tageslichtprojektor stellen, Schärfe einstellen, Materialstückchen zugeben.
⑧ *Schlussfolgerung:* Der Knochen enthält Kalk.
⑨/⑩ Der kalkartige Anteil hat festigende Wirkung für den Knochen und vermittelt Druck-, Zug- und Biegefestigkeit.
⑪ Fußgewölbe: Gewölbt trägt der Karton viel größere Gewichte *(Gewölbestabilität).* Technische Vergleiche: Brücken-, Kellergewölbe
⑫ Es hat federnde Wirkung und bietet gleichzeitig Stabilität.
⑭/⑮ Modell 2

Arbeitsblatt Seite 19

1. siehe Schülerbuch
2. Lendenwirbelsäule und Halswirbelsäule sind in hohem Maße beweglich, die Brustwirbelsäule zeigt sich wenig beweglich.
3. In aufrechter Haltung zieht der Rückenstrecker an der Wirbelsäule (nach hinten), der Rückenbeuger (Bauchmuskulatur) setzt an Becken und Rippen an und zieht in entgegengesetzter Richtung. Dadurch wird die Wirbelsäule verspannt und aufrecht gehalten.
4. Die Wirbelsäule wird nach „vorn" gezogen (Buckelbildung); die Wirbelsäule wird nach hinten ins Hohlkreuz gezogen.
5. „sit-ups" sind zur Stärkung der Bauchmuskulatur nicht geeignet, denn der größte Teile der Bewegungsamplitude wird über das Gelenk zwischen Becken und Oberschenkel ausgeführt, die Bauchmuskulatur wird kaum beansprucht. („Rumpfeinrollen mit hochgelegten Beinen" ist eine funktionelle Übung zur Stärkung der Bauchmuskulatur, da die Haltearbeit von der Bauchmuskulatur geleistet wird.)

Literatur

TITTEL, K.: Beschreibende und funktionelle Anatomie des Menschen. 10. Aufl.; G. Fischer Verlag, Stuttgart 1985

Die Wirbelsäule – Stütze der Gesellschaft

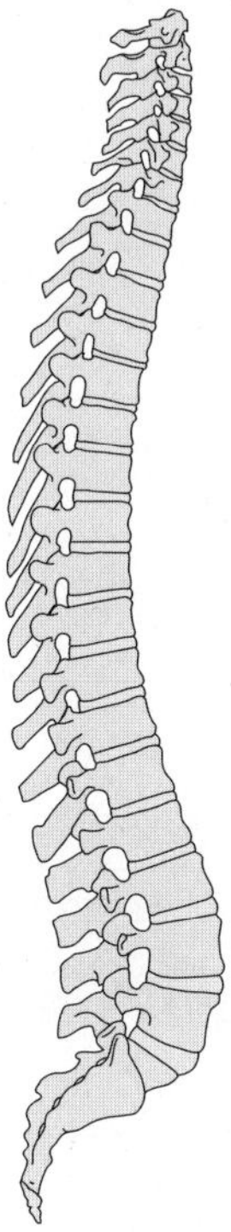

Die Wirbelsäule bildet die bewegliche Achse unseres Körpers. Sie trägt Kopf und Rippen, stützt Schulter- und Beckengürtel. Außerdem umgibt sie schützend das Rückenmark. Sie wird beim Menschen aus 34 Wirbelkörpern gebildet (7 Hals-, 12 Brust-, 5 Lenden-, 5 Kreuzbein- und 5 Steißbeinwirbel). 24 Wirbelkörper sind über Gelenke miteinander verbunden. Die Bandscheiben, die aus flüssigkeitsreichem Knorpel bestehen, liegen zwischen den Wirbelkörpern. Zugfeste Bänder zwischen den Wirbelkörpern stabilisieren die Wirbelsäule. Muskeln, die an den Wirbelkörpern ansetzen, ermöglichen eine Streckung der Wirbelsäule. Belastungen, die auf die Wirbelsäule wirken, werden im harmonischen Zusammenspiel von Bandscheiben, Muskeln und Bändern abgepuffert.

Aufgaben

1. Markiere Hals-, Brust- und Lendenwirbel mit verschiedenen Farben. Die unteren 10 Wirbelkörper sind zum Kreuz- und Steißbein verwachsen. Benutze dein Biologiebuch.

2. Drei Wirbelsäulenabschnitte sind beweglich. Führe langsame Bewegungen der Wirbelsäule aus, vermeide dabei an die Grenze der Beweglichkeit zu kommen oder gar schmerzhafte Bewegungen! Sind die Wirbelsäulenabschnitte alle gleich beweglich?

3. Man hat die Wirbelsäule und die sie haltenden Muskeln mit der Verspannung eines Segelschiffsmastes verglichen. Beschreibe die Aufgabe der Bauch- und Rückenmuskulatur bei der Aufrechterhaltung der Wirbelsäule.

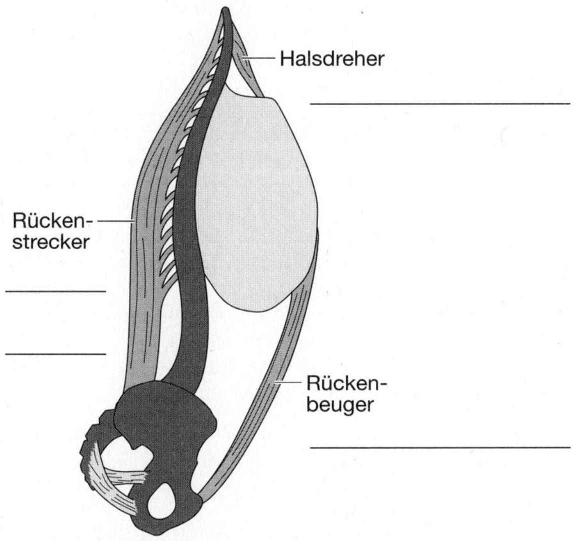

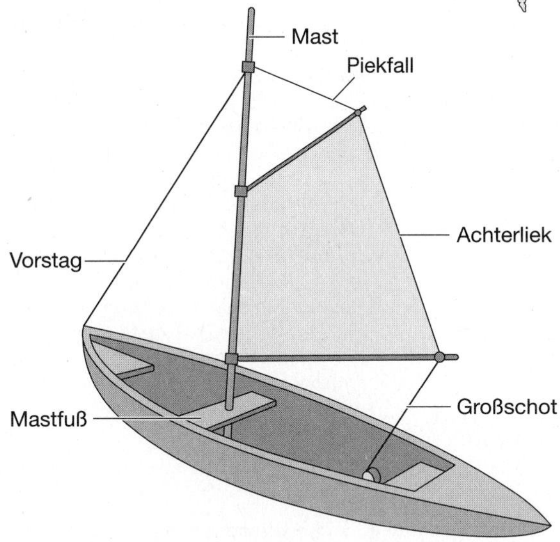

4. Welche Auswirkung hat eine schwache Rückenmuskulatur bzw. Bauchmuskulatur auf die Verspannung der Wirbelsäule bei Belastung?

____

____

'sit-ups'

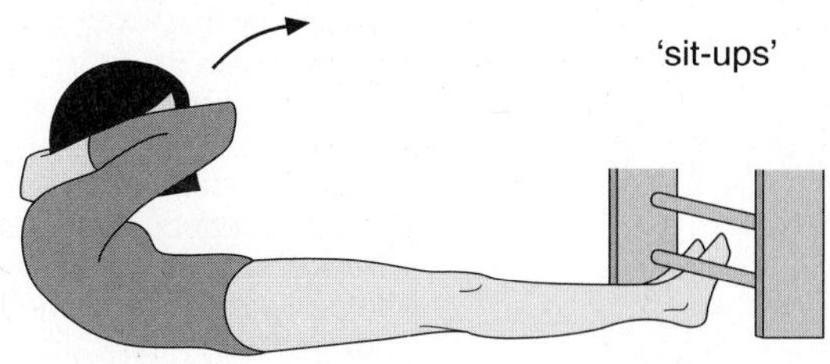

5. Stell dir vor, deine Bauchmuskulatur sei zu schwach ausgebildet und der Arzt rate zu einer Kräftigung. Begründe, warum die nebenstehend gezeigte Übung („sit-ups“ mit festgeklemmten Beinen) für diesen Zweck wenig geeignet ist?
Tipp: Schau dir die Zeichnung „Beuger und Strecker der Wirbelsäule“ oben genau an und überlege, über welches Gelenk die Bewegung bei der Übung „sit-ups“ hauptsächlich ausgeführt wird.

____

Ersatzübung zur Stärkung der Bauchmuskulatur

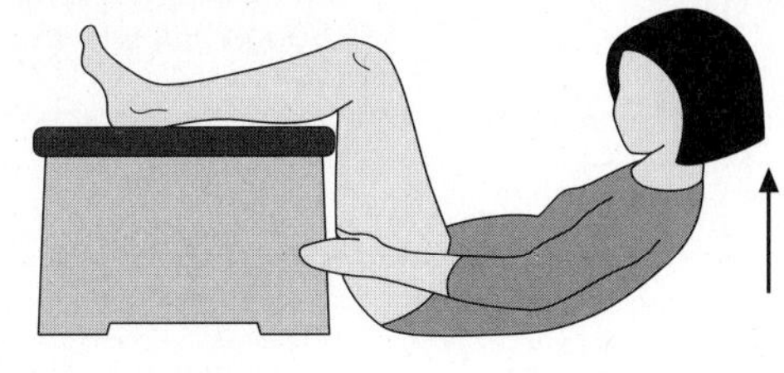

Beuger
Gesundheit
Muskulatur
Skelett – Mensch
Strecker

Die Muskulatur
So arbeitet die Muskulatur

Natura 5/6, Seite 20/21

Tafelzeichnung
Schinkenscheibe
(Muskelquerschnitt)

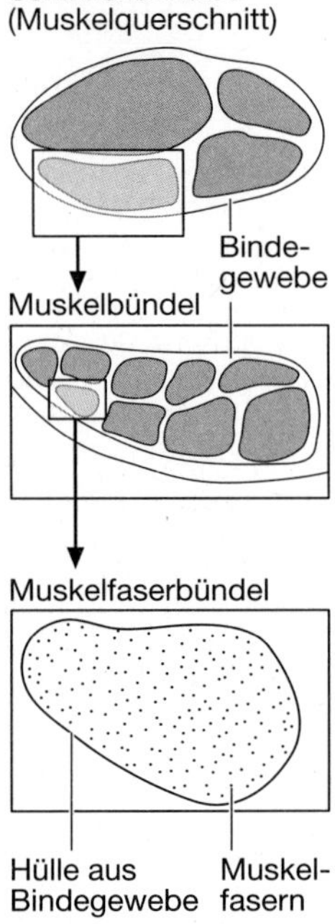

Schülerbuch Seite 20

① Versuche die in der Abbildung dargestellten Muskeln zu ertasten. Wo gelingt das leicht, wo nicht?

– *Leicht ertastbar sind Muskeln an Armen und Beinen, am Nacken, am Unterkiefer (beim Zusammenbeißen der Zähne), an Brustkorb und Bauch. Kaum ertastbar sind z. B. die vielen kleinen Muskeln zwischen den Rippen und an der Wirbelsäule.*

② Bewege deinen Fuß so, dass die Zehen dem Schienbein möglichst nahe kommen. Nun strecke deinen Fuß so weit wie möglich. Fasse dabei mit einer Hand an den Unterschenkel. Fühle, welche Muskeln Anziehen und Strecken des Fußes ermöglichen. Vergleiche die Lage der Muskeln mit der Abbildung.

– *Der Schienbeinmuskel hebt den Fuß, der Wadenmuskel streckt ihn (Ansatz: Achillessehne).*

③ Bewege einzelne Finger und beobachte dabei den Handrücken. Was kannst du dabei erkennen?

– *Unter der Haut werden die Sehnen der Fingerstreckmuskulatur bewegt und damit gut sichtbar.*

④ Spiele mit den Fingern einer Hand auf dem Tisch kräftig „Klavier". Fühle, wo die Muskeln für die Fingerbewegungen liegen. Beobachte dabei deinen Unterarm. Berichte. Was fällt bei Daumenbewegungen auf?

– *Die Fingerstreck- und Beugemuskulatur ist am Unterarm fühlbar. Die Streckmuskulatur entspringt an der Außenseite des Ellenbogengelenks, die Beugemuskeln an der Innenseite. Bewegt man den Daumen so, dass er anderen Fingern gegenüber gestellt wird, so spürt man dabei keine Muskelkontraktionen im Unterarm. Opponieren und Abspreizen des Daumens wird durch eigene Muskeln in Daumenballen ermöglicht.*

Schülerbuch Seite 21

① Setze dich auf einen Stuhl und strecke den Unterschenkel waagrecht aus. Winkle nun den Unterschenkel so weit als möglich an. Ertaste dabei am Bein die Muskeln, die diese Bewegung ermöglichen. Beschreibe daran das Gegenspielerprinzip.

– *An der Oberseite des Oberschenkels liegt der Muskel (Quadrizepsmuskel), der den Unterschenkel streckt. Der Beugemuskel ist an der Unterseite des Oberschenkels zu spüren. Gegenspielerprinzip: Für Beugen und Strecken ist jeweils ein Muskel vorhanden. Zieht sich der Streckmuskel zusammen, so bewegt er das Gelenk. Dadurch wird der andere Muskel/Beugemuskel – der Gegenspieler – gedehnt.*

Arbeitsblatt Seite 21

3. Vorderer Schienbein-, langer Großzehenstrecker und langer Zehenstrecker sind *Zusammenspieler* (ebenso Zwillingswaden- und Schollenmuskel). Fußheber und Fußsenker sind *Gegenspieler.*
4. Verkürzen sich die Muskeln, die vom Unterschenkel über das Kniegelenk zum Oberschenkel ziehen, wird das Bein im Kniegelenk gestreckt. Verkürzen sich die Muskeln, die vom Fuß über das Sprunggelenk zum Unter- und Oberschenkel ziehen, richtet sich der Unterschenkel über das Sprunggelenk auf.

Wissenswertes über Muskeln

Schinkenscheiben sind Muskelquerschnitte

Mithilfe von Tageslichtprojektor, Lupe und Mikroskop werden Schinkenscheiben und ihr kabelartiger Aufbau (Wechsel von bindegewebigen Hüllen und kontraktilen Muskelfasern) untersucht.

Muskelkater

Nach ungewohnten größeren Anstrengungen können Muskelschmerzen und -versteifungen auftreten. Sie treten nach ca. 12 Stunden auf und gehen nach 3 bis 5 Tagen zurück. Schmerzen spürt man nur dann, wenn der betroffene Muskel bewegt wird. Muskelkater entsteht nach heutiger Lehrmeinung nicht durch Milchsäureansammlung im Gewebe bei anaerober Muskelarbeit, denn nach Belastungsende müsste der Muskelkater vorüber sein, wenn die Milchsäure abgebaut ist. Man nimmt deswegen an, dass seine Ursachen in kleinsten Verletzungen auf Zellebene zu suchen sind.

Muskelverletzungen

Muskelzerrung
Überdehnung einzelner Muskelfasern; durch Kapillarrisse dringt Blut in das Gewebe. Symptome: Plötzlich einschießender Schmerz, eingeschränkte Funktionsfähigkeit. Therapie: Entlastung des Muskels eine Woche lang.

Muskelanriss
Riss mehrerer Muskelfasern. Symptome: Plötzlicher, messerartiger einschießender Schmerz mit sofortigem Funktionsausfall, Druckschmerz. Therapie: ggf. operatives Annähen der Fasern.

Muskelriss
Alle Fasern eines Muskels sind durchtrennt, zu den oben genannten Symptomen kann man zuweilen über der Rissstelle eine Eindellung tasten. Therapie: Operatives Annähen der Fasern. Sportfähigkeit erst nach drei Monaten.

Muskulatur und Bewegung

Bizeps leitet sich aus dem Lateinischen her und heißt „zweiköpfig". Dieser Muskel fällt bei der Beugung des Armes als Wölbung am Oberarm auf, du kannst ihn am Oberarm ertasten. An der Armbeugung sind jedoch zwei weitere Muskeln beteiligt. Da die drei Muskeln gleichsinnig arbeiten, bezeichnet man sie als *Zusammenspieler*. Die *Gegenspieler* der Armbeuger sind die Armstrecker.

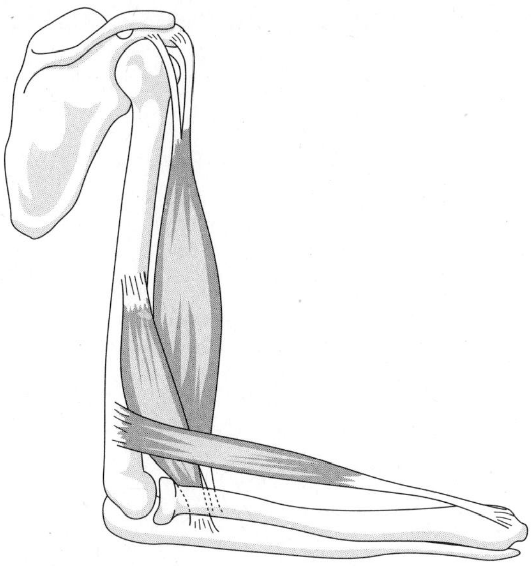

Abb. 1 Armbeuger

Aufgaben

1. Abbildung 1 zeigt die Armbeuger. Markiere den Bizeps.

2. Zeichne den Armstrecker ein.

3. Beschreibe das Spiel der Muskeln beim Heben und Senken des Fußes. Benutze dabei die Begriffe „Zusammenspieler" und „Gegenspieler".

____

____

____

____

____

____

____

____

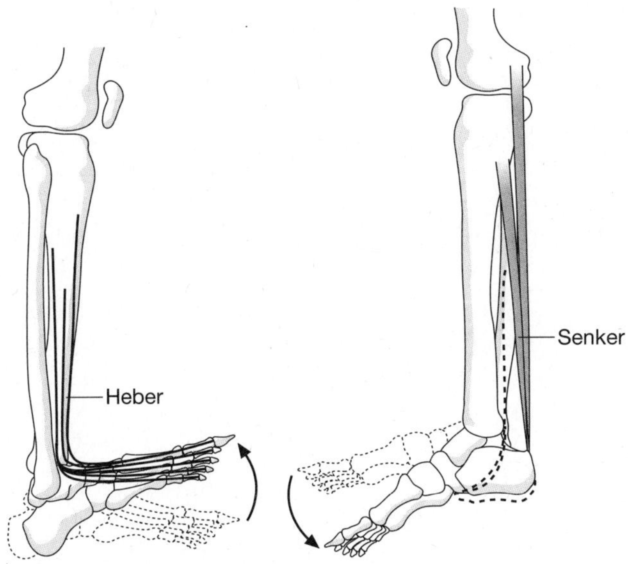

Abb. 2 Heber und Senker des Fußes

4. Die Pfeile geben die Zugrichtung der Muskeln an, die bei der Streckung des Beines aus gebeugter Ausgangsposition beteiligt sind. Erläutere die Abbildung.

____

____

____

____

____

____

____

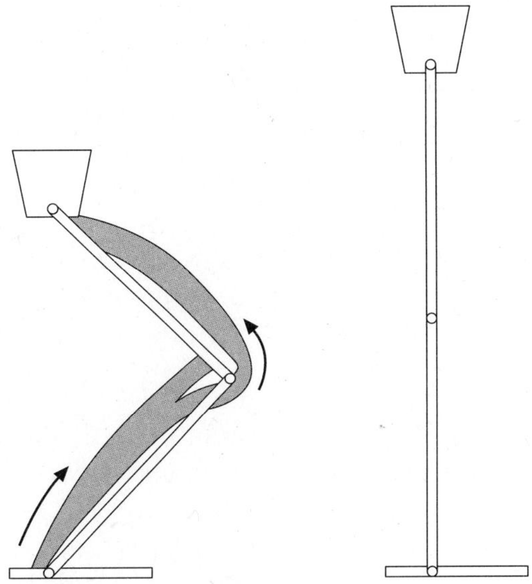

Abb. 3 Streckung des Beines

Skelettschäden sind vermeidbar
Lexikon: Sport: Wichtig – aber richtig!

Natura 5 / 6, Seite 22 / 23

Arbeitsblatt Seite 23

1. Rumpfkreisen: 1,4;
   Beinkreisen: 3;
   Brücke: 3; keine Alternativübung, da eine Überbeweglichkeit der Wirbelsäule nicht erwünscht ist.

Literatur

KNEBEL, K. P.: Funktionsgymnastik, Rowohlt Verlag, Reinbek 1985
Broschüre: Hitliste der Krankmacherübungen. Verband für Turnen und Freizeit; Landesorganisation Hamburg, Schäferkampsallee 1, 20357 Hamburg

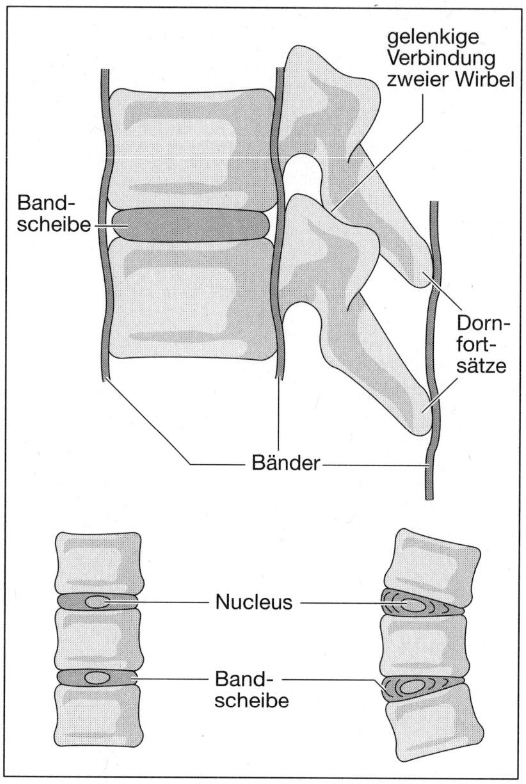

Bauprinzip der Wirbelsäule

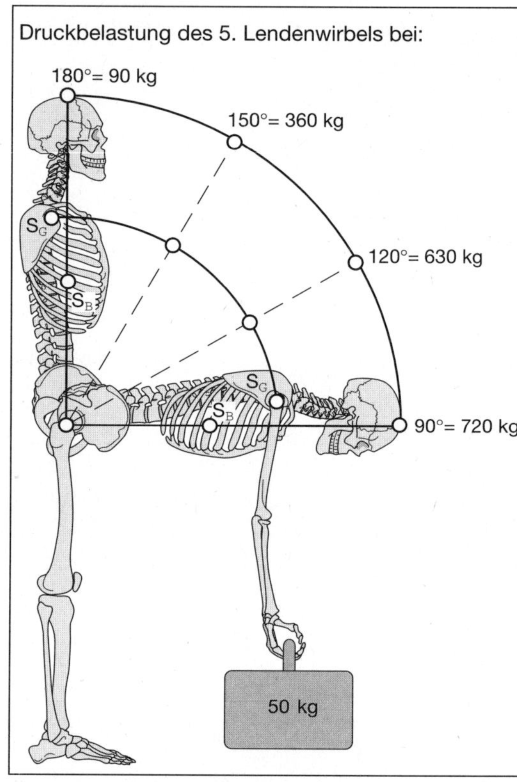

Wirbelsäulenbelastung beim falschen Heben eines 50 kg schweren Gewichts

falsch!

Dehnung auf dem Kasten

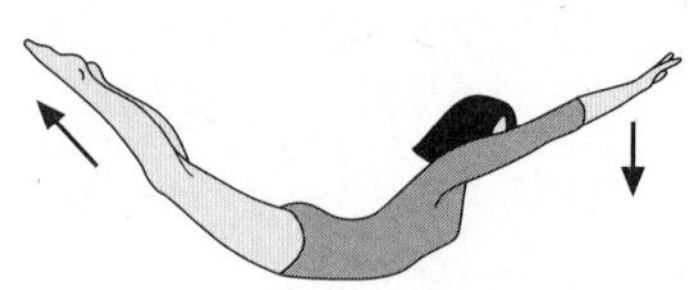

falsch!

Bauchwippe

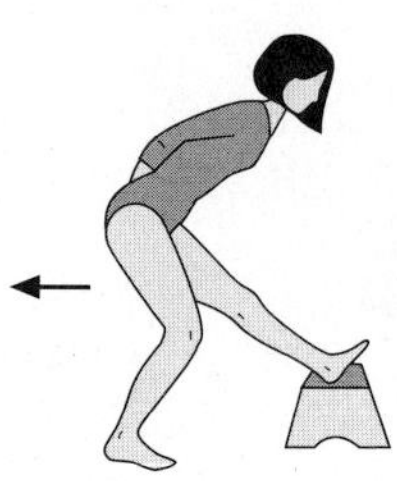

Gesunde Dehnung der Oberschenkelmuskulatur. Hände hinter dem Rücken verschränken, Standbein beugen, Rücken gerade halten.

richtig!

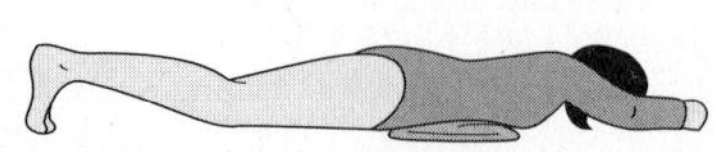

Gesundes Kräftigen der Rückenmuskulatur. Rumpf und Arme leicht anheben, Nase berührt fast den Boden.

richtig!

Hitparade der wirbelsäulenunfreundlichen Übungen

Noch immer werden heute aus Unwissenheit zur Dehnung, Kräftigung und Aufwärmung in Schule, Verein und Freizeit gymnastische Übungen praktiziert, die nicht wirbelsäulenfreundlich sind, obwohl es für die meisten Übungen wirbelsäulenfreundliche Ersatzübungen gibt! Übungen, welche die Wirbelsäule fehl- und überbelasten, erkennst du leicht, wenn du folgende Punkte beachtest:

1. Die Gelenke zwischen den einzelnen Wirbelkörpern sind keine Kugelgelenke.
2. Belastungen vornübergebeugt sollen vermieden werden, weil dabei starker Druck auf die Bandscheiben wirkt.
3. Ein Hohlkreuz soll vermieden werden, da auch dabei ungünstige Belastungen auftreten.
4. Schwungvolle gymnastische Bewegungen, insbesondere an der Grenze der Beweglichkeit, schädigen Bandscheiben und Bänder der Wirbelsäule.

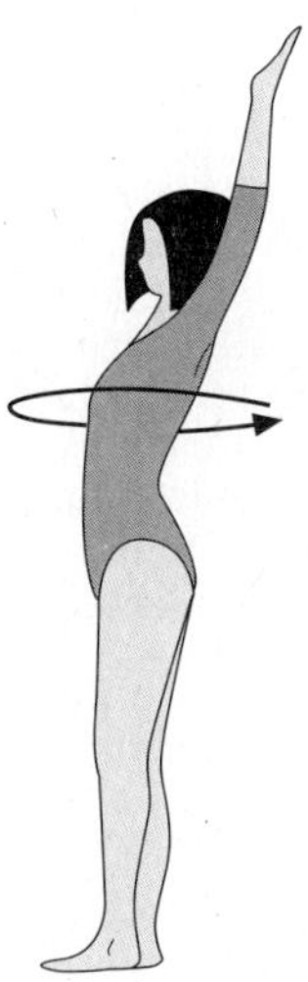

Rumpfkreisen

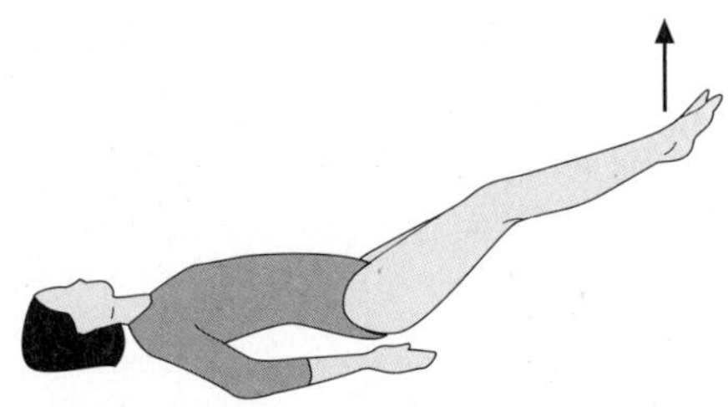

Beinkreisen aus dem Sitz und der Rückenlage.

Brücke

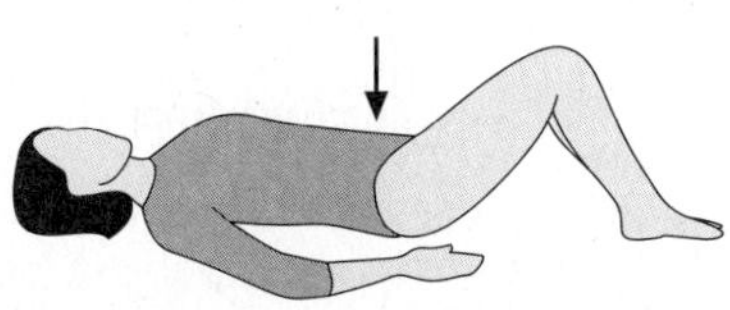

Gesunde Kräftigung der Bauchmuskulatur. In Rückenlage die Beine anstellen und den Lendenbereich fest auf den Boden drücken.

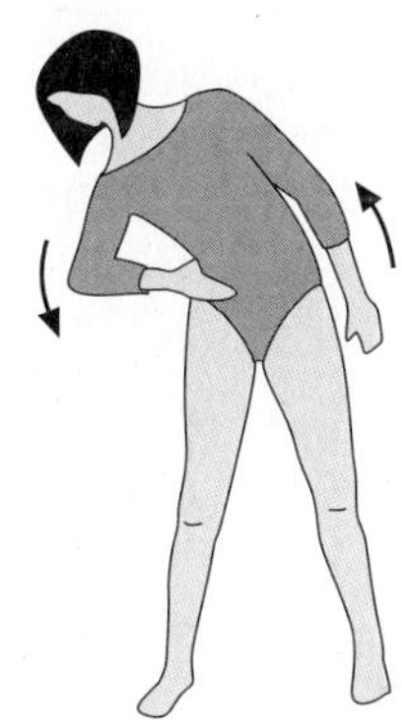

Gesunde Aktivierung des Rumpfes und der Hüfte. Langsames Seitneigen unter Vermeidung eines Hohlkreuzes.

Aufgaben

1. Oben siehst du einige Übungen aus der Hitparade der wirbelsäulenunfreundlichen Übungen. Bedenke die vier Punkte und schreibe auf, warum diese Übungen Gift für die Wirbelsäule sind.

___

___

2. Probiere die wirbelsäulenfreundlichen Ersatzübungen aus. Führe die Übungen in der Gruppe aus, sodass deine Mitschüler auf die richtige Ausführung achten und dich korrigieren können. Scheue dich auch nicht, deinen Sportlehrer freundlich auf Übungen aufmerksam zu machen, die schädigende Wirkungen haben können.

2 Ernährung und Verdauung

Bestandteile der Nahrung

Natura 5/6, Seite 24/25

Schülerbuch Seite 25

② Erkläre, weshalb der Eiweißbedarf pro Kilogramm Körpergewicht bei Säuglingen höher ist als bei Erwachsenen.

– *Der Eiweißbedarf bei Säuglingen ist bezogen auf das Körpergewicht höher, weil diese einen hohen Bedarf an Baustoffen haben. Das Wachstum ist sehr intensiv, daher muss auch der Baustoffwechsel mit Eiweißen versorgt werden, sonst kommt es zu Mangelerscheinungen.*

Arbeitsblatt Seite 25

1. Reisebericht:
   I Skorbut: Vitamin C;
   II Beriberi: Vitamin B_1
   III Nachtblindheit: Vitamin A
2. Vitaminhaltige Lebensmittel essen:
   I Zitrusfrüchte, Kartoffeln, Gemüse, Sauerkraut;
   II Vollkornbrot, Schweinefleisch;
   III Karotten, Leber, Eier

Essverhalten

Steuerung des Essverhaltens

Die Frage, was uns zum Essen veranlasst oder uns sagt aufzuhören, ist noch nicht restlos geklärt. Die kurzfristige Steuerung der Nahrungsaufnahme kann durch das sogenannte *Dreikomponentenmodell* veranschaulicht werden.

Versuch zum Nachweis von Vitamin C

Eine Spatelspitze Tillman's-Indikator (2,6 Dichlorphenol-Indophenol-Natriumsalz) in 50 ml Wasser auflösen. Weißes Schreibpapier mit der tiefblauen Lösung tränken und über Nacht trocknen lassen. Testmaterial (Zitrone, Kartoffelsaft, Fruchtsäfte, Cola, ...) auf das Testpapier tropfen lassen. Eine Entfärbung zeigt Vitamin C an.

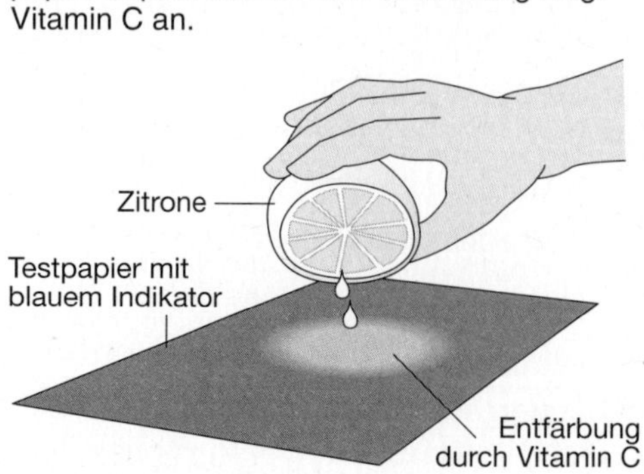

Innere Signale

Die Nahrungsaufnahme von Säuglingen wird durch innere Signale gesteuert. Die innere Steuerung nehmen wir als Hunger, bisweilen sogar als schmerzhaftes Verlangen nach Nahrung wahr, oder als lustvolles Bedürfnis nach bestimmten Nahrungsmitteln. Das Gefühl der Sättigung veranlasst uns, das Essen zu beenden. Neben einem körperlich wahrgenommenen Völlegefühl kennen wir auch eine mehr seelisch empfundene Sättigung ohne Völlegefühl.

Äußere Signale

Familiäre Gewohnheiten, Vorlieben der Eltern, aber auch Angebote unserer Erlebnis- und Freizeitgesellschaft lassen bei Jugendlichen bestimmte Vorlieben oder Abneigungen für bestimmte Lebensmittelzubereitungen entstehen. Die Regel „Der Teller wird leer gegessen!" kann dazu führen, dass nicht die inneren Signale die Nahrungsaufnahme beenden, sondern der geleerte Teller als äußeres Signal bestimmend ist. Kinder, die in Stresssituationen, bei Kummer oder Leid „abgespeist" werden, erlernen später auf ähnliche Situationen mit Hunger zu reagieren (Kummerspeck, Frustessen).

Wissen und Essverhalten

Im Kindes- und Jugendlichenalter bildet sich die Fähigkeit heraus, das Essverhalten aufgrund von Wissen zu kontrollieren. Wer sich zu dick oder zu dünn empfindet, kann aufgrund von Wissen entscheiden, was, wie viel, wann und wie er isst. Dabei spielt das in der Gemeinschaft propagierte Schönheitsideal eine Rolle.

Versagt die Kontrolle des Essverhaltens durch innere oder äußere Signale, ist es oftmals sehr mühsam, das Essverhalten, z. B. im Rahmen einer Reduktionsdiät, langfristig abzuändern.

Essstörungen

Magersucht: Ein extrem gezügeltes Essverhalten ist eine schwere Essstörung. Sie wird durch Auslassen von Mahlzeiten, kalorienarme Lebensmittel, Appetithemmer, Abführmittel und Erbrechen verursacht. Trotz Abmagerung empfinden sich diese Personen als zu dick. Meist sind Mädchen und jüngere Frauen betroffen. Ärztliche Hilfe ist dringend anzuraten.

Essbrechtsucht: Übersteigerte Angst vor dem Dicksein kann bei normalgewichtigen Frauen zur Essbrechsucht führen. Sie halten Schlankheitsdiät, ernähren sich extrem unregelmäßig, denken aufgrund des Hungergefühls oft ans Essen und haben Heißhungeranfälle. Dann werden insbesondere kalorienreiche Nahrungsmittel übermäßig gegessen, die sonst gemieden werden. Um die Folgen einer übermäßigen Nahrungszufuhr abzumildern, wird das Essen erbrochen. Dieser Teufelskreis kann nur mit ärztlicher Hilfe durchbrochen werden.

Vitamine – lebenswichtige Wirkstoffe

Die meisten Vitamine sind Wirkstoffe, die unser Körper mit der Nahrung aufnehmen muss, da er sie nicht selbst herstellen kann, aber zum geregelten Ablauf seines Stoffwechsels benötigt. Wer sich vollwertig ernährt, also viel Obst, Gemüse und Milchprodukte zu sich nimmt, braucht sich keine Sorgen um Vitaminmangel zu machen. Obwohl die Mengen, die unser Körper täglich an Vitaminen benötigt, sehr gering erscheinen, sind die Mangelkrankheiten, die entstehen, wenn der Körper dauerhaft unterversorgt ist, drastisch.

Die Tabelle enthält einige wichtige Vitamine und ihr Vorkommen in Lebensmitteln. Zusätzlich findest du Angaben, wozu die Vitamine in unserem Körper benötigt werden.

Vitamin	reichlich enthalten in		wichtig für
A	Milchprodukte, Eier Karotten, Leber	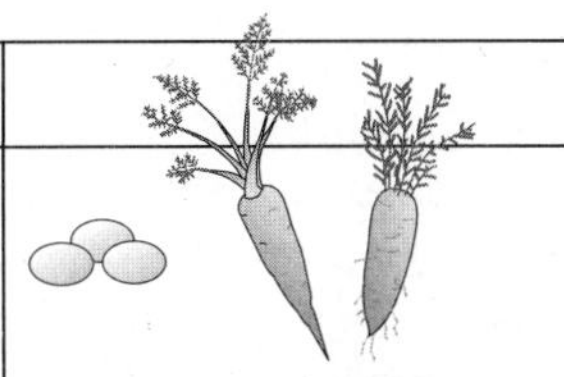	Wachstum, Sehen, gesunde Haut
B_1	Bierhefe, Bohnen, Haferflocken, Vollkornbrot, Schweinefleisch	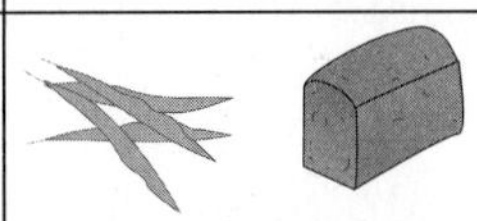	Leistungsfähigkeit, Nerven
C	Zitrusfrüchte, Kartoffeln, Sauerkraut, Paprikaschoten	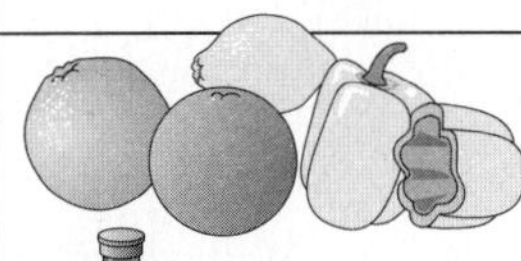	Infektionsabwehr, Zähne, Knochen, gesunde Haut, Blut
E	Gemüse, Pflanzenöle, Getreidekeimlinge, Fleisch	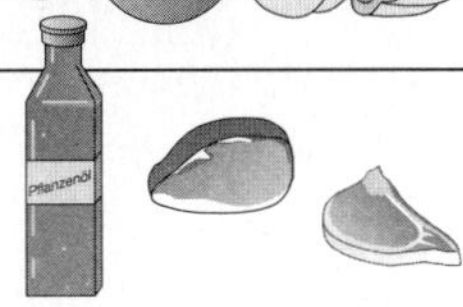	Stoffwechsel, gesunde Haut

Lies dir die folgenden Texte über Vitaminmangelkrankheiten genau durch.

I

In einer Reisebeschreibung von 1740 ist zu lesen:

„Drittens hatten auch viele den Scharbock, welches eine schmertzliche Kranckheit ist, und auf dem Land selten gefunden wird. Es fanget zuerst in denen Zähnen an, dass das Zahnfleisch gantz faul wird, und man den gantzen Kiefer wegnehmen kann; sie bekommen auch faul Fleisch an dem Leib, dass man gantze Stücker ausschneiden kann.“

II

Der holländische Arzt CHRISTIAAN EIJKMANN, der 1897 im heutigen Indonesien arbeitete, berichtete in einer Fachzeitschrift:

„Ich beobachtete vor einiger Zeit eine Hühnerkrankheit, die in mancher Hinsicht auffallende Ähnlichkeit mit der menschlichen Beriberi hat. Das Huhn vermag nicht mehr auf die Stange zu steigen, es hält vor Schwäche die Beine gespreizt, knickt beim Laufen zusammen oder fällt um.“

Der Arzt fand heraus, dass die kranken Hühner ausschließlich mit geschältem Reis, der nur Stärke enthält, gefüttert wurden. Gab er den erkrankten Tieren das volle Korn, so wurden sie meist wieder gesund.

III

Auf 4000 Jahre alten Papyrus-Rollen berichten ägyptische Ärzte von einer Form der Nachtblindheit, die durch das Essen von Leber aus Ochsen oder Hühnern beseitigt werden konnte.

Aufgaben

1. Welches Vitamin hat jeweils in der Nahrung gefehlt?

___

2. Heute wissen wir, dass die in den Reiseberichten beschriebenen Krankheiten durch Vitaminmangel verursacht wurden. Wie hätten sich die Menschen davor schützen können?

I ___

II ___

III ___

Praktikum: Einfache Nährstoffnachweise
Energie macht's möglich

Natura 5/6, Seite 26/27

Schülerbuch Seite 27

① Vergleiche die Werte in Abb. 2 und erkläre, von welchen Nahrungsmittel man wenig essen sollte, wenn man sich nicht sehr viel bewegt.
– *Weiße Bohnen, Brötchen, Erdnüsse, Kotelett, Milchschokolade*

② Vergleiche die Werte für die verschiedenen Sportarten. Wie lange muss man Rad fahren, um die Energiemenge von 100 g Milchschokolade abzuarbeiten. Vergleiche diese Zeit mit dem Beispiel eines ruhenden Menschen!
– *1 h, 48 min Fahrrad fahren*
8 h, 43 min im Ruhen

Arbeitsblatt Seite 27

1. *Sumo-Ringer,* Vorteile: Durch sein hohes Kampfgewicht kann er Siege erzielen und genießt Anerkennung usw.; Nachteile: gesundheitliche Folgeschäden durch starkes Übergewicht.
   Starjockey: Vorteile: Erfolg im Sport, Anerkennung usw.; Nachteile: Ständiges Fasten, um auf dem Pferd leicht zu sein, Schwinden der Lebensfreude, Kurzschlusshandlung.
2. Herr Meyer macht es sich zu leicht. Er könnte seinen Lebensstil durchaus ändern, wenn er wollte. Eine Motivation dazu hat er, da ihn sein Körpergewicht stört. Wenn er es nicht alleine schafft, kann er sich z.B. Rat bei den Krankenkassen holen, die Programme zur Gewichtsreduktion entwickelt haben.

Arbeitsblatt Seite 28/29

1. Die Potato-Party wird veranstaltet, um die Kohlenhydratlager in der Arbeitsmuskulatur vollständig aufzufüllen. Kohlenhydrate benötigen weniger Sauerstoff bei der Verwertung im Muskel und steigern die Ausdauerfähigkeit des Sportlers.
2. Kohlenhydrate, Fette, Eiweiße.
3. Nein, da in unserer Nahrung schon mehr Eiweiß enthalten ist als selbst ein Sportler benötigt.
4. Sportler, die sich ausgewogen oder gar vollwertig ernähren, nehmen genug Vitamine mit der täglichen Nahrung zu sich.

Literatur

ZWIAUER, K., WABITSCH, M.: Relativer Body Mass Index (BMI) zur Beurteilung von Übergewicht und Adipositas im Kinder- und Jugendalter. In: Monatsschr. Kinderheilkunde, 145, S. 1312 – 1318, Springer Verlag, Berlin 1997

GEISS, K.R., HAMM, M.: Handbuch Sportler – Ernährung; Rowohlt Verlag, Reinbek 1998

DGE-Beratungs-Standards. Das richtige Körpergewicht. Anfordern bei: DGE, Feldbergstr. 28, 60323 Frankfurt

Das richtige Körpergewicht

Körpergewicht bei Erwachsenen

Das Körpergewicht wird heute wesentlich individueller gesehen als in den 70er-Jahren. Man spricht nicht mehr vom Idealgewicht, sondern vom „Sollgewicht". Es ist das Gewicht, mit dem ein Mensch statistisch die höchste Lebenserwartung hat. Für Erwachsene gibt der Body-Mass-Index [BMI = Körpergewicht in kg / (Körperlänge in m)^2] die höchste Lebenserwartung an (s. ZWIAUER/ WABITSCH, 1997). Der BMI korreliert eng mit dem Körperfettgehalt.

Körpergröße und Körpergewicht im Verlaufe der Kindheit

Bei Kindern gibt es keine Möglichkeit, das richtige Körpergewicht per Formel zu berechnen. In der Ernährungsberatung wird die abgebildete Tabelle verwendet. Bei Kindern hängt das Körpergewicht vorwiegend von der Körpergröße ab. Das Referenzgewicht entspricht dem durchschnittlichen Körpergewicht bezogen auf die Körpergröße. Über- sowie Unterschreitung des Normalbereiches bedürfen der ärztlichen Kontrolle.

Mädchen

Körpergröße in cm	Referenzgewicht in kg	Körpergewicht normal von/bis	Alter in Jahren
135 ± 10	29,8	23,8 – 35,8	9
142 ± 11	34,5	27,6 – 41,4	10
148 ± 12	38,8	31,0 – 46,6	11
154 ± 14	43,7	35,0 – 52,4	12
158 ± 13	46,3	37,0 – 55,6	13
165 ± 11	54,3	43,4 – 65,2	14

Jungen

Körpergröße in cm	Referenzgewicht in kg	Körpergewicht normal von/bis	Alter in Jahren
135 ± 11	29,6	27,3 – 35,5	9
141 ± 12	33,5	26,8 – 40,2	10
147 ± 13	37,1	29,7 – 44,5	11
156 ± 14	45,1	36,1 – 54,1	12
161 ± 16	50,5	40,4 – 60,6	13
168 ± 17	59,3	47,4 – 71,2	14

Die Sache mit dem Körpergewicht

Nimmt ein Mensch ständig zu viel oder zu wenig Nahrung zu sich, nimmt er zu oder ab. Dabei wird das Fettgewebe auf- oder abgebaut. Werden dabei bestimmte Grenzen überschritten, spricht man von Über- oder Untergewicht, die körperliche Leistungsfähigkeit nimmt ab, der Mensch fühlt sich nicht mehr „wohl in seiner Haut". Es gibt eine Reihe von Krankheiten, z. B. des Herz-Kreislauf-Systems oder des Stoffwechsels, die dann entstehen können. Es gibt verschiedene Gründe dafür, warum ein Mensch zu viel oder zu wenig isst.

Lies dir die Angaben zu den beiden Personen durch.

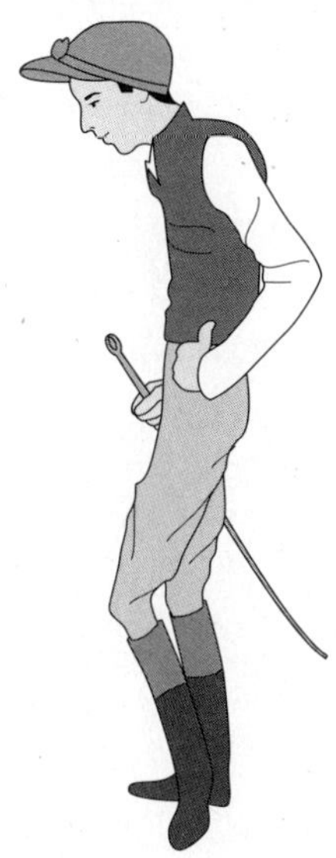

Abgemagert in den Sattel

FRED ARCHER war ein britischer Starjockey, der mit 29 Jahren 2747 Pferderennen gewonnen hatte. Dies erreichte er nicht zuletzt aufgrund seines ungewöhnlich niedrigen Körpergewichtes von nur 53 kg bei einer Körpergröße von 172 cm. Dieses Gewicht konnte FRED ARCHER aber nur durch ständiges Hungern und Verwendung von Abführmitteln halten. Von Ehrgeiz zerfressen, völlig abgemagert und ausgelaugt nahm sich der Starjockey 1886 das Leben. (Man sagt, er habe die Tat in einem Moment geistiger Umnachtung begangen.)

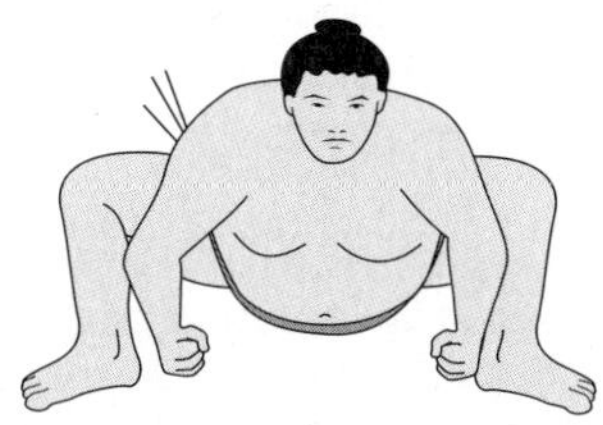

Mit Übergewicht im Ring

Sumo-Ringkämpfe sind bei Japanern sehr beliebt, die Ringkämpfer genießen in Japan ein hohes gesellschaftliche Ansehen.
Das Erfolgsrezept eines Sumo-Ringers ist Meditation und ein anstrengendes Training, in dem Muskelmasse und damit Kraft aufgebaut wird und die Techniken und auch die Beweglichkeit verbessert werden. Der berühmte Sumo-Ringer KAIO bringt ein Kampfgewicht von 170 kg auf die Waage. Dieses enorme Gewicht kann aber alleine durch Muskelmasse nicht erreicht werden. Sumo-Ringer mästen sich regelrecht, um eine mächtige Fettschicht zu bekommen, sie sind stark übergewichtig.

Aufgaben

1. Welche Vorteile oder Nachteile haben die beiden Personen aufgrund ihres Körpergewichtes?

____

____

____

____

2. 15 von 100 Menschen sind bei uns übergewichtig, mit steigender Tendenz. Allerdings weiß man heute, dass dabei nicht nur übermäßiges Essen, sondern auch Veranlagung eine Rolle spielt. Es gibt nämlich Menschen, die bei gleicher Ernährung und körperlicher Aktivität zunehmen, andere hingegen nicht. Man kann diese Menschen auch als gute Nahrungsverwerter bezeichnen. Das weiß auch Herr Meyer (52 Jahre), der seit 30 Jahren als Berufskraftfahrer arbeitet, also meistens hinter dem Steuer sitzt. In seiner Freizeit isst Herr Meyer gerne reichlich und treibt keinen Sport. Mit seinem Körpergewicht von 85 kg (Körpergröße 170 cm) und der damit verbundenen Last ist er nicht zufrieden. Der Arzt hat Übergewicht festgestellt und zur Abnahme durch vollwertige Ernährung, Verzicht und Sport geraten. Herr Meyer sagt: „Das ist eben Veranlagung, da kann der Mensch nichts dran ändern."
   Nimm zu dieser Aussage Stellung.

____

____

____

____

Das Interview der Woche: „Richtige Ernährung macht fit für Sport und Spiel"

Radio Natura besuchte den Ernährungswissenschaftler Prof. Dr. Vollkorn

Radio Natura: Herr Professor Vollkorn, unsere Zuhörer haben uns zahlreiche Briefe zu unserer Themensendung „Ernährung des jugendlichen Sportlers – aber bitte richtig" zugesandt. Immer wieder tauchten ähnliche Fragen auf. Wir bedanken uns bei Ihnen, dass Sie sich Zeit für unsere jungen Zuhörer genommen haben.

Professor Vollkorn: Ich habe zu danken, wir sehen es als großen Glücksfall an, dass sich schon Jugendliche für das Thema interessieren. Also, schießen Sie los.

Radio Natura: Was ist eigentlich von der Potato- oder auch Nudelparty, die von Marathonläufern am Vorabend des großen Laufes stattfindet, zu halten?

Professor Vollkorn: Ja, äh . . . feiern gehört natürlich auch zum Sport, aber schon vor dem Wettkampf? Wie Sie wissen, bewegen Muskeln unseren Körper und benötigen dazu Energie. Die Hauptenergieträger in unserer Nahrung sind Kohlenhydrate und Fette. Kohlenhydrate, die in Form von Stärke in Kartoffeln und Nudeln enthalten sind, haben für den Sportler den Vorteil, dass sie nach der Verdauung und Aufnahme durch den Muskel schnell als Energiequelle genutzt werden können und zudem bei der „Verbrennung" im Muskel nur halb so viel Sauerstoff verbrauchen wie Fett.

Radio Natura: Ja, und wie ist das mit der Party?

Professor Vollkorn: Schautafel 1 zeigt die Energiebereitstellung im arbeitenden Muskel in Abhängigkeit von der Belastungsdauer bei vollständig gefüllten Kohlenhydratlagern der Muskulatur. Bei falscher Ernährung des Sportlers, das heißt zu viel Fett und Eiweiß, sind die Kohlenhydratlager unvollständig gefüllt (Schautafel 2). Die Arbeitsmuskulatur stellt dann frühzeitig auf Fettverbrennung um, das ist nicht ökonomisch. Der Sportler hat dann einen großen Nachteil im Wettkampf, weil bei der Verbrennung von Fetten die doppelte Menge Sauerstoff verbraucht wird.

1

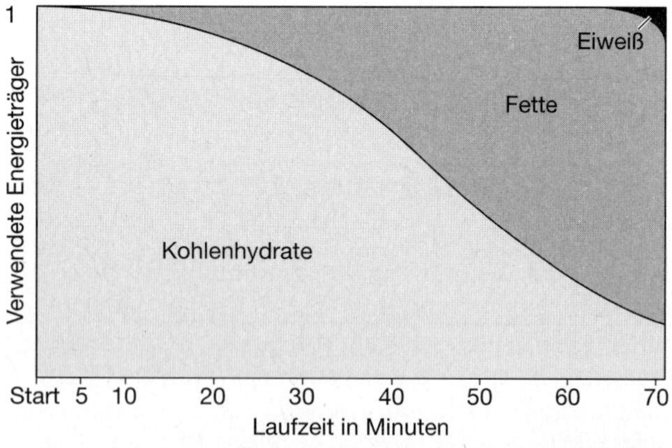

2

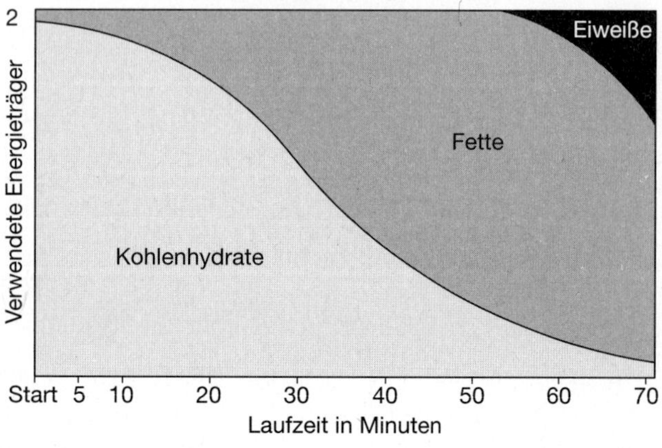

Radio Natura: Das ist verständlich, aber wie füllt man denn die Kohlenhydratlager der Muskeln auf? Muss man da zur Tankstelle?

Professor Vollkorn: Sie scherzen, aber zurück zum Thema! Das geht viel einfacher. Sportler und Jugendliche, die sich ja auch viel bewegen, brauchen sich nur am Ernährungskreis zur vollwertigen Ernährung zu orientieren. Ist der bekannt?

Radio Natura: Ja natürlich, gute Biologiebücher behandeln den Ernährungskreis im Kapitel „Ernährung und Verdauung".

Professor Vollkorn: Wunderbar, ganz ausgezeichnet, ich bin wirklich begeistert! Also, viel von den Lebensmitteln der 1. und 2. Gruppe, also Getreideprodukte und Gemüse essen, denn die enthalten hauptsächlich Kohlenhydrate in Form von Stärke. Das Übrige macht der Körper selbst. Stärke wird im Darm zu Traubenzucker verdaut und über das Blut zum Muskel transportiert. Die Muskeln nehmen den Traubenzucker auf und legen Vorräte an, auf die der Muskel dann im Wettkampf zurückgreifen kann. Marathonläufer füllen am Vorabend des Wettkampfes ihre Kohlenhydratlager auf, indem sie Kartoffeln und Nudeln verzehren.

Radio Natura: Gesine B. aus Berlin fragt, ob ein Sportler seinen Muskelaufbau durch zusätzliche Eiweißzufuhr verbessern kann?

Professor Vollkorn: Sport erhöht zwar den Eiweißbedarf des Körpers, jedoch bei weitem nicht so stark wie lange angenommen. Oft haben Kraftsportler früher versucht ihre Eiweißaufnahme durch Riesensteaks und Eiweißpulver auf die Spitze zu treiben. Einige meiner Kollegen haben aber errechnet, dass in unserer Nahrung so viel Eiweiß enthalten ist, dass wir täglich etwa 1,6 Gramm Eiweiß pro Kilogramm Körpergewicht aufnehmen. Reichlich genug für die meisten Sportler. Die kommen nämlich in der Regel schon mit einem Gramm pro Kilogramm Körpergewicht aus; genug auch für ihre sportlichen Zuhörer, die ja noch wachsen und Eiweiß als Aufbaustoff benötigen. Also keine Riesensteaks oder gar Eiweißriegel oder Eiweißpulver zusätzlich, die Anschaffung belastet unnötig den Geldbeutel, das Eiweiß den Stoffwechsel. Halten sie sich auch da an den Ernährungskreis, dann sind sie im „Grünen Bereich", wie man heutzutage wohl sagt.

Radio Natura: Sollten Sportler zusätzlich Vitamintabletten zu sich nehmen?

Professor Vollkorn: Vitamine sind wichtige Wirkstoffe, auf die der Körper nicht verzichten kann. Gesunde Jugendliche, die sich vollwertig ernähren, brauchen sich um Vitamine keine Sorge zu machen. Ihr Körper hat genug davon, zusätzliche Gaben in Form von Tabletten sind sinnlos.

Radio Natura: Herr Professor, wir bedanken uns für dieses Gespräch – auch im Namen unserer Zuhörer.

Professor Vollkorn: Danke, ja. Ähm . . ., ich habe hier noch etwas für die Schüler: Tipps zum Thema Ernährung und Sport, mit einigen ausgezeichneten Rezepten, sehr schmackhaft, guten Appetit dabei.

(Anmerkung der Redaktion von Radio Natura: Das Gespräch mit Professor Vollkorn wurde vor dem Unterricht aufgezeichnet und wird in gekürzter Fassung abgedruckt)

Tipps von Professor Vollkorn zum Thema „Ernährung vor dem Sportwettkampf"

Am Abend vor dem Wettkampf Kohlenhydratspeicher der Muskeln mit stärkereichen Mahlzeiten auffüllen.

Letzte große Mahlzeit 2 Stunden vor dem Wettkampf.

Fett- und eiweißreiche Speisen liegen zu lange im Magen, deswegen hauptsächlich Getreideprodukte und Gemüse essen.

Kleiner Imbiss vor dem Start: Vollkornkeks, Jogurt mit Obst.

Nach dem Wettkampf Verlust an Wasser, Mineralstoffen und Kohlenhydraten durch Trinken und vollwertige Ernährung ausgleichen.

Dauert der Wettkampf lange (Fußballspiel, Leichtathletikwettkampf) kleine Energieschübe in Form von süßen Obststückchen, Müsliriegel oder Vollkornkeksen. Cola oder Limonade sind als Sportlergetränke nicht geeignet.

Sportler-Drinks:

Schorle „Topfit"
für 2 Portionen

Saft von 2 Orangen
$1/2$ Banane
4 Esslöffel ungezuckerten Sanddornsaft
300 g Buttermilch
2 Teelöffel Honig

Orangensaft mit zerdrückter Banane und den übrigen Zutaten im Mixer durchrühren.

Saft mit Zitrone
Für 2 Portionen

100 ml Frucht- und Gemüsesaft
300 ml mineralstoffreiches Mineralwasser
1 Zitronenscheibe
Mineralwasser und Saft mischen, mit Zitronenscheibe garnieren. Fertig!

Aufgaben

Stichwortartig zusammengefasst, ging es im Text um die Themen Energieversorgung des Muskels, Eiweiß und Vitamine. Markiere die entsprechenden Stellen im Text und schreibe die Stichwörter an die Seite. Beantworte dann folgende Fragen:

1. Warum veranstalten Marathonläufer die Potato-Party?

____

____

2. In welcher Reihenfolge nutzt der arbeitende Muskel bei längerem Laufen welche Energieträger?

____

3. Benötigt ein Sportler zusätzliche Eiweißgaben? Begründe deine Meinung.

____

4. Warum braucht ein Sportler keine zusätzlichen Vitamine in Form von Vitamintabletten?

____

Zähne und Zahnpflege
Lexikon: Zähne

Natura 5/6, Seite 28/29

Schülerbuch Seite 28

① Halte einen Spiegel vor den geöffneten Mund. Suche und beschreibe die verschiedenen Zahntypen.
– *Milchgebiss: Schneidezähne, Eckzähne, Backenzähne.*
Im Dauergebiss kommen die Mahlzähne hinzu.

Arbeitsblatt Seite 31

2. Die Karieserkrankungen haben (ständig) zugenommen.
3. 4500 v. Chr, 1600 n. Chr, 1850 n. Chr. sprunghafte Zunahme der Erkrankungen.
4. Durch rohes Fleisch und gutes Kauen Selbstreinigung der Zähne, kohlenhydratarme Kost verursacht geringe Säureproduktion. Durch weiche Kost versagt die Selbstreinigung der Zähne, kohlenhydratreiche Nahrung verursacht starke Säureproduktion. Der Verzehr von Zuckerrohr und reinem Zucker ruiniert die Zähne. Das Problem verstärkt sich zu dem Zeitpunkt, da Zucker durch den Anbau von Zuckerrüben in Europa billiger hergestellt werden konnte.

Arbeitsblatt Seite 32

1. Spätestens 30 Minuten nach einer Mahlzeit die Zähne putzen. Kein Dauerkonsum von zuckerhaltigen Lebensmitteln.
2. Fluorhaltige Zahnpasta oder Gel verwenden. Fluortabletten nehmen, schützt Zähne „von innen".
3. 3 Minuten die Zähne putzen, sodass die Zahnpasta auf Zähne einwirken kann.
4. Nach dem Zähneputzen nicht ausspülen, da sonst die Wirkstoffe der Zahnpasta von den Zähnen abgespült werden.
5. Hin und wieder zuckerfreien Kaugummi kauen.
6. Nach Aufnahme von Säure Mund mit Wasser ausspülen und zuckerfreien Kaugummi kauen.

Arbeitsblatt Seite 33

Zahnformel Dauergebiss: 5 1 2 : 2 1 5
Zahnformel Milchgebiss: 2 1 2 : 2 1 2

Modelle

Schüler haben zuhause oftmals Abdrücke von ihrem eigenen Gebiss oder können diese von ihrem Zahnarzt mitbringen. An diesen Gipsmodellen können die Kinder das Milchgebiss kennen lernen und ihre Zahnformeln ableiten.

Blank polierte Marmorstücke (z.B. von einer ausrangierten Fensterbank) werden unter der Wirkung von Haushaltsessig matt und rau.

„Gut gekaut ist halb verdaut!" – Modell zur Oberflächenvergrößerung

Der Merksatz „Gut gekaut ist halb verdaut!" kann mithilfe einer Packung Würfelzucker (500 g-Packung) demonstriert werden (s.u). Die Packung stellt ein Stück Brot mit einer Oberfläche von 433 cm^2 dar. Eine Packung enthält 147 Würfel. Ein Würfel hat eine Oberfläche von 12,24 cm^2, alle zusammen 147 x 12,24 = 1799,28 cm^2. Kleinere Nahrungsbruchstücke bieten den Verdauungssäften also eine größere Angriffsfläche als unzerteilte.

Paradontitis

Die Bakterien im Mund können auch Zahnfleischentzündung *(Gingivitis)* hervorrufen, die an gerötetem Zahnfleisch, das auch bluten kann, zu erkennen ist. Gründliches Zähneputzen schafft meist Abhilfe. Unbehandelt geht die Gingivitis häufig in eine Zahnbettentzündung *(Paradontitis)* über, deren chronische Ausbildung *Paradontose* genannt wird. Begleitet wird dieses Krankheitsbild von Zahnfleisch- und Kieferknochenschwund, die Zähne fallen aus.

Das Würfelzuckermodell

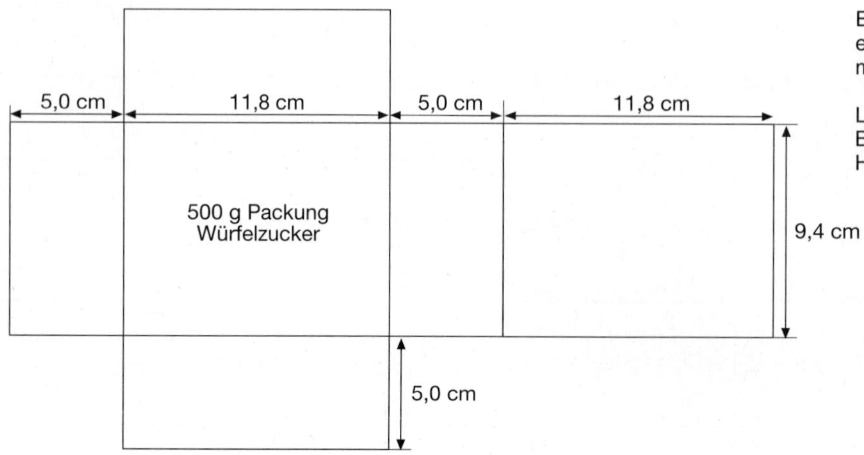

Eine Packung Würfelzucker enthält 147 Zuckerstückchen mit folgen Maßen:

Länge: 1,6 cm
Breite: 1,5 cm
Höhe: 1,2 cm

Faule Zähne – ein neuartiges Problem?

Karies gibt es schon seit Tausenden von Jahren. Wissenschaftler haben über eine Million ausgegrabener menschlicher Zähne untersucht und Bemerkenswertes herausgefunden. Um ihre Ergebnisse darstellen zu können, haben sie die Zahl der erkrankten Zähne durch die Zahl der gesunden Zähne geteilt.

Beispiel: Wurden 20 an Karies erkrankte und 10 gesunde Zähne aus einer Zeit gefunden, ergibt das (20 : 10) den Wert 2; würden 10 kranke und 10 gesunde Zähne gefunden, ergibt das den Wert ______.

Jahreszahl	Verhältnis kranke Zähne / gesunde Zähne
8000 v. Chr.	3
4500 v. Chr.	7
100 n. Chr.	14
1600 n. Chr.	20
1800 n. Chr.	30

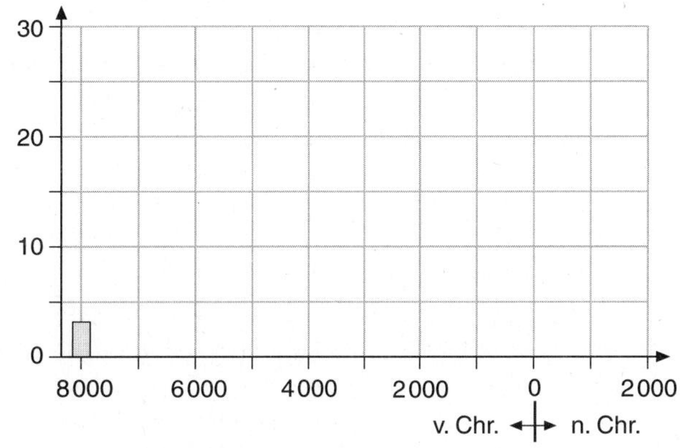

Verhältnis kranke/gesunde Zähne

Aufgaben

1. Vervollständige das Balkendiagramm mithilfe der in der Tabelle angegebenen Werte.

2. Welchen allgemeinen Trend kannst du aus dem Balkendiagramm ablesen?

   ____

3. Ist der Anstieg der Karieserkrankungen im Laufe der Jahrtausende gleichmäßig gewesen? Überprüfe deine Vermutung mit einem Lineal.

   ____

4. Heute weiß man einiges über die Lebensweise der Menschen in früheren Zeiten:
   - Am Ende der Steinzeit (ca. 8000 v. Chr.) aßen die Menschen viel rohes Fleisch und wenig Kohlenhydrate (Stärke, Zucker).
   - 4500 v. Chr. mahlten die Menschen Getreide, aßen viel breiige, weiche Nahrung, die viele Kohlenhydrate enthielt.
   - 100 n. Chr. benutzen die Römer Spezialzangen, um faule Zähne zu entfernen.
   - 1600 n. Chr. wird Zuckerrohr in warmen Ländern in großem Maßstab angebaut.
   - 1800 n. Chr. wird die Zuckerrübe in Europa in großem Maßstab angebaut und zur Zuckergewinnung genutzt.

   Hängen die genannten Ereignisse mit dem Anstieg der Karieserkrankungen zusammen? Begründe deine Meinung.

   ____

   ____

   ____

   ____

   ____

Von der richtigen Zahnpflege

Wir sind heute in der glücklichen Lage, ernährungsbedingten Zahnerkrankungen vorbeugen zu können.

Aufgabe

Arbeite die folgenden Aufgaben durch und leite aus den Ergebnissen Regeln für eine vernünftige Zahnpflege ab. Schreibe diese Regeln auf.

I. Auf unseren Zähnen leben mehr als 200 verschiedene Bakterienarten. Wissenschaftler haben diese Bakterien im Reagenzglas gezüchtet und dann folgenden Versuch gemacht: Sie gaben Zucker zu den Bakterienkulturen und konnten nach 30 Minuten eine starke Säurebildung durch die Bakterien beobachten.

II. Ähnlich wie unsere Zähne, besteht die Schale von Eiern hauptsächlich aus Kalk. Das macht folgenden Modellversuch mit einem Hühnerei möglich:
Du brauchst: Haushaltsessig (Säure; nicht berühren und Dämpfe nicht einatmen), 1 Ei, fluorhaltige Zahnpasta, 1 Becherglas.
Schmiere das Ei zur Hälfte dünn mit fluorhaltiger Zahnpasta ein. Lege das Ei in den Glasbecher und gib dann Säure hinzu, sodass das Ei vollständig bedeckt ist. Beobachte das Ei ungefähr 10 Minuten und notiere deine Beobachtungen.

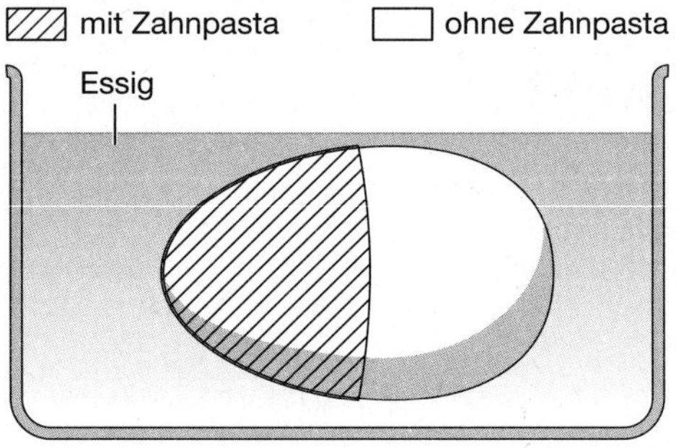

III. Man hat zwei Eier in Wasser mit fluorhaltiger Zahnpasta gelegt. Dasjenige Ei, das 3 Minuten in der Lösung lag, wurde kaum vom Essig angegriffen. Das andere Ei, das nur 20 Sekunden in der Lösung lag, wurde hingegen stark angegriffen.
Wäscht man die Zahnpasta ab, bevor das Ei in die Säure gelegt wird, wird es stärker angegriffen als ein Ei, das nicht abgewaschen wurde.

IV. Zuckerfreier Kaugummi regt die Speichelproduktion im Mund an. Im Speichel ist eine Substanz enthalten, die Säure unschädlich macht.
Erinnerst du dich noch daran, wie sich die Zähne nach einer Portion Rhabarber anfühlen? In Rhabarber ist viel Säure enthalten, die deinen Zähnen zusetzt. Die Zähne sind sehr empfindlich, auch Putzen hilft da nicht. Was ist zu tun?

Regeln für die richtige Zahnpflege:

Zähne und Gebiss

Der Mensch hat verschieden geformte Zähne in unterschiedlicher Anzahl.

Das Milchgebiss des Menschen

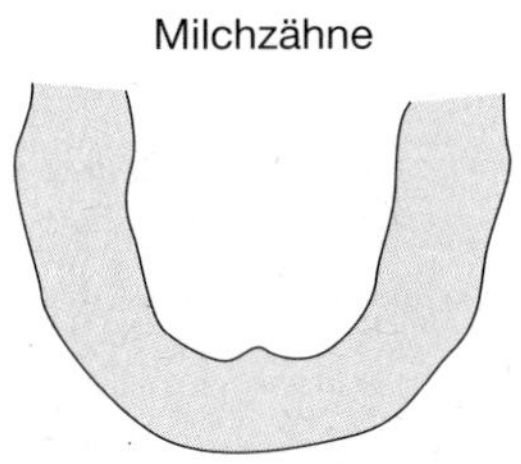

Milchgebiss						
	rechts			links		
	BZ	EZ	SZ	SZ	EZ	BZ
Oberkiefer						
Unterkiefer						

Das Dauergebiss des Menschen

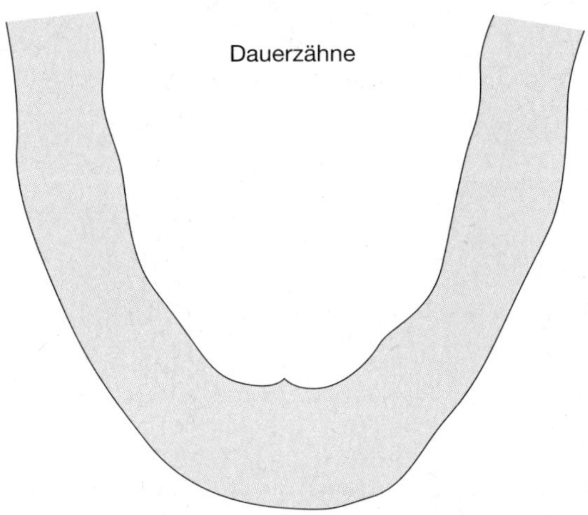

Dauergebiss						
	rechts			links		
	BZ	EZ	SZ	SZ	EZ	BZ
Oberkiefer						
Unterkiefer						

Aufgaben

1. Schneide die Zahnbilder des Milchgebisses aus und ordne sie auf dem Zahnkreis an. Stelle die Zahnformel für Ober- und Unterkiefer auf.

2. Schneide die Zahnbilder vom Oberkiefer eines Erwachsenen aus und ordne die Zähne des Dauergebisses auf dem Zahnkreis an. Markiere dann die Schneidezähne grün, die Eckzähne rot und die Backenzähne blau. Stelle die Zahnformel für Ober- und Unterkiefer auf.

Milchgebiss:

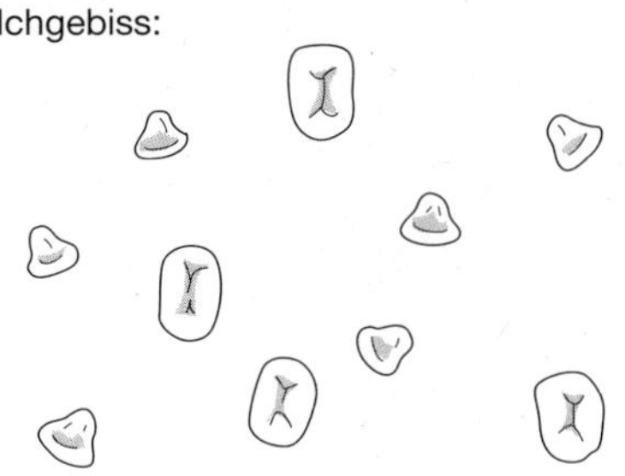

Dauergebiss:

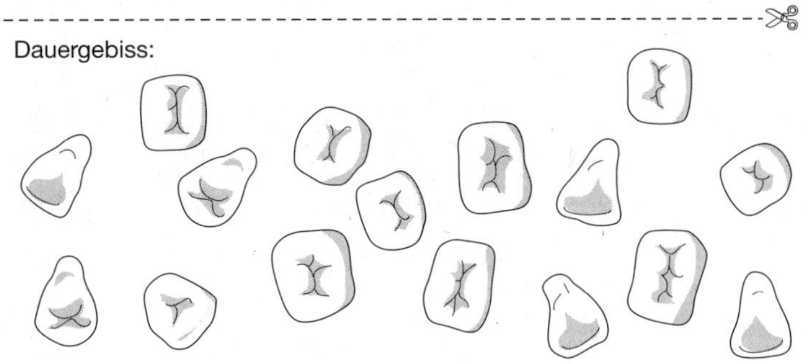

Der Weg der Nahrung durch unseren Körper

Natura 5/6, Seite 30/31

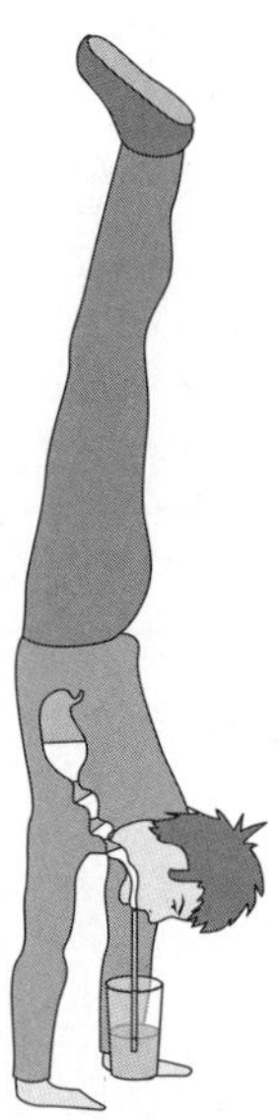

Trinkender im Kopfstand

Schülerbuch Seite 31

① Man kann Verdauungsvorgänge gut verstehen, wenn man sich ein Modell baut. Eine lange Spielperlenkette ist das Modell für die Stärke. Die Spielperlen sind die Traubenzuckerteilchen. Wir bohren in den Deckel eines Schuhkartons Löcher in der Größe der Spielperlen und legen die Kette hinein. Dann bewegen wir den Deckel hin und her. Anschließend zerlegen wir die Kette in die einzelnen Bausteine und legen diese wieder in den durchlöcherten Deckel. Vergleiche den Modellversuch mit den Vorgängen bei der Verdauung.

– *Stärke (Perlenkette) muss in ihre Untereinheiten (Traubenzucker) zerlegt werden, denn erst der Zucker (einzelne Perlen) kann durch die Wände der Darmzotten in das Blut übertreten (s. Abb. 2).*

Peristaltischer Transport

Kann man im Handstand trinken?

Material: Glas Wasser, Trinkhalm mit Gelenkzone
Durchführung: Probiere aus, ob du im Handstand trinken kannst. Benütze ein Glas Wasser und einem Trinkhalm. Erkläre deine Beobachtungen.
Ergebnis: Trinken und essen im Handstand sind möglich.

Modell zum peristaltischen Transport

Wie kann der Speisebrei im Handstand nach oben, also entgegen der Schwerkraft transportiert werden?
Man stelle einem Schüler die Aufgabe, einen Tennisball durch einen Nylonstrumpf nach oben zu transportieren. Der Schüler wird mit der Hand den Strumpf unterhalb des Balles einschnüren und die Hand – damit auch den Ball – in die gewünschte Richtung schieben. Dieses einfache Modell lässt den muskulären Mechanismus der Peristaltik erschließen. Ringförmige Muskulatur verengt fortlaufend die Speiseröhre (bzw. den Darm); gleichzeitig kontrahiert sich die Längsmuskulatur. Diese Kontraktionswelle wandert in Magenrichtung.

Arbeitsblatt Seite 35

Stärke wird unter der Einwirkung der Hitze im Backofen thermisch in Glukose zersetzt. Daher wird die Kruste, die süß schmeckt, entfernt.

Damit die Schüler genügend Zeit zur Beobachtung des Experimentes 3 haben, sollte dafür eine ganze Schulstunde zur Verfügung stehen. Das bedeutet, dass die Stärke Agar in der Vorläuferstunde gegossen wird, das Iod wird in der experimentellen Biologiestunde aufgetragen. Die Iodlösung wird 1 : 4 mit Wasser verdünnt (1 Teil Iod, 3 Teile Wasser). Keinesfalls sollte der Versuchsansatz längere Zeit stehen und dann erst ausgewertet werden, da Iod einen hohen Dampfdruck besitzt und sich verflüchtigt.

Deutung zu Experiment 1: Durch Verdauungsstoffe des Mundspeichels wird die Stärke des Weißbrotes zu Zucker zersetzt, der süß schmeckt.

Deutung zu Experiment 2: Weißbrot enthält Stärke (gleiche Reaktion wie Speisestärke), Zucker jedoch nicht.

Deutung zu Experiment 3: Die Speisestärke im Agar wurde in Zucker umgewandelt. Da Zucker und Iod keine Blaufärbung ergibt, entfärbt sich der Agar.

Vorbereitung der Versuche (Arbeitsblatt)

5 g Kaliumiodid werden in 1000 ml Leitungswasser gelöst. Nach vollständiger Auflösung gibt man 1 g Iod zu und rührt erneut um.
Damit der Agar kalt zur Verfügung steht, können die Platten am Vortag gegossen werden.

Medien

FWU 42 00247 Verdauung und Nahrung
Klett-Video 750643 Die Verdauung, Teil 1
Klett-Video 750644 Die Verdauung, Teil 2

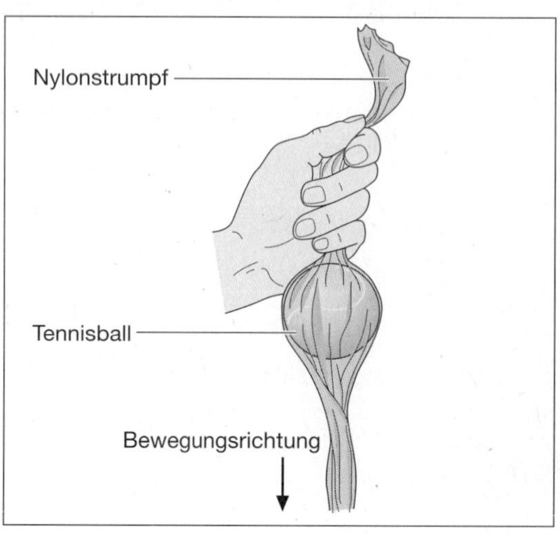

Abb. 1 Modell zum peristaltischen Transport

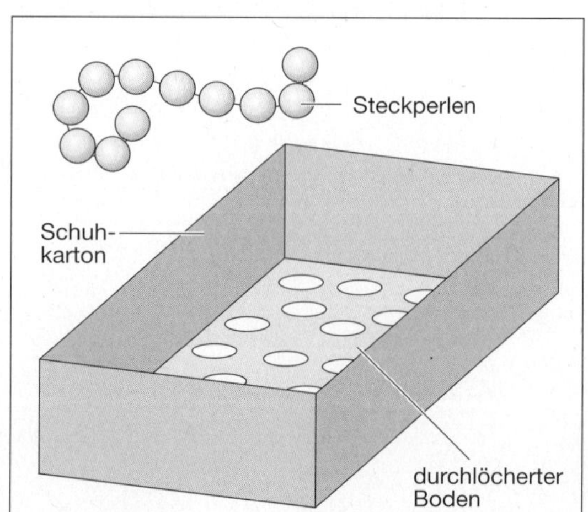

Abb. 2 Perlenkettenmodell

Was geschieht mit den Nährstoffen?

Material
Waage, Brenner, 500 ml Becherglas, Löffel, Pasteur-Pipette, Pipettenhütchen, Petrischalen, Iodlösung, Agar, Weißbrot, Traubenzucker, Speisestärke, Speichel.

Experiment 1
Kaue ein Stück Weißbrot, bis es so weit zerkleinert ist, dass es bequem heruntergeschluckt werden könnte. Kaue dann ein zweites Stück etwa 3 Minuten. Pass auf, dass du den Bissen nicht aus Versehen herunterschluckst. Beschreibe deine Geschmacksempfindung.

____

Experiment 2
Führe den Stärkenachweis mit einem Stückchen Weißbrot, mit Speisestärke und Zucker durch.

Ergebnis: ____

Experiment 3
Das folgende Experiment kannst du nur sicher ausführen, wenn du einige Regeln beachtest:

a) Arbeite nicht mit Hast!
b) Unterlasse jegliche Spielereien!
c) Sei besonders vorsichtig bei der Arbeit an der offenen Flamme!

- Wiege 2 Gramm Agar ab.
- Rühre den Agar dann mit einem Löffel in 100 ml kochendes Leitungswasser hinein, bis es keine Klumpen mehr gibt.
- Gib unter Rühren 0,5 g Speisestärke hinzu und gieße den Agar in eine Petrischale, sodass deren Boden bedeckt ist. Nach dem Abkühlen hat der Agar die Beschaffenheit eines Puddings.
- Gib mit einer Pipette einige Tropfen Iodlösung auf den Stärke-Agar und verteile die Flüssigkeit durch Schräghalten der Petrischale auf einer großen Fläche. Gieße den Rest ab.
- Beobachte den Stärke-Agar ca. 30 Sekunden.
- Gib dann mit einem Finger vorsichtig einen Tropfen Speichel auf die vorher mit Iodlösung benetzte Stelle des Stärke-Agars.
- Fertige eine Zeichnung von dem Farbfleck an. Kontrolliere den Farbfleck nach Zugabe des Speicheltropfens nach 3 und 6 Minuten und halte auftretende Veränderungen in einer Zeichnung fest.
  Zeichne das Aussehen des Farbfleckes nach 20 und 30 Minuten ein.

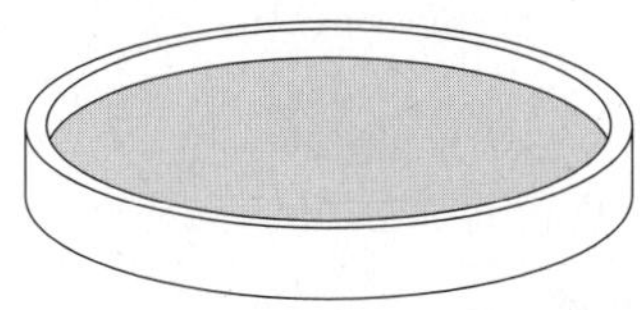

Petrischale mit Stärke-Agar und Iod

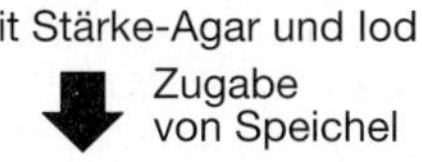

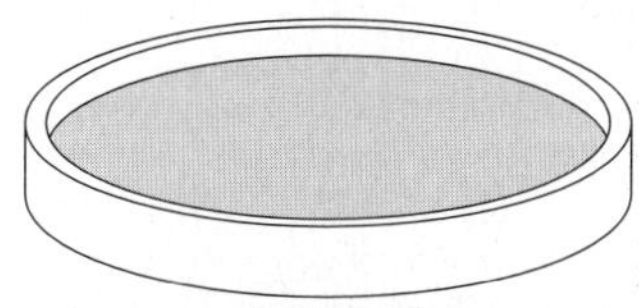

nach 3 Minuten

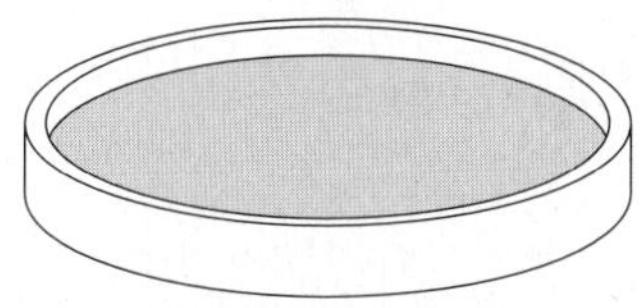

nach 6 Minuten

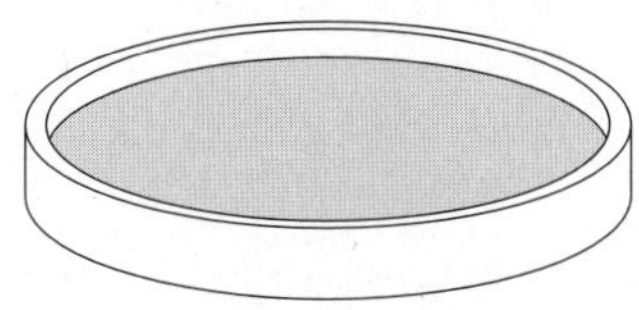

nach 20 Minuten

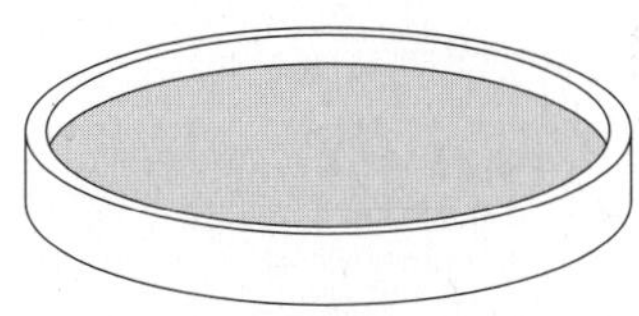

nach 30 Minuten

Deutung
Warum hat sich der Stärke-Agar unter der Einwirkung des Speichels entfärbt?

____

____

____

____

Brettspiel „Mahlzeit“

Spielanleitung

Benötigt werden ein 6er-Würfel und vier Spielfiguren. Ziel des Spiels ist es, als verdauter Nährstoff ins Blut zu gelangen.
Eine Spielgruppe besteht aus vier Spielern und einem Spielleiter. Der Spielleiter liest die Ereignis- und die Wissenskarten vor. Nachdem ein Spieler eine Wissensfrage richtig beantwortet hat, rückt er auf das Jokerfeld der Wissenszone vor.

E
Du hast Durchfall. Wandere durch den Verdauungstrakt und fange erneut beim Start an. Überspringe Wissenszonen, in denen du schon eine Frage beantwortet hast.

E
Du hast dir für dein Pausenbrot Zeit genommen.
Zweimal würfeln.

E
Gestern hattest du deinen Obsttag.
Rücke 2 Felder vor.

E
Du hast zu wenig Ballaststoffe zu dir genommen und leidest an Verstopfung.
1-mal aussetzen.

E
Du hast zu viel Schokolade gegessen.
Einmal aussetzen.

E
Du hast in der letzten Zeit viel Gemüse, Obst und Vollkornbrot gegessen, dein Verdauungsapparat arbeitet perfekt.
Rücke 3 Felder vor.

E
Du hast zu viele Pommes frites gegessen und hast dir den Magen verdorben.
1 Runde aussetzen.

E
Du hast dich viel an der frischen Luft bewegt.
Noch einmal würfeln.

E
Du hast vor dem Frühstück Limonade getrunken und übergibst dich. Fange erneut beim Start an. Überspringe Wissenszonen, in denen du schon eine Frage beantwortet hast.

E
Du hast zu hastig gegessen.
Rücke 3 Felder zurück.

E
Du hast dir eine Magen-Darm-Infektion zugezogen.
1 Runde Bettruhe.

W1
1) Kann man im Handstand trinken? (Ja)
3 Felder vor

W1
2) Welcher Nährstoff wird vom Mundspeichel verdaut? (Stärke)
3 Felder vor

W1
3) Warum ist es vorteilhaft, die Nahrung gut zu kauen? (Oberfläche wird vergrößert; größere Angriffsfläche für die Verdauungssäfte)
3 Felder vor

W1
4) Nenne die wichtigsten Betriebsstoffe in unserer Nahrung. (Fette, Zucker, Stärke; für jede richtige Antwort)
1 Feld vor

W1
5) Warum schmeckt Brot nach längerem Kauen süß? (Weil Stärke in Zucker umgewandelt wird)
3 Felder vor

W2
1) Woraus besteht der Magensaft? (Aus Salzsäure und Verdauungssäften)
3 Felder vor

W2
2) Welche Aufgabe hat der Pförtner? (Er lässt den Nahrungsbrei portioniert in den Zwölffingerdarm)
2 Felder vor

W2
3) Welche Aufgabe hat die Magensäure? (Sie tötet Keime und Bakterien ab)
2 Felder vor

W2
4) Welcher Nährstoff wird im Magen vorverdaut? (Eiweiß)
2 Felder vor

W2
5) Nenne den wichtigsten Baustoff des Körpers. (Eiweiß)
2 Felder vor

W3
1) In welchem Organ befindest du dich gerade? (In der Leber)
3 Felder vor

W3
2) Welche Aufgabe hat der Gallensaft? (Er zerlegt Fett in kleinste Tröpfchen)
3 Felder vor

W3
3) Warum ist es vorteilhaft, wenn Fett in kleinste Tröpfchen zerlegt wird? (Weil sie den Verdauungssäften eine größere Oberfläche anbieten)
3 Felder vor

W3
4) Wie heißt der Sack, der von der Leber zum Zwölffingerdarm zieht? (Gallenblase)
3 Felder vor

W3
5) Welche Lebensmittel sollte man in Maßen essen, wenn man sich vollwertig ernährt? (Fette, Eiweiße)
für jede richtige Antwort
1 Feld vor

W4
1) In welchem Organ befindest du dich gerade? (In der Bauchspeicheldrüse)
3 Felder vor

W4
2) Welche Nährstoffe werden vom Saft der Bauchspeicheldrüse verdaut? (Fette, Eiweiße, Kohlenhydrate)
für jede richtige Antwort
1 Feld vor

W4
3) Was sind Ballaststoffe? (Unverdauliche, pflanzliche Nahrungsbestandteile)
3 Felder vor

W4
4) In welchen Lebensmitteln sind viele Vitamine enthalten? (Obst, Gemüse)
3 Felder vor

W4
5) Ist es sinnvoll, bei ausgewogener Ernährung Vitamintabletten zu sich zu nehmen? (Nein)
3 Felder vor

W5
1) In welchem Abschnitt des Darms befindest du dich gerade? (Im Dünndarm)
3 Felder vor

W5
2) Warum besitzt der Dünndarm Zotten? (Zur Oberflächenvergrößerung)
3 Felder vor

W5
3) Welche Auswirkungen kann Vitaminmangel haben? (z. B. Skorbut, Sehstörungen, Erschöpfung)
für jede richtige Antwort
1 Feld vor

W5
4) Wie wird der Nahrungsbrei durch den Darm transportiert? (Die Muskulatur der Darmwand zieht sich in Wellen zusammen)
3 Felder vor

W5
5) Welche Aufgabe hat der Dickdarm? (Rückgewinnung von Wasser)
3 Felder vor

Brettspiel „Mahlzeit"

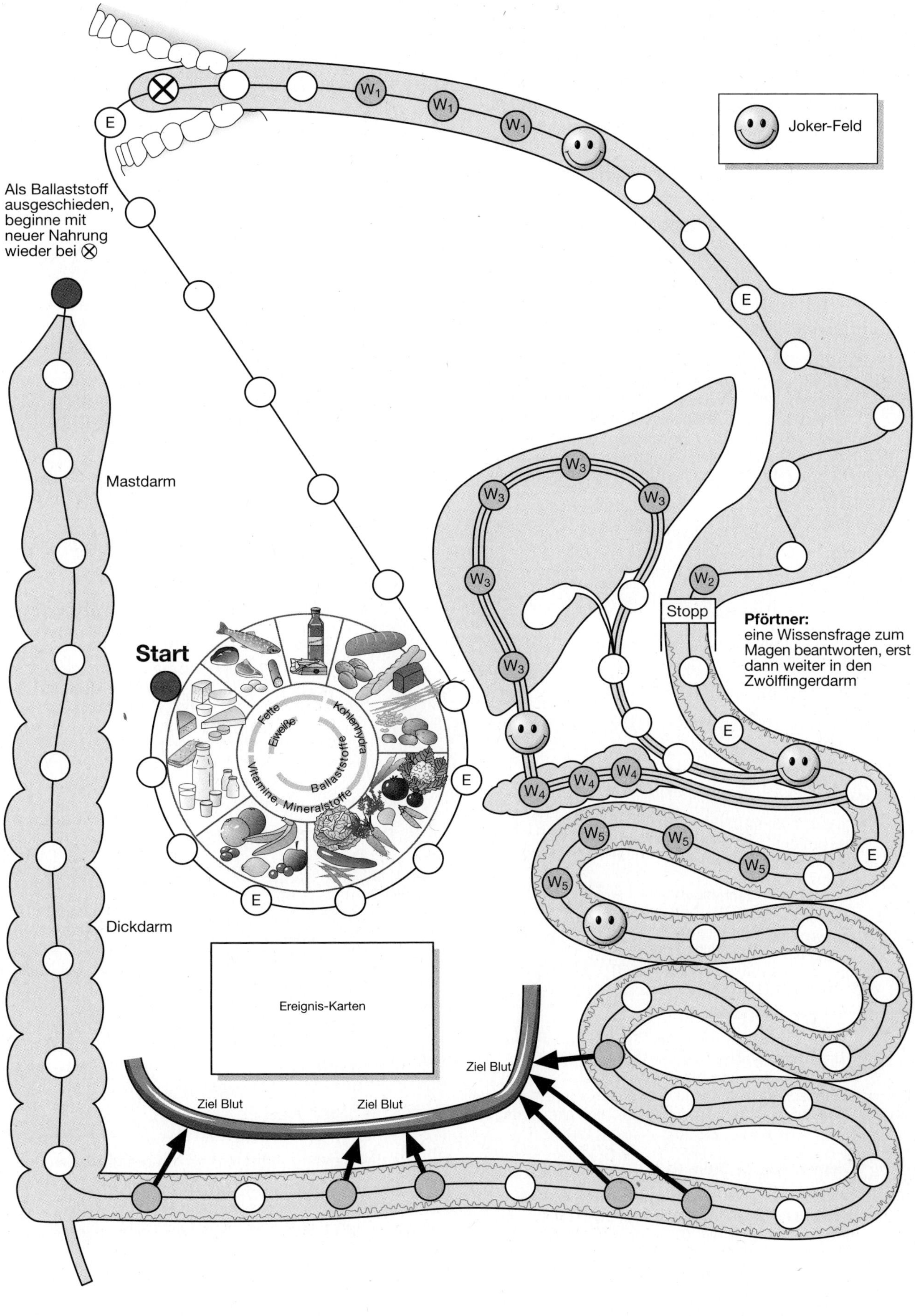

Projekt: Ernährung

Ernährung, Mikroskopie, Nährstoffe, Projekt, Verdauung

Zusammensetzung von Frühstücksgetreideflocken

Mithilfe der Angaben auf Verpackungen von Frühstücksgetreideflocken (z. B. Cornflakes, Loops, Smacks) kann man den Zucker- und Ballaststoffanteil ermitteln und mit Vollkornbrot vergleichen.

Mikroskopische Untersuchung von Stärke in Lebensmitteln

Samen vom Weizen, Roggen, Gerste, Hafer, Mais und Reis zermahlen. Mehlproben mit Wasser auf einen Objektträger geben und mit Deckgläschen mikroskopieren.

Die Stärkekörner zeichnen lassen. Brot-Backmischungen mikroskopisch untersuchen und die Herkunft der Stärke herausfinden. Kartoffelstärke: Im Quetschpräparat lassen sich Kartoffelstärkekörner leicht untersuchen. In gekeimten Kartoffeln werden die Stärkekörner als Energielieferant durch das Enzym Amylase abgebaut, die Stärkekörner korrodieren.

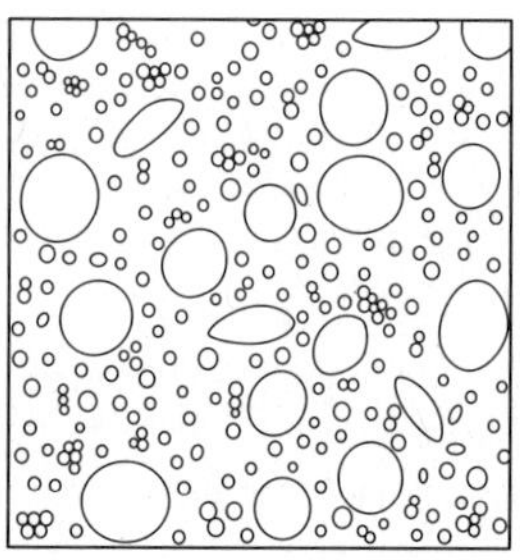

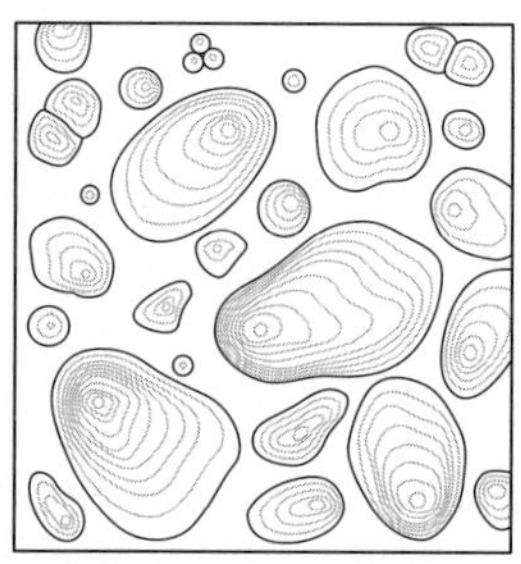

Mikroskopische Untersuchung des anatomischen Baus eines Weizensamenkorns

Man sollte die Körner einige Stunden in Wasser quellen lassen und dann zwei Tage zur Härtung in ein Gemisch aus einem Teil Alkohol und einem Teil Glycerin legen.
Mögliche Untersuchungen sind: Längs- und Querschnitte (mit einer Rasierklinge anfertigen), Stärkenachweis mit Iod-Kaliumiodidlösung, Vergleich gekeimter Körner mit nicht gekeimten.

Ernährungsprotokoll

Was, wie viel, wie oft essen die Schüler an einem Tag, in der Woche?

Unterschiedliche Essgewohnheiten können diskutiert und mit Ernährungsratschlägen verglichen werden.

Das vollwertige Frühstück

Man kann ein gemeinsames Klassenfrühstück planen und durchführen, das schmeckt und gleichzeitig vollwertig ist. Dabei wird geklärt, was vollwertig bedeutet.
Mit der Sammlung von Rezepten sollte rechtzeitig begonnen werden.

Esstabus in verschiedenen Religionen und Kulturen

Kulturhistorische Hintergründe und die (frühere) Bedeutung von Esstabus lassen sich aufzeigen.
Beispiele sind: Schweinefleisch im Islam; Rindfleisch im Hinduismus; Hundefleisch in der westlichen Welt.

Fastfood

Was ist Fastfood? Ist Fastfood ungesund? Ist Fastfood als Zwischenmahlzeit ernährungsphysiologisch sinnvoll? Warum sind Schnellrestaurants bei Jugendlichen beliebt?

Neuerdings gibt es eine Slowfood-Bewegung, die dem Fastfood bewusst das Genießen entgegensetzt.

Fastfood. Essen auf die Schnelle. AID, Nr. 1199
Essen und Trinken in Deutschland. Ernährungsbericht 1996. AID, Nr. 1367
Alternative Ernährungsformen. Deutsche Gesellschaft für Ernährung (DGE) e.V., Feldbergstr. 28, 60323 Frankfurt. (http://www.dge.de)

Zivilisationsbedingte Essfehler

Zu viel, zu süß, zu salzig, zu fett, zu ballaststoffarm. Mögliche Ursachen und ernährungsphysiologische Konsequenzen können aufgedeckt werden.
Die Ergebnisse können der (Schul-) Öffentlichkeit bekannt gemacht werden.

Rund um das Ei

Die Schüler üben Recherchieren und das übersichtliche Darstellen ihrer Ergebnisse.
Aufbau eines Eies, Haltung von Legehennen, Qualität und Kennzeichnung von Eiern, Hygiene: Schutz vor Salmonellen, Eier in unserer Ernährung, Verwendung in der Küche.

In ähnlicher Weise lassen sich auch andere Grundnahrungsmittel, wie Kartoffel, Getreide, etc. zum Thema machen.

Eier. AID, Nr. 1069
Im Internet: http://www.aid-online.de

Nachweis von Inhaltsstoffen mit Teststäbchen

Eiweiß: Teststäbchen in der Apotheke kaufen; z. B. Eiklar und Aufschwemmungen proteinhaltiger Lebensmittel untersuchen (negative Kontrolle: Leitungswasser)

Glukose: Nachweis mit Diabetes-Teststreifen

Teigwaren

Das älteste überlieferte Teigwarenrezept stammt aus China und ist über 4000 Jahre alt. In der Folgezeit haben sich in verschiedenen Kulturen die unterschiedlichsten Produkte entwickelt. Mögliche Themen für Recherchen sind: die ernährungsphysiologische Bedeutung heutiger Teigwaren, Warenkunde, Teigwarensortiment, industrielle Fertigung, Teigwaren können auch selbst hergestellt werden.

Teigwaren. AID, Nr. 1066

E-Nummer

Zum Beispiel Verbraucherzentralen halten Broschüren bereit, in denen Zusatzstoffe von Nahrungsmitteln mit E-Nummern aufgelistet sind. Die Nummern von Farbstoffen, Konservierungsstoffen etc. können auf mitgebrachten Packungen gesucht werden. Die Broschüren verraten Wissenswertes über die Stoffe.

Andere Länder – anderes Essen

In Abhängigkeit von der geografischen Lage, vom Klima, der Beschaffenheit der Böden nutzt der Mensch verschiedene Pflanzenarten für seine Ernährung. Auf dieser Grundlage haben sich in verschiedenen kulturellen Zusammenhängen Essgewohnheiten herausgebildet. Wie sieht der Speiseplan von Kindern aus, die aus anderen Ländern zu uns gekommen sind? Typische Gerichte können in der Schulküche zubereitet werden.

Gliederfüßer als Eiweißquelle der Zukunft? Geht die Rechnung auf?
100 g Nachtfalterlarven beinhalten 46 g Eiweiß, 10 g Fett; 100 g Rindfleisch enthalten 21g Eiweiß und 17g Fett.

Wolfsspinnen auf Blätterteig
2 TL Olivenöl, 1 Zwiebel, 1 Knoblauchzehe, 1 Pfund Spinat, 3 Eier, Feta, Oregano, Petersilie, Pfeffer, Butter und 24 mittelgroße Wolfsspinnen. Zwischen Blätterteiglagen geben, 35 Minuten backen und fertig.

Gewürze

- Wo werden welche Gewürze angebaut?
- Weiterführende Frage: Welche Pflanzenorgane werden wie weiterverarbeitet?
- Welche Geschichte haben Gewürze?

Beispiele:
Mittelamerika: Anis, Ingwer, Kardamon
Vorderer Orient: Lorbeer, Fenchel, Kümmel
Indonesien: Muskat, Nelken, Vanille
Südeuropa: Anis, Safran, Paprika
China: Chilipfeffer, Nelken, Zimt
Kanada: Pfeffer

Das Ergebnis kann ein selbst erstelltes Gewürzlexikon sein.

Franke, W.: *Nutzpflanzenkunde. Nutzbare Gewächse der gemäßigten Breiten, Subtropen und Tropen. 5. Aufl., Thieme, Stuttgart 1992*

Exoten im Einkaufskorb

Exotische Lebensmittel: Viele exotische Früchte bereichern das bundesdeutsche Frischobst-Angebot. Die weltweiten Handelsbeziehungen und ein schneller Transport mit dem Flugzeug machen dies möglich. Aus welchen Ländern kommen die exotischen Früchte, wozu können sie verwendet werden?

Babaco: Heimat: Ecudaor, mittlerweile Anbau auch in Italien. Frischverzehr, Salate, Konfitüren.

Cherimoya: Heimat: Hochland Perus, Ecuadors. Frischverzehr, Milchprodukte, Fruchtsäfte.

Datteln: Marokko, Pakistan, heute auch in USA, Mexiko, Australien. Trockenfrüchte, Alkoholherstellung (Arrak), Dattelhonig.

Zuckerrohr: Heimat: tropisches Asien, wird in den Tropen der ganzen Welt kultiviert.
Zuckergewinnung, Frischverzehr des Marks oder des ausgepressten Marksaftes.

Die Schüler fertigen mithilfe eines Overhead-Projektors, einer Folienvorlage „Weltkarte" und weißem Tonpapier eine Weltkarte an und markieren die Herkunftsländer der Exoten.

Exoten & Zitrusfrüchte. AID, Nr. 1281.
Neue Kulturpflanzen. Themenheft Nr. 206, Unterricht Biologie, 7, 1995.

Geschichten rund ums Essen

Die Geschichte vom Hund

Ein deutsches Ehepaar auf Chinareise. In einem hübschen kleinen Restaurant wird gespeist. Auch der Rauhaardackel Wastel soll etwas bekommen. Der Kellner scheint zu verstehen und nimmt den Dackel mit in die Küche. …

Nicht nur „makabere" Geschichten rund um das Essen können Schüler erfinden.

Literatur

Gordon, D. G.: *The Eat-a-Bug Cookbook. Ten speed Press, Berkley, 1998*
Frey, H. D.: *Vom Supermarkt ins Klassenzimmer: Tropenpflanzen und exotische Früchte. Teil 1–5. In: Praxis der Naturwissenschaften Biologie. Heft 8/46, 12/97 – Heft 4/47, 6/98*
Lebensmittel Kennzeichnung und Zutaten. AID, Nr. 3357
Umweltschutz rund um die Küche. AID, Nr. 1288. AID (Auswertungs- und Informationsdienst für Ernährung, Landwirtschaft und Forsten e. V. Konstantinstr. 124, 53179 Bonn. (Medienkatalog anfordern)
Let's talk about … essen, hungern, fressen. Das Magazin für Jugendliche. Friedrich Verlag, Seelze 1998

Atmung ist lebensnotwendig – der Weg der Atmung
Vorgänge bei der Atmung

Natura 5/6, Seite 34/35

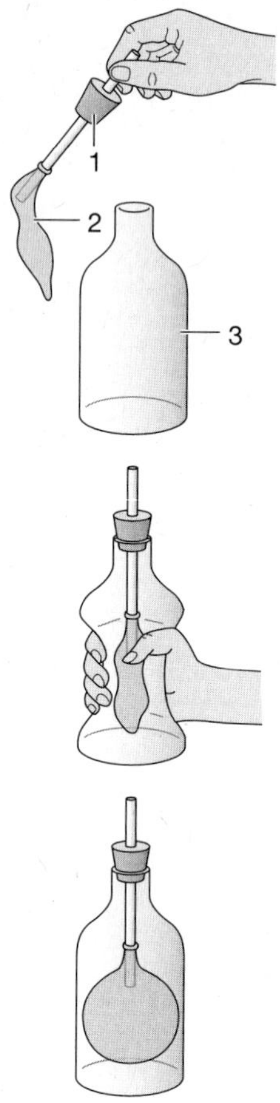

Selbst hergestelltes Funktionsmodell zur Atmung
1 Stopfen
2 Luftballon
3 Plastikflasche

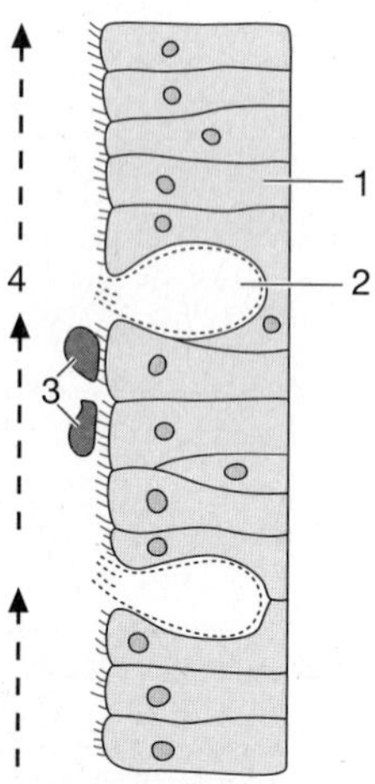

Schleimhaut der Atemwege
1 Flimmerzellen
2 Schleimzelle
3 Fremdkörper
4 Transportrichtung

! Schülerbuch Seite 35

① Beschreibe die Vorgänge in den Lungenbläschen anhand der nebenstehenden Abbildung.
– *Der Sauerstoff der eingeatmeten Luft tritt im Bereich der Lungenbläschen in die Blutgefäße über und wird mit dem Blutstrom abtransportiert.*

② Erkläre, weshalb man durch die Nase und nicht durch den Mund einatmen sollte.
– *Die Nasenschleimhaut erwärmt die Luft, feuchtet sie an und durch Härchen wird die Luft gereinigt.*

③ Zeichne auf Pergamentpapier die Umrisse des Brustkorbes nach dem Ausatmen aus Abbildung 1 und lege diese auf die Abbildung des Brustkorbes nach dem Einatmen. Vergleiche!
– *siehe Schülerbuch*

Z Weitere Versuche

Dichteunterschiede

Beim Schlachter oder im Schlachthof eine Schweinelunge bestellen.
Ein Stück Lungengewebe und ein Stück Muskelfleisch wird in Wasser gegeben.

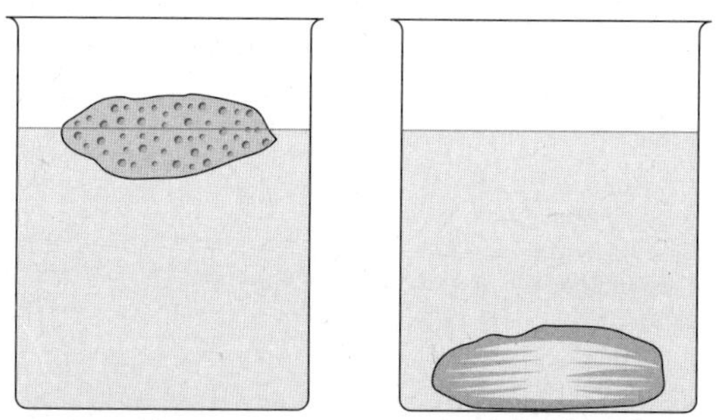

Lungengewebe (löchrig) — Muskelgewebe (faserig)

Beobachtung des Cilienschlages

Der Schlag der Cilien auf den Kiemen der Miesmuschel dient als Modell für den Schlag der Cilien in den Atemwegen des Menschen.
Aus einer Miesmuschel, die im Fischgeschäft erhältich ist, lässt sich leicht Kiemengewebe entnehmen, das mit Flimmerhärchen besetzt ist. Dazu keilt man eine Miesmuschel an der geraden Seite mit einem Frühstücksmesser auf und steckt einen stumpfen Bleistiftstummel in den Spalt. Die lamellenartigen Kiemen bilden in einer trockengefallenen Miesmuschel die oberste Gewebsschicht, die der Schale aufliegt. Mit einer Pinzette wird ein Stückchen herausgezupft und mikroskopiert. Die Stückchen werden in einer Salzlösung (27 g Meersalz pro Liter) gehalten.

Umfangsmessungen

Die Bewegungen bei Brust- und Bauchatmung können am eigenen Körper beobachtet, die jeweilige Ausdehnung mit einem Maßband gemessen werden. Die Atemmechanik wird mit dem in der Randspalte gezeigten einfachen Flaschenmodell veranschaulicht.

Prinzip der Oberflächenvergrößerung

Die Abbildung auf DIN A3 vergrößern. Mit einem Bindfaden wird die Oberfläche der 4 Lungentypen vermessen.

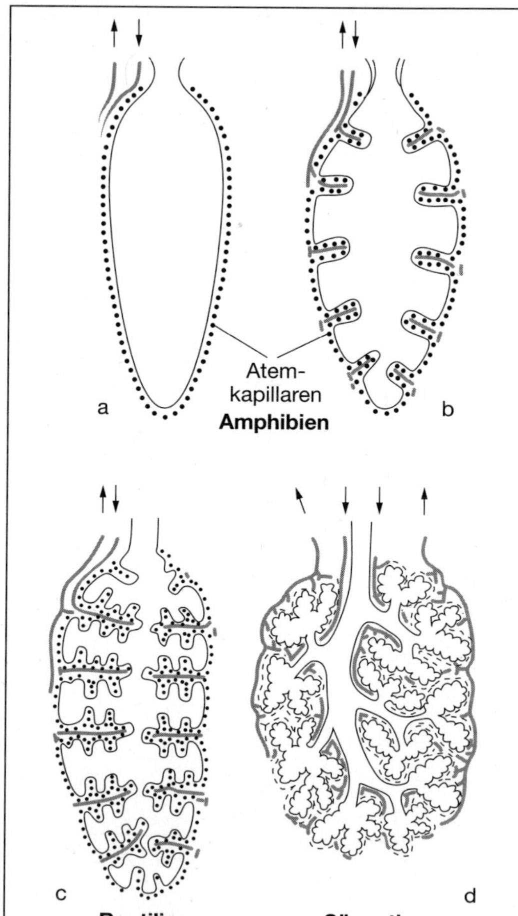

Arbeitsblatt Seite 41

2. a) Nasenhöhle, b) Mundhöhle, c) Kehlkopf
   d) Luftröhre, e) Bronchien, f) Lungenbläschen
   g) Zwerchfell, h) Lungenflügel
3. Nase / Mund → Kehlkopf → Luftröhre → Bronchien → Lungenbläschen
4. siehe Lösung Aufgabe 1 im Schülerbuch. Kohlenstoffdioxid nimmt den umgekehrten Weg.
5. Durch Anspannung wird Unterdruck im Brustraum erzeugt. Luft wird eingeatmet (Zwerchfell-/ Bauchatmung).

Lungenpuzzle

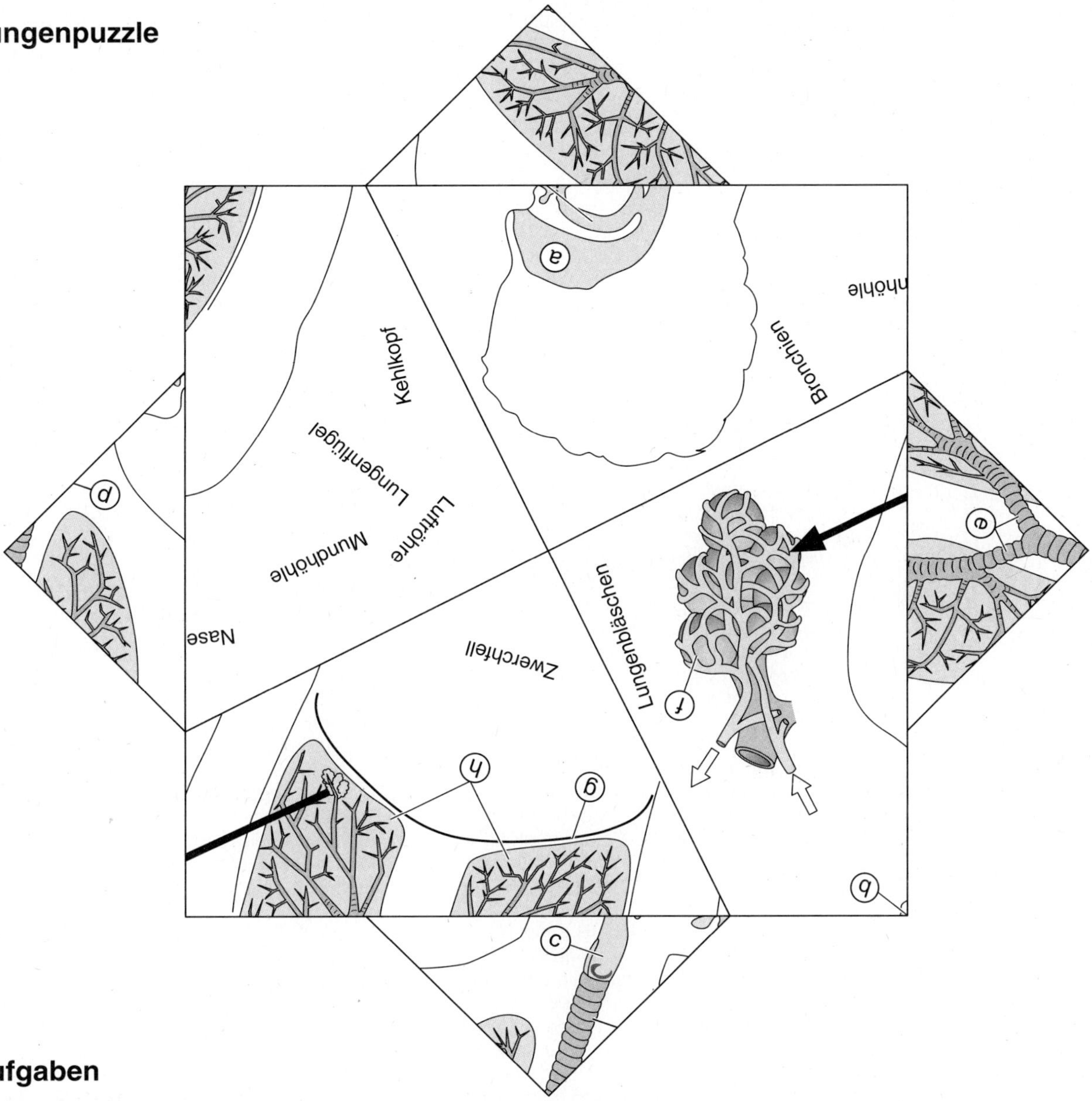

Aufgaben

1. Die Puzzle-Teile ergeben ein quadratisches Bild. Klebe sie in der richtigen Anordnung in dein Heft.
2. Beschrifte die gekennzeichneten Teile der Atmungsorgane. Im Bild sind dazu Hinweise zu finden.
3. Beschreibe den Weg der Außenluft zu den Lungenbläschen.

___

___

4. Beschreibe den Gasaustausch in den Lungenbläschen. Informiere dich im Biologiebuch.

___

___

5. Welche Aufgabe hat das Zwerchfell? Informiere dich im Biologiebuch.

___

___

Gefahr für die Atemorgane
Praktikum: Atmung

Natura 5/6, Seite 36/37

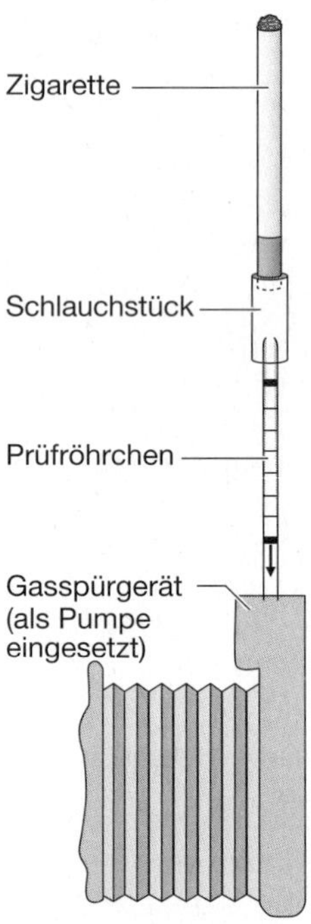

Dräger-Gasspürgerät

Schülerbuch Seite 36

① Nenne Arbeiten, bei denen Atemmasken notwendig sind.
– *Alle Arbeiten, bei denen Staub oder Aerosole freigesetzt werden, sollten mit Atemmasken ausgeführt werden. Das sind z. B. Arbeiten mit Trennschleifern oder Schleifarbeiten, Lackieren mit Spritzpistolen u. ä.*

Schülerbuch Seite 37

③ Die Atemluft ist wärmer als die Zimmerluft, da sie bei der Passage der stark durchbluteten Gewebe der Atemwege erwärmt wird (vor allem in den von einem dichten Netz von Blutkapillaren umgebenen Lungenbläschen).

⑥ Der Flascheninhalt, durch den die ausgeatmete Luft strömt, färbt sich milchig trüb.

⑧ Kohlenstoffdioxid führt zu einer Trübung der Kalkwasserlösung. Wir atmen also Kohlenstoffdioxid aus (mehr als in der eingeatmeten Luft enthalten ist).

⑩ Will man den Versuch ganz korrekt durchführen, muss man beachten, dass beim Ablesen der ausgeatmeten Luftmenge die Glocke stets so weit hochgehoben wird, dass der Wasserstand in der Wanne und der Wasserspiegel in der Glasglocke gleich hoch sind. Nur dann ist gewährleistet, dass in der Glocke der gleiche Luftdruck wie in der Umgebung herrscht. Erhöhter Luftdruck in der Glasglocke würde ja das gemessene Volumen vermindern. Allerdings ist zu beachten, dass die Luftmenge, die mit Anstrengung eingeatmet und wieder aus den Lungen ausgepresst werden kann *(Atemvolumen)* viel größer ist als das eigentliche „Atemzugvolumen" bei normaler Atmung. Das Atemvolumen des Erwachsenen beträgt etwa 4800 ml, das Atemzugvolumen nur etwa 500 ml. Selbst nach kräftigem Ausatmen verbleiben ca. 1200 ml Luft in der Lunge *(Restvolumen)*. Diese Restluft kann nicht herausgepresst werden.

⑫ Je größer das Atemzugvolumen in Untersuchung 10 war, um so größer ist die Änderung des Brustumfangs.

⑬ Meist werden 16 bis 20 Atemzüge pro Minute gezählt. Dieser Versuch kann mit einer weiterführenden Aufgabe verbunden werden: Berechne mithilfe der Messergebnisse des Versuchs 13 die Luftmenge, die du pro Tag atmest.
Lösung: Der Schüler kann eine Maximum- und Minimumrechnung zugrunde legen, also „arbeitsreiche" und „faule" Tage vergleichen. (Geistige Arbeit entspricht im Sauerstoffverbrauch dem Wandern.) Bei der Berechnung wird das normale Atemzugvolumen (ca. 500 ml) zugrunde gelegt.
Berechnung: Bei etwa 16 bis 20 Atemzügen pro Minute und einem normalen Atemzugvolumen von ca. 500 ml werden geatmet ...
– in 1 Min. 500 ml x 16 = 8000 ml (8 l) Luft
– in 1 Std. 8000 ml x 60 = 480 000 ml (480 l) Luft
– in 1 Tag 480 000 ml x 24 = 11 520 000 ml (11 520 l) Luft

⑮ Man kann verschiedene Pumpen verwenden: Wasserstrahlpumpen, Ballonpumpen mit Ventil, Kolbenprober mit Dreiwegehahn oder ein Gasspürgerät (vgl. Randabbildung).

⑯ Will man den Ekel erregenden Gestank des Zigarettenteers besonders eindrucksvoll und nachhaltig demonstrieren, lasse man die Schüler eine Fingerspitze in die Flüssigkeit tauchen. Der Teer wird daran noch lange zu riechen sein.

Arbeitsblatt Seite 43

1. Hyperventilation vor dem Tauchen ist unsinnig, weil der Körper Sauerstoff nicht in nennenswerten Mengen speichern kann. Hyperventilation ist gefährlich, weil dabei Kohlenstoffdioxid abgeatmet wird, das einen Taucher zum Luftholen zwingt, wenn seine Konzentration im Blut zunimmt. Deswegen kann das Signal zum Auftauchen nach Hyperventilation so spät gegeben werden, dass bereits Bewusstlosigkeit wegen Sauerstoffmangels im Gehirn eingetreten ist.
2. Durch künstliche Verlängerung der Atemwege nimmt die Menge der darin verbleibenden verbrauchten Luft zu. Sind die Schnorchel zu lang, atmet der Taucher im Extremfall nur verbrauchte Luft ein und aus, er erstickt. Außerdem sind die Schnorchel zu lang, wenn der Taucher damit tiefer als ein Meter unter die Wasseroberfläche gerät. Auf seinem Körper lastet dann ein Wasserdruck, der seine Lungen zusammenpresst. Gegen diesen Druck kann er nicht mehr einatmen, er erstickt.

Tauchen – aber richtig!

Menschen können ohne zu atmen nur wenige Minuten überleben, da der Körper Sauerstoff nur in geringen Mengen speichern kann. Die Tauchzeit mit angehaltenem Atem beträgt nur 30 bis 60 Sekunden. Beim Tauchen ohne Atemhilfe verbraucht der Körper Sauerstoff und produziert Kohlenstoffdioxid. Wissenschaftler haben herausgefunden, dass die rasch steigenden Konzentrationen des Gases Kohlenstoffdioxid im Blut den Befehl geben, aufzutauchen und Luft zu holen, noch bevor die Sauerstoffkonzentration zu stark abgesunken ist und Bewusstlosigkeit eintritt.

Aufgaben

1. Im Schwimmunterricht beobachtet man gelegentlich Schüler, die vor dem Tauchen über das normale Maß hinaus ein- und ausatmen, um die Tauchzeit zu verlängern. Begründe, warum diese Verhaltensweise nicht nur unsinnig, sondern vielmehr auch sehr gefährlich ist.

2. Wenn du dir die Welt unter Wasser in aller Ruhe anschauen willst, kannst du deine Atemwege mithilfe eines Schnorchels verlängern, um auch unter Wasser noch Luft zu holen. Lies dir den folgenden Text durch und begründe, warum Schnorchel aus Sicherheitsgründen nicht länger als 30 cm sein dürfen.
„Beim Ausatmen bleibt immer eine Menge von rund 150 ml verbrauchter Luft in den Atemwegen zurück. Beim Einatmen gelangt zuerst diese verbrauchte Luft in die Lungenbläschen, bevor frische Luft hinzukommt. Mit zunehmender Wassertiefe steigt der Wasserdruck an. Auch bei größter Anstrengung der Atemmuskulatur kann gegen einen Druck in 100 cm Tiefe nicht eingeatmet werden, der Brustkorb wird zusammengedrückt und in die Ausatemstellung gezwungen."

Das Herz – Arbeit ohne Pause

Natura 5/6, Seite 38

Schülerbuch Seite 38

① Beschreibe den Weg des Blutes (Abb. 2).
– *Die Vorhöfe füllen sich mit Blut. Dann ziehen sie sich zusammen, unter dem erzeugten Druck öffnen sich die Segelklappen. Das Blut fließt in die Herzkammern. Die mit Blut gefüllten Herzkammern ziehen sich dann zusammen, unter dem erzeugten Druck schließen sich die Segelklappen, die Taschenklappen öffnen sich, das Blut strömt aus.*

Arbeitsblatt Seite 45

1. Es handelt sich um die linke Herzkammer, da das Blut in die Aorta, also den Körperkreislauf gepumpt wird.
2. *Systole:* Die Segelklappen werden zugedrückt, wenn der Druck der Herzkammer den Druck im Vorhof übersteigt. Die Taschenklappen zur Aorta öffnen sich, weil die Druckverhältnisse genau umgekehrt sind. Blut fließt aus der Kammer in die Aorta.
   Diastole: Die Muskulatur der Herzkammerwand erschlafft, die Herzkammer erweitert sich, der Druck fällt. Unterschreitet er den Druck, der in der Vorkammer herrscht, so öffnen sich die Segelklappen, das Blut fließt aus dem Vorhof und füllt die Herzkammer. Die Taschenklappen sind während der Diastole verschlossen, da sie von dem höheren Druck in der Aorta zugedrückt werden.
3. Die Klappen des Herzens arbeiten wie zweiflügelige Schwingtüren, die sich jedoch nur in eine Richtung öffnen lassen. Die Taschenklappen können sich nur in Richtung der Aorta öffnen, wenn die Druckverhältnisse dies erzwingen. Werden sie während der Diastole zugedrückt, so verhindern sie den Rückfluss des Blutes. Die Segelklappen werden während der Systole zugedrückt. So verhindern sie den Rückfluss des Blutes in den Vorhof.
4. Blut fließt während der Systole zurück in den Vorhof. Die Menge des Blutes, das in die Aorta, also den Körperkreislauf gepumpt wird, ist geringer als bei einem gesunden Herz. Der Körper wird – insbesondere wenn er beim Sport oder anderen Bewegungen mehr Blut benötigt – unterversorgt.

Arbeitsweise einer Luftpumpe:
ein Beispiel für druckgesteuerte Ventile

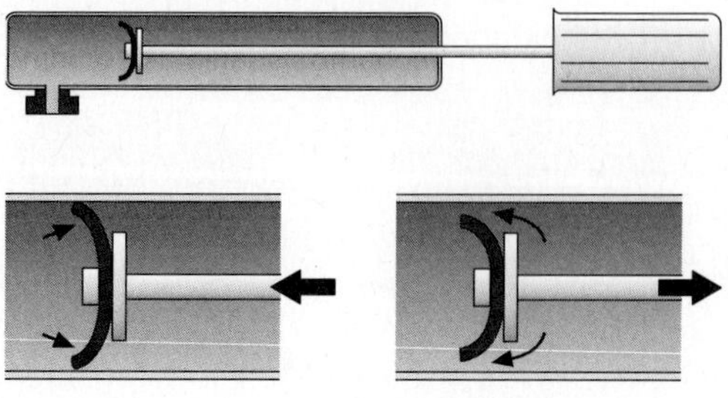

Zusatzaufgaben und Lösungen

① Untersuche die Pumpfunktion des Herzens am eigenen Körper.
– *Mit einem Stethoskop kann man zwei Herztöne unterscheiden: Der lautere, dumpfe erste Herzton entsteht bei Beginn der Kammerkontraktion (Systole), wobei sich der Herzmuskel um das enthaltene Blutvolumen kontrahiert, die Segelklappen zusammentreffen und damit den Weg zurück in die Vorkammer verschließen. Der leisere, helle zweite Herzton entsteht beim Zusammenschlagen der Taschenklappen am Ende der Austreibungsphase. D. h., die Herzaktion erfolgt in verschiedenen Phasen, die sich rhythmisch wiederholen.*

② Warum ist die Wand der linken Herzkammer mächtiger ausgebildet als die der rechten Kammer?
– *Die linke Herzkammer versorgt den Körperkreislauf, dessen Strombett viel größer ist als das des Lungenkreislaufs. Die höhere Pumpleistung der linken Herzkammer wird von der größeren Muskelmasse erbracht.*

Präparation eines Schweineherzens

Das Schweineherz wird im Schlachthof oder beim Metzger besorgt.

1. Das Herz mit der breiten Seite in eine Wachswanne legen, sodass die Herzspitze zum Lehrer zeigt.
2. Das Herz in die Wanne drücken und mit einem Skalpell oder einer Rasierklinge an der Seite aufschneiden. Darauf achten, dass die Vorkammern halbiert werden.
3. Die beiden Hälften nebeneinander legen und mit Nadeln in der Wachswanne befestigen.

Es klappt mit den Klappen

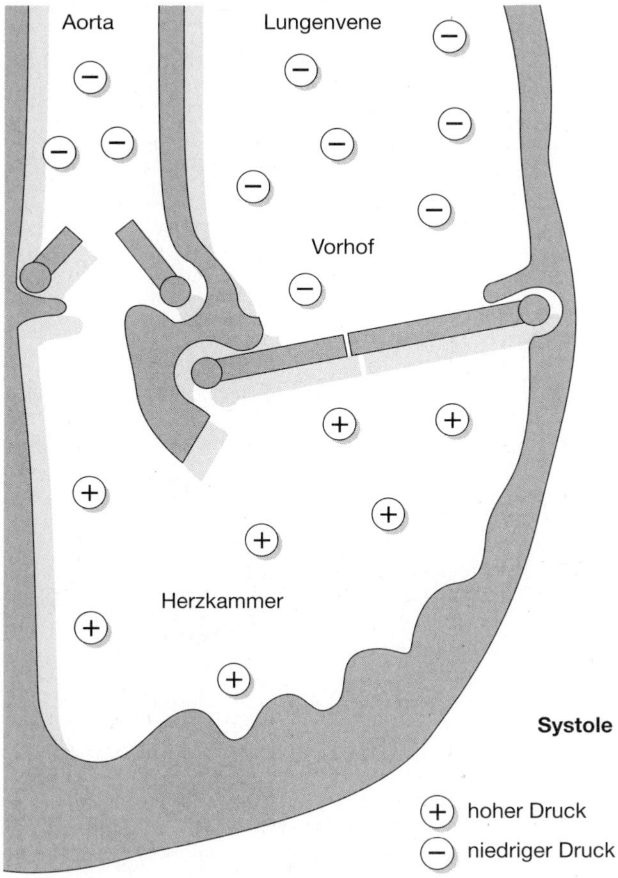

Während der Systole zieht sich die Herzkammer zusammen, der Blutdruck in der Kammer steigt. In der Diastole entspannt sich die Muskulatur der Herzkammerwand, der Druck fällt. Die Druckverhältnisse in der Herzkammer, im Vorhof und in der Aorta entscheiden darüber, welche Herzklappen geöffnet oder geschlossen werden. Das Spiel der Herzklappen ist hier nur für eine Herzhälfte dargestellt, die andere Herzhälfte arbeitet zeitgleich zu der hier dargestellten.

Aufgaben

1. Handelt es sich bei dem abgebildeten Modell um die linke oder rechte Herzkammer? Begründe deine Meinung.

2. Beschreibe das Spiel der Segelklappe und Taschenklappe während der Diastole und Systole. Zeichne Pfeile ein, die die Strömungsrichtung des Blutes anzeigen.

3. Wie verhindert das Herz, dass Blut aus der Aorta zurück in die Herzkammer bzw. aus der Herzkammer zurück in den Vorhof strömt?

4. Es gibt Menschen, deren Herzklappen nicht richtig schließen. Welche Auswirkungen hat eine nicht richtig schließende Segelklappe?

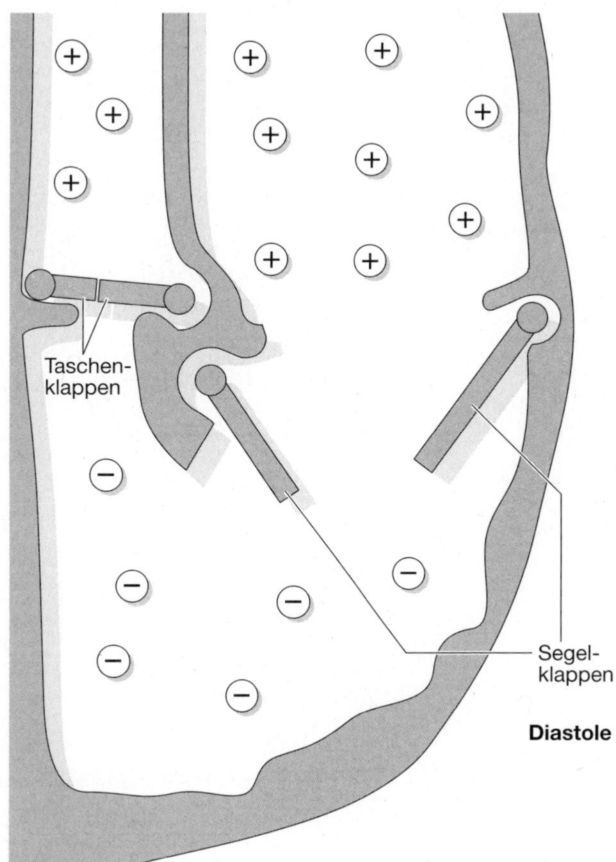

Blut
Blutkreislauf – Mensch
Gesundheit
Infektionsabwehr

Zusammensetzung des Blutes

Natura 5/6, Seite 39

Rote Blutzelle im Blut

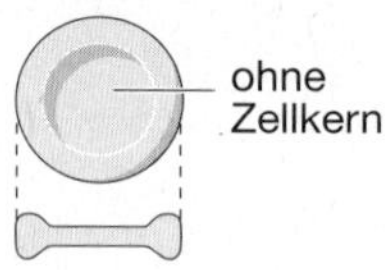

Weiße Blutzelle

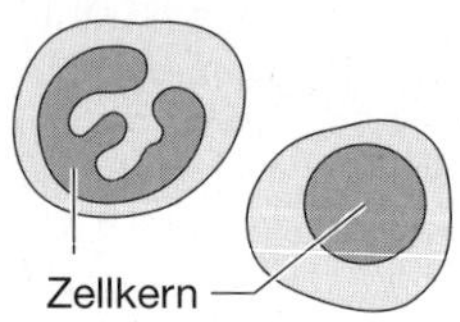

Blutplättchen

Blutplasma
Blutflüssigkeit ohne zellige Bestandteile.

Blutserum
Blutplasma ohne Gerinnungsfaktoren

Schülerbuch Seite 39

① Beschreibe anhand von Abbildung 2 die Form der verschiedenen Blutzellen und erkläre deren Aufgaben.
– *Rote Blutzellen dienen dem Gastransport, weiße Blutzellen sorgen für die Abwehr von Krankheitserregern und entfernen körperfremde Stoffe.*

Arbeitsblatt Seite 47

1. Haut wird verletzt, Blut tritt aus.
2. Blutung ist gestoppt (Wundverschluss).
3. Bakterien sind in die Wunde gelangt, weiße Blutzellen zwängen sich durch die Wand der Blutgefäße. Rote Blutzellen bleiben in der Blutbahn.
4. Die weißen Blutzellen wandern durch das Gewebe hin zu den Bakterien. Sie müssen über eine „Wahrnehmung“ verfügen.
5. Die Bakterien haben sich vermehrt. Die weißen Blutzellen lagern Bakterien an und fressen sie auf. Körpereigene Zellen werden verschont.
6. In den weißen Blutzellen werden die Bakterien verdaut. Die Bakterienzahl nimmt ab.

Wissenswertes zum Blut

Blaue Flecken

Jeder kennt sie, die blauen Flecken, wenn man sich kräftig gestoßen hat oder hingefallen ist. Manchmal bildet sich zusätzlich eine Beule. Blaue Flecken sind innere Verletzungen. Anders als bei äußeren Verletzungen, wenn man sich z. B. in den Finger geschnitten hast, läuft das Blut nicht heraus. Bei inneren Verletzungen platzen kleine Äderchen, das Blut fließt heraus und verteilt sich im Gewebe. Durch dieses Blut färbt sich das Gewebe blau und es entsteht ein Druck, daher kommt es zu einer Beule. Die Äderchen verschließen sich nach kurzer Zeit wieder.

Was kann man tun? Wenn die Verletzung nicht allzu schwer ist, kann man die Prellung mit Eisumschlägen oder speziellen Kühlpackungen behandeln. Durch die Kälte ziehen sich die Äderchen zusammen und es fließt nicht soviel Blut aus.

Zahlen und Vergleiche

Durchmesser einer roten Blutzelle: 0,008 mm; Dicke: 0,002 mm. Eine rote Blutzelle ist mit bloßem Auge nicht sichtbar. Würde man sie auf 8 mm vergrößern, wäre ein Pfennigstück (Durchmesser: 16 mm) bei derselben Vergrößerung 16 x 1000 = 16 m groß.

Oberfläche einer roten Blutzelle (Vorder-, Rück- und Randseite): 0,00015 mm^2

1 ml Blut enthält 5 000 000 000 = 5 Milliarden rote Blutzellen; d. h. 1 Liter Blut enthält 5 Billionen rote Blutzellen. Ein Mensch mit 6 Litern Blut besitzt 30 Billionen rote Blutzellen.

– Wie lang wäre eine Kette aller roten Blutzellen?
Durchmesser einer roten Blutzelle:
0,008 mm = 0,000008 m.
Dann hat eine Kette aus 30 Billionen Zellen eine Länge von 30 000 000 000 000 x 0,00008 m = 240 000 000 m = 240 000 km. Zum Vergleich: Die Strecke Erde – Mond beträgt 400 000 km, der Erdumfang „nur“ 40 000 km.
– Wie groß wäre eine Fläche, wenn man die Oberflächen aller roter Blutzellen eines Menschen aneinander fügen könnte?
Oberfläche einer roten Blutzelle: 0,00015 mm^2
Gesamtoberfläche:
0,00015 x 30 000 000 000 000 mm^2 =
4 500 000 000 mm^2 = 4500 m^2. Das entspricht etwa der Fläche eines halben Fußballplatzes (70 m x 105 m = 7350 m^2)
– Die Lebensdauer einer roten Blutzelle beträgt durchschnittlich 3 Monate.

Blut spenden

Wenn Menschen bei Unfällen oder bei Operationen größere Mengen Blut und die darin enthaltenen Sauerstoffträger verloren haben, werden Blutkonserven benötigt. Erwachsene können problemlos alle 12 Wochen 500 ml Blut spenden. Die bei der Blutspende verloren gegangene Flüssigkeitsmenge wird innerhalb von 24 Stunden durch Gewebsflüssigkeit ersetzt. Länger dauert es, bis der Körper das mit dem Hämoglobin verlorene Eisen (ca. 250 mg) ersetzt hat. Maximal kann der Körper 5 mg Eisen pro Tag mit der Nahrung aufnehmen. Eine Blutkonserve enthält neben dem Blut eines Spenders Gerinnungshemmer und Zusatzstoffe, welche das Überleben der roten Blutzellen gewährleisten. Heute werden meist Erythrocytenkonzentrate verwendet, die fast kein Plasma und keine weißen Blutzellen mehr enthalten. Solche Konserven halten sich im Kühlschrank bei 4°C rund 40 Tage. Die mittlere Überlebenszeit der roten Blutzellen nach der Transfusion beträgt 60 Tage.

Der Körper wehrt sich

Sicher hast du dir schon einmal mit einem schmutzigen Taschenmesser oder einer Glasscherbe in den Finger geschnitten. Weil mit dem Schmutz Bakterien in die Wunde gelangt sind, hat sich die Wunde entzündet, später hat sich Eiter gebildet. Eiter besteht aus abgestorbenen weißen Blutzellen. Diese haben in unserem Körper die Aufgabe, körperfremde Eindringlinge wie Bakterien zu bekämpfen.

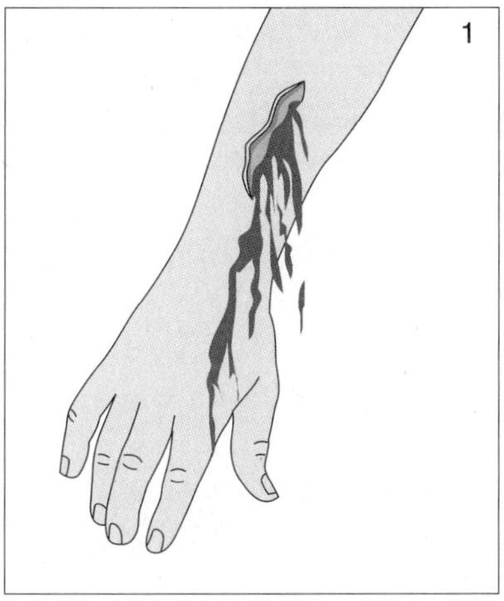

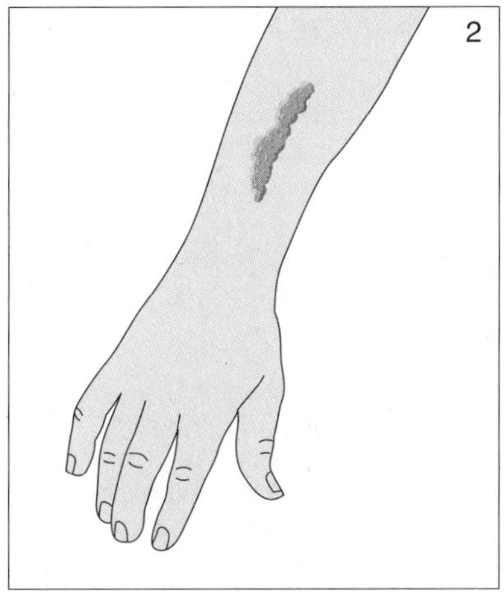

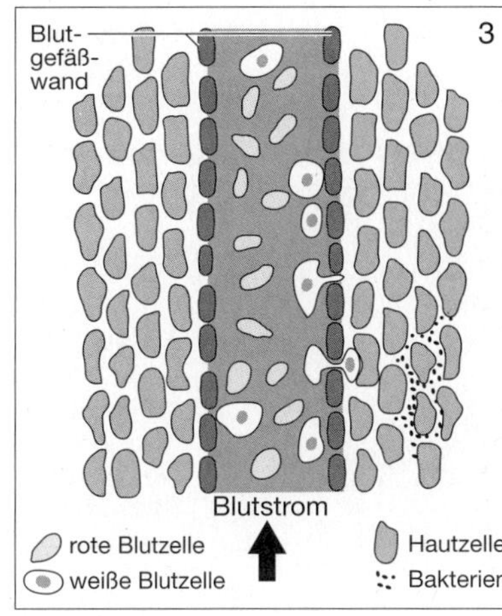

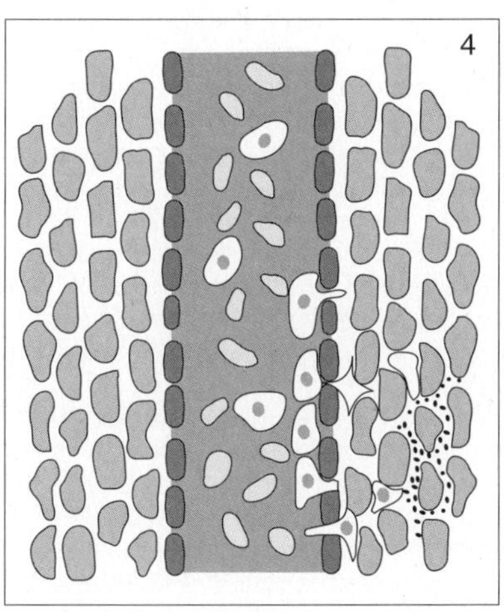

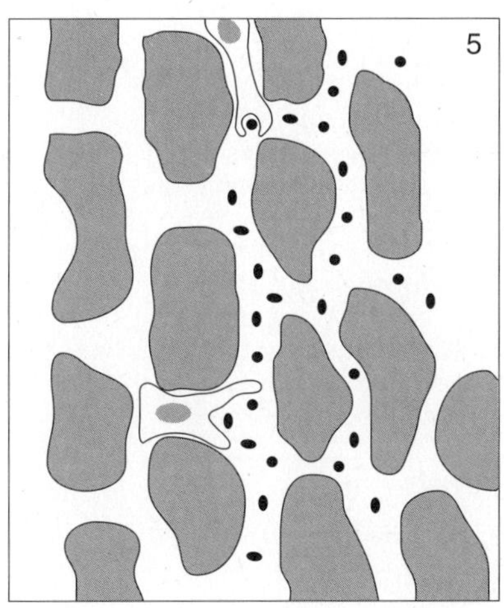

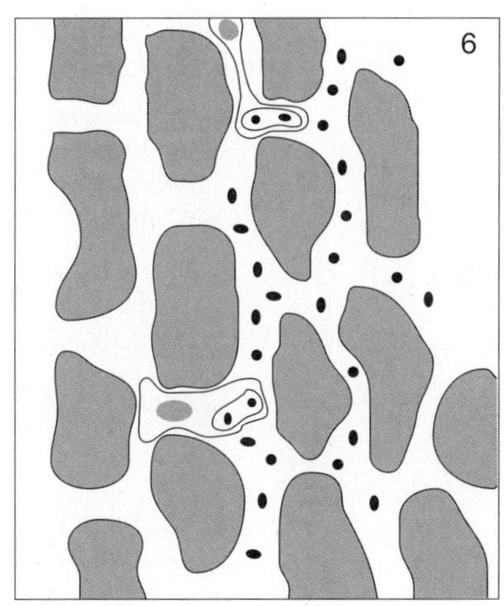

Aufgabe

Finde heraus, wie die weißen Blutzellen zur Wunde gelangen und wie sie die Bakterien bekämpfen. Schaue dir die Bilder 1–6 genau an und schreibe zu jedem Bild mindestens einen Satz.

Arterie
Blutkreislauf – Mensch
Gesundheit
Herz
Herz – Frosch
Krampfader
Pulsmessung
Vene

Die Kette aller Blutgefäße eines Menschen (ca. 160 000 km) würde viermal um die Erde reichen (Erdumfang ca. 40 000 km)

Der Blutkreislauf

Natura 5/6, Seite 40/41

Schülerbuch Seite 40

(1) Venen und Arterien verlaufen oft direkt nebeneinander. Wie wird dabei das Blut in den Arterien, wie in den Venen vorwärts getrieben?
– *siehe Lösung zu Arbeitsblatt S. 50: Arteriovenöse Kopplung*

Schülerbuch Seite 41

(3) Erkläre, wo du die Kohlenstoffdioxid-Teilchen am Anfang hinlegen musst.
– *In den Muskel*
(4) Beschreibe anschließend den Weg einer roten Blutzelle beim Sauerstofftransport. Beginne in der Lunge. Notiere dies in deinem Biologieheft.
– *Der Sauerstoff tritt in der Lunge in das Blut über. Die roten Blutzellen nehmen den Sauerstoff auf und fließen mit dem Blutstrom über die Lungenvene zur linken Herzkammer, dann durch die Aorta hin zum Muskel. Dort geben die Zellen den Sauerstoff ab, der in den Muskel übertritt. Die roten Blutzellen fließen über die Venen zur rechten Herzkammer und von dort zur Lunge zurück.*
(5) Wenn die Reihenfolge beim Sauerstofftransport richtig ist, ergeben die einzelnen Buchstaben ein Lösungswort.
– *Aorta*

Arbeitsblatt Seite 50

Die Venenklappen lassen das Blut nur in Richtung Herz fließen (Ventilfunktion). Sie verhindern ein Zurücklaufen des Blutes in der Systole, wenn das Herz pumpt und nicht saugt.

Muskelpumpe: Ziehen sich Muskeln zusammen, entsteht eine intramuskuläre Spannung, die auch auf die Venen einwirkt. In Verbindung mit der Ventilfunktion der Venenklappen wird das Blut in den Venen zur rechten Herzhälfte hin ausgepresst.

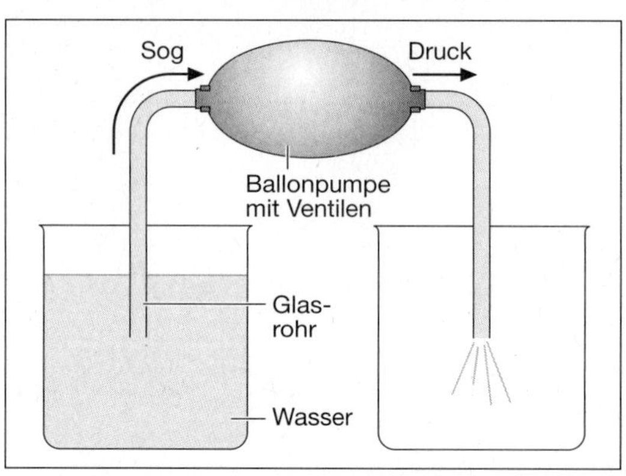

Modell: Das Herz als Saugdruck-Pumpe

Arteriovenöse Kopplung: Arterien und Venen liegen im Körper meist eng benachbart zusammen und sind von einer Bindegewebsscheide umschlossen. Die Pulsationswelle der Arterienwand überträgt sich auf die Venen. In Verbindung mit der Ventilfunktion der Venenklappen kommt es zu einer Verlagerung von Blut zum Herzen hin.

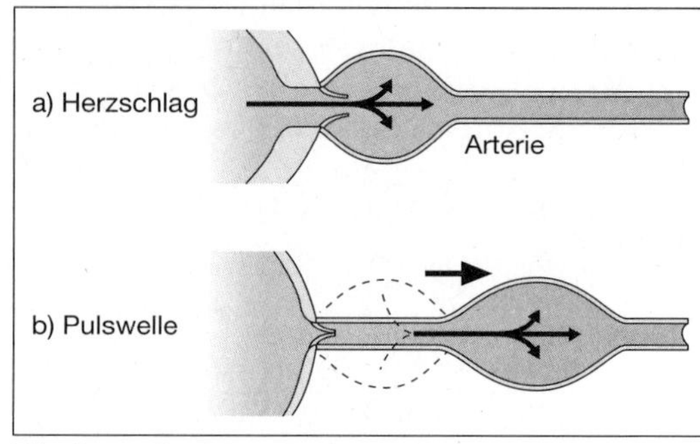

Windkesselfunktion der Aorta

Arbeitsblatt Seite 51

1. Ruhe: 15 000 ml = 15 l
2. Belastungsphase: 51 840 ml = 51,840 l
3. Erholungsphase: 23 580 ml = 23,580 l

Blutkreislauf

(1) Im 16. Jahrhundert war man folgender Meinung: „Das Blut strömt vom Herzen aus in den ganzen Körper, kommt gelegentlich zum Herzen zurück, um Verunreinigungen abzuladen, wofür es manchmal die Lunge benutzt. Wir haben uns die Bewegungen des Blutes wie Ebbe und Flut vorzustellen." Was ist daran falsch?
– *Beschreibung des geschlossenen Blutkreislaufs*
(2) Es gibt Neugeborene, bei denen sich in der Herzscheidewand ein Loch befindet. Heute kann dieser Herzfehler operativ behoben werden. Welche Auswirkungen hat der Herzfehler, wenn er nicht behoben wird?
– *Sauerstoffreiches und sauerstoffarmes Blut würden sich vermischen, die Leistungsfähigkeit des Körpers ist herabgesetzt, da er mit dem Mischblut nur ungenügend Sauerstoff geliefert bekommt.*
(3) In Arterien fließt das Blut vom Herzen weg, in Lungenvenen fließt es zum Herzen zurück. Stimmt es, dass sauerstoffreiches Blut immer in Arterien fließt? Begründe deine Meinung!
– *Nein, denn das sauerstoffreiche Blut fließt aus der Lunge durch Venen zur linken Herzkammer zurück.*
(4) Warum ist das Herz-Kreislauf-System eines Frosches (es hat nur eine Herzkammer) nicht so leistungsfähig wie das des Menschen?

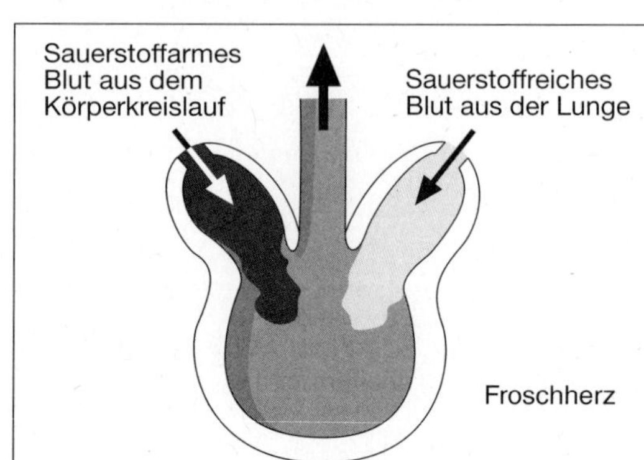

Adressen
Pulsmesser ab ca. 20 Euro z. B. zu beziehen bei:
Conrad-electronic
Klaus-Conrad Str. 1
92240 Hirschau
Tel.: 0180/ 5312111

Herzfrequenzmonitore für den sportlichen Gebrauch:
z. B. Firma Polar Elektro GmbH
Postfach 1545
64505 Groß-Gerau

– *Da das Froschherz nur eine Kammer besitzt, wird sauerstoffreiches Blut aus der Lunge und sauerstoffarmes Blut aus dem Körper gemischt. Das Mischblut, das in den Körperkreislauf gepumpt wird, enthält weniger Sauerstoff als beim zweikammerigen Herz. Das Mischblut, das in die Lungen gepumpt wird, enthält mehr Sauerstoff als im zweikammerigen Herz und kann in den Lungen deswegen weniger Sauerstoff aufnehmen.*

⑤ Durch Ausdauertraining vergrößert sich das Herz. Wie sähe das Balkendiagramm (s. Arbeitsblatt Pulsmessung S. 51) bei gleicher Laufgeschwindigkeit aus, wenn sich die Auswurfsleistung von Dominiks Herz auf 80 ml erhöht hätte?

– 1. Min.: 65 Schläge, 2. Min.: 64, 3. Min.: 60, 4. Min.: 98, 5. Min.: 127, 6. Min.: 131, 7. Min.: 148, 8. Min.: 145, 9. Min.: 117, 10. Min.: 89, 11. Min.: 89.

Krampfadern

Die Venenwände werden insbesondere dort, wo die Venenklappen befestigt sind, stark beansprucht. Bei Veranlagung oder im Alter kann es geschehen, dass sich die Wände der Venen ausbeulen oder gar brechen. Es bilden sich Krampfadern.

Krampfadern bilden sich meist im Bereich der Beinvenen. Blut tritt in das umliegende Gewebe aus, das Gewebe schwillt an. Da die Venenklappen nicht mehr richtig schließen, staut sich das Blut in den Venen. Dadurch werden die Venen stärker belastet, ein Teufelskreis.

Herzfrequenz – Pulsmessung

Schüler verzählen sich – insbesondere nach körperlicher Aktivität – beim Pulsmessen oft. Verlässlichere Daten liefern Herzfrequenzmonitore, welche die Herzfrequenz kontinuierlich aufzeichnen. Die dargestellte Kurve zeigt die Entwicklung der Herzfrequenz eines 13-jährigen Schülers.
Er ging 2 Minuten, lief 5 Minuten und ging danach 7 Minuten. In den ersten 10 Sekunden der 9. Minute registrierte das Gerät 119 Schläge/min. Die Pulsmessung durch zwei Schüler am linken und rechten Arm ergab für denselben Zeitraum 126 Schläge/ min bzw. 114 Schläge/min.

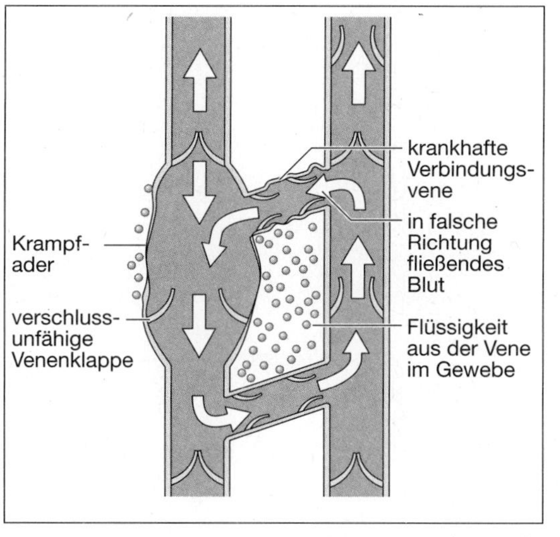

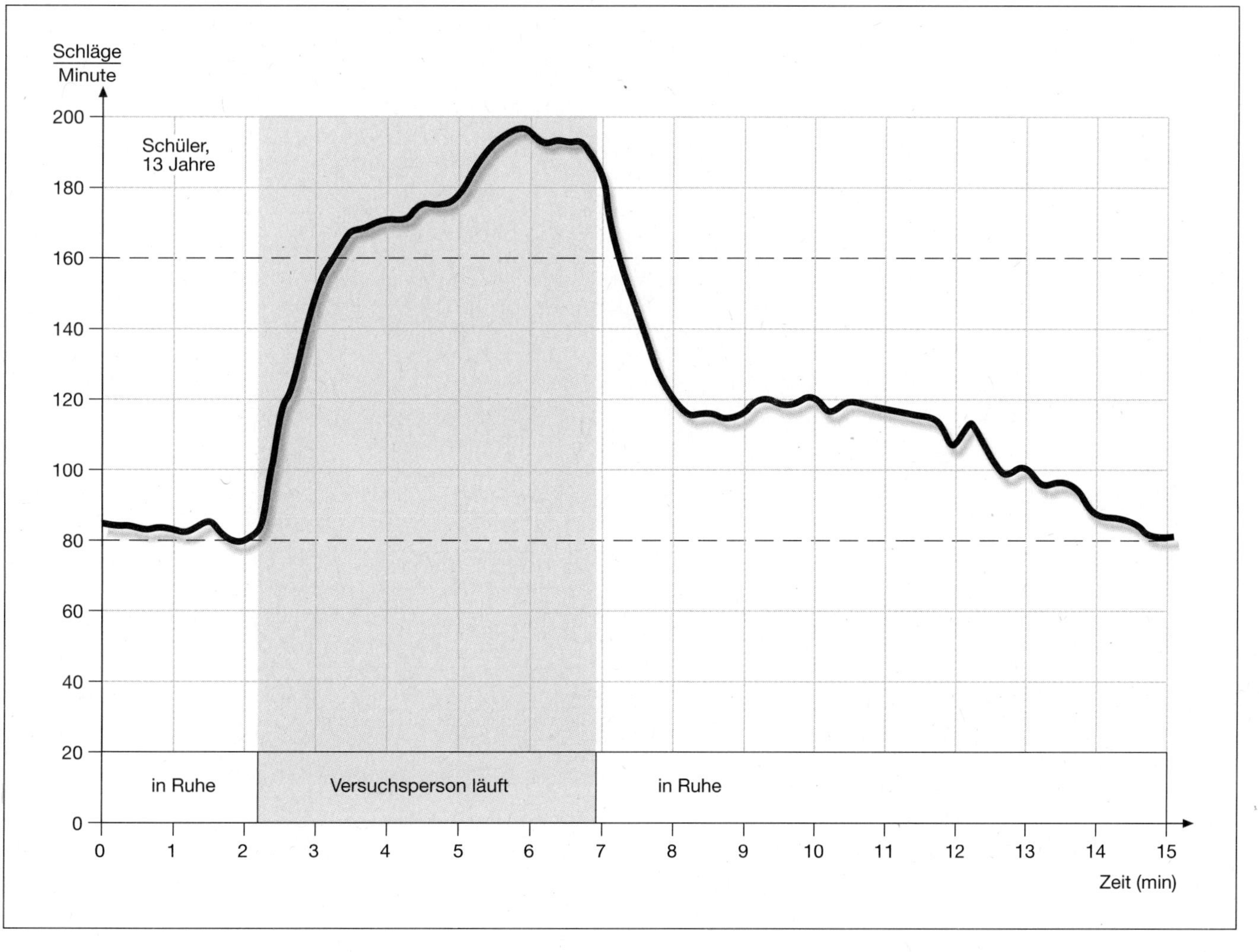

Schwerarbeit der Venen

Blut in den Lungen- und Körperkreislauf zu pumpen, stellt hohe Anforderungen an das Herz. Eine noch größere Leistung ist es jedoch, das Blut wieder zum Herz zurückzubefördern. Aus den Körperpartien, die oberhalb des Herzens liegen, geht das noch am leichtesten, weil die Schwerkraft hilft. Die Saugkraft des Herzens reicht aber allein nicht aus, das Blut aus der Tiefe der Füße und Beine heraufzubefördern. Im Unterschied zu den Arterien besitzen Venen Klappen, die für den Rücktransport des Blutes unverzichtbar sind.

Aufgabe

Schau dir die Abbildungen genau an und schreibe auf, in welcher Weise die Venenklappen das Herz beim Rücktransport des Blutes unterstützen.

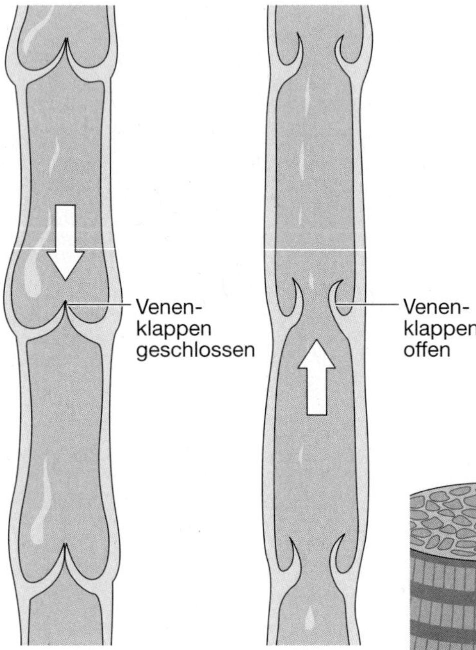

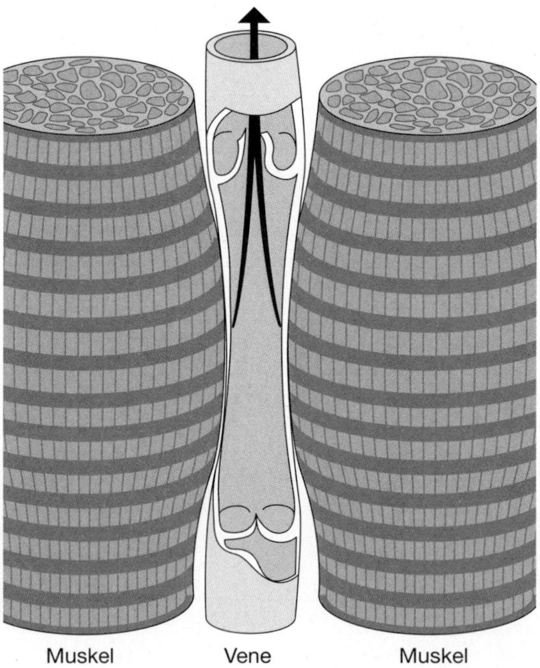

Muskelpumpe

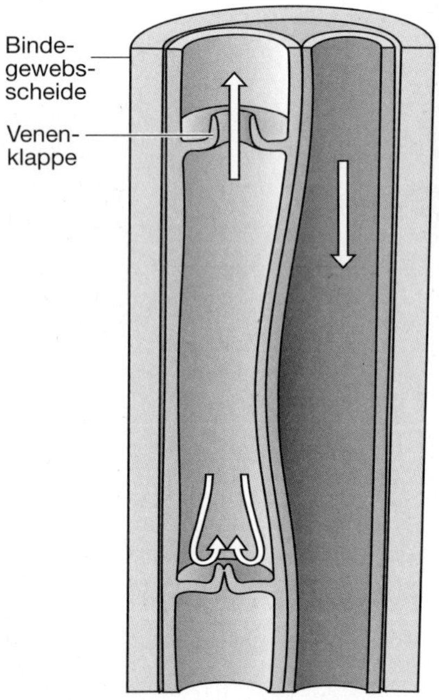

Arteriovenöse Kopplung

Pulsmessung

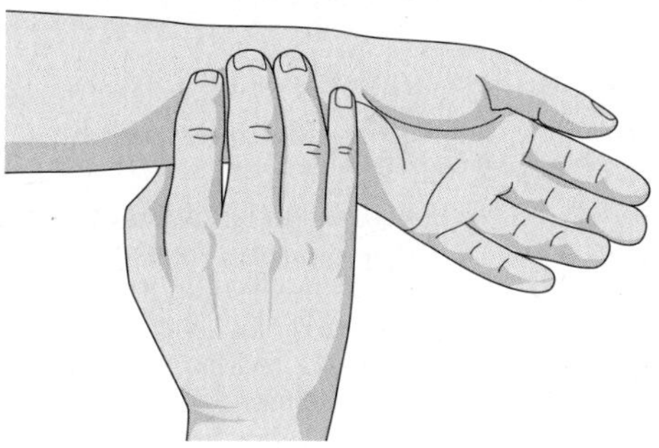

Ertaste mit deinen Fingern den Puls am Unterarm. Miss 10 Sekunden deinen Puls, multipliziere den Wert mit 6. Du erhältst die Schläge deines Herzen pro Minute.

Mein Puls beträgt: ___________

Miss deinen Puls in Ruhe *(Ruhepuls)*, nach 5-minütigem Laufen um den Schulhof *(Belastungspuls)* und 4 Minuten nach dem Lauf *(Erholungspuls)*.

Ruhepuls: ______________ Belastungspuls: ______________ Erholungspuls: ______________

Dominiks Herzfrequenz
Dominik ist 12 Jahre alt. Messungen haben ergeben, dass sein Herz 60 ml Blut pro Schlag pumpt. Dominik ist auch um den Schulhof gelaufen. Er hatte einen Pulsmesser dabei, in der Tabelle sind seine Herzfrequenzwerte aufgelistet.

Aufgaben

1. Vervollständige das Balkendiagramm.

Zeit (Minuten)	Herzschläge/Minute
1	86
2	85
3	79
4	131
5	169
6	174
7	197
8	193
9	156
10	118
11	119

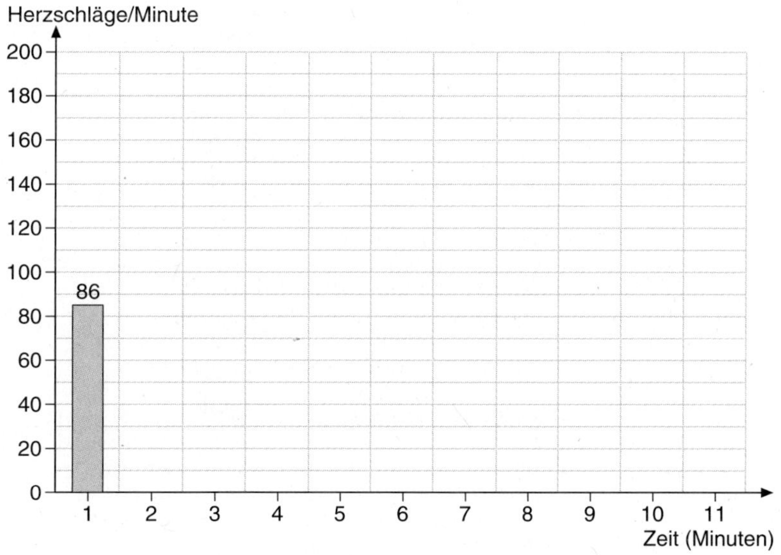

2. Rechne aus, wie viel Blut Dominiks Herz gepumpt hat!

	Pulsschläge (Schläge pro Minute)	Blutmenge (ml)
In den 3 Minuten vor dem Lauf:		ml
In der 5-minütigen Belastungsphase:		ml
In den 3 Minuten nach dem Lauf (Erholungsphase):		ml

Blutkreislauf – Mensch
Gesundheit
Herz
Muskulatur
Pulsmessung
Superkompensation

Impulse: Ich bleibe fit!

Natura 5/6, Seite 42/43

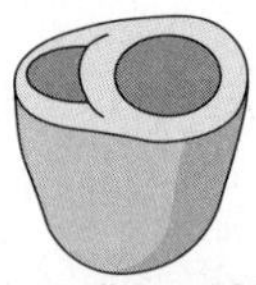

Normalherz 300g

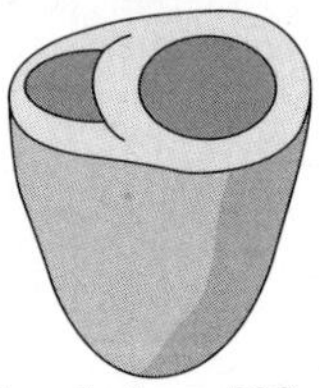

Sportlerherz 500g

Ausdauertraining

Bei allen Ausdauersportarten und auch bei der Prävention von Herz-Kreislauf-Erkrankungen spielt eine Verbesserung der Ausdauerfähigkeit eine zentrale Rolle. Beim Untrainierten reicht es schon aus, größere Muskelgruppen, z. B. beim Fahrradfahren, Inline-skating, Laufen oder Schwimmen, 3-mal pro Woche 10 Minuten zu belasten, sodass mehr als 50 % der Leistungsfähigkeit des Herz-Kreislauf-Systems beansprucht werden. 100 % entspricht der maximalen Herzschlagfrequenz (Schläge/ min), die sich nach der Faustformel (220 – Lebensalter) näherungsweise bestimmen lässt. Die optimale Trainingsintensität liegt im Bereich von 60 bis 70 %. Gesunde Jugendliche sind in diesem Bereich ohne jedes Risiko belastbar. Um den passiven Bewegungsapparat zu schützen, sollte Wert auf Laufschuhe mit einem geeigneten Fußbett sowie Luft- oder Gehpolster zur Stoßdämpfung gelegt werden.

Arbeitsblatt Seite 53

Pulsmessung
Die Messung des Pulses durch Schüler ist ungenau: Der errechnete Wert liegt immer etwas zu niedrig, da sich der Puls bereits in dem Messintervall von 10 Sekunden absenkt (s. S. 49). Verlässlichere Daten liefern Herzfrequenzmonitore, die in Medizin und Sport Verwendung finden und die Herzfrequenz kontinuierlich messen und abspeichern (s. S. 49).

Trainingsbelastung
Anfängern bereitet das Laufen mit gleichmäßiger Geschwindigkeit Schwierigkeiten, sie laufen gerne spielerisch mal langsamer oder schneller. Einigen gelingt es zunächst auch nicht, mehrere Minuten hintereinander zu laufen. In diesem Falle sollten Gehpausen eingelegt werden. Schüler, die sich für das sechswöchige Lauftraining entschieden haben, machen auf der gewählten Strecke Erfahrungen mit dem Tempo und können schon bald ein gleichmäßigeres mittleres Tempo einhalten.

Bedeutung der Pausen
Das Prinzip des Mehrausgleiches *(Superkompensation)* wird am Beispiel des „Muskeltreibstoffes" Glykogen erklärt. Beim Training wird Glykogen in der Arbeitsmuskulatur verbraucht. In den Pausen zwischen den Trainingseinheiten werden die Glykogenvorräte wieder aufgefüllt. Dabei macht der Neuaufbau aber nicht Halt beim ursprünglichen Niveau, sondern geht darüber hinaus. Die Kunst eines guten Trainings liegt darin, die Pausen so zu wählen, dass der nächste Trainingsreiz auf die Arbeitsmuskulatur im Zustand des Mehrausgleichs trifft. So werden die Glykogenvorräte sukzessiv von einem niedrigeren Ausgangsniveau auf ein höheres Niveau angehoben. Sind die Pausen zu kurz gewählt, kann noch nicht einmal das Ausgangsniveau wieder erreicht werden. Die Ausdauerleistungsfähigkeit geht zurück *(Übertraining)*, das Training macht keinen Spaß mehr.

Sportlerherz
Ausdauertrainierte Herzen sind größer und kräftiger gebaut. Während untrainierte Erwachsene ein Schlagvolumen (ml/Herzschlag) von durchschnittlich 90 ml aufweisen, kommen trainierte Herzen auf die doppelte Menge, d. h. bei gegebener Herzschlagfrequenz von 160 Schlägen/min wirft das untrainierte Herz 14,4 Liter, das Sportlerherz hingegen 28,8 Liter aus (s. Tabelle unten).

Blutkapillaren
Durch ein Ausdauertraining beginnen Blutkapillaren der Arbeitsmuskulatur zu wachsen und vergrößern ihren Querschnitt. Im Tierversuch konnte auch die Neubildung von Kapillaren an ausdauertrainierten Muskeln beobachtet werden. Beide Mechanismen verbessern die Versorgung eines Muskels mit Blut.

Muskelzellen
Ausdauertrainierte Muskeln haben einen erhöhten Myoglobingehalt und verfügen über mehr Mitochondrien als nicht trainierte Muskeln.

Literatur

MARKWORTH, P.: Sportmedizin; Rowohlt Verlag 1983
JONATHAN, U.: Lexikon der Trainingslehre; Rowohlt Verlag 1988
HOTTENROTT, K., ZÜLCH, M.: Ausdauerprogramme; Rowohlt Verlag 1995
folgende Broschüren sind u. a. erhältlich bei der Techniker-Krankenkasse, 22291 Hamburg
CONRADT, M.: Das Herz (Funktionen, Erkrankungen, Behandlung, Vorsorge) 1993
RITZDORF, W.: Bewegung (Freizeitsport, Wohlbefinden, Fitnesstraining, Entspannung) 1994

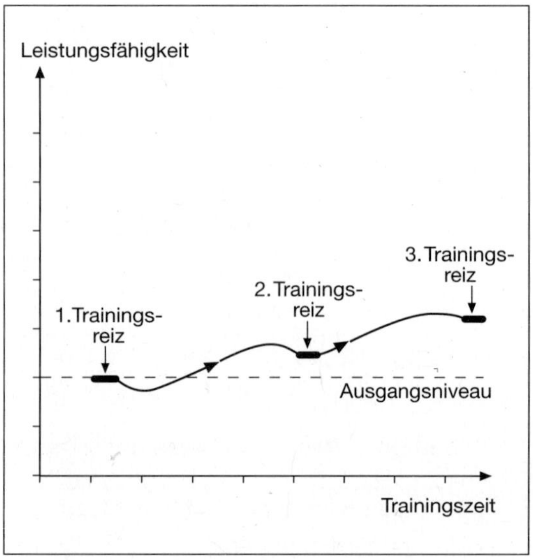

Das Prinzip der Superkompensation

	Herzschlagvolumen (ml)	Herzfrequenz (Schläge/min)	Herzminutenvolumen (Liter/min)
Untrainierte	90	160	14,4
Ausdauertrainierte	180	160	28,8

Mein Lauftraining

Ausdauertrainierte Sportler haben größere und kräftigere Herzen als nicht trainierte Menschen. Das Sportlerherz läuft sozusagen im Schongang, es schlägt langsamer. Das kann es sich leisten, da es größer ist und bei niedrigerer Schlagzahl die gleiche Menge Blut pumpen kann.

Auch du kannst die Anpassung deines Herz-Kreislauf-Systems an ein Ausdauertraining beobachten. Dazu brauchst du sechs Wochen Zeit und eine Taschenuhr mit Sekundenanzeige. Du musst 3-mal die Woche eine bestimmte Strecke laufen. Wenn du Fieber hast oder wenn es draußen zu heiß ist, laufe nicht. Suche dir eine Strecke im Grünen aus, die möglichst keine Steigungen hat und für die du 15 Minuten brauchst. Lege ein Lauftagebuch an.

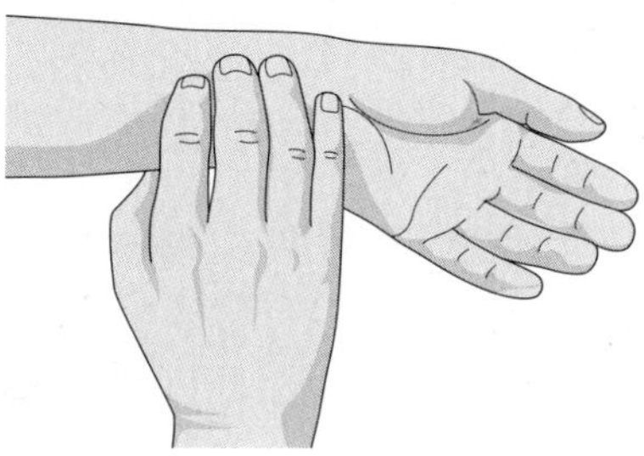

Mein Lauftagebuch

Name: ____________________ Strecke ____________________ Woche ______________

	Montag	Dienstag	Mittwoch	Donnerstag	Freitag	Samstag	Sonntag
Ruhepuls							
Belastungspuls		Ruhe		Ruhe		Ruhe	
Erholungspuls							
Besonderheiten							

Herzschläge in 10 Sekunden x 6 = Herzschläge pro Minute

Merke dir Start- und Zielpunkt, laufe immer die gleiche Strecke (möglichst ohne große Steigungen). Laufe ein mittleres Tempo, nicht zu schnell und nicht zu langsam. Die Geschwindigkeit ist richtig gewählt, wenn du nach 15 Minuten noch etwas weiter laufen könntest.

Miss immer den Ruhepuls vor dem Laufen. Nach dem Lauf gehst du gemächlich weiter und misst gleich den Belastungspuls. Nach 3 Minuten misst du den Erholungspuls. Am besten steckst du dir einen Notizzettel in die Jogginghose und notierst dir gleich die Werte. Zuhause überträgst du die Werte in dein Lauftagebuch.

Übrigens: Laufen macht auch in der Gruppe Spaß. Du solltest mit Freunden laufen, die etwa gleich viel Sport treiben wie du. Wenn du deine Trainingsstrecke nach einigen Wochen in kürzerer Zeit als 15 Minuten läufst, notiere dir die Zeit. Notiere dir auch besondere Ereignisse wie Rückenwind, Gegenwind und wenn die Strecke glitschig ist oder du schlecht geschlafen hast.

Tipp: Die Länge deiner Laufstrecke kannst du mit deinem Fahrrad bestimmen, wenn es einen Streckenzähler besitzt. Vergleiche die Pulswerte der 1. und 6. Trainingswoche miteinander. Eine kürzere Laufzeit bei gleichem Belastungspuls in der 6. Woche oder ein niedrigerer Belastungspuls bei gleicher Laufzeit sind deutliche Hinweise für eine Anpassung deines Herz-Kreislauf-Systems an das Lauftraining.

Auge
Hören
Reaktionszeit
Reiz
Riechen
Schmecken
Sehen
Sinne
Tastsinn
Temperatursinn
Wahrnehmung

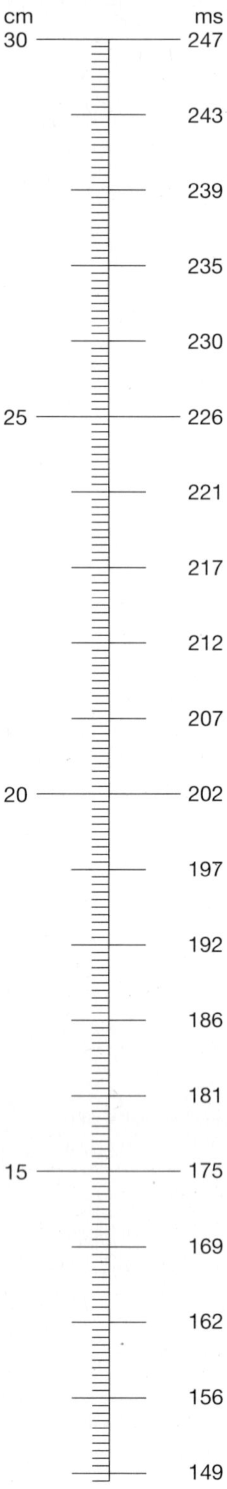

Sinnesorgane – Antennen zur Umwelt
Vom Reiz zur Reaktion

Natura 5/6, Seite 44/45

Schülerbuch Seite 45

① Teste deine Reaktionszeit. Dein Partner hält ein 30-cm-Lineal senkrecht mit zwei Fingern am oberen Ende. Halte nun Daumen und Zeigefinger so an den unteren Rand, dass deine Finger das Lineal gerade nicht berühren. Wenn dein Partner das Lineal loslässt, musst du es möglichst schnell mit den Fingern fassen. Die Strecke, die das Lineal gefallen ist, ist ein Maß für die Reaktionszeit (s. Tabelle).

– *Die Vorgänge im Körper werden in der Lösung zum Arbeitsblatt dargestellt. Der Versuch sollte von jeder Versuchsperson mindestens 5-mal durchgeführt und aus den Messergebnissen der Mittelwert errechnet werden (Letzteres muss evtl., je nach den Vorkenntnissen aus der Mathematik, kurz erklärt werden). Anmerkung: Wenn die Skala (siehe Randspalte) entsprechend den cm-Angaben auf ein Lineal geklebt wird, ist die Reaktionszeit direkt ablesbar.*

② Was geschieht in deinem Körper während der Reaktionszeit? Beschreibe.

– *Wenn die Versuchsperson das Lineal fallen sieht, so wandern entsprechende Signale über den Sehnerv vom Auge zum Gehirn und werden hier ausgewertet. Als Ergebnis der Auswertung schickt das Gehirn Signale über Nerven zur Beugemuskulatur der Finger, die dann beim Zugreifen das fallende Lineal anhalten.*

Arbeitsblatt Seite 55

1. Augen (Lichtsinn) nehmen das sichtbare Licht wahr. Der Geschmackssinn ist in der Zunge lokalisiert und wird durch den Geruchssinn unterstützt, wobei unsere Nase aber sehr geringe Konzentrationen eines Duftes oder bestimmte Gase nicht wahrnehmen kann. Der Hörsinn in den Ohren ist auf bestimmte Schallwellen spezialisiert und kann z.B. keinen Ultraschall erkennen. Der Tastsinn in der Haut ist sogar von Mensch zu Mensch verschieden gut ausgeprägt (vgl. z.B. Blinde). Der Temperatursinn unserer Haut kann zwar Kälte und Wärme unterscheiden, aber nicht wie ein Thermometer genaue Gradzahlen messen.
   Anmerkung: Die Beispiele ermöglichen, die Subjektivität der Reizempfindung mit der objektiven Messung durch Geräte zu vergleichen.
2. Ein Reiz ist eine Zustandsänderung am Sinnesorgan, während die Wahrnehmung in der entsprechenden Erregung im Gehirn besteht. (Für bestimmte chemische, physikalische oder thermische, elektrische, akustische oder optische Zustandsänderungen (= Reize) besitzt der Mensch entweder keine adäquaten Rezeptoren oder Rezeptoren mit zu geringer Empfindlichkeit. Die im Gehirn letztlich angekommene Erregung (= Wahrnehmung) wird aber nicht nur durch die Art der Sinnesorgane, sondern auch durch die Vorerfahrung bestimmt (z.B. Stimme des Vaters, s. Vorlage). Weitere Reize, die wir nicht wahrnehmen können, sind z.B. die Hundepfeife (Ultraschall), elektrische Felder (Fisch), „Sehen“ der Wärmestrahlung (Schlangen) oder der Radioaktivität.
3. a) Reizquelle,
   b) Reiz,
   c) Erregungsleitung im Sinnesnerv,
   d) Verarbeitung im Gehirn,
   e) Befehlsleitung im Bewegungsnerv zur Muskulatur,
   f) Reaktion.

Experimente/Modelle

Umkehrbrille: Falls vorhanden, sollte die Prismenbrille zur Einführung der Reiz-Reaktions-Kette benutzt werden, da sie alle bisherigen Erfahrungen „auf den Kopf“ stellt und ebenfalls die Rückkopplungsmechanismen deutlich macht. Die Versuchsperson soll z.B. mit einem Softball auf ein Kreuz an der Tafel zielen, einen bestimmten Gegenstand ergreifen oder Wasser von einem Becherglas in ein anderes gießen (mit großem Auffanggefäß durchführen).

Hände drücken: Bis zu 10 Personen – eine davon wird zum „Starter“ erklärt – stellen sich im Kreis auf und halten sich an den Händen. Ein Zeitnehmer steht mit der Stoppuhr in der Mitte des Kreises. Auf „Los“ drückt der Starter die Hand der Person zu seiner Linken, die wiederum den „ Reiz“ an die nächste Person weitergibt. Fühlt der Starter, dass seine rechte Hand wieder gedrückt wird, ruft er „Stopp“. Die gemessene Zeit wird durch die Anzahl der Personen im Kreis geteilt. Mit dem Versuch kann man auch feststellen, ob sich die durchschnittliche Reaktionszeit durch ständiges Wiederholen verbessern lässt.

Siehe auch Projekt „Mit allen Sinnen“, Seite 66/67

Literaturhinweise

Brunner, H.-R.: Das Ohr; Thieme Verlag, Stuttgart 1997

Burdach, K.: Geschmack und Geruch; Huber Verlag, Bern 1988

Matzke, B.: Sonne und Haut; Verlag am Kilian, Marburg 1998

Merk, G.: Lernzirkel Auge; Verlag an der Ruhr, Mühlheim a. d. Ruhr 1998

Zwanziger, B.: Sinnesorgane; Pädagog.Verlag Zwanziger, Stuhr 1999

Sinnesorgane – Fenster zur Umwelt

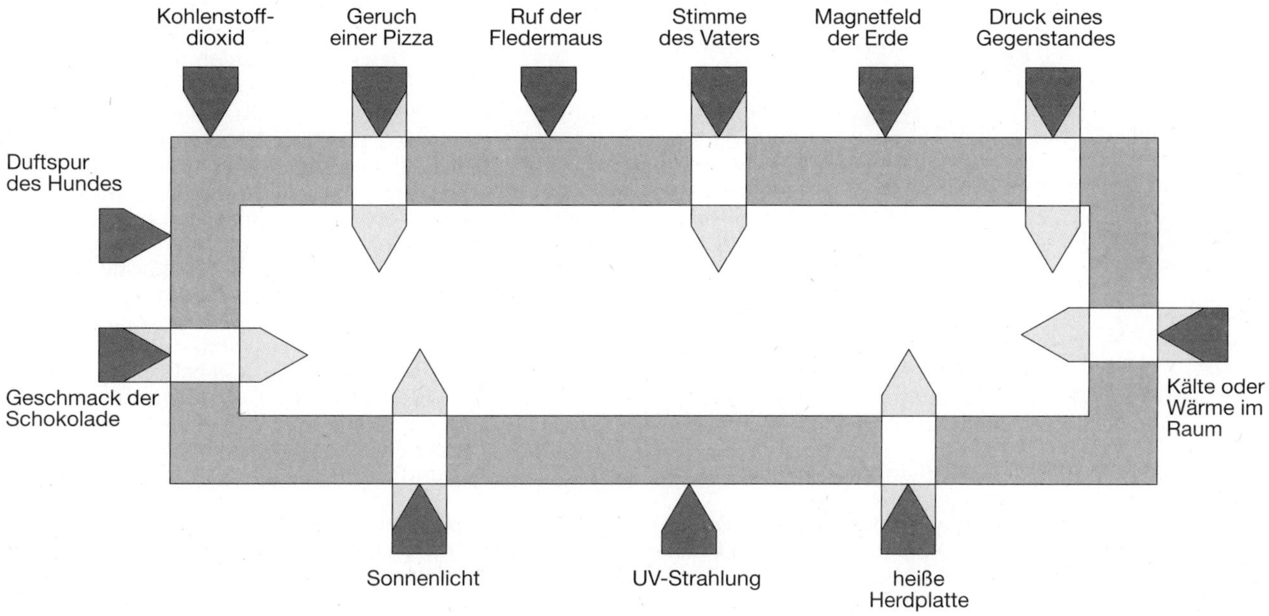

Aufgaben

1. Für welche Reize haben wir Sinnesorgane? Benenne sie und beschreibe ihre Funktion.

___

___

___

2. Erkläre den Unterschied zwischen Reiz und Wahrnehmung.

___

___

3. Ergänze die folgende Abbildung.

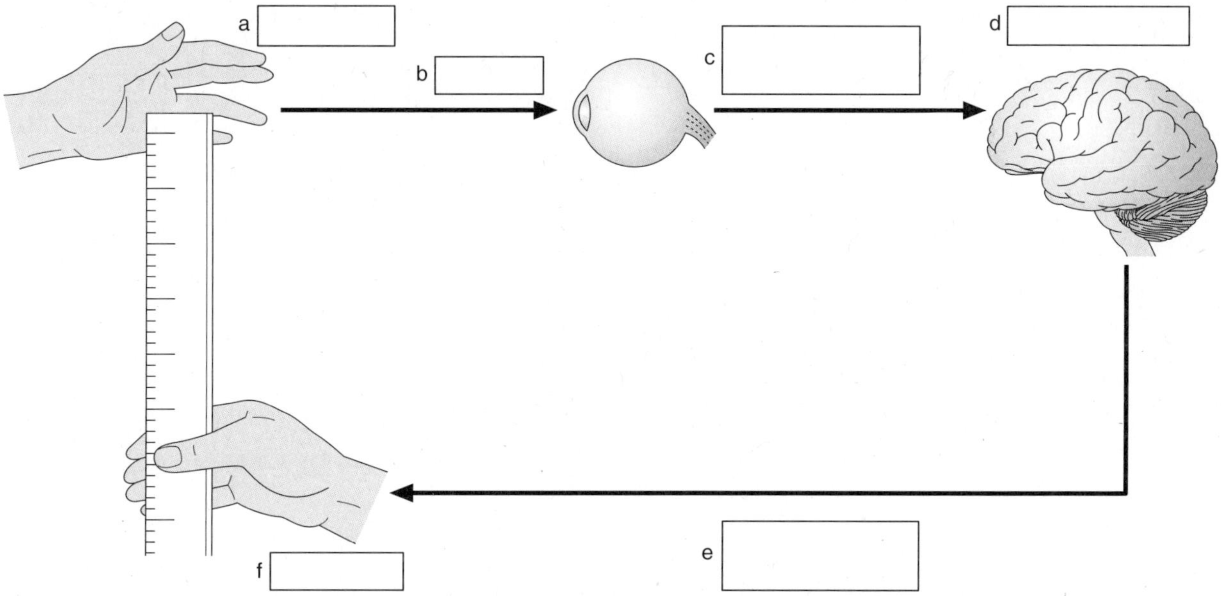

Die Augen – unsere Lichtsinnesorgane

Natura 5/6, Seite 46

Schutzvorrichtungen

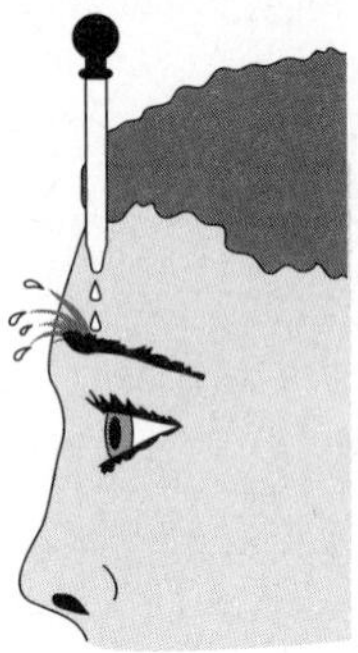

Lage der Tränendrüsen

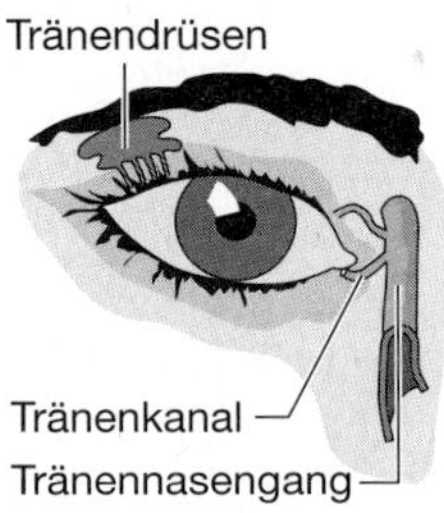

Folienvorlage: Die Einzelteile des Auges (Seite 57)

Der Bastelbogen kann auch zur Herstellung einer Overlay-Folie benutzt werden. Die Folienstücke zu den drei Einzelteilen dazu so ausschneiden, dass sie an der Markierung übereinander gelegt werden können. Damit lassen sich die verschiedenen Augenteile schrittweise erarbeiten. Dient die zusammengesetzte Vorlage zur Lernkontrolle (Beschriftung zu a – k), kann hiermit Bau und Funktion erfragt werden.

a) Hornhaut (durchsichtig, feucht, bricht das Licht)
b) Linse (elastisch verformbar, dadurch scharfes Sehen in der Nähe oder Ferne); bricht das Licht
c) Pupille (Sehloch; wird durch Iris verkleinert oder vergrößert)
d) Iris (Regenbogenhaut, reguliert Lichteinfall)
e) Glaskörper (gallertartig, stabilisiert die Form)
f) Lederhaut (weiße Augenhaut, gibt Festigkeit; Ansatz der Augenmuskeln)
g) Aderhaut (mit Farbstoffen; Blutgefäße zur Ver- und Entsorgung)
h) Netzhaut (mit Sehsinneszellen zur Wahrnehmung)
i) Sehnerv (verlässt im blinden Fleck den Augapfel; leitet Information zum Gehirn)
k) Augenmuskeln

Das Auge in Zahlen und im Modell

Der Durchmesser des Augapfels beträgt etwa 24 mm und sein Gewicht 7,5 g, davon entfällt fast die Hälfte auf den Glaskörper. Die Lederhaut ist nur wenig mehr als ein Millimeter dick (bis 1,35 mm), die Netzhaut nur ein Zehntel davon (0,1–0,18 mm). Die Gesamtbrechkraft des Auges beträgt 58,6 Dioptrien. Wird die Linse durch den erschlafften Ziliarmuskel abgeflacht, erreicht sie ihre geringste Brechkraft bei 19 Dioptrien *(Fernakkommodation).* Bei starker Nahakkommodation (34 Dioptrien) können Jugendliche noch Gegenstände in 7 cm Entfernung scharf sehen; mit zunehmendem Alter rückt der Nahpunkt immer weiter vom Auge weg und die Akkommodationsbreite sinkt im Alter über 70 Jahren unter eine Dioptrie.

Experimente/Modelle
Mit der optischen Bank (Phywe-Experimentiersatz) lassen sich die unten dargestellten Versuche mit genau messbaren Bild- und Gegenstandsweiten, definierten Linsen und einer Irisblende durchführen.

Medienhinweise

FWU 10 03134 Das Auge
FWU 42 01184 Sehen
Phywe: Modell Augapfel

Modellversuch

1. Ein 10 x 12 cm großes Stück Karton in der Mitte falten und die Hälfte einer Figur ausschneiden; nach dem Aufklappen z.B. einen Arm zusätzlich ausschneiden.
2. Den Karton vor eine Stiellupe stellen und die Figur mit einer Taschenlampe beleuchten (Raum abdunkeln).
3. Auf einem weißen Karton hinter der Stiellupe entsteht ein umgekehrtes und seitenverkehrtes Bild der Figur.

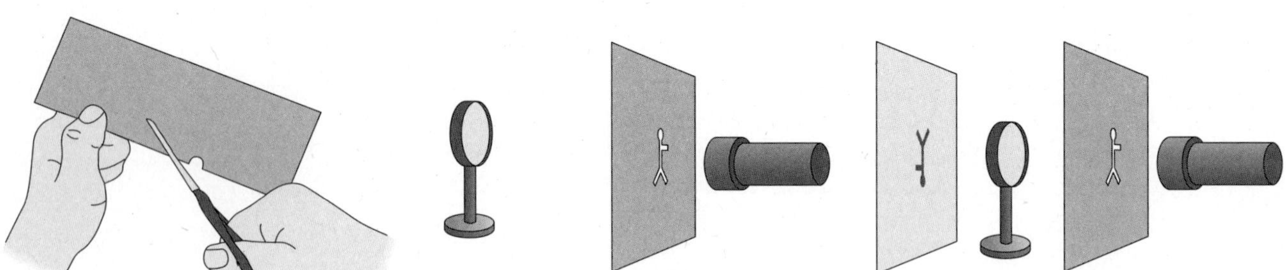

4. Die Bildentstehung im Auge lässt sich mit dem Modellversuch direkt vergleichen.

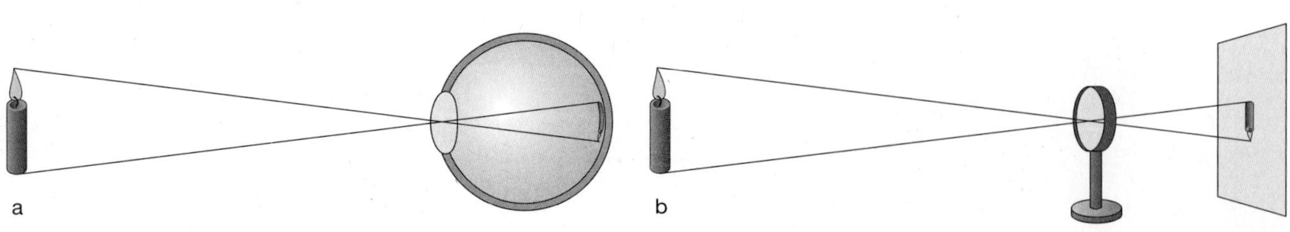

Folienvorlage: Die Einzelteile des Auges

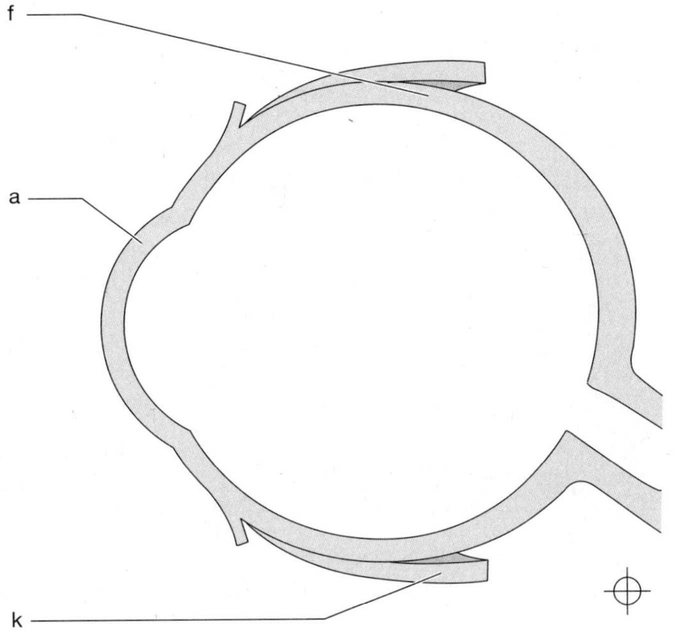

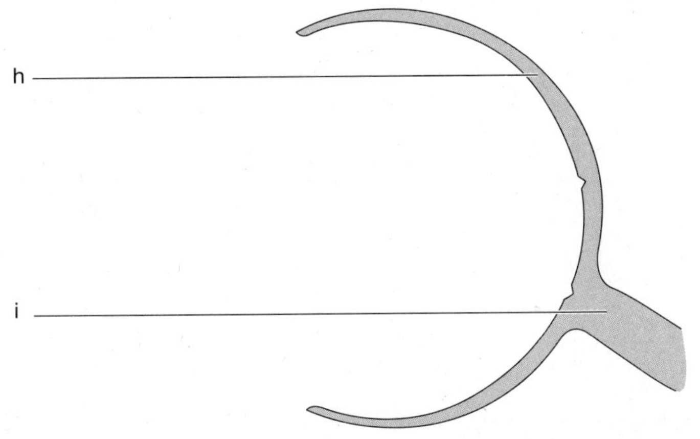

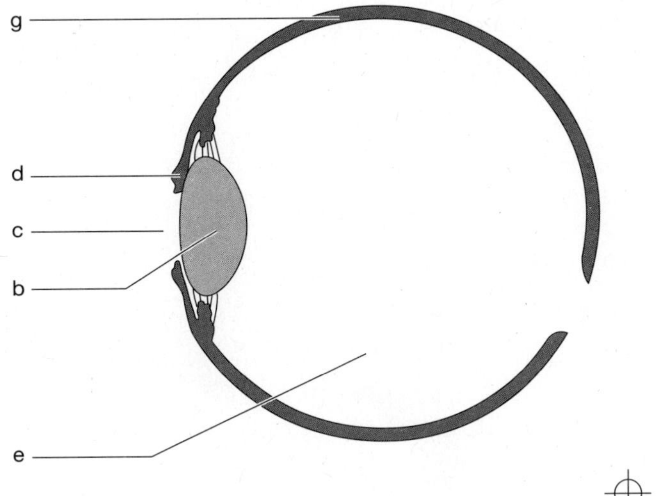

Gesundheit
Hören
Ohr
Sinne

Die Ohren – Empfänger für Schallwellen

Natura 5/6, Seite 47

! Schülerbuch Seite 47

① Ordne den Teilen des Schnurtelefons (s. Randspalte) die entsprechenden Teile des Ohres zu.
– *(Hinweis: Schnur straff spannen und Dosen (Jogurtbecher) fest um Mund bzw. Ohr drücken. Zum Vergleich ist die Parallelität in den schwingenden Elementen ausschlaggebend). Eine mögliche Zuordnung ist:*
  - *obere Dose = Ohrmuschel und Gehörgang*
  - *Dosenboden = Trommelfell*
  - *Schnur = Hörknöchelchen*
  - *Boden der unteren Dose = Membran des ovalen Fensters.*

② Warum können ein laut eingestellter Walkman oder ein Disco-Besuch das Gehör schädigen?
– *In beiden Fällen kann die Lautstärke so hoch sein, dass das Gehör geschädigt wird. Während man beim Walkman selbst die Lautstärke regulieren kann, ist dies bei einem Disco-Besuch nur in engen Grenzen durch Wahl des Aufenthaltsortes im Raum möglich. Bei lauter Musik sollte man sich keinesfalls neben oder direkt unter den Lautsprechern aufhalten.*

Z Zusatzaufgaben und Lösungen

① Ein Hund kann die Hundepfeife hören, der Mensch nicht. Was ist die Besonderheit dieser Pfeife?
– *Die Pfeife erzeugt Töne im Ultraschallbereich (mehr als 20 000 Hz). Der menschliche Hörbereich umfasst Frequenzen von 20 – 16 000 Hz, bei jungen Menschen auch bis zu 21 000 Hz.*

② Wie putzt man Ohren richtig?
– *Von den Wanddrüsen des Gehörganges wird das Ohrenschmalz abgesondert und durch die Bewegungen der Kiefermuskulatur, die die Wand des Gehörganges mitbewegen, nach außen befördert. Man kann die Bewegungen spüren, wenn man den Zeigefinger leicht in die Gehörgangsöffnung legt und den Mund öffnet und schließt. Wird durch die Reinigung das Ohrenschmalz nach innen gedrückt, bildet sich ein Ohrenschmalzpfropf, der die Schwingungen des Trommelfells behindert und das Hörvermögen schwächt. Die Entfernung des Pfropfs und die Reinigung des inneren Gehörganges darf nur durch den Arzt erfolgen, da das Trommelfell (steht unter Spannung wie eine Zeltplane!) leicht verletzt werden kann. Daher dürfen auch keine harten oder spitzen Gegenstände zur Reinigung benutzt werden.*

③ Halte die Nase zu. Presse vorsichtig Luft in den Mund und Nasenraum. Beschreibe deine Wahrnehmungen. Was schließt du daraus?
– *Die im Ohr wahrgenommene Druckänderung zeigt das Vorhandensein der Ohrtrompete. Der Versuch sollte nicht durchgeführt werden. wenn die Versuchsperson erkältet ist, weil dadurch vermehrt Krankheitskeime durch die Ohrtrompete in das Mittelohr gelangen können!*

Arbeitsblatt Seite 59

a) Ohrmuschel, b) Gehoergang, c) Trommelfell, d) Schaedelknochen, e) Paukenhoehle, f) Bogengaenge, g) Schnecke, h) Hoernerv, i) Aussenohr, k) Mittelohr, l) Innenohr, m) Ohrtrompete
Lösungswort: GEHOERKNOECHELCHEN

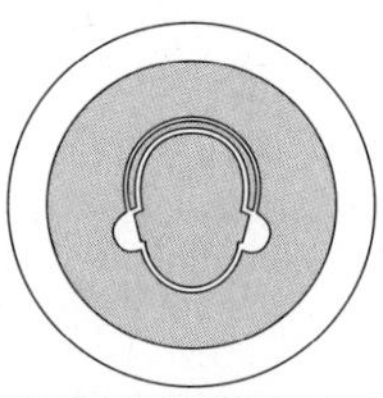

HEARING PROTECTION

Gebotsschilder für Lärmschutz

Ohr in Zahlen

Durchmesser des Trommelfells: 10 mm

Dicke des Trommelfells: 0,1 mm

Durchmesser des ovalen Fensters: 4 mm

Länge des äußeren Gehörganges: 3 cm

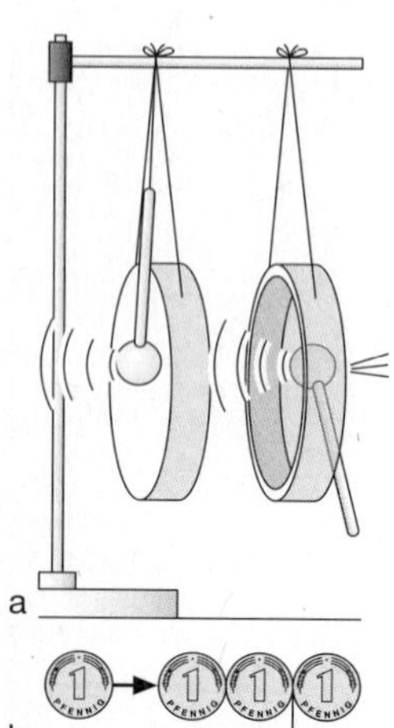

Schallübertragung
a) Versuch
b) Modell

Der hüpfende Reis

Durch die Schläge auf den Topfboden werden Töne erzeugt.
Der Reis beginnt auf der Tambourinmembran zu hüpfen. Erkläre diese Erscheinung.

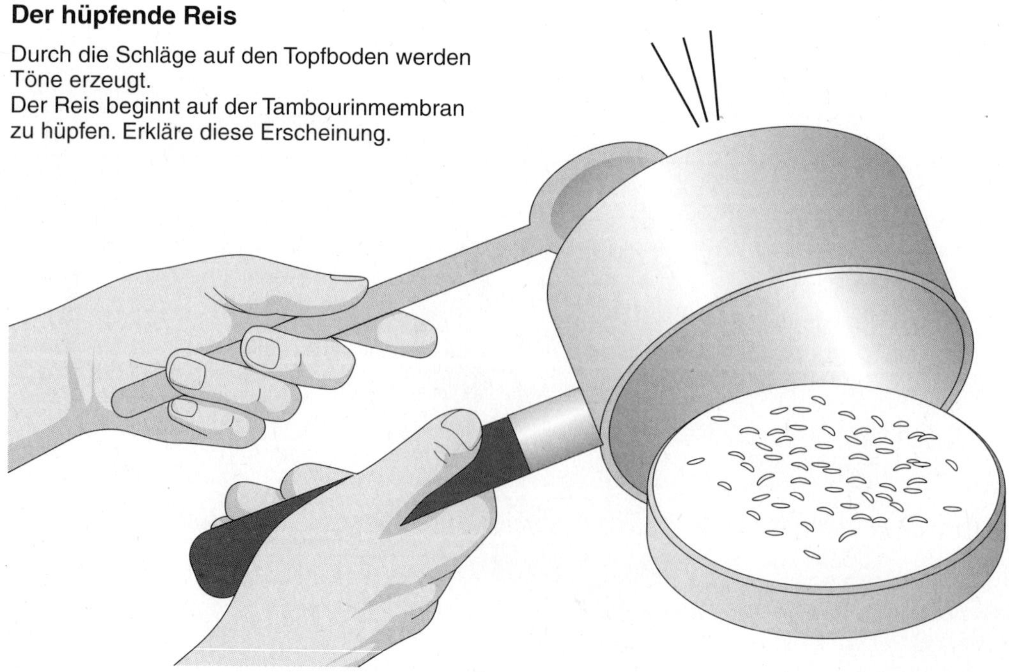

Bau des menschlichen Ohres

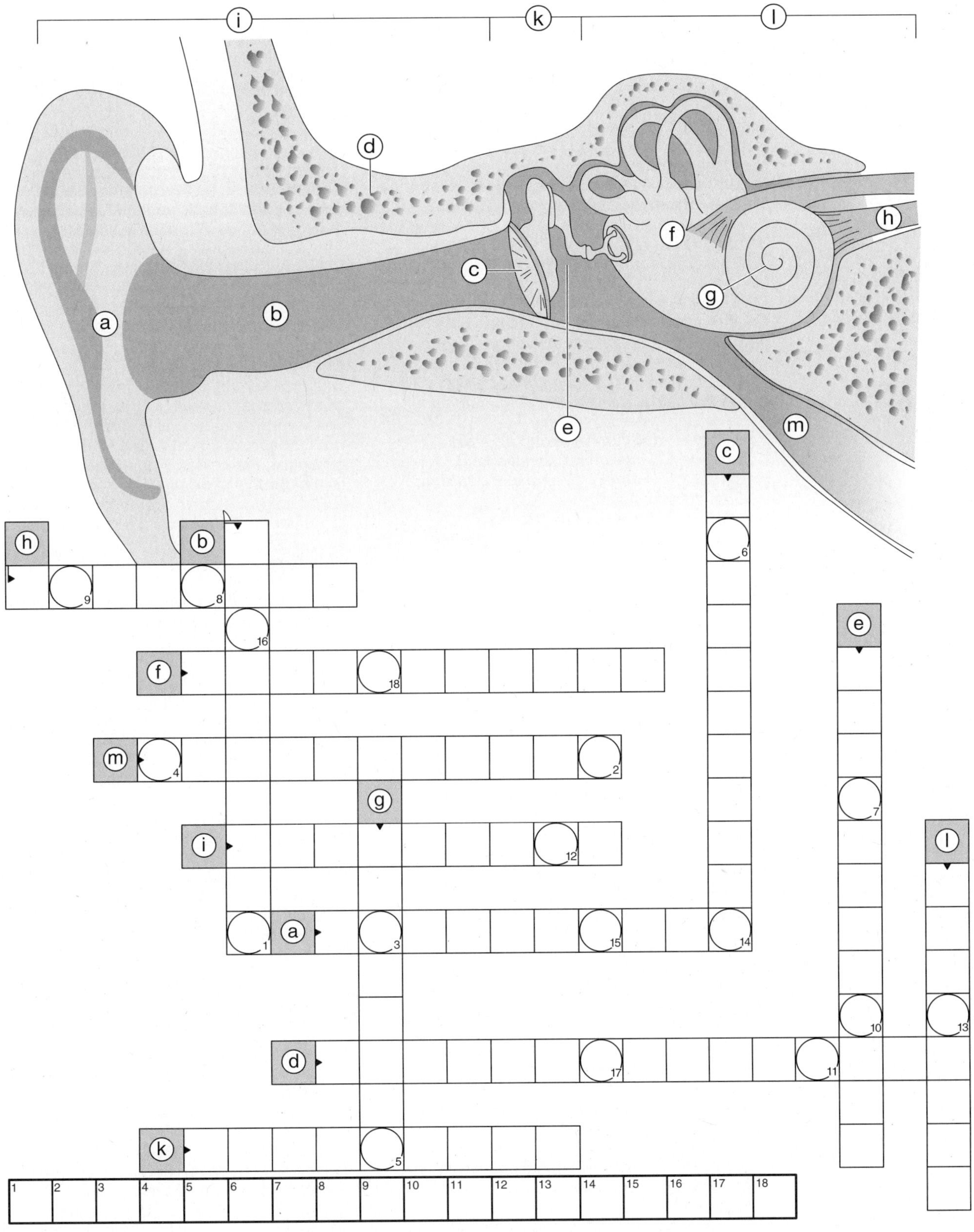

Aufgabe

Trage die Bezeichnungen für die einzelnen Teile des Ohres (a – m) in das Kreuzworträtsel ein. Die eingekreisten Buchstaben ergeben dann in der Reihenfolge von 1 bis 18 das Lösungswort. Hebe diesen Teil des Ohres farbig hervor (ä = ae, ö = oe, u = ue, ß = ss).

Geruch und Geschmack
Praktikum: Sinnesorgane

Natura 5/6, Seite 48/49

Schülerbuch Seite 48

① Wir prüfen verschiedene Duftstoffe, wie zum Beispiel Parfüm, oder Backaromen, wie Bittermandel, Zitrone, Rum, nacheinander bei
a) verschlossener Nase und Mundatmung,
b) geöffneter Nase und angehaltenem Atem
c) tiefer Einatmung durch die Nase (Schnüffeln).
Beschreibe die jeweiligen Geruchsempfindungen. Erkläre die unterschiedlichen Wahrnehmungen.

– *Die Versuchsperson darf vor dem Versuch keine Riecheindrücke haben. Deshalb Filterpapierstreifen erst unmittelbar vor den Versuchen im Nebenraum oder unter dem Abzug mit Testflüssigkeiten betupfen. Ergebnisse:*
a) Bei verschlossener Nase und Mundatmung keine Geruchsempfindung.
b) Bei verschlossener Nase und angehaltenem Atem keine Geruchsempfindung.
c) Bei tiefem Einatmen (Schnüffeln) deutliche Geruchsempfindung.

② Nenne Berufe, die ein besonders empfindliches Geruchs- bzw. Geschmacksempfinden erfordern.

– *Koch, Konditor, Wein-, Kaffee-, Tee- und Tabakprüfer, Parfümeur.*

Schülerbuch Seite 49

① Schutzfunktion der knöchernen Augenhöhle: Den Druck verspürt man nur auf dem umgebenden Knochen, das Auge selbst ist durch die Einbettung in die Augenhöhle geschützt. Schlag und Druck werden durch die Schädelknochen (das wulstartige Stirnbein, das Joch- und Nasenbein) abgehalten.

② Schutzfunktion der Augenbrauen: Regen oder salzhaltiger Schweiß werden durch die Behaarung vom Auge ferngehalten.

③ Lidschlussreflex: Die Augenlider werden zum Schutz vor mechanischer Schädigung geschlossen. Bei wiederholtem Anblasen wird vermehrt Tränenflüssigkeit abgesondert (Schutz vor Austrocknung, Abspülen von Staub, Abtöten von Bakterien.
Anmerkung: Würde man den Versuch fortsetzen, entsteht eine Schmerzempfindung (Warnsignal) und die Augen röten sich (gesteigerte Durchblutung; Entzündungsgefahr). Dies verdeutlicht die Notwendigkeit, bei Motorrad- oder Skifahrten die Augen zu schützen.

④ a) Auf dem Papier entsteht ein reelles Bild. Im Vergleich zum abgebildeten Gegenstand ist es umgekehrt, seitenverkehrt und in der Regel kleiner.
b) Die Öffnung im Papier erzeugt man am Einfachsten mit einem Locher. Das Papier wirkt wie eine Lochblende und das Bild wird lichtschwacher.
c) Die Lupe entspricht der Augenlinse (und der Hornhaut), das Papier zum Auffangen des Bildes der Netzhaut und das gelochte Papier der Iris.

⑤ Die Schallwellen versetzen das Papier in geringfügige Schwingungen, es vibriert. Vergleichbar wird das Trommelfell zum Schwingen angeregt.

⑥ Der Trichter wirkt wie das Hörrohr, das ältere Menschen vor der Erfindung der Hörgeräte benutzten. Durch die vergrößerte „Ohrmuschel“ werden mehr Schallwellen aufgefangen und über den Trichterhals verstärkt in den Gehörgang und auf das Trommelfell geleitet.

⑦ Am Unterarm ist die Raumschwelle größer. Bei einer Entfernung der beiden Taststellen von etwa 1 cm spürt die Versuchsperson nur einen Tastreiz. Dagegen spürt die Versuchsperson an den Fingerspitzen zwei Tastreize. Es ist kaum möglich, die Tastborsten so nahe aneinander zu setzen, dass nur ein Tasteindruck zustande kommt. Ursache der unterschiedlichen Wahrnehmungen ist die unterschiedliche Dichteverteilung der Tastkörperchen in der Haut. Besonders dicht liegen sie an der Zungenspitze und an den Fingerspitzen. Bei der Durchführung ist es sinnvoll, wenn in zufälliger Reihenfolge mit einer oder beiden Tastborsten zusammengearbeitet wird, sodass die Versuchsperson nicht die Anzahl der Reizstellen vorhersagen kann.

⑧ Für den Versuch sollte man abwaschbare Stempelfarbe benutzen; man erhält sie dort, wo Stempel für Kinder verkauft werden. Zum Vergleich der Fingerabdrücke kann man auch wie folgt vorgehen: Die bei der Gruppenaufgabe eingesammelten Papierstücke mit den Fingerabdrücken werden auf DIN A4-Papier geklebt und mit Ziffern versehen. Davon wird mit dem Kopierer eine Overhead-Folie hergestellt, zerschnitten und an die Schüler ausgeteilt. Sie können dann durch Auflegen auf die Papierstücke am Arbeitsplatz sofort ihren „Täter“ feststellen. „Richtige“ Fingerabdrücke lassen sich mit einer Mischung aus Graphitpulver (von der Bleistiftspitze abkratzen) und Talkumpuder (aus der Apotheke besorgen) zum Beispiel von Glasflächen abnehmen: Mit einem Pinsel die Mischung auftragen und anschließend den Fingerabdruck mit Klebefolie abziehen.

Arbeitsblatt Seite 61

1. Riechfeld, Duftstoffe, 1000, Geruchssinn, Gefahren, verschwindet, Geschmackssinn, süß, salzig, sauer, bitter, Geschmackssinneszellen
2. a) Riechfeld, b) Nasenmuschel, c) Zunge, d) Kehldeckel, e) Luftöhre, f) Speiseröhre. Weg der Atemluft: s. Abbildung im Schülerbuch
3. Ohne den Geruchssinn könnten wir von den Speisen nur die vier Geschmacksqualitäten (bitter, sauer, salzig, süß) wahrnehmen.
4. Bei Schnupfen ist das Riechfeld durch Drüsensekrete und Schwellungen blockiert.

Medienhinweise

FWU 42 01187 Riechen und Schmecken

Riechen und Schmecken

1. Ergänze den folgenden Text.

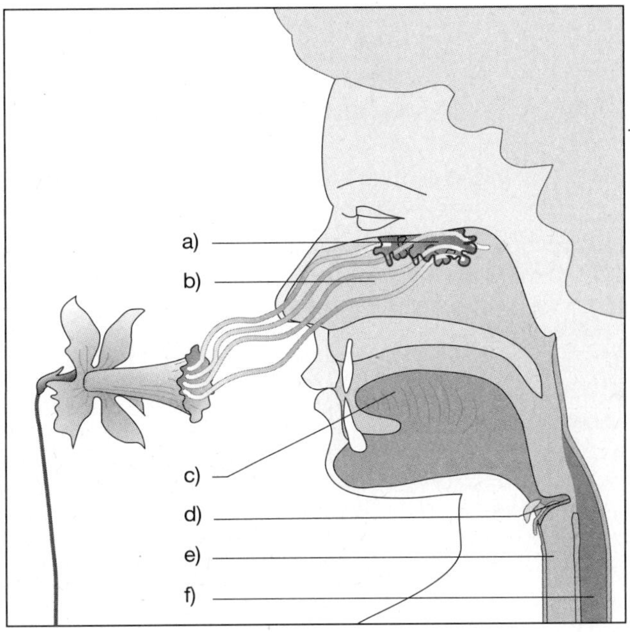

Im oberen Teil der Nasenhöhle liegt das ______ ____________ mit den Geruchssinneszellen. Sie reagieren auf ________________, die mit der Atemluft in die Nase gelangen. Obwohl wir bis zu _____ verschiedene Düfte auseinander halten können, ist unser _________________ im Vergleich zu dem der meisten Säugetiere nur gering ausgebildet. Übel empfundene Düfte warnen uns aber ausreichend vor ______________. Wirkt ein Duftstoff länger Zeit auf uns ein, ______________ die Empfindung dafür (Gewöhnung). Duftstoffe, die von Speisen ausgehen, ergänzen unseren ___________________ beim Essen. Die Zunge kann nur die vier Grundgeschmacksrichtungen _____ an der Zungenspitze, ________ am vorderen Zungenrand, _______ am hinteren Zungenrand und _________ am Zungengrund wahrnehmen. Dafür sind die _____________________________ in den warzenförmigen Erhebungen besonders spezialisiert.

2. Beschrifte die Abbildung und zeichne den Weg der Atemluft ein.

a) ______________________ d) ______________________

b) ______________________ e) ______________________

c) ______________________ f) ______________________

3. Erkläre, warum Geruchs- und Geschmackssinn beim Essen von Bedeutung sind.

____

____

____

4. Warum schmeckt unser Essen weniger gut, wenn wir Schnupfen haben?

____

____

____

Haut
Sinne
Tastsinn
Temperatursinn

Die Haut – ein Organ mit vielen Aufgaben

Natura 5/6, Seite 50/51

Fingerbeere

Handinnenseite

Handrücken

Z Haut

Experimente zum Thema Haut

① Reibe die Haut deines Unterarms mit einem schwarzen Tuch kräftig ab. Beschreibe und erkläre deine Beobachtung.
– *Auf dem schwarzen Tuch sieht man viele weiße Pünktchen. Das Mikroskop zeigt, dass es Zellen ohne Zellkern sind. Es handelt sich um verhornte, abgestorbene Teile der oberen Hautschichten („Hornhaut"). Diese toten Zellschichten schützen bei mechanischen und chemischen Einwirkungen. Sie quellen bei längerem Aufenthalt im Wasser auf und führen zu den „runzeligen" Fingern. Bei sehr trockener Haut oder nach einem Sonnenbrand kann man die abgestorbenen Zellen mit einem Klebefilm abnehmen und als „Dauerpräparat" auf einem Objektträger aufbewahren.*

② Betrachte mit einer Lupe die Haut von Fingerbeere, Handinnenseite und Handrücken. Mache jeweils eine Skizze.
– *siehe Randspalte*

③ Stecke deine Hand in eine durchsichtige Plastiktüte und dichte am Handgelenk mit einem Gummi ab. Beobachte und erkläre.
– *Zunächst rötet sich die Haut der Hand durch den geringen Hitzestau. Dann beginnt sich der Plastikbeutel mit winzigen Tröpfchen zu beschlagen. Der verdunstete Schweiß entzieht der Haut Wärme (Temperaturregelung durch Verdunstungskälte. Die Verdunstungskühlung kann durch Einreiben mit Franzbranntwein (Alkohol) verdeutlicht werden).*

④ Verbinde der Versuchsperson mit einem Schal die Augen. Stelle die aufgebogenen Enden einer Büroklammer auf 1 cm Abstand ein und berühre die Fingerkuppe gleichzeitig mit beiden Spitzen. Wiederhole den Versuch auf dem Handrücken, dem Unterarm und auf der Nasenspitze der Versuchsperson. Beobachte und erkläre.
– *Auf der Fingerkuppe und an der Nasenspitze werden zwei, sonst nur ein Reiz wahrgenommen. Nur bestimmte Stellen (Tastpunkte) sind für die Reize empfänglich. Je dichter sie liegen, desto leichter lassen sich zwei getrennte Berührungsreize unterscheiden.*

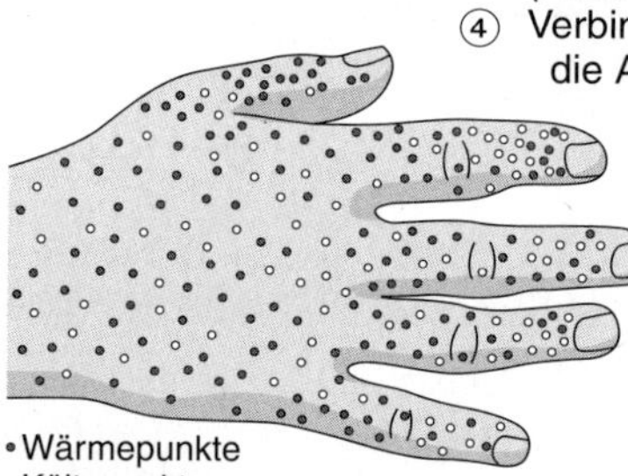
• Wärmepunkte
◦ Kältepunkte

Wärme- und Kältepunkte auf der Haut

Lexikon

Abschürfungen: Sie reichen nicht bis in die Lederhaut; nässen, da Lymphe austritt, und verheilen ohne Narben. Abschürfungen sind oft sehr schmerzhaft, da viele freie Nervenendigungen gereizt werden.
Akne: Talg verschließt die Haarbalgöffnungen; hinter diesem „Mitesser" können tief greifende Entzündungen entstehen, die grubige Narben hinterlassen.
Blasen: Hohlräume innerhalb der Oberhaut oder zwischen Ober- und Lederhaut, die mit Gewebsflüssigkeit, Blut oder Eiter gefüllt sind.

Fingerabdrücke

Die *Daktyloskopie* (Auswertung der Merkmale des Hautleistenreliefs) wurde 1851 von B. Welker in die Anthropologie und um 1900 von Edward Henry und Sir Francis Galton in die Kriminalistik eingeführt. Da jeder Mensch auf der Welt ein einzigartiges Muster auf den Hand- und Fußflächen hat, lassen sich Verdächtige anhand ihrer Fingerabdrücke überführen. In Deutschland werden vor Gericht nur die drei Hauptmuster anerkannt (siehe Schülerbuch).

Arbeitsblatt Seite 63

1. a) Talgdrüse, b) Haar, c) Hornschicht, d) Muskel, e) Schweißpore, f) Keimschicht, g) Blutgefäße, h) Schweißdrüse, i) Fettgewebe, j) Unterhaut, k) Lederhaut, l) Oberhaut, m) Wärmekörperchen, n) Kältekörperchen, o) Tastkörperchen, p) Lamellenkörperchen, q) freie Nervenendigungen, r) Nerven.

Medienhinweise

FWU 42 10370 Die Haut des Menschen

Blindenschrift

Über den Blindenbund des jeweiligen Bundeslandes können gegen ein geringes Entgelt Karten oder sogar Zeitschriften in Blindenschrift bezogen werden. Adresse: Deutsche Blindenstudienanstalt e. V., Am Schlag 8, Postfach 1160, 35001 Marburg. Unterrichtshilfen sind zusammengestellt in: Liebrecht, A. und Theiß-Klee, H. (siehe Seite 67).

Punktdichte der Hautsinne pro cm² (n.a. = nicht in einzelne Punkte auflösbar)

	Wärme	Kälte	Druck	Schmerz
Gesicht	0,6–1,7	9	50	184
Mund	n.a.	16–19	n.a.	n.a.
Nasenspitze	1	8–13	100	44
Oberkörper	0,3	10	29	196
Unterarm	0,4	7	15	203
Handrücken	0,5	7	14	188

Fehlersuchbild: Der Aufbau der Haut

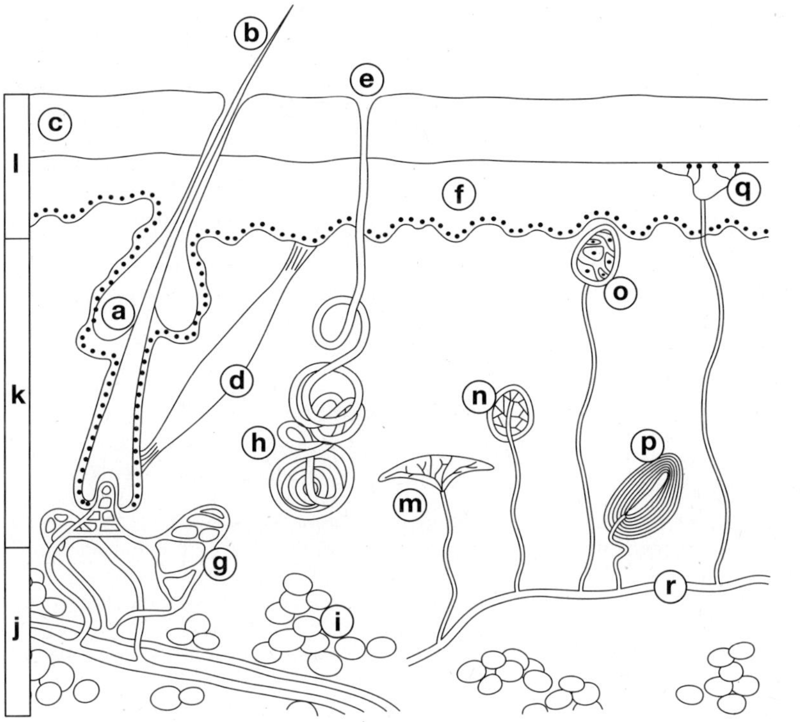

a) ______________________

b) ______________________

c) ______________________

d) ______________________

e) ______________________

f) ______________________

g) ______________________

h) ______________________

i) ______________________

j) ______________________

k) ______________________

l) ______________________

m) ______________________

n) ______________________

o) ______________________

p) ______________________

q) ______________________

r) ______________________

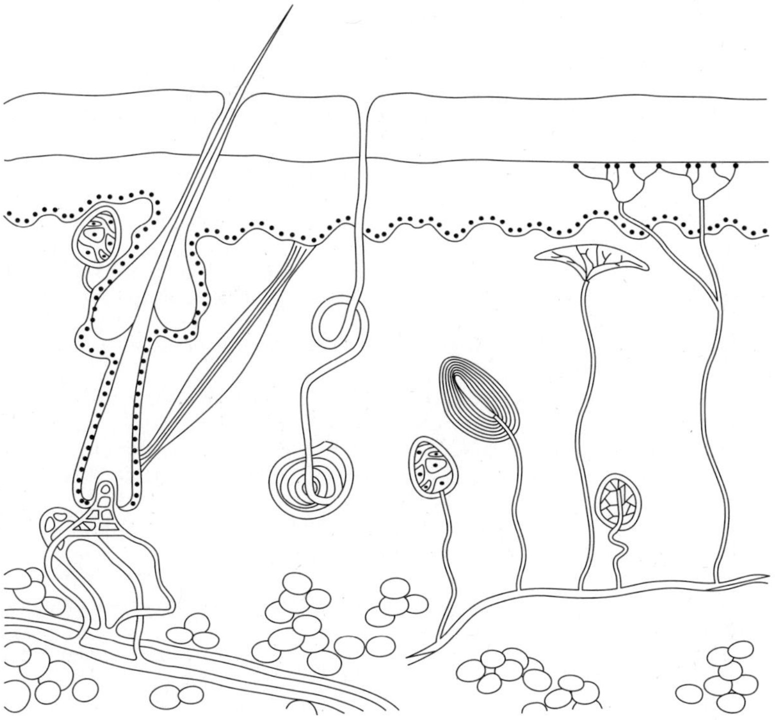

Aufgaben

1. Beschrifte die markierten Bestandteile der Haut.
2. Die untere Abbildung unterscheidet sich in 10 Punkten vom oberen Bild. Kreise die Veränderungen ein.

Material: Wie wirken die Sinne und das Gedächtnis beim Lernen mit?

Natura 5/6, Seite 52/53

Schülerbuch Seite 52/53

Sowohl der Lerntypentest wie auch die Anregungen im Buch sollen verdeutlichen, wie die verschiedenen Sinne und das Gedächtnis beim Lernen zusammenwirken. Ziel ist es, dass Schülerinnen und Schüler befähigt werden, ihren Lerntyp zu erkennen, dementsprechend zu lernen und konzentrationsstörende Faktoren auszuschalten oder konzentrationsfördernde Techniken anzuwenden. Nicht erfasst sind zahlreiche Entspannungstechniken, deren Bedeutung für die Lernpausen aber bewusst gemacht werden.

Arbeitsblatt Seite 65

Zur Besprechung des Lerntypentests (S. 65) kann jeder Schüler seinen bevorzugten Lernweg in ein Wandplakat eintragen, sodass ein Blockdiagramm zur Verteilung der drei Lerntypen entsteht. Steht etwas mehr Zeit zur Verfügung, kann die Selbsteinschätzung durch das „Lernen mit allen Sinnen" (S. 66/67) genauer untersucht werden. Die Besprechung sollte in jedem Fall auf konkrete Tipps (s. u.) eingehen.

Lerntipps

Optimales Lesen wird erreicht durch
- erweiterte Blickspanne statt punktförmigem Sehen; Anregungen zum Training mit Wortpyramiden in KLIPPERT (s. u.).
- Erfassen von Wortbildern und Wortgruppen statt Buchstabe-für-Buchstabe- oder Wort-für-Wort-Lesen; dazu Sprung-Lesen-Sprung-Bewegungen der Augen statt des ganzen Kopfes.
- gesteigerte Lesegeschwindigkeit mit höherer Konzentration ohne lautes oder gedankliches Mitsprechen und ohne Lesekrücken (Finger, Bleistift oder Lineal unter der Zeile).
- einwandfreies Sehvermögen (eventuell Brille tragen) und ausreichende Ausleuchtung.
- ständig wiederholte Leseübungen, um Wortbilder oder Wortgruppen schnell wieder zu erkennen, Überschriften oder Untertitel, kursiv oder fett gedruckte Worte schon beim Überfliegen „herauszufischen".

Inhaltliche und auswertende Fragen helfen, den Text absatzweise zu gliedern. Fragen und stichpunktartige Antworten sollten anfangs auf einem Blatt notiert werden. Solche Fragen können sein:
- Welches Thema wird behandelt?
- Wie sind die Abschnitte untergliedert?
- Was weiß ich bereits dazu?
- Was ist für mich neu?
- Mit welcher Aufgabenstellung soll ich den Text bearbeiten?
- Welche Begriffe kenne ich nicht?

Einige Tricks helfen bei der allgemeinen Organisation:
- Regelmäßig am gleichen Arbeitsplatz lernen.
- Pausen mit Bewegung, Entspannungsübungen, leichter und leiser Musik machen.
- Hausaufgaben und die Vorbereitung der Klassenarbeiten in Portionen so einteilen, dass ähnliche Fächer nicht hintereinander liegen.
- Der eigene Lerntyp bewältigt auch schwierige Fachbegriffe.
- Stets nach Gedächtnisstützen suchen.
- Eine übersichtliche Heftführung erzeugt viel Freizeit.

Literaturhinweise

BAUER, R.: Schülergerechtes Arbeiten in der Sekundarstufe I – Lernen an Stationen; Cornelsen-Scriptor, Berlin 1997
BEYER, I.: Projektplanung: Lernen lernen; Klett, Stuttgart 2000
BIRBAUMER, N. & R. F. SCHMIDT: Biologische Psychologie; Springer, Berlin 1996
DITTRICH, H.: Besser lesen, verstehen, behalten; Humboldt, München 1992
EDELMANN, W.: Lernpsychologie; Beltz Psychologie Verlagsunion, Weinheim 1996
ENDRES, W.: 99 starke Lerntipps – z. B. erlaubte Spickzettel (6. – 10. Klasse); Beltz, Weinheim, Basel 1996
ENDRES, W. & E. BERNARD: Voll bei der Sache – das Konzentrationsprogramm für Kinder; Kösel Verlag, München 1994
ENDRES, W. et. al.: Mündlich gut; Deutscher Sparkassenverlag, Stuttgart 1996
Gewusst wie – Lerntipps; Sparkassen-Schul-Service 1996
KELLER, G.: Lernen, Denken, Entspannen; Auer, Donauwörth 1996
KELLER, G.: Lern-Methodik-Training; Hogrefe, Göttingen 1999
KELLER, G.: Lernen will gelernt sein! Ein Lerntraining für Schüler; Quelle & Meyer, Heidelberg 1991
KLIPPERT, M.: Methodentraning; Beltz, Weinheim 1996
KROWATSCHEK, D.: Marburger Konzentrationstraining; borgmann publishing, Dortmund 1994
MALYCHA, A. & K. ENGELHARDT-GROEGER: Lernen lernen 1997/98; Geschwister-Scholl-Gymnasium, Lüdenscheidt 1998 (script)
MEYER, M.: Leitfaden zur Unterrichtsvorbereitung; Cornelsen, Berlin 1996
MEYER, M. A. (Hrsg.): Lernmethoden – Lehrmethoden; Friedrich-Jahresheft XV; Friedrich-Verlag, Seelze 1997
MÜLLER, D.: Phantasiereisen im Unterricht; Westermann, Braunschweig 1994
OPPOLZER, U.: Super lernen – Tipps & Tricks von A – Z; Humboldt, München 1933
PETERMANN, U.: Entspannungstechniken für Kinder und Jugendliche; Psychologie Verlagsunion, Weinheim 1999
STEPHAN, H.: Denk- und Konzentrationsaufgaben; Klett, Stuttgart 1996
TOMATIS, A. A.: Das Ohr, die Pforte zum Schulerfolg; Verlag Modernes Lernen, Dortmund 1998
VESTER, F.: Denken – Lernen – Vergessen; dtv, München 1978

Teste deinen Lerntyp

Stelle dir die folgenden Lernsituationen vor und schätze ab, wie viel du unter solchen Bedingungen jeweils behalten würdest. Bewerte mit 3 Punkten für „viel“, 2 Punkte für „einiges“ und 1 Punkt für „wenig“.

	In dieser Situation behalte ich viel (3)	einiges (2)	wenig (1)
1. Der Lehrer oder die Lehrerin erklärt, wie ein Delfin schwimmt.	☐	☐	☐
2. Ich schaue mir Fotos im Biologiebuch an.	☐	☐	☐
3. Ich zeichne und beschrifte ein Schema zum Aufbau des menschlichen Ohres.	☐	☐	☐
4. Ich schreibe Fachbegriffe auf eine kleine Karteikarte und die Erklärung auf die Rückseite.	☐	☐	☐
5. Wir sehen im Biologieunterricht einen Film über die Fortbewegungsweisen der Pferde.	☐	☐	☐
6. Ich erstelle in einem Versuch einen Fingerabdruck und untersuche die Hautleisten.	☐	☐	☐
7. Ich lese im Biologiebuch einen Text durch.	☐	☐	☐
8. Ich höre im Radio einen Bericht über die Haltung von Hunden.	☐	☐	☐
9. Gelerntes fällt mir wieder ein, wenn ich mir die Heftseite mit meinen Notizen bildlich vorstelle.	☐	☐	☐
10. Ich höre auf einem Kassettenrekorder die Laute von Vogelstimmen.	☐	☐	☐
11. Ich sammle Blätter von Bäumen, presse sie und beschrifte die aufgeklebten Materialien.	☐	☐	☐
12. Ich halte einen Vortrag über Raubtiere.	☐	☐	☐

Aufgaben

1. Zähle jeweils die Punkte folgender Versuche zusammen:

   2, 5, 7, 9 (Lerntyp Sehen): ____________________

   1, 8, 10, 12 (Lerntyp Hören): ____________________

   3, 4, 6, 11 (Lerntyp Handeln): ____________________

2. Hast du bei einem Lerntyp 9 Punkte oder mehr erreicht, so kannst du diesen Weg in Zukunft zum Lernen besonders gut nutzen. Lerntipps gibt dir das Schulbuch.

Projekt: Mit allen Sinnen

Gleichgewichtssinn, Hören, Perimeter, Riechen, Schmecken, Sehen, Sinne, Tastsinn, Temperatursinn

Lernen an Stationen

Ähnlich dem Zirkeltraining in Sport, ist das „Lernen an Stationen" auch in jedem anderen Fach möglich. Unterschiedliche Übungsstationen bieten zu verschiedenen Themen Erarbeitungsmaterialien, kleinere Experimente und Aufgaben. Die Schüler verweilen zwischen drei und sechs Minuten an den Stationen. Der Ablauf kann in einer bestimmten Reihenfolge oder in freier Auswahl erfolgen, sollte aber stets von einem individuellen Kontrollbogen begleitet sein, damit einzelne Aufgaben nicht vergessen werden. Auch das Eintragen in eine Präsentationsliste zum Vortragen eigener Ergebnisse, ein Quiz, ein Wettbewerb, eine Wandzeitung oder eine Hitliste erreichter Punktzahlen kann eine gemeinsame Klammer bilden. In jedem Fall ermöglicht diese Lernform eine Anpassung des Lerntempos an die individuellen Fähigkeiten und ein handlungsorientiertes Lernen. Für Experimente ergeben sich mit geringerem Aufwand bessere Einsatzmöglichkeiten. Der Lehrer rückt aus dem Mittelpunkt des Unterrichtsgeschehens heraus. Individuelle Gespräche sollen gefördert werden. Das „Lernen mit allen Sinnen" bietet hierzu umfangreiches Material. Die „Sinnesstationen" können auch im Rahmen einer Projektwoche als „Sinnoptikum" von Schülern aufgebaut und durch eigenes Material ergänzt werden.

Sehen

- Verschiedene optische Geräte (Lupe, Mikroskop, Fernglas, Teleskop) erweitern die Leistung des Auges. Wie arbeiten sie?
- Wodurch unterscheiden sich Brillen? (incl. Taucher-, Sonnen-, Schwimm- und Schweißbrillen)
- Was bewirken Sammel- oder Zerstreuungslinsen, Wassertropfen auf dem Objektträger, die Lochkamera oder das Kaleidoskop?
- Leistungen von Auge und Gehirn: Sehtest, Sehen mit einem / mit zwei Augen, Test auf Farbenblindheit, räumliches Sehen mit Rot-Grün-Brille, Entfernungen schätzen, Versuch zum blinden Fleck, mit einem Perimeter (s. Abb.) die Verteilung von Stäbchen und Zapfen ermitteln.
- Mit Lebensmittelfarbe bekannte Speisen verfremden: Isst man sie noch mit dem gleichen Appetit?
- Die Augen austricksen: Optische Täuschungen, das magische Auge (3 D-Bilder), Umspringbilder, Zwirbelkärtchen oder Daumenkino basteln, im Dämmerlicht Gummibärchen nach Farben sortieren.
- Augenfehler und Augenverletzungen: Ursachen und Behandlung.
- Fluggesellschaften verteilen auf Langstreckenflügen Schlafbrillen: ein Beispiel dafür, wie Sinneseindrücke verhindert werden.
- Schattentheater mit weißen Handschuhen bietet Anlass zur Klärung von Absorption und Reflexion von Licht.

Hören

- Unterschiede zwischen Ton, Klang, Geräusch, Lärm und Schall mit verschiedenen Geräten und Instrumenten (auch selbst gebauten, wie z. B. einer einfachen Panflöte oder einer Flaschenorgel).
- Schallwellen sichtbar machen durch schwingendes Lineal an der Tischkante, Reistrommel oder Sägespäne.
- Ausbreitung des Schalls: Bestimmung der Schallgeschwindigkeit (Testfeld mindestens 330 m im Freien), Blitz und Donner beim Gewitter, Knochenleitung (Stimmgabel auf der Stirn), Schnurtelefon mit Jogurtbechern, Wecker in der Vakuumglocke.
- Geräusche beurteilen: Stimmen wieder erkennen, Richtung der Geräuschquelle angeben, Instrumente stimmen, ankommendes oder sich entfernendes Auto bei verbundenen Augen erkennen (Grund?).
- Technische Geräte: Mikrofon an einen Oszillographen anschließen, beim Hörgeräte-Akustiker die eigenen Ohren testen lassen, Aufbau eines Hörgeräts, ungewohnte eigene Stimme auf dem Tonband.
- Vergleichende Lärmmessung mit einem Schallpegelmesser.
- Geräusche-Dosen: Je zwei leere Getränkedosen mit gleichen Materialien zur Hälfte füllen (z. B. Erbsen, Reißnägel, Holzkügelchen) und damit ein Geräusche-Memory aufbauen.
- Mit einfachen Mitteln kann ein Hörspiel vertont werden (Pferdegetrappel, Wind, etc.)
- In einem dunklen Raum hören die Schüler Musik und beschreiben ihre Emotionen.

Augen und Koordination

Zuerst mit offenen und dann mit geschlossenen Augen ein Kopf-Rumpf-Arm-Bein-Strichmännchen zeichnen oder einen Text schreiben. Erschwerend: Das Männchen soll Haare auf dem Kopf haben und ein lächelndes Gesicht („Smiley") zeigen oder traurig (Mundwinkel nach unten, Tränen) sein. Vergleichbar: Eine Figur (Stern, Blume, Strichmännchen) soll nachgezeichnet werden; die Versuchsperson sieht die Figur aber nur im Spiegel oder sieht alles durch die Umkehrbrille. Die Experimente zeigen die Rückkopplung zwischen Augen und Gehirn und die Feinsteuerung der Muskulatur.

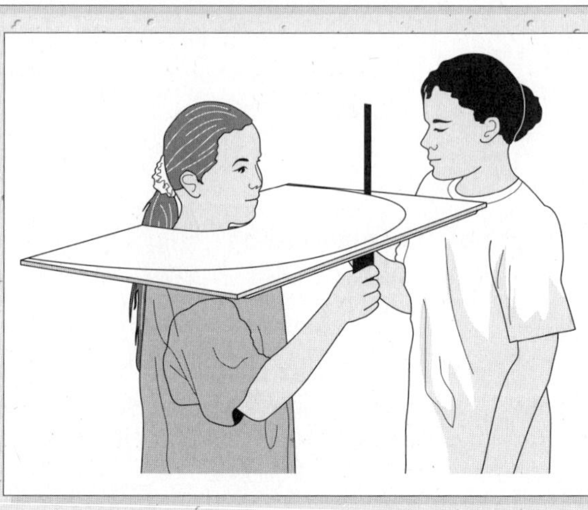

Schalleffekte

- Schall wird zum Lawinenschutz eingesetzt. Mit Schallkanonen versetzt man den Schnee in Schwingungen. Kleinere Schneemengen rutschen so ab, bevor sich große Lawinen bilden können.
- Mit Ultraschall können Nierensteine zertrümmert werden.

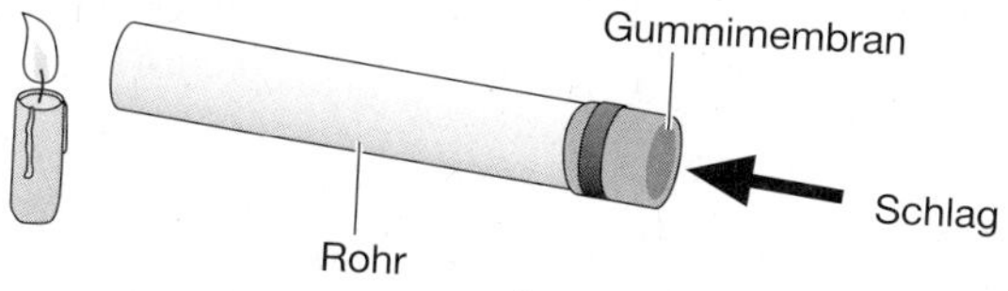

Gleichgewichtssinn

- Nur auf einem Bein stehend den Schuh zubinden oder eine Figur an die Tafel malen bzw. um die eigene Achse hüpfen.
- Mit verbundenen Augen und barfuß auf einem sehr weichen Kissen das Gleichgewicht auf einem Bein stehend halten (Arme dabei an den Körper anlegen).
- Auf dem Drehstuhl aus der Physik mit leichten Hand-Hanteln rotieren.
- Auf einem niedrigen Schwebebalken balancieren, ein Pedalo bedienen oder auf der Halbkugel stehen (Sportlehrer fragen).

Nase und Geruch

- Duftorgel aus Filmdöschen: Wie lange dauert es, bis man fünf Küchenkräuter oder Trockengewürze nur durch Riechen auseinander halten kann? (Anmerkung: Die Döschen müssen gut gespült und gelüftet werden und die Proben sollten möglichst frisch eingefüllt sein.)
- Geruchsschwelle: Vanille-Backaroma stufenweise verdünnen und sowohl von „unten nach oben“ wie auch umgekehrt die Warnehmung testen: Gibt es Unterschiede? Welche Unterschiede bestehen zwischen verschiedenen Versuchspersonen?
- Mit etherischen Ölen, z. B. in Duftlampen oder Stövchen, die Ausbreitung des Dufts feststellen.
- Schnüffelexkursion: Ein Schüler führt einen zweiten mit verbundenen Augen an verschiedene Stellen im Raum, im Gebäude oder im Freien; dort müssen bestimmte Düfte erkannt werden.
- Staub und Pollen in der Luft: Zur Zeit des Hauptpollenflugs Objektträger mit umgekehrtem Klebefilm bespannen und Präparate dann mikroskopieren.
- Informationen zu gefährlichen Substanzen (z. B. Lösungsmittel) und zum Rauchen sammeln.

Allgemeine Literaturhinweise

Baum, H.: Spielen mit allen Sinnen. Falken, Niedernhausen 1996

Bömer, B. et al.: Sinne erschließen die Umwelt: Verlag an der Ruhr, Mülheim 1995

Katalog zum Erfahrungsfeld Schloss Freudenberg, Beerenverlag, Wiesbaden, 1997

Liebrecht, A.; Theiss-Klee, H.: Sehen, Sehbehinderung, Blindheit; Der paritätische Wohlfahrtsverband, Frankfurt, 1999

Marwedel, Chr.: Umwelt erkennen – Umwelt verstehen. Landesinstitut Soest, 1995

Hautsinne

- Relatives Wärmeempfinden: Drei große Becher werden mit kaltem, warmem und heißem (aber natürlich nicht zu heißem) Wasser gefüllt. Die Versuchsperson taucht eine Hand in das kalte und heiße Wasser (für etwa eine Minute). Beide Hände werden anschließend in das warme Wasser getaucht.
- Für die Messung mit der Tastborste und dem Kälte- bzw. Wärmenagel sollte eine Schablone aus einem grobmaschigen Küchensieb hergestellt werden. Damit kann man an der Hand, am Arm, im Nacken und auf dem Bein den Abstand und die Dichte der Druck- und Kälte- bzw. Wärmekörperchen messen. Soll nur der Abstand genau festgestellt werden, lässt sich auch der Tastzirkel einsetzen.
- Fußfühlpfad: Mit Sand, Kies, Blättern, Rindenmulch, kleinen Stöckchen oder feinem Schotter flache Schalen oder Kisten belegen. Die Versuchsperson wird mit verbundenen Augen über den Weg geführt.
- Tastgenauigkeit: Mit geschlossenen Augen einen Text in Blindenschrift lesen, Münzen erkennen oder eine Person durch vorsichtiges Abtasten der Ohren, der Nase bzw. des Gesichts identifizieren. An mehreren Bäumen die Rinde abtasten und anschließend die Bäume mit den Augen wieder erkennen (ohne nochmals zu tasten).
- Ein großer „Fühlsack“ (altes Kopfkissen) oder mehrere kleine Tastsäckchen werden mit Naturmaterialien gefüllt. Alternative: In einen Schuhkarton ein Loch mit Sichtschutz schneiden und Materialien zum Ertasten hineinlegen.

Warum spüren wir die Mücke nicht?

Das Gewicht der Mücke führt zu einem Druck über der Druckschwelle der Rezeptoren der menschlichen Haut. Durch die Verteilung auf die sechs Beine bleibt der Reiz jedoch unbemerkt. Solche Phänomene können zusammengetragen und diskutiert werden.

Zunge und Geschmack

- Mit verbundenen Augen und ohne Geruchssinn (Nasenklammer) sollten verschiedene Speisen unterschieden werden.
- Gewöhnung: Eine starke (3 Teelöffel Zucker in ein Glas Wasser) und eine schwache Lösung ($^1/_2$ Teelöffel) wechselweise probieren.
- Giftige Substanzen sind meist bitter. Warum nimmt man Bitterstoffe am Zungengrund wahr?
- Kann man Elektrizität schmecken? Mit den beiden Polen einer Flachbatterie (4,5 V) die Zungenspitze reizen.
- Geschmackserwartung und Geschmackstest: Verschiedene Getränke (süß, sauer, salzig, bitter) auch in unterschiedlicher Konzentration in Mineralwasserflasche füllen und diese mit undurchsichtiger Folie bekleben, kleine Testbecher bereitstellen; zwischen den Proben soll der Mund mit Leitungswasser ausgespült und die Proben sollen nicht getrunken werden (macht die Sache geheimnisvoller!).

Embryonalentwicklung – Mensch
Geschlechtsorgane – Mensch
Menstruation
Pubertät
Sexualität
weiblicher Zyklus

Pubertät – Reifezeit vom Kind zum Erwachsenen
Die Geschlechtsorgane des Mannes
Die Geschlechtsorgane der Frau

Natura 5/6, Seite 54–57

Schülerbuch Seite 55

① Erkläre mit eigenen Worten die Entwicklung vom Jungen zum Mann und vom Mädchen zur Frau. Welche Veränderungen sind bei Jungen und Mädchen gleich, wo gibt es Unterschiede?

– *Gemeinsamkeiten: Achselbehaarung, Schambehaarung, Wachstum der Geschlechtsorgane.*
Unterschiede:
Jungen:
- *Bartwuchs*
- *Stimmbruch*
- *kräftiges Wachstum der Muskulatur*
- *keine Ausbildung von Brustdrüsen*
- *breite Schultern, schmales Becken*
- *kantige Gesichtszüge*

Mädchen:
- *kein Bartwuchs*
- *nur geringe Veränderung der Stimme*
- *schwaches Wachstum der Muskulatur*
- *Entwicklung der Brüste*
- *schmale Schultern, breites Becken*
- *weiche Gesichtszüge*

Schüler nennen dazu auch häufig Verhaltensunterschiede und tertiäre Geschlechtsmerkmale.

② Beim Stimmbruch verändert sich die Stimme der Jungen von der hohen, kindlichen zur tiefen, männlichen.
Welche äußerlich sichtbare Veränderung ist die Ursache?

– *Der Kehlkopf tritt deutlicher hervor, der Schildknorpel des Kehlkopfs wird zum „Adamsapfel“. Damit werden die zwischen Schildknorpel und Stellknorpeln gespannten Stimmbänder länger. Längere Bänder (vgl. Gummiband als Modell) erzeugen beim Schwingen tiefere Töne: „Stimmbruch“.*

③ In der 6. Klasse sind viele Mädchen größer als die Jungen. Anders in der 9. Klasse. Da sind die Unterschiede meist gering. Findest du eine Erklärung dafür?

– *Der Eintritt in die Pubertät ist von einem Wachstumsschub begleitet. Da bei Mädchen die Pubertät früher beginnt als bei Jungen, sind sie in dieser Zeit häufig größer als die Jungen. In der 9. Klasse sind die Unterschiede aufgeholt. Auch die Jungen sind jetzt in der Pubertät.*

Arbeitsblatt Seite 69

1. a) Hoden (links, rechts); b) Nebenhoden (links, rechts); c) Spermienleiter (links, rechts); d) Prostata; e) Harn-Spermien-Röhre
2. Nebenhoden, Spermienleiter, Harn-Spermien-Röhre, Freisetzung

Arbeitsblatt Seite 70

1. a) Eileiter (links, rechts); b) Eierstöcke (links, rechts); c) Gebärmutter; d) Vagina
2. Ende der 2. Woche: Eisprung, eine reife Eizelle verlässt den Eierstock; die Eizelle wandert durch den Eileiter und erreicht nach 3 bis 4 Tagen die Gebärmutter; Ende der 4. Woche Menstruation, Auflösung der Schleimhaut, Blut und Scheidenflüssigkeit bilden die Menstruationsflüssigkeit.
3. Der Muskel der Gebärmutter wird während der Schwangerschaft auf ein Vielfaches seiner Ausgangsgröße gedehnt.

Arbeitsblatt Seite 71

1. Anordnung siehe Schülerbuch Seite 58
2. 1 Menstruation; 2 Eileiter; 3 Eierstock; 4 Schleimhaut; 5 Gebärmutter; 6 Scheide; 7 reifendes Ei; 8 Eisprung

Literaturhinweise

Die Menstruation, o.b. Beratung, Johnson & Johnson Beratung. 14. Aufl., Frankfurt/M. 1992 Internet-Adresse: www.ob.online.de

HARRIS, R. H.: Total normal. Was du schon immer über Sex wissen wolltest; Alibaba Verlag, Frankfurt/M. 1995

SCHNEIDER, S.; RIEGER, B.: Das Aufklärungsbuch; Ravensburger Buchverlag 1992

Medienhinweise

FWU 42 10334 Achterbahn der Gefühle

Größenvergleich von Teilen der Geschlechtsorgane

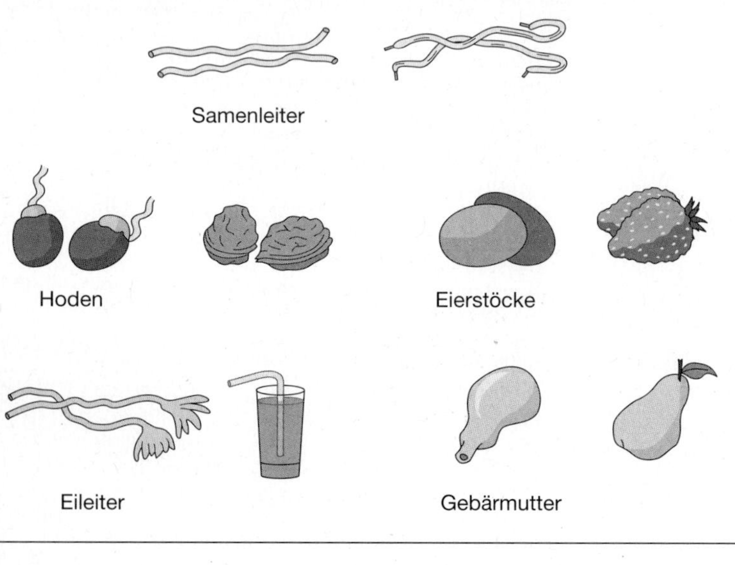

Die Geschlechtsorgane des Mannes

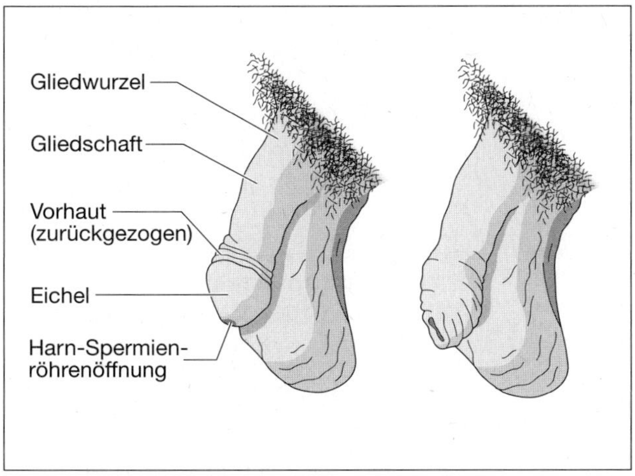

Abb. 1 Äußere Geschlechtsorgane des Mannes

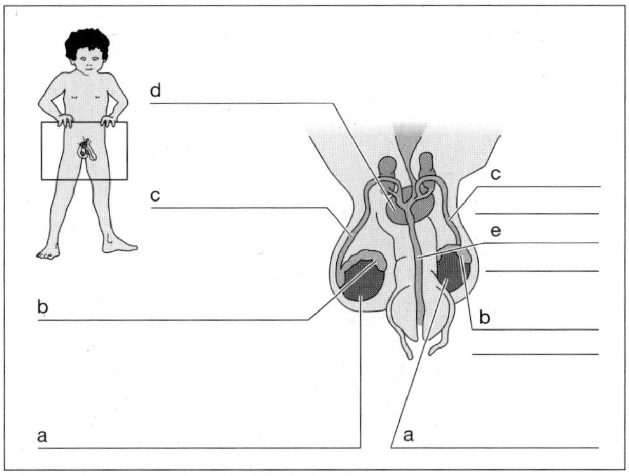

Abb. 2 Innere Geschlechtsorgane des Mannes

Penis und *Hodensack* sind die äußerlich sichtbaren Geschlechtsorgane des Mannes. Der Penis besteht aus weichem, schwammigem Bindegewebe und aus Blutgefäßen. Wird die Vorhaut zurückgezogen, so wird die Eichel des Penis sichtbar. Es handelt sich dabei um den sexuell erregbarsten Teil des männlichen Körpers. Die Eichel entspricht der Klitoris der Frau. Sie enthält die Öffnung der Harn-Spermienröhre.

Aufgabe

1. Beschrifte die inneren Geschlechtsorgane des Mannes.

Spermienentwicklung und Pollution

Wenn die Hoden beginnen Spermien zu produzieren, ist ein Junge bald geschlechtsreif und in der Lage, ein Kind zu zeugen.

Die Spermien wandern, nachdem sie im Hoden entstanden sind, ca. zwei Monate durch das Schlauchsystem des Nebenhodens und reifen dabei heran. Erst dann sind sie in der Lage, eine Eizelle zu befruchten.

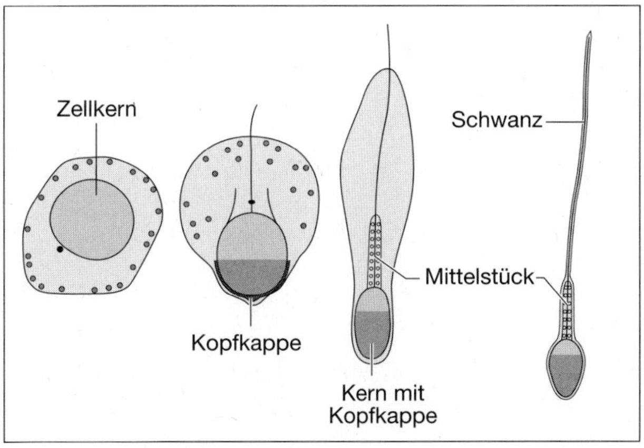

Abb. 3 Reifung der Spermien

Die reifen Spermien werden im Nebenhoden gespeichert und von Zeit zu Zeit *ejakuliert*, d.h. freigesetzt. Einer Ejakulation geht meist eine Versteifung des männlichen Gliedes voraus. Diese Versteifung *(Erektion)*, kommt dadurch zustande, dass sich die Schwellkörper des Gliedes bei Erregung mit Blut füllen, das gestaut wird. Findet dieser Vorgang unbewusst im Schlaf statt, spricht man von *Pollution*.

Aufgabe

2. Beschreibe in Stichwörtern den Weg der Spermien bei der Ejakulation. Beginne beim Nebenhoden.

____

____

____

Die Geschlechtsorgane der Frau

Die äußeren Geschlechtsorgane der Frau werden *Vulva* genannt. Vulva kommt aus dem Lateinischen und bedeutet „Decke“. Die Vulva besteht aus den Schamlippen, der Klitoris *(Kitzler)*, der Öffnung der Harnröhre und dem Scheideneingang.

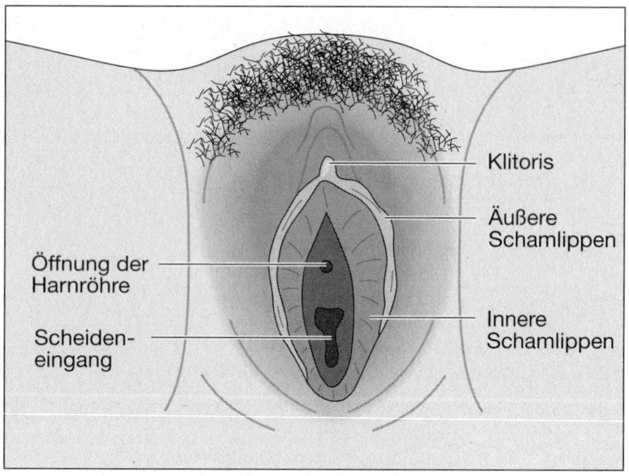

Abb. 1 Äußere Geschlechtsorgane der Frau

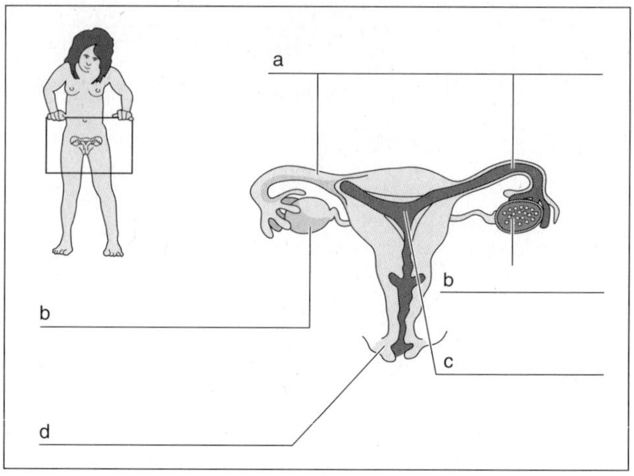

Abb. 2 Innere Geschlechtsorgane der Frau

Die Schamlippen der Frau sind weiche Hautfalten, die die Klitoris, die Harnröhre und den Scheideneingang bedecken. Die Klitoris ist der sexuell erregbarste Teil des weiblichen Körpers und entspricht der Eichel des Mannes. Die Öffnung der Harnröhre gehört nicht zu den weiblichen Sexualorganen, durch sie verlässt der Urin den Körper. Die Scheide stellt eine Verbindung zwischen der Gebärmutter und der Außenwelt dar.

Aufgaben

1. Beschrifte die inneren Geschlechtsorgane der Frau.

2. Stelle dar, was mit einer nicht befruchteten Eizelle geschieht.

____

____

3. Die Gebärmutter ist ein kräftiger Muskel. Welche besondere Eigenschaft dieses Muskels verrät die nebenstehende Abbildung?

____

____

____

____

____

____

____

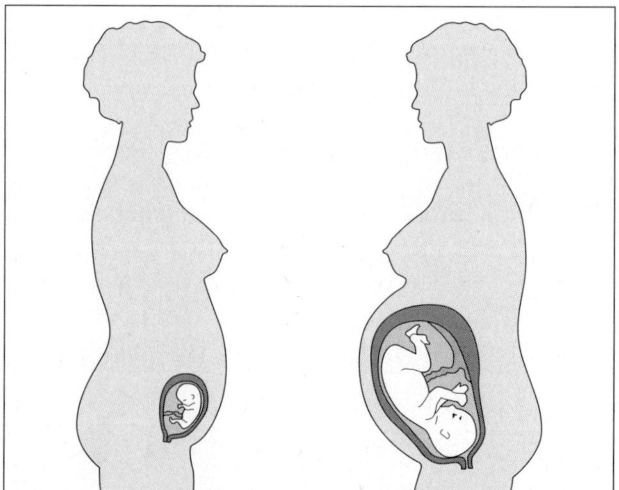

3. Schwangerschaftsmonat 7. Schwangerschaftsmonat

Abb. 3 Entwicklung vom Embryo zum Fetus

Der weibliche Zyklus

Das Wort „Menstruation“ leitet sich vom lateinischen Wort „mensis“ (der Monat) ab und bezeichnet die Monatsblutung der Frau. Die erste Monatsblutung ist ein sicheres Zeichen dafür, dass die weiblichen Geschlechtsorgane voll entwickelt sind. In jedem folgenden Monat reift dann in den Eierstöcken ein Ei heran. Mit dem Einsetzen der Menstruation kann ein Mädchen schwanger werden.

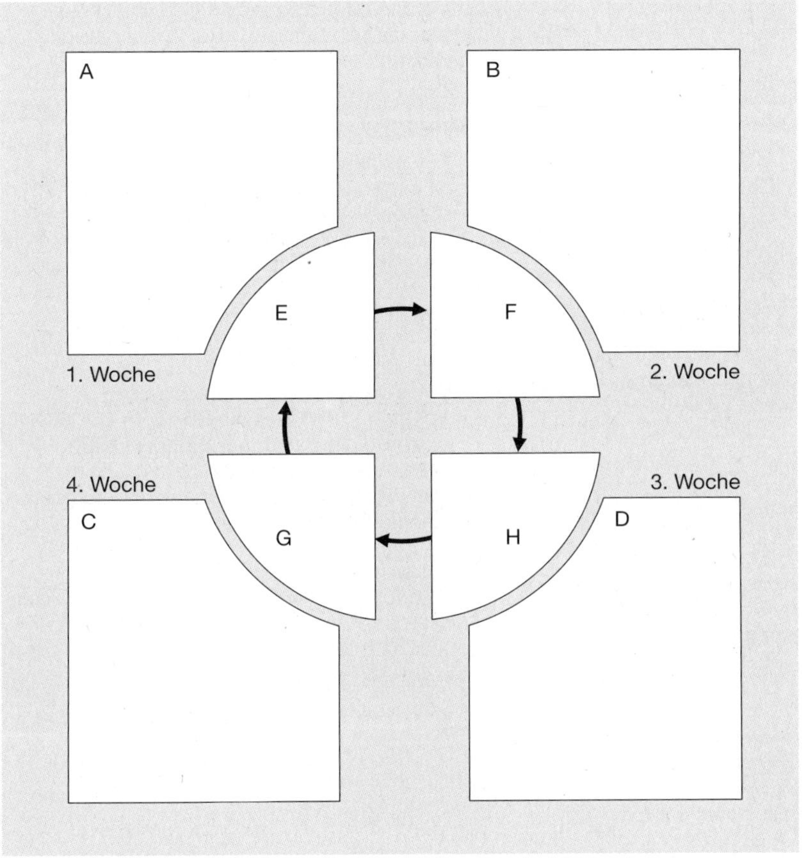

1 ____________________

2 ____________________

3 ____________________

4 ____________________

5 ____________________

6 ____________________

7 ____________________

8 ____________________

Aufgaben

1. Schneide die unteren Abbildungen aus und ordne sie richtig zu. Klebe die Teile an den richtigen Stellen ein.
2. Benenne die mit Nummern versehenen Strukturen oder dargestellten Vorgänge.

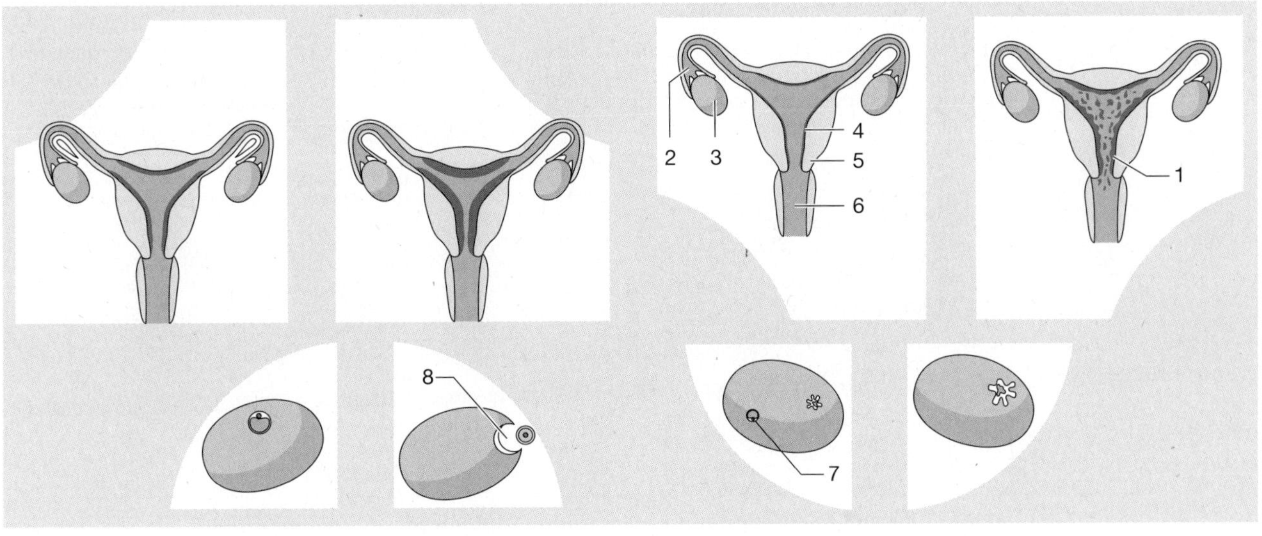

Embryonalentwicklung – Mensch
Menstruation
Schwangerschaft
Sexualität
weiblicher Zyklus

Der weibliche Zyklus

Natura 5/6, Seite 58/59

Arbeitsblatt Seite 73

1. c, e, a, d, b
2. 1) c) = Begattung, 2) e) = Eisprung
   3) a) = Befruchtung, 4) d) = Einnistung,
   5 b) = Schwangerschaft

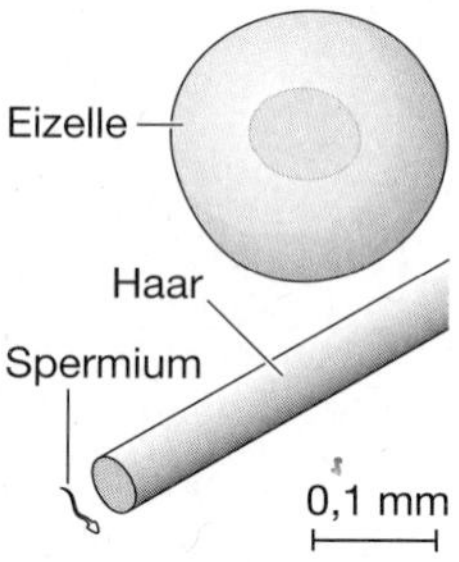

Länge eines menschlichen Spermiums mit Schwanz: 58–67 µm

Durchmesser einer menschlichen Eizelle: 100 µm

Gesamtzahl der Eizellen bei der Geburt: 700 000 bis 2 000 000, zu Beginn der Pubertät sind nurmehr etwa 40 000 vorhanden.

Menstruation

Der erste Besuch beim Frauenarzt

Junge Mädchen müssen lernen, ihren Körper zu verstehen und mit ihm umzugehen. Fragen zur eigenen körperlichen Entwicklung beantwortet auch der Frauenarzt. Der erste Besuch dort kann bei Mädchen Angst auslösen. Vorteilhaft ist es dann, direkt bei der Terminabsprache um eine Beratung zu bitten. Eine etwaige Untersuchung hat Zeit, bis die Situation beim Frauenarzt vertrauter ist.

Der Menstruationszyklus

Ein Zyklus zählt vom ersten Tag der Blutung bis zum letzten Tag vor Eintritt der folgenden Menstruation. Jeder Tag einer Blutung wird in einen Menstruationskalender eingetragen. Folgende Merkmale werden notiert: Schwache Blutung, normale Blutung, starke Blutung, Bauchschmerzen, Ausfluss.

Bei der erwachsenen Frau tritt alle 26 bis 31 Tage eine Menstruation auf. Eine nicht befruchtete Eizelle stirbt ab, die Gebärmutterschleimhaut kann ihre Aufgabe nicht erfüllen, sie bleibt 14 Tage bestehen und wird dann abgestoßen. Dabei setzt die Menstruation ein. Daraufhin reift innerhalb von 14 Tagen eine Eizelle heran und eine neue Schleimhaut entwickelt sich in der Gebärmutter. Das wiederholt sich ungefähr jeden Monat. Bei jungen Mädchen kann der Zeitabstand kürzer oder länger sein. Seelische oder extreme körperliche Belastungen wirken sich ebenfalls auf die Regelmäßigkeit des Zyklus aus.

Tamponversuch

Die Flüssigkeit aufnehmende Fähigkeit von Binden oder Tampons wird festgestellt. Dazu werden die trockenen Materialien gewogen. Man gibt dann soviel Wasser hinzu, bis das Material tropfnass ist und wiegt es erneut.

Literaturhinweise

LANGMAN, J.: Medizinische Embryologie, 6. Auflage; Georg Thieme Verlag, Stuttgart 1980.
MÖLLER, L.: Kinder machen geht so. Berlin 1992
MÜLLER, J., GEISLER, D.: Ganz schön aufgeklärt; Bindlach 1993

Adressen

Probepackungen und Broschüre „Die Menstruation“ können bestellt werden bei: o.b. (Johnson und Johnson). Informationen findet man auch unter der Internet-Adresse www.ob-online.de

Menstruationshygiene

Binden:
Binden werden in den Slip eingelegt. Sie nehmen das Menstruationsblut auf. Meist haben Binden einen Klebestreifen, mit dem sie im Slip befestigt werden. Binden müssen saugfähig sein und groß genug, damit kein Blut vorbeiläuft.

Haut und Haare werden durch Blut benetzt, daher empfiehlt sich ein häufiger Wechsel in Verbindung mit gründlichem Waschen. Benutzte Binden werden im Hausmüll entsorgt.

Tampons:
Tampons werden in die Scheide eingeführt und nehmen dort das Menstruationsblut auf. Die Watte des Tampons dehnt sich aus. Ist das Tampon vollgesogen, wird es mithilfe von Rückholbändchen herausgezogen. Zwischen dem 8. bis 10. Lebensjahr entwickelt sich das Jungfernhäutchen zu einer weichen und nachgiebigen Hautfalte, die eine natürliche Öffnung hat. Diese Öffnung ist bei der ersten Menstruation dehnbar genug, um einen Tampon durchzulassen.

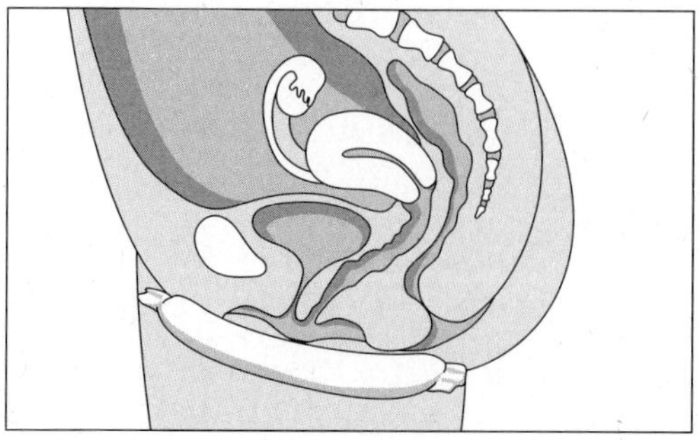

richtige Lage der Binde

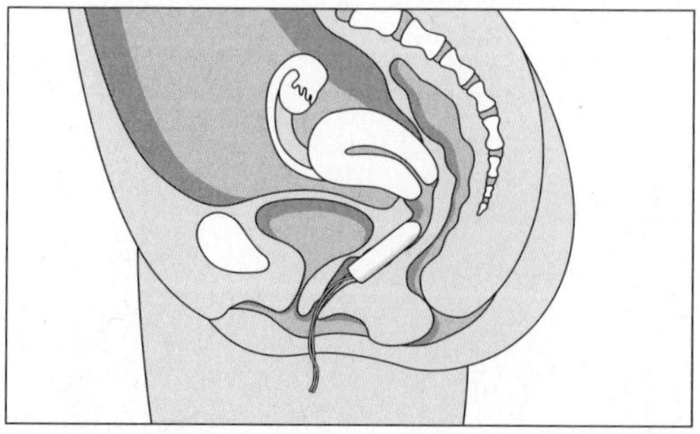

richtiger Sitz eines Tampons

Ein Kind entsteht

a)

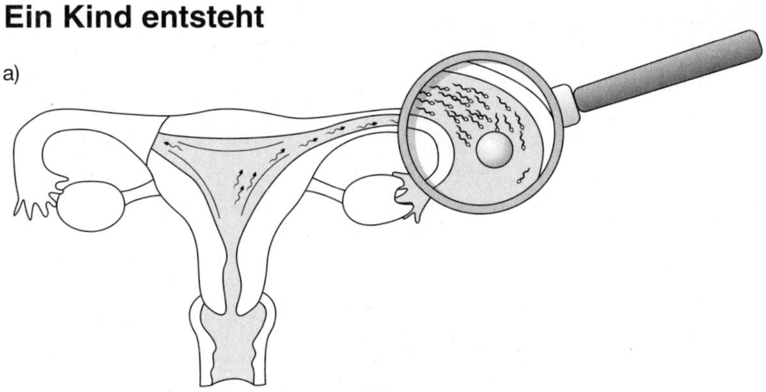

b)

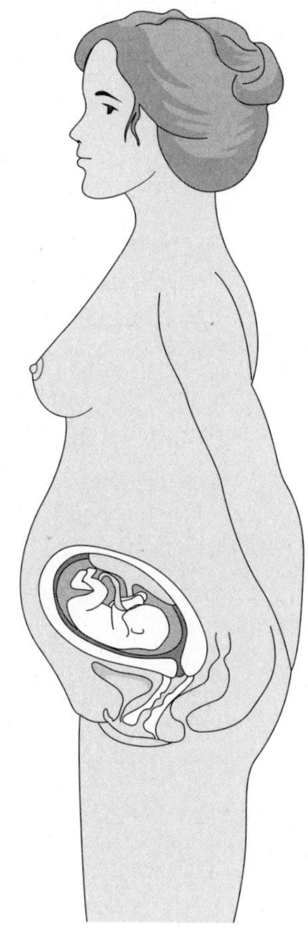

c)

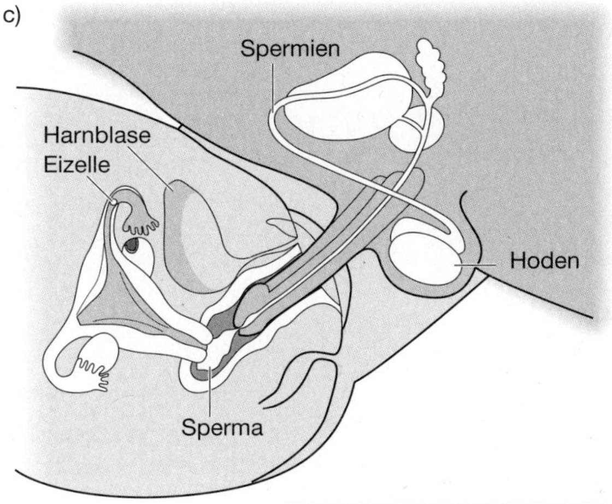

d)

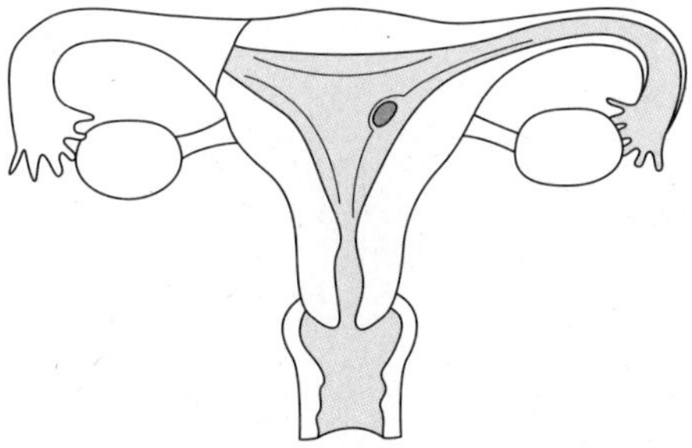

e)

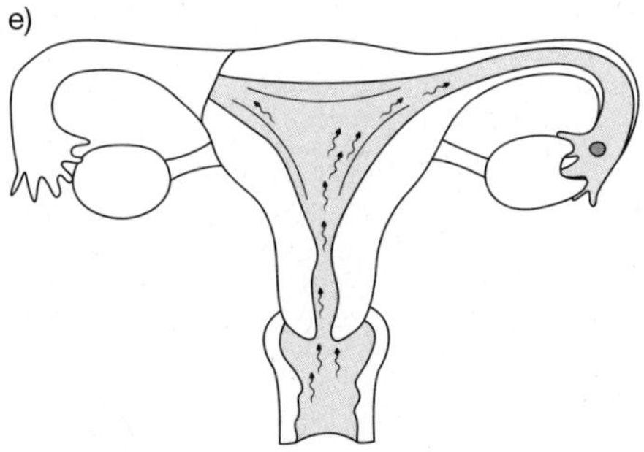

Aufgaben

1. Bringe die fünf Abbildungen in die richtige Reihenfolge und nummeriere sie.

2. Ordne den Abbildungen die folgenden Begriffe zu: Begattung, Eisprung, Befruchtung, Einnistung, Schwangerschaft.

Entwicklung im Mutterleib
Schwangerschaft bedeutet Verantwortung für das Kind

Natura 5/6, Seite 60/61

! Schülerbuch Seite 60

① Fülle einen Plastikbeutel mit Wasser, gib ein rohes Ei hinzu und gib ihm einen Stoß. Beobachte und beschreibe die Bedeutung der Fruchtblase.
– *Das Ei wird selbst bei harten Schlägen nicht zerstört. Dies ist ein Modell für den Schutz gegen äußere mechanische Einwirkungen von Embryo und Fetus im Fruchtwasser der Fruchtblase.*

② Beschreibe, wie Keim, Embryo und Fetus ernährt werden.
– *Der Keim wird vom Dottervorrat der Eizelle ernährt. Embryo und Fetus erhalten Nährstoffe aus dem mütterlichen Blut über die Plazenta.*

Arbeitsblatt Seite 75

1. Der Fetus ist 31 cm lang.
2. Der Fetus ist etwas über 6 Monate alt.
4. Die relative Größenzunahme ist zu Beginn am schnellsten. Ab dem 5. Monat nimmt die Länge absolut gleichmäßig zu.
5. Im dritten Schwangerschaftsmonat sind alle Organe angelegt, die auch ein erwachsener Mensch besitzt. Man spricht dann bis zur Geburt vom Fetus.

Z Modell – Schutz des Embryos im Mutterleib

Das Modell lässt sich erweitern, indem man den Beutel mit Wasser und Ei in ein Becherglas gibt. Nun kann man es kräftig schütteln, ohne dass am Ei ein Schaden entsteht. Macht man den selben Versuch ohne Wasserkissen, zerbricht die Eischale. Man kann den Plastikbeutel auch herausnehmen und auf den Tisch fallen lassen, wobei man allerdings darauf achten muss, dass der Plastikbeutel kräftig genug ist und nicht platzt!

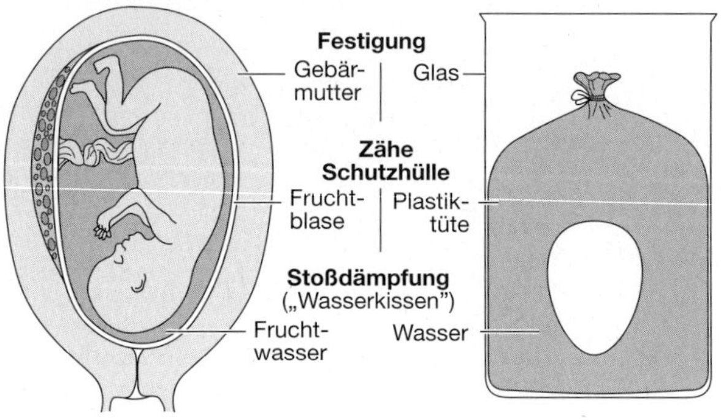

Modell mit Ei

Entwicklungsstadien verschiedener Organsysteme

Frontalansicht des Gesichtes

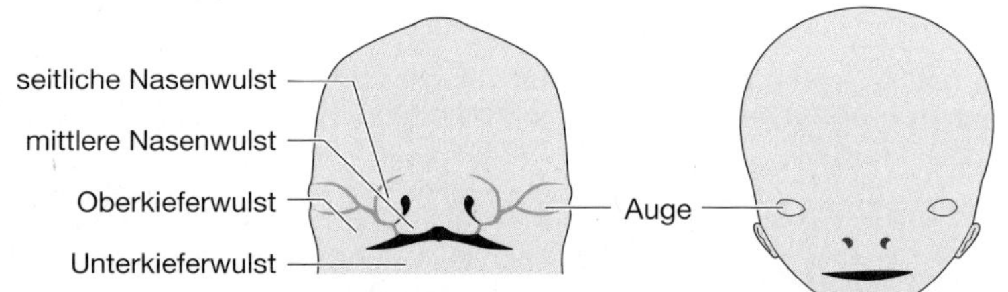

Embryo 7 Wochen alt

Embryo 10 Wochen alt

Anlage des Beinskeletts aus Knorpel

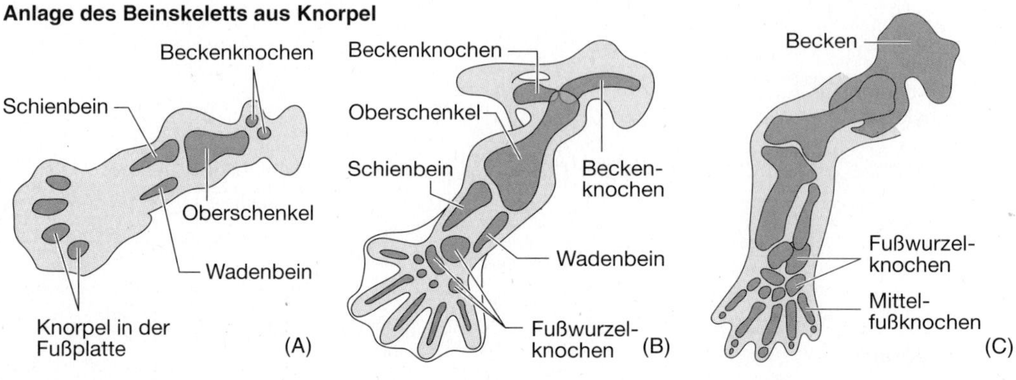

Embryo Anfang 6. Woche

Beinanlage bei einem 6 Wochen alten Embryo (Auftreten der Knorpelkerne)

Embryo Ende 6. Woche

Beinanlage am Ende der 6. Woche

Embryo Anfang 8. Woche

Beinskelett ist Anfang der 8. Woche als Knorpelmodell angelegt.

Entwicklung im Mutterleib

1. Die Abbildung zeigt einen voll entwickelten Fetus in seiner wirklichen Größe im Mutterleib. Die Körperlänge des Fetus kannst du herausfinden, indem du die punktierte Linie ausmisst.

____

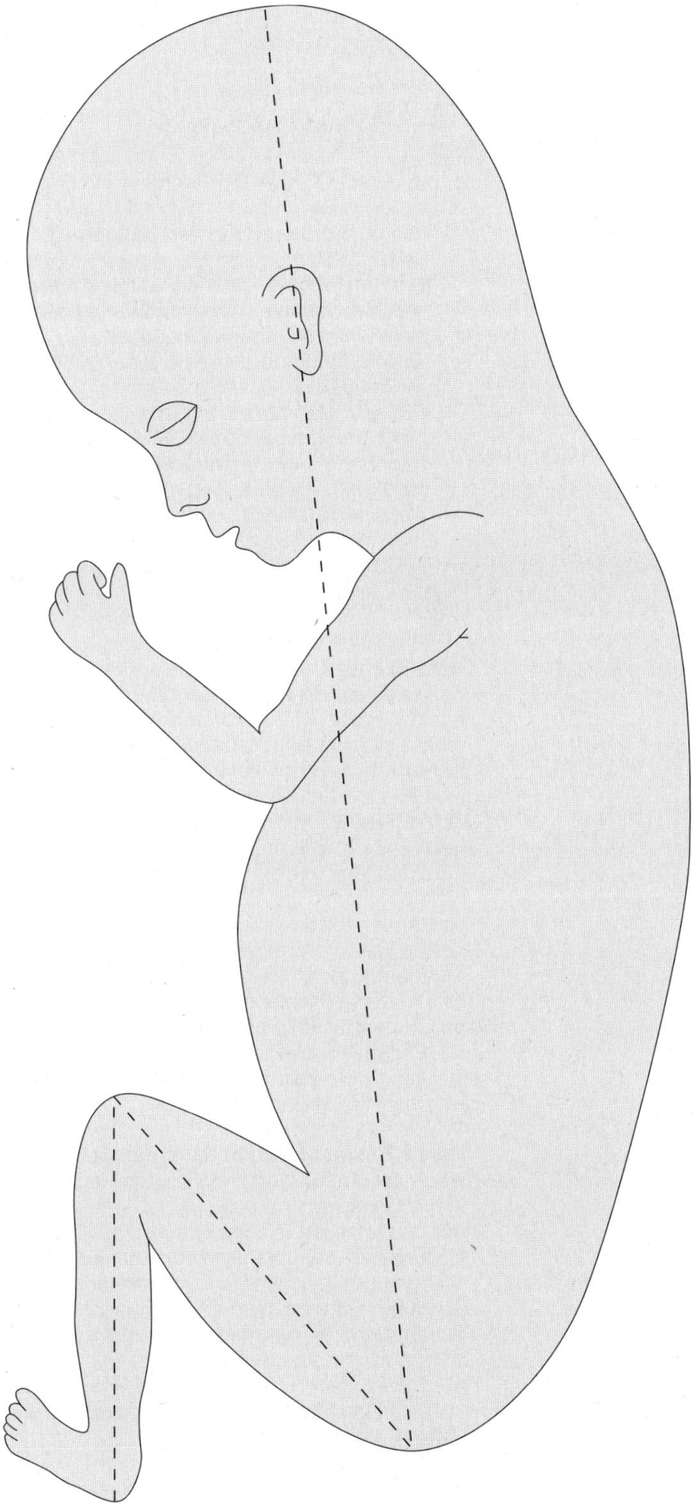

2. Stelle anhand der folgenden Tabelle fest, wie alt der Fetus ist. Damit weißt du auch, im wievielten Monat die Frau schwanger ist.

Monat	Länge (cm)
1	1 x 1 = 1
2	2 x 2 = 4
3	3 x 3 = 9
4	4 x 4 = 16
5	5 x 5 = 25
6	6 x 5 = 30
7	7 x 5 = 35
8	8 x 5 = 40
9	9 x 5 = 45
10	10 x 5 = 50

____

3. Zeichne nach den Werten der Tabelle ein Balkendiagramm.

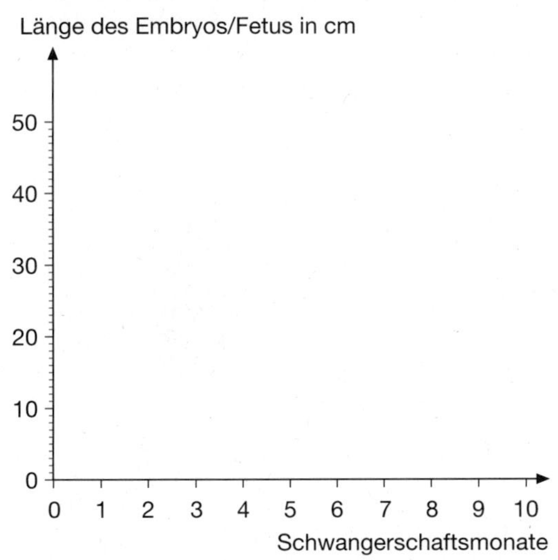

4. Verläuft das Längenwachstum eines Kindes im Mutterleib gleichmäßig oder ungleichmäßig?

____

____

5. Worin besteht der Unterschied zwischen Embryo und Fetus?

____

Blutkreislauf – Mensch
Embryonalentwicklung – Mensch
Gesundheit
Herzfehler
Schwangerschaft

Die Geburt
Die Entwicklung des Kindes

Natura 5/6, Seite 62/63

Schülerbuch Seite 63

① Bei einer Gruppe Findelkinder, die im Heim aufwuchsen und wenig Kontakt zu Erwachsenen oder anderen Kindern hatten und deren Betreuer oft wechselten, wurde Folgendes festgestellt: Im Alter von vier Jahren konnten sechs nicht laufen, sechs nicht sprechen, zwölf nicht allein mit dem Löffel essen.
Kläre anhand der Abbildung, wie groß der Entwicklungsrückstand dieser Kinder war.

– *Bei den Kindern, die im Alter von 4 Jahren nicht sprechen und nicht laufen konnten, beträgt der Entwicklungsrückstand bezüglich dieser Fähigkeiten ca. 2,5 Jahre, bezüglich der Unselbstständigkeit beim Essen ca. 2 Jahre.*

Arbeitsblatt Seite 77

Herz-Kreislauf-System vor der Geburt:
Das sauerstoffreiche Blut wird durch die Nabelvene aus der Plazenta der Körpervene zugeführt und mischt sich mit dem sauerstoffarmen Blut aus dem Körperkreislauf des Fetus. Ein Teil des Mischblutes wird durch eine Öffnung in der Herzscheidewand der rechten Vorkammer in die linke Vorkammer geleitet und dann in den Körperkreislauf des Fetus gepumpt. Der andere Teil wird aus der rechten Herzkammer in den Lungenkreislauf gepumpt. Nur ein kleiner Teil davon durchströmt die Lunge, der größte Teil wird durch eine Kurzschlussverbindung an der Lunge vorbei der Körperarterie zugeleitet. Ein Teil des Mischblutes der Körperarterie fließt durch die Körperkapillaren und versorgt die inneren Organe des Fetus mit Sauerstoff. Der andere Teil fließt durch die Nabelvene zur Plazenta und wird dort mit Sauerstoff beladen.

Herz-Kreislauf-System nach der Geburt:
Nach der Geburt und Durchtrennung der Nabelschnur versorgt sich das Neugeborene mithilfe seiner Lunge selbst mit Sauerstoff. Die Öffnung in der Herzscheidewand ist geschlossen, das Blut aus der rechten Herzkammer wird vollständig in den Lungenkreislauf gepumpt. Die Kurzschlussverbindung des Lungenkreislaufs fällt weg.

Das Herz-Kreislauf-System eines Neugeborenen

Nach Durchtrennung der Nabelschnur schließt sich die Öffnung in der Herzscheidewand der rechten Vorkammer, wenn der Druck in der linken Vorkammer denjenigen in der rechten Vorkammer übersteigt. Im Bereich der Kurzschlussverbindung des Lungenkreislaufs *(Ductus arteriosus Botalli)* kommt es zu einer Strömungsumkehr, der Ductus wird von sauerstoffreichem Blut durchströmt. In der Regel schließt sich der Ductus funktionell ein bis zwei Tage nach der Geburt, anatomisch nach zwei bis drei Wochen.

Herzfehler: Öffnung in der Scheidewand der Herzkammern

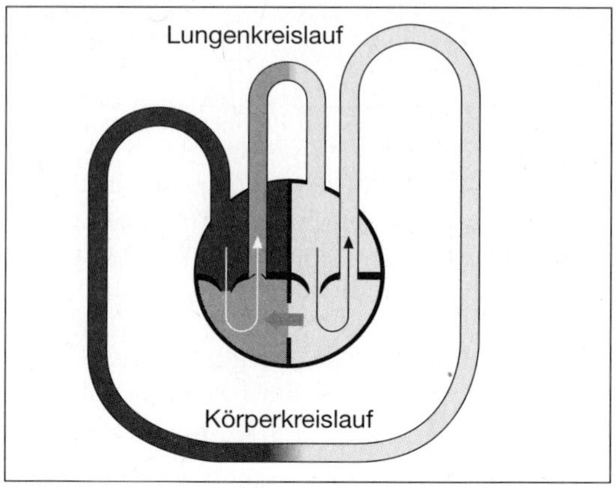

Eine Öffnung in der Herzscheidewand der Herzkammer ist mit 25 bis 30 % der häufigste Herzfehler. Da der Druck in der linken Herzkammer nach der Neugeborenenperiode höher ist als in der rechten Herzkammer, fließt Blut von der linken in die rechte Kammer. Das Ausmaß dieses Blutflusses hängt von der Größe der Öffnung und dem Druckunterschied zwischen den beiden Herzkammern ab. Kleinere Öffnungen in der Herzscheidewand verschließen sich in 30 bis 40 % der Fälle von selbst, was einer vollständigen Heilung entspricht. Größere Öffnungen müssen operativ behoben werden.

Offener Ductus arteriosus Botalli; länger als zwei Tage nach der Geburt (termingeborene Kinder)

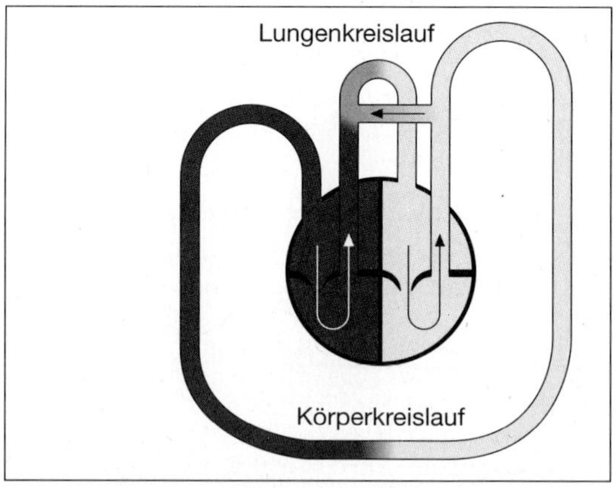

5 bis 10 % aller angeborenen Herzfehler. Schließt sich der Ductus nicht zwei Tage nach der Geburt, ist die Menge des Blutes, das aus der Aorta in die Lungenarterie gepumpt wird, abhängig von dem Querschnitt des Ductus und der Druckdifferenz zwischen Aorta und Lungenarterie. Bei kleinem Querschnitt mit geringem Blutdurchfluss verschließt sich der Ductus oft spontan in den ersten Lebensmonaten. Bei großem Querschnitt und großem Blutdurchfluss wird der Defekt zwischen dem 6. und 12. Lebensmonat operativ behoben.

Das Herz-Kreislauf-System vor und nach der Geburt

Vor der Geburt nimmt die Lunge des Fetus keinen Sauerstoff auf, sie ist mit Flüssigkeit gefüllt. Das Blut wird im Mutterkuchen *(Plazenta)* mit Sauerstoff beladen. Das Herz des Fetus pumpt das Blut in den Kreislauf. Wird nach der Geburt die Nabelschnur durchtrennt, ist das Neugeborene hinsichtlich seiner Sauerstoffversorgung auf sich selbst gestellt. Mit dem ersten Atemzug wird die Lunge von Flüssigkeit befreit und das Herz-Kreislauf-System wird umgestellt.

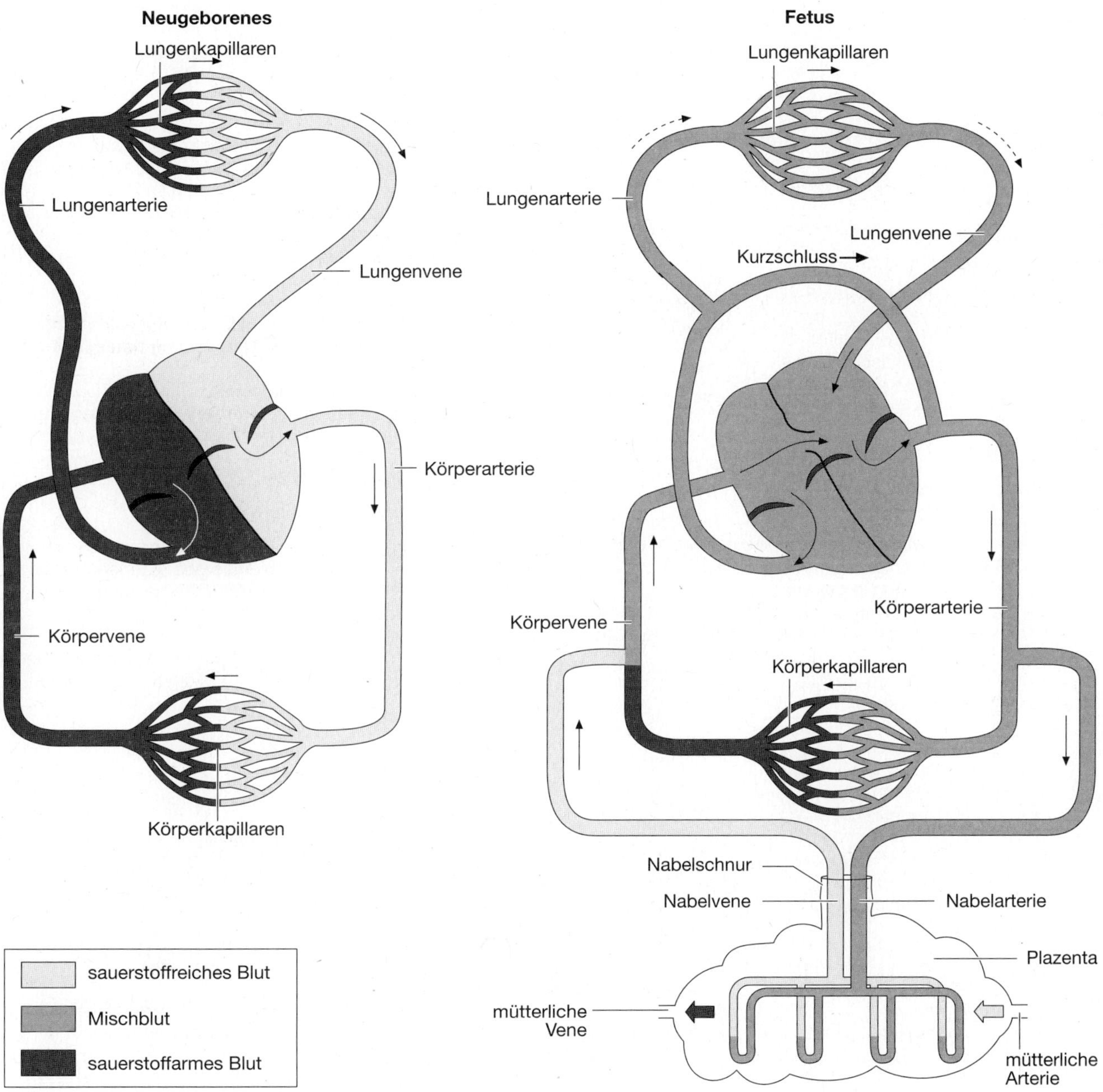

Aufgabe

Vergleiche das Herz-Kreislauf-System eines Neugeborenen mit demjenigen eines Fetus. Finde die Unterschiede heraus.

____

____

____

Projekt: Sexualität

Pubertät, Schwangerschaft, Sexualität, Spiel, Verhütungsmethoden

In der Jahrgangsstufe 5/6 ist der Entwicklungsunterschied innerhalb einer Lerngruppe oftmals groß. Da die Orientierung an der Gruppe der Gleichgeschlechtlichen noch stark ist, bieten sich auch Arbeitsphasen in geschlechtshomogenen Gruppen an. Da die Lehrkräfte beim Thema „Sexualität" auf eigene Tabus stoßen können und Sexualpädagogik in der Ausbildung meist nicht vertreten war, bietet sich der Besuch von Veranstaltungen der Lehrerfortbildung an. Sprachspiele dienen der Enttabuisierung und als Ventil für Peinlichkeiten. Assoziationsspiele ermöglichen eine Einschätzung des Verhältnisses der Schüler zum Thema Sexualität. Kontaktspiele eröffnen im eher sprachorientierten Rahmen der Schule einen anderen Zugang zueinander über den Körper. Es kann sich Vertrauen entwickeln, Spannungen werden abgebaut und Unruhe ausgeglichen. Vertrauensspiele sind als Unterrichtseinstieg geeignet.

Körperspiel

Zwei Kinder erstellen in Partnerarbeit Selbstportraits auf Packpapier oder Tapete. Die Körperumrisse werden aufgezeichnet und dann ausgemalt bzw. präzisiert.

Kontaktspiel

Die Kinder befinden sich auf einer gedachten Eisscholle, die in den Süden treibt und schmilzt. Sie rücken immer näher zueinander bis die Eisscholle weg geschmolzen ist und sie sich nicht mehr halten können. Dabei begrenzt der Spielleiter die Stehfläche mit einem Seil, das immer enger gezogen wird.

Vertrauensspiel

Mehrere Kinder bilden einen engen Kreis. Einer steht in der Mitte, legt die Hände an die Hosennaht und macht sich steif (Ganzkörperspannung). Wie ein Pendel lässt er sich nun in die ausgestreckten Hände seiner Spielpartner fallen. Diese fangen ihn sanft ab, reichen ihn weiter bzw. balancieren ihn durch die Mitte.

Rollenspiel

Der Körper und seine Unzulänglichkeiten sind oft Zielscheibe von abwertenden Äußerungen, die als verletzend empfunden werden können. Derartige Äußerungen werden gesammelt und auf Karten geschrieben. Jeder zieht eine Karte, die notierte Äußerung wird mehrmals von allen vorgetragen. Einer der Gruppe ist das gedachte Zielobjekt und soll auf seine Empfindungen achten.

Selbstbefriedigung

Selbstbefriedigung ist innerhalb eines zu skizzierenden Gesamtverständnisses von Sexualität zu werten und einzuordnen. Selbstbefriedigung kann während der Pubertät als ein Stadium und später als eine Facette des Sexualverhaltens bewertet werden. Sie wird durch soziales Sexualverhalten abgelöst oder ergänzt.
Das Thema kann in (möglichst nach Geschlecht getrennten) Gruppen diskutiert werden, wenn zwischen Schülern und Lehrkraft ein angemessenes Vertrauensverhältnis besteht.

Typisch Mann, typisch Frau

Es werden unter dem Motto „Welche Eigenschaften hat ein Mensch?" Adjektive gesammelt. Die gesammelten Begriffe sollen dann auf einer Skala, deren Extreme „total männlich" bzw. „total weiblich" genannt werden, zugeordnet werden. Das Ergebnis wird diskutiert.

Sprache und Sexualität

- Wie werden die Teile der Geschlechtsorgane in der Fachsprache und in der Umgangssprache genannt?
- Welche der umgangssprachlichen Begriffe werden als angenehm oder unangenehm empfunden?
- Welche Begriffe werden als abwertend empfunden?
- Welche Begriffe beinhalten einen Gewaltaspekt?

Die Begriffe werden z. B. als Wandzeitung dargestellt und den Kategorien zugeordnet:
Sexualität ist . . . , Sexualität ist nicht . . .
Die Sätze können fortgeführt werden. Strittige Begriffe bekommen einen gesonderten Platz.

Männersachen, Frauensachen

In geschlechtshomogenen Gruppen werden zu Themen, wie Veränderungen des eigenen Körpers während der Pubertät, Texte geschrieben und diese der anderen Geschlechtsgruppe übermittelt und dann besprochen.

Briefe an die Redaktion

Anonym werden in Gruppen oder einzeln Leserbriefe zu verschiedenen Themen an die Redaktion einer fiktiven Jugendzeitschrift geschrieben. Die Briefe werden ausgetauscht und dann von Mitschülern schriftlich beantwortet.

Was ist Freundschaft?
Was ist Partnerschaft?

Was Prügel sind, weiß jeder; was Liebe ist, hat noch niemand herausgefunden.
Heinrich Heine

Freundschaft ist eine Seele in zwei Körpern.
Aristoteles

Liebe kann intelligente Menschen zu daumenlutschenden Idioten machen.
Sylvester Stallone

Keine Straße ist zu lang mit einem Freund an der Seite.
japanisches Sprichwort

Vielleicht ist man zur Liebe geboren, man muss sie trotzdem erlernen.
Manès Sperber

Freundschaft ist nicht nur ein köstliches Geschenk, sondern auch eine dauerhafte Aufgabe.
Ernst Zacharias

Viele kleine Liebschaften sind fortschreitende Immunisierung gegen die große Liebe.
Jeanne Moreau

Vergehen gegen die sexuelle Selbstbestimmung

Auszüge aus dem Strafgesetzbuch:

- § 174: Sexueller Missbrauch von Schutzbefohlenen):
  (1) Wer sexuelle Handlungen
  1. an einer Person unter sechzehn Jahren, die ihm zur Erziehung, zur Ausbildung oder zur Betreuung in der Lebensführung anvertraut ist, ...
  2. an einer Person unter achtzehn Jahren, die ihm zur Erziehung, zur Ausbildung oder zur Betreuung in der Lebensführung anvertraut ... ist ... wird mit Freiheitsstrafe bis zu fünf Jahren oder mit Geldstrafe bestraft.
- § 176: Sexueller Missbrauch von Kindern
  (1) Wer sexuelle Handlungen an einer Person unter vierzehn Jahren (Kind) vornimmt oder an sich von dem Kind vornehmen lässt, wird mit Freiheitsstrafen von sechs Monaten bis zu zehn Jahren, in minder schweren Fällen mit Freiheitsstrafe bis zu fünf Jahren oder mit Geldstrafe bestraft.

Die meisten sexuellen Übergriffe gehen nicht von fremden Tätern, sondern von Bekannten bzw. Verwandten aus.
Berichte aus der Tagespresse oder Filme können Anlass für Diskussionen sein.

Sexuell übertragbare Krankheiten

Nur vier Krankheiten der vielen sexuell übertragbaren Krankheiten zählen nach dem „Gesetz zur Bekämpfung der Geschlechtskrankheiten“ zu den Geschlechtskrankheiten und sind meldepflichtig: *Gonorrhoe* (Tripper), *Syphilis* (Lues) und die bei uns seltenen Erkrankungen *Lymphogranuloma inguinale* (venerische Lymphknotenentzündung) und *Ulcus molle* (Schanker). Die anonyme Meldepflicht soll einen Überblick über die Verbreitung der Krankheiten ermöglichen. Die Symptome dieser Krankheiten zeigen sich in erster Linie an den Geschlechtsorganen. Die Schüler können Informationen zusammentragen und z. B. auf Plakaten für die Mitschüler aufbereiten.

Hinweise zum Thema Human-Immunschwäche Virus (HIV) und AIDS

Kinder kennen in der Regel die Begriffe HIV und AIDS, sind aber ohne sachliche Information unsicher, wie sie sich davor schützen können. Daher sollte dieses Thema angesprochen werden. Es reicht aus, die Übertragungswege ungeschützter Geschlechtsverkehr und Blut-zu-Blut-Kontakte zu benennen und auf die Schutzmöglichkeiten durch Kondome zu verweisen.

Literatur

Sexualität und Gesundheit. Themenheft 191, Unterricht Biologie, Januar 1994

Eine Liste mit umfangreichem sexualpädagogischem Medienmaterial kann angefordert werden bei: Pro Familia Vertriebsgesellschaft, Niddastr. 76, 60 329 Frankfurt/M, oder bei der Bundeszentrale für Gesundheitliche Aufklärung, 51101 Köln.

Verhütungsmethoden – Verhütungskoffer

Es werden bei Gesundheitsämtern, Pro Familia oder in der Apotheke verschiedene Verhütungsmittel und Informationsmaterial besorgt. Die Schüler stellen die verschiedenen Methoden vor und beantworten Fragen, z. B. wo man die Verhütungsmittel bekommt, was sie kosten, welche Vor- und Nachteile sie haben usw. Es ist denkbar, dass die Schüler selber ein Konzept für einen Verhütungskoffer entwickeln und realisieren. Die verschiedenen Mittel und Informationsmaterialien werden in eine Ordnung gebracht und stehen zur Verwendung im Unterricht zur Verfügung.

Pro Familia Verhütungskoffer

Das Kondom
wirkt mechanisch;
mittlere Zuverlässigkeit;
keine Nebenwirkungen;
schützt vor einer Infektion mit dem HI-Virus;
viele Manipulationen vor dem Geschlechtsverkehr

Die Pille
wirkt hormonell;
sehr hohe Zuverlässigkeit;
man muss jeden Tag daran denken;
Nebenwirkungen möglich

Das Diaphragma
wirkt mechanisch;
mittlere Zuverlässigkeit;
keine Nebenwirkungen;
erfordert einige Übung im Gebrauch;
wird nur genommen, wenn man es braucht

Chemische Verhütungsmittel
wirken spermatizid;
mittlere Zuverlässigkeit;
keine Nebenwirkungen;
Vorbereitung unmittelbar vor dem Geschlechtsverkehr

Temperaturmessung
geringe Zuverlässigkeit;
keine Nebenwirkungen;
setzt disziplinierte und regelmäßige Lebensweise voraus;
an empfängnisbereitem Tag kein Geschlechtsverkehr;
keine Vorbereitung unmittelbar vor dem Geschlechtsverkehr

Die Spirale
wird vom Arzt eingesetzt;
wirkt mechanisch;
hohe Zuverlässigkeit;
man muss sich vor dem Geschlechtsverkehr nicht kümmern;
Gefahr von Entzündungen

Koitus interruptus
sehr unzuverlässig;
kein Aufwand erforderlich;
keine Nebenwirkungen;
stört das Liebeserlebnis

Geschichte der Verhütungsmittel

„Kondom (Condom), ein Ueberzug von Goldschlägerhaut, der von Wüstlingen vor dem Beischlaf über das männliche Glied gezogen wird, um die Befruchtung zu verhüten, auch wohl um die venerische Ansteckung unmöglich zu machen, eine jener raffinierten Erfindungen, auf welche die verderbte Zeit geführt hat, die aber der sittliche Mensch verachtet, ja kaum dem Namen nach kennt.“ (Aus: Meyers Conversations-Lexicon. Originalausgabe. 18 Bände. Das große Conversations-Lexicon für die gebildeten Stände. Hildburghausen, Amsterdam, Paris und Philadelphia. Druck und Verlag des Bibliographischen Instituts, 1851).

Ein historischer Einstieg kann das Thema auflockern.
HOONAKKER, E. W.: *Die Geschichte der Empfängnisverhütung. Wilhelm Heyne Verlag, München 1994*

Embryonalentwicklung – Säugetier
Gebiss – Fleischfresser
Haustier
Hund
Körperbau – Säugetier
Nesthocker
Skelett – Säugetier

Säugetiere

1 Haustiere des Menschen

Der Hund – ein Säugetier

Natura 5/6, Seite 68/69

Zur Zeit werden in der BRD etwa 5 Millionen Hunde gehalten.

Schülerbuch Seite 69

① Nenne Merkmale, die den Hund als Säugetier kennzeichnen. Auf welche anderen Tiere treffen diese Merkmale ebenfalls zu?
– *Hunde bringen lebende Junge zur Welt, die mit Milch ernährt werden. Außerdem besitzen sie ein Fell. Andere Säugetiere sind z.B. Katzen.*

② Begründe, warum man die jungen Welpen Nesthocker nennt.
– *Welpen sind nach der Geburt hilflos und müssen gewärmt, gepflegt und beschützt werden. Ihre Augen und Ohren sind noch geschlossen.*

③ Im Freien gehaltene Hunde legen vor der Geburt der Welpen eine Wurfhöhle an. Kannst du nun erklären, weshalb die Hündin ungefähr zwei Tage vor der Geburt der Welpen zu scharren anfängt.
– *Das Scharren zeigt, dass das Anlegen einer eigenen Wurfhöhle bei der Hündin angeboren ist.*

④ Mit welchen Zähnen kann der Hund am kräftigsten zubeißen und einen Knochen zerbrechen? Durch einen Vergleich kannst du dieses herausfinden: Stelle fest, wie du mit einer Schere die größte Kraft entfalten kannst.
– *Will man mit einer Schere etwas Hartes durchschneiden, muss man sie weit öffnen und den Schnitt möglichst nahe am Drehpunkt der Schere ansetzen. Entsprechendes gilt für das Hundegebiss: Die hinteren Backenzähne werden für die stärksten Belastungen eingesetzt, z.B. zum Zerbrechen der Knochen.*

Arbeitsblatt Seite 81

1. a) Der Hund muss regelmäßig ausgeführt werden (mindestens dreimal am Tag für eine halbe Stunde). b) Der Hund muss regelmäßig gefüttert werden. c) Hunde brauchen Pflege (Bürsten, Baden, Krallenbehandlung). d) Hundehaltung kostet Geld; schon die Anschaffung kann über 1000 DM kosten. e) Der Hund muss erzogen werden (zeitaufwändiger Besuch der Hundeschule, tägliches Training, anfangs Problem der Stubenreinheit. f) Hunde müssen zur Urlaubszeit vielleicht in Pflege gegeben werden.
2. a) Probleme: Wer macht es? Was passiert bei Regen? Geeignete Umgebung vorhanden? Lösung: Alle Familienmitglieder einigen sich vor der Anschaffung (auch Vermieter fragen!) und übernehmen verschiedene Pflichten.
   b) Probleme: Wer? Kosten? Einkauf? Lösung: siehe „Ausführen".
   c) Probleme: Wer? Platz? Kosten? Lösung: siehe „Ausführen"!
   d) Problem: Wie hoch dürfen die Kosten sein? Lösung: Hund aus dem Tierheim, Kosten vorher kalkulieren.
   e) Problem: Dazu ist eine Bezugsperson notwendig, die ausreichend Zeit haben muss.
   f) Problem: Tier muss Pflegeeltern kennen, Kosten sind vielleich zu hoch, Aussetzen ist keine Lösung!

Hinweise zur Folienvorlage Seite 82 bei Verwendung als Arbeitsblatt

Oben: Nach dem Zerschneiden der vergrößerten Kopie kann man die Feldertexte den einzelnen Altersstufen der Welpen zuordnen lassen.
Unten: Die Tabelle kann auch aus dem Schülerbuch erarbeitet werden.

Arbeitsblatt Seite 83

1. Die Skelettteile können auch auf ein Stück transparente Folien aufgeklebt werden. Befestigt man dies mit Klebefilm an der Längsseite über dem Umriss, kann man das Skelett nach Belieben „wegklappen".
2. a) schlanker Rumpf
   b) lange Beine
   c) Zehengänger
   d) bewegliche Wirbelsäule

Medienhinweise

FWU 42 00251 Der Deutsche Schäferhund
FWU 32 03042 und 32 03043
Verhalten bei Wildhunden (Dingos)
1. Geburt und Welpenentwicklung
2. Entwicklung des Sozialverhaltens
FWU 10 00815 Hunderassen
Der Haushund; V-Dia, Heidelberg

Literaturhinweise

Bürger, M: Lexikon der Hundehaltung; Landbuch-Verlag, Hannover 1988
Fogle, B.: Deutscher Schäferhund; BLV, München 1996
Harries, B.: Ein Welpe kommt ins Haus; Franckh-Kosmos, Stuttgart 1995
Heger, A.: Hundehaltung; Franckh-Kosmos, Stuttgart 1992
Metzger, Chr., Streitferd, U.: Mischlinge – Hunde mit Intelligenz und Charakter; Gräfe und Unzer, München 1992

Weitere Hinweise
Über den Verband für das deutsche Hundewesen, Westfalendamm 174, 44141 Dortmund können zahlreiche weitere Informationen bezogen werden.

Hundehaltung

a)

b)

c)

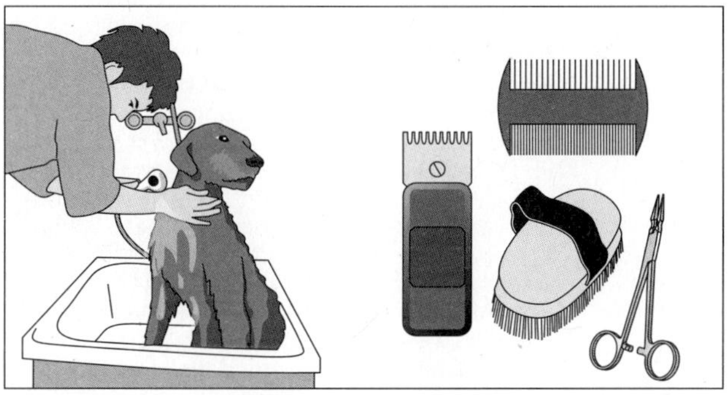

d)

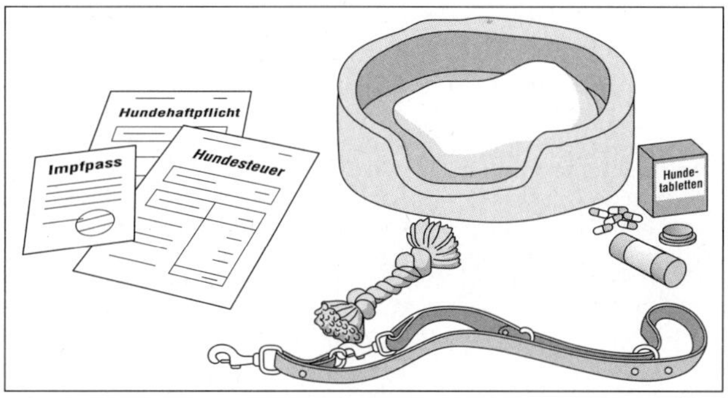

e)

f)

Aufgaben

1. Welche Aufgaben hat ein Hundebesitzer? Schreibe zu den einzelnen Bildern einen kurzen Satz.
2. Welche Probleme sind zu jeder Situation denkbar und wie kann man sie lösen? Notiere die Ergebnisse in Form von Stichpunkten.

Der Hund

Welpenentwicklung

Paarung	Entwicklung der Embryonen	Geburt und erstes Saugen	1.–3. Lebenswoche (vegetative Phase)	3. Lebenswoche (Übergangsphase I)
Hündin wird meist im Frühjahr und Herbst läufig. Der Rüde ist erstmals im 6. Lebensmonat fortpflanzungsbereit, die Hündin im 10. Monat. Sie sollte aber erst ab dem 2. Lebensjahr trächtig werden.	Dauer etwa 63 Tage 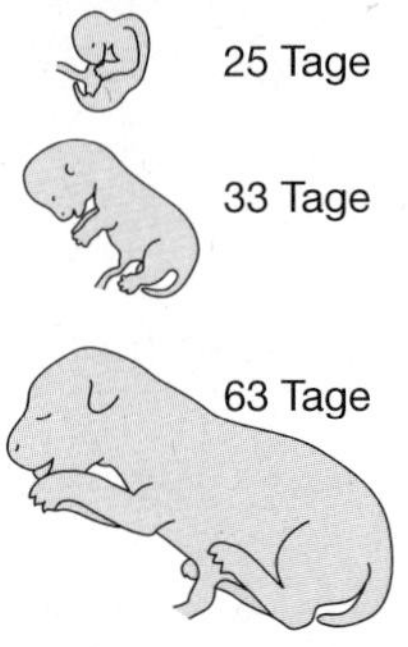	Der Welpe wird in der Fruchtblase herausgepresst. Die Hündin beißt diese dünne Haut auf und leckt die Welpen sauber. Dies regt den Welpen zur Atmung an und schafft eine feste Verbindung zwischen Hündin und Welpe. Angeborene Verhaltensweisen beim Saugen sind: Zunge um die Zitze rollen, Milchtritt.	Säugling ist anfangs blind und taub. Er jault nur selten, damit das Lager nicht verraten wird. Neugeborene kriechen nur im Kreis. Allmählich entwickeln sich Gehör und Riechvermögen. Nach etwa 10–12 Tagen öffnen sich die äußeren Gehörgänge. Um den 20. Tag beginnt die Entwöhnung von der Milch.	Hündin beginnt mit dem Zufüttern: Halbverdauter Nahrungsbrei wird vom Welpen erbettelt und aufgeschleckt. Der Welpe erkundet erstmals aktiv die Umgebung und beginnt erste Spiele. Dabei zeigen sich angeborene Unterwerfungsgesten (legen sich schreiend auf den Rücken).

bis zur 4. Woche (Übergangsphase II)	4.–7. Lebenswoche (Prägungsphase)	8.–12. Lebenswoche (Sozialisierungsphase)	13.–16. Lebenswoche (Rangordnungsphase)	5. und 6. Monat (Rudelordnungsphase)
Bei den Welpen brechen die ersten Zähne durch. Sie haben ihr 6- bis 7faches Geburtsgewicht erreicht und nehmen alles auf, was wie Nahrung aussieht. Ihr Gang wird sicherer.	Ab jetzt ist der Kontakt mit dem Menschen ebenso wichtig wie das Zusammensein mit den Artgenossen. Dabei müssen mehrere „Zweibeiner" beschnüffelt werden können (Handkontakt). Es sollte aber noch keine Trennung von Mutter und Geschwistern geben.	Bleibt der Welpe in der Hundefamilie, lernt er jetzt, um kleine Beutestücke zu kämpfen. Kommt der Welpe in die Menschenfamilie, beginnt die Erziehungsphase (Stubenreinheit, eindeutige Gesten und Worte) und das Impfprogramm.	Bleibt der Welpe im Rudel, stabilisiert sich die Rangordnung durch Kämpfe und Unterordnung. Ähnliches geschieht in der Familie: Der Welpe lernt, sich im Menschenrudel einzuordnen und lernt die Fellpflege zu ertragen. Die bleibenden Zähne erscheinen.	Wild lebende Hunde beginnen jetzt mit der Jagd und weiten Streifzügen. In der Familie sind zunehmend Jagdspiele möglich, Apportieren kann erlernt werden und Diensthunde beginnen mit ihrer Ausbildung. Der Hundehalter muss stets seine Autorität beweisen.

Gebiss

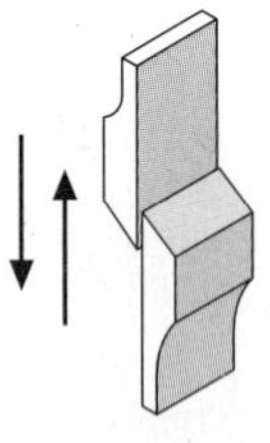

Reißzähne gleiten aneinander vorbei und schneiden wie eine Schere

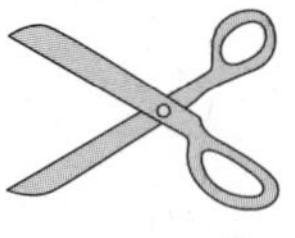

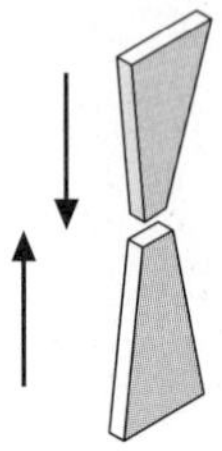

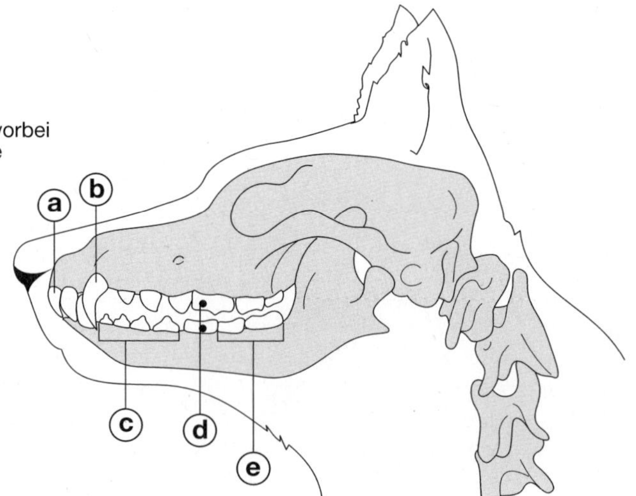

Schneidezähne arbeiten wie eine Pinzette

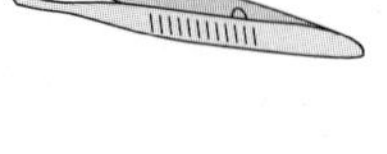

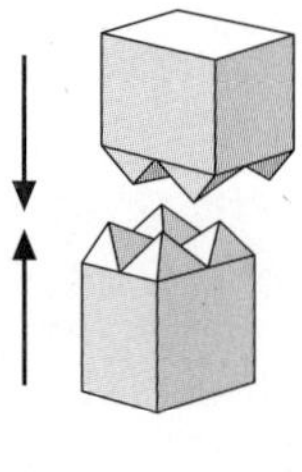

Die hinteren Backenzähne der Fleischfresser zermalmen die Nahrung

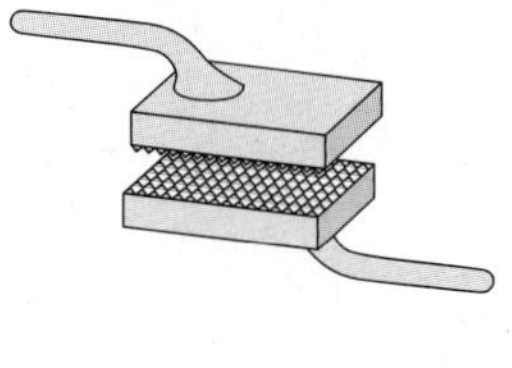

Bezeichnung		Funktion
a	Schneidezähne	Fleischreste abschaben
b	Fangzähne	Ergreifen, Festhalten der Beute
c	Backenzähne (vorne)	Bilden Lücke zum Festhalten
d	Reißzähne	Zerkleinern der Fleischteile
e	Backenzähne (hinten)	Zermalmen von Knochen

Körperteile und Skelettsystem des Hundes

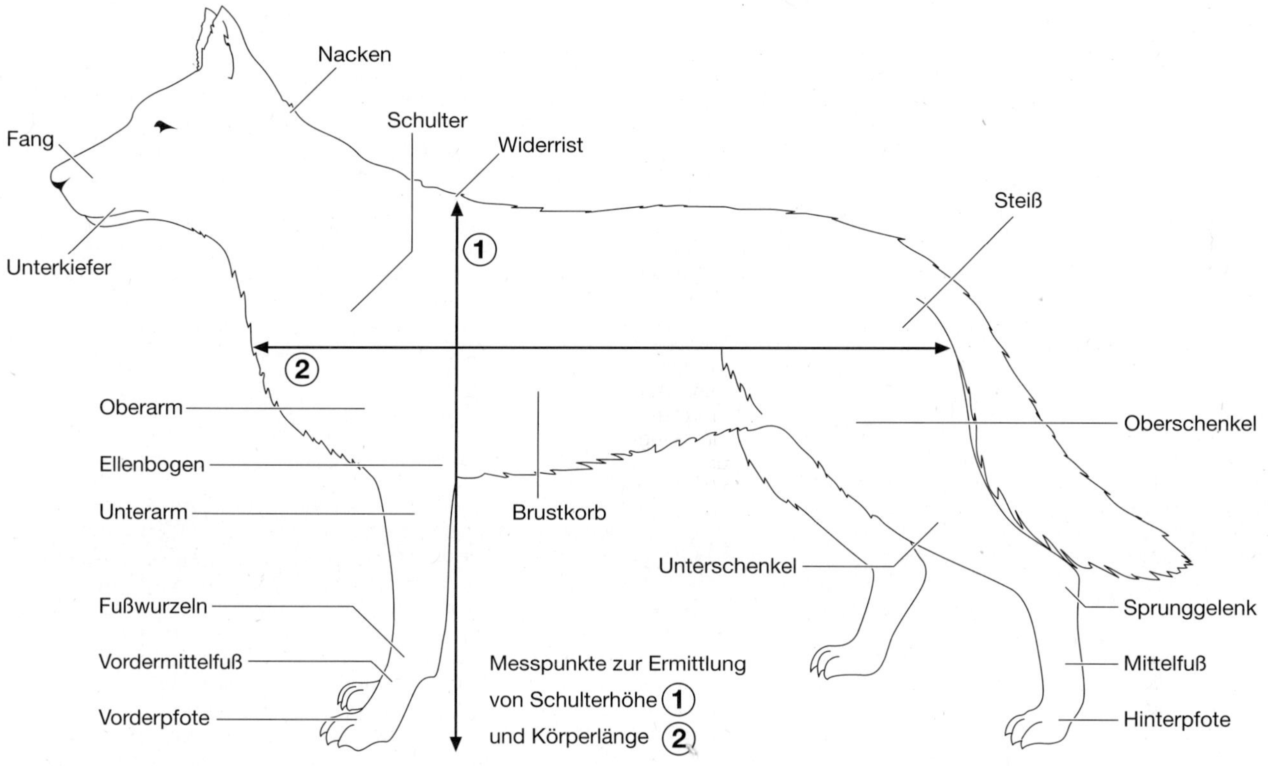

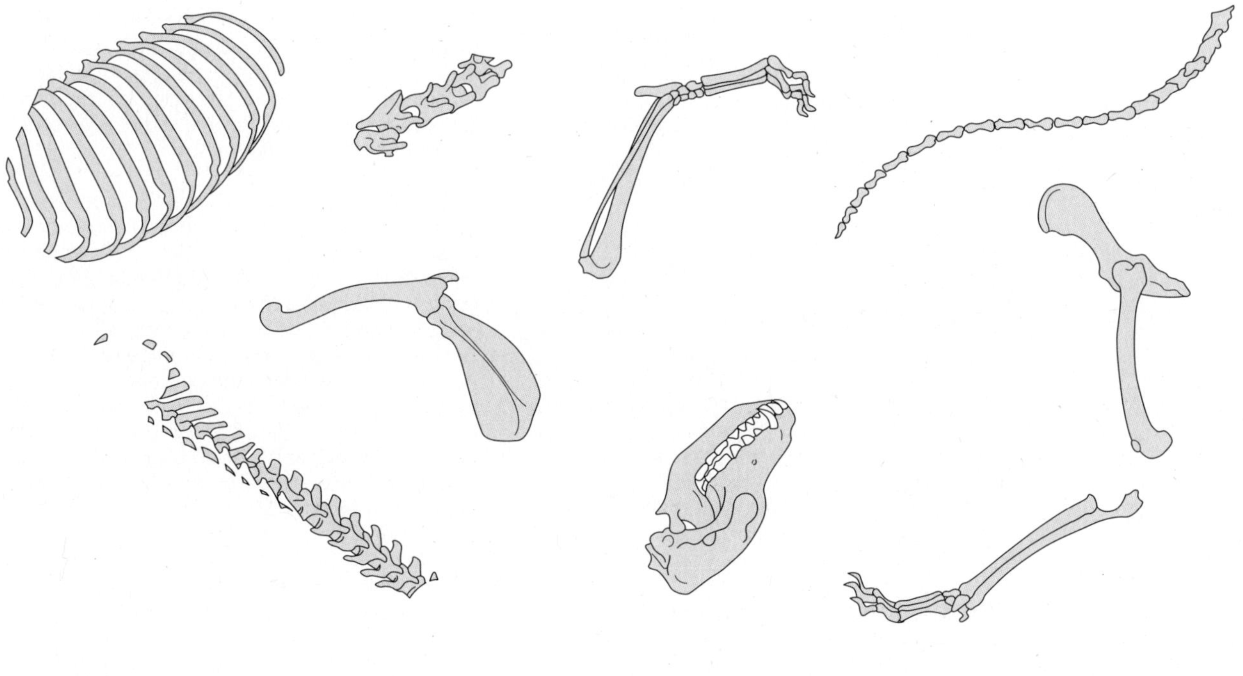

Aufgaben

1. Schneide die Skelettteile aus und füge sie in den Umriss des Hundes ein.

2. Suche nach Körpermerkmalen, die für ein Lauftier typisch sind:

a) ______________________ c) ______________________

b) ______________________ d) ______________________

Domestikation
Haustier
Hund
Hunderassen
Tierzucht

Der Hund – ein leistungsfähiges Wirbeltier
Lexikon: Hunderassen

Natura 5/6, Seite 70/71

Hundesteuer
Die Haltung von „gefährlichen" Hunderassen kann von den Gemeinden mit erhöhten Steuersätzen (bis zum 10fachen des normalen Steuersatzes) belegt werden. Bis zu 1800 DM pro Jahr und Hund werden dann fällig. Angesichts solcher Beträge klagen bereits viele Tierheime über ungewöhnlich viele Bullterrier, Pitbulls, Mastiffs oder weitere „Kampfhunderassen".

! Schülerbuch Seite 70

① Ordne den Ziffern in Abbildung 1 die richtigen Begriffe zu. Vergleiche das Skelett des Hundes mit dem des Menschen (Abb. 17.1). Welche Übereinstimmungen stellst du fest?
– *1 = Hüftgelenk, 2 = Kniegelenk, 3 = Ferse. Die Gelenke hat auch der Mensch und zwar in der gleichen Reihenfolge.*

② Der Hund ist ein Zehengänger, der Mensch ein Sohlengänger. Erläutere anhand des jeweiligen Skeletts die Unterschiede.
– *Sohlengänger setzen beim Gehen mit dem ganzen Fuß auf: Mit Ferse, Fußwurzelknochen, Mittelfußknochen und den Zehen entsteht eine große Auflagefläche. Sie ist beim Menschen eine Voraussetzung für den aufrechten Gang. Der Hund hingegen setzt seine Beine nur mit den Zehenknochen auf. Die Auflagefläche ist kleiner. Vor allem die Mittelfußknochen sind im Vergleich zum Menschen verlängert, sodass das Bein relativ lang ist. Dies ermöglicht dem Hund das schnelle Laufen.*

Arbeitsblatt Seite 85

Waagrecht: 1) Mastiff, 9) Schlittenhunde, 12) Blindenhunde, 14) Muensterlaender, 15) Rauhaardackel, 16) Windhund, 19) Yorkshire, 20) Schaeferhunde.
Senkrecht: 2) Airedaleterrier, 3) Mops, 4) Spitz, 5) Pudel, 6) Wolf, 7) Goldenretriever, 8) Cockerspaniel, 10) Boxer, 11) Husky, 12) Bullterrier, 13) Bernhardiner, 17) Hunde, 18) Dogge.
Das Lösungswort lautet: DROGENSUCHHUND

Z Die Geschichte des Hundes

Zur Familie der Hunde zählen Wölfe, Schakale, Kojoten, Wildhunde und Füchse. Die Gattung Hund umfasst den Wolf mit Haushund und Dingo, die Schakale und die Kojoten. (Die Dingos Neuguineas und Australiens sind im frühen Domestikationsstadium verwilderte Haushunde.) Domestizierte Formen können sich mit dem Wolf paaren und – meist in menschlicher Obhut – auch Nachkommen haben, da die Chromosomenzahl beider Tiere übereinstimmt.

Obwohl der Hund das älteste Haustier des Menschen ist, gibt es vergleichsweise wenig gesicherte Erkenntnisse vom ersten Auftreten und dem Ursprung des Hundes und der verschiedenen Rassen. Erst in den letzten Jahrhunderten lässt sich die Geschichte weitgehend verfolgen.

Die 10 000-jährige Geschichte des Hundes ist eng mit der Kulturgeschichte des Menschen verknüpft. Erste Skelettfunde kleiner Haushunde stammen aus Kleinasien und werden auf etwa 9500 v. Chr. datiert. Neuere Informationen zu ersten Domestikationen sprechen sogar von 13 500 Jahren (Science, 1997). Künstlerische Darstellungen jüngeren Datums von Wolfs-, Schakal- oder Fuchsmasken weisen auf eine kultische Rolle hin. Als Jagdbegleiter scheint der Hund erstmals im 7. Jahrtausend v. Chr. im asiatischen Raum eingesetzt zu werden. Später sind weitere Nutzungsarten auch in anderen Kulturkreisen vereinzelt nachweisbar: Hirtenhund, Wachhund, Zughund, Kriegshund und Bluthund für die Sklavenjagd. Zunehmend wird der Hund in herrschenden Klassen zum Statussymbol; daraus folgend nimmt seine Typenmannigfaltigkeit zu. Zahlreiche Beispiele dafür liefern die altägyptischen Kulturen (6000 – 200 v. Chr.): Wertvolle Hunde werden hier einbalsamiert und mit großem Zeremoniell beigesetzt. Die Kaiser der chinesischen Han-Dynastie (206 v. Chr .– 9 n. Chr.) halten sich Chow-Chow-ähnliche Hunde als „Götterhunde".

In späteren Jahrhunderten jedoch gilt Hundefleisch als heilkräftiges, gesundes und begehrtes Nahrungsmittel. Auch in indianischen Kulturen findet man den Hund einerseits als Fleischlieferant, andererseits als Gestalt auf religiösen Kultgegenständen. Im alten Griechenland unterscheidet man die Hunde nach ihrem Verwendungszweck und ihrer Herkunft. So stammt der kräftige, mastiffähnliche Molosser aus Molottia und der zierliche, eichhörnchengroße Melitäer von der griechischen Insel Melita (durch eine Verwechslung mit der Insel Malta wird er seit dem 16. Jahrhundert als Malteser bezeichnet). Ersterer wird auch im antiken Rom noch als Kampfhund gegen die wilden Tiere oder in Gladiatorenkämpfen benutzt, letzterer hingegen als Schoßhündchen verwendet. Im Gefolge der römischen Heere gelangen die Molosser später als Treib- und Hütehunde über die Alpen. Ebenso kommen ägyptische und afghanische Windhunde nach Mitteleuropa.

Der römische Kaiser VESPASIAN führt um 70 n. Chr. die Hundesteuer als Geldquelle für Rom ein. Aus dieser Zeit datiert auch das Schild „Cave canem" (Hüte dich vor dem Hund), da Wachhunde nicht frei herumlaufen durften. Bei den Germanen hingegen hatte der Wolf zuerst eine große kultische Bedeutung. Später spielen kräftige und ausdauernde Hunde bei der Jagd und als Wach- oder Schutzhunde eine Rolle. Im Mittelalter wird im europäischen Raum die Jagd zur Lieblingsbeschäftigung des Adels, Jagdpagen pflegen die Hunde und unterdrückte Bauern oder Klöster müssen mit einem „Huntegeld" die Versorgung sicherstellen. Zunehmend kommen reine Luxushunde in Mode. Am Hofe des Sonnenkönigs Ludwig XIV. (1643 – 1715) erleben die sorgsam geschorenen Zwergformen ebenso eine Glanzzeit wie später Möpse oder zierliche Windhunde in anderen Fürstenhäusern. 1830 wird die Hundesteuer im deutschsprachigen Raum eingeführt und mit der beginnenden Industrialisierung auch die Nutzung und Zucht des Hundes verändert. Negativbeispiele dafür sind Züchtungen von Hunden als Rohrputzer (die durch enge Kanalisationsrohre gejagt wurden) oder als Killerhunde für illegale Hundekämpfe. Die für einzelne Hunderassen typischen Verwendungsmöglichkeiten als Schutz- und Diensthunde ändern sich im Verlauf der Zeit mehrfach. Zunehmend werden heute Hunderassen gezüchtet, die „nur noch" Freizeitgefährten des Menschen sind.
(Nach BÜRGER, M., siehe Seite 80).

Hunderassen – Hundenutzung

Waagrecht (ä = ae; ö = oe; ü = ue):

1 Ungewöhnlich schwerer und wuchtig gebauter Wachhund, der ursprünglich als Kriegshund gezüchtet wurde.
9 Tiere, die dazu eingesetzt werden, ein Fahrzeug über Schnee zu ziehen.
12 Verschiedene Hunderassen, die dazu ausgebildet werden, behinderten Menschen zu helfen.
14 Jagdhund mit kräftigem Körperbau und gutem Geruchssinn.
15 Eigenwilliger und kurzbeiniger Familienhund.
16 Für Jagd und Wettrennen gezüchtete Rassen mit schmalem Kopf und oft seidigem Fell.
19 Sehr kleiner Terrier, der ursprünglich zur Ratten- und Mäusejagd in England gezüchtet wurde.
20 Dem Wolf ähnlicher großer Hund, der auch als Wach- und Hütehund eingesetzt wird (Mehrzahl).

Senkrecht:

2 Kinderlieber und großer Haus- und Schutzhund mit Drahthaarfell.
3 Kleiner, kurzhaariger Hund mit gedrungenem Körper und rundlichem Kopf.
4 Hund mit spitzer Schnauze und aufrecht stehenden, spitzen Ohren.
5 Hunde mit dichtem, wolligem und meist gekräuseltem Fell, das oft gestutzt wird.
6 Gilt als Stammvater aller Hunderassen.
7 Gold- oder cremefarbener Familienhund, der sehr geduldig und anhänglich ist.
8 Wachsamer Haushund mit seidigem Fell, der ursprünglich als Jagdhund gezüchtet wurde.
10 Kräftiger Hund mit gedrungenem Kopf, der einen sportlichen Namen hat.
11 In nördlichen Ländern häufiger Schlittenhund.
12 Kampfhund mit starker Aggressivität.
13 Schwerer, ruhiger Hund, der früher oft zur Suche nach Lawinenopfern eingesetzt wurde.
17 Um diese Tiere dreht sich das ganze Thema.
18 Großer, kräftiger Wachhund.

Aufgabe

Die Buchstaben in den grau unterlegten Feldern ergeben – wenn man sie in die richtige Reihenfolge bringt – die Bezeichnung für einen Hund, der speziell darauf dressiert wurde, bestimmte Stoffe zu finden.

____

Impulse: Der Wolf – Stammvater des Hundes

Natura 5/6, Seite 72/73

Domestikation
Hund
Hunderassen
Kojote
Schakal
Verhalten
Wolf

Wolfsbestände

Schweden, Norwegen	<25
Finnland	<100
GUS	ca. 90 000
Tschechien	<5
Slowakei	ca. 350
Ungarn	<50
Rumänien	ca. 2500
Griechenland	ca. 400
Bosnien	ca. 400
Kroatien	<20
Slowenien	<10
Italien	ca. 300
Spanien	ca. 1700
Portugal	ca. 150

(nach Okarma, 1997, S. 143)

Erregung
Vergrößerung der Körperumrisse

Angst
Geduckte Haltung

Z Wolf und Hunde

Äußeres Erscheinungsbild

Wölfe sind die größten Hundeartigen. Die Körperlänge von der Nasenspitze bis zum Schwanzansatz beträgt im Durchschnitt 110 (♀) bis 120 (♂) cm und die Körperhöhe (Widerrist) 60 bis 90 cm. Einzelexemplare können erheblich größer und schwerer sein. Der Wolf ähnelt damit einem sehr großen Hund, hat aber einen längeren Rumpf und einen schmaleren Brustkorb. Lange Beine ermöglichen auch im tiefen Schnee einen schnellen Ortswechsel. Die Fellfärbung ist sehr variabel und kann alle Farben von weiß über rötlich bis grau oder schwarz annehmen. Im Raubtiergebiss fallen die mächtigen Eckzähne auf.

Unterschiede zwischen Wolf und Hund

	Wolf	Hund
Schwanzhaltung	waagrecht oder gesenkt	erhoben
Veilchendrüse	vorhanden	fehlt
Fußspur	Hinterpfoten auf Vorderpfoten	Hinterpfoten zwischen Vorderpfoten
Fortpflanzung	einmal pro Jahr	zweimal pro Jahr
Schnauze	lang	meist kurz
Ohrmuscheln	gewölbt	abgeflacht
Rassen, Unterarten	ca. 20	über 400

Verbreitung

Der ursprünglich über ganz Europa verbreitete Wolf kommt heute nur noch in Osteuropa, Asien, Alaska und Kanada vor. In West- und Nordeuropa wurden vereinzelte Restpopulationen oder kleinere zugewanderte Rudel nachgewiesen. In Polen lebten beispielsweise 1996 nach offiziellen Schätzungen 800 bis 900 Tiere. In Deutschland gibt es zur Zeit keine standorttreuen, wilden Wolfsrudel. Sollte der Wolf je auftreten, darf er weder gefangen noch gejagt werden.

Lebensraum

Sein Lebensraum ist variabel (Prärien, Wälder, Waldsteppen, Tundra, Gebirge), in Europa jedoch meist an Wälder gebunden. Entsprechende Plätze für das Anlegen von Höhlen sind zweitrangig. Lediglich eine wachsende Bevölkerungsdichte des Menschen sowie die Expansion von Ackerbau und Viehzucht, verbunden mit einer intensiven Verfolgung (der Wolf als Nahrungskonkurrent, der Wolf als Raubtier) haben sein Vorkommen eingeschränkt.

Revierverteidigung

Je nach Größe des Rudels, dem Bestand an Beutetieren und der Jahreszeit wird ein Territorium besetzt, das zwischen 100 und 1000 km² (je nach dem Vorkommen der Beutetiere) groß ist. Die Reviergrenzen werden meist mit Harn, seltener mit Kot markiert. Wölfe können den Geruch des Harns der Mitglieder ihrer Gruppe von dem fremder Individuen unterscheiden. Kampf- und verletzungsträchtige Begegnungen werden durch Heulen vermieden.

Sozialverhalten

Im Revier leben die Wölfe im Familienrudel mit einer genau definierten Rangordnung. Tonangebend ist der Alpha-Rüde. Zwischen den Mitgliedern eines Rudels – meist das Elternpaar mit Nachkommen desselben Jahres oder vorhergehender Jahre und/oder abseits lebenden Einzeltieren – besteht eine starke Bindung, die sich auch in altruistischem Verhalten zeigt. Die Verständigung erfolgt durch vielfältige Körperhaltungen, Verhaltensweisen und Duftstoffe (Vergleiche: Beispiele zur Körpersprache). Winseln, Knurren, Bellen und Heulen haben unterschiedliche Bedeutung in der akustischen Verständigung. Damit lässt sich z. B. die Aufforderung zum Spiel, Ergebenheit, aggressives Drohen, eine kurze Herausforderung, ein gemeinsames Revierverteidigen oder der Ruf mit und nach Artgenossen verbinden. Innerhalb des Reviers werden die begrenzten Nahrungsvorräte gegenüber fremden Individuen und auch anderen Rudeln der eigenen Art verteidigt. In jedem Gebiet existiert in der Regel nur ein reproduzierendes Paar. Nahrungsangebot, Territorialität und die innerartlichen Konflikte begrenzen die Populationsgröße.

Körpersprache der Wölfe

1 Ein untergeordnetes Rudelmitglied (links) „begrüßt“ mit leicht gesenktem Schwanz und angelegten Ohren ein höher gestelltes Tier.
2 Ein Wolfsjunges zeigt das nicht aggressive „Spielgesicht“, während es von einem anderen gepackt wird.
3 Herausforderndes Verhalten eines Jungtieres (rechts) an ein anderes, entspannte Kopfhaltung des Elterntieres.

Freude
Wedeln; bei der Begegnung zweier Hunde kann damit auch Eigenduft zugewedelt werden.

Spiel oder Rangkämpfe
Bei Welpen spielerische „Trockenübungen", bei Erwachsenen Signal der Ranghöheren.

Rangkämpfe
Kräfte messen ohne gegenseitige Verletzung.

Nahrungsspektrum

Im Sommer fressen Wölfe kleine Wirbeltiere, Vögel, zum Teil auch Fische, Beeren und größere Insekten oder Aas, meist jedoch Hirsche und andere Huftiere, die in gemeinsamer Hetzjagd erlegt werden. Wölfe selektieren in der Regel kranke, alte oder sehr junge Tiere.

Jagd

Manchmal – besonders im Sommer – gehen Wölfe allein auf Jagd, überwiegend arbeitet aber das Rudel zusammen. Zur Lokalisierung der Beute über weite Strecken dient die Nase. Haben die Wölfe Witterung aufgenommen, bleibt das Rudel stehen, „schnüffelt" intensiv und richtet sich auf die Beute aus. Ruhig schleichen sich die Tiere an, hetzen dann den Hauptteil der Herde in die Flucht und kreisen schwache oder hinter der Herde zurückbleibende Tiere ein. Fällt das Opfer zu Boden, schart sich das Rudel um den Kadaver und verschlingt zunächst große Fleischportionen. Ein Wolf kann 9 bis 10 kg Fleisch auf einmal fressen, verdaut relativ schnell und kann schon nach einer Stunde wieder Beute aufnehmen. Reste sehr großer Beutetiere, die nicht auf einmal bewältigt werden, vergräbt das Rudel. Durch die Aufgabenteilung bei der Jagd können Tiere erlegt werden, die weit größer sind als der Wolf. Die strenge Rangordnung bei der Nahrungsverteilung bewirkt u. a., dass nur die ranghohen Rüden und Fähen Nachwuchs haben.

Beobachtungsmöglichkeiten

In der Wolfsschule im Tierpark Kalletal kann die Lernfähigkeit kanadischer Wölfe und der besondere Umgang des Rudels mit seinem Lehrer beobachtet werden (Tel.: 05264/242).

Im Freigehege der saarländischen Kreisstadt Merzig, die auch „die Stadt der Wölfe" genannt wird, betreibt Werner Freund seit mehr als 20 Jahren Verhaltensstudien, die bei Führungen den Besuchern erläutert werden (Tel.: 06861/1051). Im Nationalpark Bayrischer Wald befindet sich ebenfalls ein Wolfsgehege.

Z Verwandte von Wolf und Hund

Die Ordnung der Raubtiere wird in 7 Familien unterteilt: Bären-, Marder-, Katzen-, Waschbär-, Hyänen-, Schleichkatzen- und Hundeartige. Zu Letzteren gehören wiederum 15 gegenwärtig lebende Gattungen und zahlreiche Arten, u. a. Fuchs, Marderhund, Fennek, afrikanischer Wildhund und als „Sonderformen" die vom Menschen gezüchteten Haushundrassen. Der Verwandtschaftsgrad zwischen den Hundeartigen wurde vor wenigen Jahren durch Vergleich der Cytochrom-Bausteine näher erforscht und zeigte, dass der Wolf *(Canis lupus)* sehr eng mit den Kojoten *(Canis latrans)* verwandt ist.

Schakale

Sie galten eine Zeit lang als Vorfahren der Haushunde. Schakale leben jedoch meist paarweise oder allein, haben einen schlanken, fuchsähnlichen Kopf und heulen kaum, sondern bellen eher. Wie Hund und Wolf besitzen sie ein vielfältiges Repertoire an Ohr-, Maul- und Schwanzhaltungen zur Verständigung und können sich mit Haushunden noch kreuzen. Vier Arten bewohnen unterschiedliche Regionen: Goldschakel (Steppe: Nordafrika, Südosteuropa und Indien), Schabrakenschakal (trockenes Unterholz: Ost- und Südafrika), Streifenschakal (feuchte Wälder im tropischen Afrika), Abessinischer Fuchs (Hochgebirge Äthiopiens).

Kojote

Der „Heulwolf" ist aus zahllosen Wildwestfilmen als Einzelgänger bekannt, scheint aber nach neueren Untersuchungen häufig paarweise oder situationsbedingt auch in kleineren Rudeln zu leben. Steigende Bestände rufen in Gebieten mit Schafzucht eine intensive Verfolgung hervor. Sein anpassungsfähiges Verhalten rettet den scheuen Jäger bisher aber vor der Ausrottung.

Literaturhinweise

Bibikow, D. I.: Der Wolf; Neue Brehm-Bücherei, Bd. 587; Westarp-Wissenschaften, Hohenwarsleben 1990

Chinery, W.: Die Tiere und ihre Beute; Ott-Verlag, Paris 1984

Harries, B.: Ein Welpe kommt ins Haus; Franckh-Kosmos, Stuttgart 1995

Okarma, H.: Der Wolf: Ökologie und Verhalten; Parey, Berlin 1997

Zimen, E.: Der Wolf (Mythos und Verhalten); Meyster, München 1978

Körpersprache der Kojoten

1 Drei Rudelmitglieder fressen.
2 Das dominante Männchen zeigt durch die Haltung der Rute, der Ohren, der Mundwinkel und des Fells eine aggressive Drohhaltung.
3 Der Eindringling nimmt eine defensive Drohposition ein.
4 Ein zweites Rudelmitglied steht hinter dem dominanten Tier, zeigt aber deutlich weniger Aggression.
5 Ein weiterer Eindringling beobachtet den Ablauf der Begegnung.
6 Andere Kojoten warten in ihrem Territorium darauf, dass das Rudel den Kadaver verlässt.

Haustier
Katze
Sehen
Tastsinn

Die Katze ist ein Schleichjäger
Lexikon: Verwandte und Abstammung der Hauskatze

Natura 5 / 6, Seite 74–76

Durch einen Reflex und ihren ausgezeichneten Gleichgewichtssinn können Katzen sich im Fallen schnell drehen und sicher auf allen vier Pfoten landen.

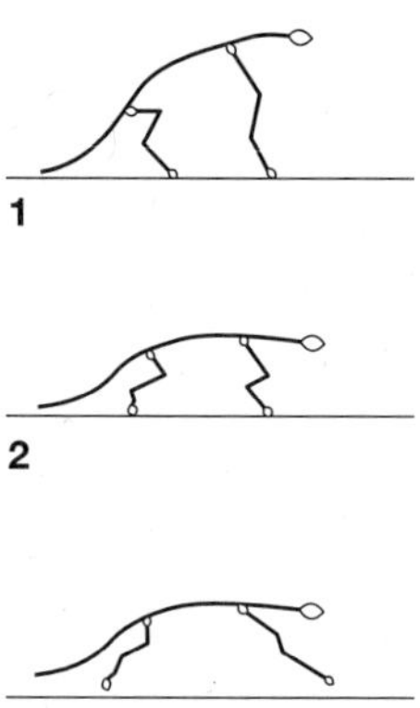

1 Katze lauert
2 Katze schleicht
3 Katze springt

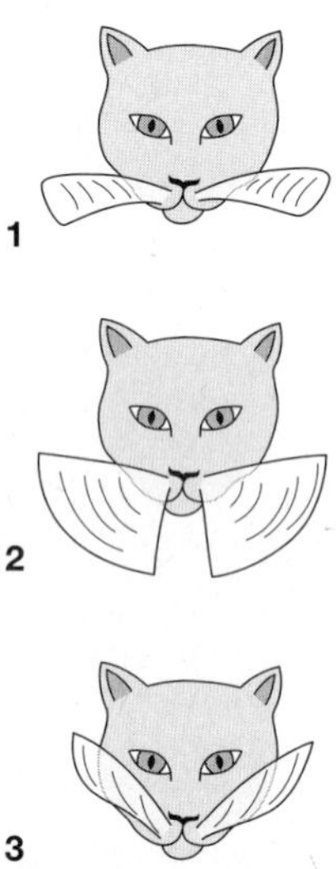

Stellung der Schnurrhaare
1 in Ruhe
2 im Gehen
3 beim Schnuppern, Zubeißen und in der Abwehr

! Schülerbuch Seite 75

① Erkläre mithilfe der Abbildung 74.2, wie die Katze ihre Krallen bewegt.
– *Sind die Krallen eingezogen, werden sie durch das elastische Band zurückgehalten. Die obere Sehne ist gespannt, die untere entspannt und die Fingerknochen stehen in gebeugter Haltung. Wird die Pfote durch Spannen der unteren Sehne gestreckt, werden auch die Krallen herausgezogen.*

② Beschreibe mit eigenen Worten das Jagdverhalten der Katze.
– *Das Jagdverhalten der Katze lässt sich in fünf Schritte unterteilen:*
(a) Zuerst ortet sie das Beutetier mit ihren Augen und den empfindlichen Ohren.
(b) Dann nähert sie sich vorsichtig, wobei sie die Deckungsmöglichkeiten des Geländes nutzt.
(c) Geduckt und vorsichtig schleichend kommt sie bis auf Sprungweite heran.
(d) Die Beine werden in Sprungposition gebracht und danach springt sie im günstigen Augenblick.
(e) Das Beutetier drückt sie mit den Vorderpfoten an den Boden und tötet es mit dem Nackenbiss gleich oder trägt es lebend weg und verzehrt es in einem Versteck.

③ Fasse zusammen, welche Aufgaben die Pupille für das Auge der Katze hat.
– *Die Pupille reguliert den Lichteinfall auf die Netzhaut des Auges. Bei hellem Tageslicht ist die Öffnung schlitzförmig und klein, in der Dämmerung und in der Nacht ist sie groß und kreisrund, sodass auch wenig Licht genützt werden kann.*

④ Warum nennt man Rückstrahler am Fahrrad, Auto oder an Leitpfosten „Katzenaugen“?
– *Sie reflektieren das Licht ebenso wie der glänzende Augenhintergrund der Katze.*

⑤ Welche Bedeutung hat es, dass die tütenförmigen Ohren der Katze in verschiedene Richtungen gedreht werden können? Vergrößere zum Vergleich deine eigenen Ohrmuscheln durch die Handfläche. Drehe sie dann bei Geräuschen in verschiedene Richtungen.
– *Die Form der Ohrmuscheln verstärkt die Wahrnehmung. Werden die Ohren zur Schallquelle gedreht, kann die Katze ihre Beute genau anpeilen. Selbst durch eine Hecke ist dieses Richtungshören möglich.*

⑦ Informiere dich über Katzenrassen. Nenne mindestens zwei Katzenrassen und stelle ihre besonderen Merkmale heraus.
– *Hier hilft die umfangreiche Haustierliteratur.*

Z Experimente / Modelle

Die Arbeitsweise der Tasthaare lässt sich leicht mit zwei Stricknadeln erfühlen, die man über der Oberlippe – nur wenig angedrückt – auflegt. Hält man die Nadeln innen etwa 1 cm von der Auflagestelle entfernt fest, so übertragen sich bereits geringste Bewegungen des Außenbereichs. Hobby-Bastler können mit einem drehbar angebrachten Draht, Schaltlitze, einer kleinen Glühlampe und einer 4,5 V-Batterie einen Stromkreis derart aufbauen, dass beim Abbiegen der „Draht-Schnurrhaare“ das Lämpchen aufleuchtet und so die Wahrnehmung verdeutlicht.

Für das Krallenmodell (siehe Vorlage rechts) die Teile A und B aus dicker Pappe oder Sperrholz ausschneiden, die beiden Löcher 1 und 2 mit einem Gummiband verbinden und den Pfotenumriss C auf eine feste Unterlage (z. B. Pappe oder Sperrholz) übertragen. Bringt man an den beiden Stellen a und b jeweils einen Faden an, können Schüler oder Schülerinnen die Funktionsweise der Kralle (eingezogen / ausgefahren) entsprechend den Skizzen unten vorführen.

Medienhinweise

FWU 32 02786 Wildkatze: Paarungsverhalten
FWU 42 02104 Wildkatze
FWU 42 01648 Eine Katze in Gefahr
FWU 42 01649 Katzen im Haus
FWU 42 10368 Die Hauskatze
Schlüter-Funktionsmodell 3407 Katzenkralle,

Literaturhinweise

TAYLOR, D.: Mein großes Katzenbuch; Weltbild Verlag, Augsburg 1997

Weitere Hinweise
Weitergehende Informationen erhält man über:
1) Dachorganisation der Katzenschutzvereine (DKV), Grafenberger Allee 147, 40237 Düsseldorf
2) Deutscher Edelkatzenzüchterverband, Berliner Straße 13, 35614 Asslar

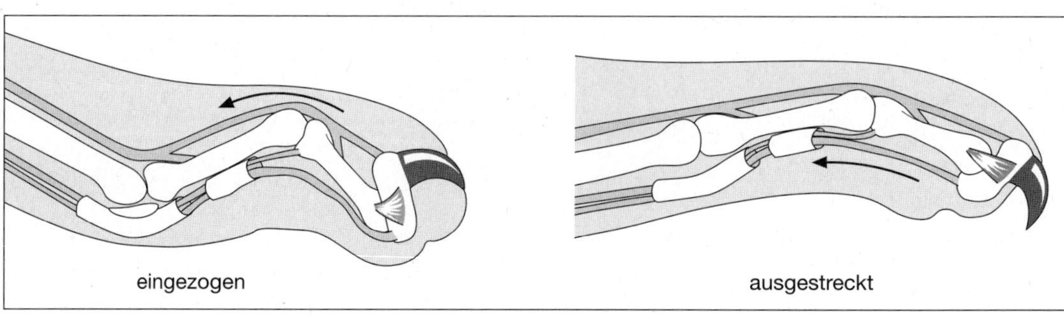

Modell Katzenkralle

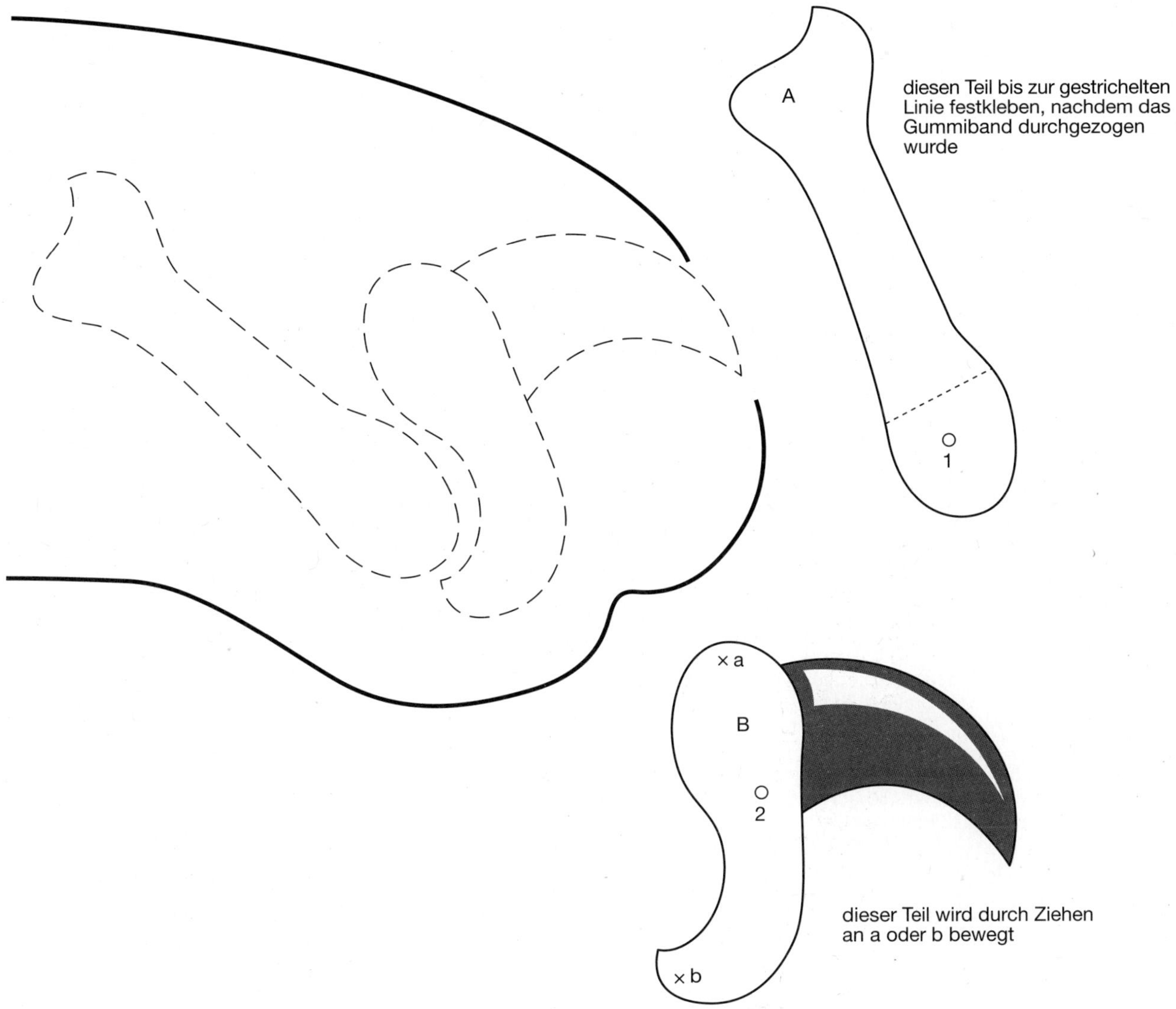

Modell Katzenauge

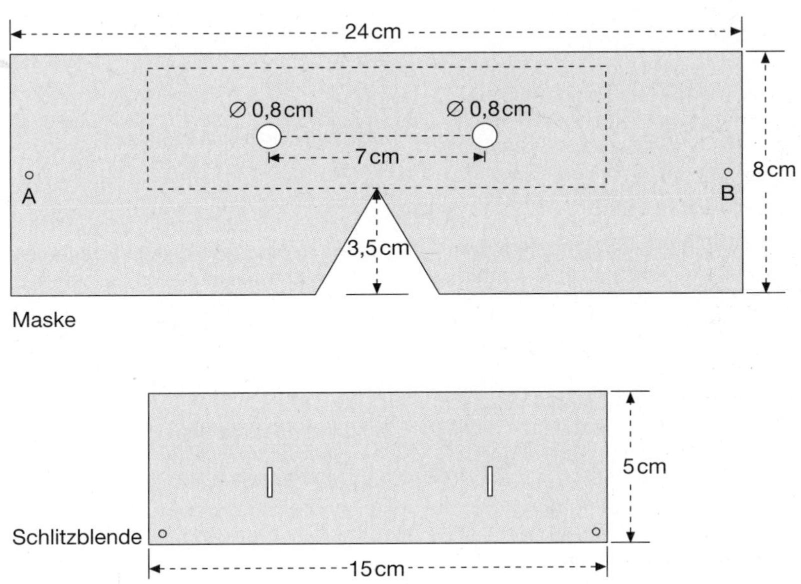

Maske aus Pappe ausschneiden und Gummiband durch die Löcher A und B ziehen. Die Schlitzblende aus schwarzem Tonpapier herstellen und mit Klebefilm so über den Augenlöchern anbringen, dass sie leicht heruntergeklappt werden kann (siehe punktiertes Feld).

Versuch:
Raum verdunkeln und mit der Maske versuchen, einen sehr schwach erleuchteten Text zu lesen; dann Blende herunterklappen und Versuch wiederholen.

Gebiss – Fleischfresser
Haustier
Hund
Katze
Verhalten

Material: Wir vergleichen Hund und Katze

Natura 5/6, Seite 77

Nach vorsichtigen Schätzungen gibt es in Deutschland 3 bis 5 Millionen Hauskatzen und etwa 5 Millionen frei lebende, herrenlose Katzen.

Schülerbuch Seite 77

① Vergleicht man das Skelett von Hund und Katze, sind zahlreiche Gemeinsamkeiten dieser Wirbeltiere auffällig: An der beweglichen Wirbelsäule hängt die Schädelkapsel (charakteristisch für Vierfüßer, Unterschied zum Menschen), der Brustkorb mit den Rippen sowie der Schulter- und Beckengürtel, an denen die Gliedmaßen ansetzen.
Unterschiede: Bei der Katze ist die Stellung der Beine dem Leben als Schleichjäger angepasst. Die Beine sind im Verhältnis zum Körper kürzer (insbesondere vorn). Durch die Anwinkelung kann beim Sprung eine entsprechende Schnellkraft entstehen. Die Gelenke sind so angeordnet, dass auch ein Fall aus großer Höhe gut abgefedert wird. Die Krallen sind einziehbar, bleiben dadurch spitz und verursachen beim Anschleichen keine Geräusche. Der Hund hat im Verhältnis zum Körper längere Beine, sodass er bei der Hetzjagd schnell und ausdauernd laufen kann.
Die Säugetiere sind eine Klasse der Wirbeltiere. Sie besitzen als Körperbedeckung Haare (Fell) und bringen lebende Junge zur Welt, die mit Milch gesäugt werden.

② Unterschiede beim Vergleich der Gebisse: Die Schneidezähne sind bei der Katze kleiner, ihre Eckzähne lang und spitz und die Backenzähne einheitlich ohne breite Kronen. Beim Hund können die breitkronigen Backenzähne auch Pflanzenkost zermahlen. Katzen fressen Gräser oder Pflanzen nur, um das Herauswürgen von Haarballen oder Vogelfedern auszulösen.

③ Die Zahnformel für die Katze lautet:

rechts		Oberkiefer			links
4	1	3	3	1	4
4	1	3	3	1	4
		Unterkiefer			

④ Die Aufgaben der verschiedenen Zähne sind: Die kleinen Schneidezähne werden zum Abschaben von Fleischresten eingesetzt. Die Eckzähne *(Fangzähne)* dienen dem Ergreifen und Festhalten der Beute. Sie dringen beim Nackenbiss zwischen die Wirbel der Maus ein und töten sie blitzschnell. Die Reißzähne zerschneiden das Fleisch und brechen Knochen; es sind umgewandelte Backenzähne. Da Ober- und Unterkiefer nicht seitlich mahlend bewegt werden können, wirken die Reißzähne wie eine Schere.

⑤ Das unterschiedliche Beutefangverhalten von Hund und Katze erklärt sich aus ihrer Abstammung. Wölfe jagen im Rudel. Durch die Hetzjagd können sie Tiere überwältigen, die größer sind als sie selbst. Wild- und Hauskatze sind auch bei der Jagd Einzelgänger, die sich an ihre Beute anschleichen und sie dann im Sprung überwältigen. Ihre Beutetiere sind daher immer kleiner als sie selbst und werden meist durch einen einzigen Biss getötet.

⑥ Die am Beutefang beteiligten Sinnesorgane sind beim Hund Nase und Gehör, bei der Katze aber Augen und Gehör.

⑦ Durch das Spiel lernen die Jungtiere ihre Umgebung kennen und ergänzen viele angeborene Verhaltensweisen. Dies betrifft vor allem die Methoden des Beutefangs (wenn die junge Katze z. B. dem Wollknäuel nachläuft) und das Verhalten gegenüber Artgenossen.

⑧ Die Eingliederung in die menschliche Familie fällt dem Hund nicht schwer, da die Menschen seiner Umgebung „Rudelmitglieder“ sind, die – nach entsprechender Dressur des Hundes – einen höheren Rang haben. Katzen sind Einzelgänger und ordnen sich nicht in eine Menschengruppe ein. Daher kann man sie auch nicht abrichten.

⑨ Das Gehirn befindet sich in der Schädelkapsel; das Rückenmark durchzieht den Wirbelkanal des Rückgrats und reicht bis in den Schwanz hinein. Über die vom Gehirn und Rückmark ausgehenden Nerven wird der Organismus gesteuert. Das Herz (zum Antrieb des Blutkreislaufs) und die Lunge (zur Atmung) befinden sich im Brustkorb. Brustraum und Bauchraum sind durch das Zwerchfell getrennt. Die Speiseröhre nimmt den Nahrungsbrei auf, durchzieht Hals und Brustraum und mündet in den Magen. In den Zwölffingerdarm münden die Ausfuhrgänge der Bauchspeicheldrüse und der Gallengang (von der Leber kommend). Der Darm ist kurz (nur ca. 4-mal so lang wie der Rumpf; charakteristisch für Fleischfresser) und mündet im After nach außen. Der Urin wird in der Niere gebildet, in der Harnblase gespeichert und über die Harnröhre nach außen geführt. Die in der Abbildung dargestellte Katze ist weiblich. Man erkennt, dass Harnwege und Geschlechtsorgane getrennt nach außen führen.

⑪ Hund und Katze unterscheiden sich in folgenden Merkmalen:

Merkmal	Hund	Katze
soziale Lebensweise	Rudeltier	Einzelgänger
Hauptsinnesorgane	Nase, Gehör	Augen, Gehör
Sind die Krallen einziehbar?	nein	ja
Jagdverhalten	Hetzjäger	Schleichjäger

Arbeitsblatt Seite 91

1. Die Tiere verstehen das Verhalten des anderen nicht oder falsch, da sich die Körpersprache von Hund und Katze unterscheiden. Außerdem betrachten Hunde die kleinere Katze oft als Beute.
2. Zwei Menschen, die sich immer wieder aus nicht ersichtlichen Gründen streiten, scheinen sich ebenso wenig zu vertragen wie Hund und Katze.
3. Die Duftstoffe dienen der Reviermarkierung, teilen anderen Katzen die Rolligkeit mit und ersetzen die Sprache.
4. a) Die Tiere können sich sehen und beschnüffeln, ohne direkt aufeinander zu treffen.
   b) Junge Tiere lernen schnell, die Körpersprache und Duftstoffe des anderen Tieres richtig zu deuten.

Wie Hund und Katz

1. Kommt uns eine Katze zur Begrüßung entgegen, hat sie meist den Kopf etwas gesenkt. Der Schwanz ist hoch aufgerichtet und nur etwas nach vorn gebogen. Ein Hund wedelt zur Begrüßung heftig mit dem Schwanz, manchmal bellt er auch und versucht, an seinem Besitzer hochzuspringen. Leite hieraus die Ursachen für „Missverständnisse" zwischen Hunden und Katzen ab.

2. Deute die Redensart „Ihr benehmt euch wie Hund und Katz!".

3. Katzen besitzen mehrere Duftdrüsen an der Stirn, auf Kinn und Lippen, am Schwanz und an den Pfoten (siehe Markierungrn in der Abbildung). Streicht eine Katze um die Beine ihres Besitzers, hinterlässt sie für andere Katzen damit eine Nachricht mit ungefähr folgender Bedeutung: „Das ist mein Mensch. Pfoten weg!" Welche Aufgabe haben die Duftstoffe allgemein für die Verständigung zwischen den Katzen?

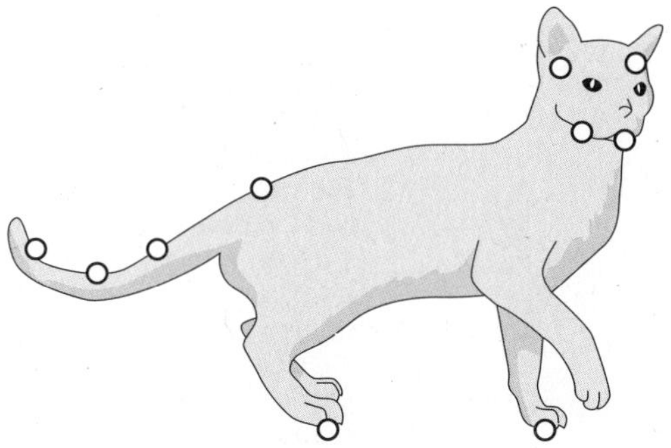

4. a) Wird eine Katze neu in eine Familie gebracht, die bereits einen Hund besitzt, sollte man sie zuerst im Katzenkäfig lassen. Erkläre dies!

   b) Wachsen junge Hunde und Katzen gemeinsam auf, fressen sie oft aus dem gleichen Futternapf oder putzen sich sogar gegenseitig. Warum „verstehen" sich diese Tiere?

Goldhamster
Haustier
Hund
Kaninchen
Katze
Maus
Meerschweinchen
Verhalten

Lexikon: Heimtiere

Natura 5/6, Seite 78/79

Tiere im Unterricht

Obgleich hier die Säugetiere im Vordergrund stehen, werden erfahrungsgemäß unter der Rubrik „Weitere Tiere" auch Fische, Wellensittiche, Kanarienvögel oder Schildkröten auftauchen. Da sie ebenso wie die hier vorgestellten Kleintiere spezielle Anforderungen an Haltung und Pflege stellen, lässt sich dies durchaus mit dem Thema „Säugetiere" verbinden. Informationen dazu können sich die Schüler aus den entsprechenden Kapiteln der Wirbeltiere oder den zahlreichen Heimtierbüchern der Bibliotheken besorgen.

Werden Heimtiere mitgebracht, können meist typische Verhaltensweisen, Körpermerkmale, Art der Nahrung und des Käfigs, Sozialverhalten, Lernverhalten oder angeborenes Verhalten gut beobachtet werden – sofern die Tiere nicht beunruhigt oder verängstigt sind. An einem Projekttag lässt sich damit auch ein „Lernen an Stationen" oder ein „Lernzirkel" aufbauen. Wesentlich ist dazu aber eine von allen akzeptierte ruhige Umgebung. Es sollte vorher auch geklärt werden, ob Kinder unter schweren Tierhaarallergien leiden und welche landesspezifischen Erlasse zu beachten sind.

Es gibt zahlreiche Schulbiologiezentren, die Schulen in ihrer Umgebung Kleintiere, wie z. B. Mongolische Rennmäuse, zur Beobachtung oder auch zur Zucht überlassen.

Die Mongolische Rennmaus

Die Ägyptische und die Mongolische Rennmaus sind Neulinge unter den Heimtieren. Die Wildtiere leben in den Wüsten und trockenen Sandsteppen und legen dort unterirdische Gangsysteme an. Sie bevorzugen pflanzliche Nahrung, die sie in ihrer Heimat dann suchen, wenn es etwas abkühlt. Der Flüssigkeitsbedarf ist gering; meist genügt der Wassergehalt der Nahrung. In den USA wurden sie erstmals 1954 zur medizinischen Forschung importiert. Bald stellten sie sich als ideale Heimtiere heraus, da sie sich aufgrund ihrer Neugierde leicht dressieren lassen und schnell zahm werden. Durch den trockenen Kot und die geringe Harnausscheidung entsteht kaum Käfiggeruch. Kurze Schlafperioden legen sie, wie alle Mäuse, sowohl am Tag wie auch in der Nacht immer mal wieder ein. Sie sind gesellige Tiere, sollten in Pärchen oder Gruppen gehalten werden und im Käfig ein spezielles Laufrad und viel Material zum Graben haben.

Medienhinweise

FWU 10 02680 Haustiere
FWU 42 01735 Meerschweinchen

Literaturhinweise

ALTMANN, D.: Zwergkaninchen; Ulmer, Stuttgart 1995

BEYNON, P. H., u. a.: Kompendium der Heimtiere; Schlüter, Hannover 1997

FRISCH, O. V.: Hamster; Gräfe und Unzer, München 1997

GASSNER, G.: Hamster; Ulmer, Stuttgart 1995

KITTEL, R.: Der Goldhamster; Neue Brehm-Bücherei Bd. 88; Westarp Wissenschaften, Hohenwarsleben 1996

ROHRBACH, C.: Unsere Rennmäuse; Franckh-Kosmos, Stuttgart 1987

ROHRBACH, C.: Unsere Mäuse; Franckh-Kosmos, Stuttgart 1997

RUDOLPH, W.: Wild- und Hauskaninchen; Neue Brehm-Bücherei Bd. 555; Westarp Wissenschaften, Hohenwarsleben 1997

SCHMITZ, S.: Kleintiere; BLV, München 1992

SIELMANN, H.: Heimtiere; Neuer Tessloff Verlag, Hamburg 1972

STEINBACH, G.: Unsere Haustiere; Delphin, Köln 1990

Klett 722830: bio spielend lernen (Seite 50/51)

Weitere Hinweise
Umfangreiches Material kann gegen Gebühr über folgende Adresse bezogen werden:
Deutscher Tierschutzbund, Baumschulallee 15, 53115 Bonn

Haustierhaltung in Deutschland

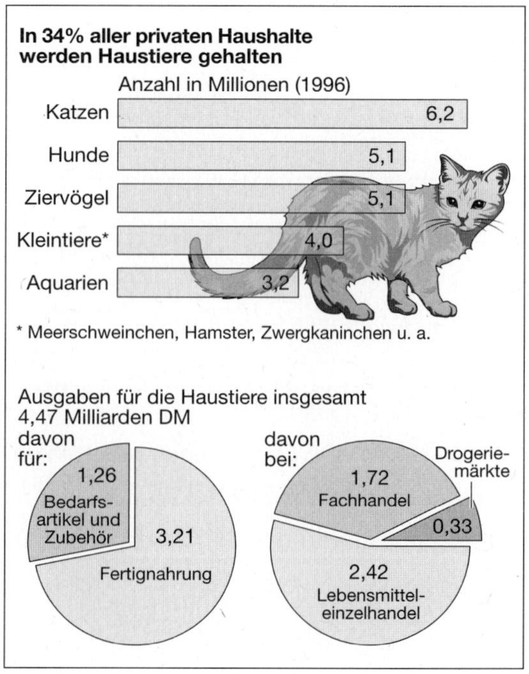

Meerschweinchen

Die Experten sind:

____

Kaninchen

Die Experten sind:

____

Mongolische Rennmaus

Die Experten sind:

____

Sonderthema

Was muss man bei der Anschaffung, Haltung und Pflege von Heimtieren allgemein beachten?

Die Experten sind:

____

Die große Heimtierschau

Schwerpunkte der Veranstaltung

- Woher kommt das Tier?
- Wie leben die Wildtiere?
- Wie muss der Käfig eingerichtet sein?
- Welches besondere Verhalten zeigt das Tier?
- Wie alt wird das Tier?

Veranstalter: Klasse: ________ Datum: ________

Sonderthema

Warum werden Tiere in der Wohnung als Heimtiere gehalten?

Die Experten sind:

____

Goldhamster

Die Experten sind:

____

Weitere Tiere

Die Experten sind:

____

Aufgabe

Wähle ein Tier oder eines der Sonderthemen. Du bist dann der Experte oder die Expertin am Tag der großen Heimtiershow. Bereite dazu ein kurzes Referat vor. Beachte die Schwerpunkte der Veranstaltung! Falls möglich, bringe dein Tier mit und beschreibe charakteristische Verhaltensweisen.

Gebiss – Pflanzenfresser
Haustier
Huftier
Nutztier
Rind
Verdauung – Rind
Wiederkäuer

Das Rind – ein Wiederkäuer

Natura 5/6, Seite 80/81

Die jährliche Milchleistung der Hochzuchtrassen („Turbokuh") beträgt 3 000 bis 6 000 (max. 11 000) Liter Milch. Dazu benötigt eine Kuh pro Tag etwa 50 bis 100 kg Gras und produziert täglich etwa 150 Liter Speichel! Jeder Bissen wird 40- bis 50-mal gekaut. Der Pansen allein hat ein Fassungsvermögen von 200 Liter.

Den „Speisenaufzug" kann man besonders gut bei einer Giraffe im Zoo beobachten.

Schülerbuch Seite 81

① Zeichne mithilfe des Textes und der Abbildung des Rinderschädels die Zahnformel für das Rind in dein Heft.
– *Die Zahnformel für das Rind lautet:*

rechts		Oberkiefer			links
6	1	–	–	1	6
4	1	3	3	1	6
		Unterkiefer			

② Vergleiche die Backenzähne des Rindes mit denen des Hundes. Erläutere die Unterschiede.
– *Die Backenzähne des Rindes bilden eine durchgehende Kaufläche, die zum Zerreiben harter Gräser geeignet ist. Die Zahnoberfläche ist rau, da sich die harten Schmelzfalten weniger rasch abnutzen als das dazwischen liegende weichere Zahnbein und der Zahnzement. Die vorderen Backenzähne des Hundes eignen sich zum Zerschneiden von Fleischstückchen und zum Zerbrechen von Knochen. Die Zähne haben spitze Höcker und sind schmal wie ein Messer.*

③ Übertrage die Zeichnung des Rindermagens in dein Heft und kennzeichne durch Pfeile den Weg der Nahrung (blau: vor dem Wiederkäuen, rot: nach dem Wiederkäuen).
– *Vor dem Wiederkäuen (blau) verlaufen die Pfeile durch den Pansen über den Netzmagen und über die Speiseröhre in den Mund. Nach dem Kauen (rot) muss die Linie über den Pansen zur Schlundrinne (besser: Magenrinne), dann in den Blättermagen und über den Labmagen zum Dünndarm geführt werden (s. auch Zusatzinformation)*

④ Berechne das Verhältnis von Darmlänge zur Körperlänge. Die Körperlänge des Rindes beträgt ungefähr 2,5 m. Vergleiche dein Ergebnis mit dem entsprechenden Wert bei der Katze. Erläutere die Unterschiede.
– *Da der Darm des Rindes 50 bis 60 m lang ist, ergibt sich das Verhältnis von Körperlänge zu Darmlänge mit 1:20 bis 1:24. Bei der Katze ist der Darm nur etwa 4- bis 5-mal so lang wie der Körper. Die schwer verdauliche und nährstoffarme pflanzliche Nahrung kann durch den langen Verdauungsvorgang besser ausgenutzt werden. Dies ist bei der Fleischnahrung der Katze nicht notwendig.*

⑤ Ordne den Ziffern im Schema der Abbildung 2 die richtigen Bezeichnungen zu.
– *Die Bezeichnung zu Abbildung 2 lauten:*
1) Wirbelsäule
2) Beckenknochen
3) Oberschenkel
4) Unterschenkel
5) Fersenbein,
6) Fußwurzelknochen
7) Mittelfußknochen,
8) Zehenknochen
9) Huf
Das Rind ist ein Zehenspitzengänger.

Arbeitsblatt Seite 95

1. a) Speiseröhre, b) Pansen, c) Netzmagen, d) Schlundrinne, e) Blättermagen, f) Labmagen. Zum Weg der Nahrung siehe Zusatzinformation.
2. Der Mensch presst überwiegend die Kauflächen der Zähne aufeinander und zerquetscht die Nahrung, das Rind zerreibt die Nahrung zwischen den breitkronigen Zähnen wie zwischen Mühlsteinen.
3. (a) Gras fressen, schlucken, im Pansen einweichen; (b) kleine Nahrungsballen zurück zum Mund, erstmalig richtiges Kauen (daher bessere Bezeichnung „Späterkäuer" statt „Wiederkäuer"); (c) erneutes Schlucken, Wasserentzug im Blättermagen, Verdauen auch der Mikroorganismen im Labmagen durch Magensaft, Endverdauung im Dünndarm.

Verdauung beim Rind

Junge und ältere Rinder

Zum Weg der Nahrung nach dem Wiederkäuen gibt es keine einheitlichen Ansichten (PENZLIN, 1996). Bei Kälbern schließt die Schlundrinne komplett; getrunkene Milch gelangt direkt in den Blättermagen. Bei erwachsenen Rindern kommt getrunkenes Wasser zum Teil in den Blättermagen, aber auch in den Pansen, da die Rinne durch das Wachstum der Mägen nicht mehr komplett schließt. Je flüssiger der Pansen-Netzmagen-Inhalt ist und je voller diese Magenteile sind, desto schneller gelangt der Brei in den Blättermagen. Die Öffnung zwischen Pansen und Blättermagen schließt sich aber reflektorisch, wenn grobe Partikel sie berühren (PFLUMM, 1989). Daher können einzelne Nahrungsteile wohl auch mehrfach wiedergekäut werden, bevor sie in den Blättermagen gelangen.

Hilfreiche Einzeller

Die symbiontischen Bakterien und Einzeller besitzen Enzyme zur Verdauung von Zellulose, wozu die Säugetiere selbst nicht in der Lage sind. Die Mikroorganismen bauen Zellulose zu Glukose ab und erzeugen hieraus eine Vielzahl essenzieller Nährstoffe. Als Nebenprodukt ihres Stoffwechsels sondern sie z. B. Fettsäuren ab. Die bakterienreichen Nahrungsklumpen, die beim zweiten Schlucken in den Blättermagen gelangen, werden im Labmagen von der Kuh dann mit eigenen Enzymen verdaut. Durch die Tätigkeit der Mikroorganismen ist die endgültig verwertete Nahrung wesentlich nährstoffreicher als das ursprünglich abgeweidete Gras. Der Gras fressende Wiederkäuer erhält damit einen großen Teil seiner Nährstoffe aus den verdauten Mikroorganismen. Die Endosymbionten vermehren sich im Pansen schnell genug, um eine stabile Konzentration zu halten. Das Rind muss dafür aber 20 bis 25% mehr Futter aufnehmen.

Erst schlucken, dann kauen

1. Beschrifte die Teile des Rindermagens. Zeichne den Weg der Nahrung vor dem Wiederkäuen (links) und nach dem Wiederkäuen (rechts) mit unterschiedlichen Farben ein.

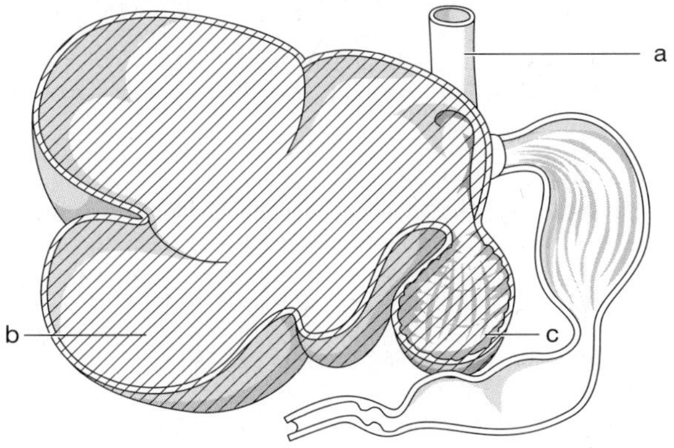

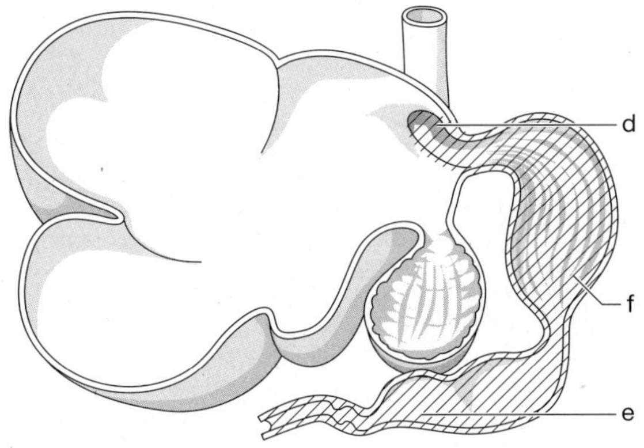

a) ______________________ d) ______________________

b) ______________________ e) ______________________

c) ______________________ f) ______________________

2. Wodurch unterscheiden sich die Kaubewegungen beim Menschen (a) und beim Rind (b)?

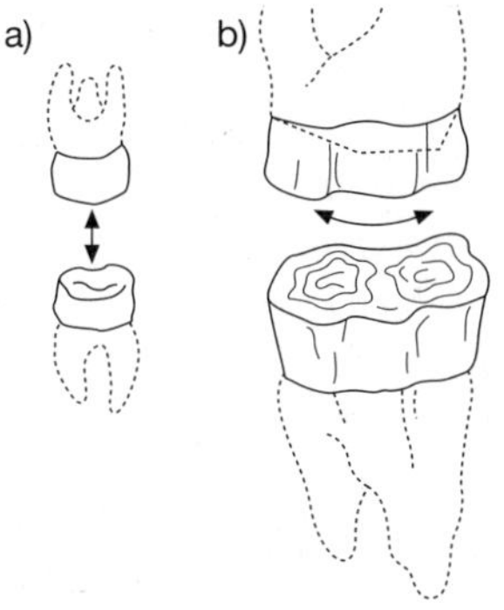

____

____

____

____

3. Nenne zu den einzelnen Phasen der Nahrungsaufnahme und Verdauung Stichworte und zeichne den Weg der Nahrung mit Pfeilen ein.

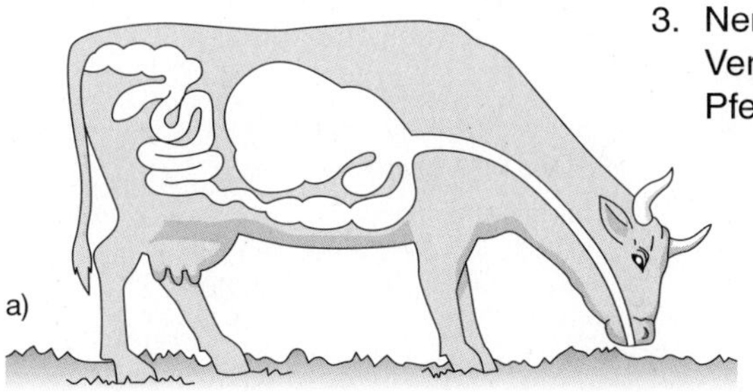

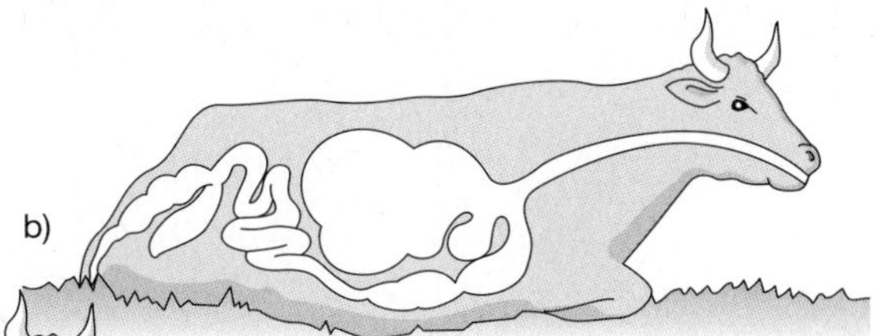

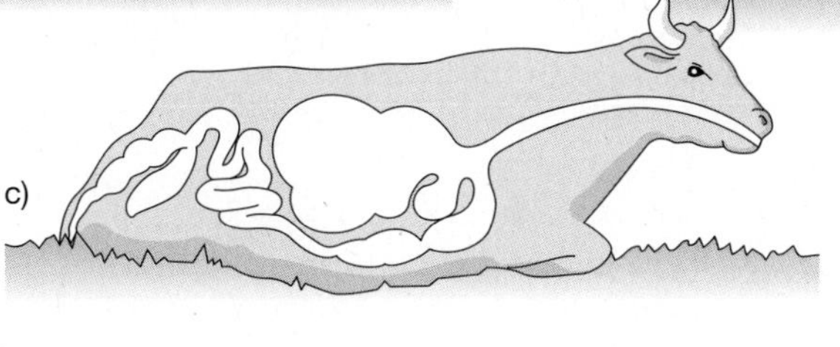

a) ____

b) ____

c) ____

____

Domestikation
Ernährung
Gebiss – Pflanzenfresser
Gehörn
Haustier
Huftier
Nutztier
Rind
Rinderrassen
Tierzucht
Ziege

Highland

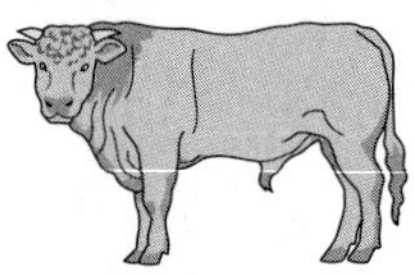
Charolais

Texas Longhorn

Rinder – unsere wichtigsten Nutztiere
Lexikon: Abstammung und Verwandtschaft des Hausrindes

Natura 5/6, Seite 82/83

Schülerbuch Seite 82

① Vergleiche die Stallhaltung von Mastrindern mit der Freilandhaltung.
– *Rinder sind Herdentiere; sie brauchen deshalb Bewegungsfreiheit. Die Haltung einzeln in Mastboxen ist nicht artgerecht, während die Haltung im Laufstall oder auf der Weide eher den Ansprüchen der Tiere gerecht wird.*

② Frisch gemolkene Kuhmilch enthält je 100 Gramm: 86 g Wasser, 4 g Eiweiß, 4 g Fett, 5 g Milchzucker und 1 g Mineralsalze. Ist Milch ein vollwertiges Nahrungsmittel?
– *Da die Grundnährstoffe (Fette, Kohlenhydrate und Eiweiße) in einem ausgewogenen Verhältnis stehen, wird die Milch als vollwertiges Nahrungsmittel bezeichnet. Einige Vitamine und vor allem Ballaststoffe müssen durch andere Nahrungsmittel ergänzt werden.*

④ Stelle zusammen, mit welchen Produkten aus dem Rind du in deiner Umgebung zu tun hast.
– siehe *Abbildung 82.3 im Schülerbuch*

Arbeitsblatt Seite 97

1. Die Milch wird normalerweise für das Kälbchen produziert. Da das Tier im Verlauf eines Jahres enorm wächst und noch wenig Gras frisst, muss auch so viel Milch zur Verfügung stehen.
2. Anton müsste, wenn er auch keine Milchprodukte wie Jogurt oder Käse mag, darauf achten, die Eiweiße und Fette mit den essenziellen Aminosäuren und Fetten aus anderen Nahrungsquellen zu erhalten (z. B. Nüsse oder Tofu). Im anderen Extremfall muss Zita insbesondere auf ausreichende Eisen- und Vitaminzufuhr (D/E) achten. Für beide wäre ein Mittelweg sinnvoll!
3. **Dickmilch:** Vollmilch mit geronnenem Eiweiß. (Dies wird durch Labfermentzusätze oder bakterielle Säuerung mithilfe von Milchsäurebakterien erreicht.)
Jogurt: Besondere Form saurer Milch; gekochte Milch muss mit Jogurtkulturen angeimpft werden.
Kefir: Milch, die durch den Zusatz von Kefirpilzen fermentiert wurde. Es kommt zur sauren und alkoholischen Gärung.
Magermilch: Milch mit verringertem Fettgehalt.
Buttermilch: Restflüssigkeit, nachdem der Milch Fett für die Butter entzogen wurde.
Käse: Ausfällen des Eiweißes aus der Milch und bakterielle Vergärung (Verkäsung der Milch). Eine Sonderform ist Quark/Topfen.
Butter: Die Fetttröpfchen werden in der Milch miteinander verklebt, sodass sie eine zusammenhängende Masse bilden.

Rinderrassen

Die meisten Hochzuchtrassen der Rinder sind *Zweinutzungsrassen*. Sogenannte *Dreinutzungsrassen* haben nur noch in den Ländern der Dritten Welt eine Bedeutung. Sie werden nicht nur wegen ihrer Milch- und Fleischleistung, sondern auch zur Arbeit in der Landwirtschaft gehalten.

Auf der Erde gibt es ungefähr 1,2 Milliarden Hausrinder. Ausschließliche Besamung durch Zuchtbullen hält den Pool wünschenswerter Gene aufrecht, führt aber auch zu einer „Genverknappung“. Zunehmend werden daher gefährdete Rassen als „Genreserven“, als Kulturgut oder zur Landschaftspflege gezüchtet (Beispiel: Galloways).

Medienhinweise

FWU 32 01470 Verdauungsorgane des Rindes
FWU 32 02464 Rinderherde auf der Weide
FWU 32 03537 Frischmilch aus der Fabrik?
Klett 02762 Folienordner Säugetiere

Literaturhinweise

LOEFFLER, K.: Anatomie und Physiologie der Haustiere; UTB (Ulmer), Stuttgart 1970

Die Ziege – ein genügsames Haustier

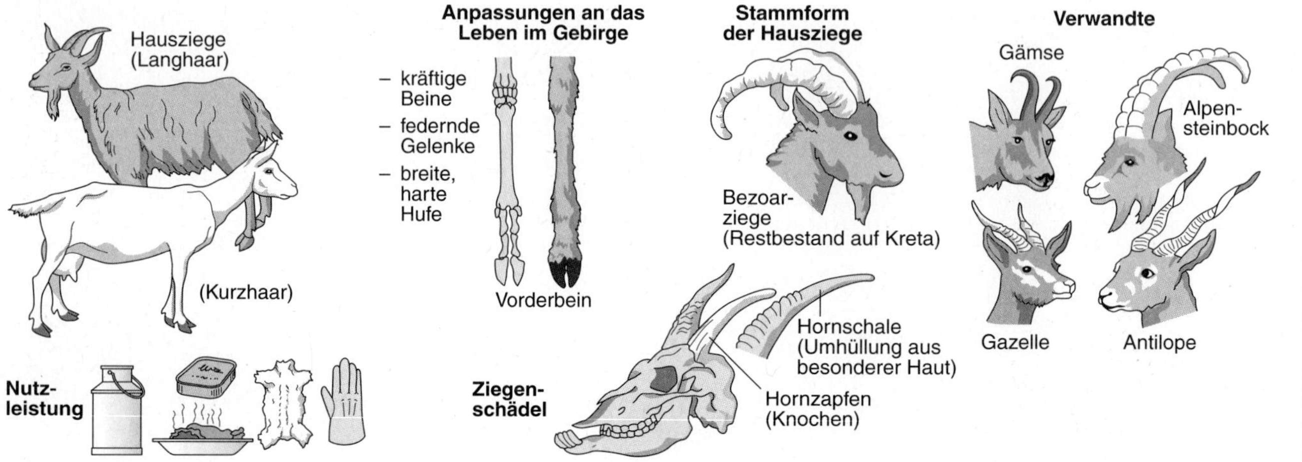

Rund um die Milch

1. Eine erwachsene Milchkuh bekommt jedes Jahr ein Kalb. Schon kurz nach der Geburt sucht das Kälbchen die Zitzen am Euter und beginnt zu saugen. In den ersten Wochen erhält es noch die Milch vom Mutterrind, danach wird es mit speziellem Kälberfutter ernährt. Die Kuh, die gekalbt hat, gibt dann ungefähr 300 Tage lang Milch – vorausgesetzt sie wird morgens und abends gemolken und gut mit Futter versorgt. Bei uns liefert eine Milchkuh pro Jahr im Durchschnitt 5000 Liter Milch; pro Tag sind das etwa 13 bis 14 Liter. Begründe, warum die Mutterkuh so viel Milch gibt!

   ____
   ____
   ____
   ____
   ____
   ____
   ____

2. Milch ist ein hochwertiges Nahrungsmittel. Sie enthält die Energie liefernden Nährstoffe Eiweiße, Fette und Milchzucker mit verschiedenen (aber nicht allen) Bausteinen, die der menschliche Körper nicht selbst herstellen kann. Außerdem sind Vitamine und Mineralstoffe enthalten, die besonders beim Wachstum benötigt werden. Milch enthält jedoch wenig Eisen, das zur Blutbildung benötigt wird, und nur sehr geringe Anteile an Vitamin D und E. Anton mag überhaupt keine Milch, Zita lebt nur von Milch oder Jogurt und isst sonst nichts. Beurteile diese Essgewohnheiten!

   ____
   ____
   ____
   ____
   ____
   ____
   ____

3. Im Folgenden sind verschiedene Milchprodukte genannt.
   Versuche herauszubekommen, wie man sie aus der Milch herstellt.

   Dickmilch: ______________________________________
   ____

   Jogurt: ______________________________________
   ____

   Kefir: ______________________________________
   ____

   Magermilch: ______________________________________
   ____

   Buttermilch: ______________________________________
   ____

   Käse: ______________________________________
   ____

   Butter: ______________________________________
   ____

Domestikation
Gebiss – Pflanzenfresser
Haustier
Huftier
Nutztier
Pferd
Tierzucht

Das Pferd – Partner des Menschen

Natura 5 / 6, Seite 84 / 85

„Wer reitet, ist ein Herr und wer zu Fuß geht, ist ein Knecht" (Mittelalterliche Weisheit)

Eine Pferdestärke (PS) ist eine sehr veraltete, aber immer noch bekannte Bezeichnung für die Leistung moderner Motoren.
Ein 50 PS-Motor hat 37 KW.

Schülerbuch Seite 85

① Vergleiche das Gebiss des Pferdes mit dem des Rindes. Nenne Unterschiede und schreibe die Zahnformel auf.
– *Das Pferd besitzt auch im Oberkiefer Schneidezähne. Nur beim Hengst kommen noch Eckzähne vor. Die Zahnformel lautet:*

rechts		Oberkiefer			links
6	1	3	3	1	6
6	1	3	3	1	6
		Unterkiefer			

② Berechne das Verhältnis von Körperlänge zu Darmlänge. Die Körperlänge eines Pferdes beträgt ungefähr 2,5 Meter. Vergleiche mit anderen Haustieren.
– *Der Darm ist ungefähr 14-mal so lang wie der Körper (Katze 4-mal, Rind 22- bis 25-mal).*

Arbeitsblatt Seite 99

Teilaufgabe a:
① Höhlenmalereien zeigen Pferde als Fleischlieferanten;
② Die Menschen vor Beginn unserer Zeitrechnung nutzten bereits das Pferd als Lasttier.
③ Im Mittelalter diente das Pferd als Kampfgefährte, das den Ritter (Bezeichnung leitet sich von Reiter ab!) mit seiner schweren Rüstung auch auf Turnieren trug.
④ Das von den Spaniern nach Amerika gebrachte Pferd verwilderte und wurde später von den Indianern gefangen und als Reittier gezüchtet, aber auch als Zugpferd von den Weißen z. B. vor die Postkutsche gespannt.
⑤ Das Pferd als „Ackergaul" oder als „Brauereigaul" verliert zu Beginn des Jahrhunderts durch die zunehmende Industrialisierung an Bedeutung.
⑥ Polizisten oder Militär zu Pferd sind selten.
⑦–⑩ Aus den vielfältigen Möglichkeiten, Pferde zur Freizeitgestaltung und zum Sport zu verwenden, sind hier beispielhaft dargestellt: Jagd, Trabrennen, Pferderennen und Springturniere.

Tapir

Nashorn

rückgezüchtetes „Urwildpferd"

Pferdeverwandte

Pferderassen

Mit der Wandlung vom Zugtier zum Reittier und auch zum Kampfgefährten stieg das Pferd im Ansehen und wurde ein Symbol für Reichtum und Macht. Aufgrund der vielfältigen Körpersprache und dem facettenreichen Verhalten wird den Pferden auch zugute gehalten, sie seien klug, edel, schön, elegant, gelehrig und belastbar. Altägyptische Wandgemälde belegen, dass ein Pferd kostbarer als 15 Ochsen war.
Entsprechend den vielfältigen Verwendungsmöglichkeiten wurden unterschiedliche Pferderassen gezüchtet, die sich grob in vier Kategorien einordnen lassen:
– *Kaltblüter* als schwere Arbeitspferde (die Bezeichnung kennzeichnet das behäbige Temperament; Pferde sind gleichwarme Tiere!).
– *Warmblüter* als Reit- und Springpferde (entstanden durch Einkreuzen von Vollblütern).
– *Vollblüter* sind reinrassige Pferde aus arabischer oder englischer Zucht, deren extreme Schnelligkeit aus einer überdurchschnittlich guten Sauerstoffversorgung der Muskeln resultiert.
– *Ponys:* Kleinere Tiere, die mit rauem Klima und schwierigem Gelände gut fertig werden; heute werden sie in Reitschulen besonders gern von Kindern und jugendlichen Anfängern geritten.
– Das *Przewalski-Pferd* ist das einzige, heute noch lebende Urwildpferd. In den 40er-Jahren wurde die letzte, in der Mongolei lebende Population ausgerottet. Heute gibt es, dank der erfolgreichen Bemühungen verschiedener Zoos, wieder über 600 Tiere, von denen einige bereits ausgewildert wurden.

Zusatzaufgabe und Lösung

① Beobachte das Verhalten von Pferden auf einer Koppel. Erkläre zum Beispiel folgende Verhaltensweisen.
a) Pferde stehen in brütender Hitze manchmal dicht nebeneinander und zwar jeweils Kopf an Schweif.
b) Ist das Wetter kalt und windig, stellen sich die Pferde gegen den Wind.
– *a) Durch die Bewegung des Schweifs werden die Insekten auch beim Partner vertrieben. Insbesondere am Hals können Blut saugende oder stechende Fliegen, Mücken oder Bremsen sonst nur durch Kopfschütteln abgewehrt werden.*
b) Der Wind kann nicht unter die Deckhaare wehen und das Tier kühlt weniger aus.

Medienhinweise

FWU 42 10261 Das Pferd
FWU 10 03172 Das Pferd
FWU 42 01616 Pferderassen
FWU 42 01873 Ein Gestüt
Klett 02762 Folienordner Säugetiere

Literaturhinweise

Kronenberg, S.: Freizeitpferde; Franckh-Kosmos, Stuttgart 1994
Zeeb, K.: Die Natur des Pferdes; Franckh-Kosmos, Stuttgart 1999

Weitere Hinweise
Informationsmaterial erhält man über die Deutsche Reiterliche Vereinigung, Postfach 110265, 48204 Warendorf.

Pferdegeschichte(n)

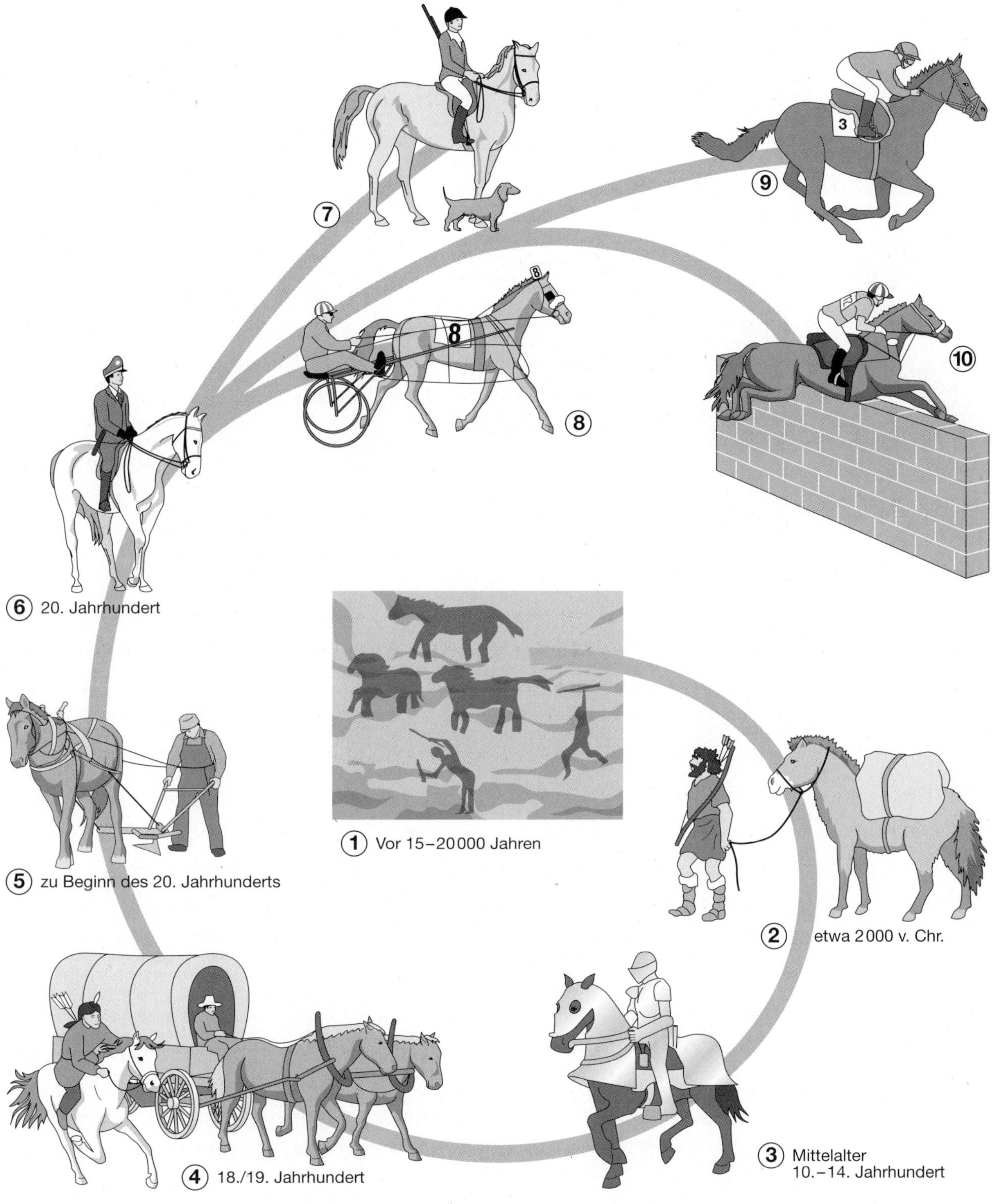

Aufgabe

Die Abbildungen verdeutlichen verschiedene Verwendungsmöglichkeiten von Pferden in den letzten 20 000 Jahren. Löse die folgenden Aufgaben in deinem Heft.

a) Erkläre kurz, was nach deiner Meinung zur Geschichte der Pferde dargestellt ist.

b) Erfinde rund um die Situation Geschichten, welche die besonderen Eigenschaften der dargestellten Pferde verdeutlichen.

Haustier
Huftier
Nutztier
Pferd
Verhalten

Pferde leben in Herden
Vom Wildpferd zum Hauspferd

Natura 5/6, Seite 86/87

Einhorn

Kentaur

Pegasus

Fabeltiere

Schülerbuch Seite 87

(1) Putzen und Striegeln des Pferdes gehören zu den wichtigen Aufgaben des Reiters. Er gewinnt auf diese Weise auch das Zutrauen des Pferdes. Erkläre dieses mithilfe der Informationen aus dem Text.
– *Der Reiter übernimmt Aufgaben, die bei Wildpferden die Herdenmitglieder untereinander leisten: Pferde beknabbern sich gegenseitig, insbesondere an Stellen, die sie nicht selbst erreichen können.*

(2) Es kommt manchmal vor, dass das Pferd mit dem Reiter „durchgeht“ und nicht mehr zu halten ist. Welche Ursachen könnte das haben?
– *Das Pferd ist von Natur aus ein „Fluchttier“, d.h. es versucht einer (vermeintlichen) Gefahr zu entkommen und missachtet dabei mögliche Befehle des Reiters.*

(3) Warum sollte der Reiter die Körpersprache des Tieres unbedingt kennen?
– *Der Reiter kann so das zu erwartende Verhalten des Pferdes einschätzen. Er wird nicht von plötzlich auftretenden Verhaltensweisen überrascht, weil er sich darauf einstellen kann. Das gibt ihm Sicherheit. Sein ruhiges Verhalten überträgt sich auf das Pferd.*

(4) Im Zirkus werden häufig dressierte Pferde gezeigt, die fast aufrecht nur auf den Hinterbeinen stehen. Welches natürliche Verhalten könnte dem zugrunde liegen? Ist es egal, ob man Hengste oder Stuten für diese Dressur verwendet?
– *Das Hochsteigen und Schlagen mit den Vorderbeinen gehört zum Kampfverhalten der Hengste. Stuten zeigen dieses Verhalten nicht. Deshalb werden im Zirkus nur Hengste für solche Dressuren verwendet.*

Arbeitsblatt Seite 101

1. Der Aufbau der Hufe (s. Abb.) und die Bandkonstruktion wirken zusammen. Abb. 2 zeigt das Abfedern. (Hinweis: Unser Fuß kann wegen der geringeren Polsterung nicht so effektiv als Stoßdämpfer arbeiten, zumal ein Abknicken ähnlich Abbildung 2 nicht möglich ist. Dadurch entfällt auch der Beschleunigungseffekt).
2. „Schlendern“: Der Fuß wird mit der Ferse aufgesetzt und rollt über die Sohle ohne größeren Muskeleinsatz ab. Normales Gehen: beim eiligeren Schritt ist der Bewegungsablauf noch gleich, erfordert aber mehr Muskelkraft. Langsamer und schneller Lauf: zunehmend wird nur noch der vordere Teil des Fußes aufgesetzt, Absprungkraft und Schrittweite ändern sich. Der Mensch wird quasi zum Zehengänger.
3. Versucht man, das Bewegungsmuster „Gehen“ bei höheren Geschwindigkeiten beizubehalten, entstehen grotesk wirkende Bewegungen.

Modellversuch

Einige Schülerinnen oder Schüler, die in die Ballettschule gehen, bringen ihre Ballettschuhe mit und verdeutlichen den Gang auf den Zehenspitzen im Unterschied zum Sohlengang.

Literaturhinweise

STOLTZ, M. u. K. WILHELM: Leichtfüßig und schnell: Laufanpassung bei Huftieren; PdN-Biologie, Heft 3/47, April 1998, S. 36–41

Huf

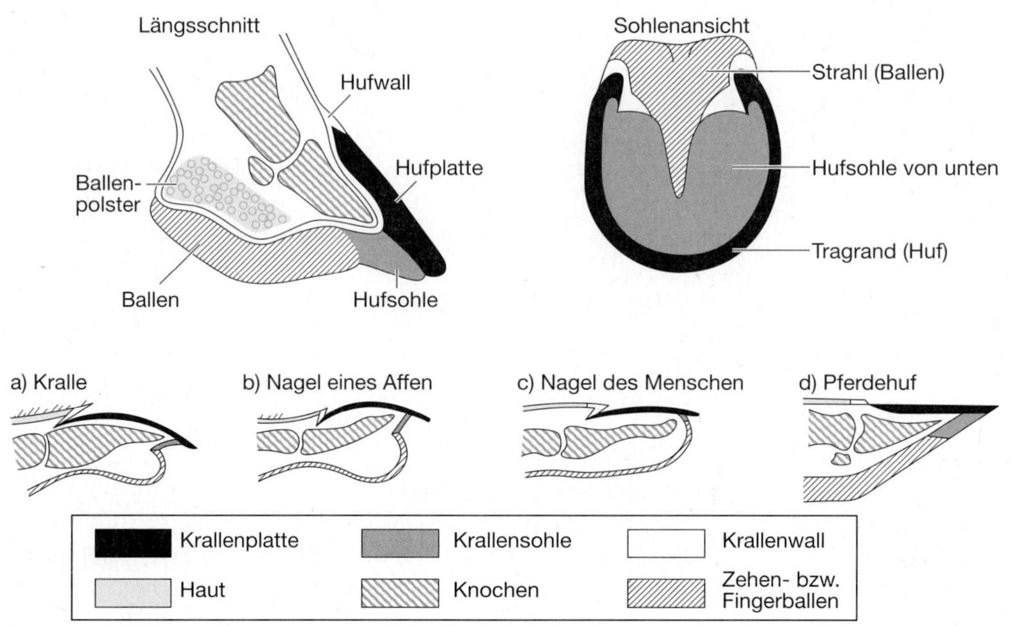

Vom Schritt zum Galopp

1. Am Fuß des Pferdes gibt es ein elastisches Band, das von Knochen zu Knochen verläuft und nicht wie die Sehnen Muskeln mit Knochen verbindet. Bei der Dehnung des Bandes wird in ihm wie in einem Gummiband Energie gespeichert.
   Erkläre anhand der Abbildung, warum dies beim Galoppieren des Pferdes beschleunigend wirkt. Denke an das Hüpfen auf einem Gummiball.

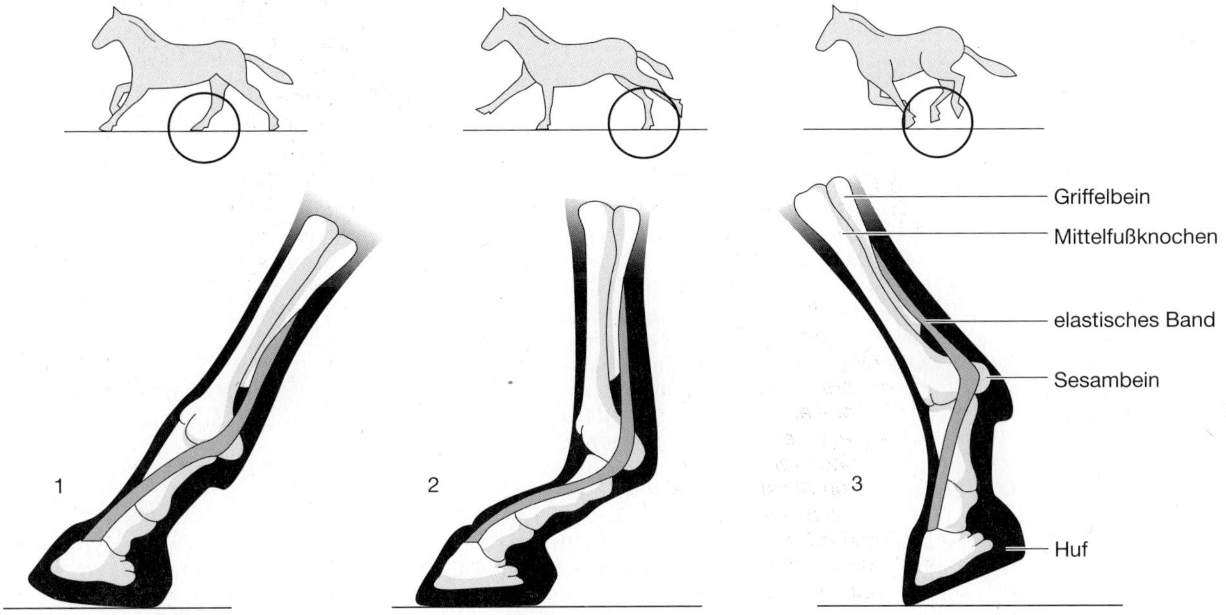

2. Das folgende Experiment könnt ihr in Partnerarbeit auf dem Sportplatz durchführen. Benutzt dabei bitte eure Sportschuhe! Beobachtet euch selbst und auch gegenseitig in folgenden Situationen:
   - Die ersten 50 m werden langsam „geschlendert“.
   - Die nächsten 50 m wechselt man zum schnellen Gehen.
   - Danach fangt ihr an zu laufen, aber nur langsam.
   - Zum Schluss rennt ihr so schnell wie möglich.

Achte in jeder Phase besonders auf Folgendes:
- Mit welchem Teil des Fußes trittst du auf und wie rollst du ab?
- Was ändert sich im Bewegungsablauf, wenn du in den „nächsten Gang“ schaltest?

3. Erhöht ein im Schritt gehendes Pferd sein Tempo, wechselt es ab einer bestimmten Geschwindigkeit auch seine Gangart. Das erfolgt fast „automatisch“. Erkläre diese „Gangschaltung“ mit dem von dir durchgeführten Experiment.

Allesfresser
Domestikation
Haustier
Huftier
Nutztier
Schwein
Tierzucht
Verhalten

Das Wildschwein ist die Stammform des Hausschweins

Natura 5/6, Seite 88/89

Schülerbuch Seite 88

① Begründe mithilfe des Textes, warum das Wildschwein bei uns noch gute Lebensmöglichkeiten hat.
– *Es findet sowohl Nahrung im Wald als auch auf den Feldern der Bauern.*

Schülerbuch Seite 89

① Das Verhältnis der Körper- zur Darmlänge beträgt beim Schwein etwa 1:14. Vergleiche dieses Verhältnis mit dem bei Katze und Rind. Erläutere die Unterschiede.
– *Beim Rind (reiner Pflanzenfresser) ist der Darm 20- bis 25-mal so lang wie der Körper, bei der Katze (reiner Fleischfresser) nur 4- bis 5-mal so lang. Fleisch ist leichter verdaulich und enthält pro Gewichtseinheit mehr verwertbare Nährstoffe als Pflanzen. Fleischfresser haben deswegen einen relativ kurzen, Pflanzenfresser einen relativ langen Darm. Das Schwein ist ein Allesfresser, daher nimmt auch die Darmlänge einen mittleren Platz ein.*

② Welche Ansprüche des Wildschweins an seinen Lebensraum kannst du aus dem Text der Seite 88 ableiten? Stelle diese den heute üblichen Haltungsbedingungen für das Hausschwein gegenüber. Welche Schlussfolgerungen ergeben sich daraus?
– *Wildschweine wühlen im Boden nach Nahrung, benötigen Suhlen zur Körperpflege und leben in Rotten zusammen. Bei der heutigen Schweinehaltung sind diese Bedingungen in der Regel nicht gegeben. Sie ist also oft nicht artgemäß.*

Arbeitsblatt Seite 103

1. Boden: zum Wühlen und Suhlen geeignet; Nahrung vielfältig, kein „Kraftbrei“, der die Zähne nicht fordert; soziale Verhaltensweisen: normales Fortpflanzungsverhalten und Herstellen einer Rangordnung muss möglich sein; Nachkommen: Ferkel müssen Locklaute der Sau hören können; Gehegegröße: keine Haltung in Boxen, die zu Bewegungsmangel und Kreislaufstörungen führt.
2. Futtersuche: Erkunden, Nahrung mit der Nase aufspüren, Wühlen im Boden. Ausscheidung: Kotstelle ist nicht von Liegefläche getrennt (daher häufig Infektionen durch Kotfressen); Fortbewegung: kein Gehen und Traben möglich; Körperpflege: kein Scheuern, Kratzen und Suhlen möglich; Spiele/Rangkämpfe: nicht möglich, da kein Holz oder Pflanzen als „Spielzeug“ vorhanden sind; Paarung: häufig künstliche Besamung, keine natürliche Fortpflanzung.

Zusatzaufgabe und Lösung

① Insgesamt betrug der Fleischverbrauch pro Kopf und Jahr um 1800 etwa 13 kg. Weitere Zahlen sind: 1935: 53 kg, 1965: 66 kg, 1974: 81 kg, 1984: 84 kg, 1988: 103 kg, 1991: 94 kg, 1993: 96,2 kg, 1995: 92,0 kg, 1997: 89,5 kg.
a) Übertrage diese Zahlen in ein Säulendiagramm.
b) Wenn man von den Werten jeweils die Knochenanteile und die Anteile für Tierfutter abzieht, verbleiben etwa 40 kg Schweinefleisch pro Jahr für jeden der 80 Millionen Einwohner der BRD. Was bedeutet das für die Schweinehaltung?
– *Das Säulendiagramm zeigt den enorm gestiegenen Verbrauch, aber auch einen Rückgang seit 1994 durch die Verunsicherung des Verbrauchers infolge der Schweinepest. Trotzdem müssen immer noch pro Jahr 3,2 Milliarden kg Schweinefleisch erzeugt werden.*

Schweine – Abstammung und Entwicklung

Vielfach häufen sich Klagen über **Wildschweine** als ungebetene Gäste in Gärten, Weinbergen und auf Friedhöfen. Die steigende Zahl der „Schwarzkittel“ ist letztlich aber auf das Verhalten des Menschen zurückzuführen. Er bietet dem lernfähigen Kulturfolger viele neue Nahrungsquellen.
Außerdem sind die Tiere sehr wanderungsfreudig (5–10 km pro Nacht) und ziehen nur in stockfinsterer Nacht. Jäger haben nur gute Abschusschancen, wenn Schnee fällt oder mit Hunden gejagt wird. Pro Saison werden zwischen 27 000 und 45 000 Tiere allein in Hessen erlegt. (Frankfurter Rundschau 22. 9.1998)

Schon vor rund 7 000 Jahren begannen unsere Vorfahren mit der **Hausschweinzüchtung**. Während heute nur noch das Fleisch von Bedeutung ist, wurde früher auch der Wühltrieb zum Auflockern des Bodens und die gute Nase zum Auffinden der Jagdbeute oder der Trüffelpilze benutzt. In den letzten 100 Jahren starben durch die einseitige Nutzung viele der alten, robusten Hausschweinerassen aus. Gefragt sind heute Tiere mit viel magerem Fleisch, möglichst ohne Fett und Schwarte und mit wenig Bewegungsdrang. Um der qualvollen Massentierhaltung entgegenzuwirken, setzen aber wieder viele Bauern auf Freilandhaltung. Dazu werden z. B. Mangalitza-Wollschweine verwendet, die ganzjährig im Freien gehalten werden können.

Medienhinweise

FWU 32 02540 Das Hausschwein
FWU 32 02520 Das Wildschwein
FWU 32 03518 Fleisch und Wurst – Woher kommen sie?
FWU 42 00439 Blass, weich, wässrig – Was ist los mit unserem Schweinefleisch?

Rund um das Schwein

Hausschweine stammen von Wildschweinen ab. Obwohl sich die Hausschweine durch die mehrere tausend Jahre dauernde Züchtung äußerlich sehr von den Wildschweinen unterscheiden, haben sie doch noch sehr ähnliche Verhaltensweisen.

1. Nenne verschiedene Bedingungen, wie man Hausschweine halten müsste, damit sie das natürliche Verhalten der Wildschweine zeigen können. Berücksichtige dabei:

   Boden: ______________________________

   ____

   Nahrung: ______________________________

   ____

   Soziale Verhaltensweisen: ______________________________

   ____

   ____

   Nachkommen: ______________________________

   ____

   Gehegegröße: ______________________________

   ____

   ____

2. Welche arttypischen Verhaltensweisen kann das Schwein in den modernen Mastboxen nicht zeigen? Beachte dabei:

   Futtersuche: ______________________________

   ____

   Ausscheidung: ______________________________

   ____

   Fortbewegung: ______________________________

   ____

   Körperpflege: ______________________________

   ____

   Spiele / Rangkämpfe: ______________________________

   ____

   Paarung: ______________________________

   ____

Projekt: Haus- und Nutztiere (1)

Domestikation, Ernährung, Haustier, Hund, Nutztier, Pferd, Rind, Schwein, Tierzucht

Das Thema eignet sich besonders gut für einen fächerübergreifenden Unterricht, aber auch für eine Projektwoche im bisherigen Sinn. Kolleginnen und Kollegen aus den Fächern Biologie, Deutsch, Kunst, Sozialkunde, Erdkunde und Geschichte können unter einem gemeinsamen Aspekt entsprechend ihrer fachlichen Ausbildung in einer größeren Gruppe zusammenarbeiten. Die Schüler wählen damit zwar ein gemeinsames Projekt, setzen aber in diesem Rahmen Schwerpunkte. Am Präsentationstag ergeben sich durch Wandzeitung und Ausstellung gekoppelt mit einem Quiz, Film- und Experimentvorführung, „Talk-Show“ oder Mini-Workshops facettenreiche Angebote. Hier lässt sich auch die Heimtiershow (s. Seite 93) integrieren.

Wandzeitung

Auf Plakatkartons oder Tapetenbahnen werden zu selbst gewählten Haus- und Nutztieren Bereiche mit Bildmaterial und verschiedenen Schwerpunktthemen eingerichtet. Bildmaterial erhält man oft aus Zeitschriften, Werbematerial oder aus den speziell für Kinder gestalteten Broschüren der Apotheken und Drogerien.

Schwerpunktthemen können sein:
- Extreme Züchtungsziele
- Züchtungsziele einst und jetzt
- Tierische Produkte
- Haltungsprobleme bei exotischen Tieren
- Haustiere in anderen Kulturkreisen
- Haustiere und ihre „wilden“ Verwandten
- Haustierrassen

Zu den einzelnen Themen sollten leichte Quizfragen gestellt werden, die in einer Rallye durch die Ausstellung beantwortet werden können. Kleine Preise für die besten Antworten können Anreize bieten. Gut aufbereitete Informationen zur Gestaltung der Wandzeitung finden Schüler z. B. in:
Das Ravensburger Schülerlexikon, Ravensburger Buchverlag 1999

Extreme Züchtungsziele

Gezielte Züchtung ist bis auf wenige Ausnahmen stets eine Inzuchtzüchtung und birgt daher immer verschiedene Gefahren. Aus ursprünglichen Generalisten werden Spezialisten, die verschiedene Fähigkeiten oder körperliche Merkmale stärker ausprägen und andere verlieren. Die Tiere werden zunehmend homozygot und neben den gewünschten Zuchtzielen werden unerwünschte Eigenschaften oder gar Defekte immer häufiger.
- Hunde mit sehr schmalem Becken können ihre Welpen nicht mehr ohne Hilfe gebären.
- Hüftschäden, Wirbelsäulenschäden
- Langhaarkatzen, die ständig gebürstet werden müssen.
- Rieseneuter bei Kühen
- Chinesische Nackthunde sind kränklich.
- Eine Rippe mehr beim Schwein
- Kampfhunde: Gefährliche Hunde?

Zu diesen oder ähnlichen Themen können aktuelle Aspekte, Argumente für und gegen solche Züchtungen sowie Tierschutzrichtlinien beigetragen werden.

Unterricht Biologie, 226, Juli 1997, S. 31–33

Pferde: Züchtungsziele einst und jetzt

„... 1426 verfügte die Rothenburger Landwehr bereits über 1000 Pferde. Auch hier ging Heinrich Toppler mit gutem Beispiel voran. Auf seinen großen Gütern, wie dem Hilpertshof, züchtete er Pferde von edelster Rasse. Von einem Hengst, den er dem Grafen Johann von Gerlach schenkte, heißt es, er sei wohl an die 80 Gulden wert gewesen, eine Summe, für die man sich zu der Zeit ein großes Bürgerhaus kaufen konnte. Der Preis eines Pferdes richtete sich vor allen nach seiner Größe. Es galt die Devise: Je größer, umso wertvoller! Das mittelalterliche Pferd war klein und zartgliedrig wie ein Maultier. Seine Rückenhöhe überschritt selten 4 Fuß, was etwa 120 Zentimetern entspricht. Diese „Ponys“ eigneten sich natürlich wenig als Turnierpferde. Gute Kampfrösser aber waren Raritäten, für die horrende Summen bezahlt wurden. Die Zucht von Turnierhengsten stellte demnach ein einträgliches Geschäft dar ...“

Mögliche Fragestellungen sind:
Auf welche Merkmale werden heute Sport- und Freizeitpferde gezüchtet?
Wie wird sichergestellt, dass die Rassen ihre Merkmale behalten?
Antworten kann man auf einem Reiterhof, Gestüt oder einer Rennbahn finden.

Für alle Haustiere ergänzen Beispiele aus entsprechender Literatur das Bild der Züchtungsziele:
Heine, E. W.: Toppler; Zürich: Diogenes Verlag 1992, S. 93

Tierische Produkte

Die Information zur Herstellung oder Verwendung werden gesammelt, mit industriell gefertigten Produkten aus früherer Zeit verglichen und die Produkte ausgestellt.
- Lederprodukte
- Lebensmittel aller Art
- Wolle
- Knöpfe, Kerzen, Seife
- In der Frühgeschichte des Menschen auch Waffen, Werkzeug, Schmuck und die Verwendung von Pergament statt Papyrus als Schreibmaterial. Für viele überraschend: Das Pergament im Mittelalter stammt aus besonders behandelten Tierhäuten von Rindern oder Schweinen und wurde von den Mönchen zu Büchern gebunden.

Nutztiere in anderen Kulturkreisen

- Das *Zebu* (Buckelrind) ist ein hervorragendes Arbeitstier; die Hindus verehren die Tiere als „heilige Kühe".
- *Wasserbüffel* werden für die Arbeit in Reisfeldern gezähmt.
- Das dichte Fell schützt das *Yak* (Zottelrind) im Himalaya und wird für die Wollherstellung benutzt.
- Das *Alpaka* liefert ebenfalls Wolle, das *Lama* dient eher als Tragtier und Fleischlieferant.
- Einhöckrige *Dromedare* und zweihöckrige *Trampeltiere* sind anspruchslose Reit- und Tragtiere und liefern mit ihrem Kot sogar Brennmaterial.
- *Maultiere, Maulesel* und bestimmte Pferderassen werden überwiegend als Lasttiere eingesetzt.
- Besonders schwere Lasten tragen die *indischen Elefanten*, die schon als Jungtier von ihrem Mahaut (Elefantenführer) abgerichtet werden.
- *Rentiere* sind halbwilde Nutztiere im Norden und liefern Fleisch, Milch oder Fell. Sie ziehen Schlitten, transportieren Lasten und treten auch bei Rennen an.
- *Kaschmir-* und *Angoraziege* liefern neben Wolle auch Milch.
- Das *„Wollschwein"* hat zwar ein dichtes Fell, wird aber als Fleischlieferant gehalten.
- *Angorakaninchen* erbringen bis zu 400 Gramm Wolle jährlich, können aber auch Spielkameraden sein.

Diese und weitere Beispiele können unter dem Gesichtspunkt der Merkmalsvariabilität (Angepasstheiten) betrachtet und mit unseren einheimischen Nutztiere verglichen werden. Besonders anschaulich lassen sich die Ergebnisse auf einer Weltkarte darstellen.

Haustiere und ihre „wilden Verwandten"

Bei Hund und Hauskatze spricht vieles dafür, dass sie sich mehr oder weniger „selbst domestiziert" haben. Aufgrund ihrer Anpassungsfähigkeit ist zu vermuten, dass sie damals mit dem Anschluss an den Menschen einen neuen Lebensraum erobern konnten. Schafe, Ziegen und Rinder, aber auch Gänse, Enten und Hühner leben ebenfalls seit langer Zeit in der Nähe des Menschen, wurden aber für einen bestimmten „Nutzen" gezüchtet. Pferde sind seit Jahrtausenden Begleiter des Menschen, haben jedoch, wie verschiedene andere Haustiere, keine eigentlichen „Wildformen" mehr. Im Rahmen eines Zoobesuchs lassen sich für heutige Hunde, Katzen, Vögel, Paarhufer oder Unpaarhufer Unterschiede zwischen den Haustieren und ihren wild lebenden Verwandten analysieren oder mit alten Haustierrassen vergleichen.

Weiteres Zahlenmaterial, als Tabelle oder Grafik aufbereitet, kann unter dem Thema „Schon gewusst", „Wissenswertes", „Zahlen, Daten, Fakten" zur Gestaltung einer Wandzeitung verwendet werden. Zahlreiche Angaben findet man in:
Agrarwirtschaft, Fachstufe Landwirt. BLV-Verlag, München 1997

Kleintierzüchter

Kleintierzüchter und ihre Vereine geben meist gerne Auskunft über Haltungsbedingungen, Stall und Bau (Kaninchen) im Vergleich, Kleintierausstellungen

Rinder- und Schweinezucht in Deutschland

Rinderbestand in Deutschland in tausend Stück	November 1998
Kälber	2193,0
männliche Tiere ab 1/2 Jahr	2459,2
weibliche Tiere ab 1/2 Jahr	4707,0
Milchkühe	4837,8
Mutterkühe	640,8
Schlacht- und Mastkühe	115,7
Gesamt	14953,5

Schweinebestand in Deutschland in tausend Stück	November 1998
Ferkel	6555,0
Jungschweine bis zu 50 kg	6917,7
Mastschweine	10093,8
Zuchtsauen	2654,3
Gesamt	26220,8

Quelle; statistisches Bundesamt

Ein Besuch im Museum

Das größte Haustiermuseum ist das Julius-Kühn-Museum, Universität Halle-Wittenberg, Emil-Abderhaltenstraße in Halle

Dort findet man Sehenswertes zu:
- Haustiere und wilde Verwandte
- Nutztiere in anderen Kulturen
- ein Pferdemodell zur Anatomie
- eine Demonstration der mendelschen Regeln mit Ferkeln
- Abnormitäten

Buchausstellung

Das riesige Angebot an altersgemäßer Literatur zu diesem Thema lässt sich leicht in eine Ausstellung integrieren. Alle Bücher werden ausgelegt und erhalten eine Nummer. Die Ausstellungsbesucher stellen ihre persönliche „Hitliste" zusammen. Damit lässt sich ein Buch ermitteln, das dann unter allen Teilnehmern verlost werden kann. An einem solchen „Buchstand" können sich auch Eltern oder interessierte Vereine beteiligen.

Projekt: Haus- und Nutztiere (2)

Domestikation, Ernährung, Haustier, Nutztier

Fotografieren oder einen Film drehen

- *Körpersprache:* In eigener Beobachtung bestimmte Verhaltensformen von Haus- und Nutztieren beschreiben, durch Fotos oder Videos dokumentieren und anschließend unter Zuhilfenahme der Literatur analysieren. Ähnlich kann mit den zahlreichen Dokumentar- und Naturfilmen (auf Verfälschungen, Anthropomorphismen achten!) der verschiedenen Fernsehsender verfahren werden. Quelle: Fogle, B. (s. Hunde)
- *Auf dem Bauernhof:* Immer häufiger bieten Bauernhöfe eine Zusammenarbeit mit Schulen an. Auch hier lassen sich mit Film oder Fotografie spezifische Themen dokumentieren. Adressen sind über die Landwirtschaftskammern bzw. Landesämter für Bodenkultur, Tierzucht u. ä. zu erhalten.
- *Artgerechte Haltung:* Besonders gelungene Wildgehege aufsuchen und dokumentieren.
- *Mimik:* Lacht der Delfin? Schaut das Kamel uns hochmütig an? Droht der Elefant mit den Ohren? Ob hier angeborenes Verhalten oder unsere Interpretation vorliegt, lässt sich mit Aufnahmen während eines Zoobesuchs untersuchen.

Butter- und Jogurtherstellung

Butter und Jogurt können selbst hergestellt werden. Man besorgt einen Liter Schlagsahne, ein Thermometer und ein Handrührgerät (Mixer). Die Sahne darf nicht zu kalt sein (etwa 12 °C). Sie wird mit dem Mixer so lange geschlagen, bis sie steif ist. Danach muss man sie weiter schlagen, bis sich in der Rührschüssel eine wässrige Flüssigkeit von einer festeren Masse trennt. Die Flüssigkeit ist Buttermilch und wird abgegossen. Die feste Masse wird in kaltem Wasser so lange geknetet, bis das Wasser auch nach dem ständigen Wechseln klar bleibt. Dann kann man das Restwasser herausdrücken und die Butter ist fertig.

Für die **Jogurtherstellung** braucht man 1 Liter frische Milch, ein Thermometer, einen Topf, eine Heizplatte, frischen Naturjogurt und ein Wärmegerät mit Thermostat (Backofen, Jogurtbereiter). Die Milch wird vorsichtig auf 90 °C erhitzt. Die Temperatur muss ständig kontrolliert werden. Die Milch darf nicht zu heiß werden! Anschließend wird sie wieder auf 42 °C abgekühlt. Zu der warmen Milch gibt man nun pro Liter 2 Esslöffel Naturjogurt. Die oberste Schicht sollte man dabei nicht benutzen. Den Jogurt gut einrühren, das Wärmegerät auf 42 °C stellen und nach 3 $^1/_2$ Stunden den fertigen Jogurt herausholen.

Experimente

- *Totengräber:* Auch wenn es noch so traurig ist: nach dem Tod des Haustieres kann es wertvolle Dienste für die Schule leisten. Werden die Tiere an einer markierten Stelle im Boden vergraben, leisten die Zersetzer in wenigen Monaten ganze Arbeit. Das Skelett lässt sich dann – natürlich mit Gummihandschuhen – herausholen, waschen und untersuchen. Zur Vorsicht können die Einzelteile in einer starken Haushaltsbleichelösung eingeweicht werden, um eventuell vorhandene Bakterien abzutöten.
- *Essensreste:* Mit den Resten eines Hasenbratens lassen sich nach Präparation der Knochen noch gut Skelettuntersuchungen machen. Hähnchenknochen liefern, in Essig eingelegt, Gummiknochen oder, ausgeglüht, Aschehäufchen und weisen so auf die Zusammensetzung der Knochen hin.
- *Spurensicherung:* Ähnlich wie im Watt, kann man mit feinem Sand *Fußabdrücke* machen. Außer einer geeigneten Sandfläche benötigt man einen alten Becher, Gips oder Schnellzement, einen Rührstab und etwas Wasser. Der feine Sand wird geglättet und etwas angefeuchtet. Dann kann der Hund oder die Katze darüber geführt werden. Rund um ihren Fußabdruck wird der Boden dann zu einem kleinen Wall zusammengedrückt. Der Gips wird nach der Packungsanleitung angerührt und vorsichtig in den Krater gegossen. Ist er fest, kann man den Abdruck entnehmen und reinigen. Die Trittsiegel lassen sich zum Herstellen einer Schautafel benutzen: In weicher Knetmasse werden damit die Fährten der Tiere verdeutlicht. Selbstverständlich muss man dazu die genaue Anordnung der Füße festhalten. Diese Spurensicherung kann auch in „freier Wildbahn“ erfolgen.
- *Butter und Jogurt:* Selbst zubereitete Produkte (siehe Rezepte) werden mit Naturprodukten aus den Bioläden oder Massenware im Geschmackstest erraten.
- *Käseherstellung:* Mit Labferment (in Apotheken erhältlich) lassen sich verschiedene Schritte der Käseherstellung nachvollziehen. Das Enzym wird nur in der Schleimhaut des Labmagens saugender Kälber gebildet und lässt das Casein in der Frischmilch gerinnen.
  FWU 42 01428 Milchprodukte und
  FWU 42 01396 Die Milch bringt's.
- *Fleisch:* Schweine-, Rind- und Kalbfleisch vergleichen mit Geflügelstückchen oder Fisch; dies kann mit der Lupe (Faserstruktur) oder geschmacklich in einer Mahlzeit geschehen.

Talk-Show

Ein „Moderatorenteam“ überlegt sich Fragen und bereitet Themen vor, „Gäste“ sammeln Argumente für ihre Standpunkte. Themen können sein:

Tiertransporte

Warum sind sie notwendig, wie kann man sie vermeiden und welche gesetzlichen Regelungen gibt es?
Unterricht Biologie 231, Heft Januar 1998 und *Natura aktuell, Heft 1, S. 4/5*

Veränderte Landschaft

Warum belasten Großmästereien die Umwelt? Welche Veränderungen ergeben sich durch die Beweidung?
Unterricht Biologie, 215, Heft Juni 1996

Organtransplantationen

Schweine als Organspender? (Akzeptanz, Probleme, Sinn). Hierzu kann auch ein Fragebogen entwickelt werden, um Interviews mit Erwachsenen oder Mitschülern zu machen.

Interviews und Umfragen

Unter den Schülern der Schule, im Elternhaus, bei Bekannten oder auf der Straße werden Meinungen erfragt und ausgewertet. Letzteres kann in Tabellen, Grafiken oder unter Einbeziehung von Computerprogrammen (Block- oder Kreisdiagramme zeichnen) erfolgen. Mögliche Fragestellungen sind:

- Was kostet die Hunde- oder Katzenhaltung pro Monat?
- Wie werden Hunderennen oder das Halten von „Kampfhunden" beurteilt?
- Wie werden Pferderennen, Springturniere, Dressurreiten oder Military beurteilt?
- Beeinträchtigt BSE und Schweinepest den Fleischverbrauch?
- Wie sieht Rinder- oder Schweinehaltung „artgerecht" aus?
- Würden Kunden höhere Preise zahlen, wenn die Rinder und Schweine nachgewiesenermaßen aus Freilandhaltung kommen? (s. Tabelle; die aktuellen Preise können aus Prospekten entnommen werden).

Preisvergleich

Schüler erfragen den Preis für ein Kilogramm Schweinefleisch (z. B. für das Kotelett und die Lende) bei der Fleischtheke im Supermarkt, beim Metzger und beim Biobauern oder im Bioladen. Falls möglich, erkundigen sie sich auch nach der Herkunft der Schweine und ihrer Haltung. Sie erstellen eine Tabelle und begründen die Preisunterschiede.

	Preis pro kg für		Herkunft, Haltung der Tiere
	Kotelett	Lende	
Supermarkt			
Metzger			
Biobauer, Bioladen			

Workshops

Sie sind zunächst mit Materialsuche und Sichtung verbunden, sollten dann zu eigenen Arbeiten anregen und bei der Präsentation der Ergebnisse die „Besucher" mit einbeziehen. Die eigenen Arbeiten können Kurzgeschichten, künstlerische Darstellungen, Film- oder Comicanalysen sein.

Eine „tierische" Sicht von Geschichte/Erdkunde
Rolle von Hunden oder Katzen bei Ägyptern, Griechen oder Römern. Welche Bedeutung haben sie heute zum Beispiel in China? Katzen in Verbindung mit Aberglaube, Hexerei oder Zauberei; Indianergeschichten – Bisonherden in den Prärien Nordamerikas; heilige Kühe in Indien; das trojanische Pferd; Zentauren der griechischen Mythologie; Pegasus; Ritter und Reiterheere; spanische Eroberer in Amerika; Veränderung der Wildtiere durch Domestikation und Züchtung; Islam: Verbot von Schweinefleisch.

Literarisches Kabinett
Projektziel: Die meist vermenschlichende Darstellung der Tiere analysieren, auf den biologischen Hintergrund hin untersuchen und selbst eigene Märchen oder Legenden erfinden. Auch die besonderen Beziehungen von Menschen zu Haus- und Nutztieren lassen sich hier gut einordnen.

Anthropomorphismen sollte man vermeiden oder zumindest aufdecken, aber in Märchen, Fabeln, Legenden, Gedichten, Versen, Comicfiguren oder Filmhelden werden sie zum Hauptthema. Was steckt dahinter? Welche Eigenschaften und Verhaltensweisen der Tiere werden richtig oder falsch aufgegriffen?

Beispiele sind:

- Der gestiefelte Kater; der Wolf und die 7 Geißlein; Rotkäppchen; die Bremer Stadtmusikanten
- Aristocats; Garfield; Snoopy; Rintintin; Cap und Capper; Lassy; Fury (neuere Filme!); Kommissar Rex
- Legende vom Boxer (s. unten)
- Tierdarstellungen, z. B. in Asterix und Obelix

Die Legende vom Boxer

Am Anfang stand die Schöpfung. Und am sechsten Tag, als Erde und Himmel geschaffen waren, schuf Gott die Tiere und am siebten Tag den Menschen. Aber der Mensch sollte unter all diesen Tieren nicht einsam sein und so schuf Gott ein Tier als des Menschen besten Freund – den Hund. Und er schuf Hunde in vielen verschiedenen Formen, sodass jedermann sich seinen Lieblingsgefährten selbst auswählen konnte – große und kleine, kurze und lange, braune, weiße, gescheckte, gestreifte, zottelige und glatthaarige. Es gefiel Gott so gut, dass er beschloss: „Ich möchte noch einen Hund schaffen, der das Allerbeste ist, einen besser als all die anderen Hunde. Er solle Schönheit, Kraft, Schnelligkeit und Mut besitzen, vereint mit Adel, Wachsamkeit und Freundlichkeit."

So nahm der Herr weichen Ton, formte daraus den idealen Hund in der Gestalt eines Boxers. Er gab ihm eine schöne lange, empfindliche und elegante Nase. Als Gott die Form zum Härten wegstellte war er sehr zufrieden und sagte: „Wahrhaftig, dies ist der perfekte Hund!" Das erfüllte das Tier mit großen Stolz und als er von dannen zog, sagte er zu den anderen Hunden: „Seht her, ich bin der perfekte Hund. Ich bin viel besser als ihr." Die kleinen Hunde stimmten sofort zu; die mittelgroßen Hunde waren zwar nicht so ganz sicher, wollten sich aber auch nicht streiten. Die großen Hunde aber waren entsetzt und beleidigt. Waren sie denn nicht alle größer und kräftiger als der Boxer? Darüber sprachen sie viel und hänselten den Boxer bis der sich voller Wut auf den größten Hund stürzte. Aber oh weh! Er hatte völlig vergessen, dass er immer noch weich war, seine wunderschöne Nase wurde plattgedrückt und sein elegantes Gesicht war voller Falten. Und als er das sah, wurde er sehr traurig.

Gott, der dies alles mit angesehen hatte, lächelte und sagte: „Da du mein Liebling bist, sollst du nur die Strafe bekommen, die du dir selbst zugefügt hast. Für alle Zeiten musst du dein Gesicht so tragen, wie du es dir heute selbst geschaffen hast."

Dies ist wahr, kein Zweifel ist erlaubt. Denn bis zum heutigen Tage begegnet der Boxer allen kleinen Hunden mit größer Höflichkeit und würde nie einen verletzten. Aber den großen Hunden, ihnen hat er nicht vergeben! Und wenn sie ihn wieder provozieren, wird er sich immer noch voller Wut auf sie stürzen.
aus: Bace, H. M.*; Deutscher Boxer; Kynos-Verlag, Mürlenbach 1996*

Eichhörnchen
Gebiss – Nagetier
Nagetier
Verhalten
Winterruhe

Das Eichhörnchen – ein Leben auf Bäumen

Natura 5/6, Seite 90

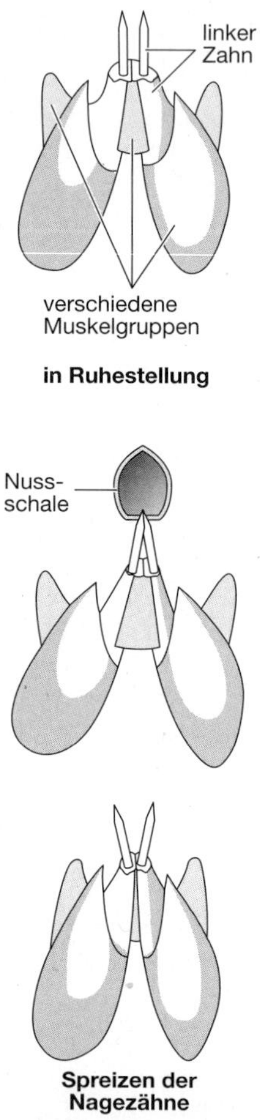

Nusssprengtechnik des Eichhörnchens

Schülerbuch Seite 90

① Vergleiche die Nagespuren auf den beiden in der Mittelspalte abgebildeten Haselnussschalen. Welche Nuss wurde von einem erfahrenen, welche von einem unerfahrenen Eichhörnchen geöffnet? Begründe deine Meinung.

– *Obere Schale: Die unregelmäßigen Nagespuren zeigen, dass sie von einem unerfahrenen Eichhörnchen geöffnet wurde. So gelangt das Tier nur mühsam an die Nuss.*
Untere Schale: Regelmäßige Nagespuren entlang der Längsfurche der Schale haben einen Spalt erzeugt, sodass durch Hineinfassen der Schneidezähne die Schale aufgesprengt werden kann (siehe Zusatzinformation). Da diese Technik durch Versuch und Irrtum erlernt werden muss, zeigen nur erfahrene Eichhörnchen dieses Verhalten. Durch genaue Untersuchungen (vgl. FWU-Film 32 00653) hat man festgestellt, dass Eichhörnchen zwar die Grundtechniken des Nüsseöffnens (Nagen, Aufsprengen) angeborenermaßen beherrschen, deren geeignetste Anwendung aber erlernen müssen.

Arbeitsblatt Seite 109

- *Lebensraum und Lebensweise:* Bevorzugt auf Bäumen, in Wäldern, Gärten und Parks. Das Tier ist tagaktiv (nachts oder bei schlechtem Wetter im Kobel).
- *Körperbau:* Anpassungen an das Klettern sind Sohlen mit Haftballen, Zehen mit spitzen Krallen und kräftige Hinterbeine, gute Augen und lange Tasthaare.
- *Gebiss und Ernährung:* Die Nahrung ist vielseitig und jahreszeitlich unterschiedlich. Meißelartige Nagezähne ermöglichen sogar das Öffnen von Nüssen. Das Tier nimmt eine typische Fresshaltung ein.
- *Fortpflanzung:* Eine große Zahl von Nachkommen sichert den Bestand. Nur die Weibchen kümmern sich um die Jungtiere; diese sind Nesthocker und werden bei Gefahr in ein Ausweichnest transportiert.
- *Überwinterung:* Das Tier hält Winterruhe im Kobel; versteckte Vorräte dienen der Ernährung.
- *Besondere Verhaltensweisen:* Wenn es von Baum zu Baum „fliegt“, wirken Beine, Fell und Schwanz wie ein Fallschirm. Das Tier klettert in Spiralen am Baum hoch. Geschickte Fortbewegung in den Bäumen wird erlernt, wie auch die gute Ausnutzung der Nahrung und richtiges Vergraben der Vorräte.

Angepasstheiten bei Eichhörnchen

Gebiss und Sprengtechnik

Das Eichhörnchen kann durch eine besondere Anordnung der Zähne und Muskeln die unteren Nagezähne spreizen (siehe Randspalte) und dadurch eine bereits angenagte Nussschale entlang einer Rille aufsprengen. Hat es schon ein Loch in die Schale genagt, werden die unteren Nagezähne wie eine Pinzette benutzt, um Teile des Kerns herauszuholen.

Die Zahnformel für das Eichhörnchen lautet:

rechts		Oberkiefer			links
4	0	1	1	0	4
4	0	1	1	0	4
		Unterkiefer			

Feinde

Ein Feind der Eichhörnchen ist der Baummarder, der ebenfalls an das Leben auf den Bäumen gut angepasst ist. Es ist etwa katzengroß, dämmerungs- und nachtaktiv, kann gut springen und klettern und ruht tagsüber in Baumhöhlen und verlassenen Vogelnestern.

Medienhinweise

Klett 02762 Folienordner Säugetiere (Nr. 20: Eichhörnchen)
FWU 42 01745 Das Eichhörnchen
FWU 32 00653 Was Tiere können und was sie lernen müssen.

Literaturhinweise

BAUER, H.: Eichhörnchen, Streifenhörnchen; A. Philler Verlag, Minden 1971
COLDREY, J.: Eichhörnchen im Wald; Quelle Meyer, Heidelberg 1988
EIBL-EIBESFELDT, I.: Ausdrucksformen der Säugetiere; in: KÜKENTHAL: Handbuch der Zoologie, 8(6), 1957, S. 1–26
GEWALT, W.: Das Eichhörnchen; Neue Brehm-Bücherei, Ziemsen, Wittenberg, Lutherstadt 1956

Weitere Hinweise

Für einen Projekttag im Wald eignet sich das Spiel „Aktion Eichhörnchen“ aus KUHN/PROBST/SCHILKE, Biologie im Freien; J. B. Metzler, Stuttgart 1986

Eichhörnchen – Angepasstheiten an das Leben auf Bäumen

Lebensraum und Lebensweise:

____

____

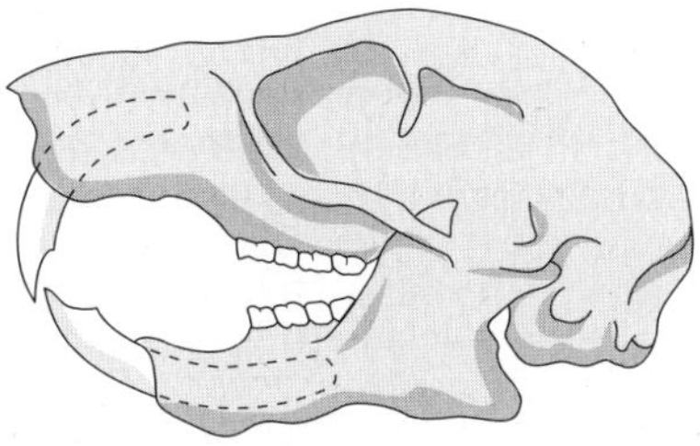

Gebiss und Ernährung:

____

____

____

____

____

____

Das meist rostbraune Tier mit dem weißen Bauch hält sich vorwiegend in den Kronen der Bäume von Wäldern, Gärten und Parks auf. Es ist relativ häufig. Mit seinen spitzen Krallen kann es sich auch an glatten Stämmen gut festhalten. Klettersohlen mit Haftballen verhindern das Abrutschen. Am Boden bewegt es sich in kleinen Sprüngen mithilfe seiner kräftigen Hinterbeine. „Fliegt" das Tier von Baum zu Baum, spreizt es die Beine seitwärts ab und benutzt den Schwanz als Steuer. Durch feine Sinneshaare am Kopf und Körper bemerkt es Zweige und Äste in einer bestimmten Entfernung. Die gut entwickelten Augen können Bewegungen, Farben und verschiedene Helligkeiten wahrnehmen.

Eichhörnchen sind tagaktiv und nur nachts oder bei ungünstiger Witterung in ihrem Kobel. Dieses Nest wird aus Reisig gebaut und dient auch als Kinderstube und zur Überwinterung. Bei strenger Kälte legt das Eichhörnchen dann Ruheperioden ein, ohne die Körpertemperatur oder den Herzschlag abzusenken. In Aktivitätsphasen sucht es dazwischen seine Verstecke auf und gräbt seine Vorräte aus.

Nur in der Fortpflanzungszeit dringen die Männchen in die Reviere der Weibchen ein. In unseren Breiten können die Weibchen bis zu drei Würfe pro Jahr mit jeweils 3 bis 7 Jungen haben. Die Jungen kommen nackt und blind zur Welt und werden etwa acht Wochen lang gesäugt. Bei Gefahr packt die Mutter ihr Junges mit dem Maul an einer Hautfalte und transportiert es zu einem Ausweichnest. Das Jungtier nimmt dabei eine Tragestarre ein. In Kampf-, Flucht- und Bewegungsspielen üben die Jungtiere später die geschickte Fortbewegung in den Bäumen. Mit zunehmendem Alter erlernen sie das schnelle und effektive Aufnagen der Nüsse und das Ausnutzen der jahreszeitlich unterschiedlichen Nahrungsquellen. Sie fressen Eicheln, Nüsse, Bucheckern, Fichten-, Tannen- und Kiefersamen, Beeren, Pilze, Knospen, junge Triebe, Baumrinde, Vogeleier, Jungvögel und Insekten. In der typischen Fresshaltung „sitzt" das Hörnchen und dreht die Nuss mit den Vorderpfoten.

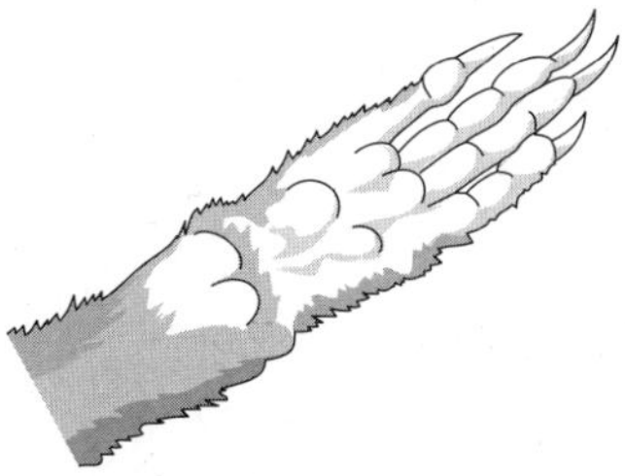

Körperbau:

____

____

____

____

____

____

Fortpflanzung:

____

____

____

____

____

____

____

Überwinterung:

____

____

____

____

____

Besondere Verhaltensweisen:

____

____

Aufgabe

Bearbeite den Text nach der 5-Schritt-Lesetechnik (s. Schülerbuch Seite 12) und gib dann kurze Zusammenfassungen zu den genannten Themen an. Ergänze durch passende Informationen aus dem Buch.

Eichhörnchen
Fledermaus
Sommerfell
Tarnfärbung
Winterfell
Winterruhe
Winterschlaf

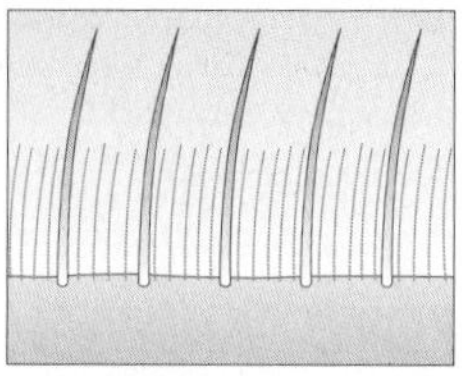

Sommerfell

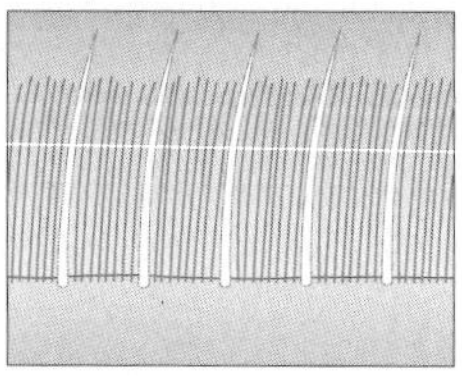

Winterfell

Der Winter – nicht nur für Eichhörnchen ein Problem

Natura 5/6, Seite 91

Schülerbuch Seite 91

(1) Bei Schneehasen ändert sich im Winter die Fellfarbe. Erkläre, weshalb der Haarwechsel für die Tiere in doppelter Hinsicht von Vorteil ist.

– *Mit dem Haarwechsel wird nicht nur das leichte Sommerfell gegen das dichtere Winterkleid ausgetauscht; durch die geänderte Fellfarbe sind die Tiere in schneereichen Gebieten auch besser getarnt.*

Arbeitsblatt Seite 111

1. Das Eichhörnchen ändert seine Körpertemperatur und seine Herzfrequenz kaum. (Hinweis: Auch zur Zeit des Winterschlafs sinken beide Faktoren nur geringfügig). Die Fledermaus senkt im Herbst (September bis November) den Stoffwechsel weit ab. Im Frühjahr (März bis Mai) wird dann wieder ein Anstieg auf etwa 700 Herzschläge pro Minute und mehr als 34 °C Körpertemperatur beobachtet.
2. Beim Reh bleiben beide Faktoren im Jahresverlauf konstant.

Winterruhe und Winterschlaf

Winterruhe und Winterschlaf kommen fast nur bei Säugetieren vor. Wechselwarme Tiere hingegen verfallen in Kälte- oder Winterstarre. Manche Vögel können kurzzeitig einen Zustand annehmen, der dem Winterschlaf ähnelt (Bezeichnung: *Torpor*) und ihnen hilft, unter ungünstigen Umweltbedingungen Energie zu sparen.

Winterschläfer findet man unter den Insektenfressern (z. B. Igel), den Fledertieren (z. B. Hufeisennasen) und den Nagetieren (z. B. Siebenschläfer oder Murmeltier). Die genannten Beispiele sind *Langschläfer*, Hamster und Goldhamster werden demgegenüber als *Kurzschläfer* bezeichnet. Sie erwachen alle paar Tage aus dem trotz der Kürze charakteristischen Winterschlaf und ernähren sich dann von Vorräten. Kennzeichen des Winterschlafs sind ein drastisches Absenken der Körpertemperatur auf 0,2 bis 5 °C; verbunden damit sinkt auch der Gesamtenergieumsatz. Dies ist bei Arten mit geringer Körpermasse (Mausohr, Siebenschläfer) relativ stärker als bei Arten mit größerer Masse (Murmeltier). Der auf Sparflamme gestellte Stoffwechsel benötigt kaum Sauerstoff, wodurch auch die Atmung auf wenige Züge pro Minute reduziert werden kann. In Tabellen angegebene Werte sind immer Mittelwerte, da beispielsweise beim Igel beobachtet wurde, dass er 56 Minuten lang überhaupt nicht atmete (!) und dann für 4 Minuten eine Atemperiode einschob, um danach wieder für einige Zeit nicht mehr zu atmen (Raths, 1975). Die Anzahl der Herzschläge pro Minute wird ebenfalls drastisch reduziert. Eine typische Winterschlafstellung gibt es nicht, die Körperhaltung entspricht der des normalen Schlafs. Obwohl diese Charakteristika des Winterschlafs lange bekannt sind, besteht noch weitgehend Unklarheit über die endgültigen Auslöser, die zudem je nach Tierart unterschiedlich zu sein scheinen. Bisher wurde experimentell der Zusammenhang zwischen Kurztagsbedingungen und der Synthese von Körperfett gefunden, die innere Jahresuhr vieler Tiere ist analysiert und zum Teil wird die verringerte Aktivität der Schilddrüse im Herbst für den Übergang zum Winterschlaf verantwortlich gemacht. Nahrungsmangel oder das Absinken der Umgebungstemperatur allein kann nicht zu jeder beliebigen Jahreszeit den Winterschlaf auslösen. Die physiologische Notbremse bei extremer Kälte, die den Winterschläfer weckt und vor dem Erfrieren rettet, wird offensichtlich durch die am Hypothalamus festgestellte Bluttemperatur gezogen. Demgegenüber scheint das reguläre Erwachen aus dem Winterschlaf durch eine Anhäufung von Stoffwechselendprodukten hervorgerufen zu werden. Durch die mangelnde Tätigkeit der Niere könnte die Reizschwelle verschiedener Hautrezeptoren gesenkt werden. Die Wärmeproduktion durch eine plötzlich ansteigende Aktivität des Sympathicus erfolgt zunächst im braunen Fettgewebe, erfasst als erstes den Vorderkörper und greift erst später auf den ganzen Körper und sichtbares Muskelzittern über.

Die *Winterruhe* kommt bei einigen Nagetieren (z. B. Feldmaus, Eichhörnchen) und den Raubtieren (z. B. Dachs, Bär) vor. Sie ist dadurch gekennzeichnet, dass hier keine Reduktion der Körpertemperatur stattfindet und kein braunes Fettgewebe zu finden ist. Eichhörnchen ernähren sich von Vorräten außerhalb des Körpers, Bären haben ihren Energiespeicher in Form von Fettschichten am Körper, die zudem noch Wärmeschutz sind. Beim Bär kann die Herzschlagfrequenz etwas erniedrigt sein, weshalb er früher zu den Winterschläfern gezählt wurde. Bären bringen aber in der Mitte des Winters ihre Jungen zur Welt, können sich jederzeit sofort verteidigen und wechseln ihre Schlafstellung fast täglich.

Medienhinweise

Klett-Video 75053 Energieumsatz – ökologische Aspekte
FWU 42 00245 Tiere im Winter

Literaturhinweise

Heller, H. C. et. al.: Die Regulation der Körpertemperatur; Spektrum der Wissenschaft, Heft 11, 1978, S. 68–76
Kulzer, E.: Winterschlaf; Staatliches Museum für Naturkunde, Stuttgart 1981
Raths, P.: Tiere im Winterschlaf; Urania, Leipzig 1975

Angepasstheit an den Winter

In den folgenden Grafiken sind die Körpertemperatur und die Zahl der Herzschläge als Mittelwerte für Eichhörnchen und Fledermaus dargestellt.

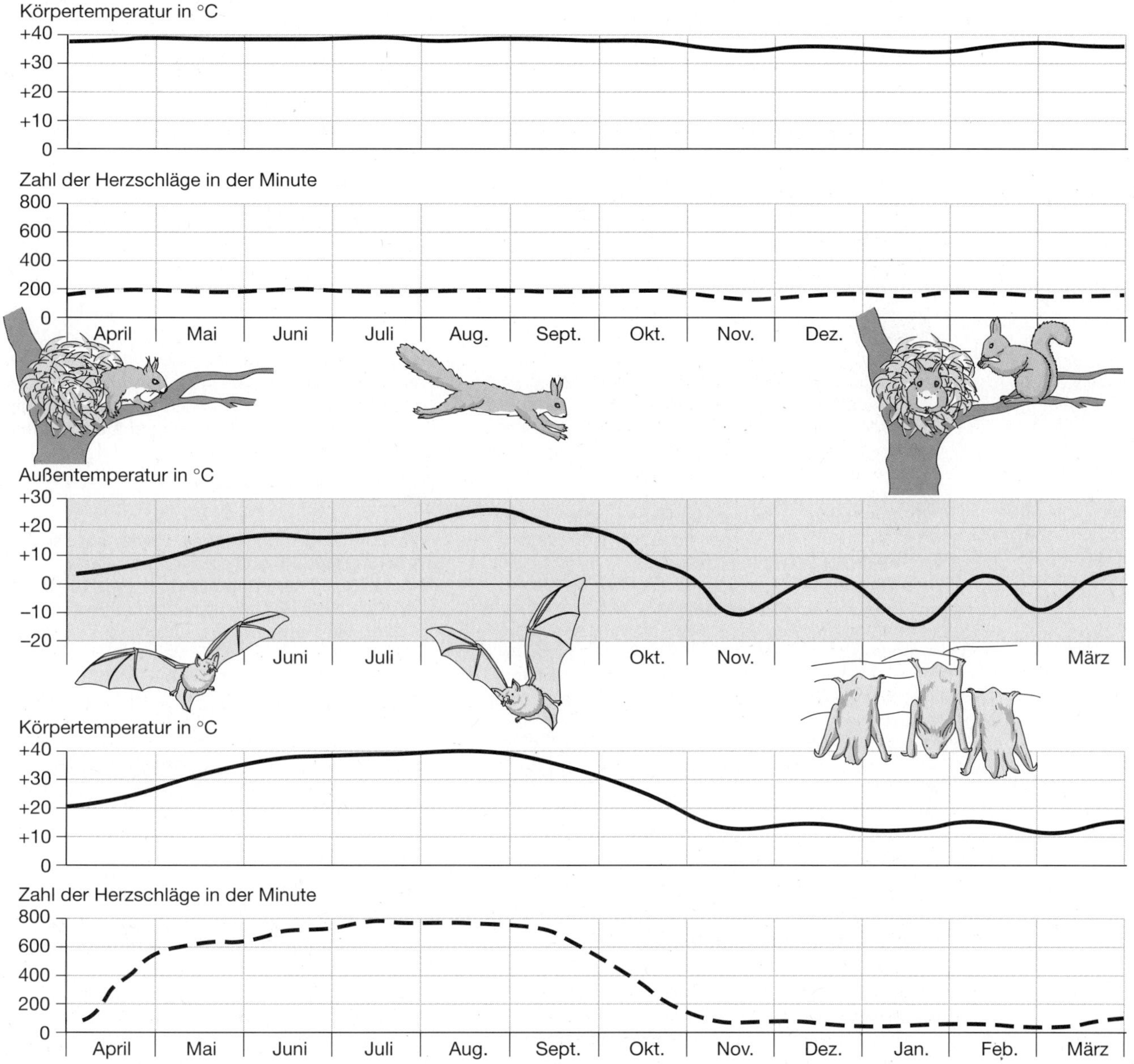

Aufgaben

1. Vergleiche und erkläre die Unterschiede. Beachte auch die Außentemperatur.

2. Welchen Verlauf hätte die entsprechende Kurve für das Reh?

Fledermaus
Hören
Sinne
Verhalten

Die Fledermaus – ein flugfähiges Säugetier

Natura 5/6, Seite 92/93

Der **Fettschwalm** *(Guacharo)* ist ein Vogel, der in Südamerika lebt, ca. 45 cm groß ist und eine Flügelspannweite von 110 cm hat. Wie die Fledermäuse bewohnt auch er dunkle Höhlen und orientiert sich durch Echolotpeilung (Frequenz der ausgestoßenen Klicklaute ca. 7 Kilohertz; bei der Fledermaus: 20–110 kHz; Hörgrenze des Menschen 18 kHz)

Ohne genau zu wissen, warum Fledermäuse das Kopfunterhängen „erfunden" haben, kann man mit Sicherheit sagen, dass es Kräfte sparende Vorteile bringt.

Schülerbuch Seite 93

① Um herauszufinden, wie sich Fledermäuse orientieren, führte der italienische Naturforscher SPALLANZANI schon vor über 200 Jahren folgende Versuche durch: Er hängte Schnüre mit Glöckchen in einem völlig dunklen Raum auf. Dann ließ er einmal Fledermäuse mit verdeckten Augen, dann mit durch Wachs verstopften Ohren und auch einmal mit zugebundenem Maul in diesen Raum fliegen. Welche Ergebnisse hatten diese Versuche wohl? Begründe deine Meinung.

– *Im ersten Versuch (verdunkelter Raum, verdeckte Augen) stoßen die Tiere nicht an die Schnüre, da sie sich mithilfe der Ultraschallschreie orientieren können. Im zweiten Versuch (verdunkelter Raum, verstopfte Ohren) stoßen die Tiere an die Schnüre, da sie das Echo ihrer Schreie nicht wahrnehmen können. Im dritten Versuch (verdunkelter Raum, zugebundenes Maul) geschieht das gleiche, da keine Ultraschallschreie ausgestoßen werden können.*

② Vergleiche Arm- und Beinskelett einer Fledermaus mit dem Skelett eines Hundes. Welche Unterschiede fallen dir auf?

– *Obwohl die Lage und Art der Teile des Arm- und Beinskeletts übereinstimmen, gibt es zahlreiche Unterschiede: Die Knochen des Armskeletts, vor allem der Hand, sind stark verlängert (dies ist Voraussetzung für das Aufspannen der Flughäute). Der Daumen besitzt eine Kralle zum Festhalten des Körpers. Das Fersenbein (Spornbein) ist verlängert und dient der Stabilisation der Flughaut. Die Zehen enden mit Krallen, mit denen der Körper in der Ruhelage aufgehängt wird. Die Finger sind sehr lang und der Oberarm ist kürzer als der Unterarm.*

Arbeitsblatt Seite 113

1. 1) Aussenden von Ultraschallsignalen;
   2) die Schallwellen werden an der Beute reflektiert, das Echo trifft die Ohren;
   3) das Gehirn verrechnet die Echos und die Fledermaus fängt die Beute.
2. b) Man müsste die Karos immer kleiner und ihre Anzahl immer größer machen.
   c) Mit Ultraschall kann das Tier sehr kleine Gegenstände wahrnehmen. Außerdem können die Tiere so Pausen zum Auffangen und Auswerten der Echos machen.

Verhaltensweisen bei Fledermäusen

Die Fledermäuse anderer Kontinente haben sich auf verschiedene **Nahrungsquellen** spezialisiert. Manche jagen kleine Säugetiere und ernähren sich raubtierähnlich, andere können wie der Seeadler fischen. Manche Fledermäuse gehen nachts auf Froschjagd und können anhand der Paarungsgesänge feststellen, welche Frösche giftig und welche genießbar sind. Viele Fledermäuse leben rein vegetarisch von Pollen, Nektar oder Früchten. Andere können mit den scharfen Zähnen Hautwunden schneiden und das austretende Blut auflecken. Diese Vampire haben die Autoren zahlreicher Bücher und Filme inspiriert.

Tagsüber und im Winterschlaf hängen die Fledermäuse nahezu regungslos in einer typischen **Ruhelage** mit dem Kopf nach unten. Mit den Hinterfüßen krallen sie sich an Felsvorsprüngen in Höhlen, Dachbalken oder im angebotenen Nistkasten fest. Dabei sorgt eine mechanische Sperre dafür, dass die Kralle fest verankert bleibt, ohne dass die Muskeln angespannt werden müssen.

Experimente/Modelle

Vergleich der Flughaut mit einer Drachenkonstruktion (sowohl Kinderdrachen als auch Drachenflieger).

Medienhinweise

FWU 32 02612 Einheimische Fledermäuse
FWU 42 00466 Flug in der Natur
Klett 02762: Folienordner Säugetiere (Nr. 18)
Klett-Video 994722: Anpassung und Fortbewegung bei Tieren

Literaturhinweise

BICKEL, H. & RADERMACHER, H.: Thermographie einer erwachenden Fledermaus; BIUZ, 3/1994, S. 129–130
MAYWALD, A. & POTT, B.: Fledermäuse – Leben, Gefährdung, Schutz; Maier, Ravensburg 1988
NEUWEILER, G.: Echoortende Fledermäuse; BIUZ, 3/1990, S. 169–176
RICHARZ, K. & LIMBRUNNER, A.: Fledermäuse – Fliegende Kobolde der Nacht; Franckh-Kosmos, Stuttgart 1999
SCHOBER, W. & GRIMMBERGER, E.: Die Fledermäuse Europas; Franckh-Kosmos, Stuttgart 1998
STROOT, I.: Fledermäuse sind bedroht; Projektanregung Sek. I., UB 188, 1993, S. 21
SUGA, N.: Neuronale Verrechnung: Echoortung bei Fledermäusen; Spektrum der Wissenschaft 8/1990, S. 98

Weitere Hinweise
Über die Umweltschutzbeauftragten der örtlichen Behörden erhält man Adressen verschiedener Ansprechpartner aus den Arbeitsgemeinschaften zum Fledermausschutz. Sie sind häufig bereit, mit interessierten Gruppen an bekannten Plätzen Fledermäuse anzupeilen und anhand ihres Rufes näher zu bestimmen oder Anleitungen zum Bau von Fledermauskästen zu geben.

Fledermaus – Orientierung mit Ultraschall

1. Fledermäuse orientieren sich im Dunkeln mithilfe von Ultraschallschwingungen, die sie durch Mund oder Nase gebündelt und gerichtet aussenden. Diese Töne liegen oberhalb des menschlichen Hörbereichs. Erkläre die drei Phasen des Beutefangs.

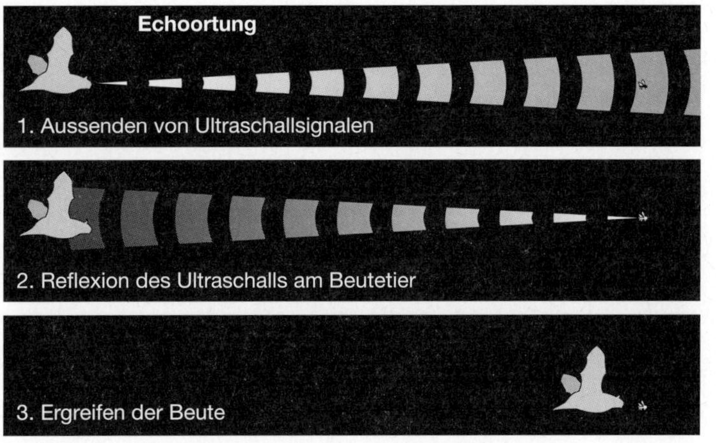

2. Wir sehen unsere Umgebung mit den Augen, die Fledermaus hört ihre Umgebung. Folgendes Experiment kann dir verdeutlichen, warum das Tier dazu sehr hohe Töne verwendet.
   a) Male in den drei Bildern jeweils alle Kästchen schwarz aus, die einen Teil der Fledermaus enthalten. Lasse alle Kästchen weiß, die nichts mit dem Tier zu tun haben.

   b) Wie würdest du das Experiment fortsetzen, wenn du mit dieser Methode das Bild genau sehen willst?

   c) Bei tiefen Tönen ist die Anzahl der Schallwellen pro Sekunde gering, bei hohen Tönen hingegen ist sie groß. Begründe im Vergleich mit dem Sehsinn aus deinem Experiment, warum die Fledermaus Ultraschall-Laute zur Orientierung und zum Anpeilen ihrer Beutetiere benutzt.

Bodenwühler
Feldmaus
Gebiss – Insektenfresser
Insektenfresser
Maulwurf
Maus
Nagetier
Wühlmaus

Die Feldmaus – ein häufiger Bewohner von Äckern und Wiesen
Der Maulwurf – ein Leben unter Tage

Natura 5/6, Seite 94/95

Hausmaus (Langschwanzmaus)

Feldmaus (Kurzschwanzmaus)

Haselmaus (Bilch)

Die Bezeichnung „Maulwurf" leitet sich vom althochdeutschen „molte" (= Erde) ab. „Mull" (norddt.) ist weicher, lockerer Humusboden (vergl. Torfmull), *Mulch* eine Bodenbedeckung aus Stroh, Gras und Laub zur Bodenverbesserung.

Nach Brehms Tierleben galt der „König der Unterwelt" lange Zeit als mordlustig, blutdürstig, unverträglich und grausamer als der Tiger.

Schülerbuch Seite 94

① Vergleiche die Lebensweise von Feldmaus und Maulwurf. Nenne Gemeinsamkeiten und Unterschiede.
– *siehe Aufgabe 2 des Arbeitsblattes*

② Rechne aus, wie viele Junge ein einziges Feldmausweibchen während seines Lebens theoretisch bekommen kann.
– *Bei einer durchschnittlichen Lebensdauer von 140 Tagen, einer Zeit von 20 Tagen zwischen den Würfen und 6 Tieren pro Wurf ergeben sich: (140 : 20) x 6 = 42 Nachkommen.*

③ Informiere dich darüber, welche Arten von Mäusen bei uns vorkommen. Wodurch unterscheiden sie sich?
– *Neben den echten Mäusen werden hier sicherlich die Spitzmäuse (Ordnung Insektenfresser; Gebiss mit vielen spitzen Zähnen; s. Randspalte im Schülerbuch) und vielleicht auch die Haselmaus genannt. Diese gehört zwar auch zur Ordnung der Nagetiere, hier jedoch zur Familie der Bilche (Schlafmäuse), die einen buschigen Schwanz besitzen. Die Familie der Echten Mäuse wird unterteilt in*
  – *Langschwanzmäuse (Kopf spitz, Ohren groß, Schwanz etwa so lang oder länger als Kopf und Rumpf): z. B. Hausmaus, Waldmaus, Brandmaus, Hausratte, Wanderratte.*
  – *Kurzschwanzmäuse oder Wühler (Schnauze stumpf, Ohren sehr klein, Schwanz deutlich kürzer als Kopf und Rumpf): z. B. Feldmaus, Schermaus (Wasserratte).*

Schülerbuch Seite 95

① Der Maulwurf hält keinen Winterschlaf. Weshalb kann er ohne Winterschlaf auskommen?
– *Der Frost dringt nur in die oberen Bodenschichten ein. Der Maulwurf weicht dann in die Tiefe aus und findet dort noch Insektenlarven und Puppen. Außerdem legt er sich Vorräte an: Durch einen Biss gelähmte Würmer oder Engerlinge bilden lebende Konserven.*

② Neben dem Ärger über die Maulwurfshügel befürchten viele Gartenbesitzer, Maulwürfe schadeten den Wurzeln ihrer sorgsam gepflegten Gartenpflanzen. Erläutere, ob diese Befürchtungen gerechtfertigt sind.
– *Maulwürfe sind keine Pflanzenfresser. Die Wurzeln werden durch Wühlmäuse oder Insektenlarven geschädigt. Da der Maulwurf Insektenlarven vertilgt, ist er sogar nützlich. Aufgeworfene Erdhaufen stören meist nur den Ordnungssinn des Gartenbesitzers und richten nur bei frisch gesetzten Pflanzen Schaden an.*

③ In seinem Wohn- und Jagdrevier ist der Maulwurf vor Feinden geschützt. Außerhalb seiner Gänge lauern jedoch viele Gefahren auf ihn. Versuche diese Gefahren genauer zu bestimmen.
– *Bussard und Turmfalke, Eule und Krähe stellen ihm außerhalb seines Baues nach, können ihn aber auch durch die aufgewühlte Erde hindurch ergreifen, wenn sie die Erdbewegungen beim Aufschütten der Hügel sehen. Fuchs, Marder, Hund und Katze töten ihn, wenn er sich außerhalb seiner Gänge aufhält; nur das schlanke Mauswiesel kann ihm unter die Erde folgen. Maulwürfe können gut laufen und schwimmen und flüchten bei Gefahr immer in die Tiefe, wobei sie sich in lockerem Erdreich sehr schnell vergraben können. Außerhalb der Gänge stellt auch der Straßenverkehr eine Gefahr dar.*

Arbeitsblatt Seite 115

1. Maulwürfe stehen unter Naturschutz, dürfen nicht gefangen werden und fressen keine Pflanzenteile und keine Rinde an Bäumen. Die Gangsysteme haben keine Löcher. Langes Fell, große Augen und riesige Ohren sind nicht vorhanden. Fallen mit Körnern sind sinnlos.
2. *Feldmaus:* Kopf stumpfer, Augen besser entwickelt; Nagetiergebiss; keine ausgeprägten Grabbeine; Fell mit Strich; Gangsysteme ähnlich dem Maulwurf; kommt auf offenen, trockenen Feldern und Wiesen vor; Nahrung: Wurzeln, Halme, Getreidekörner; umfangreiche pflanzliche Vorräte; Feldmäuse leben gemeinschaftlich in Kolonien; Fortpflanzung: siehe Aufgabe 2 im Schülerbuch; bei günstigem Futterangebot tritt z. T. Massenvermehrung auf; kein Winterschlaf; Laufgänge unter dem Schnee.
   Maulwurf: Kopf spitz und kräftig, Rüsselnase durch Knorpel geschützt; guter Vibrations-, Geruchs- und Tastsinn, verschließbare Ohren, Augen tief im Fell verborgen; Insektenfressergebiss; Schaufelhände mit Krallen und zusätzlichem Sichelbein; Fell ohne Strich; Gangsystem auch mit Rund-, Jagd- und Aushubgängen aber ohne Erdlöcher; kommt bevorzugt auf lockeren Feld- und Waldböden vor; Nahrung: Spinnen, Käfer, Tausendfüßer, Regenwürmer, Insekten; lebende Nahrungskonserven; lebt außerhalb der Fortpflanzungszeit einzeln; ein Wurf pro Jahr, Jungen sind Nesthocker; nicht sehr fruchtbar; kein Winterschlaf, weicht in tiefere Bodenschichten aus.

Medienhinweise

Gewölle (Greifvogelstationen)
Klett Video 998922 Ökologie (Feldmaus)
Klett Video 994722 Anpassung und Fortbewegung bei Tieren
FWU 42 01794 Der Maulwurf

Literaturhinweise

FORTMANN, M.: Wühlmäuse und Maulwürfe; Falken, Niedernhausen/Ts 1996

KIEFFER, EVA: Das Maulwurfsspiel; Spielvorschlag Unterricht Biologie, 133, 1988, 27

NOTTBOHM, G.: Wir untersuchen ein Kleinsäugervorkommen; Projektvorschlag Sek. I; Unterricht Biologie 114, 1986, S. 36

WITTE, G. R.: Der Maulwurf; Die Neue Brehm-Bücherei Bd. 637; Westarp Wissenschaften, Hohenwarsleben 1997

Leben unter der Erde

1. In zwei nebeneinander liegenden Gärten sind die Pflanzen auf zahlreichen Beeten durch flache Erdhaufen und große Löcher im Boden geschädigt. Die Gartenbesitzer schimpfen lautstark auf den Maulwurf: „Die Maulwürfe muss man unbedingt fangen, weil sie schädlich sind. Sie fressen meine Erdbeeren und nagen die Wurzeln meiner Salatpflanzen und der frisch gepflanzten Obstbäume ab.“ – „Außerdem graben sie mit ihren langen Vorderpfoten riesige Löcher in meinen Garten. Sogar den Fuß hab' ich mir schon einmal deswegen verstaucht!“ – „Und im Winter nagen sie die Rinde von den Bäumen ab.“ – „In ihrem langen Fell haben sie so ekliges Ungeziefer, das sie im Garten verteilen.“ – „Aber leicht fangen lassen sie sich auch nicht. Mit ihren großen Augen sehen sie alles und mit den riesigen Ohren hören sie das kleinste Geräusch.“

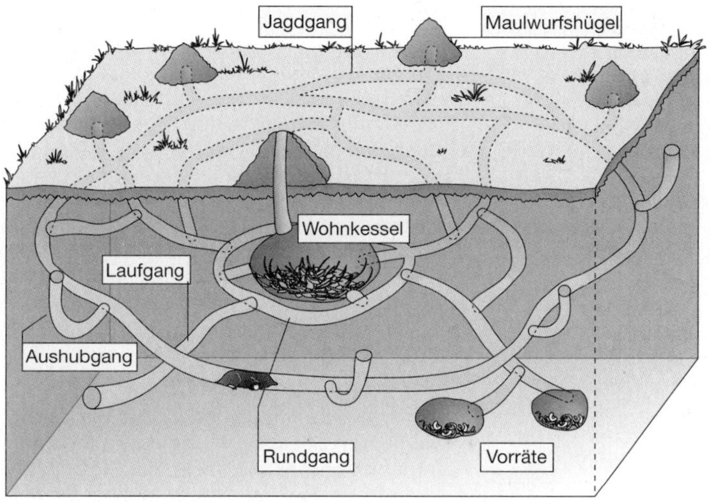

Maulwurf oder Wühlmaus?

Die Haufen der Wühlmäuse sind flacher als die des Maulwurfs und meist mit hochgedrückten Pflanzenteilen durchsetzt. Sie sind unterschiedlich groß und unregelmäßig in der Form und Verteilung. Auf dem Boden sind 6–8 cm große Löcher ohne Verbindung zu den Haufen zu sehen. Die Haufen des Maulwurfs sind etwa gleich groß und in regelmäßigen Abständen entlang des Gangsystems angeordnet.

Die Aussagen im Text oben enthalten viele Fehler. Markiere und berichtige sie. Schreibe die richtige Geschichte in dein Heft. Hinweise findest du in der Textbox und in der Abbildung.

2. Vergleiche mithilfe deines Schulbuches Körperbau, Lebensraum und Lebenweise von Feldmaus und Maulwurf. Erstelle dazu in deinem Heft eine Tabelle nach folgendem Muster.

		Feldmaus	Maulwurf
Körperbau	Kopfform		
	Sinnesorgane		
	Gebiss		
	Gliedmaßen		
	Fell		
Lebensraum	Gangsystem		
	Vorkommen		
Lebensweise	Nahrung		
	Vorratshaltung		
	Lebt einzeln oder gemeinschaftlich		
	Fortpflanzung		
	Vermehrungsfähigkeit		
	Überwinterung		

Igel
Spiel
Winterschlaf

Material: Igel überwintern

Natura 5/6, Seite 96/97

Stacheligel besitzen unter der Rückenhaut einen dicken Ringmuskel. Zusammen mit weiteren Muskeln bildet er eine gewölbte Kappe, unter der sich der Igel zur bekannten Stachelkugel einrollen kann.

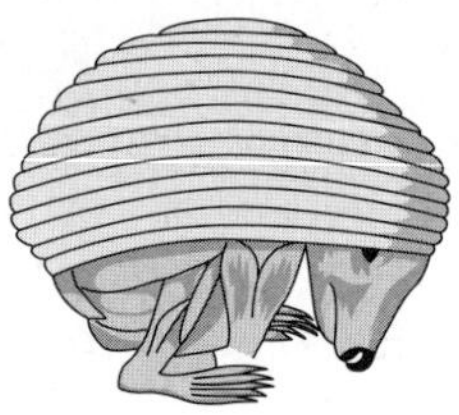

Schülerbuch Seite 97

② Die Tiere A und B wachsen etwa gleich schnell und können mit 500 g Körpergewicht freigelassen werden. Tier C ist langsamer gewachsen, hatte offensichtlich eine Infektion und musste länger in Obhut bleiben.

③ A: ca 370 g, B: 405 g, C: ca. 400 g; zusammen 1175 g

④ Insgesamt enthielt die Nahrung 88 200 kJ. Da die Igel insgesamt ca. 1175 g zugenommen haben, werden pro Gramm Körpergewicht 75 kJ benötigt.

⑤ Im Winterschlaf wird der gesamte Stoffwechsel reduziert, d.h. es wird weniger Sauerstoff in den Zellen benötigt. Die Herzfrequenz kann vermindert werden und die Körpertemperatur sinkt somit.

⑥ Die natürliche Auslese zugunsten der überwinterungsfähigen Tiere wird verhindert. Außerdem sterben viele der überwinterten Igel im Folgejahr durch Parasiten.

Hinweise zum Spiel

Die Gemeinde Lichtenfels im Kreis Waldeck-Frankenberg feiert nach jahrhundertealter Tradition alljährlich ein „Igelfest“, da ein solches Tier einst dem Grafen von Waldeck das Leben gerettet haben soll. Bei der Verfolgung eines Hirsches war er auf dem sicheren Weg in den Abgrund als sein Pferd scheute – wegen eines Igels.

Das Spiel erfordert *keine spezifischen Vorkenntnisse.* Über die eigenen Entscheidungen und Hinweise auf den Karten lernen die Schüler im Spielverlauf unterschiedliche Aspekte aus dem Igelleben kennen. Zur *Vorbereitung* die Texte auf Karteikarten (DIN A 7) kleben. Auf die Rückseite jeder Karte schreibt man gut sichtbar die zugehörige Nummer. Die Karten werden mit der Rückseite nach oben ausgelegt. Alle Mitspieler lesen die Spielregeln genau durch.

Verlauf: Das Spiel kann einzeln oder in Kleingruppen gespielt werden. Wird die Klasse in Gruppen aufgeteilt, müssen die Mitspieler vor jeder Entscheidung ihre Strategie diskutieren und zu einer gemeinsamen Entscheidung kommen. Es gewinnt die Kleingruppe oder der Spieler/die Spielerin mit der höchsten Punktzahl. Die *Spieldauer* ist abhängig von der verfügbaren Zeit, sollte jedoch 15 Minuten (einzeln) oder 30 Minuten (Gruppen) nicht überschreiten. Hat ein Spieler mit sehr wenigen Entscheidungsschritten das Ende erreicht, kann man ihn auffordern, seine Punktzahl in einem weiteren Durchlauf zu verbessern.

„Aus dem Igelleben“

Igel stehen unter **Naturschutz**; sie dürfen weder gefangen noch getötet werden. Tiere, die ausnahmsweise über den Winter gepflegt wurden, müssen im Frühjahr wieder ausgesetzt werden. Da Igel, die in Menschenobhut überwintern, häufig das nächste Jahr nicht überleben, ist es ratsam, auf dem Schulgelände Reisig-, Kompost- oder Laubhaufen anzulegen. In entsprechend bestückten Gärten sollten keine Gifte eingesetzt werden.

Steckbrief: Igel können bis zu 14 Jahre alt werden, haben etwa 8 000 Stachel und wiegen gut genährt etwa 1200 g. Die Tragzeit beträgt 5 bis 6 Wochen. Dem ersten Wurf im Mai/Juni kann ein zweiter im September folgen, dessen Junge bei einem frühzeitigen Kälteeinbruch aber nicht genügend Reserven aufbauen können. Pro Wurf kommen 5 bis 7 nackte und blinde Junge zur Welt, deren Stacheln bereits bei der Geburt ausgebildet sind. In der aufgequollenen Haut sind sie aber so eingebettet, dass sich die Mutter bei der Geburt nicht verletzt.

Eine **Beobachtung** ist nur nachts möglich! In der Dämmerung oder bei hellem Mondlicht kann man Igel meist weniger sehen als hören! Sie schnaufen, schnüffeln und schmatzen laut, wenn sie Regenwürmer oder Schnecken verspeisen. Igel besitzen meist zahlreiche Parasiten (Zecken, Milben, Flöhe, Würmer). Einige Krankheiten sind auf den Menschen übertragbar! Kranke Tiere müssen auf jeden Fall mit Handschuhen angefasst werden. Vor einer Pflege sollte man sich daher in einer Igelstation über die Reinigung des Tieres, eine mögliche Wurmkur und entsprechende Medikamente informieren. Füttern ist ebenfalls nur in Ausnahmefällen ratsam. Auch hier muss man sich vorher über eine altersgemäße Ernährung des Tieres informieren!

Modell: Stachelkappe

Ein kleiner Stoffbeutel mit durchgezogener Schnur, wie er zum Beispiel für Duftkissen im Wäscheschrank Verwendung findet, wird von innen her mit zahlreichen Glaskopfstecknadel bestückt. Die Nadeln nur einfach durchstechen und nicht verhaken. Einen passenden Ball (z.B. Tennisball) dann locker in den Beutel schieben. Solange der Beutel nicht verschlossen wird, liegen die „Stacheln“; ist die Schnur zugezogen und der Stoff straff, wird das Modell zur Stachelkugel und gleicht einem Seeigel.

Medienhinweise

FWU 42 00241 Der Igel
FWU 10 02322 Der Igel
Klett 02762 Folienordner Säugetiere (Folie 19)

Literaturhinweise

HOFFMANN, H.: Der Igel – Unser geliebtes Stacheltier; Gräfe und Unzer, München 1992

NEUMEIER, M.: Igel in unserem Garten; Franckh-Kosmos, Stuttgart 1996

Weitere Hinweise

Die Adressen der zahlreichen Igelschutzvereine und der Igelstationen erfährt man über: Bund für Umwelt und Naturschutz Deutschland e.V. (BUND), Weißenburgstraße 65, 50670 Köln.

1

Es ist Mai. Du kommst in einem Nest aus Laub und Gras zur Welt. Deine Stacheln sind noch in der Haut verborgen. Du wiegst etwa 20 g. Neben dir liegen noch 7 andere blinde und taube, fast nackte Junge.

Du trinkst viel Milch und entwickelst dich schnell. → **10**

Du schläfst viel. → **18**

Du kriechst im Nest herum. → **2**

2 **Notiere: + 4 Punkte**

Du hast beim Herumkriechen versehentlich das Nest verlassen. → **11**

Die Igelin zieht dich ins Nest zurück. → **19**

Das Herumkriechen ist dir zu mühsam. Du schläfst lieber und saugst viel Milch. → **7**

3 **Notiere: – 3 Punkte**

Die Parasiten vermehren sich schnell. Dein Körper kann sich nicht ausreichend wehren.

→ Gehe zurück zu **1** und beginne von vorn. Nimm alle bisher gesammelten Überlebenspunkte mit in die neue Runde.

Hinweis: Igel haben meist zahlreiche Zecken, Milben und Flöhe zwischen den Stacheln. Häufig sind sie auch mit Lungen- und Bandwürmern infiziert. Geschwächte Igel, die wenig Nahrung finden, sterben bei starkem Parasitenbefall.

4 **Notiere: + 5 Punkte**

Du schläfst bis zum nächsten Abend.

→ Gehe weiter zu **15**

Hinweis: Igel können bei der Nahrungssuche beträchtliche Entfernungen zurücklegen. Sie erforschen ihr Gebiet, begegnen dabei Artgenossen und finden ihre Geschlechtspartner. Halbwüchsige Igel leben im ersten Jahr noch ohne festes Nest und pflanzen sich erst im folgenden Jahr fort.

5 **Notiere: 0 Punkte**

Du hättest es fast geschafft. Der Fuchs hat aber den ganzen Wurf gefressen.

→ Gehe zurück zu **1** und beginne von vorn.

Hinweis: Anfangs verliert die Haut der Neugeborenen viel Wasser und bildet Falten. Die winzigen Stachelspitzen können Feinde kaum abschrecken. Diese Stacheln fallen später aus und werden durch härtere ersetzt.

6 **Notiere: + 6 Punkte**

Eine Katze nähert sich dem Mäusenest. Sie kann dir zwar nicht gefährlich werden, aber du verschwindest trotzdem.

→ Gehe zu **10**

Hinweis: Die Stacheln sind ein wirksamer Schutz. Unter der Rückenhaut liegt ein dicker Ringmuskel, der beim Zusammenziehen mit anderen Muskeln eine gewölbte Kappe bildet. Dadurch kann sich der Igel zur bekannten Stachelkugel einrollen.

7 **Notiere: + 5 Punkte**

Du machst gemeinsam mit deiner Mutter und deinen Geschwistern Streifzüge in die Umgebung.

Ein Hund greift euch an und du rollst dich blitzschnell ein. → **8**

Du verlierst den Anschluss an die „Igelkarawane“. → **14**

Nach einem weiten Ausflug kommt ihr wieder ins Nest zurück.
→ **4**

8 **Notiere: + 2 Punkte**

Das Nahrungsangebot ist jetzt vielfältig.

In einem Garten findest du zahlreiche Schnecken, Würmer und Insekten. → **20**

Du siehst ein Nest mit jungen Mäusen. → **6**

Du naschst ausgiebig an dem herumliegenden Obst. → **12**

9 — **Notiere: + 6 Punkte**

In der neuen Umgebung ist es sehr unruhig. Es gibt kein geeignetes Versteck.

Du läufst schnell zum angrenzenden Acker, den der Bauer heute gepflügt hat. → 22

Du suchst dir ein neues Revier im nahen Laubwald. → 17

10 — **Notiere: + 5 Punkte**

Du bist rundum satt und ruhst dich aus.

Du bespuckst dich selbst und versuchst etwas Körperpflege zu betreiben. → 16

Ein Traktor rollt über das Feld. Krach und Erschütterungen signalisieren Gefahr. Du kugelst dich ein.

→ 21

11 — **Notiere: – 4 Punkte**

Eine Eule sieht dich.

→ Gehe zurück zu 1 und beginne von vorn. Nimm alle bisher gesammelten Überlebenspunkte mit in die neue Runde.

Hinweis: Die festen Stacheln der erwachsenen Tiere sind ein guter Schutz gegen Greifvögel. Junge Igel haben diesen endgültigen Schutz aber erst ab der 3. Lebenswoche. Dann öffnen sich auch Augen und Ohren.

12 — **Notiere: + 6 Punkte**

Du verbringst eine ungestörte Zeit auf der Obstwiese.

→ Bleibe noch etwas dort und gehe dann weiter zu 10

Hinweis: Das Gebiss des Igels hat zahlreiche spitze und scharfhöckrige Zähne, mit denen er hervorragend den Chitinpanzer von Insekten knacken kann. Die Zähne eignen sich aber auch gut zum Verzehren von Obst.

13 — **Notiere: + 6 Punkte**

Im angrenzenden Park gibt es einen See und reichlich Nahrung.

→ Friss dich satt und gehe zu 9

Hinweis: Igel können zwar gut schwimmen, machen dies aber nicht sehr häufig.

14 — **Notiere: – 6 Punkte**

Du kannst nicht selbstständig nach Nahrung suchen und verhungerst.

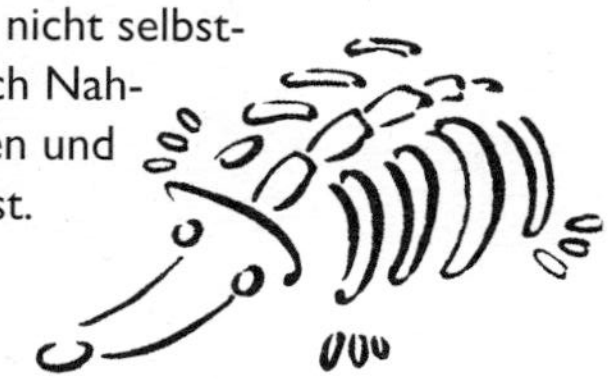

→ Gehe zurück zu 1 und beginne von vorn. Nimm alle bisher gesammelten Überlebenspunkte mit in die neue Runde.

Hinweis: Junge Igel werden erst nach etwa 6 bis 8 Wochen vollständig entwöhnt und haben bis dahin die optimale Nahrungssuche erlernt.

15 — **Notiere: + 5 Punkte**

Es ist Herbst geworden. Die Blätter fallen von den Bäumen. Du hast dir schon einen dicken Fettvorrat angefressen.

Jetzt baust du ein stabiles Nest für den Winterschlaf. → 23

Trotzdem begibst du dich immer wieder auf Nahrungssuche. → 8

Du begegnest einem anderen Igel und vertreibst ihn. → 13

16 — **Notiere: – 2 Punkte**

Du kannst die Schmarotzer an deinem Körper nicht entfernen. → 3

Ein Streifzug in der nächsten Zeit führt dich zu einem Bach. Du schwimmst hindurch. → 13

Der Igel im angrenzenden Gebiet wird von einem Auto überfahren. Du hast jetzt ausreichend Nahrung. → 15

17 **Notiere: + 5 Punkte**

Am Waldrand findest du einen Bach.

Viele Insekten, Larven und Würmer ernähren dich in der nächsten Zeit. → 4

Es erscheint dir ziemlich kühl. → 23

Eine Überschwemmung vertreibt dich aus deinem neuen Revier. → 8

18 **Notiere: 0 Punkte**

Du bist jetzt fast drei Wochen alt. Ein Fuchs hat das Nest unter dem Laubhaufen gefunden.

Du versuchst dich zu verkriechen. → 5

Du richtest dich so auf, dass deine feinen Stacheln an die Fuchsnase kommen. → 15

19 **Notiere: + 3 Punkte**

Die Eule hat das Nest nicht gesehen.

→ Gehe weiter zu 18

Hinweis: Igel sind normalerweise Einzelgänger. Nur während der Jungenaufzucht duldet das Igelweibchen ihren Nachwuchs in der Nähe.

20 **Notiere: – 6 Punkte**

Der Gartenbesitzer hat Giftköder ausgelegt, um die Schnecken zu bekämpfen. Das Gift ist auch für dich tödlich.

→ Gehe zurück zu 1 und starte neu. Nimm alle bisher gesammelten Überlebenspunkte mit in die neue Runde.

Hinweis: Ist ein Igel im Garten, gibt es dort kaum Schnecken. Wollen Gartenbesitzer dem Igel helfen, sollten sie Laub- und Reisighaufen liegen lassen und kein Gift ausbringen.

21 **Notiere: + 12 Punkte**

Du hast großes Glück gehabt. Der Traktor fuhr an dir vorbei.

→ Gehe weiter zu 17

Hinweis: Igel haben ein starres Instinktverhalten: Statt davonzulaufen, rollen sie sich beim Herankommen eines Autos mitten auf der Straße ein. Nomalerweise rettet sie das beim Angriff durch Feinde. Sie können nur verletzt werden, wenn sie sich zu früh wieder aufrollen und die nicht bestachelte Bauchseite hervorkommt.

22 **Notiere: – 6 Punkte**

Das Auto war zu schnell.

→ Gehe zurück zu 1 und starte neu. Nimm alle bisher gesammelten Überlebenspunkte mit in die neue Runde.

Hinweis: Igel sind in ihrem Bestand gefährdet. Nicht nur der zunehmende Autoverkehr und ihr starres angeborenes Verhalten, sondern auch der Einsatz der zahlreichen Insektenvernichtungsmittel, Schneckengifte und anderer Chemikalien töten sie.

23 **Notiere: + 10 Punkte**

Die Tage werden kürzer und es wird immer kälter. Du hast dir eine ausreichende Speckschicht angelegt und baust unter einem Reisighaufen ein gut gepolstertes Nest. Beginne mit dem Winterschlaf.

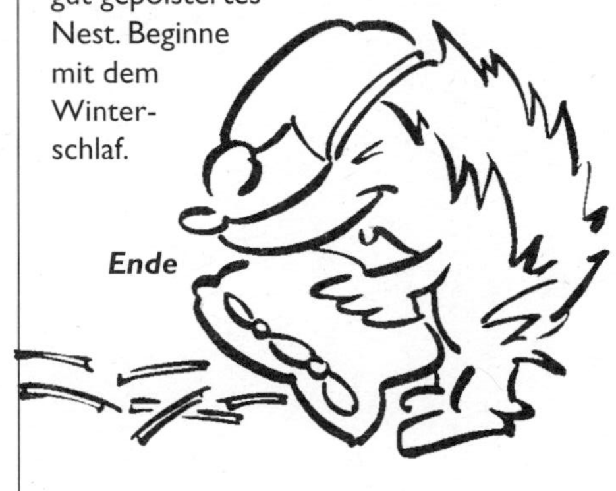

Ende

Spielregeln

Alle Karten werden verdeckt ausgelegt. Starte bei 1 und folge den Ziffern bis zum Ende. Lege jede gelesene Karte verdeckt zurück. Wenn du eine Karte umdrehst, erhälst du Überlebenspunkte. Notiere diese und zähle sie am Schluss zusammen.

Du kannst eine einmal getroffene Entscheidung nicht mehr rückgängig machen. Notiere außer den Überlebenspunkten auch die Anzahl der Entscheidungsschritte bis zum Ende. Haben zwei Spieler die gleiche Punktzahl, gewinnt derjenige, der die wenigsten Schritte dafür benötigt hat.

Feldhase
Kaninchen
Sinne
Tarnfärbung
Tierversuche
Verdauung – Hase
Verdauung – Rind
Verhalten

Wildkaninchen und Feldhase – Tiere unserer Kulturlandschaft

Natura 5/6, Seite 98/99

Frischkotaufnahme

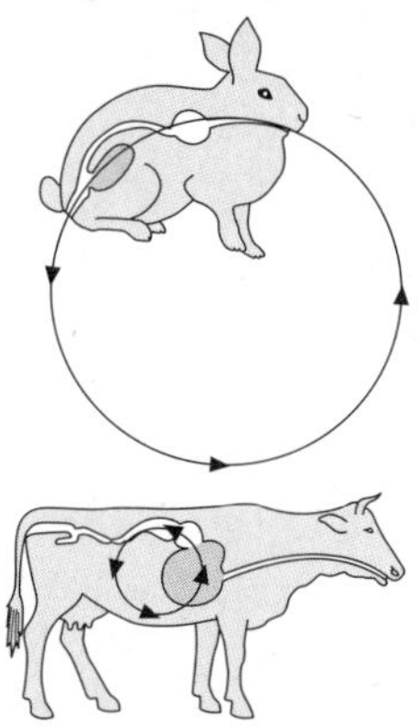

Schülerbuch Seite 99

① Stelle in einer Tabelle die Unterschiede zwischen Wildkaninchen und Feldhase zusammen.

– *Wildkaninchen:*
  - *Erwachsene Tiere wiegen 1,5 bis 2 kg und sind etwa 40 cm lang (Kopf-Rumpf-Länge).*
  - *Die Ohren sind kürzer als der Kopf. Die Ohrspitzen sind abgerundet und ohne dunklen Fleck.*
  - *Das Fell ist meist grau.*
  - *Heimat: Mittelmeerländer; heute weltweit verbreitet (siehe Australien)*
  - *Sie leben gesellig in weitläufigen, selbst gegrabenen Erdbauten*
  - *Kulturfolger (z.B. auf der Schulwiese!)*
  - *Sie bevorzugen trockene Felder mit Gebüsch.*
  - *Tiere fliehen vor ihren Feinden in den Bau.*
  - *Bei Gefahr trommeln die Tiere mit den Hinterläufen auf den Boden.*
  - *Jungtiere werden in der Wurfröhre geboren; bei günstigem Klima 5 x 7 Junge pro Jahr.*
  - *Junge sind Nesthocker (verlassen erst nach etwa 3 Wochen das Nest).*
  - *Die Nahrung ist rein pflanzlich und sehr vielseitig; bei Massenvermehrung wird durch das Schälen der Rinde an jungen Bäumen großer Schaden angerichtet.*

  Feldhase:
  - *Erwachsene Tiere wiegen 5 bis 6 kg und sind etwa 60 cm lang (Kopf-Rumpf-Länge).*
  - *Die Ohren laufen spitzen zu, sind länger als der Kopf und die Ohrspitzen haben einen dunklen Fleck.*
  - *Die Sinnesorgane sind gut entwickelt (siehe Aufgabe 2).*
  - *Das Fell ist graubraun bis rostfarben.*
  - *Ursprünglich Buschsteppenbewohner in Asien.*
  - *Sie leben einzeln; nur in der Fortpflanzungszeit bilden sie größere Gesellschaften (Gruppenbalz, Treiben der Häsinnen).*
  - *Hasen meiden die unmittelbare Nähe des Menschen.*
  - *Ihr Lebensraum sind offene Felder, Wiesen und Äcker.*
  - *Bei Gefahr drücken sich die Tiere in eine Bodenmulde.*
  - *Auf der Flucht erreichen Hasen bis zu 70 km/h, schlagen Haken und schlagen auch mit den Hinterläufen gegen Angreifer.*
  - *Jungtiere werden in der Sasse geboren; durchschnittlich 4 x 5 Junge pro Jahr.*
  - *Junge sind Nestflüchter.*
  - *Bevorzugte Nahrung sind Gras, Kohl, Wildkräuter, Raps und Rüben.*

② Beschreibe den Sinnesschutzmantel eines Hasen in der Sasse.

– *Die langen angelegten „Ohrlöffel" wirken wie Schalltrichter (Hasen sind Ohrentiere); sie sichern das Hörfeld, das nach hinten und zur Seite gerichtet ist. Die Nase kontrolliert ein nach vorn zeigendes Witterungsfeld. Die seitlich stehenden Augen überschneiden sich in ihrem Sehfeld vorn und hinten, sodass die Tiere auch nach hinten sehen können, ohne den Kopf zu drehen. (Der Hase hat auch ein nach oben geschlossenes Gesichtsfeld, sodass er Greifvögel wahrnehmen kann.) Dies ist wichtig für den Schutz vor Feinden (Fluchttier). Insgesamt überschneiden sich die einzelnen Sinnesfelder und gewährleisten einen Rundumschutz.*

Arbeitsblatt Seite 121

In die Darstellungen können die Angaben aus der Tabelle (siehe Lösungen Aufgabe 1 des Schülerbuches) einfließen.

Wissenswertes

Doppelte Verdauung: Hasen und Kaninchen besitzen zum Verdauen der pflanzlichen Nahrung einen stark entwickelten Blinddarm. Dort bildet sich ein vitaminreicher Nahrungsbrei, den die Hasentiere sofort nach der Abgabe nochmals aufnehmen. Diese auf den ersten Blick befremdliche Gewohnheit *(Coecotrophie; Koprophagie)* zahlt sich dann aus, wenn die Nahrung viel Zellulose enthält. Die Bakterienflora des Blinddarms produziert daraus einerseits Fettsäuren für das Wirbeltier, andererseits vermehren sich die Bakterien aber auch stark. Der eiweiß-, fett- und kohlenhydratreiche Bakterienüberschuss kann dann beim Recycling verwertet werden. Die wieder verwendbaren Kotkügelchen sind weicher als die bekannten „Hasenknödel".

Draize-Test: Kaninchen sind beliebte Versuchstiere. Beim Draize-Test am Auge lebender Kaninchen wird untersucht, inwieweit bestimmte Substanzen die Schleimhäute reizen. Dieser Test ist internationaler Standard und soll schon seit 20 Jahren durch andere Verfahren ersetzt werden.

Beobachten im Unterricht

Die als Heimtiere gehaltenen Zwergkaninchen werden von Schülern gerne mitgebracht und können z.B. zur Beobachtung der Nahrungsaufnahme, der Fortbewegung oder der Fellpflege gut eingesetzt werden. Mit den Resten eines Hasenbratens lassen sich nach Präparation der Knochen noch gut Skelettuntersuchungen machen.

Medienhinweise

Klett 02762 Folienordner Säugetiere (Folie 21): Vergleich Hase – Kaninchen
FWU 32 02459 Das Wildkaninchen
FWU 42 00449 Der Feldhase

Literaturhinweise

Brauner, K.: Hat Meister Lampe noch eine Chance? Unterricht Biologie, Juni 1996, S. 24–26
Feldhase und Wildkaninchen: Biologie, Lebensraum, Hege und Jagd; Parey, Singhofen 1997
Schilke, K.: Lauf kleiner Hase; Spiel/Beihefter; Unterricht Biologie, Juni 1996, S. 27–30

Hase und Igel – Die Geschichte ganz anders

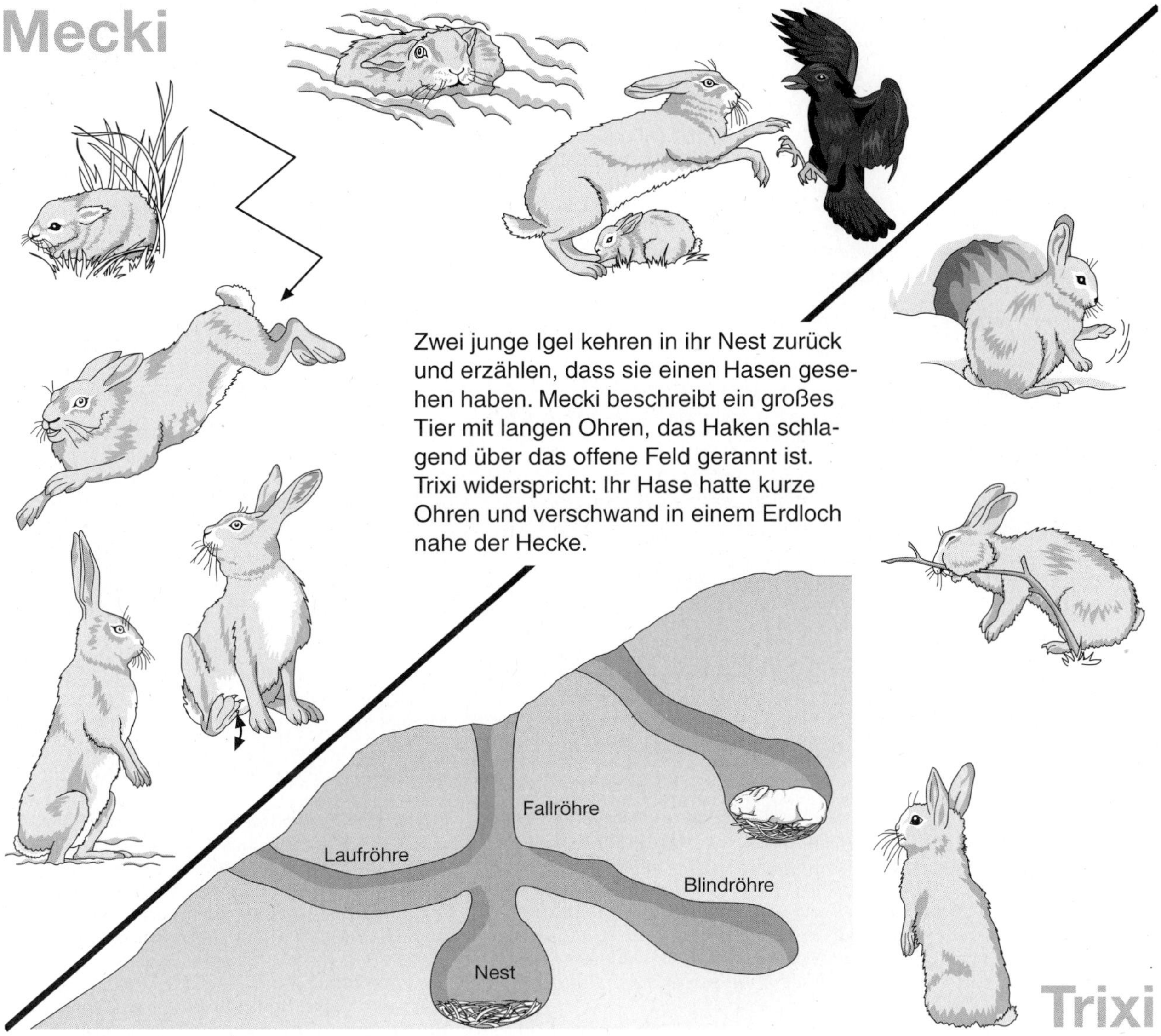

Zwei junge Igel kehren in ihr Nest zurück und erzählen, dass sie einen Hasen gesehen haben. Mecki beschreibt ein großes Tier mit langen Ohren, das Haken schlagend über das offene Feld gerannt ist. Trixi widerspricht: Ihr Hase hatte kurze Ohren und verschwand in einem Erdloch nahe der Hecke.

Aufgaben

1. Erkläre die unterschiedlichen Beobachtungen in dieser Geschichte.

2. Schreibe weiter, was die beiden Igel über ihren „Hasen" erzählen könnten. Benutze dazu nicht nur die Abbildung, sondern auch die Angaben in deinem Buch.

Gehörn
Geweih
Huftier
Reh
Rothirsch
Wildtier

Das Reh – ein anpassungsfähiger Kulturfolger
Der Rothirsch – ein Bewohner großer Waldgebiete

Natura 5/6, Seite 100/101

Das Geweih der Rehböcke wird heute noch fälschlicherweise als „Gehörn“ bezeichnet. Der Zoologe OTTO KOEHLER (1889–1974) prägte für das Geweih der Hirsche scherzhaft den Ausdruck „Geknöch“.

Schülerbuch Seite 101

① Vergleiche Hirsch und Reh anhand des Textes. Nenne Gemeinsamkeiten und Unterschiede.

– *Reh:*
  – *bewohnt fast alle Lebensräume unserer Heimat*
  – *flieht oder duckt sich bei Gefahr („Ducker“)*
  – *Pflanzenfresser (Wiederkäuer mit kleinem Pansen)*
  – *benötigt energiereiche Teile der Pflanzen*
  – *Reviermarkierung mit Duftdrüsen*
  – *Brunft und Paarung im Juli/August*
  – *Geburt der Jungtiere im Mai*
  – *Geweih klein, Abwurf im November, Neubildung bis April*

  Hirsch:
  – *Bewohner der Wälder*
  – *läuft bei Gefahr davon („Läufer“)*
  – *Pflanzenfresser (Wiederkäuer mit großem Pansen)*
  – *stellt keine hohen Ansprüche an die Nahrung*
  – *Brunft und Paarung im September/Oktober*
  – *Geburt der Jungtiere im Mai*
  – *Geweih groß, Abwurf im Februar/März, Neubildung bis August/September*

② Nenne Gründe, die einerseits für, andererseits gegen die Winterfütterung von Hirsch und Reh sprechen.

– *Durch die Winterfütterung wird erreicht, dass auch in strengen Wintern kaum Tiere verhungern müssen. Andererseits werden dadurch aber auch kranke und schwache Tiere erhalten, die Krankheiten übertragen oder vererben können. Durch die gestiegene Populationsdichte werden die Verbissschäden größer, sodass kaum noch Jungbäume wachsen können und die Tierbestände selbst durch Futtermangel geschwächt werden.*

③ Hirsch und Rehbock fegen ihre Geweihe an Ästen von Bäumen und Sträuchern. Welche Auswirkungen kann das haben?

– *Bei zu großem Wildbestand werden zu viele Bäume und Sträucher beschädigt, verkrüppeln und sterben ab. Verletzte Bäume sind für andere schädliche Umwelteinflüsse anfälliger, der Holzertrag geht zurück und die Forstschäden nehmen zu.*

④ Informiere dich in einem Tierlexikon über weitere Hirscharten, die bei uns vorkommen. Berichte darüber.

– *Zur Unterfamilie der Echten Hirsche gehören Rotwild, Damwild und Sikawild. Weitere Unterfamilien sind Trughirsche (Rehwild), Elche, Rentiere, Moschustiere, Muntjakhirsche und Wasserhirsche. Damhirsche sind kleiner als die Rothirsche und ihr Fell ist gefleckt. Das Geweih ist schaufelförmig, wird im April/Mai abgeworfen, bis August/September neu gebildet und verfegt. Die Brunft ist Ende Oktober. Sie bevorzugen parkähnliche, waldreiche Landschaften; in der Ernährung konkurrieren sie mit dem Rehwild. Damwild ist vorwiegend tagaktiv und lebt in Rudeln.*
  Rentiere: Bewohner der Tundra und Taiga, halbdomestizierte Tiere; einzige Hirschart, bei der auch die weiblichen Tiere ein Geweih haben.
  Elch: Größter, gegenwärtig lebender Hirsch (etwa pferdegroß), Geweih schaufelartig.

Arbeitsblatt Seite 123

1. Es sind Zähne, Haare, Knochenzapfen mit lebenden Hautschichten oder toten Hornscheiden oder abwerfbare Knochen.
2. Die zur Neubildung des Geweihs benötigte, gut durchblutete Haut wird trocken und dann an Sträuchern und Ästen abgerieben.
3. Die Kopfwaffen (Imponier- und Kampforgan der Männchen) werden überwiegend für innerartliche Auseinandersetzungen benutzt.
   Anmerkung: Dazu gehören Revierkämpfe, Kämpfe um Weibchen, Rudelführung oder mit Ranghöheren. Die Gegner werden in der Regel dabei nicht verletzt.

Kopfwaffen bei Huftieren

Das *Nasenhorn* besteht aus Keratinstäbchen, wird durch Reiben an Baumstämmen geschärft und kann bei normalem Abbrechen nachwachsen. Die *„Hörner“* der Giraffen sind fellüberzogene Knochenzapfen, gleichen dem Bastgeweih und ihre Umhüllung ist lebendes Gewebe. Die mächtig entwickelten Eckzähne *(„Hauer“)* der Schweine, der Flusspferde oder einiger Primitivhirsche sind ebenso wie die oberen Schneidezähne der Elefanten keine Knochenfortsätze und bevorzugt zum optischen Imponieren vorhanden. Einige Arten benutzen die Hauer auch zum Nahrungserwerb. Das eigentliche *Gehörn* ist von einer Hornscheide umgeben und wird zeitlebens von seinem Besitzer getragen. Das *Geweih* besteht im endgültigen Zustand nur aus Knochensubstanz, wird im Verlauf eines Jahres stets neu gebildet und wieder abgeworfen und weist in aufeinander folgenden Jahren immer stärkere Verzweigungen auf. Das *Bastgeweih* ist äußerst berührungsempfindlich; jeder Kampf damit wird vermieden. Erbliche Defekte, Störungen des Stoffwechsels und Krankheiten, veränderte Hormonlagen und mechanische Verletzungen verändern die reguläre Geweihbildung. Solche Abnormitäten werden häufig in Trophäensammlungen oder Museen ausgestellt.

Medienhinweise

FWU 42 02110 Das Reh – Paarung, Entwicklung der Kitze
FWU 42 02109 Das Reh und seine Umwelt

Literaturhinweise

KURT, F.: Das Reh in der Kulturlandschaft; Parey, Berlin 1991

WAGENKNECHT, E.: Der Rothirsch; Die Neue Brehm-Bücherei, Bd. 129, Westarp Wissenschaften, Hohenwarsleben 1996

Kopfwaffen

Nashorn
(Nasenhorn)

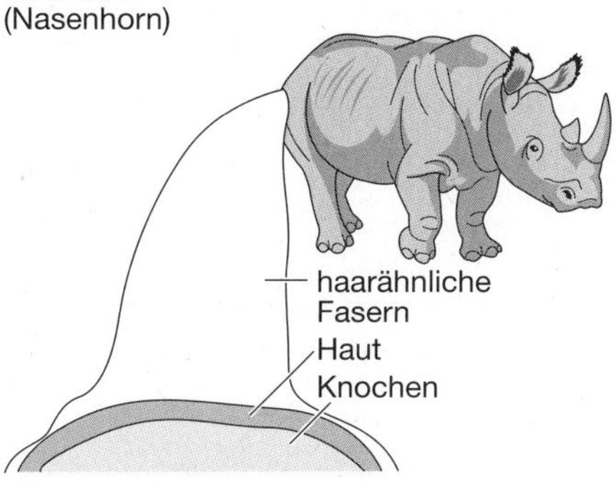

Giraffe
(Knochenzapfen)

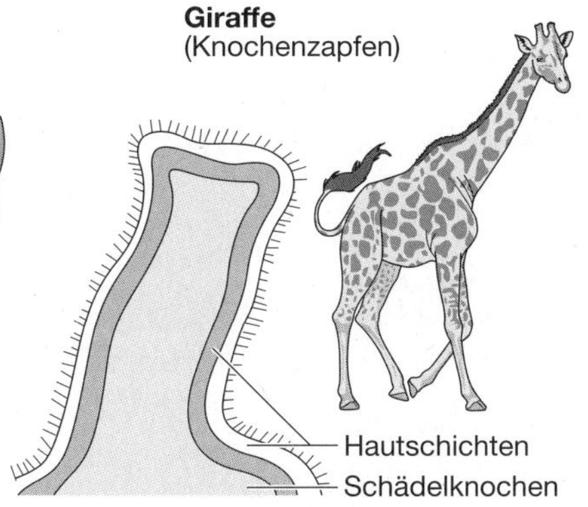

Hirscheber
(Zähne)

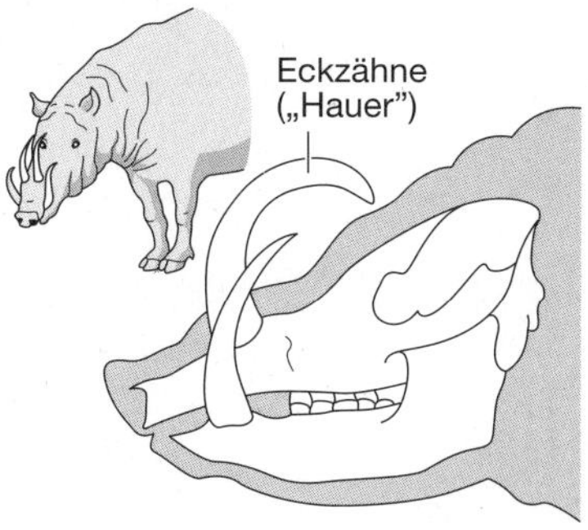

Steinbock
(Gehörn)

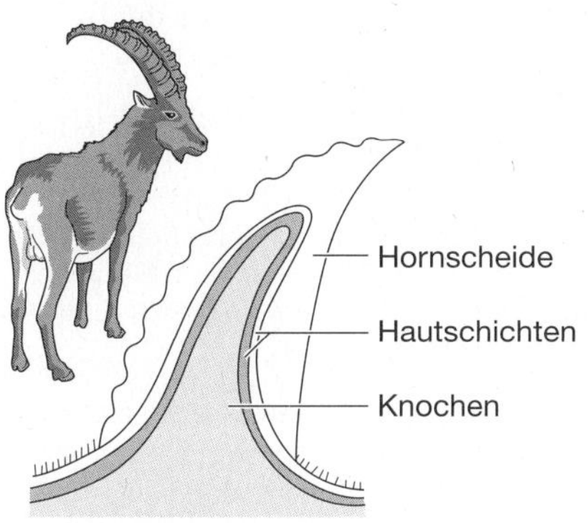

Rotwild
(Geweih)

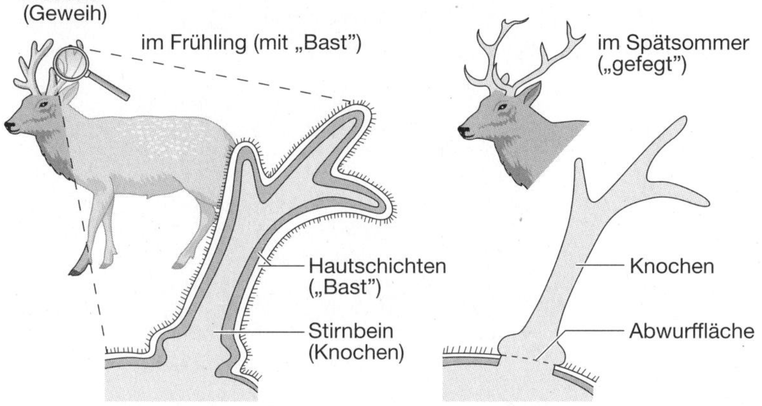

Aufgaben

1. Beschreibe, aus welchen Materialien die „Waffen" am Kopf der Tiere aufgebaut sind.

2. Was bedeutet es, „das Geweih zu fegen"?

3. Wozu benutzen die Tiere die dargestellten Kopfwaffen?

Lexikon: Einheimische Wildtiere

Natura 5/6, Seite 102/103

Arbeitsblatt Seite 125

Diese Angaben können als Hilfe zum Arbeitsblatt verwendet werden.

1. Marderart mit weißem Winterfell.
2. Diese kleinen Bilche gehören trotz ihres Namens nicht zu den Nagetieren.
3. Er ist das tierische Symbol für „Schlauheit".
4. Diese Nagetiere besiedeln fast alle Lebensräume.
5. Ziegenähnlicher Gebirgsbewohner mit Gehörn.
6. Größte einheimische Katzenart, die ausgerottet und in Nationalparks wieder eingebürgert wurde.
7. Vom Aussterben bedrohte Wildziege des Hochgebirges; besitzt Kletterhufe.
8. Er gestaltet Flussläufe um; seine Burg kann er nur unter Wasser erreichen.
9. Ihre Vorfahren sind vor einigen Jahrzehnten aus Pelztierfarmen entwichen.
10. Anpassungsfähiger Kulturfolger, der Bremsleitungen zerstören kann.
11. Er hält einen sehr langen Winterschlaf.
12. Nagetier mit Schwimmhäuten an den Hinterfüßen, das ursprünglich in Nordamerika vorkam.
13. Geweihtragende Waldbewohner aus Ostasien.
14. Diese Insektenfresser sind sehr klein und daher tag- und nachtaktiv.
15. In Erdbauen lebende, koloniebildende Nagetiere des Hochgebirges.
16. Ihr Lebensraum ist durch Begradigung und Verschmutzung von Fließgewässern bedroht.

1) HERMELIN, 2) HASELMÄUSE, 3) ROTFUCHS, 4) WANDERRATTEN, 5) GÄMSE, 6) LUCHS, 7) ALPENSTEINBOCK, 8) BIBER, 9) WASCHBÄREN, 10) STEINMARDER, 11) SIEBENSCHLÄFER, 12) BISAMRATTE, 13) SIKAHIRSCHE, 14) WALDSPITZMÄUSE, 15) MURMELTIER, 16) FISCHOTTER.

Wildtiere als Forschungsobjekte

Nicht nur in Süddeutschland ist der Kleine Fuchsbandwurm epidemisch verbreitet. Jeder fünfte **Rotfuchs** im Nordwesten Brandenburgs besitzt nach einer 1997 veröffentlichten Studie Bandwürmer. Der Mensch ist besonders durch deren Larven gefährdet, die in der Leber zu tödlichen Wucherungen führen können.

Wanderratten – erst im 18. Jahrhundert hier eingeschleppt – verbreiten auf ihren ausgedehnten Streifzügen nicht nur Zecken, sondern damit auch Borrelien. Diese Bakterien verursachen die Lyme-Krankheit *(Borreliose)*. Da Ratten als Kulturfolger in öffentlichen Grünanlagen auftauchen, scheinen sie in den Städten der Hauptüberträger zu sein. Die Wanderratten sind offensichtlich anpassungsfähiger als die im gleichen Lebensraum vorkommende Hausratte.

Das lähmende oder tödliche Gift im Speichel von Insektenfressern ist zwar schon seit altersher bekannt, wird aber erst jetzt genauer untersucht. Aus den Drüsen einer **Spitzmaus** können dafür etwa 200 Milligramm eines Konzentrats für chemische Analysen gewonnen werden.

Die in Mitteleuropa lebenden **Bisamratten** stammen vermutlich von 5 Tieren ab, die 1905 in der Nähe von Prag ausgesetzt wurden.

Im Nationalpark „Uckermärkische Seen" nördlich von Berlin sind **Biber** und **Fischotter** ebenso zuhause wie zahlreiche seltene Vögel und Pflanzen. Weitere Naturschutzreservate entlang der Oder und Neiße im deutsch-polnischen Grenzgebiet sind ebenfalls Refugien für seltene Säugetierarten. Biber aus den Elbauen wurden erfolgreich auch im Spessart und im Saarland wieder eingebürgert.

In aller Welt sind **Wildkatzen** in ihrem Bestand gefährdet. Die Vernichtung der Lebensräume trägt dazu ebenso bei wie die Übertragung tödlicher Hauskatzenkrankheiten auf die Wildbestände. Um den bereits im letzten Jahrhundert weitgehend ausgerotteten **Luchs** wieder anzusiedeln bedarf es großflächiger, naturnaher Lebensräume. Ein derartiges Projekt im Bayerischen Wald wird offensichtlich durch wandernde Tiere aus der benachbarten Tschechischen Republik unterstützt.

Murmeltiere zeigen sich meist wenig scheu, wenn Touristen auf den Wanderwegen an ihren Kolonien vorübergehen. Nur mitgeführte Hunde veranlassen die Nager zu schrillen Warnpfiffen und einer oft länger dauernden Flucht in den Bau. Geschieht dies häufig, haben die Tiere zu geringe Fettreserven für den langen Winterschlaf.

Die Hörner der **Schafe** bestehen aus einem gut durchbluteten Knochenzapfen und einer – mechanisch schützenden – Hornscheide, die keine Wärmeisolierung darstellt. Die für die Heizung des Gehörns notwendige Stoffwechselenergie kann über eine verminderte Durchblutung gedrosselt werden. Wie der **Alpensteinbock** bei den extrem niedrigen Temperaturen in seinem Lebensraum den Wärmeverlust reduziert, ist noch unklar.

Kommen in einem Rötelmaus-Revier **Hermeline** vor, hemmt der intensive Geruch der Raubtiere die Fortpflanzung der Mäuse. Die weiblichen Tiere reduzieren auf diese Art ihre eigenen Überlebenschancen und die Populationsdichte. In kurzer Zeit vermindert dies auch die Populationsdichte der Räuber, sodass mit etwa einem Jahr Verzögerung wieder zahlreiche Mäuse geboren werden.

Literaturhinweise

BURTON, J. A.: Wildtiere Europas; Eichborn, Frankfurt 1994

Medienhinweise

FWU 42 01370 Der Fischotter
FWU 42 00238 Der Fuchs
FWU 42 01539 Der Luchs
FWU 42 02166 Füchse – Jäger und Gejagte
FWU 42 01982 Die Hausspitzmaus
FWU 32 03889 Das Murmeltier
FWU 32 03831 Der Steinbock und sein Lebensraum
FWU 32 03972 Der Steinmarder
FWU 32 02637 Einheimische Bilche
FWU 32 02929 Der Biber

Einheimische Wildtiere

Aufgabe

Trage die Namen der dargestellten Tiere in das Rätsel ein und finde für jedes Tier kurze Beschreibungen, wie sie im Kreuzworträtsel benutzt werden (Umlaute sind ein Buchstabe). Mz. = Mehrzahl

Atmung – Meeressäuger
Delfin
Meeressäuger
Säugetier
Seehund
Wal

Der Seehund – ein Bewohner des Wattenmeeres
Der Delfin – ein Säugetier des Meeres

Natura 5/6, Seite 104/105

! Schülerbuch Seite 105

① Wie könnte der Trainer erreicht haben, dass die Delfine auf Kommando aus dem Wasser springen?

– *Delfine springen häufig auch freiwillig aus dem Wasser. Wenn der Trainer wiederholt im Augenblick des Sprungs ein Signal, wie zum Beispiel einen Pfeifton, gibt und anschließend die Tiere mit Fisch belohnt, werden sie lernen, dass der Pfeifton mit dem Sprung aus dem Wasser und der Futtergabe zusammenhängt. Schließlich kann der Trainer mithilfe dieses Pfeifsignals allein den Delfin zum Sprung veranlassen. Im Laufe des weiteren Trainings können die Signale derart reduziert werden, dass sie von den Zuschauern gar nicht mehr bemerkt werden. Belohnungen sind aber weiterhin notwendig.*

② Delfine gehören zu den Zahnwalen. Es gibt aber auch Bartenwale, die statt der Zähne Hornplatten im Mund tragen. Informiere dich über weitere Walarten und ordne sie den Zahn- oder Bartenwalen zu. Wovon ernähren sie sich jeweils?

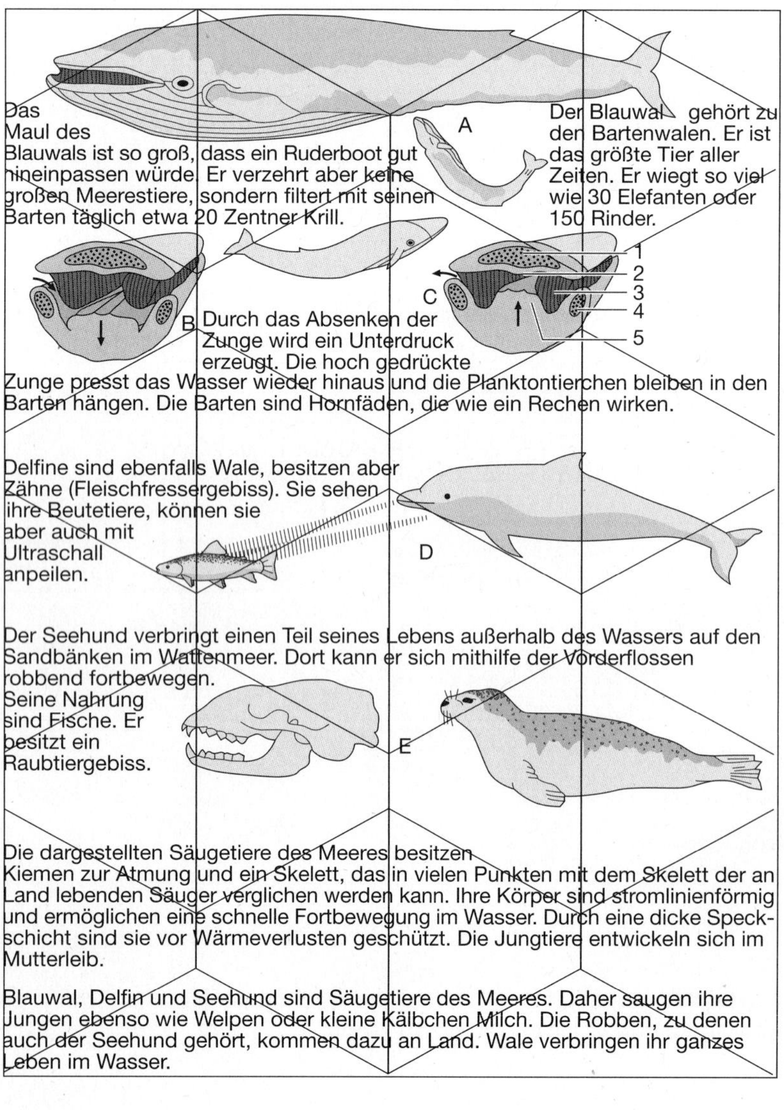

– *Zahnwale:*
Pottwal: große Tintenfische (sogar über 10 m lange Riesenkraken werden gefressen), große Fische (z. B. Haie);
Schwertwal (Orka): Robben, Pinguine, kleine Zahnwale;
Großer Tümmler („Delfin“) und kleiner Tümmler: Fische;
Narwal: Seegurken, Tintenfische, Fische

Bartenwale:
Blauwal, Finnwal, Grauwal, Buckelwal. Die Nahrung des Blauwals, dessen Maul so groß ist, dass in ihm ein Ruderboot bequem Platz hätte, besteht aus tierischem Plankton (Leuchtkrebse, Ruderkrebse, Ruderschnecken = Krill). Ein Blauwal filtert mit seinen Barten täglich 20 Zentner Krill.
Die intensive Jagd führt dazu, dass mehrere Walarten kurz vor der Ausrottung stehen. Damit sich die Bestände wieder erholen können, ist ein allgemeines Fangverbot erforderlich.

Arbeitsblatt Seite 127

1. Beschriftung zu Abb. C:
   1) Schädelknochen, 2) Gaumen, 3) Barten, 4) Unterkieferknochen, 5) Zunge
2. Fehler: statt „Kiemen“ heißt es „Lungen“.

Z Tauchen

Taucht der **Mensch** ohne Schnorchel und Atemgerät, so kommt er mit Atemanhalten (bis zu 3 min möglich) bis zu einer Tiefe von 10 m (Druck bereits verdoppelt!). Limitierender Faktor ist die Sauerstoffversorgung unseres Gehirns. Jenseits von 30 m wird es durch den erhöhten Druck für die Lunge kritisch. Mit Pressluft normaler Zusammensetzung erreicht man 40 bis 50 m, größere Tiefen werden nur durch Zusatz von Helium ausgehalten. Besonders vorsichtig muss das Wiederauftauchen erfolgen, da Gasblasen wie beim Öffnen einer Sektflasche im Blut und Gewebe entstehen und Schäden erzeugen.
Grönlandwal und **Pottwal** können bis zu 1000 m tief tauchen und mehr als eine Stunde unter Wasser bleiben. Die **Weddellrobben** tauchen mehr als 40 Minuten von Atemlöchern aus unter dem Packeis und fangen Dorsche und andere große Fische in Tiefen bis zu 600 m. Sie speichern große Sauerstoffmengen im Blut und in den Muskeln – pro Kilogramm Körpergewicht etwa doppelt so viel wie der Mensch. Beim Menschen befinden sich etwa 36 % des gesamten Sauerstoffs in der Lunge und 51 % im Blut, bei der Robbe hingegen 5 % in der Lunge und 70 % im Blut. Zusätzlich helfen ein höheres Blutvolumen pro Kilogramm Körpergewicht, ein höherer Hämoglobingehalt und eine riesige Milz, die etwa 24 Liter Blut speichern kann und während des Tauchens sauerstoffbeladene Blutzellen abgibt. Außerdem gibt es eine höhere Konzentration des Muskelproteins Myoglobin. In Notsituationen steht den Tieren ein Tauchreflex zur Verfügung, der den Puls verlangsamt und von Zellatmung auf Milchsäuregärung in der Muskulatur umschaltet.

Säugetiere im Meer – Fehlersuche

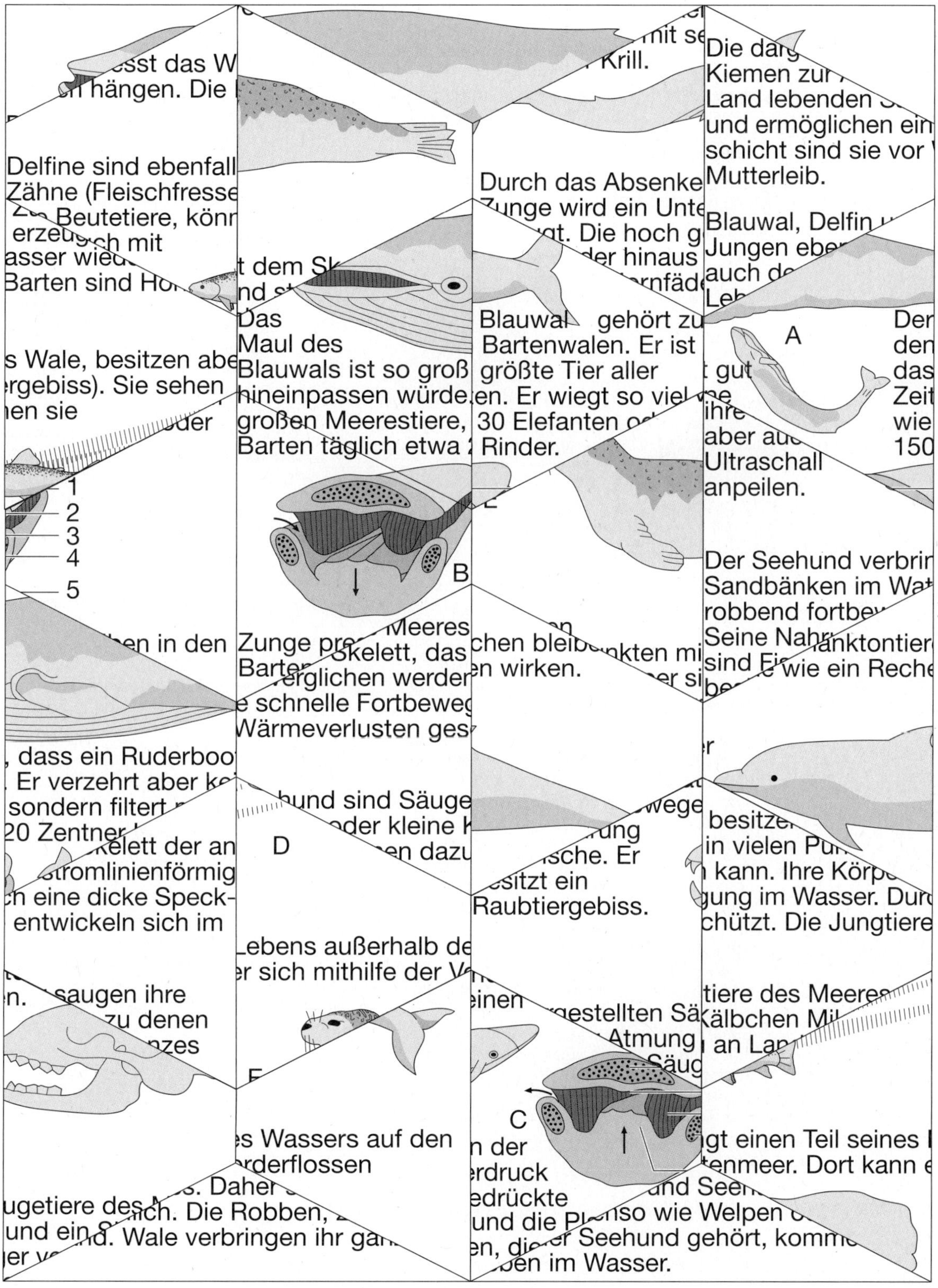

Aufgaben

1. Löse das Puzzle und beschrifte Abbildung C.

2. Im Text ist ein Fehler enthalten. Suche ihn und beschreibe den Sachverhalt richtig.

Tarnfärbung
Verhalten
Zoo

Impulse: Säugetiere im Zoo

Natura 5/6, Seite 106/107

Zum Thema Tarnung

Der *Schabrackentapir* ist ein Beispiel für das „Auflösen der Umrisse durch Fellfärbung." Das ansonsten schwarze Tier hat einen weißen Bauch und einen weißen Rücken, sodass es im Urwald nachts kaum zu erkennen ist. Die Zeichnung des Jungtieres ähnelt dem der Rehkitze oder Frischlinge und hat die gleiche Funktion.

Spielregeln für den Zoobesuch

1. Beachtet bitte die Zoo-Ordnung. Jegliches Füttern ist verboten, da viele Tiere extreme Nahrungsspezialisten sind. Ausnahmen sind nur dort möglich, wo ausdrücklich ein spezielles Futter zum Verkauf angeboten wird.
2. Nehmt Rücksicht! Nicht wild herumrennen, schreien oder die Tiere und andere Besucher stören. Keine Absperrungen überklettern.
3. Abfall und Papier gehören in die dafür bestimmten Behälter.
4. Ihr findet alle Angaben auf den Tafeln an den Gehegen draußen oder auf den Schautafeln in den Häusern. Bitte genau hinschauen und die Tiere in Ruhe beobachten.
5. Tipp an die Gruppen: Teilt euch die Aufgaben auf und arbeitet trotzdem zusammen.
6. Kommt rechtzeitig zum vereinbarten Treffpunkt.

Mit Schülern im Zoo

1. Die zentralen Fragen der Zoo-Rallye (s. Arbeitsblatt) sind nur Beispiele und abhängig vom übergeordneten Thema der Unterrichtseinheit, in die der Zoolehrgang integriert ist.
2. Alternativ können ältere Schüler auch Fragebögen für jüngere gestalten und damit die Zoorallye mit direktem Bezug zum besuchten zoologischen Garten und zur Unterrichtseinheit vorbereiten und begleiten. Hilfen dazu geben die Zooführer oder ähnliche Wegweiser.
3. Häufig werden von den Zooschulen auch bereits fertige Arbeitsbögen, Unterrichtsgänge oder Führungen zu bestimmten Themen angeboten. Sinnvoll ist es, die Arbeitsblätter mit einem Hinweis auf das Verhalten im Zoo zu versehen und eindeutige Treffpunkte für einen bestimmten Zeitpunkt festzulegen.
4. Zum genauen Beobachten regen Arbeitsaufträge zum Zeichnen der Tiere an; dabei kann man Tiere mit wenigen Strichen charakterisieren (s. unten).
5. Aufgaben der Zoos zur Arterhaltung und Züchtung zur Auswilderung können diskutiert werden.
6. Streichelgehege dienen auch als Therapieorte für verhaltensgestörte bzw. behinderte Kinder.
7. Eine Fülle von motivierenden und informativen Anregungen liefert die Twycross-Zoomappe (s. Literaturangaben).
8. In Nachttierhäusern werden vereinzelt Führungen „mit allen Sinnen" angeboten.

Literaturhinweise

Davidow, H.; Krüss, J.; Hölle, E.: Wir zeichnen; Boje-Verlag, Stuttgart 1982

Exotische Tiere: Unterricht Biologie, Heft 2/1997

Jungtiere im Zoo: Medienpaket; Lehrmittelverlag Wilhelm Hagemann, Düsseldorf 1994

Parker, St.: Geheimnisvolle Tierwelt; Gerstenberg Verlag, Hildesheim 1995

Twycross Zoo (Teachers Pack): Im Zoo – eine Aktivmappe (Originaltitel); Verlag an der Ruhr, Mühlheim 1997

Wie man Tiere mit wenigen Strichen zeichnet

Zoo-Rallye

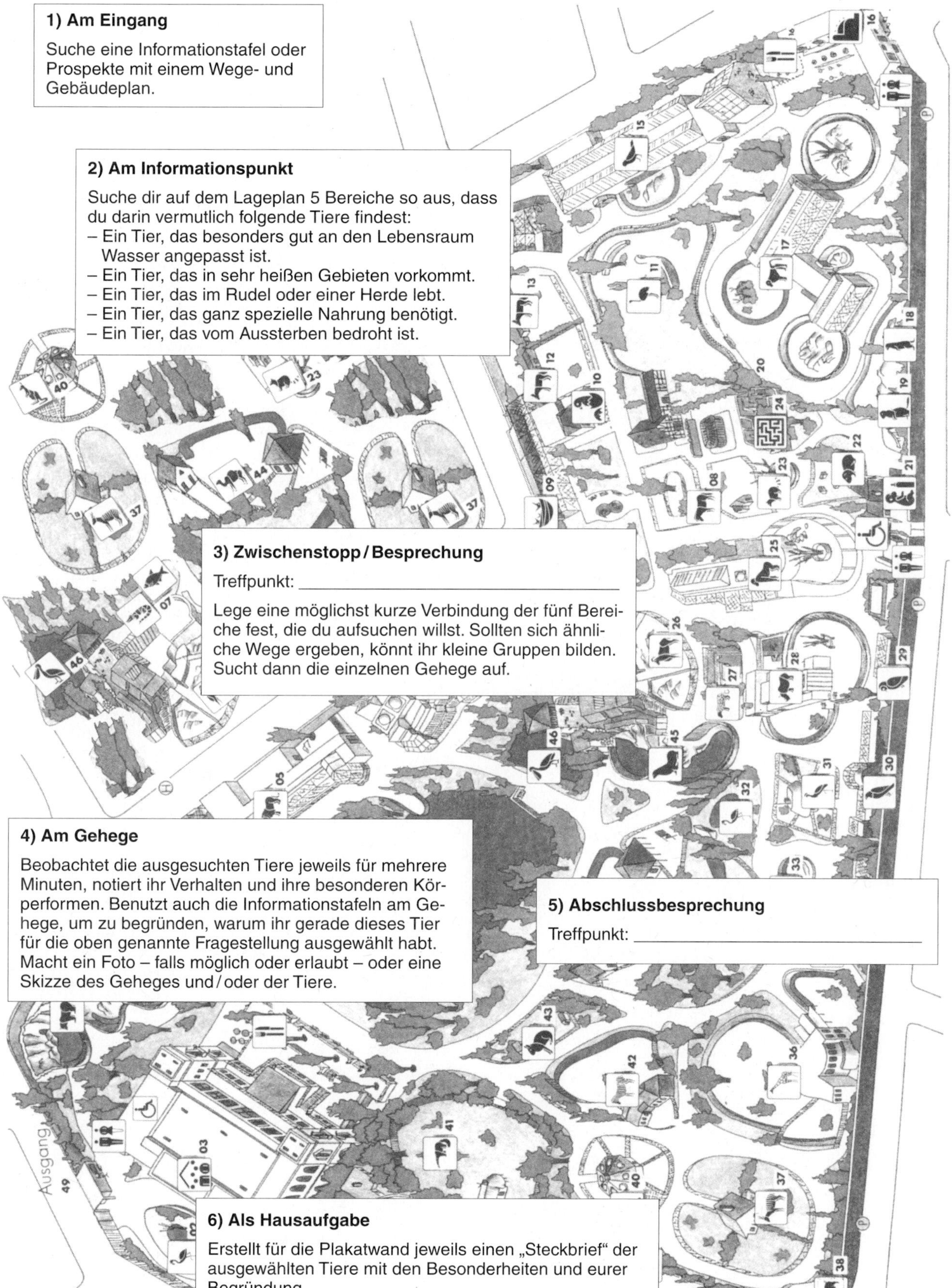

1) Am Eingang

Suche eine Informationstafel oder Prospekte mit einem Wege- und Gebäudeplan.

2) Am Informationspunkt

Suche dir auf dem Lageplan 5 Bereiche so aus, dass du darin vermutlich folgende Tiere findest:
- Ein Tier, das besonders gut an den Lebensraum Wasser angepasst ist.
- Ein Tier, das in sehr heißen Gebieten vorkommt.
- Ein Tier, das im Rudel oder einer Herde lebt.
- Ein Tier, das ganz spezielle Nahrung benötigt.
- Ein Tier, das vom Aussterben bedroht ist.

3) Zwischenstopp / Besprechung

Treffpunkt: ______________________________

Lege eine möglichst kurze Verbindung der fünf Bereiche fest, die du aufsuchen willst. Sollten sich ähnliche Wege ergeben, könnt ihr kleine Gruppen bilden. Sucht dann die einzelnen Gehege auf.

4) Am Gehege

Beobachtet die ausgesuchten Tiere jeweils für mehrere Minuten, notiert ihr Verhalten und ihre besonderen Körperformen. Benutzt auch die Informationstafeln am Gehege, um zu begründen, warum ihr gerade dieses Tier für die oben genannte Fragestellung ausgewählt habt. Macht ein Foto – falls möglich oder erlaubt – oder eine Skizze des Geheges und / oder der Tiere.

5) Abschlussbesprechung

Treffpunkt: ______________________________

6) Als Hausaufgabe

Erstellt für die Plakatwand jeweils einen „Steckbrief" der ausgewählten Tiere mit den Besonderheiten und eurer Begründung.

Huftier
Insektenfresser
Maus
Säugetier
Systematik – Säugetiere

Wie man Säugetiere sinnvoll ordnen kann

Natura 5/6, Seite 108/109

Schülerbuch Seite 108

① Unter den 32 Tieren der Abbildung gibt es noch vier, die gut nagen können. Sie haben allerdings nicht nur 4, sondern 6 Nagezähne: 4 im Ober- und 2 im Unterkiefer. Wie könnte diese Ordnung heißen.
– *Wildkaninchen, Feldhase, Schneehase, Hauskaninchen – Ordnung: Hasentiere*

② In der Mittelspalte sind 8 Fußskelette von verschiedenen Huftieren abgebildet. Wenn du genau beobachtest, hast du zwei weitere Quartette gefunden. Wie heißen diese Huftierordnungen?
– *Ordnung Unpaarhufer: Zebra, Esel, Nashorn, Pferd.*
Ordnung Paarhufer: Rind, Schaf, Schwein, Steinbock.

③ Vergleiche Igel und Maulwurf in Bezug auf ihre Nahrung. Finde einen passenden Namen für diese Gruppe und vervollständige sie zum Quartett.
– *Ordnung: Insektenfresser: Igel, Maulwurf, Feldspitzmaus, Wasserspitzmaus.*

④ Katzen und Hunde besitzen ein Raubtiergebiss. Wenn du zwei weitere Raubtiere findest, hast du das nächste Quartett vollständig.
– *Katze, Hund, Fuchs, Seehund*

⑤ Jetzt bleiben noch acht Tiere übrig. Gruppiere sie zu zwei Quartetten und gib ihnen einen sinnvollen Namen.
– *Delfin, Finnwal, Pottwal, Blauwal: Ordnung Waltiere*
Gorilla, Orang-Utan, Schimpanse, Bonobo: Ordnung Herrentiere (Primaten), Unterordnung Affen, Familie Menschenaffen.

Arbeitsblatt Seite 131

1. A 1, B 2, C 7, D 3, E 6, F 5, G 12, H 4, I 8, K 11, L 10, M 9
2. Känguru: Beuteltier, Maulwurf: (zu B), Gorilla: (zu D), Schneehase: (zu F), Giraffe: (zu L), Elefanten: (zu H), Delfin: (zu G), Nashorn: (zu K) Klippschliefer: (zu J), Eichhörnchen: (zu E) Fledermäuse und Flughunde: (zu C), Löwen: (zu A), Schnabeltier – Eier legende Säugetiere.
3. Schnabeltier: hat zwar Fell und Milchdrüsen, aber für Säugetiere untypische Merkmale, wie Schnabel, Milchfeld statt Zitze und legt Eier. Känguru: hat wie alle Beuteltiere einen Beutel mit darin liegender Zitze für die frühe Entwicklung der Jungen.

Experimente, Modelle

Um die Vielfalt der verschiedenen Säugetierordnungen zu verdeutlichen, kann man in der Klasse gemeinsam ein „Buch“ erstellen, in dem eine Griffleiste mit den Tiersymbolen (alternativ: beschriftetes Register) schnell zu den einzelnen Ordnungen führt. Verschiedene Familien oder Arten werden von einem oder mehreren Schülern nach vorgegebenen Gesichtspunkten bearbeitet. Aus Zeitungen, Zeitschriften und Prospekten kann meist gutes Bildmaterial gesammelt werden. Häufig gibt es einzelne Kinder, die in diesem Alter bereits gerne am Computer schöne Layouts herstellen, sodass das Buch einen geringeren Umfang hat als bei handschriftlichen Versionen (Möglichkeit zur Vervielfältigung für alle). Es sollte sich aber nicht um eine Kopie der gängigen Lexika auf CD-ROM handeln.

Bezeichnungen in der Systematik

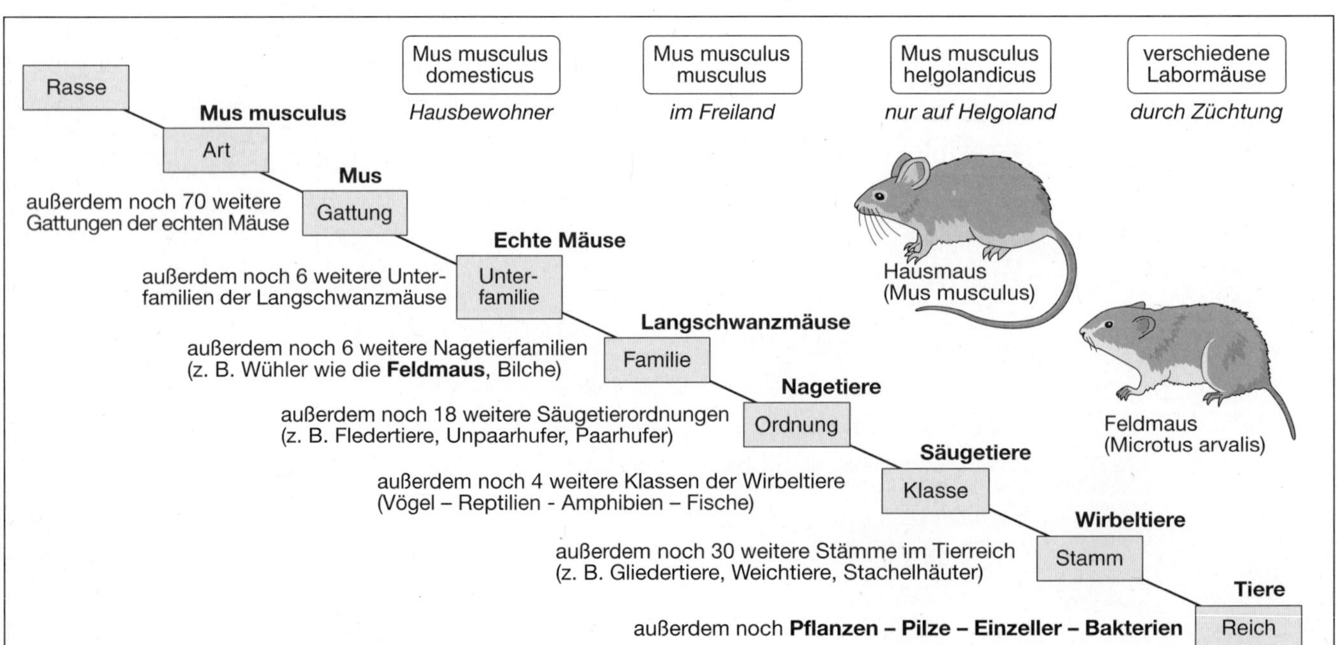

Die Ordnungen der Säugetiere

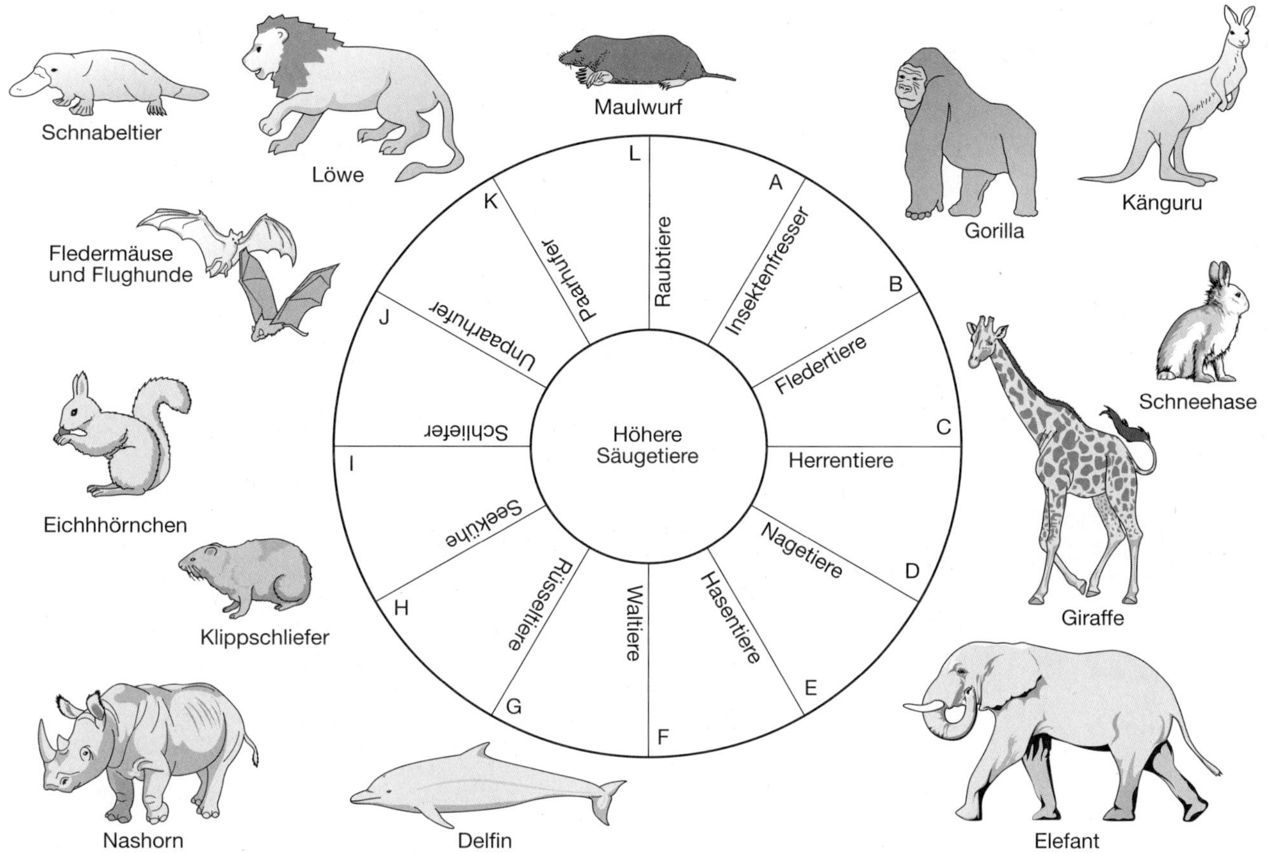

Fleischfresser mit Fang- und Reißzähnen ①	Gebiss zum Aufknacken der Chitinpanzer ②	Greifhände und -füße; Allesfresser ③	Schneidezähne oben als Stoßzähne ④	Pflanzenfresser mit doppelten Schneidezähnen ⑤	Pflanzenfresser mit besonderen Schneidezähnen ⑥
Flughaut, Echolot; Nahrung vielfältig ⑦	leben im Wasser; Pflanzenfresser; keine Eckzähne ⑧	Zehenspitzengänger mit zweigeteiltem Huf ⑨	Pflanzenfresser mit großem Blinddarm ⑩	wenig bekannte Wiederkäuer; Sohlengänger ⑪	leben im Wasser; fressen andere Tiere ⑫

Milchabgabe nicht aus Zitzen, sondern Milchfeld; legt Eier ⑬	winzige Neugeborene, die sich im Beutel entwickeln ⑭

Aufgaben

1. Im Kreis sind verschiedene Ordnungen der eigentlichen Säugetiere (A – L) genannt, die unter 1 bis 12 beschrieben werden. Schneide den Kreis und die Beschreibungen aus. Klebe die jeweils zutreffende Beschreibung zu jeder Ordnung.

2. Schneide die dargestellten Tiere ebenfalls aus und finde mithilfe des Biologiebuches heraus, wo man sie einordnen kann. Klebe sie entsprechend auf.

3. Begründe, warum das Schnabeltier oder das Känguru nicht zu den höheren Säugetieren gehören. Die Angaben 13 bis 14 helfen dir dabei.

____

____

Fliegen
Fortpflanzung – Vogel
Körperbau – Vogel
Skelett – Vogel
Taube
Vogelflug

Vögel

1 Kennzeichen der Vögel

Angepasstheiten des Vogelkörpers an den Flug

Natura 5/6, Seite 112/113

Während das Gabelbein aus verwachsenen Schlüsselbeinen entsteht, ist das Rabenbein eine vogeltypische Neukonstruktion. Es ist der kräftigste Knochen im Schultergürtel und bildet eine Strebe, die verhindert, dass die Brusthöhle durch die Kontraktion der Flugmuskulatur zusammengedrückt wird.

Schülerbuch Seite 113

① Fasse die Angepasstheiten des Vogelkörpers und ihre Bedeutung in einer Tabelle zusammen.

– *Form: Stromlinienförmiger Körper; leichte Federn, sie bilden Flügel und Schwanz.*
Kopf: Hornschnabel; keine Zähne (Gewichtsersparnis); Hals gut beweglich.
Rumpf: steif durch die Verwachsung der Brust- und Lendenwirbel; Brustbein mit Kamm zum Ansatz der Flugmuskulatur; Schultergürtel durch Gabelbeine und Rabenschnabelbeine verstärkt; Vordergliedmaßen zu Flügeln umgebildet, deshalb zweibeinige Fortbewegung.
Schwanz: trägt die Steuerfedern.
Organe: gute Lunge mit Luftsäcken; Herz ist größer als bei den Säugern; Weibchen legt Eier ab und brütet, d. h. es ist beim Fliegen nicht belastet.
Skelett: Röhrenknochen luftgefüllt (an die Luftsäcke angeschlossen); Schädel, Schulter- und Beckengürtel aus dünnen, aber festen Knochen.

② Welche wilden Taubenarten bewohnen neben den Haustauben unsere Städte? Schlage in einem Vogelbestimmungsbuch die Merkmale im Vergleich zu denen der Haustauben nach. Berichte.

– *Vor allem die Türkentaube, in Norddeutschland auch die Ringeltaube. In größeren Parks findet man auch die Hohltaube. Unterschiede:*
  - *Verwilderte Haustauben: Vorfahren stammen von der Felsentaube ab; deutlich kleiner als Ringeltaube*
  - *Hohltaube: Gesamtfärbung taubengrau*
  - *Türkentaube: kleinste der drei Arten; schlank und hell mit schmalem schwarzem „Halsband“*
  - *Ringeltaube: größte einheimische Taube, besitzt weißen Flügelstreifen; Altvögel mit hellem „Halsring“*

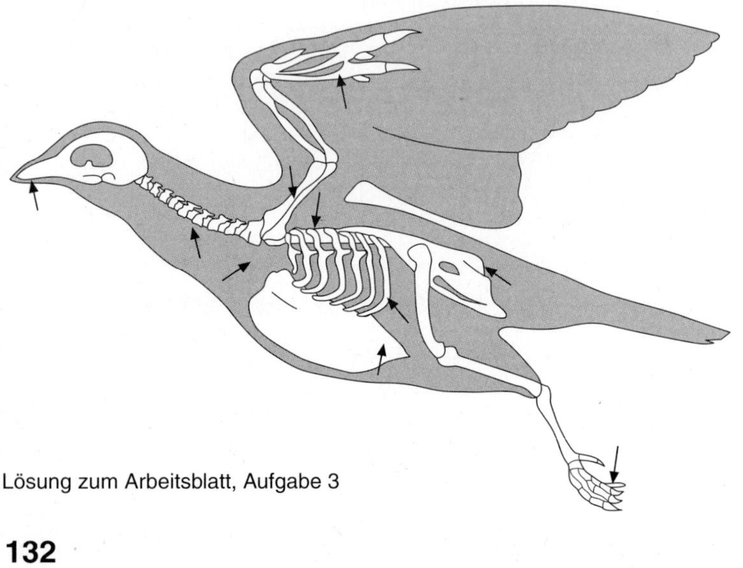

Lösung zum Arbeitsblatt, Aufgabe 3

Schülerbuch Seite 113 (Kasten)

① Welche Maßnahmen zur Verringerung der Taubenzahl sind euch bekannt? Diskutiert in der Klasse mögliche Auswirkungen.

– *Fütterungsverbot für Tauben; Anstechen der Eier, sodass diese umsonst bebrütet, aber keine neuen nachgelegt werden; Beimischung von Medikamenten ins Futter, sodass die Bildung von Eiern gehemmt wird.*

Arbeitsblatt Seite 133

1. Die obere Darstellung (A) ist richtig.
2. Die Fehler betreffen den Schnabel, die Wirbelsäule, das Gabel- und Rabenschnabelbein, den Oberarmknochen, die Hand mit den Fingern, das Schulterblatt, die Rippen, das Brustbein, die Schwanzwirbel und die Zehen (siehe Abb.).
4. Das *Handskelett* ist auf wenige Knochen reduziert, die den Handschwingen Festigkeit verleihen. Im *Rumpfskelett* fällt das vergrößerte Brustbein, das Gabel- und Rabenschnabelbein und der starr ansetzende Beckengürtel auf. Die insgesamt feste Konstruktion dient als Ansatzstelle und Widerlager für die Flugmuskulatur und ist Behältnis für die inneren Organe.

Antibabypille für Tauben

Die Taubenplagen in Großstädten sollen jetzt mit einer langfristig wirksamen „Antibabypille“ bekämpft werden. Nachdem vor einigen Jahren eine zytostatikahaltige Pille wegen ihrer Nebenwirkungen vom Markt genommen wurde, ist nun ein Material entwickelt worden, das den Mahlkräften im steinehaltigen Taubenmagen widersteht und für einige Wochen oder Monate die Nachwuchsrate drastisch senkt.

Medienhinweise

FWU 42 00466 Flug in der Natur
FWU 42 02107 Technik des Vogelflugs
FWU 42 01774 Flugkünstler und Bruchpiloten
Klett 027661 Folienbuch Vögel (Folien 1, 2)

Literaturhinweise

Bezzel, E. U., Prinzinger, R.: Ornithologie; UTB, Stuttgart 1990
Bezzel, E.: Vögel (Handbuch); BLV, München 1996
Claus, R. Haala, G.: Arbeitsblätter Vögel; Klett, Stuttgart 1987

Vogelskelett (Fehlersuchbild)

A

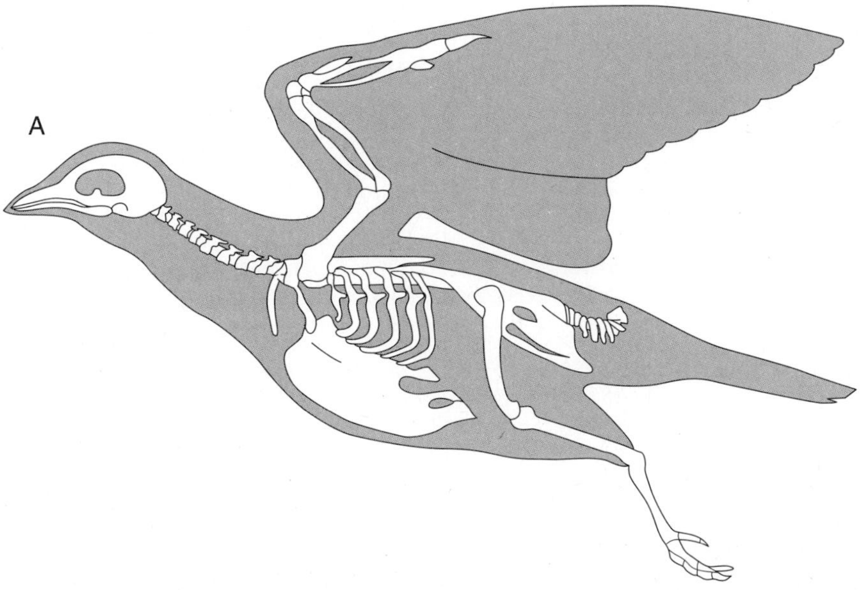

B

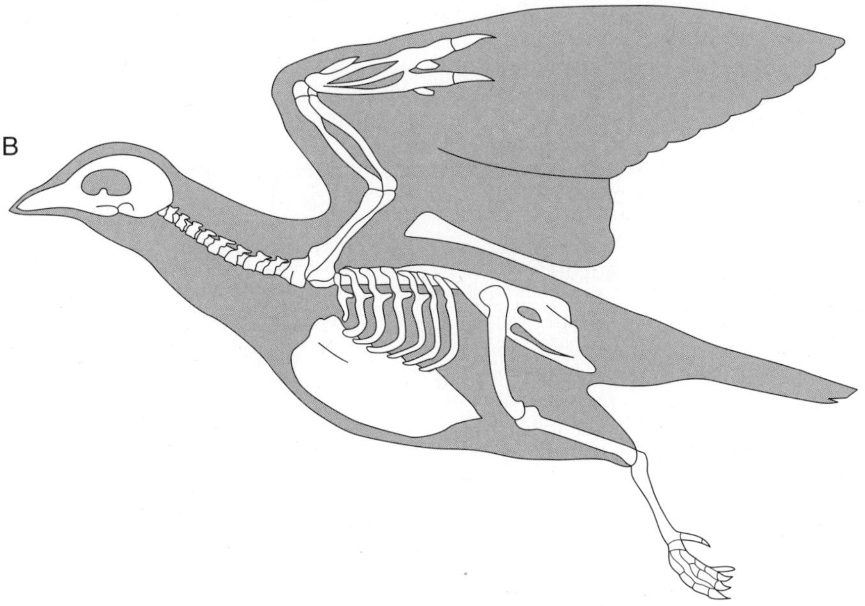

Aufgaben

1. Vergleiche die Abbildungen mit der Darstellung im Buch. Welche Darstellung ist richtig? ______________

2. Schaue die Abbildungen genau an und kreise in der falschen Darstellung die 10 Fehler ein. Beschrifte die fehlerhaften Skelettteile.

3. Male in der richtigen Darstellung die Skelettbereiche mit den gleichen Farben wie im Buch aus.

4. Vergleiche das Skelett des Vogels mit dem des Hundes. Notiere die Unterschiede und suche nach Gründen für die Besonderheiten beim Vogelskelett.

____

____

____

____

____

Wie Vögel fliegen
Praktikum: Federn und Vogelflug

Natura 5/6, Seite 114/115

Flügelschläge pro Minute

Schwan	162
Amsel	336
Mauersegler	720
Sperling	780

Fluggeschwindigkeit in km pro Stunde

Sperling	45
Schwan	50
Brieftaube	80
Mauersegler	180

Schülerbuch Seite 115 (Ergänzungen)

1. Der Stoff, aus dem die Federn sind
Verbrennt man Hornspäne von Pferdehufen oder Kuhhörnern und Haare, so entsteht ein ähnlicher Geruch wie bei einer verbrannten Feder. Horn, Federn und Haare sind Bildungen der Haut und enthalten ähnliche Substanzen.

2. Wie schwer ist eine Feder?
Eine Steuerfeder wiegt z.B. etwa 0,13 g, das Papierstück 0,25 g. Das gleich schwere Papierstück hat nur etwa die Hälfte der Fläche einer Feder.

3. Wie sind die Federn aufgebaut?
Der Feinbau einer Feder ist auf Seite 112 im Schülerbuch abgebildet. Da eine Schwungfeder luftundurchlässig ist, brennt die Kerze weiter. Bläst man durch ein Woll- oder Baumwolltuch, so erlischt die Kerzenflamme.

5. Halten die Federn Wärme?
Die Wärmeisolation durch das Federkleid ist für Vögel mit einer Körpertemperatur von ca. 40 °C besonders im Winter wichtig. Für Wasservögel ist die große Bedeutung eines trockenen, Wasser abweisenden Federkleides hervorzuheben.

6. Was bewirkt der Flügel eines fliegenden Vogels?
- Ergebnis des ersten Versuchs: Strömt Luft über das Blatt, so wird es angehoben.
- Ergebnis des 2. Versuchs: Der Vogelbalg wird angehoben, die Waage zeigt ein geringeres Gewicht an.
- Deutung: Papier und Flügel sind im Querschnitt gewölbt. Daher strömt die Luft schneller über die Oberseite. Auf der Unterseite ist die Strecke kürzer, deshalb strömt dort die Luft langsamer. Dadurch entsteht ein Auftrieb, der den Flügel nach oben drückt.
- Der Rauch macht den Verlauf der Luftströmung sichtbar.

7. Warme Luft und Fliegen
In der warmen Luft der Kerze werden die Daunenfedern nach oben getragen. So können Vögel in aufsteigender Warmluft ohne Flügelschlag im Segelflug emporsteigen.

Arbeitsblatt Seite 135

1. *Gleitflug:* Flug mit ausgebreiteten Flügeln; der Vogel verliert dabei an Höhe.
   Segelflug: Flug mit ausgebreiteten Flügeln; der Vogel lässt sich durch Thermik oder Aufwind bis zur nächsten Gleitphase emportragen. Beide Flugformen sind schlagfrei und wenig energieaufwändig.
2. Segeln (grün markiert) in den Spiralen, Gleiten (rot markiert) zwischen den Aufwärtsphasen.
3. Aufsteigende Luft an Berghängen oder über bestimmten Landschaftsbereichen, geeignete Flügelform, Gewicht muss auf Flügelfläche abgestimmt sein.
4. *Ruderflug:* Beim Auf- und Abschlag werden Fläche und Form der Flügel ständig verändert. Dadurch wird die wirksame Tragfläche vergrößert und verkleinert.
   Schwirrflug: Die Flügelspitzen beschreiben eine liegende Acht, die den Vogel wie bei einem Hubschrauber nach oben zieht.
   Anmerkung: Da Auf- und Abtrieb in unterschiedlicher Weise beteiligt sind, wurde hier vereinfacht von „Wind" gesprochen. Man kann die Komponenten aber auch thematisieren (s. Projekt).

Rüttelflug

Der *Rüttelflug*, den z.B. der Gartenrotschwanz und verschiedene Greifvogelarten zeigen, ist extrem energieaufwändig und folgt nicht der Mechanik des Schwirrflugs. Das kurzfristige Auf-der-Stelle-Fliegen wird bei Gegenwind durch Kompensieren der Vortriebskomponente erreicht; in unbewegter Luft gleicht der Vogel durch die Flügel- und Schwanzbewegungen nur das Absinken aus.

Literaturhinweise

Burton, R.: Vogelflug – Aerodynamik, Anatomie, Anpassung; Franckh Kosmos, Stuttgart 1991
Dalhoff, B.; Hemming, U.: Projektplanung: Vögel/Winter; Klett, Stuttgart 2000

Fluggeräusche

Durch die Reibung der Luft am Gefieder und der einzelnen Federn gegeneinander entstehen für viele Vogelarten typische Fluggeräusche. Besonders auffällig ist dies bei tief fliegenden Schwänen, Stockenten und Tauben. Im Unterschied dazu fliegt die Schleiereule völlig geräuschlos. Grund dafür ist die Struktur ihrer Schwungfedern: Sie sind am Rand fein gezähnt und ihr Material ist dünn und elastisch. Die Schwungfedern der Schwäne besitzen demgegenüber einen scharfen Rand und bestehen aus festerer Hornsubstanz.

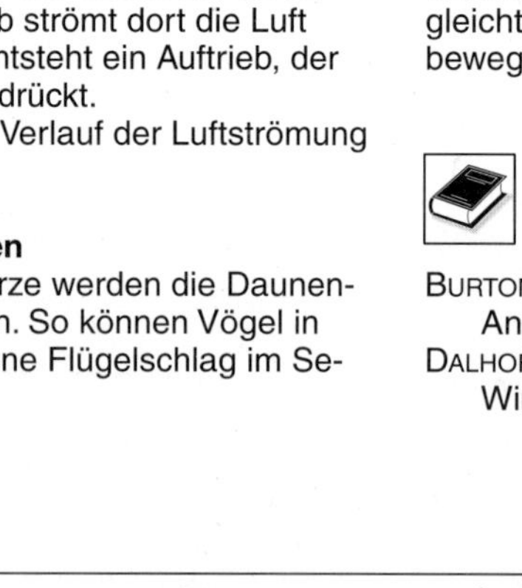

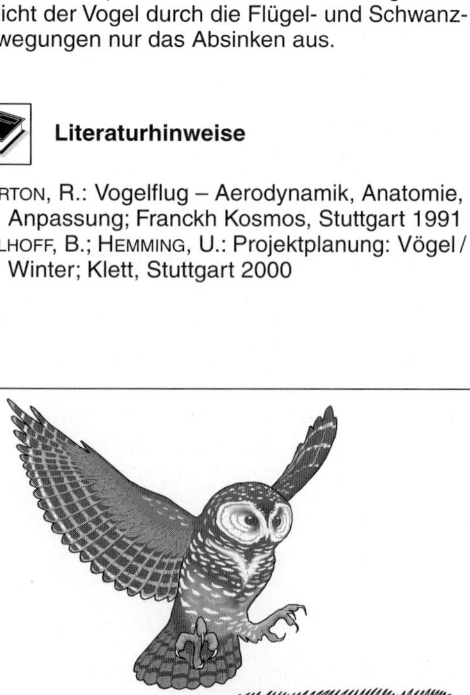

Flugarten

Viele Vögel sind in der Lage, sowohl gut zu fliegen als auch gut zu tauchen, zu schwimmen oder zu laufen. Mit wenigen Ausnahmen sind aber alle Vögel durch ihre vielseitige Fortbewegung am besten an den Lebensraum Luft angepasst. Dabei werden verschiedene Flugformen eingesetzt.

Aufgaben

1. Beschreibe kurz die wesentlichen Kennzeichen des Gleitflugs und des Segelflugs.

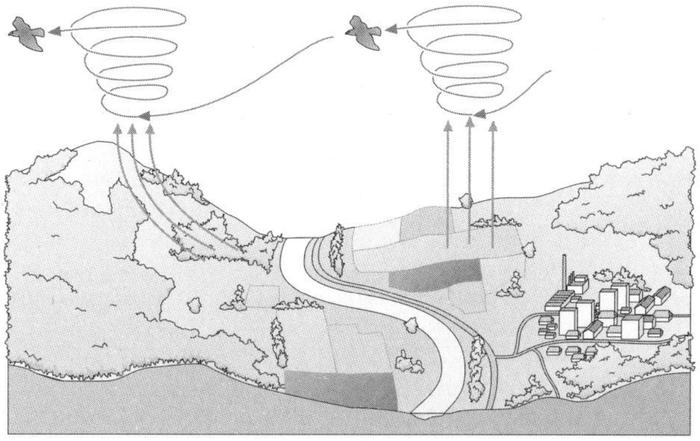

2. Markiere in der Abbildung mit unterschiedlichen Farben, in welchen Phasen der Vogel gleitet (rot) und wo er segelt (grün).

3. Nenne Voraussetzungen für den Segelflug.

4. Ruderflug (Abb. oben) und Schwirrflug (Abb. unten) sind aktive Flugarten, durch die sich der Vogel den für die Fortbewegung wichtigen „Wind" selbst erzeugt. Nenne die wesentlichen Kennzeichen der beiden Flugformen.

Der auf Kuba lebende **Hummelkolibri** ist mit 6 cm Gesamtlänge und 2 g Gewicht der kleinste Vogel der Erde. Kolibris ernähren sich überwiegend von Nektar. Während der Nahrungsaufnahme stehen sie im Schwirrflug fast senkrecht vor den Blüten. Die Flügel schlagen dabei bis zu 4600-mal pro Minute waagrecht hin und her. Mit der seitlich eingerollten Zunge wird der Nektar über den langen, dünnen Schnabel wie mit einem Strohhalm eingesaugt.

Projekt: Fliegen (1)

Fliegen, Flugmodelle, Vogelflug

Flugmodelle aus Papier, Flugzeuge, Flugleistungen von Tieren und Experiment zum Fliegen sind nicht nur motivierende Unterrichtsgegenstände, sondern sie laden auch zum Vergleichen, Forschen und Präsentieren ein.

Papierflieger

Flieger mit Phantasienamen wie „Schwalbe“ oder „Concorde“ lassen sich nach verschiedenen Anleitungen nur aus einem Bogen Schreibpapier basteln und vermitteln Grundkenntnisse zur Aerodynamik. So lässt sich beispielsweise erkennen, dass dem Eigengewicht des Papiers eine ausreichend große Auftriebsfläche gegenüberstehen muss, dass der Auftrieb allein nichts nützt und dass sich geringe Bastelfehler schnell als „Bremsfallschirm“ auswirken.
Sind verschiedene Modelle oder mehrere Flieger gleicher Bauart vorhanden, lassen sich unterschiedliche Flugspiele dazu veranstalten:

- Weitflugwettbewerbe,
- Langzeitflüge von höher gelegenen Stockwerken aus (mit Stoppuhr),
- in der Halle ein Zielflugwettbewerb
- Umfliegen eines Hindernisses

BOTERMANS, J.: Flieger aus Papier (dtv-Spiele). Hugendubel, München 1983
MANDER, J., DIPPLE, G., GOSSAGE, H.: Papierflieger – Modelle zum Selberfalten.Hugendubel, München 1994

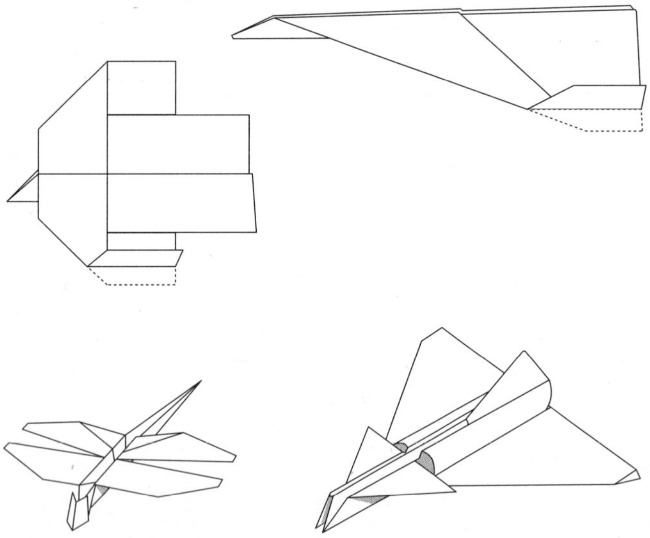

Drachen

Welche Modelle am besten fliegen, am schönsten sind oder sich am einfachsten starten und lenken lassen, ob Schlitten-, Schlangen-, Kasten- oder Delta-Drachen bevorzugt werden und wie man Drachengespanne baut, überlässt man den Konstrukteuren am besten selbst. Für eine Projektpräsentation im Raum – und falls Kosten für Materialien eingespart werden müssen – eignet sich eine verkleinerte Modelldarstellung, in der man mit einem Kaltluftfön die nicht immer vorhandenen Herbststürme simuliert. Anregungen für die Konstruktionen findet man unter anderem in

BACKES, W.: Drachen – einfach und schnell gebaut. Urania-Ravensburger, Berlin 1998

Frisbee

Mit verschiedenen Scheiben oder flugfähigen Ringen kann man unterschiedliche Wurftechniken ausprobieren. Durch Vergleich mit einfachen (flachen) Scheiben bzw. Umdrehen der Frisbeescheibe lässt sich eine genauere Erklärung zur Bedeutung der Luftströmung finden. Der Vergleich mit einem Kreisel kann die Flugstabilität erklären helfen.

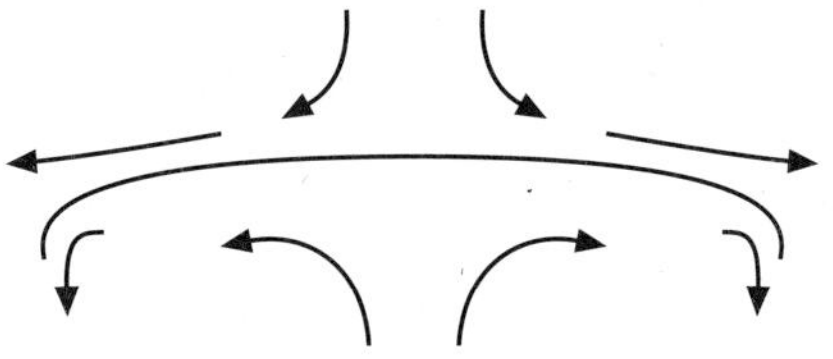

Luftströmungen während der Drehung

Physik des Fliegens

Die Flugmodelle können – eventuell in Kooperation mit dem Physiklehrer – für physikalische Experimente genutzt werden:
- Auftrieb oder Luftwiderstand (gemessen mit Feder- bzw. Briefwaage)
- Verhältnis Masse / Gleitzahl bei formgleichen Flugobjekten (Waage)

Drehflügler

Dies ist kein Flugzeug. Er zeigt verblüffende Ähnlichkeiten mit einem Hubschrauber. Leistungsfähige Modelle dazu sind Schraubenflieger, Schraubenflügler oder Doppelrotormodelle mit Gummimotor. Hier bietet sich ein Vergleich mit Flugsamen an (s. Seite 225).

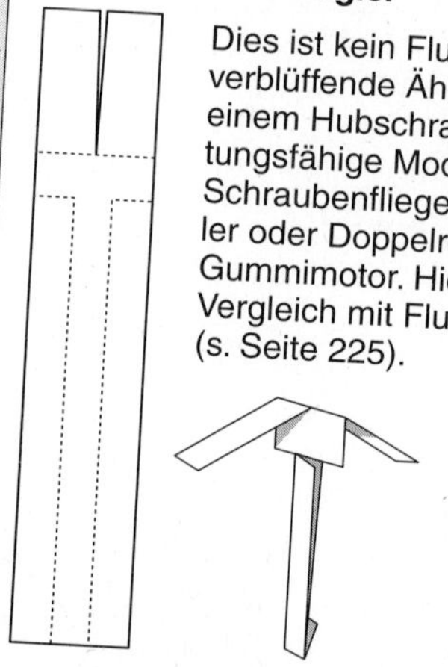

DIEM, W.: Flugobjekte zum Selberbauen. Hugendubel, München 1993

Für eine Wandzeitung

Frühe Flugapparate

Mythische Vorstellungen begleiten das Fliegen: „Fliegen wie ein Vogel" wollten DÄDALUS und sein Sohn IKARUS, um aus dem Labyrinth des Königs MINOS zu entkommen. Aus Adlerfedern, Wachs und Holzstäben sollen sie der griechischen Sage nach die ersten Flugapparate konstruiert haben. Das fliegende Pferd PEGASUS soll zum Himmel aufgestiegen und zum Sternbild geworden sein. Ebenso „hochfliegende" Träume hatte wohl LEONARDO DA VINCI (1452–1519) beim Betrachten des Vogelflugs. Er malte nicht nur die Mona Lisa, sondern entwarf auch Schwingenflugzeuge, Hubschrauber und einen Fallschirm auf dem Papier. Gebaut wurde aber kaum einer seiner Apparate.

BECHTEL, A.: Vom Zauber alter Flugmaschinen. Rombach, Freiburg 1983

Heißluftballons

Die Brüder MONTGOLFIER starteten 1783 in Paris einen Heißluftballon: Passagiere waren ein Hammel, ein Hahn und eine Ente. Erst später wagten sie sich selbst in einen aus Stoff und Papier gebauten Ballon, der über einem großen Feuer mit heißer Luft gefüllt wurde. Vermutlich gab es aber schon bei den Vorläufern der Inkas vor mehr als 2000 Jahren Heißluftballons, die auf Schilf aufgebahrte Leichen auf das Meer hinaus brachten. Kleine Ballonmodelle lassen sich aus Mülltüten basteln; der Auftrieb wird von einem Haartrockner erzeugt. Spezialisten halten sich an entsprechende Bastelbücher.

NAHUM, A.: Flugmaschinen. Gerstenberg, Hildesheim 1992

Fallschirme, Segelfugzeuge, Drachenflieger und Paragliding

Als Begründer der modernen Flugtechnik gilt OTTO LILIENTHAL (1848 – 1896). Am Modell des Storchenflügels erkannte er grundlegende Zusammenhänge zum Schwingenflug. In mehr als 2000 Gleitflügen testete er seine Flugapparate und stürzte schließlich 1896 bei einem dieser Flugversuche in böigem Wetter ab. Seine maßstabsgetreue Zeichnung (siehe nächste Seite) könnte man vergrößert kopieren und aus Depronplatten und Holzleisten als Storchen-Flugmodell basteln. Material lässt sich beschaffen über die Baumärkte, Bastelgeschäfte oder die Firma Opitec, Postfach 20, 97232 Giebelstadt-Sulzdorf.

LILIENTHAL, O.: Der Vogelflug als Grundlage der Fliegekunst (Berlin). Oldenburg, München 1995
Zusätzlich: Drachenflieger etc.

Museumsbesuch

Zeppelin

FERDINAND GRAF VON ZEPPELIN (1838 – 1917) vollendete 1895 die erste Konstruktion eines „Starrluftschiffes". Eine gasgefüllte, von innen versteifte Hülle und Motorengondeln mit „Propellern" ermöglichen einen kostengünstigen Flug mit geringer Geschwindigkeit.

Zu Gast im Zeppelin; (hrsg. vom Zeppelinmuseum Friedrichshafen), Weingarten 1998

Hubschrauber

Ein Fluggerät, das wie ein Kolibri in der Luft stehen kann und oft als der „fliegende Teppich" der Luftfahrt bezeichnet wird, kann helfen, zwischen Auftrieb und Vortrieb oder Rotor und Propeller zu unterscheiden.

BESSER, R.: Technik und Geschichte der Hubschrauber. Bernhard u. Graefe, Bonn 1996

Weitere Museen:
Deutsches Museum, München
Museum Technik und Verkehr, Berlin
Auto- und Technikmuseum, Sinsheim

Spiele, Film, Studientag

Ein Sportflugzeug hebt bei 40 km/h von einer Graspiste ab, ein Jumbo mit einem Gewicht von 250 t braucht dazu eine Betonpiste und 300 km/h. Die physikalischen Hintergründe dazu sind in dieser Altersstufe nicht von Interesse, wohl aber die verschiedenen Flugzeugtypen. Der Beginn dieser Entwicklung ist auf unterhaltsame Weise im Film „Die tollkühnen Männer in ihren fliegenden Kisten" dargestellt; zahlreiche Quartette widmen sich technischen Einzelheiten. Nahe gelegene Flughäfen bieten oft auch Führungen für Schulklassen an. Für Interessierte kann über die Lufthansa Material für eine Ausstellungswand besorgt werden. Möglich ist auch, an die Flugangst vieler Menschen anzuknüpfen oder an immer wieder beschriebene Unfälle mit Paragleitern.

HEEPMANN, B.: Flug und Fliegen. Vom Ballon zum Airbus. Cornelsen, Berlin 1996

Flieger oder Schwimmer

Sind Luftkissenboote und Tragflügelboote Schiffe oder Flugzeuge? Die Diskussion dieser Frage lenkt die Aufmerksamkeit auf die Rolle des Widerstandes (hier Wasser und Luft im Vergleich).

Zuordnungsspiele

Der Vergleich von technischen oder selbst gebauten Fluggeräten mit Fliegern im Tier- und Pflanzenreich kann spielerisch auf unterschiedliche Weise erfolgen:

- Flugrekorde gegenüberstellen;
- Memory aus Flugobjekten;
- Versuch, möglichst naturgetreu ein biologisches Flugobjekt nachzubauen.

Projekt: Fliegen (2)

Fliegen, Flugmodelle, Insektenflug, Konvergenz, Mikroskop, Vogelflug, Zoo

Flugtypen

Der bei Tieren seltene *passive Flug* wird vom Wind und/oder der Schwerkraft angetrieben. Das „Luftplankton“ nimmt nur durch die Konstruktion der Tragfläche (z. B. Fäden junger Spinnen beim „Altweibersommer“) Einfluss.
Beim *aktiven Flug* hingegen investiert das Tier Energie; im einfachsten Fall ist es das Aufsuchen eines erhöhten Startplatzes, von dem aus ein *Gleitflug* in die Tiefe möglich ist. Werden dabei Luftbewegungen zum Kompensieren der Schwerkraft genutzt, spricht man vom *Segelflug*. Beim *Kraftflug* werden Vor- und Auftrieb durch Eigenbewegungen erzeugt, die Flügel sind Tragflächen und Propeller zugleich. Er kann ein Ruder-, Rüttel- oder Schwirrflug sein und in Gleit- oder Segelflug übergehen. Die energetischen Kosten sind beim Kraftflug sowohl bei hoher wie auch bei sehr niedriger Geschwindigkeit groß.

Die Schüler können Beispiele aus dem Tierreich und aus der Technik zuordnen.

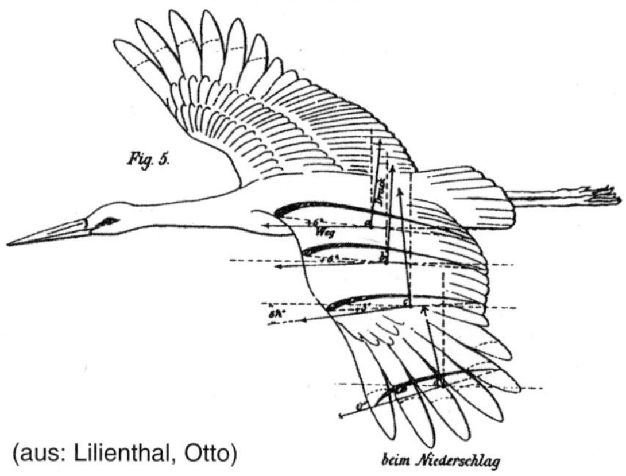

(aus: Lilienthal, Otto)

Hagemann I. & F. Steininger (Hrsg.): Alles was fliegt; Kleine Senckenbergreihe Nr. 23; Palmengarten Sonderheft, Frankfurt 1996

Zoobesuch: Fliegende Wirbeltiere ohne Federn

Fliegende Fische nehmen im Wasser „Anlauf“ und benutzen die Flossen zu Gleitflügen. Manche Kalmare stoßen das Wasser aus dem Mantelraum und bewegen sich wie eine Rakete nach dem Rückstoßprinzip aus dem Wasser. Die „Beilbäuche“, südamerikanische Salmler, fliegen mithilfe der sichelförmigen Brustflosse mehrere Meter weit. Ein baumbewohnender Flugfrosch Ostasiens benutzt die Schwimmhäute als Fallschirme. Ähnlich arbeitet der Fluggecko mit Hautfalten an Schwanz und Rumpf. Die ausgestorbenen Flugsaurier beherrschten sogar den Kraftflug, ähnlich den heute noch lebenden Fledertieren. Gleitflieger sind Flughörnchen, Flattermaki und Flugbeutler. Galagos benützen bei ihrem Extremweitsprung die Luft als Transportmedium.

Bei einem Zoobesuch können die Schüler die verschiedenen Flugtypen beobachten und zu erklären versuchen.

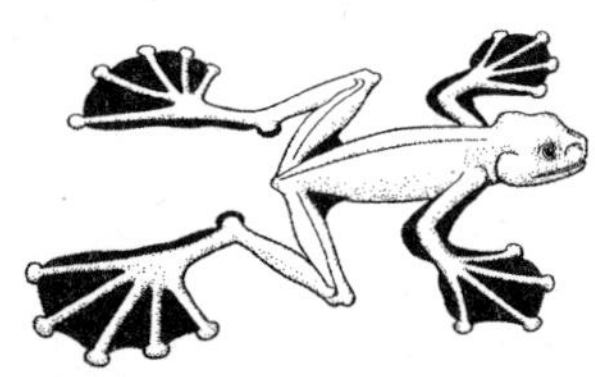

Flugfrosch

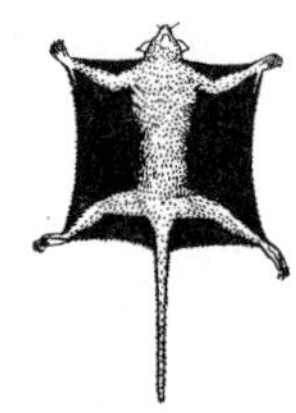

Flughörnchen

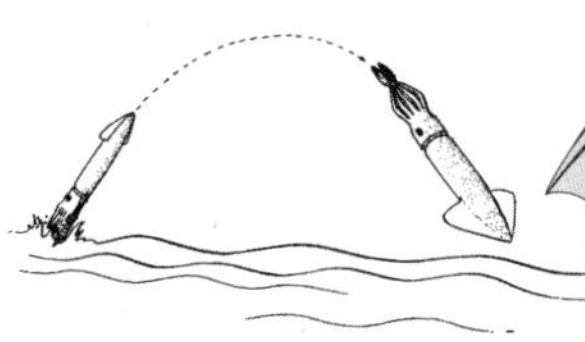

Flugkalamar

Fledermaus

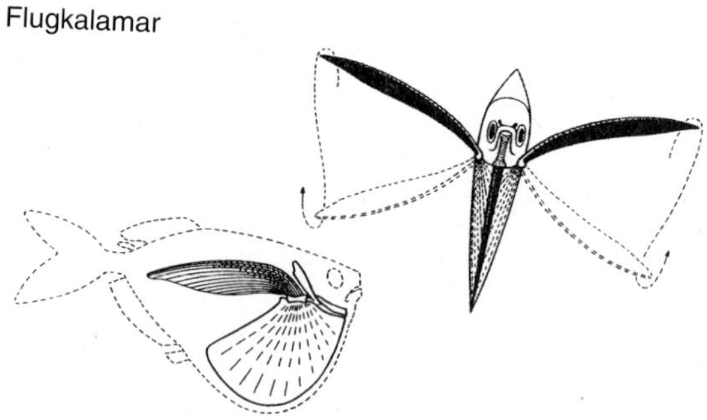

Beilbäuche

Fluggeschwindigkeiten messen

Fluggeschwindigkeiten können mit etwas Geduld bei Vögeln oder Insekten gemessen werden, wenn man die Zeit zwischen Start und Landung mit einer Stoppuhr misst und dann die Entfernung zwischen den beiden Punkten bestimmt.

Fluggeschwindigkeit einiger Tiere in km/h			
Stubenfliege	8	Storch	45
Maikäfer	11	Bremse	50
Kohlweißling	14	Fledermaus	50
Biene	15	Fliegender Fisch	75
Hummel	18	Brieftaube	80
Hornisse	22	Gänse	91
Libelle	30	Mauersegler	180
Habicht	42	Wanderfalke (Sturzflug)	290
Mäusebussard	45		

Flindt, R.: Biologie in Zahlen; Fischer, Stuttgart 1995

Weitere Literatur

Dalhoff, B., Henning, M.: Projektplanung: Vögel/Winter. Klett, Stuttgart 2000
Kaatzsch, H.: Fliegende Fische. Europäischer Verlag, Wien 1979
Lilienthal, Otto: Der Vogelflug als Grundlage der Fliegekunst; Oldenbourg, München, Berlin 1995

Bumerangs (nur für Profi-Bastler)

Das Wurfholz oder die Wurfkeule der Australier – als Jagdgerät für gezielte Treffer der Beute entwickelt – sind vermutlich die Vorläufer des Bumerangs, der im Idealfall zum Werfer zurückkehrt. Für seine Herstellung ist große handwerkliche Genauigkeit und viel Geduld beim Trimmen notwendig. Aber auch die Technik des Werfens will lange geübt sein.

Bretfeld, W.: Das Bumerang-Buch; Ullstein, Frankfurt 1992

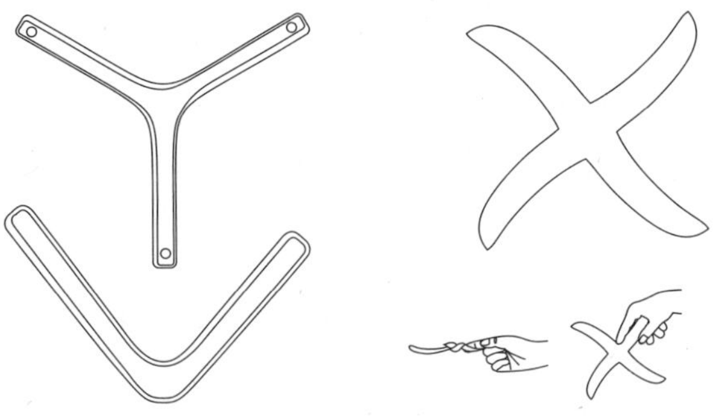

Raketen

Sie stehen stellvertretend für das Fliegen mithilfe des Rückstoßprinzips. Auch hier sind die chemisch-physikalischen Hintergründe in dieser Altersstufe von geringem Interesse. Modellhaft kann man eine Pressluftrakete bauen: Auf eine verformbare Plastikflasche wird ein dünner Trinkhalm luftdicht aufgeklebt. Ein etwas dickerer Trinkhalm erhält bunte Papierecken als Leitwerk und eine Spitze aus Plastilin. Die Pressluftrakete kann unter Umständen bis zu 10 m weit fliegen.

Press, H. J.: Spiel das Wissen schafft; Ravensburger 1995

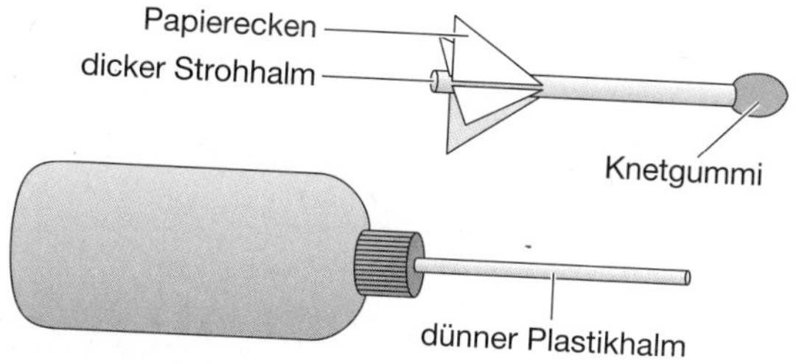

Wurfgleiter (auch nur für Profis)

Sie sind entweder als Perfektionierung der Papierflieger oder als Vorstufe der Modellflugzeuge zu betrachten. Mit einem Rumpf aus dünnen Holzleisten, Tragflächen und Leitwerken aus Karton, Depronplatten oder Sperrholz können sie sogar maßstabsgetreu Segelflugzeugen, Flugsauriern oder Fledermäusen nachgebildet werden. Danach muss man die Modelle „nur noch" trimmen und im richtigen Gleitwinkel abwerfen.

„Fliegende Eier"

Aufgabe: Ein rohes Ei soll den „Flug" (Fall) aus dem zweiten Stock des Schulgebäudes auf den Hof unbeschadet überstehen.

Die kreativen Schülerlösungen reichen vom styroporumhüllten Postpaket über Fallschirmkonstruktionen oder Eierkörbe am Regenschirm bis hin zum Ei am 10-fach Luftballon.

Insektenflügel unter dem Mikroskop

In der Evolution waren Insekten die ersten Eroberer des Luftraumes. Im Gegensatz zum Vogelflügel besitzt ihr Flügel keine eigene Muskulatur. Beim frisch geschlüpften Tier ist der Flügel weich und schlaff, härtet nach dem Eindringen der Blutflüssigkeit aus und wird bei der Mehrzahl der Insekten indirekt bewegt (Deckel-Topf-Modell: die Flügel sind beidseitig eingesteckte Löffel). Schmetterlinge haben aus den Haaren der Flügeloberfläche flache, pigmentierte Schuppen entwickelt; diese erhöhen nicht nur die Auftriebskraft, sondern sind auch farbenprächtige Signale.
Der Vergleich mit dem Vogelflug bietet sich an.

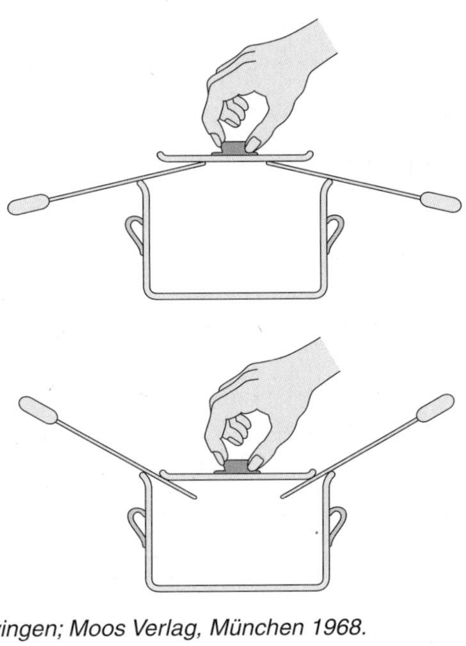

Nachtigall, W.: Gläserne Schwingen; Moos Verlag, München 1968.

Düsenantrieb

Einen sehr dünnen Bindfaden (ca. 10 m) durch einen weiten Strohhalm ziehen und die Konstruktion mit Klebeband auf einen aufgeblasenen Luftballon kleben (die Öffnung am Luftballon nur zuhalten, nicht zubinden). Den Faden quer durch den Raum spannen und dann den Luftballon loslassen.

Ardley, N. & Burnie, D.: Spannende Experimente aus Natur und Technik; Loewe-Verlag, Bindlach 1998

Embryonalentwicklung – Vogel
Fortpflanzung – Vogel
Huhn
Nestflüchter
Nesthocker

Das Haushuhn – Fortpflanzung und Entwicklung bei Vögeln
Vom Ei zum Küken

Natura 5/6, Seite 116/117

Schülerbuch Seite 116

① Schneide mit dem Messer vorsichtig ein hart gekochtes Ei längs durch. Zeichne und beschrifte alle erkennbaren Teile unter Verwendung von Abbildung 2.

– *Man erkennt Kalkschale, Schalenhaut, geronnenes Eiklar sowie den Dotter. Anders als in der Schemazeichnung, sind beim hart gekochten Ei Feinstrukturen, wie z. B. die Hagelschnüre im Eiklar oder die Keimscheibe, im Dotter nicht mehr zu unterscheiden.*

② Nimm ein Stückchen Kalkschale und betrachte es mit der Lupe. Was kannst du erkennen?

– *Man erkennt die winzigen Porenöffnungen, die den Gasaustausch ermöglichen.*

Schülerbuch Seite 117

① Lege ein rohes Ei waagrecht in eine Vertiefung eines Eikartons. Steche mit einer Einwegspritze durch die Kalkschale und sauge ca. 1,5 ml Eiklar ab. Nun kannst du das Ei von oben mit Schere und Pinzette öffnen, ohne dass es ausläuft.

a) Was erkennst du im Inneren?

b) Versuche mit Präpariernadel und Pinzette den Dotter zu drehen bzw. zu wenden. Was geschieht?

– *Man bricht eine runde Öffnung in die Kalkschale, um in das Ei hineinzuschauen.*

a) Der Dotter schwimmt im Eiklar. Die Dotterhaut geht in die Hagelschnüre über. Im Innern des Dotters erkennt man dunklere und hellere Schichten, jedoch keine Keimscheibe (in der Regel sind die Eier unbefruchtet).

b) Der Dotter kehrt automatisch in die ursprüngliche Lage zurück.

② Beschreibe die Entwicklung des Hühnchens im Ei nach den Fotos auf dieser Seite.

– *5 Tage alt: Die Keimscheibe ist gewachsen, das Herz des Embryos und der Blutkreislauf sind gut sichtbar.*

14 Tage alt: Das Hühnchen besitzt bereits alle wichtigen Körperteile, allerdings noch nicht in den richtigen Proportionen und nicht in der endgültigen Ausdifferenzierung.

18 Tage alt: Eiklar und Dotter sind fast aufgebraucht. Die Federn des Hühnchens sind gewachsen, die Körperteile zeigen ein ausgewogenes Größenverhältnis.

21 Tage alt: Das Küken hat die Eischale gesprengt, seine Federn sind noch feucht. Im Innern der Eischale erkennt man die Reste der Embryonalhüllen.

③ Fasse die Unterschiede zwischen Nesthockern und Nestflüchtern in einer Tabelle zusammen.

– siehe Tabelle unten

Arbeitsblatt Seite 141

1. Der richtige Text lautet (korrigierte Begriffe sind kursiv): Die verschiedenen Teile des Hühnereis werden auf dem Weg durch den *Eileiter* gebildet. Im befruchteten Ei bildet sich eine *Keimscheibe*, aus der sich der Hühnerembryo entwickelt. Eiklar, *Hagelschnüre* und zwei *Schalenhäute* kommen hinzu. Die Kalkschale *besitzt* viele Poren. *24* Stunden nach der Befruchtung wird das Ei aus *der Kloake* herausgepresst. Zur Entwicklung des Embryos brütet die Glucke *das Ei* aus. Nach drei Tagen erkennt man bereits *Adern*, die den Keim mit Nährstoffen versorgen. Nach *6* Tagen sind erstmals Kopf, Augen und die spätere Wirbelsäule sichtbar. Nach 21 Bruttagen befreit sich das Küken aus *der Eischale*. Ist sein *Daunenkleid* getrocknet, verlässt es für immer das Nest. Im Gegensatz zu Hühnerküken sind junge Tauben *Nesthocker*, weil sie bis zum Ausfliegen auf die Altvögel angewiesen sind.
2. A: unbefruchtetes Ei; B: am 6. Tag; C: am 12. Tag; D: am 20. Tag; E: nach dem Schlüpfen (ca. 21. Tag).
3. Kalkschale, Hagelschnur, Dotter mit Keimscheibe, Eiklar und Luftkammer.

Windeier

Sind größere Geflügelfarmen oder Bauernhöfe in der Nähe, kann man häufig sogenannte „Windeier" zur Untersuchung bekommen, die keine Kalkschale besitzen und im Gegensatz zu den entkalkten Eiern nicht prall und daher leichter zu bearbeiten sind.

Medienhinweise

FWU 42 01668 Vom Ei zur Henne
Klett 027661 Folienbuch Vögel (Folie 4)

	Gefieder	**Augen**	**Fortbewegung**	**Ernährung**	**gesamter Entwicklungsstand**
Nesthocker	Nesthocker sind vollkommen nackt und müssen regelmäßig gewärmt werden.	In den ersten Lebenstagen sind die Augen geschlossen, die Jungen sind blind.	Die Jungvögel können weder laufen noch fliegen. Sie hocken ruhig im Nest.	Die Altvögel füttern die Jungen und entfernen den Kot.	Nesthocker sind völlig von ihren Eltern abhängig, die sie versorgen.
Nestflüchter	Nestflüchter besitzen ein Daunenkleid, das sie warm hält.	Die Jungen können sofort nach dem Schlüpfen sehen.	Die Jungvögel können das Nest sofort verlassen.	Die Küken suchen sofort mit ihrer Mutter nach Nahrung.	Nestflüchter brauchen den Schutz ihrer Mutter, versorgen sich aber selbstständig.

Fortpflanzung bei Vögeln

1. Der folgende Text enthält verschiedene Fehler. Unterstreiche sie und schreibe die Berichtigung daneben.

Die verschiedenen Teile des Hühnereis werden auf dem Weg durch den Eierstock gebildet. Im befruchteten Ei bildet sich eine Dotterscheibe, aus der sich der Hühnerembryo entwickelt. Eiklar, Hagelkörner und zwei Drüsenhäute kommen hinzu. Die Kalkschale umgibt viele Poren. 48 Stunden nach der Befruchtung wird das Ei aus dem Eileiter herausgepresst. Zur Entwicklung des Embryos brütet die Glucke 250 Eier im Jahr aus. Nach drei Tagen erkennt man bereits Arterien, die den Keim mit Nährstoffen versorgen. Nach 8 Tagen sind erstmals Kopf, Augen und die spätere Wirbelsäule sichtbar. Nach 21 Bruttagen befreit sich das Küken aus dem Dotter. Ist sein Fell getrocknet, verlässt es für immer das Nest. Im Gegensatz zu Hühnerküken sind junge Tauben Nestflüchter, weil sie bis zum Ausfliegen auf die Altvögel angewiesen sind.

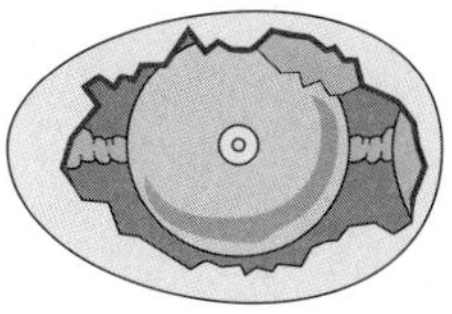

A: ______

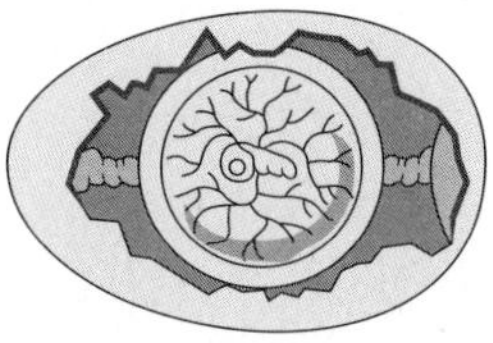

B: ______

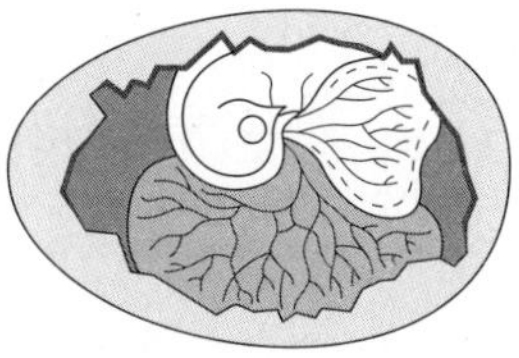

C: ______

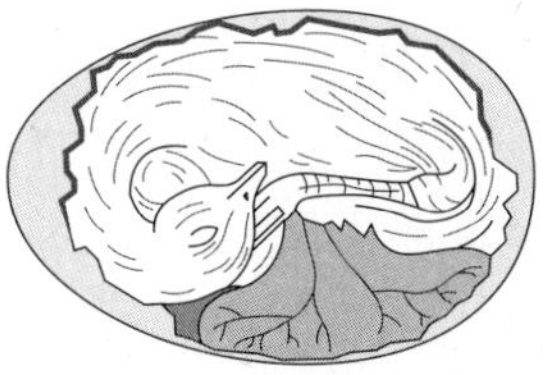

D: ______

E: ______

2. Trage unter den Abbildungen ein, welche Zeitpunkte in der Eientwicklung dargestellt sind.

3. Nenne die in Abbildung A erkennbaren Teile des Hühnereis.

______

______

Haustier
Huhn
Nutztier
Tierschutz
Verhalten

2 Zum Verhalten der Vögel

Verhalten der Hühner

Natura 5/6, Seite 118/119

Hahn, Henne, Küken

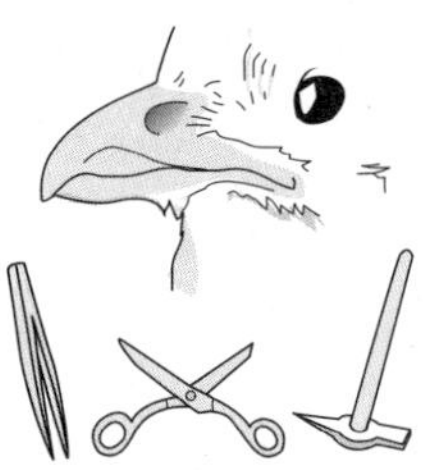

Der Hühnerschnabel arbeitet wie eine Pinzette beim Auflesen der Körner, wie eine Spitzhacke beim Zerhacken von Kartoffeln und Rüben und wie eine Schere beim Zerkleinern von Pflanzenteilen.

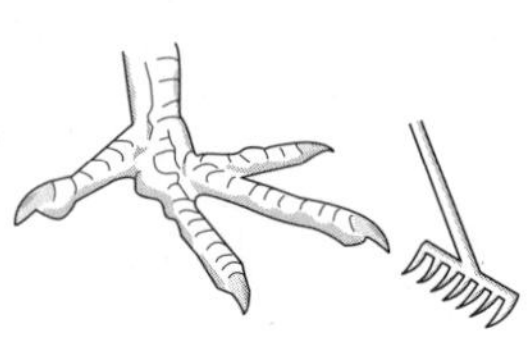

Mit den Füßen können die Hühner gut scharren.

! Schülerbuch Seite 118

① Erkläre nun mit dem, was du über das Verhalten der Hühner erfahren hast, die Ergebnisse der folgenden Experimente.
   a) Ein Küken wird unter eine Glashaube gesteckt. Das Küken flattert ängstlich umher und piepst. Die Glucke reagiert nicht.
   b) Ein Küken wird unter einem Korb versteckt. Sobald das Küken piepst, gluckt die Henne erregt. Sie geht umher und und pickt gegen den Korb.

– *a) Die Glasglocke dämpft das Piepsen. Deshalb regiert die Henne nicht auf das Küken.*
  b) Das Piepsen dringt durch den Korb und alarmiert die Glucke.

② Eine ranghohe Henne wird aus der Schar herausgefangen und ihr Gesicht mit Farbe angemalt. Wenn sie zur Schar zurückgesetzt wird, reagieren die anderen Hühner so, als sei sie ihnen fremd. Nach einer Weile greift eine rangniedere Henne an. Doch die ursprünglich ranghöhere wehrt sich so heftig, dass die Angreiferin ablässt. Erkläre die Beobachtungen.

– *Die bemalte Henne sieht für die anderen fremd aus, verhält sich jedoch so, als hätte sie noch ihren hohen Rang. Jedes fremde Huhn muss sich jedoch in einer Schar erst seine Position erkämpfen. Deshalb macht ihr eine rangniedere Henne den Platz streitig. Die „Neue“ verteidigt selbstsicher ihre Position.*

③ Auch junge Hähne kämpfen untereinander eine Rangfolge aus. Beschreibe mit eigenen Worten die in der Abbildung 1 erkennbaren Verhaltensweisen.

– *a) Beide Hähne fühlen sich gleich stark und drohen einander an: geduckt, mit gesträubter Halskrause.*
  b) Die Hähne springen einander an, hacken mit dem Schnabel, stoßen mit dem Lauf (der mit einem spitzen Sporn bewehrt ist), schlagen sich mit den Flügeln, schieben und drücken sich gegenseitig zu Boden.
  c) Der linke Hahn bleibt Sieger, der Unterlegene zieht sich zurück.

Arbeitsblatt Seite 143

Bodenhaltung und Käfighaltung entsprechen nicht den naturnahen und artgerechten Haltungsbedingungen. Hühnern werden bei jeder Art der Massentierhaltung die Schnabelspitzen entfernt, um Verletzungen vorzubeugen. Die zweifellos von jedem befürwortete Freilandhaltung kann aber weder den enormen Bedarf decken, noch ist der dazu notwendige Landschaftsverbrauch mit dem Naturschutz zu vereinbaren. Da das Thema stark emotional besetzt ist, sollte nur eine gut geprüfte Auswahl des audiovisuellen Materials und der Zeitschriftenartikel die „Talk-Show“ begleiten. Zusätzliche Motivation für eine ernsthafte Diskussion wird durch eine Videoaufzeichnung der Talk-Show erreicht.

Z Kommunikation in der Hühnerschar

Verschiedene Kreuzungen aus den Züchtungen von Haushühnern haben gezeigt, dass zur Kommunikation in der Hühnerschar nicht nur Lautäußerungen von großer Bedeutung sind, sondern auch die Merkmale der äußeren Erscheinung. So präsentiert der Hahn bei der Balz in der Regel sein Gefieder mit tänzelnden Bewegungen. Wird einem Hahn der Rasse „Braunes Leghorn“ zum Beispiel eine künstliche Halskrause mit weißen Federn aufgesetzt, reagieren die Hennen kaum noch. Normalerweise nehmen sie in dieser Phase der Balz eine typisch geduckte Aufforderungshaltung ein, woraufhin der Hahn aufsteigt.

Tierschutz

In einer Normenkontrollklage des Landes Nordrhein-Westfalen gegen die Bundesregierung soll geklärt werden, ob die Batteriehaltung gegen das Tierschutzgesetz verstößt. In der Schweiz und in Schweden ist sie verboten. Ab 2012 ist sie auch in der EU verboten (Neueinrichtung ab 2003).

Käfighaltung

Die drangvolle Enge im Hühnerkäfig kann auf dem Projektor simuliert werden: Dazu wird der Umriss des Huhns vergrößert (A4 → A3). Vier dieser „Hühner“ aus farbiger Folie ausschneiden und in einem „Käfig“ von 23 x 20 cm verteilen. Maßstabsgerecht entspricht dies etwa dem gängigen Käfig für vier Tiere von 45 x 40 cm (1800 cm^2 = 0,18 m^2); der Angabe auf dem Arbeitsblatt liegt ein „Komfortkäfig“ von 70 x 70 cm zugrunde, der im vorliegenden Maßstab 35 x 35 cm groß wäre.

Medienhinweise

FWU 42 01673 Woher die Eier kommen
Klett 027661 Folienbuch Vögel (Folie 5)
Klett-Video 75184 Das Huhn – Verhalten und Züchtung

vergrößern mit Faktor (DIN A5 → DIN A4 oder DIN A4 → DIN A3)

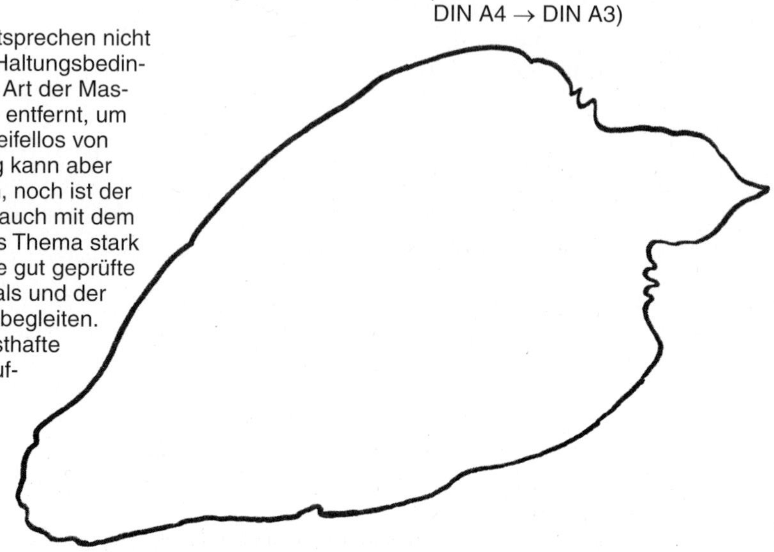

Talkshow: Hühnerhaltung

Häufig wird die Massentierhaltung in den Medien einseitig betrachtet. Die Notizzettel auf dieser Seite zeigen verschiedene Aspekte zur Hühnerhaltung. Sammelt dazu noch weiteres Material. Beachtet auch das natürliche Verhalten der Hühner. Gestaltet dann mit den genannten Punkten zu dem Thema in eurer Klasse eine „Talk-Show".
Ihr braucht dazu:
– einen Diskussionsleiter
– zu den einzelnen Punkten fachkundige Experten, die ihre Meinung gut vertreten können.

Tragt zuerst in kleineren Gruppen für euren Experten jeweils gute Argumente zusammen. Setzt euch zu Beginn der Diskussion ein Zeitlimit.

Eierverbrauch

Der Bedarf an Eiern zur industriellen Herstellung zahlreicher Fertigprodukte übersteigt bei weitem die Menge, die durch Freilandhaltung erzeugt werden kann.
In privaten Haushalten werden zusätzlich zu den Fertigprodukten weitere Eier verbraucht.

Eierpreise

Eier aus Legebatterien kosten je nach Größe 20 bis 25 Pfennig, solche aus Bodenhaltung zwischen 30 und 35 Pfennig. Eier gleicher Größe aus Freilandhaltung sind deutlich teurer (zwischen 35 und 60 Pfennig).

Inhaltsstoffe der Hühnereier

Hühnereier sind für den Menschen ein wesentlicher Nahrungsbestandteil, da sie biologisch hochwertiges Eiweiß und Vitamine der B-Gruppe enthalten.

Mehr als 30 Millionen der ca. 42,4 Millionen Legehennen wurden Ende 1996 in Käfigen gehalten.

Haltung im Käfig

Vier Hennen werden auf $^1/_2$ m^2 gehalten, können einander kaum ausweichen, kennen sich aber sehr genau. Gefiederpflege ist kaum, Scharren und Baden im Sand nicht möglich. Die Eiablage erfolgt auf dem Käfigboden. Es besteht geringe Infektionsgefahr, da die Tiere mit ihrem eigenen Kot nicht in Berührung kommen. Das Anbringen von Sitzstangen ist nicht möglich; die Hennen können durch den Drahtboden verkrüppelte Zehen bekommen. In kurzer Zeit werden durch optimale Beleuchtung, besonderes Klima, automatische Fütterung und Abtransport der Eier auf Fließbändern große Mengen Eier produziert.

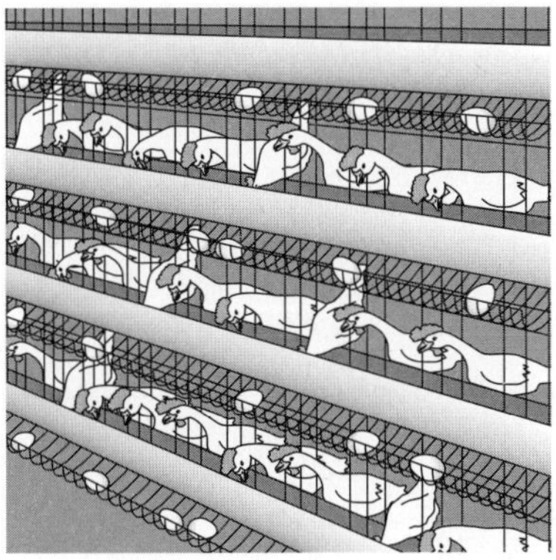

Größte Legebatterie in Deutschland

In einer geplanten Legebatterie für 800 000 Hühner – dies sind sechs- bis siebenmal so viele Tiere wie in den bisherigen Hühnerfarmen – sollen demnächst etwa 170 Millionen Eier pro Jahr produziert werden. Nach etwa 14 Monaten werden die Hennen dann zu Suppenhühnern verarbeitet. Die Probleme bei der Beseitigung des Hühnerkots und die ungeklärten Gefahren, die über die Luftbelastung von der riesigen Farm ausgehen können, haben vorerst für einen Baustopp gesorgt. Befürworter der Riesenfarm hatten den geringen Landschaftsverbrauch bei gleichzeitig hoher Effektivität des Betriebs gepriesen.

Bodenhaltung

In vollklimatisierten Ställen leben mehrere hundert Tiere so zusammen, dass für 6 Hennen ein Quadratmeter zur Verfügung steht. Verirrt sich ein Tier in der Masse, wird es gehackt und verletzt oder sogar getötet. Gefiederpflege, Scharren und das Anbringen von Sitzstangen ist möglich. Die Eiablage erfolgt in Nestern. Durch den Kontakt mit dem eigenen Kot ist die Infektionsgefahr größer als bei der Käfighaltung.

Freilandhaltung

In einem Hühnerhaus mit Außengelände werden wenige Tiere gehalten. Auf dem Boden im Haus ist Stroh, jeder Henne stehen mehrere Quadratmeter zur Verfügung. Gefiederpflege, Scharren und Sandbaden ist möglich. Die Tiere können einander ausweichen. Ein Betrieb dieser Art kann aber mit der Hühnerhaltung allein nicht überleben.

Impulse: Den Vögeln auf der Spur

Natura 5/6, Seite 120/121

Arbeitsblatt Seite 145

Um den Vögeln auf der Spur zu bleiben, kann man auch einzelne Arten intensiver beobachten. Das Blatt kann in Form einer Folienkopie eingesetzt oder als Musterblatt (Angaben zum Rotkehlchen abdecken) verwendet werden. Die unten angegebenen Beobachtungsthemen sollen anregen, in Zusammenarbeit mit geübten Vogelkundlern in Arbeitsgemeinschaften oder Jahresprojekten weiter gehende Beobachtungsschwerpunkte zu finden. Aus den jeweiligen Themenkreisen sind nur Stichworte und exemplarische Fragen aufgelistet.

Medienhinweise

FWU 42 02180 Das Rotkehlchen (Vogel des Jahres 1992)
FWU 42 10357 Vögel am Futterhaus
Klett 4 CD's zu Vogelstimmen

Literaturhinweise

Zum ersten Kennenlernen eignen sich:
ZIMMER, U.: Vögel in Garten und Park; BLV, München 1985; Drei-Punkt-Buch 1002
ZIMMER, U.: Vögel im Wald; BLV, München 1985; Drei-Punkt-Buch 1007
ZIMMER, U.: Vogelnester, Vogeleier; BLV, München 1985; Drei-Punkt-Buch 1008

Für Fortgeschrittene:
BEZZEL, E.: Vögel; BLV, München 1996
HEINZEL, H. R.: Fitter & Parslow, J.; Pareys Vogelbuch, Hamburg 1980
JONSSON, L.: Die Vögel Europas und des Mittelmeerraumes; Franckh-Kosmos, Stuttgart 1992

Für einzelne Monographien, z. B. aus der Reihe „Die Neue Brehm-Bücherei“:
PÄTZOLD, R.: Das Rotkehlchen; Die neue Brehm-Bücherei Bd. 520, Westarp Wissenschaften, Hohenwarsleben 1995

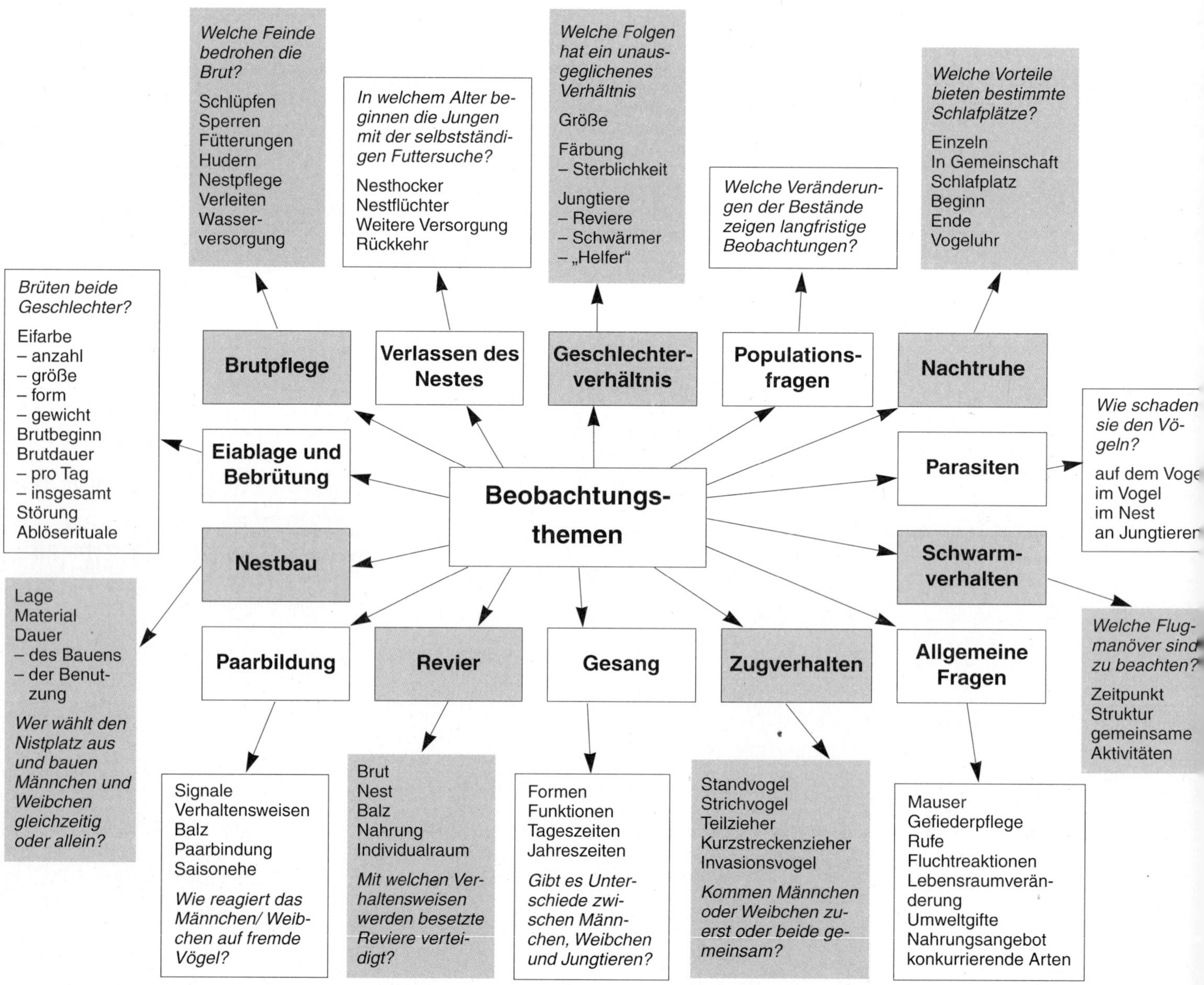

Vogelsafari am Beispiel Rotkehlchen

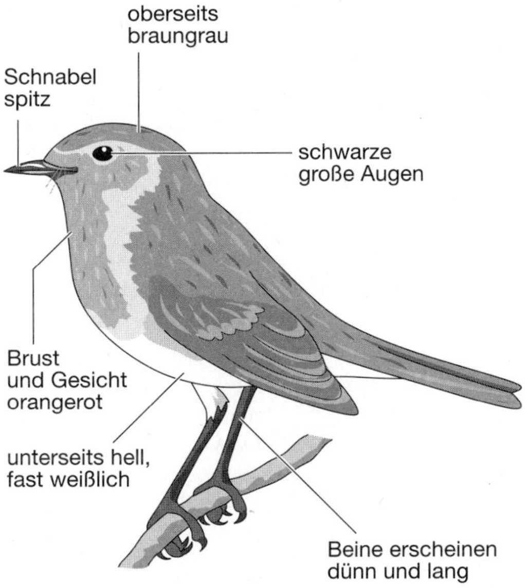

Beschreibung:
Etwas kleiner als der Sperling, Körper rundlich; Haltung aufrecht, hüpft am Boden, zuckt oft mit Schwanz und Flügeln; fliegt meist geradlinig ohne Wellenflug; wirkt im Winter dick aufgeplustert.

Nahrung:
Auf dem Boden lebende Insekten, Spinnen, Würmer, im Herbst und Winter auch Beeren, Früchte und Weichfutter am Futterhäuschen

Gesang:
Hohe flötende Töne, oft kurze tik- oder zick-Rufe, die manchmal zusammengefasst werden; auch dünne gequetschte siiie- oder zieh-zieh-Rufe.

Lebensraum:
In Gärten, Parks und unterschiedlichen Waldtypen, hält sich meistens am Boden auf. Beobachtung während des ganzen Jahres möglich.

Nest / Brut:
In Höhlungen, Bodenvertiefungen; gelegentlich auch an Gebäuden, an Böschungen, unter Gestrüpp. Das Nistmaterial (Gras und Federn) ist nur lose zusammengelegt in einer Mulde auf dem Brett an der Garagenwand.
Ab Anfang Mai genauer beobachtet:
10. Mai: 5 Eier mit wenigen dunklen Flecken
23. Mai: 4 Junge (Nesthocker?)
5. Juni: Bisher wurden die Jungen von beiden Eltern gefüttert.
8. Juni: Nur noch 2 Jungtiere vorhanden; sie sind dunkelbraun, gefleckt und haben keine rote Kehle.

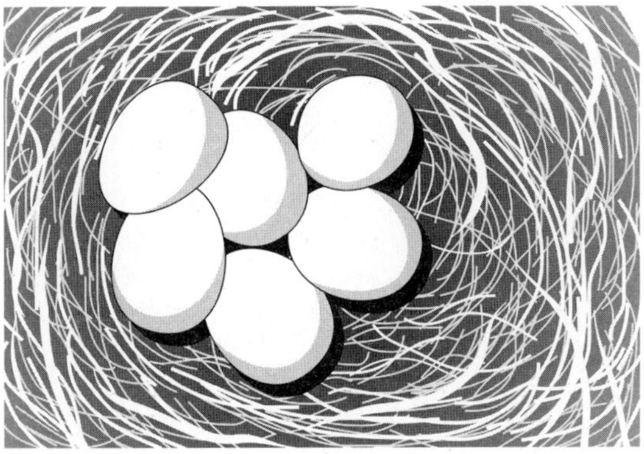

Besonderheiten:
Mit dem Rotkehlchen haben Frankfurter Forscher die Orientierung von Zugvögeln im Erdmagnetfeld untersucht. Rotkehlchen ziehen nachts. Ihre Bewegungen wurden in speziellen Käfigen während der Zugunruhe automatisch aufgezeichnet (Bezzel, 1996).

Verbreitung:

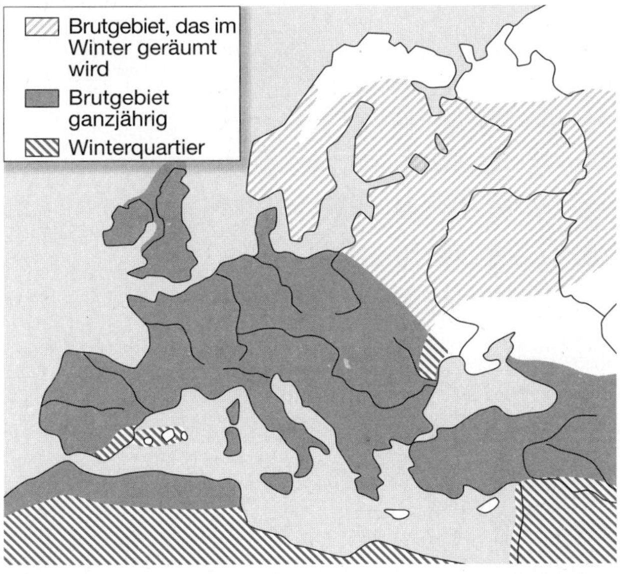

Ähnliche Singvögel mit schmalem und spitzem Schnabel:

Amsel
Fortpflanzung – Vogel
Verhalten

Verhaltensbeobachtungen bei Amseln

Natura 5/6, Seite 122/123

Unter Stadtamseln vermehren sich häufig auffällige „Weißlinge". Die Ganz- oder Teilalbinos werden normalerweise außerhalb der Stadt von Greifvögeln erbeutet. Es sind entgegen vieler Gerüchte keine Anzeichen für radioaktive Schädigungen.

Schülerbuch Seite 123

① Beschreibe die erkennbaren Unterscheidungsmerkmale zwischen Amselweibchen und -männchen.
– *Männchen: schwarzes Gefieder, Schnabel leuchtend gelb, gelber Ring um die Augen. Weibchen: Gefieder braun, unten heller, mit dunklen Tupfen (gewisse Ähnlichkeit mit der Singdrossel); Schnabel braun.*

② Die drei Abbildungen in der Mittelspalte Seite 122 zeigen verschiedene Stadien beim Nestbau. Gib jedem Bild einen passenden Titel.
– *Die Amsel muldet das Nest aus durch Kuscheln (1) und Strampeln (3). Sie macht Feinarbeiten durch Zupfen am Nistmaterial (2).*

③ Gib an, welcher Schlüsselreiz das Sperren der noch blinden Jungamseln auslöst (vgl. die obere Abbildung in der Randspalte).
– *Der Schlüsselreiz ist die Erschütterung des Nestes, die normalerweise durch den landenden Altvogel ausgelöst wird. Wenn die Jungamseln sehen können, wenden sie sich dem Umriss des Altvogels zu.*

④ Auch das Verhalten der Altvögel beim Füttern wird durch Schlüsselreize ausgelöst. Schlage Attrappenversuche vor, die deiner Meinung nach geeignet sind nachzuweisen, welche Schlüsselreize dabei entscheidend sind.
– *Die Attrappen müssen den aufgesperrten Schnabel der Jungvögel vortäuschen, verschieden groß sein und verschiedene Farben am Schnabel und in der Rachenzeichnung haben.*

Arbeitsblatt Seite 147

1. 1) Drohverhalten (g), 2) Nahrungssuche (a), 3) Revierverhalten (f), 4) Brutpflege (d), 5) „Baden" (c).
2. 1) an den Reviergrenzen (B), 2) auf dem Boden (D), 3) Singwarte auf einem Baum oder Dach (A), 4) Nistplatz in Sträuchern, Bäumen, Hecken bis etwa zwei Meter Höhe (C), 5) auf dem Boden in einer Pfütze (E).

Medienhinweise

FWU 42 00243 Die Amsel
Klett-Video 999151 Ethologie der Amsel
Klett 027661 Folienbuch Vögel (Folie 6)

Literaturhinweise

STEPHAN, B.: Die Amsel; Neue Brehm-Bücherei Bd. 95; Westarp Wissenschaften, Hohenwarsleben 1997

Das Verhalten der Amsel im Jahreslauf

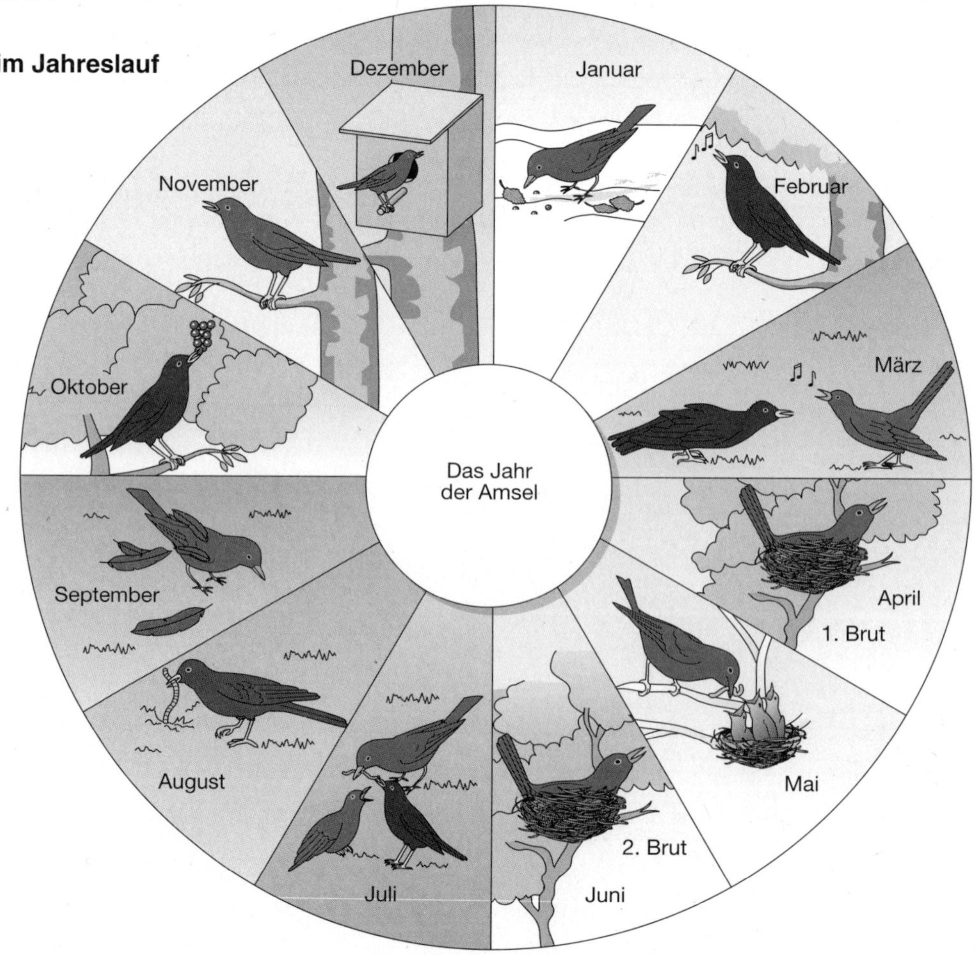

Amseln in ihrem Revier

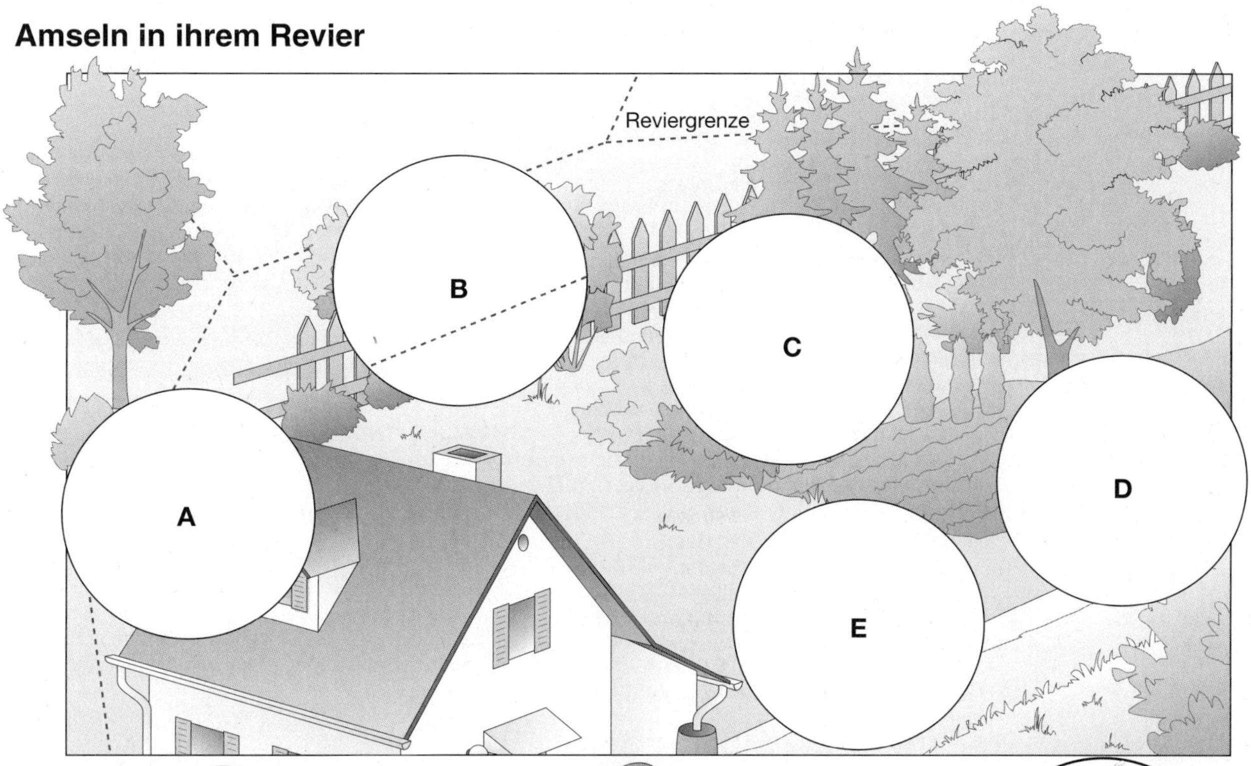

Aufgaben

1. Welche Beschreibung (a – k) passt zu den Abbildungen 1– 5? Trage die Zuordnung in die Kästchen ein. Finde jeweils ein Stichwort zu den dargestellten Verhaltensweisen.

a	Eine Amsel hat einen Regenwurm aus dem Boden gezogen.
b	Eine Amsel sammelt Nistmaterial in ihrem Schnabel.
c	Eine Amsel badet in einer Pfütze oder in einer Vogeltränke.
d	Das Weibchen füttert die Jungvögel.
e	Eine Amsel putzt sich.

f	Ein Amselmännchen singt. Es kennzeichnet dadurch sein Revier.
g	Zwei Männchen bedrohen sich an der Reviergrenze ohne zu kämpfen.
h	Ein Männchen warnt andere Vögel durch heftige Rufe vor Feinden.
i	Ein Männchen umwirbt sein Weibchen.
k	Eine Amsel baut ein Nest.

2. An welchen Stellen im Lebensraum der Amsel kann man die dargestellten Verhaltensweisen überwiegend beobachten? Ordne die Buchstaben A – D den Ziffern zu.

Artenkenntnis – Vögel
Brutplätze – Vogel
Fortpflanzung – Vogel
Singvögel
Verhalten
Vögel
Vogelnest

Der Haussperling – ein Kulturfolger
Lexikon: Vögel in Gärten und Parkanlagen

Natura 5/6, Seite 124/125

Arbeitsblatt Seite 149

A) Gartenbaumläufer, B) Kohlmeise, C) Blaumeise, D) Kleiber, E) Zaunkönig, F) Haubenmeise, G) Haussperling, H) Buchfink, J) Distelfink (Stieglitz), K) Heckenbraunelle, L) Goldammer, M) Grünfink (Grünling).

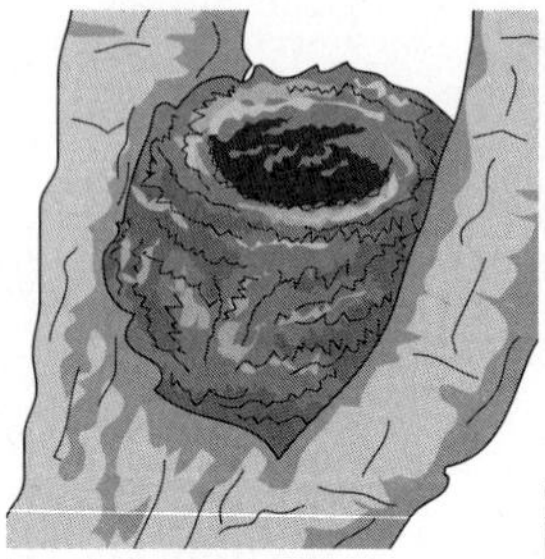

Buchfinkennest

Das Arbeitsblatt kann auch zum Anlegen eines eigenen Bestimmungsbuches verwendet werden. Als Ergänzungen dienen dann vergleichbare Zeichnungen anderer Arbeitsblätter oder von den Schülern angefertigte eigene Skizzen. Die Zusatzaufgaben sind dazu geeignet, den Begriff der ökologischen Nische vorzubereiten.

Zusatzaufgaben und Lösungen

Amselnest

Kleiberhöhle

① Welche Nahrung bevorzugen die dargestellten Vögel?
– *Insekten und deren Larven, Spinnentiere und andere kleine Wirbellose: A, B, C, D, E, F, K (im Sommer) und kleine Sämereien im Winter: A, B, C, D, F, K; (größere) Insekten während der Brutzeit Früchte, Knospen, Pflanzenteile und überwiegend fettreiche Samen: G, H, J, L, M.*

② Gibt es einen Zusammenhang zwischen der bevorzugten Nahrung und der Schnabelform?
– *Die Schnäbel der Vögel, die überwiegend Insekten fressen, sind spitz und pinzettenartig, Körnerfresser haben dagegen eher einen kegelförmigen und kräftigen Schnabel.*

③ Verlassen die Vögel das Brutgebiet?
– *Nur Standvogel: G*
Stand- und Strichvogel: A, B, C, D, F, M
Teilzieher: E, H (bes. Weibchen), J, K, L.

④ Suche in geeigneten Büchern nach Angaben, welche Nester die dargestellten Vögel bauen und welche Brutplätze sie bevorzugen.
– *Nest hinter lockerer Rinde, aber auch in Mauerspalten: A*
Höhlenbrüter: B, C, F, D (verengt Höhleneingang)
Dickwandige Kugel in Höhlen oder Nischen: E
Meist nicht sehr sorgfältiges Nest in Löchern aller Art, bevorzugt in und an Gebäuden: G
Napfförmiges Nest im Dickicht, oft dicht über dem Boden: K, M, L (überwiegend im Feld und an Waldrändern), dergl. hoch im Baum: H, J.

Medienhinweise

FWU 10 02879 Vögel zwischen Stein und Stahl

Literaturhinweise

Beaman, M.; Madge, S.: Handbuch der Vogelbestimmung; Ulmer, Stuttgart 1999

Bezzel, E.: Vögel beobachten – Praktische Tipps, Vogelschutz, Nisthilfen, Fotografie; BLV, München 1989

Kelle, A.; Sturm, H.: Tiere leicht bestimmt; Dümmler, Bonn 1984

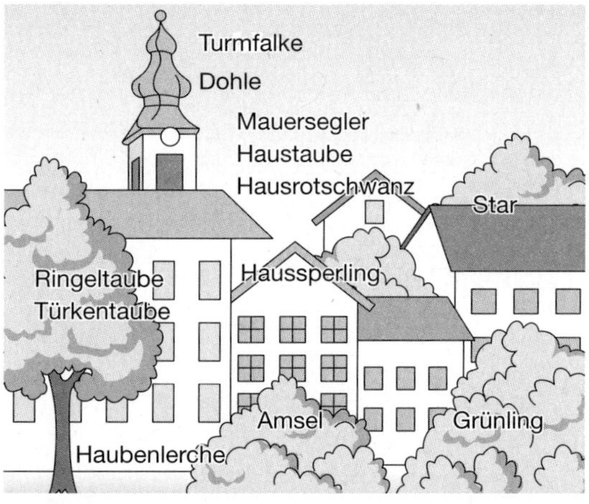

Brutplätze von Vögeln in der Innenstadt

Brutplätze in Parks und auf Friedhöfen

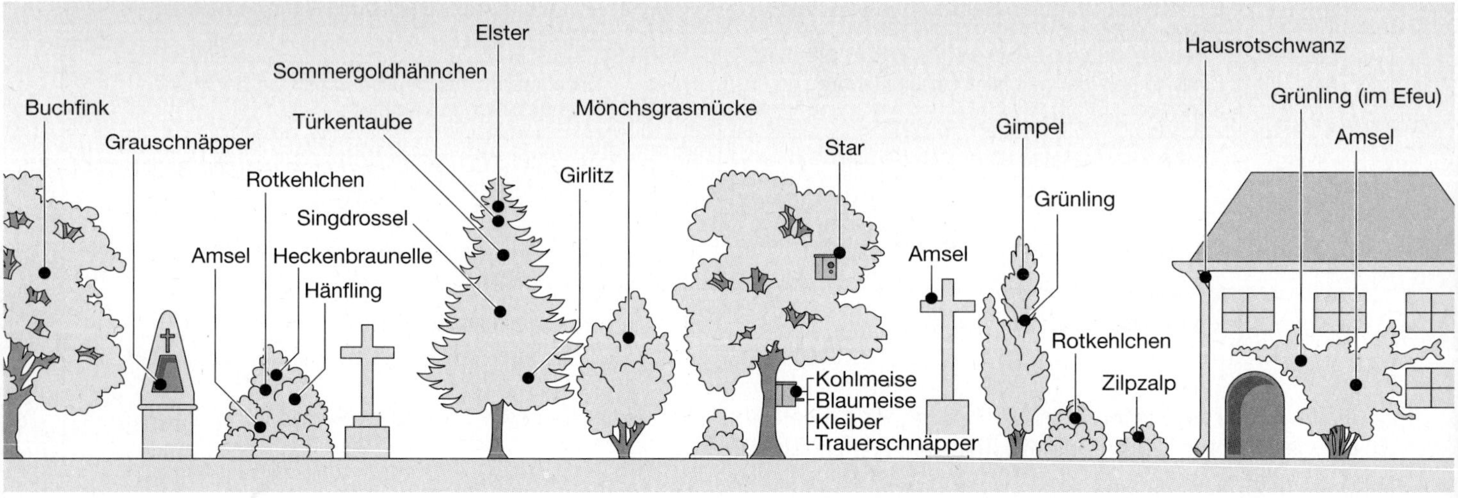

Vögel in Gärten und Parkanlagen

Aufgabe

Schreibe zu den Abbildugen A bis M jeweils, um welche Vögel es sich handelt. Benutze dazu auch ein Bestimmungsbuch und male dann die Zeichnungen farbig aus.

Brutparasitismus
Koevolution
Kuckuck
Verhalten

Der Kuckuck ist ein Brutschmarotzer

Natura 5/6, Seite 126/127

Schülerbuch Seite 127

① Beschreibe mit eigenen Worten die Verhaltensweisen des Kuckucks anhand der Fotografien.
– *Das Kuckucksweibchen kommt an das unbewachte Nest, entnimmt ein Ei und verschluckt es (2, 3). Nun legt es ein eigenes Ei dazu (4). Der Jungkuckuck schlüpft zuerst und versucht, die anderen Eier aus dem Nest zu befördern (5–7). Der Kuckuck ist gewachsen. Ein Ei ist noch im Nest (8). Das Instinktverhalten des Hinauswerfens ist offenbar erloschen. Ein fast erwachsener Kuckuck, der noch auf dem Nest und auch außerhalb weiter gefüttert wird (9).*

② Diskutiert, ob das Verhalten des Kuckucks grausam ist, wenn er seine Nestgeschwister hinauswirft.
– *Dem Menschen erscheint es als grausam. Von den Überlebenschancen her ist es sinnvoll, denn die beiden Altvögel können nicht genügend Nahrung herbeischaffen. Der Kuckuck allein braucht etwa soviel wie vier Junge des Sumpfrohrsängers zwei Bruten lang. (Anmerkung: Die Frage ist geeignet, vermenschlichte Erklärungsmuster für Tierverhalten zu diskutieren.)*

③ Erkläre, warum der junge Kuckuck auch Stoffbällchen aus dem Nest wirf.
– *Die Berührung ist der entscheidende Schlüsselreiz für das Instinktverhalten des Hinauswerfens. Der Jungkuckuck wirft alles hinaus: Eier, Eierschalen, Nestgeschwister und auch Fremdkörper (vgl. Attrappenversuche).*

Arbeitsblatt Seite 151

1. Der vollständige Text lautet (eingesetzte Begriffe sind *kursiv*):
Der europäische Kuckuck überwintert in *Afrika.* Kehren die Vögel im *Frühjahr* in ihre Brutgebiete zurück, beginnt das Männchen mit seinen bekannten Rufen. Es kennzeichnet dadurch sein *Revier* und lockt ein Weibchen an *(A).* Der Kuckuck baut kein eigenes *Nest,* sondern legt sein Ei in das Nest eines *Wirtsvogels.* Dies können Rohrsänger, Bach*stelzen,* Hausrot*schwänzchen* oder Neun*töter* sein. In einem unbewachten Augenblick holt das Kuckucksweibchen ein Ei aus dem Gelege, *verschluckt* es und legt dafür ein eigenes Ei in das Nest *(B).* Das Kuckucksei hat ungefähr die gleiche *Färbung* und *Fleckung.* Kurz vor den Küken der Wirtsvögel *schlüpft* der junge Kuckuck und beginnt sofort, die anderen Eier aus dem Nest *zu werfen (C).* Die Pflegeeltern füttern den jungen Kuckuck häufig *(D),* da sein orangeroter *Sperrrachen* ein wirksamer Schlüsselreiz für die Elterntiere ist. Er wächst schnell und verlässt etwa *20* Tage nach dem Schlüpfen das Nest. Trotzdem wird er noch weitere drei *Wochen* von den Wirtsvögeln gefüttert *(E).*
2. Nur bei Spezialisierung auf eine Wirtsvogelart passen Form und Farbe seiner Eier gut zu denen der Wirtsvögel. Die Gefahr der Entdeckung des Fremdeies ist geringer.

Brutparasit Kuckuck

Schlüsselreize

Die Altvögel der Wirte achten nur auf den aufgesperrten Rachen in der Nestmulde; ein Junges, das auf dem Nestrand liegt, wird nicht beachtet (bei Schlüsselreizen kommt es zu einer eingeschränkten Wahrnehmung). Obwohl Kuckucke nicht zu den Sperlingsvögeln gehören, zeigen die Jungen die typische Verhaltensweise des Sperrens. Für die Singvögel ist die auffällige orangerote Rachenzeichnung der Schlüsselreiz für das Füttern. Die Kuckucksarten besitzen damit eine wichtige Präadaptation für den Brutparasitismus.

Wirtsbindung

Der europäische Kuckuck durchstreift nach seiner Rückkehr aus dem Winterquartier (Südafrika) ein größeres Gebiet, wo er die Wirtsvögel findet, auf die er geprägt ist. Die Weibchen der „Rohrsänger-Kuckucke"oder der „Bachstelzen-Kuckucke" haben sich nach den Untersuchungen von DAVIES & BROOKE (1991) soweit auf ihre Wirtsarten spezialisiert, dass sich regelrechte weibliche Linien bilden. Mit Ausnahme der „Heckenbraunellen-Kuckucke" legen alle Weibchen Eier, die denen der Wirte täuschend ähnlich sehen. Wie dabei die „Linientreue" aufrecht erhalten wird, untersuchen jetzt die Genetiker anhand der Erbsubstanz in den Mitochondrien.

Eigröße

Das Kuckucksei wiegt zwischen 2,3 bis 4,5 g. Es ist winzig im Vergleich zu den Eiern anderer Vögel gleicher Größe. Evolutionsbiologisch wird dies als Reaktion auf die Tatsache gedeutet, dass die natürliche Selektion bei den Singvögeln Merkmale gefördert hat, die dem Verhalten des Kuckucks entgegenarbeiten. So scheint die Heckenbraunelle noch ein recht junger Kuckuckswirt zu sein. Obgleich die Kuckuckseier im Gelege der Wirtsvögel durch ihre abweichende Färbung auffallen, werden sie von den Heckenbraunellen ausgebrütet. Fortgeschrittene Wirte können sehr wohl zwischen fremd und eigen unterscheiden und geben dann unter Umständen das Nest auf.

Koevolution

Der evolutionäre Wettlauf zwischen dem Brutparasit und seinen Wirten betrifft nicht nur die Eigröße, Färbung und Fleckung der Eier oder das Verhalten des Jungkuckucks beim Hinauswerfen der Geschwister. Der überdimensionale Sperrrachen sichert dem untergeschobenen Vogel zwar die ungeteilte Aufmerksamkeit seiner Pflegeeltern, würde ihm aber nur eine einfache Futterration bringen. Wie neuere Untersuchungen jetzt gezeigt haben, ahmt der junge Kuckuck das vielstimmige Geschrei zahlreicher Nestlinge nach und erhält so eine Futterzuwendung, die normalerweise für vier oder fünf Teichrohrsänger zweier Bruten ausreicht.

Medienhinweise

Klett-Video 75059 Verhaltenslehre: Vögel (Der Kuckuck als Brutschmarotzer)

Der Kuckuck – ein Brutschmarotzer

A

B

C

D

E

1. Vervollständige den Text mithilfe deines Buches.

Der europäische Kuckuck überwintert in ________. Kehren die Vögel im ______________ in ihre Brutgebiete zurück, beginnt das Männchen mit seinen bekannten Rufen. Es kennzeichnet dadurch sein ___________ und lockt ein Weibchen an (Bild __). Der Kuckuck baut kein eigenes ________, sondern legt sein Ei in das Nest eines _______________. Dies können Rohrsänger, Bach______________, Hausrot_______________ oder Neun__________ sein. In einem unbewachten Augenblick holt das Kuckucksweibchen ein Ei aus dem Gelege, ______ ____________ es und legt dafür ein eigenes Ei in das Nest (Bild __). Das Kuckucksei hat ungefähr die gleiche _______________ und _____________. Kurz vor den Küken der Wirtsvögel ___________ der junge Kuckuck und beginnt sofort, die anderen Eier aus dem Nest ______________ (Bild __). Die Pflegeeltern füttern den jungen Kuckuck häufig (Bild __), da sein orangeroter ____________ ein wirksamer Schlüsselreiz für die Elterntiere ist. Er wächst schnell und verlässt etwa _____ Tage nach dem Schlüpfen das Nest. Trotzdem wird er noch weitere drei ____________ von den Wirtsvögeln gefüttert (Bild __).

2. Ein Kuckucksweibchen, das im Nest eines bestimmten Wirtsvogels aufgewachsen ist, legt seine Eier später in Nester der gleichen Art. Suche eine mögliche Erklärung.

____

____

Der Vogelzug – zum Winter in den Süden

Natura 5/6, Seite 128/129

Die Begriffe „Zug-", „Strich-" und „Standvögel" werden in der Literatur nicht sehr trennscharf gebraucht. Oft spricht man auch von Jahresvögeln, Sommervögeln, Durchzugsgästen und Wintergästen.

Jahresvögel (Brutvögel):
alljährlich brütende, ganzjährig anwesende Arten.

Sommervögel:
alljährlich brütende Arten, die nicht oder nur ausnahmsweise hier überwintern.

Durchzugsgäste:
Arten, die nur im Frühjahr und Herbst auf ihren Wanderungen eine kurze Rast einlegen. Ihre Brutgebiete liegen in Nord- und Osteuropa, die Überwinterungsgebiete im Mittelmeerraum oder Afrika.

Wintergäste:
Arten, deren Brutgebiet nördlich oder nordöstlich von Mitteleuropa liegt.

Schülerbuch Seite 129

① Was ist der für eine Bestimmung wichtige Unterschied im Flugbild von Mehl- und Rauchschwalbe?
– *Rauchschwalbe: tief gegabelter Schwanz*
Mehlschwalbe: leicht gegabelter Schwanz

② Wie ist es möglich, mithilfe der Beringung Angaben über das Zugziel, ja sogar über die Reisegeschwindigkeit eines Zugvogels zu erhalten?
– *Beringte Vögel werden gefangen oder tot aufgefunden. Wird die Ringnummer an die Vogelwarte gemeldet, kann dort aus den Angaben in den Akten der Zugweg des Vogels rekonstruiert werden. Wird ein Zugvogel kurz nach der Beringung wieder eingefangen, kann man auf die Reisegeschwindigkeit schließen.*

③ Das Bildrätsel in der Randspalte gibt eine weitere Zugvogelart an. Welche?
– *Mönchsgrasmücke*

④ Entnimm dem Vogelzugkalender aus Abbildung 1, wie lange sich die einzelnen Arten in ihrem Brutgebiet in Mitteleuropa aufhalten. Stelle die Zeiten in einer Tabelle zusammen.
– *Rauchschwalbe: Anfang März – Mitte Oktober*
Mehlschwalbe: Mitte April – Ende September
Mauersegler: Ende April – Ende Juli
Kuckuck: Mitte April – Anfang September
Bachstelze: Ende Februar – Ende Oktober
Sumpfrohrsänger: Mitte Mai – Mitte September
Storch: Mitte April – Ende August.

⑤ Beschreibe die häufigsten Zugwege der bei uns heimischen Arten anhand der Abbildung 1.
– *Die Bachstelze zieht über Italien, Sizilien und Malta nach Nordafrika. (Zusatzinfo: Die westliche Population der Bachstelzen überquert das Mittelmeer non-stop auf Höhe der Balearen; Zugscheide.) Bei der Rauchschwalbe gibt es Gruppen, die denselben Weg wie die Bachstelze über Italien nehmen, andere Gruppen fliegen über Spanien und die Meerenge von Gibraltar. Beide Zugwege überqueren die Sahara und vereinigen sich im Winterquartier (Kongogebiet). Die Mehlschwalbe fliegt über die Balkaninseln und die Türkei, überquert Israel und Ägypten und überwintert in Ostafrika. Beim Storch gibt es „West-" und „Oststörche", die jeweils auf getrennten Wegen ins Winterquartier ziehen. Beide Gruppen unterscheiden sich jedoch sonst in keiner Weise.*

⑥ Erkläre, warum Feuchtgebiete auf dem Zugweg für viele Zugvögel von großer Bedeutung sind.
– *Feuchtgebiete sind meist ruhige, nahrungsreiche Rastplätze. Dort ruhen sich die Vögel aus, fressen und bauen neue Fettpolster auf, die als Energiequelle für den Weiterzug dienen. Alle Vögel, die an Feuchtgebiete angepasst sind, benötigen diese auch auf dem Zug zur Nahrungsaufnahme.*

⑦ Viele Zugvögel kommen nicht aus ihrem Winterquartier zu uns zurück. Überlegt gemeinsam, welche Gefahren die ziehenden Vögel bedrohen.
– *Vernichtung der Rastplätze, z.B. durch Entwässerung von Feuchtgebieten; vergiftete Nahrung durch Verwendung von Insektiziden; Vögel geraten an Hochspannungsleitungen oder in ölverschmutzte Gewässer; Vögel werden gefangen oder abgeschossen.*

⑧ Sicher habt ihr noch andere Ideen, wie man den Vogelzug erforschen kann. Schreibt eure Vorschläge auf und diskutiert in der Klasse darüber.
– *zum Beispiel: Vögel fangen und seitlich von der Zugrichtung versetzt wieder auflassen. Kommen sie trotzdem am Ziel an oder fliegen sie parallel zur Normalroute?*
oder: Großen Käfig mit Sitzstangen ausstatten, die Bewegungen und damit Zugunruhe registrieren; damit kann auch der Einfluss von Magnetfeldern untersucht werden.

Arbeitsblatt Seite 153

1. Storch: Langstreckenzieher (Zugscheide); Kiebitz: Kurzstreckenzieher; Kranich: Kurzstreckenzieher (Zusatzinfo: Durchzügler im mittleren Deutschland); Gartenrotschwanz: Langstreckenzieher; Bergfink: Wintergast (brütet in Nordeuropa und Nordrussland); Knutt: Durchzügler (brütet in der arktischen Zone, überwintert an den Küsten Mittel- und Westeuropas bis in die Tropen Afrikas); Grünfink und Haussperling: Jahresvogel
2. Ist die Nahrung vielseitig, bleiben die Vögel auch im Winter und weichen dann auf Sämereien aus. Sind die Pflanzenteile unter einer Schneedecke nicht zu erreichen, ziehen die Vögel nur geringfügig nach Süden (Beispiel: Bergfink). Reine Insektenfresser oder auf tierische Nahrung aus Feuchtgebieten spezialisierte Vögel weichen in den Mittelmeerraum oder nach Afrika aus.

Medienhinweise

FWU 10 02042 Vogelzug und Vogelberingung
FWU 10 03205 Der Weißstorch – Vogel des Jahres 1994
FWU 42 01438 Der Weißstorch
FWU 42 01951 Mit den Weißstörchen nach Afrika

Literaturhinweise

BAIRLEIN, F.: Langstreckenwanderungen von Zugvögeln – eine energetische Meisterleistung; Biologie in unserer Zeit 5, 1998, S. 270 – 280

Weitere Hinweise:
Informationen zum Vogelzug bieten:
– Institut für Vogelforschung, Vogelwarte Helgoland; An der Vogelwarte 21, 26386 Wilhelmshaven
– Schweizer Vogelschutz (SVS), Postfach, CH-8036 Zürich
– Naturschutzbund Deutschland (NABU), Faltblatt zum Weißstorch und anderen Vögeln, Herbert-Rabius-Str. 26, 53 225 Bonn
– Im NABU-Besucherzentrum Rühstädt dreht sich alles um den Weißstorch in der Elbtalaue. Führungen können vereinbart werden unter Tel. 0331/810434.
– Nähere Informationen gibt es auch unter www.nabu.de

Zugvögel – Vogelzug

1. Die Tabelle stellt für verschiedene Vögel dar, wann sie bei uns anwesend sind. Die Karte zeigt die Gebiete, in denen die Vögel in der übrigen Zeit des Jahres sind. Beschreibe kurz das Zugverhalten der einzelnen Tiere.

1) Storch: ______________________________

____

2) Kiebitz: ______________________________

____

3) Kranich: ______________________________

____

4) Gartenrotschwanz: ______________________________

____

5) Bergfink: ______________________________

____

6) Knutt: ______________________________

____

7) Grünfink: ______________________________

____

8) Haussperling: ______________________________

____

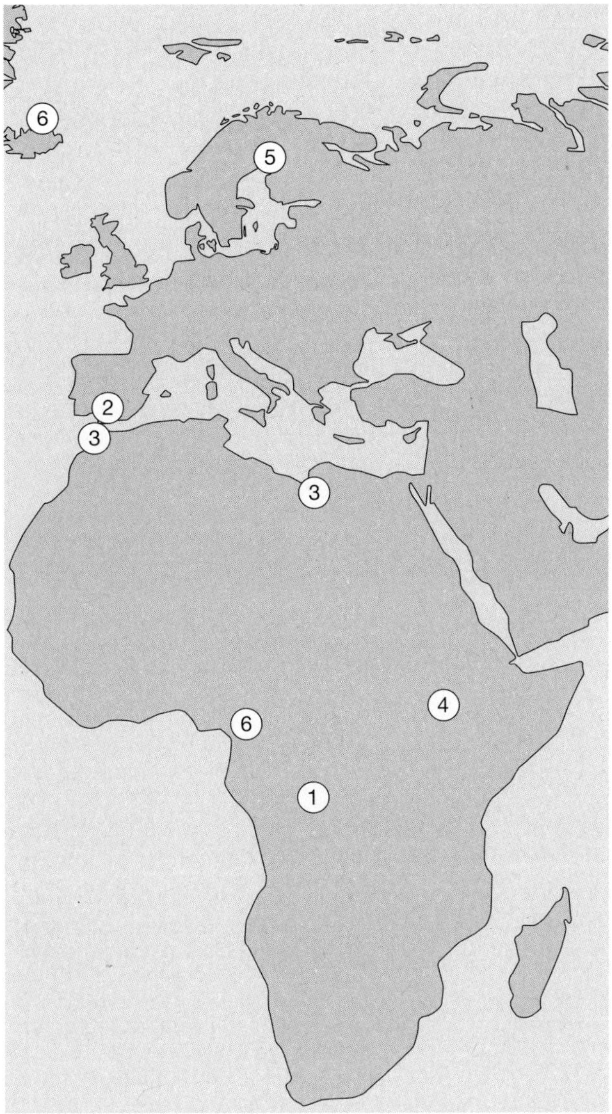

	J	F	M	A	M	J	J	A	S	O	N	D
1) Storch				■	■	■	■	■				
	Frösche, Mäuse, Insekten, Würmer											
2) Kiebitz			■	■	■	■	■	■				
	Kleine Bodentiere (Insekten, Würmer)											
3) Kranich				■	■	■	■	■	■			
	Kleintiere, Pflanzen (in Feuchtgebieten)											
4) Gartenrotschwanz				■	■	■	■	■	■			
	Insekten an Sträuchern/Bäumen											
5) Bergfink	■	■	■							■	■	■
	Insekten, Sämereien, Bucheckern											
6) Knutt				▐	▌			▐	▌			
	Kleintiere im Watt; Brut: Insekten											
7) Grünfink	■	■	■	■	■	■	■	■	■	■	■	■
	Sämereien aller Art; Brut: Insekten											
8) Haussperling	■	■	■	■	■	■	■	■	■	■	■	■
	Nahrung vielseitig; Insekten, Sämereien, Früchte, Knospen											

2. In der Tabelle ist für jede Vogelart auch die bevorzugte Nahrung angegeben.
Welchen Zusammenhang zum Zugverhalten kannst du erarbeiten?

____

____

____

____

____

____

____

____

Brutplätze – Vogel
Buntspecht
Höhlenbrüter
Körperbau – Vogel
Naturschutz
Singvögel
Verhalten

Spechte – die Zimmerleute des Waldes

Natura 5/6, Seite 130/131

Vogel des Jahres
1981: Schwarzspecht
1988: Wendehals
1997: Buntspecht

Schülerbuch Seite 131

① Fasse die Merkmale des Körpers, mit denen die Spechte an das Leben auf Bäumen angepasst sind, in kurzen Merksätzen zusammen.
– *Kopf mit Meißelschnabel, weit vorstreckbare, klebrige Zunge zum Ergreifen der Insektenlarven. Hals mit starker Muskulatur, um kräftig mit dem Schnabel hacken zu können. Kurze Kletterfüße mit zwei nach vorn und zwei nach hinten gerichteten Zehen. Schwanzfedern mit kräftigen Kielen bilden den Stützschwanz.*

② Welche Tierarten kennst du, die als „Nachmieter" für verlassene Spechthöhlen in Frage kommen?
– *(Die verschiedenen Spechtarten stellen unterschiedlich große Höhlen her. Durch Ausfaulen können die Höhlen größer werden.) Nachmieter des Schwarzspechtes sind Wildbienen, Hohltauben, Raufußkauze, Waldkauze, Gänsesäger, Schellenten, Baummarder, Eichhörnchen und Fledermäuse. In Buntspechthöhlen ziehen ein: Stare, Meisen, Kleiber und Siebenschläfer. Dem Grünspecht folgen Wendehälse, oft auch Wiedehopfe und Steinkauze.*

③ An der Form des Klopfens kann man verschiedene Spechtarten erkennen. Wodurch unterscheiden sich die Trommelwirbel von Buntspecht und Schwarzspecht?
– *Jede Spechtart trommelt ihr eigenes Signal. Der Trommelwirbel des Schwarzspechtes dauert etwa drei- bis viermal so lang (2,1–2,7 Sekunden, 30–38 Anschläge) wie der des Buntspechts (0,6 Sekunden, 12–16 Anschläge). Das Trommeln klingt beim Schwarzspecht langsamer, dumpfer und über die ganze Länge gleich stark, während der Buntspecht heller klingende Töne erzeugt, die am Schluss etwas leiser werden.*

④ Vogelschützer schlagen vor, Naturwaldzellen von 0,5–5 ha mit über 100-jährigen Altbäumen zu erhalten. Erkläre die Bedeutung dieser Altholzinseln für die Spechte und für den Wald.
– *Alle Spechte brauchen Stämme mit einem Mindestdurchmesser, um darin Höhlen zu zimmern. Insbesondere der etwa krähengroße Schwarzspecht baut sehr große Höhlen, die sich im Stamm bis in 55 bis 100 cm Tiefe erstrecken. Meist werden die Bäume aus ökonomischen Gründen gefällt, bevor sie die maximale Dicke erreicht haben.*

Arbeitsblatt Seite 155

1. Sie läuft in zwei Schlingen um das Gehirn und kann weit aus dem Schnabel herausgestreckt werden. Sie dient als Tastwerkzeug in den Insektengängen und als Fangwerkzeug.
2. Er läuft vorne spitz zu und ist sehr kräftig wie das Werkzeug (s. Abb.).
3. Zapfen oder Eicheln werden in Astgabeln geklemmt und dann aufgehämmert.
4. Zehenanzahl und -aufbau sind gleich. Beim Specht stehen zwei Zehen nach vorne und zwei nach hinten (Singvögel 3 : 1). Nach unten gebogene, feste Krallen wirken wie Steigeisen.
5. Mit den Schwanzfedern stützt sich der Specht beim Klettern ab.

Zusatzaufgabe und Lösung

① Als einheimische Spechtarten kommen beispielsweise vor: Buntspecht, Mittelspecht, Schwarzspecht, Grünspecht, Grauspecht und Kleinspecht. Suche in geeigneter Literatur nach Faktoren, in denen sich die Arten unterscheiden.
– *Sie können sich zum Beispiel in ihrem speziellen Lebensraum unterscheiden (Bevorzugung von Laub- oder Nadelwäldern, Parkanlagen oder offenen Landschaften) oder in der Art der Nahrung und wie die Vögel sie finden (Ameisen, Regenwürmer, Schnecken, Insekten und deren Larven am Bau, auf dem Boden oder in morschem Holz oder auch Obst, Beeren und fettreiche Samen). Unterschiede können aber auch aus der Größe und Mächtigkeit des Schnabels resultieren, sodass sich die Vögel ihre Bruthöhlen bevorzugt in Stämme, Äste oder nur in morsches Holz hacken.*

Medienhinweis

FWU 32 19391 Der Schwarzspecht

Literaturhinweise

Bezzel, E.: Spechte, Eulen, Greifvögel, Tauben, Hühner; BLV, München 1984
Blume, D.: Schwarzspecht, Grauspecht, Grünspecht; Die Neue Brehm-Bücherei, Bd. 300; Westarp Wiss., Hohenwarsleben 1996
Spechte – Baumeister und Problemvögel; Arbeitsblätter zum Naturschutz; Landesanstalt für Umweltschutz Baden-Württ., Karlsruhe 1997

Angepasstheiten beim Buntspecht

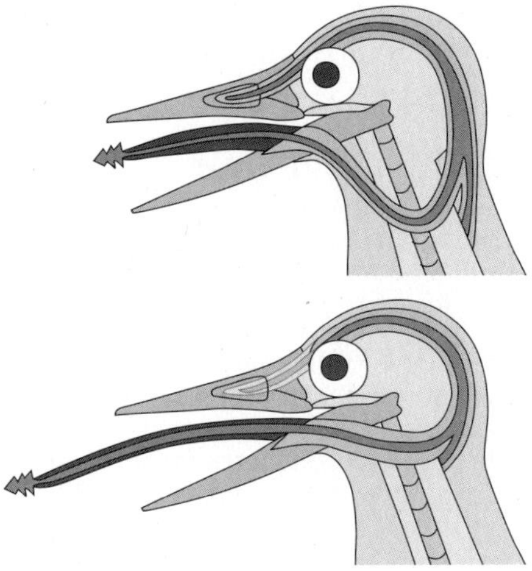

1. Welche Besonderheiten zeigt die Spechtzunge?

2. Warum wird der Schnabel der Spechte als Meißelschnabel bezeichnet?

3. Beschreibe, wie die Tiere eine „Spechtschmiede“ benutzen.

4. Vergleiche den Fuß der Spechte mit dem der Singvögel.

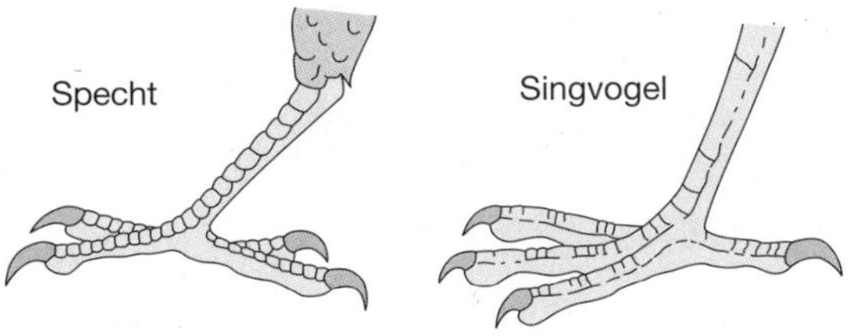

5. Wozu benutzen Spechte die festen Schwanzfedern?

Enten
Haubentaucher
ökologische Nische
Vögel
Vogelfeder
Wasservögel

Die Stockente – ein typischer Schwimmvogel
Lexikon: Wasservögel

Natura 5/6, Seite 132/133

Zusatzaufgaben und Lösungen

① Beobachte und schreibe auf, wie Enten und Schwäne auf dem Wasser landen und wie sie sich wieder in die Luft erheben.

– *Besonders die schweren Wasservögel benötigen für den Start eine freie Wasserfläche, um sich auf dem Wasser laufend in die Luft erheben zu können. Bei der Landung werden die Füße vorgestreckt, sodass ein Gleiten ermöglicht wird.*

② Die Stockente taucht nur mit dem Hals und dem Kopf unter, wobei der Schwanz nach oben zeigt. Warum ist es für die Stockente schwierig, vollständig unterzutauchen, während die Reiherente dagegen gut tauchen kann?

– *Die Luftfüllung im Federkleid ist hinderlich beim Tauchen. Stockenten „gründeln", während eine Reiherente ohne weiteres 3–6 m tief tauchen kann. Allerdings presst die Reiherente vor dem Tauchen die Federn eng an den Körper und verliert dadurch viel Luft. Die Stockente kann die Federn nur in sehr unvollkommener Weise an den Körper pressen. Ihr Auftrieb ist daher größer.*

Arbeitsblatt Seite 157

1. 1) Tafelente, 2) Krickente, 3) Stockente, 4) Teichralle, 5) Reiherente, 6) Graugans, 7) Blaessralle, 8) Hoeckerschwaene, 9) Kormoran;
   Lösungswort: Fischadler
2. Haubentaucher: zu Lebensweise und Angepasstheiten siehe Folienvorlage

Federn untersuchen

Gesammelte Vogelfedern mit Spülmittel abwaschen; unbehandelte und behandelte Vogelfedern mit Wasser aus dem Zerstäuber einsprühen und Tropfenbildung beobachten. Falls keine Federn vorhanden sind, kann man mit einem Löschblatt folgenden Modellversuch zum Einfetten des Gefieders machen: Ein DIN A4-Löschblatt teilen; die eine Hälfte oberseits mit einer Speckschwarte einreiben; auf beide Teile eine geringe Menge Wasser mit einem Blumenzerstäuber aufsprühen; auf dem gefetteten Löschblatt lässt sich die Tropfenbildung beobachten, während das nicht gefettete einheitlich nass wird; legt man eine Glasplatte unter, kann man beim nicht gefetteten Teil außerdem beobachten, wie sie feucht wird.

Medienhinweise

FWU 42 01793 Die Stockente
FWU 10 00662 Vögel an offenen Gewässern
Klett 027661 Folienbuch Vögel; Folie 12: Lebensräume der Vögel: See und Teich

Literaturhinweise

MELDE, M.: Der Haubentaucher; Die Neue Brehm-Bücherei, Bd. 461; Westarp Wiss., Hohenwarsleben 1995

MILIKOVSKY, J. & BURIC, K.: Die Reiherente; Die Neue Brehm-Bücherei, Bd. 556; Westarp Wiss., Hohenwarsleben 1983

Wasservögel – Rätsel

An einem See sieht man viele Wasservögel verschiedener Arten. Sie nutzen das Nahrungsangebot unterschiedlich und machen sich auf diese Weise keine Konkurrenz. Einige Arten sind abgebildet und beschrieben. Leider sind die Buchstaben ihrer Namen etwas durcheinander geraten.
Beachte: ä = ae, ö = oe, ü = ue!

1. **NETTEALFE**
Sie taucht hauptsächlich nach Blättern und Trieben von Wasserpflanzen.

2. **RECKENTIK**
Sie gründelt meist in Ufernähe im flachen Wasser

3. **SOCKENETT**
Mit dem Seihschnabel kann dieser Schwimmvogel unterschiedliche pflanzliche und tierische Nahrung aufnehmen.

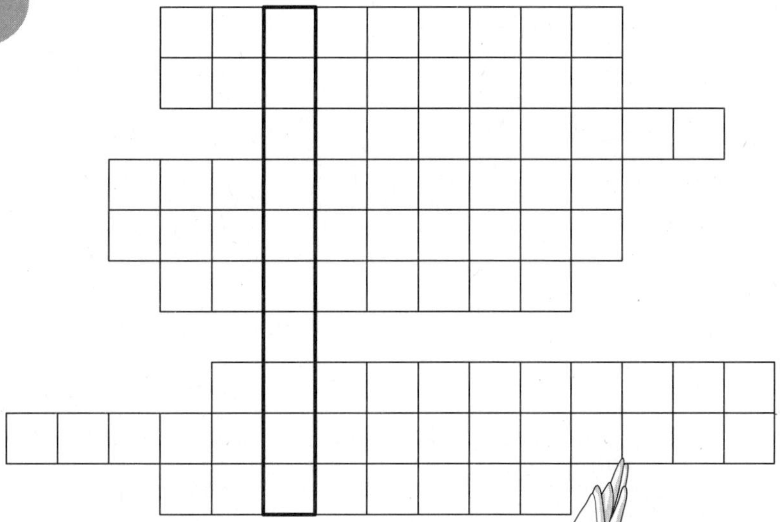

4. **ALLERIECHT**
Sie läuft mit Stelzfüßen über die großen Blätter der Schwimmpflanzen und pickt Insekten, Schnecken und Froschlaich auf.

5. **TEERENHIER**
Sie taucht nach Schnecken, Muscheln und Würmern.

6. **RAUSGANG**
Sie grast überwiegend an Land und nutzt nur seltener die Wasserpflanzen.

7. **BALLERSALES**
Mit ihren Lappenfüßen kann sie schnell schwimmen und springtauchen; ihre Nahrung ist vielseitig.

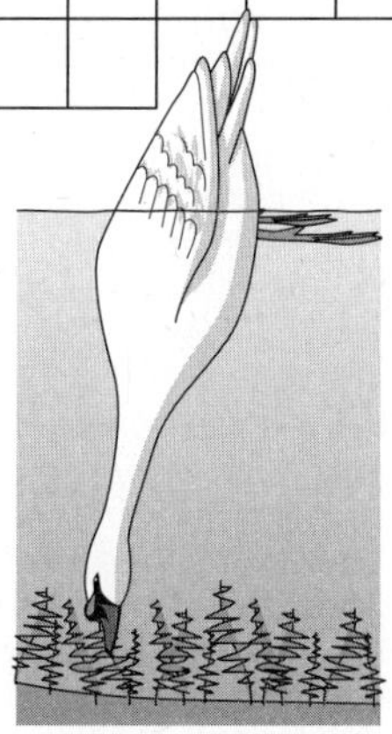

8. **RASCHE WECKENHOE**
Sie erreichen mit ihren langen Hälsen noch die Pflanzen in 1,5 m Tiefe, weiden aber auch Ufer- und Landpflanzen ab.

9 **KRONMARO**
Sein Gefieder ist nicht Wasser abweisend, er kann schnell bis zu 30 m tief nach Fischen tauchen.

Aufgaben

1. Trage die korrekten Bezeichnungen in das Kreuzworträtsel ein. Die richtige Anordnung ergibt auf den umrandeten Feldern einen sehr seltenen Vogel an stehenden fischreichen Gewässern.

2. Der RAUCHENTHAUBE kommt nicht im Rätsel vor. Gib den richtigen Namen an und informiere dich über seine Lebensweise und seine besonderen Angepasstheiten an das Wasserleben.

____

____

Greifvogel
Körperbau – Vogel
Naturschutz
Verhalten

Der Mäusebussard – ein Greifvogel jagt
Lexikon: Greifvögel

Natura 5/6, Seite 134/135

Muskelmagen

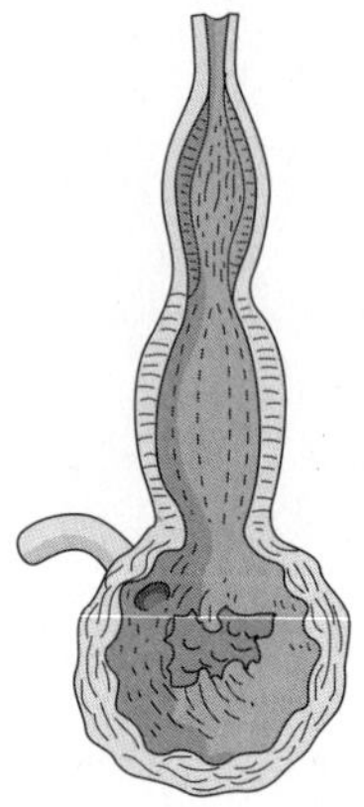

Bussardküken

Kopf des Bussards

Schülerbuch Seite 134

① Gib anhand der Flugbilder in der Randspalte an, wie man die abgebildeten vier Greifvogelarten im Flug unterscheiden kann.
– *Mäusebussard: breite, rechteckige Flügel; kurzer, breiter Schwanz;*
Habicht: kurze, gerundete Flügel; langer, schmaler Schwanz;
Turmfalke: spitze, schmale Flügel; langer, schmaler Schwanz;
Rotmilan: lange, schmale Flügel; tief gegabelter Schwanz mit roter Unterseite.

Zusatzaufgaben und Lösungen

① Welche Funktion haben die folgenden Verhaltensweisen des Mäusebussards:
a) Bewegungsloses Ausharren auf einem Mast
b) Gleitflug
c) „Manteln“ (zeitlupenhaftes Auf- und Abschreiten mit ausgebreiteten Flügeln)
d) Flugspiele
e) „Sich-auf-den-Rücken-Werfen“ im Flug.
– *a) Ausruhen und Spähen nach Beute.*
b) Der Gleitflug ist ein Späh- und Pirschflug, d. h. er dient dem Auffinden der Beute.
c) Drohendes Imponieren bei der Revierverteidigung.
d) Reviermarkierung und -verteidigung, Balz.
e) Abwehr von Feinden oder Rivalen, keine Unterwerfungsgeste.

② Welche Gründe gibt es dafür, dass der Mäusebussard in unserer Kulturlandschaft relativ häufig ist?
– *Feldmäuse und andere Kleinsäuger sind relativ häufig. Da der Bussard kein Nahrungsspezialist ist und außerdem auch Aas frisst, besteht kaum Nahrungsmangel. Außerdem wird in der Kulturlandschaft immer mehr freies Gelände erzeugt, in dem der Bussard gut jagen kann (Voraussetzung: Es gibt dort Feldgehölze oder Ansitzstangen). Zusätzlich sind die größeren Greifvögel als Feinde selten geworden und der Bussard folgt dem Menschen ohne Probleme.*

③ Wie bei allen Taggreifvögeln werden unverdauliche Beutereste als „Gewölle“ ausgewürgt. Im Unterschied zu den Eulengewöllen bestehen sie aber beim Mäusebussard nur aus Haaren und Hornteilen, nur selten sind größere Knochenstücke nachzuweisen. Begründung?
– *Im Muskelmagen wird ein hochwirksamer Magensaft produziert, der auch feine Knochen restlos verdauen kann. Außerdem zerteilen Eulen ihre Beute nicht, sodass die Drüsensäfte eine geringere Angriffsfläche haben.*

④ Warum fordern Jagdverbände immer wieder, dass auch Bussarde zum Abschuss freigegeben werden?
– *Das sogenannte Niederwild (Hase, Rebhuhn, Fasan u. a.) ist aus anderen Gründen, wie z. B. durch die Zerstörung der Lebensräume und der Nahrungsgrundlagen, in den letzten Jahrzehnten zurückgegangen. Dafür machen Jäger auch die Greifvögel verantwortlich. Außerdem erscheinen die Bussardbestände in manchen Jahren höher, da ihre Populationsdichte von der der Feldmäuse abhängt. Hinzu kommt noch, dass sich Bussarde vor allem im Winter häufig entlang der Straße aufhalten (s. u.) und damit einen höheren Bestand vortäuschen.*

Arbeitsblatt Seite 159

Mäusebussard, Turmfalke, Habicht, Sperber

Mäusebussarde an Straßen

Der Mäusebussard jagt hauptsächlich in der deckungsarmen Landschaft, in ausgedehnten Waldgebieten fehlt er. Dem Autofahrer sind die am Rande von Schnellstraßen auf Wildschutzzäunen oder Pfählen sitzenden Greifvögel eine vertraute Erscheinung. Die Hauptbeutetiere von Bussard und Turmfalke – die Feldmäuse – halten sich in großer Zahl an den Rändern und Mittelstreifen auf. Hier werden sie von keiner landwirtschaftlichen Tätigkeit gestört; das Gras wird kurz gehalten. Daher sind die Mäuse für die Greifvögel leicht zu entdecken. Ferner werden die Mittelstreifen und Seitenränder im Winter durch die Verwendung von Streusalz und die Wärmerückstrahlung rasch schneefrei. Kein Wunder also, dass für Mäusebussard und Turmfalke die Schnellstraßen besonders anziehend wirken. Andererseits wird dadurch den Autofahrern der Eindruck vermittelt, es gäbe insgesamt sehr viele Greifvögel.

Greifvogelattrappen

Mit einfachen Greifvogelattrappen (aus Plastik, räumlich), die auf Zäune oder Ansitzstangen aufgesteckt werden, kann man im Freiland das „Hassen“ kleinerer Schwarmvögel beobachten.
Bricht sich das Sonnenlicht im Glas, werden Fensterscheiben für Vögel unsichtbar (Lichtloch). Daher: Greifvogel-Flugbilder aus dunklem Tonpapier ausschneiden, mit Folie überziehen und *von außen* auf die Fensterscheiben kleben. Die Innenseite bunt oder „vogelecht“ bemalen und mit dem Namen des Greifvogels beschriften.

Medienhinweise

FWU 42 00239 Der Mäusebussard
Klett 027661 Folienbuch Vögel (Folie 23)

Literaturhinweise

BEDNAREK, W.: Greifvögel; Landbuchverlag, Hannover 1996
BRÜLL, H.: Das Leben europäischer Greifvögel; G. Fischer, Stuttgart 1984
GÉNSBØL, B.: Greifvögel; BLV, München 1997
MELDE, M.: Der Mäusebussard; Die Neue Brehm-Bücherei, Bd. 185; Westarp Wiss., Hohenwarsleben 1995

Greifvögel – Zuordnungsrätsel

 MÄU	 B 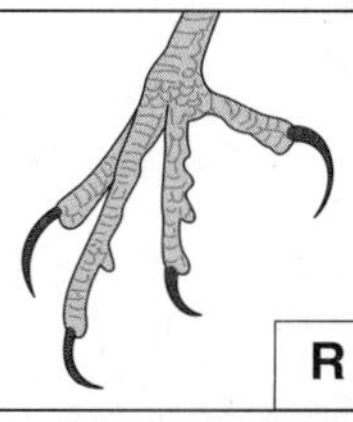 R	Horst in Krähennestern oder Gebäudenischen L	**Pirschfluggreifer** (auf Kleinvögel spezialisiert): Der kleine Vogel ist extrem wendig und hat lange Beine mit verlängerten Zehen. Die Beute wird mit den Fängen getötet. ER
 TU	 SEB 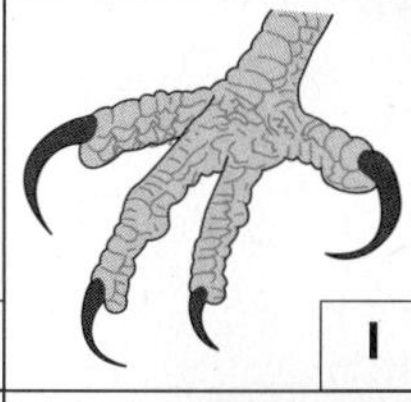 I	Horst in Astgabeln von Nadelbäumen B	**Stoßfluggreifer** Der kleine und wendige Vogel bewohnt offene Landschaften. Späht er nach Beute, steht er oft rüttelnd in der Luft und lässt sich dann im Sturzflug mit angelegten Flügeln zur Erde fallen. Die Beute wird durch Biss getötet. KE
 HA	 E  FA	Horst in hohen Bäumen SA	**Gleitstoßgreifer** Der große Vogel segelt und kreist im Spähflug über freiem Gelände. Vom Ansitz aus wird die Beute im Gleitflug ergriffen und mit den Fängen getötet. RD
 SP	 RM 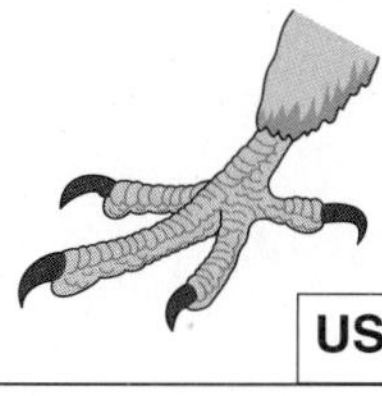 US	Horst in der Krone von Nadelbäumen CH	**Pirsch- und Stoßfluggreifer** Der mittelgroße Vogel stößt überraschend zwischen Bäumen hervor und jagt am Waldrand oder an Hecken bevorzugt Kleinsäuger, aber auch Vögel. T

Aufgabe

Zu vier Vögeln sind verstreut jeweils Abbildung, Flugbild, Fuß, Angaben zum Nest und zur Jagdmethode vorhanden. Schneide alle Felder aus und klebe sie in der richtigen Anordnung zusammen. Die Buchstaben in den Kästchen ergeben dann die Namen der vier Greifvögel.

Brutplätze – Vogel
Gebiss – Insektenfresser
Gebiss – Nagetier
Gewölle
Maus
Schleiereule
Vogelfeder

Die Schleiereule – lautloser Jäger in der Nacht
Material: Gewölleuntersuchung

Natura 5/6, Seite 136/137

Die Schleiereule war Vogel des Jahres 1977

Arbeitsblatt Seite 161

1. a) Weiches Gefieder mit Fransen an den Rändern der Schwungfedern ermöglicht einen lautlosen Flug.
   b) Der herzförmige Federkranz im Gesicht wirkt als Schalltrichter. Ein ausgezeichnetes Gehör ist der Leitsinn bei der Jagd.
   c) Die Augen sind sehr lichtempfindlich und nach vorn gerichtet, sodass auch bei schwachem Licht die Beute sicher erkannt wird.
   d) Der Hakenschnabel dient zum Zerkleinern der Beute.
   e) Der Greiffuß besitzt spitze Krallen und eine Wendezehe zum Packen, Töten oder Festhalten der Beute.
2. Die Tabelle verdeutlicht den Zusammenhang zwischen dem Nahrungsangebot und dem Bruterfolg. Die Vermehrungsrate ist in guten Mäusejahren fast dreimal so hoch wie sonst.

Gewölle

Gewölle können über Greifvogelstationen oder ein nahe gelegenes Schulbiologiezentrum bezogen werden. Will man die Bestandteile für das Zusammensetzen von Skeletten benutzen, sollten die Knochen mit H_2O_2 gebleicht werden.

Die Schleiereule

Populationsschwankungen: Die Zahl der Schleiereulen in einem bestimmten Gebiet wird hauptsächlich durch das Nahrungsangebot und kaum durch Feinde bestimmt. Die Schleiereule jagt vor allem Feldmäuse und Spitzmäuse, wenig andere Kleinsäuger und selten Kleinvögel. Sie ist damit indirekt abhängig von der Strenge des Winters. Sind extrem wenig Feldmäuse vorhanden, brüten bis zu 60 % der Altvögel überhaupt nicht. In Mäusejahren hingegen führen über 60 % der Brutpaare zwei erfolgreiche Bruten durch.

Vorkommen: Schleiereulen bewohnen bevorzugt waldarmes Gelände am Rande von Siedlungen und brüten in dunklen, störungsfreien Nischen. Dies waren oft Kirchtürme, Dachböden oder Scheunen. Heute sind diese meist dicht verschlossen. Mit Nistkästen (Beobachtung und Kontrolle möglich) kann man den bedrohten Tieren eine Hilfe bieten.

Brutverhalten: Verschiedene Verhaltensweisen führen dazu, dass die Schleiereulen auch in ungünstigen Jahren zumindest Teilerfolge bei der Brut haben. Das Weibchen brütet allein und wird von dem Männchen mit Nahrung versorgt. Das Weibchen kann damit mehrere Eier legen und eventuell auch zum zweiten Mal brüten. Schlechte Nahrungsbedingungen führen zu einer Verkürzung der Brutzeit. Schleiereulen bebrüten ihr Gelege vom ersten Ei an. Es kommen also verschieden weit entwickelte Junge im Nest vor, sodass Schwankungen im Nahrungsangebot und Risiken verteilt werden. Unter Umständen verhungern sogar die kleinsten oder dienen ihren älteren Geschwistern als Nahrung.

Fluggeräusche: s. Seite 134

Medienhinweise

FWU 10 00902 Eulen
FWU 42 01663 Die Schleiereule
FWU 42 01369 Bedrohte Tierwelt: Der Steinkauz

Literaturhinweise

Bezzel, E.: Vögel; BLV, München 1996
Brandt, Th.: Die Schleiereule; Aula-Verlag, Wiesbaden 1994
Claus, R.; Haala, G.: Arbeitsblätter Vögel; Klett-Verlag, Stuttgart 1997
Hintermeier, H.: Artenschutz in Unterrichtsbeispielen; Auer-Verlag, Donauwörth 1996
Kempter, R.: Schallortung im Hörsystem der Schleiereule; DDD-Verlag, Darmstadt 1997

Schädel und Zähne im Gewölle

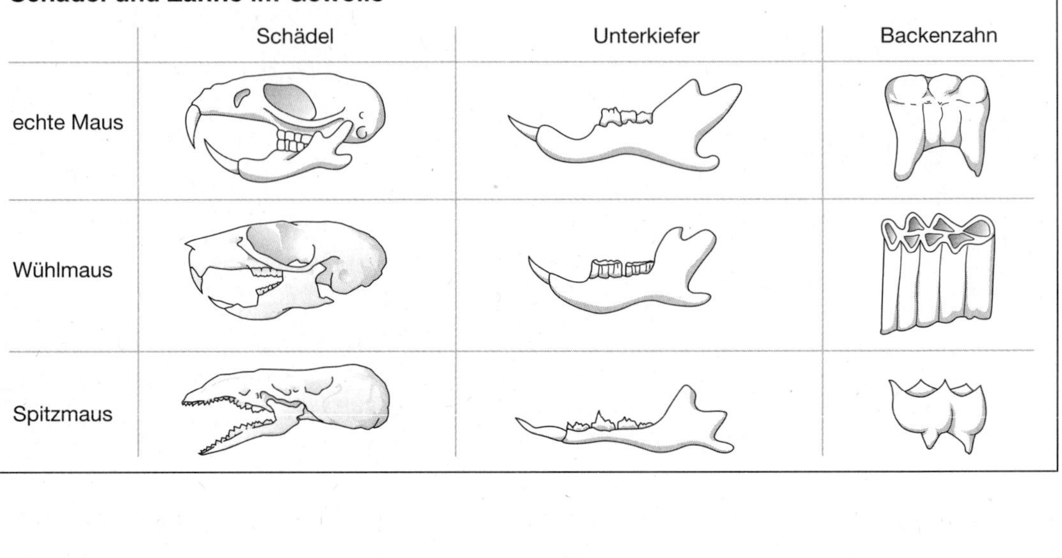

Die Schleiereule

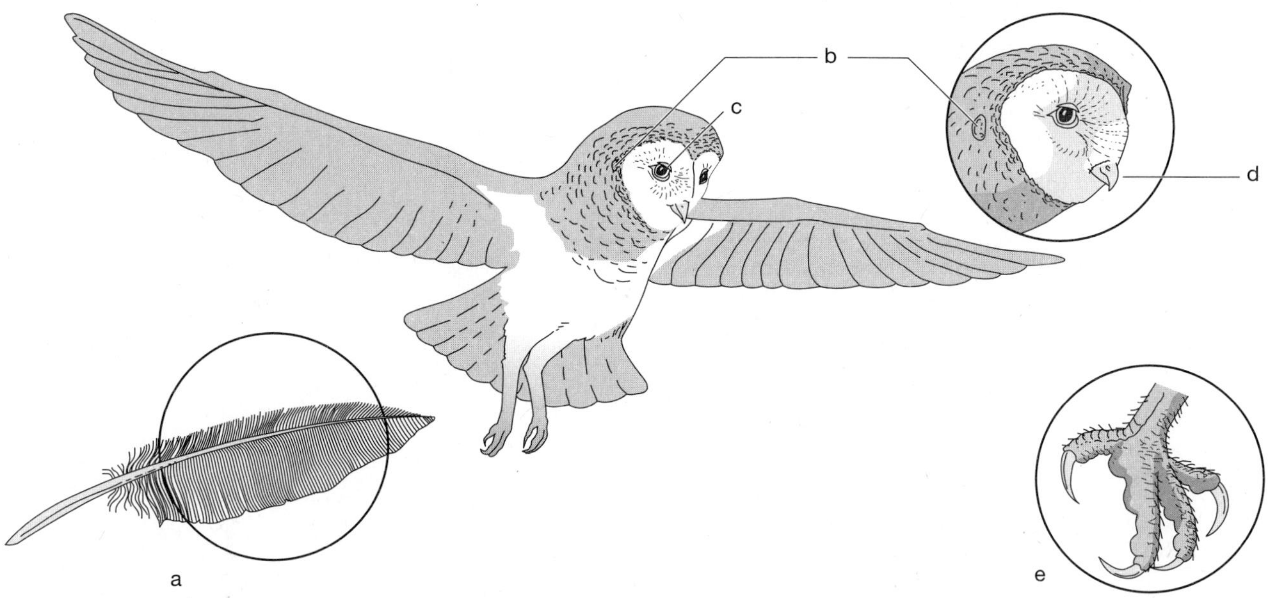

Aufgaben

1. Die Schleiereule zeigt verschiedene Anpassungen an ihre nächtliche Lebensweise. Beschreibe die gekennzeichneten Merkmale, die ihr die Jagd in der Nacht erleichtern und nenne ihre Aufgaben.

   a) ______________________________

   ____

   b) ______________________________

   ____

   c) ______________________________

   ____

   d) ______________________________

   e) ______________________________

2. Die folgende Tabelle zeigt eine Besonderheit zur Vermehrungsrate der Schleiereule. In den so genannten „Mäusejahren" sind die Feldmäuse und andere Mäusearten besonders zahlreich. Erkläre die Zusammenhänge.

	Anzahl der Bruten	Zahl der Eier pro Brutpaar	Zahl der flügge werdenden Jungen pro Jahr und Paar
Mäusejahre	2–3	11,0	7
sonstige Jahre	(0) oder 1	3,2	2,4

____

____

____

Material: Schnäbel und Füße verraten sie
Lexikon: Heimische Vögel
Lexikon: Vögel als Heimtiere

Natura 5/6, Seite 138–141

Schülerbuch Seite 138/139

① Strauß: kräftiger unspezialisierter Allesfresserschnabel (3) und Lauffuß mit zwei derben Zehen und stumpfen Krallen (g).
Pelikan: gerader Schnabel mit Haken (5, der dehnbare Hautsack ist nicht eingezeichnet) und Schwimmfuß (b).
Zwergflamingo: abgeknickter Schabel mit Filterapparat (1) und Schwimmfuß am Stelzbein (a).
Grünling: kräftiger Körnerfresserschnabel (6) und Sitzfuß (c) mit drei Zehen nach vorn und einer rückwärts gerichteten Zehe.
Steinadler: hakenförmig gekrümmter Schnabel der Greifvögel (7) zum Kröpfen der Beute und Greiffuß (f) mit spitzen Krallen.
Graureiher: langer, spitz zulaufender Pinzettenschnabel (4) und Fuß mit drei langen, spreizbaren Vorderzehen am Stelzbein (d).
Gelbhaubenkakadu: kräftiger Nussknackerschnabel (2) mit hakenförmigem Oberschnabel und spechtähnlicher Kletterfuß (e) mit je zwei nach vorn und hinten gerichteten Zehen.

② Strauß: Afrika, Allesfresser, Lauffuß
Pelikan: Afrika, mit Hautsack, Schwimmfuß
Flamingo: Afrika, Filterapparat, Schwimmfuß
Grünling: Europa, Körnerfresser, Sitzfuß
Steinadler: Europa, Hakenschnabel, Greiffuß
Graureiher: Europa, Pinzettenschnabel, Spreizfuß
Kakadu: Australien, Nussknacker, Kletterfuß

③ Die spitz ausgezogene Flachzange entspricht mit ihren Verwendungsmöglichkeiten dem Allesfresserschnabel der Strauße. Mit der stumpfen Zange kann man ähnlich dem Grünling Dinge abkneifen, zerquetschen oder flach drücken; zum „Einlagern" ist die Aussparung in der Mitte der Zange besonders geeignet. Mit der spitz zulaufenden Pinzette lassen sich wie mit dem Reiherschnabel schnell feine Gegenstände ergreifen. Der Kescher dient zum Fangen von Fischen, Krebsen oder Insekten; das um einen Ring mit Griff gespannte Netz ist dem Kehlsack der Pelikane vergleichbar. Der Filterapparat im Schnabel der Flamingos hat große Ähnlichkeit mit einer Fischreuse. Die Verwendungsmöglichkeiten einer Kneifzange entsprechen den Fähigkeiten des Hakenschnabels eines Steinadlers.

Arbeitsblätter Seite 163–165

Alternative Verwendung des Spielmaterials

Die Abbildungen und Texte auf der folgenden Doppelseite können auch als einfache Zuordnungsaufgabe zum Kennenlernen einheimischer Vogelarten benutzt werden. Die Schwerpunkte der Beschreibung liegen auf Körperbau, Lebensraum, Nahrung und Zugverhalten. Text und Abbildung können dann paarweise ins Heft geklebt werden. Folgende Beschreibungen und Abbildungen gehören zusammen: 1 E, 2 B, 3 G, 4 D, 5 A, 6 F, 7 C, 8 H, 9 J, 10 M, 11 L, 12 K, 13 S, 14 N, 15 P, 16 O, 17 Q, 18 R.
Stehen keine Spielfiguren (siehe Vorbereitung des Spiels) zur Verfügung, kann das Bild- und Textmaterial auch als normales Memory benutzt werden. Abbildungen und Texte werden dazu verdeckt ausgelegt und gemischt. Reihum dreht jeder Spieler zwei Karten um, wobei das Umdrehen der Kärtchen so erfolgen muss, dass alle Mitspieler die Abbildung und/oder den Text erkennen können. Gehören die Karten zusammen, darf der Spieler das Pärchen behalten. Es gewinnt derjenige, der am Ende die meisten Karten besitzt.

Vorbereitung des Spiels

Zunächst müssen die Vorlagen kopiert werden; die Anzahl richtet sich nach den Kleingruppen (bis zu 6 Spieler). Zu besorgen sind Knetmasse, Zahnstocher oder Cocktailfähnchen, Klebeschildchen, Zeichenkarton, Kleber, und falls vorhanden, durchsichtige Folie oder Laminiergerät; das Ausschneiden kann mit Scheren oder mit dem Schneidegerät geschehen.

Literaturhinweise

CLAUS, R.; HAALA, G.: Arbeitsblätter Vögel; Klett, Stuttgart 1987

Heimische Vögel (1)

Spielanleitung zur Memory-Variation

Ziel des Spiels: Durch richtige Zuordnung der Abbildungen und Beschreibungen möglichst schnell alle Symbolfähnchen einsammeln. Es können 2 bis 6 Spieler teilnehmen.

Vorbereitung: Die Spielfiguren werden aus Knetmasse geformt. Sie sollten kleinen Halbkugeln (Durchmesser 3 cm) ähneln, in die oberseits bis zu sechs Holzzahnstocher (auch Cocktailfähnchen) eingesteckt werden können. Am Zahnstocher oder auf dem Fähnchen kann jeder Mitspieler durch Klebeschildchen sein Symbol anbringen. Die Abbildungen und Beschreibungen der Vögel (siehe folgende Seite) werden auf Zeichenkarton geklebt und falls möglich mit durchsichtiger Folie überzogen oder laminiert. Danach die Kärtchen ausschneiden. Die 18 Abbildungen werden in zufälliger Reihenfolge zum Rand eines Sechsecks zusammengefügt (s. Skizze). In das Innere dieses Sechseckringes werden die Beschreibungen mit dem Text nach unten gelegt.

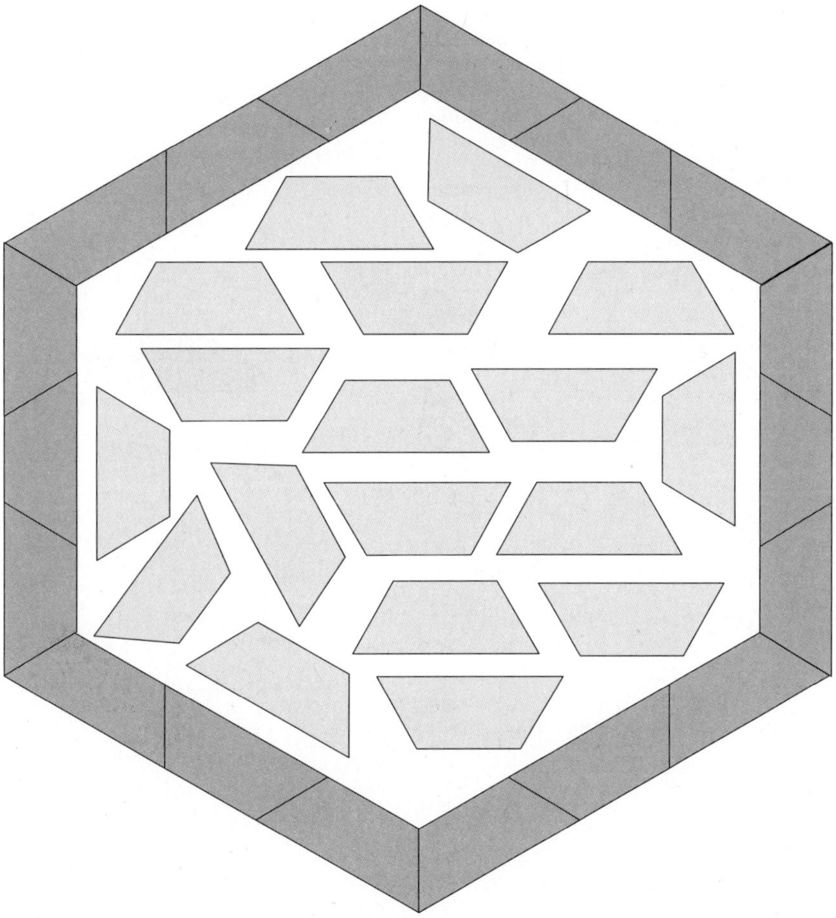

Spielregeln

1. Die Spielfiguren werden im gleichen Abstand an den Ecken des Sechseckringes aufgestellt. Gezogen wird im Uhrzeigersinn.
2. Wer an der Reihe ist, deckt eine der Beschreibungen in der Mitte auf. Passt die Beschreibung zum Vogelbild vor der Spielfigur, darf die Figur ein Feld weiter ziehen. Die Texte werden wieder verdeckt an die gleiche Stelle zurückgelegt.
3. Der Spieler darf solange weiter ziehen, bis er ein falsches Plättchen aufdeckt.
4. Holt ein Spieler einen anderen ein, darf er die Figur überspringen, aber nur dann, wenn er die Beschreibung zu dem Vogel aufdecken kann, dessen Abbildung vor der übersprungenen Spielfigur liegt.
5. Stehen zwei Spielfiguren hintereinander, dürfen sie nach demselben Prinzip übersprungen werden.
6. Den übersprungenen Spielfiguren dürfen die Fähnchen abgenommen werden. Es gewinnt der Spieler, der zuerst alle Fähnchen in seiner Spielfigur vereinigt hat.
7. Muss das Spiel aus Zeitgründen früher abgebrochen werden, hat der Spieler mit den meisten Fähnchen gewonnen.

Heimische Vögel (2)

Heimische Vögel (3)

Sperber

Greifvogel in Wäldern und Parkanlagen; kleiner als eine Krähe; jagt besonders Vögel, nur gelegentlich auch kleine Säuger.

E

Brandgans

Entenvogel mit rotem Schnabel; brütet in Kaninchenhöhlen; zieht in strengen Wintern südwärts; frisst kleine Wirbellose und Pflanzenteile im Watt.

B

Kuckuck

Etwa taubengroßer Vogel an Waldrändern und in offenen Landschaften; Brutparasit; ernährt sich von Kleinvögeln und Insekten; überwintert in Südafrika.

G

Buntspecht

Schwarzweißer Specht mit kräftigem Meißelschnabel; etwa amselgroß; lebt in Wäldern und Parks; frisst Holz zersetzende Larven; bleibt im Brutgebiet.

D

Sperling

Singvogel mit kurzem Kegelschnabel; ernährt sich bevorzugt von Samen, Insekten und Kleintieren; lebt gesellig; verbleibt auch im Winter im Brutgebiet.

A

Säbelschnäbler

Langbeiniger Küstenvogel mit nach oben gebogenem Schnabel; ernährt sich von Kleintieren im seichten Wasser; überwintert im Watt und am Atlantik.

F

Haubentaucher

Tauchvogel auf Seen und Teichen; auffälliger schwarzer Schopf; spitzer Schnabel; frisst bevorzugt kleine Fische; zieht nur in strengen Wintern nach Süden.

C

Austernfischer

Watvogel mit langen roten Beinen und rotem Schnabel; stochert am Meeresstrand im Schlick nach Kleintieren; Brutvogel an der Küste; Teilzieher.

H

Blässralle

Ralle mit weißem Stirnschild und hellem Schnabel; Füße mit Schwimmlappen; ernährt sich von Wasserpflanzen, Schnecken und Kleintieren; bleibt im Brutgebiet.

J

Kiebitz

Auffälliger Wiesenvogel mit schwarzem Federschopf; Bodenbrüter; frisst kleine Bodentiere; Kurzstreckenzieher oder Standvogel.

M

Rauchschwalbe

Tief gegabelter Schwanz; brütet auf überdachten Mauervorsprüngen, etwa an Stallungen; fängt im Flug Insekten; Winterquartier ist im tropischen Afrika.

L

Storch

Sehr großer Vogel mit roten Stelzenbeinen; benötigt feuchte Wiesen; Nahrung vor allem Frösche und Mäuse; zieht im Winter nach Süd- und Ostafrika.

K

Uhu

Sehr seltene größte einheimische Eule; ernährt sich von Kleinsäugern, Fröschen und Vögeln; Standvogel.

N

Uferschnepfe

Taubengroß, mit langen Beinen und langem geraden Schnabel; sticht im feuchten Boden nach Kleintieren; im Winter an der Atlantikküste (Frankreich, Afrika).

O

Elster

Schwarweißer Rabenvogel mit langem Schwanz; Kulturfolger; Nahrung vielseitig, überwiegend tierisch; baut großes überdachtes Nest auf Bäumen; Standvogel.

P

Mönchsgrasmücke

Sehr kleiner Singvogel mit schwarzer Kopfplatte; nistet in niedrigem Gebüsch; frisst bevorzugt Insekten; überwintert im Mittelmeerraum, Westeuropa, Afrika.

Q

Amsel

Häufigste Drossel in Gärten und Städten; sucht am Boden nach Würmern und Insekten; frisst im Herbst auch Beeren; Standvogel oder Teilzieher.

R

Fichtenkreuzschnabel

Brutvogel in Nadelwaldgebieten bis zur Baumgrenze in den Alpen; größer als Sperling; überkreuzter Schnabel; lebt von Nadellholzsamen; ganzjährig hier.

S

Fische – Lurche – Kriechtiere

Spielanleitung

Du benötigst einen Würfel und je Spieler eine Spielfigur (kann nach der unteren Anleitung selbst hergestellt werden). Das Spiel ist für sehr kleine Gruppen (nicht mehr als 4 Spieler und 1 Spielleiter) am besten geeignet.

Der Startpunkt ist ein kühner Sprung des Lebewesens 1 ins Wasser. Dorthin kann man nur gelangen, wenn zuvor eine 6 gewürfelt wurde. (Eine 6 berechtigt nicht zum nochmaligen Würfeln.) Ziel ist das ruhige Plätzchen auf den Steinen bei Lebewesen 12. Nur wer am Ende die richtige (noch fehlende) Punktzahl würfelt, darf auf dieses Feld. Gewonnen hat, wer zuerst am Ziel ist.

Kommt ein Spieler mit seiner Spielfigur durch Würfeln auf ein Feld mit einer Ziffer, muss er den Namen des Lebewesens nennen, um ein Feld vorzurücken. Wenn der Spieler auch noch die Nahrung des Lebewesens richtig nennen kann, darf er ein zweites Feld nach vorn.

Entscheidet der Spielleiter, dass der Name des Tieres falsch ist, muss der Spieler bis zur letzten Ziffer zurück. Vom Spielleiter wird auch über die sachliche Richtigkeit und ausreichende Anzahl der genannten Nahrung entschieden. Als Hilfe erhält der Spielleiter die nachfolgende Übersicht.

Hilfe für den Spielleiter

Nr.	Nahrung	Feinde
1	Eisvogel: verschiedene kleine Fische	Greifvögel
2	Feuersalamander: Würmer, Nacktschnecken, Asseln, Spinnen, Gliederfüßer	Greifvögel
3	Kammmolch: Wasserflöhe, Würmer, Larven von Wasserinsekten	Hecht
4	Ringelnatter: Gras- und Moorfrösche, Kaulquappen, Molche, kranke Fische	Igel, Iltis
5	Aal: Würmer und andere Bodentiere, gelegentlich kleine Fische	Hecht
6	Seefrosch: Würmer, Nacktschnecken, Insekten, Spinnen, kleine Wirbeltiere	Storch, Reiher
7	Karpfen: Algen, Schnecken, Insektenlarven, Wasserkäfer, Würmer, andere Bodentie-	–
8	Rotfeder: verschiedene Wasserpflanzen, pflanzliche Kleinstorganismen wie Algen usw.	Hecht
9	Hecht: verschiedene Friedfische des Süßwassers	–
10	Sumpfschildkröte: Würmer, Insektenlarven, Wasserschnecken, Lurche, kranke Fische	–
11	Kreuzotter: verschiedene Mäuse einschließlich Wühlmäuse, Waldeidechsen, Frösche	Dachs, Krähe
12	Zauneidechse: Spinnen, Würmer, Insekten, Heuschrecken	Eulen

Das Spiel kann mit der Nennung beliebiger anderer Fakten, wie zum Beispiel der Feinde der gezeichneten Lebewesen, erweitert werden. Der Spielplan sollte auf DIN A3 oder mehr vergrößert werden.

Anleitung zum Basteln von Spielfiguren

Schneide die Figuren aus, klebe ein kleines Gewicht von hinten auf das Quadrat und die oberen Ecken des Fünfecks zusammen.

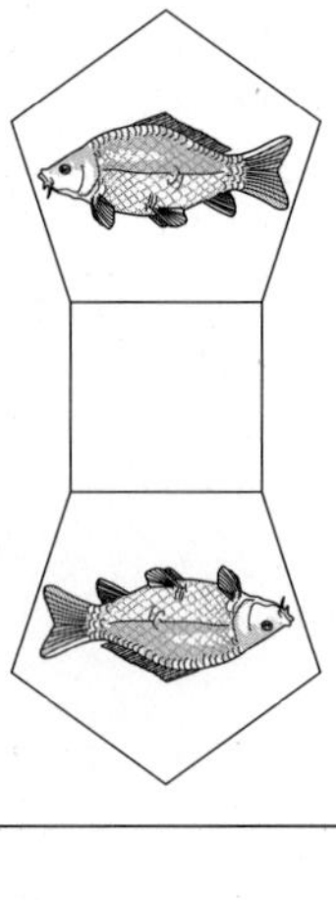

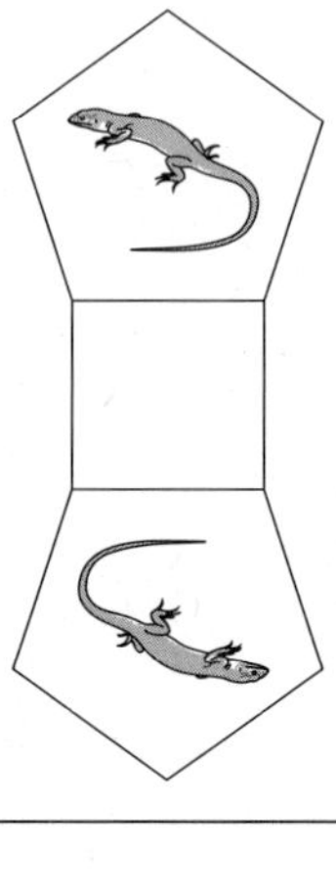

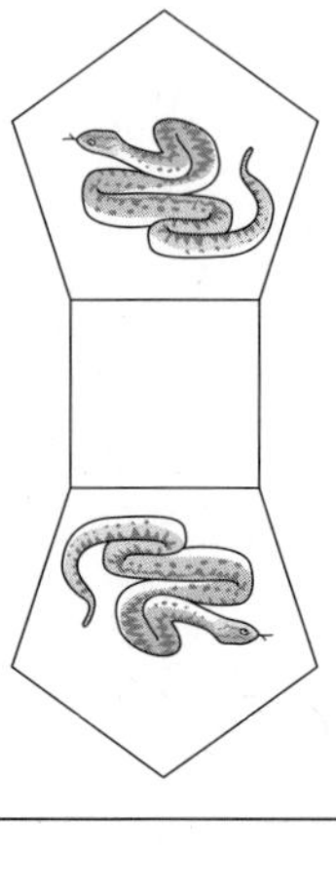

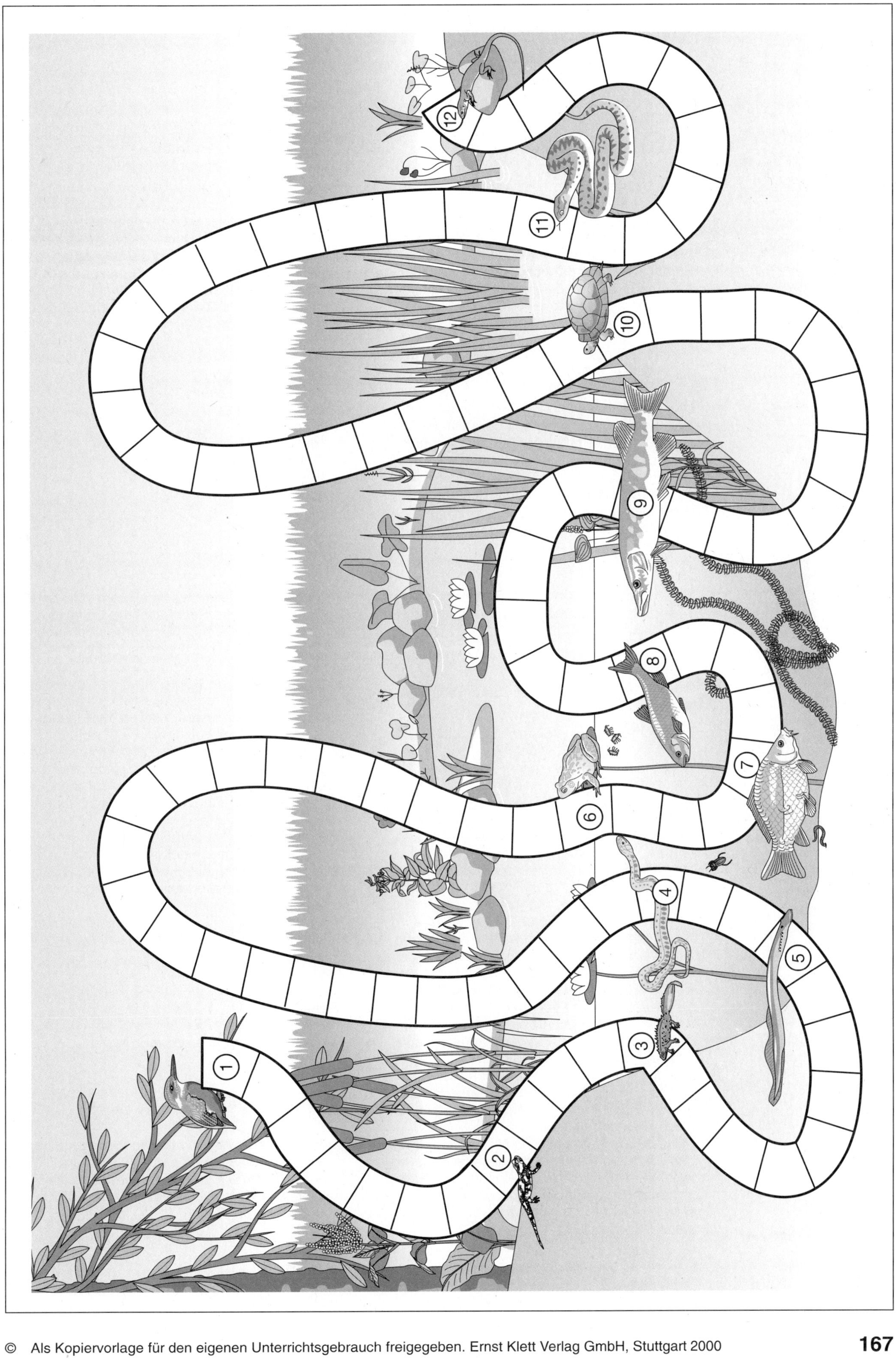
1
2
3
4
5
6
7
8
9
10
11
12

Aquarium
Fisch
Körperbau – Fisch
Seepferdchen
Tierbeobachtung

1 Fische – ein Leben im Wasser

Der Körperbau eines Fisches

Natura 5/6, Seite 144

Möglicher Besatz eines Aquariums (60–120 l)

♂
♀
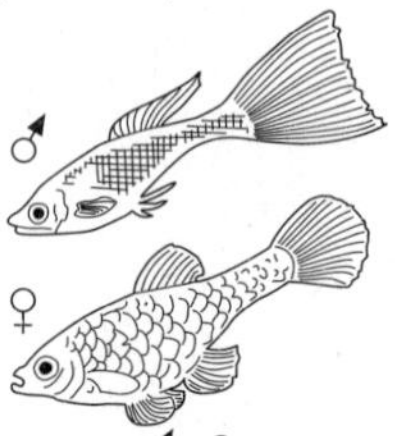
Guppy 4♂4♀

♂
♀

Platy 3♂2♀

♂
♀
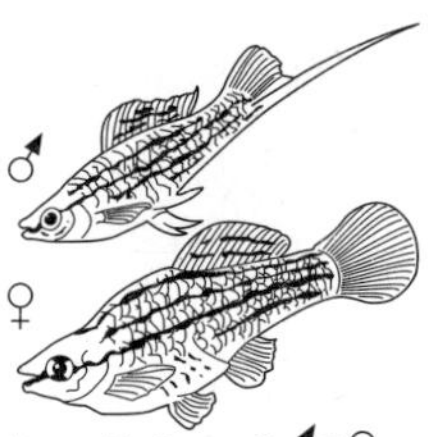
Schwertträger 2♂2♀

♂
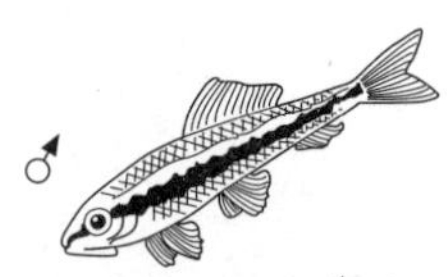
Saugschmerle 2♂2♀

Schülerbuch Seite 144

② Setze bei den Ziffern 1–5 in Abbildung 2 folgende Begriffe ein: Afterflosse, Schwanzflosse, Bauchflosse, Rückenflosse, Brustflosse.
– *Zuordnung der Zahlen: 4, 5, 3, 1, 2.*
③ Welche Flossen sind paarig?
– *Brustflossen und Bauchflossen sind paarig.*
④ Auch andere Wirbeltiere haben stromlinienförmige Gestalt. Welche kennst du?
– *Vogel, Wal, Hai, Pinguin, Biber, Bisamratte.*

Arbeitsblatt Seite 169

Hinweis: Das nebenstehende Arbeitsblatt kann auch im Zusammenhang mit der Impulseseite „Vielfalt der Fische“ eingesetzt werden.

1. Es ist ein Fisch, denn es sind Kiemendeckel und Flossen zu sehen.
2. 1) Kiemendeckel: Ausgang für das Atemwasser
   2) Rückenflosse: hält das Seepferdchen aufrecht
   3) Greifschwanz: Verankerung zwischen Wasserpflanzen (Körperform und Haltung dienen auch der Tarnung)

Zusatzaufgaben und Lösungen

① Beobachte Fische und vergleiche dabei die Ansatzstellen der Flossen.
– *Schnellschwimmer besitzen im Vergleich zur „Normalstellung“ der Flossen oft eine vergrößerte Rücken- und Afterflosse, wodurch der Antrieb der Schwanzflosse verstärkt wird. Einige Fische, z. B. der Stichling, haben Rücken- und Bauchflossen, die zu Stacheln umgebildet sind. Fische wie die Schleierschwanz-Goldfische oder der Prachtguppy haben stark vergrößerte Schwanzflossen, die jedoch mehr der Schönheit als dem Antrieb dienen.*
② Beschreibe das Zusammenspiel der Flossen bei unterschiedlichen Bewegungen der Fische.
– *Die Schwanzflosse bewegt sich am stärksten, wodurch der Fisch den Vortrieb bekommt. Der Fisch bremst durch Abspreizen der Brustflossen und verändert somit die Schwimmrichtung. Die Rücken- und Afterflosse sind hauptsächlich zum Stabilisieren da.*
③ Streiche mit der rechten Hand in beide Richtungen über deinen linken Unterarm. Betaste nun die Fischhaut in gleicher Weise. Vergleiche deine Wahrnehmungen.
– *Menschliche Haut fasst sich in beiden Richtungen warm, trocken und glatt an. Die Fischhaut ist kühler und feucht. Vom Kopf zum Schwanz ist sie glatt. In entgegengesetzter Richtung stellen sich die Schuppen auf und bilden so einen Widerstand.*

Fische beobachten

Fische können sehr gut in Schulaquarien, Kleintierhandlungen und zoologischen Gärten beobachtet werden. Als Alternative zur direkten Beobachtung kann man im Unterricht auch sehr gut ein Video zeigen, in dem die Flossenbewegung, der Körperbau verschiedener Fische usw. zu sehen sind. Dieses Video muss nicht sehr lang sein und kann vom Lehrer selbst oder auch von Schülern aufgenommen werden.

Folgende Fischarten eignen sich für ein Schulaquarium besonders:
– alle Guppy-Rassen
– Schwertträger
– Black Mollys
– Platys
– Schmucksalmler
– Harnischwelse
– Antennenwelse

Seepferdchen

Die 35 bekannten Arten variieren sehr stark in ihrer Größe. Das kleinste Seepferdchen (Länge 2,5 cm) lebt im Golf von Mexiko. Der größte Vertreter ist das Malaiische Seepferdchen mit stattlichen 25 cm Länge.
Durch die besondere Körperform, die von anderen Fischen stark abweicht, können sie sehr elegant schweben, wobei sie aber nur relativ langsam vorwärts kommen. Vor Feinden schützt sich das Seepferdchen, indem es einfach seine Körperfarbe der Umgebung anpasst. Viele Fressfeinde besitzt ein Seepferdchen jedoch nicht, da es sehr grätig und somit schlecht verdaulich ist. Einige Taschenkrebse fressen gelegentlich ein Exemplar.
Einem Seepferdchen entgeht kaum ein Beutetier, denn es kann seine Umgebung durch die unabhängig voneinander beweglichen Augen jederzeit gut kontrollieren. Beim Lauern gibt der Greifschwanz den Tieren Halt.

Medienhinweise

FWU 42 01644 Der Hecht
FWU 42 01874 Der Wels
Trocken-/ Feuchtpräparate von Fischen

Literaturhinweise

Autorenkollektiv: Aquarienfische; Verlagsunion Erich Pabel, Artur Moewig KG, Rastatt 1991
STEPHAN, ELLEN UND BURKHARD: Tiere aus aller Welt; Der Kinderbuchverlag, Berlin 1985

Fabelwesen oder Tier?

Bis durch wissenschaftliche Untersuchungen Details über das Leben des abgebildeten Tieres bekannt wurden, hielt man es lange Zeit für ein Fabelwesen.

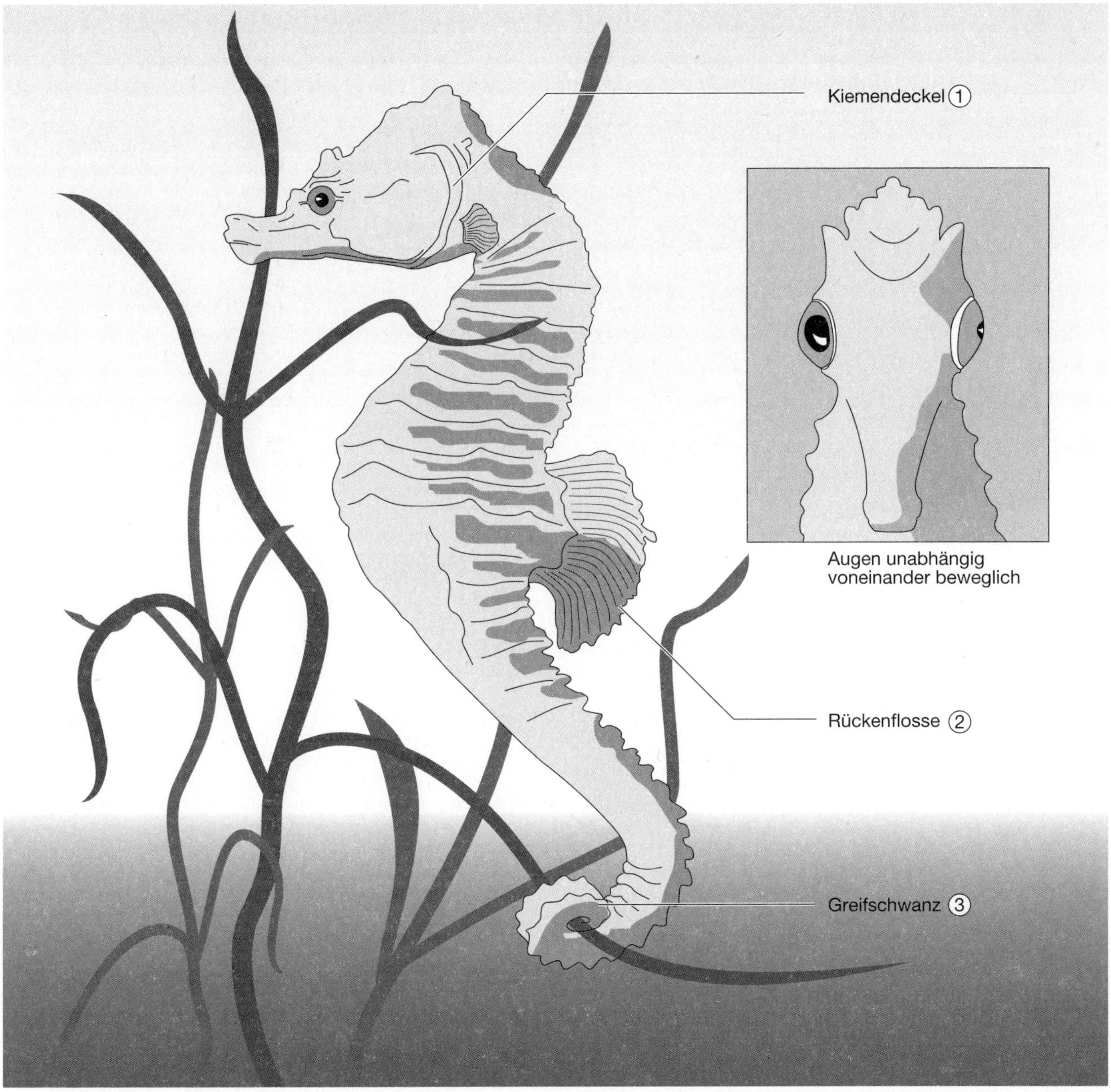

Aufgaben

1. Betrachte die Abbildung genau und ordne das Lebewesen einer Tiergruppe zu. Begründe deine Antwort.

___

2. Welche Funktion haben die Teile 1 bis 3?

___

___

___

Atmung – Fisch
Blutkreislauf – Fisch
Fisch
Kiemenatmung
Lungenfisch
Schlammspringer

Atmen unter Wasser

Natura 5/6, Seite 145

Schülerbuch Seite 145

① Erkläre mithilfe der Abbildungen die Atembewegungen und den dabei auftretenden Wasserstrom bei der Kiemenatmung.

– *Das Maul wird geöffnet und die Kiemendeckel werden geschlossen. Dadurch wird Wasser in den Mundraum eingesaugt. Durch Schließen des Mauls wird das Wasser an den Kiemenbögen entlang seitlich ausgetrieben.*

② Der in der Luft enthaltene Sauerstoff ist im Wasser gelöst. Beschreibe den Weg des Sauerstoffs, bis er in die Blutbahn gelangt. Nimm hierzu Abbildung 2 zu Hilfe.

– *Das sauerstoffreiche Wasser fließt an den gut durchbluteten Kiemenblättchen vorbei. Kohlenstoffdioxid wird durch die Wand der Kapillaren abgegeben und Sauerstoff aus dem Wasser aufgenommen. Der Sauerstoff wird an das Hämoglobin gebunden.*

③ Manchmal tritt nach einer langen, sehr warmen Wetterphase im Hochsommer ein Fischsterben vor allem in flachen, stehenden Gewässern auf. Erläutere mithilfe der Abbildung in der Mittelspalte einen möglichen Grund dafür.

– *Warmes Wasser enthält weniger Sauerstoff. Ist das Wasser flach, unbewegt und warm, so reicht der Sauerstoffgehalt nicht mehr aus.*

④ An der Luft verkleben die Kiemenblättchen miteinander und trocknen schnell aus. Weshalb müssen Fische deshalb an der Luft ersticken?

– *Durch Oberflächenverringerung sinkt die Sauerstoffaufnahme.*

⑤ Ordne den Ziffern in der Abbildung 1 die entsprechenden Begriffe zu.

– *1) Schädel, 2) Gehirn, 3) Wirbelsäule mit Rückenmark, 4) Schwimmblase, 5) Geschlechtsorgan (Eierstock bzw. Hoden), 6) Niere, 7) Harnblase, 8) Kiemen, 9) Herz, 10) Magen, 11) Leber, 12) Darm, 13) After, 14) Geschlechts- und Harnleiteröffnung*

Arbeitsblatt Seite 171

1. von oben nach unten: Kiemen, Wasser, Maul, Kiemendeckel, Kiemenblättchen
2. Gemeinsamkeiten: Der Sauerstofftransport erfolgt im Blut.
3. a) Sauerstoffaufnahme in das Blut, Kohlenstoffdioxidabgabe; b) umgekehrt
4. Die Kiemenreuse hält meistens selbst kleinste Nahrungsbestandteile des Wassers zurück und dient somit der Ernährung des Fisches. Die Nahrungspartikel aus den Reusenzähnen werden nach jedem Atemzug abgeschluckt.

Atmungsspezialisten

Unter den Fischen gibt es auch ausgesprochene *Atmungsspezialisten*, die nicht nur ihre Kiemen nutzen. Bei der sehr variablen Gruppe der Lungenfische lassen sich die Kiemenöffnungen perfekt durch die Kiemendeckel verschließen. Alle Vertreter sind in der Lage, ein oder zwei Lungensäckchen aus dem Schlund hervorzustülpen. Diese stehen mit einem kleinen Lungen-Blutkreislauf in Verbindung. Einige Arten, wie z. B. der *Australische Lungenfisch* (1,5 m lang), halten in der Trockenperiode Sommerschlaf in einer Schlammröhre. Diese ist mit einer Schleimkapsel ausgekleidet (Austrocknungsschutz). Der *südamerikanische Lungenfisch* (2 m lang) geht in Trockenzeiten ausschließlich zur Lungenatmung über und zehrt dabei von seinen Fettreserven. Der *Afrikanische Lungenfisch* nutzt an der Wasseroberfläche immer Atemluft. Ansonsten nutzt er teils Lungen- teils Kiemenatmung.
Bei den *Schlammspringern* (15 cm lang), die geografisch sehr weit verbreitet sind, wird die Atmung zum Teil über die Haut, die sehr stark mit Blutgefäßen durchzogen ist, realisiert. Die Kiemen werden durch gut schließende Kiemendeckel vor dem Austrocknen geschützt. Schlammspringer erkennt man leicht an den sehr beweglichen Augen, die oben am Kopf sitzen und an dem langen ersten Strahl der Rückenflosse. Sie sind Mangrovenwaldbewohner.

Literaturhinweise

MURA, B.: Arbeitsblätter Fische, Lurche, Kriechtiere; Klett, Stuttgart 1988

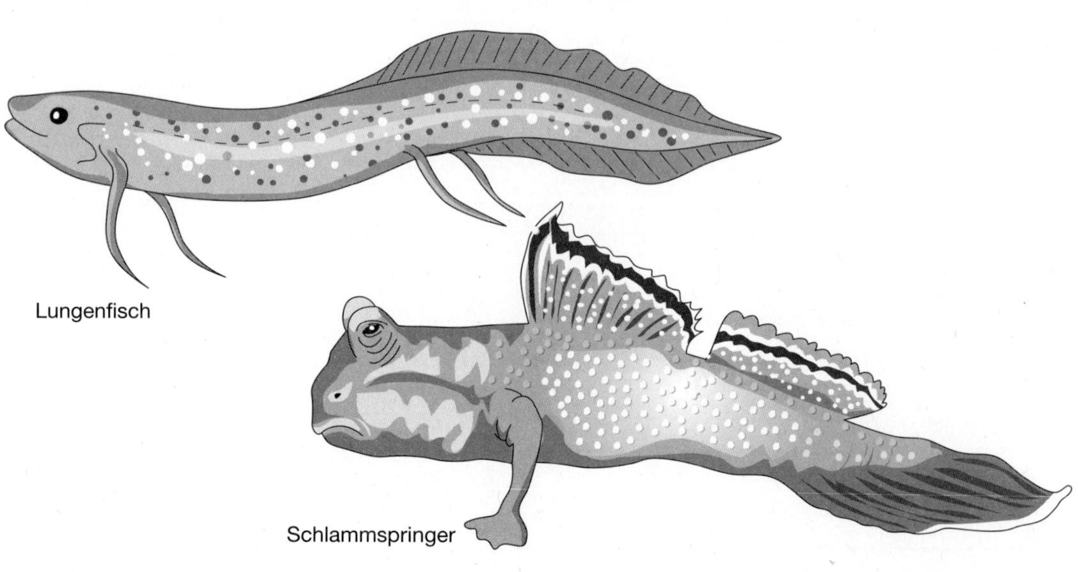

Atmung mit Kiemen

1. Vergleiche die Atmung eines Menschen mit der eines Fisches. Fülle dazu die dritte Spalte der Tabelle aus.

	Lungenatmung	Kiemenatmung
Atmungsorgan	Lunge	
Sauerstoff in	Luft	
Aufnahmeort für Sauerstoff	Nase / Mund	
Abgabeort für Sauerstoff	Nase / Mund	
Gasaustausch in	Lungenbläschen	

2. Welche Gemeinsamkeit besteht zwischen Lungen- und Kiemenatmung?

____

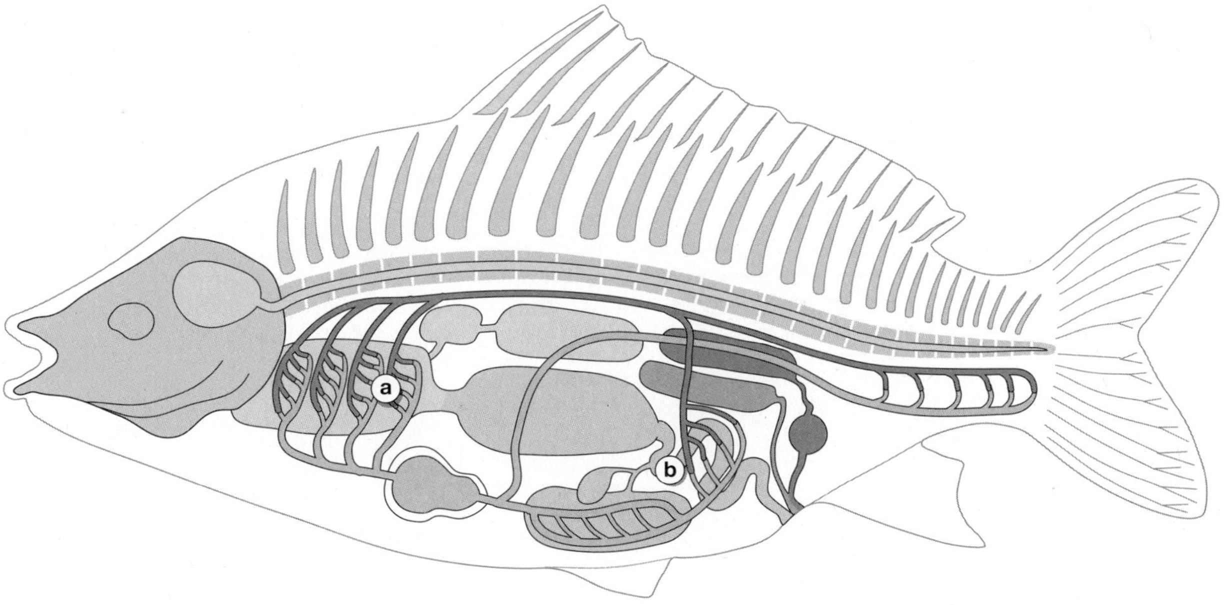

3. Was geschieht mit den Atemgasen bei a und b?

____

4. Beschreibe die Bedeutung der Kiemenreuse.

____

____

____

____

____

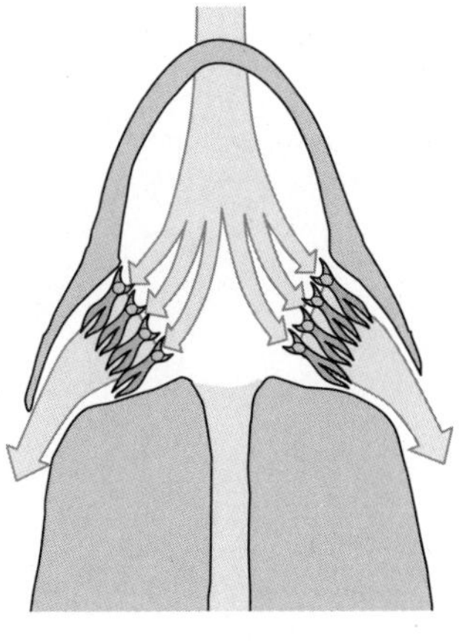

Bachforelle
Domestikation
Embryonalentwicklung – Fisch
Fisch
Fortpflanzung – Fisch
Karpfen
Nutztier
Tierzucht

Die Bachforelle – ein Bewohner kalter Gewässer

Natura 5/6, Seite 146

Arbeitsblatt Seite 173

2. 5 – 2 – 3 – 1 – 6 – 4

Zusatzaufgaben und Lösungen

① Erkläre, warum Bachforellen normalerweise nicht in langsam fließenden breiteren Flüssen bzw. flachen Seen vorkommen.
– *Flüsse, die langsam fließen, sind häufig sehr sauerstoffarm. Flache Seen erwärmen sich schnell, wodurch sich nur sehr wenig Sauerstoff im Wasser lösen kann. Bachforellen benötigen zum Überleben geringe Temperaturen (unter 18 °C) und einen hohen Sauerstoffgehalt des Wassers. (Hinweis: Zur Bearbeitung dieser Frage lässt sich der angegebene Videofilm 'Die Bachforelle' gut einsetzen.)*

② Skizziere einen Flusslauf und trage an den unterschiedlichen Abschnitten die Namen der typischen Fische für die entsprechende Region ein.
– *Bachforelle – Äsche – Flussbarbe – Rotfeder – Brachse – Schleie – Kaulbarsch – Flunder (Hinweis: Zur Bearbeitung dieser Frage lässt sich der angegebene Videofilm gut einsetzen.)*

③ Zuchtziel für Karpfen kann z. B. die Schuppenverringerung sein (s. Randspalte). Welche Rolle spielen Schuppen in der Natur?
– *Schuppen bieten den Fischen mechanischen Schutz. Durch ihre dachziegelartige Anordnung verringern sie den Widerstand im Wasser. Ihre Farbgebung hat Signalcharakter (z. B. bei der Paarung).*

④ Erkläre, weshalb Fische oft recht hohe Eizahlen pro Brutsaison aufweisen (z. B. Bachforelle: 2000, Hering: 30 000, Plötze: 100 000, Stör: 800 000 bis 2,5 Mill., Kabeljau: 4 – 5 Mill.
– *Durch die äußere Befruchtung ist der Befruchtungserfolg sehr unsicher. Außerdem haben sowohl der Laich als auch die Jungfische eine Vielzahl von natürlichen Feinden.*

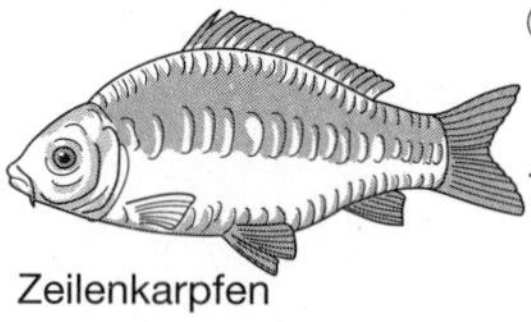
Zeilenkarpfen

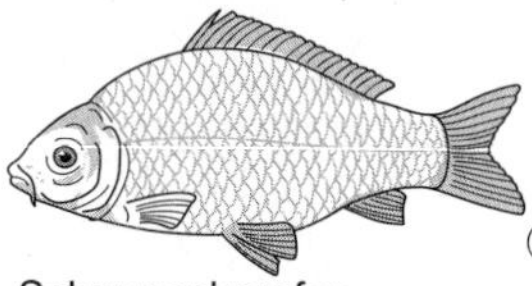
Schuppenkarpfen

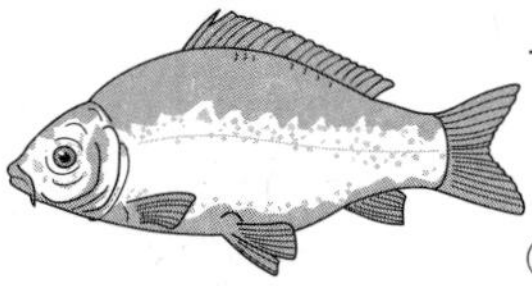
Lederkarpfen

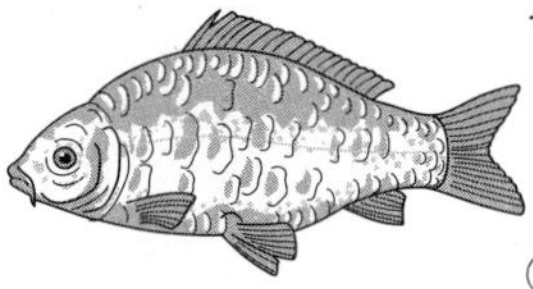
Spiegelkarpfen

⑤ Wodurch ist die äußere Befruchtung gekennzeichnet?
– *Bei der äußeren Befruchtung verschmilzt ein Teil des Spermiums mit der Eizelle außerhalb des Fisches.*

Der Mensch nutzt Karpfen und Forelle

Der Karpfen findet bereits 550 v. Chr. durch ARISTOTELES Erwähnung. Er stammt aus Asien und wurde vermutlich erst Mitte des 15. Jahrhunderts in Mitteleuropa heimisch. Seit Jahrhunderten wird der Karpfen als „Schmuckfisch" gezüchtet (z. B. Japanische Zierkarpfen in vielfältig schillernden Farben). Sowohl der Karpfen als auch die Forellen stehen bei Sportanglern hoch im Kurs. Auch bei Fischfarmen, die die Fischbrut für den Verzehr großziehen, stehen der Karpfen und die Forelle, neben dem Lachs, in der Beliebtheit auf den vorderen Plätzen. Für die Zubereitung dieser Fischarten gibt es eine Vielzahl von pikanten Rezepten. Die Regenbogenforelle wurde Ende des 19. Jahrhunderts aus Nordamerika in Deutschland eingeführt. Sie ist heute verbreiteter und bekannter als die einheimische Bachforelle.
Hinweis: Es lohnt sich, wenn dies möglich ist, eine Zuchtfarm in der näheren Umgebung zu besuchen. Adressen kann man von der Landwirtschaftskammer bzw. Umweltverbänden erhalten.

Medienhinweise

FWU 42 00240 Der Karpfen
FWU 42 01212 Fische verschiedener Flussregionen (4 Kurzfilme)
FWU 42 00266 Die Bachforelle

Forellenzuchtanlage

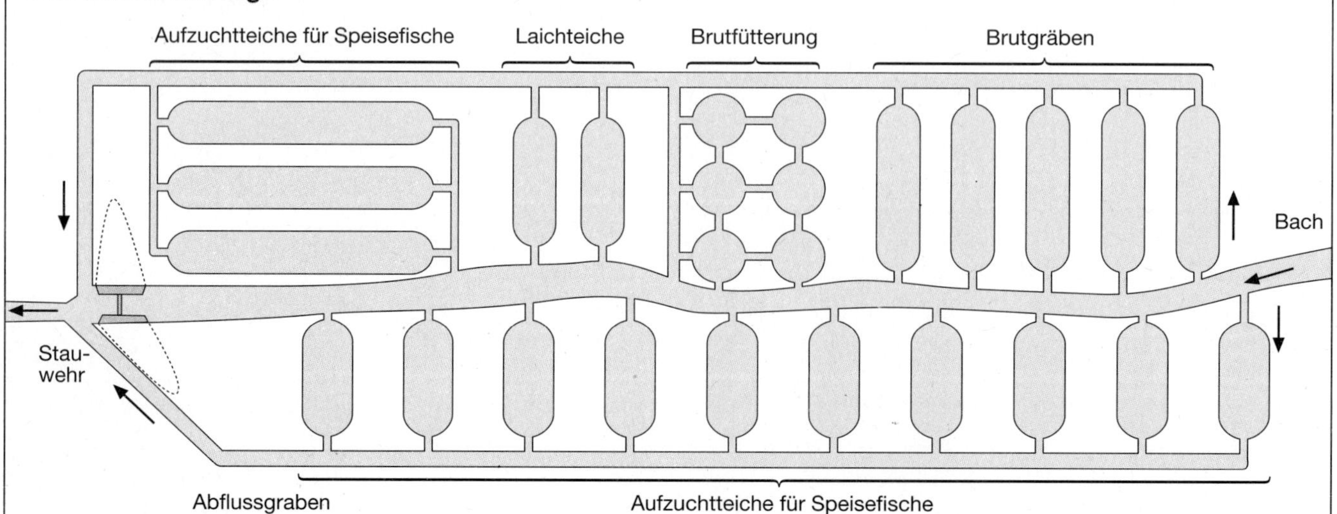

Aufzucht von Karpfen

Zur erfolgreichen *Karpfenzucht* sind mehrere Teiche mit verschiedener Größe und Tiefe erforderlich, um den Karpfen in jedem Entwicklungsstadium optimale Bedingungen zu schaffen. Damit das Umsetzen der Fische von einem in den nächsten Teich einfacher ist, kann man bei den einzelnen Teichen das Wasser ablassen. Vor dem ersten Auffüllen mit Wasser wird ein Teich *(1. Vorstreckteich)* bepflanzt. Man schafft so die Voraussetzung für das Ansiedeln vieler Kleintiere, die der Ernährung der Jungkarpfen dienen. Wenn die Karpfen an Größe zugenommen haben, benötigen sie auch einen größeren Teich *(2. Vorstreckteich)*, in den sie noch im ersten Jahr wechseln. Nach einer weiteren Größenzunahme kommen die Fische zur Überwinterung in den *Winterungsteich*, der im Bodenbereich eine Vielzahl von Unterschlupfmöglichkeiten im Schlamm besitzt. Das zweite Jahr verbringen sie im eigentlichen *Streckteich* und das dritte Jahr im größten aller Teiche, dem *Hauptteich*. Sowohl im zweiten als auch im dritten Jahr wird zusätzlich gefüttert (Getreide und anderes pflanzliches Futter), um die Gewichtszunahme zu beschleunigen. Die Mehrzahl der Karpfen kommt dann als „dreisömmrige" Tiere in den Handel. Sie wiegen zu dieser Zeit ca. 1000 bis 1500 g. Ein Teil wird zur weiteren Zucht genutzt. Im Laichteich, in dem sich die Fische von den Pflanzenresten ernähren, schlüpft dann die neue Brut aus.

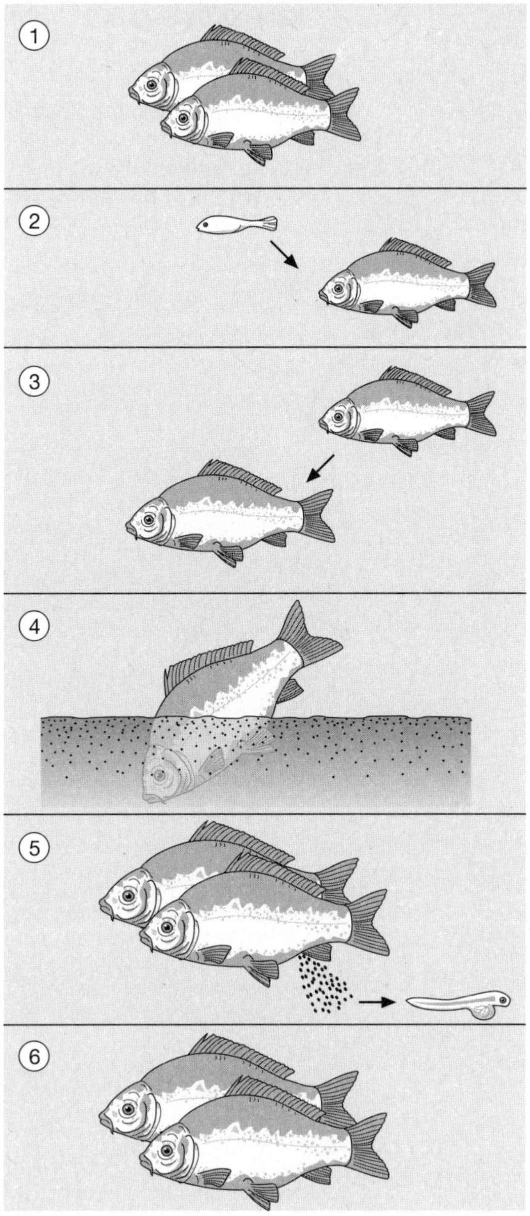

Aufgaben

1. Bearbeite den Text (eventuell mit der 5-Schritt-Lesetechnik) durch Unterstreichen von Schlagwörtern, finden von Zwischenüberschriften u. a.

2. Ermittle mithilfe des Textes die richtige Reihenfolge der Abbildungen zur Karpfenzucht.

___

3. Skizziere eine Karpfenzuchtanlage.

Artenkenntnis – Fische
Atmung – Fisch
Fischfang
Kiemenatmung
Körperbau – Fisch
Präparation – Fisch
Skelett – Fisch

Praktikum: Fischpräparation

Natura 5/6, Seite 147

Schülerbuch Seite 147

② 1) Kiemenblättchen, 2) Rumpfmuskeln, 3) Speiseröhre, 4) Kiemendeckel, 5) Kiemenraum, 6) Kiemenbogen, 7) Mundraum, 8) Atemwasser

③ 8 – 7 – 5 – 6 – 1 – 4
8 – 7 – 5 – 6 – 2 – 3

Zusatzaufgaben und Lösungen

① Erweitere das seitliche Fenster der Bauchwand mit Skalpell und Pinzette nach oben. Lege dabei die Wirbelsäule frei. Betrachte die Verbindung zwischen den Wirbelkörpern und finde heraus, wie weit die Fortsätze des Wirbelkörpers reichen. Fertige in deinem Hefter eine Skizze von zwei benachbarten Wirbelkörpern an, in der man die Fortsätze und die verbindenden Knorpelscheiben gut erkennen kann.

② Untersuche die Verbindung der Flossen mit der Wirbelsäule.

– *Nur die Schwanzflosse ist mit der Wirbelsäule direkt verbunden. Zu den anderen Flossen bestehen lediglich indirekte Verbindungen über die Rumpfmuskeln.*

Arbeitsblatt Seite 175

Abb. 1: a) Nasengrube, b) Rückenflosse, c) Maul, d) Auge, e) Kiemendeckel, f) Brustflosse, g) Seitenlinie, h) Bauchflosse, i) Afterflosse, k) Schwanzflosse

Abb. 2: a) Schädel, b) Wirbelsäule, c) Dornfortsatz, d) Knochen Rückenflosse, e) Knochen Brustflosse, f) Rippe, g) Knochen Bauchflosse, h) Knochen Afterflosse

Abb. 3: a) Nieren, b) Schwimmblase, c) Kiemen, d) Herz, e) Darm, f) Leber, g) Rogen/Milch, h) Harnblase

Hinweis zum Arbeitsblatt

Bei der farbigen Gestaltung ist es sinnvoll, die Farben entsprechend des Schülerbandes zu verwenden.

Präparationshinweise

Prinzipiell bietet sich die Fischpräparation mit Schülern der Sekundarstufe I an. Das Ausnehmen eines Fisches ist jedem Schüler zuzumuten. Je nach Möglichkeit sollte man jedoch abwägen, ob jeder Schüler einen Fisch präpariert, ob in kleineren Gruppen gearbeitet wird oder die Präparation als Lehrerdemonstration erfolgt. Zunehmend schwieriger wird die Beschaffung von Fischen, die nicht ausgenommen sind. Aus Haltbarkeits- und hygienischen Gründen werden Seefische immer ausgenommen. Werden lebende, aber schon im Laden getötete Fische, wie Karpfen oder Forellen, gekauft, ist dies sehr kostenintensiv. Eine weitere Bezugsquelle sind Eltern, die angeln. Als günstig erweist sich dabei, dass nicht alle Fische der gleichen Art angehören und dadurch den Schülern vor der Präparation die Artenvielfalt der Fische vor Augen geführt werden kann (Fotoschalen aus Kunststoff als besonders geeignete Unterlage). Diese können z. B. auch mit Wachs ausgegossen sein. Es ist dann möglich, den Fisch, vor allem wenn es sich um kleinere Expemplare handelt, mit Stecknadeln anzuheften, damit die Präparation für die Schüler leichter wird. Auch ein Stapel Zeitungen kann als Unterlage verwendet werden. Die Wirbelsäule lässt sich besser an einem Skelett aus der Sammlung oder nach Kochen des Fisches demonstrieren.

Angelschein

Jeder, der in öffentlichen Gewässern angeln will, benötigt einen Fischereischein. In jedem Bundesland gibt es eine oberste Fischereibehörde, die laut Fischereigesetz des entsprechenden Bundeslandes die Fragen zur Fischerprüfung erstellt und zum jeweiligen Ordnungsamt der Gemeinde oder der Stadt weitergibt. Die Fischereiprüfung bedarf beim Ordnungsamt der schriftlichen Anmeldung und einer Prüfungsgebühr. In einigen Anglervereinen werden Vorbereitungslehrgänge angeboten. Diese Prüfung muss nur einmal abgelegt werden und besitzt bundesweite Gültigkeit. Ab dem 15. Lebensjahr findet die Prüfung in schriftlicher Form statt. Jugendliche von 8 bis 14 Jahren legen die Jugendfischerprüfung während eines Gespräches in einer kleinen Grupp ab. Sie berechtigt jedoch nur zum Fang von Friedfischen. Für die Prüfung ist Wissen über Fische und entsprechende Gesetze gefragt.

Körperbau der Fische

Abb. 1

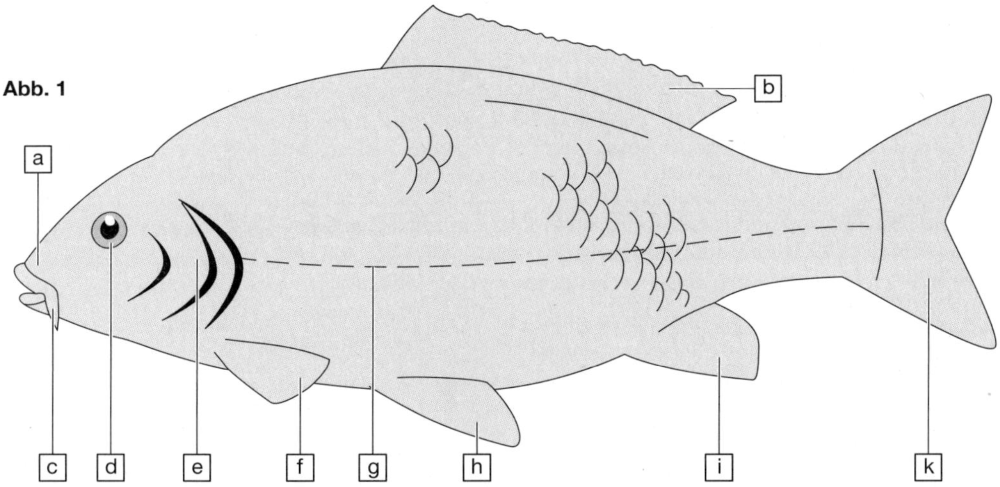

- ☐ Brustflosse
- ☐ Rückenflosse
- ☐ Schwanzflosse
- ☐ Afterflosse
- ☐ Auge
- ☐ Maul
- ☐ Seitenlinie
- ☐ Kiemendeckel
- ☐ Bauchflosse
- ☐ Nasengrube

Abb. 2

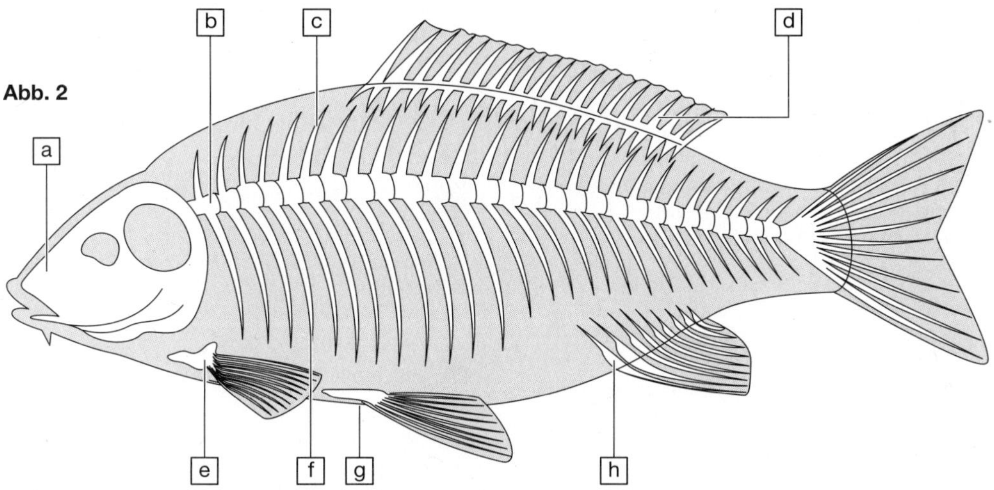

- ☐ Knochen der Rückenflossen
- ☐ Knochen der Afterflosse
- ☐ Knochen der Bauchflossen
- ☐ Knochen der Brustflossen
- ☐ Dornfortsatz
- ☐ Wirbelsäule
- ☐ Schädel
- ☐ Rippe

Abb. 3

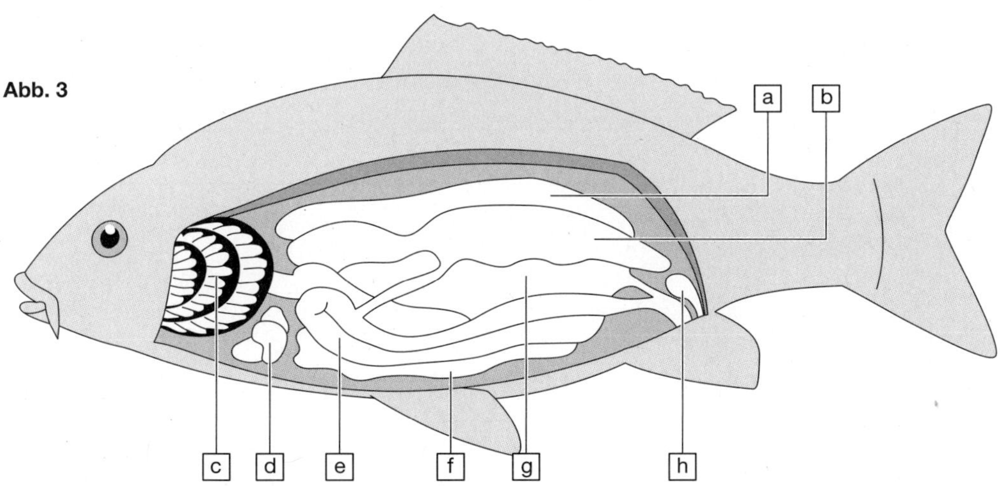

- ☐ Rogen/Milch
- ☐ Harnblase
- ☐ Schwimmblase
- ☐ Nieren
- ☐ Leber
- ☐ Herz
- ☐ Darm
- ☐ Kiemen

Aufgaben

1. Ordne den Buchstaben der Abbildungen 1 bis 3 die richtigen Bezeichnungen zu.
2. Male die inneren Organe in Abbildung 3 mit unterschiedlichen Farben aus.

Bionik
Fisch
Haihaut
Körperbau – Fisch
Seitenlinienorgan
Sinne
Spiel

Praktikum: Schwimmen – Schweben – Sinken
Lexikon: Vielfalt der Fische

Natura 5/6, Seite 148 / 149

Maximale Geschwindigkeiten

Mensch (100 m Freistil)	7 km/h
Forelle	30 km/h
Hai	36 km/h
Lachs	39 km/h
Thunfisch	75 km/h
Schwertfisch	90 km/h

(teilweise nur auf kurzen Strecken)

Schülerbuch Seite 148

① Die kürzeren Zeiten werden beim 2. Modell gemessen, da dieses der optimalen Spindelform entspricht, wenn es mit dem runden Ende voran geführt wird. Der optimalen Stromlinienform am nächsten kommen die Dauer- und Schnellschwimmer, wie z. B. der Thunfisch und viele Haiarten.

② Durch Einblasen von Luft wird die mittlere Dichte verringert und somit nach und nach der Auftrieb vergrößert, sodass bei einer bestimmten Luftmenge der Kolben aufsteigt.

③ Bei Druck auf den Stopfen sinkt die Pipette ab, bei Verringerung des Drucks steigt sie wieder auf.

④ Bei Erhöhung des Drucks verkleinert sich das Luftvolumen in der Pipette, sodass der Auftrieb kleiner wird; die Pipette sinkt ab. Umgekehrt nimmt das Volumen wieder zu, wenn der Druck abnimmt. Der Auftrieb wird größer, die Pipette steigt nach oben.

⑤ Um dem Absinken entgegenzuwirken, müsste während dieses Vorgangs das Gasvolumen vergrößert werden, um den Auftrieb zu erhöhen. Umgekehrt müsste das Volumen beim Aufsteigen durch Abgabe von Luft verkleinert werden, um den Auftrieb zu verringern.

Experiment: Körperform und Geschwindigkeit

Es bietet sich an, die im Versuchsaufbau zu sehenden Umlenkrollen unmittelbar am Beckenrand anzubringen. Die Rollen und die Halterungen findet man in Physik-Sammlungen (Physiklehrer ansprechen) oder in Stabilbaukästen der Kinder. Um ein Überschwappen des Wassers zu verhindern, kann man den ganzen Versuchsaufbau auch senkrecht anordnen. Hierfür bietet sich ein hoher Standzylinder (ca. 50 cm) an. Die Gewichte und Rollen sind dann nicht notwendig. Die unterschiedlich geformten Körper haben ihren Startpunkt am Wasserspiegel. Ziel ist der Boden des Standzylinders. Da bei dieser senkrechten Versuchsanordnung die Schwerkraft größeren Einfluss hat, sollten die Körper möglichst leicht sein, um längere Messzeiten zu erzielen. Bei einer derartigen Anordnung ist auch genauer auf gleiche Massen der Körper zu achten.

Arbeitsblatt Seite 177

1. Stromlinienförmiger Körper, starke Muskulatur, „glatte" Oberfläche, kräftige Schwanzflosse.
2. Schnelles Schwimmen erleichtert den Beutefang. Durch die Einsparung von Energie ist weniger Nahrung nötig.
3. Ein Einsatz ist denkbar bei schnellen Autos, Flugkörpern aller Art, Schiffsrümpfen, aber auch als Innenauskleidung für Rohre.

Medienhinweise

Klett Video 994722 Anpassung und Fortbewegung bei Tieren

Literaturhinweise

NACHTIGALL, WERNER: Bionik, Veröffentlichung der Universität des Saarlandes und Gesellschaft für Technische Biologie und Bionik (1998), Saarbrücken; e-mail: w. nachtigall@rz. uni-sb.de

Das Seitenlinienorgan

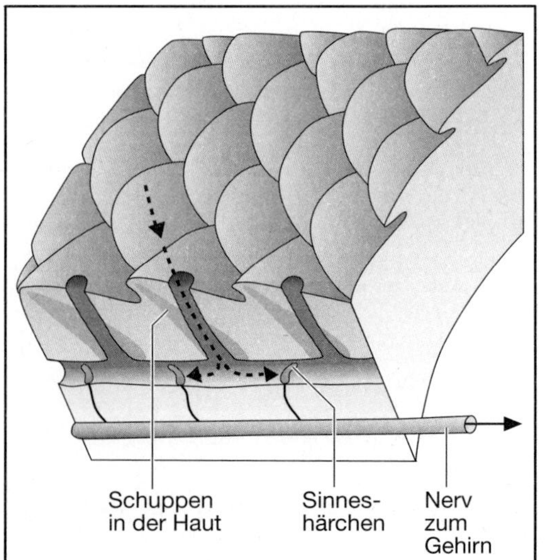

Beim Schweben und Schwimmen stoßen Fische nie ungewollt an Hindernisse. Selbst in trübem Wasser können sie bei vorhandenen Gegenständen zwischen Feind und Fressbarem unterscheiden. Mit dem Seitenlinienorgan registrieren sie die Strömung, die sich verändert, wenn der Fisch z. B. ganz nahe an einem Hindernis vorbei schwimmt. Das Wasser, das sich zwischen Fisch und Gegenstand befindet, drückt sich durch die Öffnungen in die Kanäle des Seitenlinienorgans und biegt dort feine Sinneshärchen um. Diese Information wird an das Gehirn weitergeleitet.

Was hat der Hai mit dem Airbus zu tun?

Haie sind uns als schnelle Jäger der Meere bekannt. Ihr Körper ist auf vielfältige Art an ihre Lebensweise angepasst.

Aufgabe

1. Stelle Merkmale des Hais zusammen, die für die schnelle Fortbewegung unter Wasser vorteilhaft sind.

____

____

____

Eine Reihe von Wissenschaftlern versucht, von der Natur zu lernen, um nach ihrem Vorbild technische Anwendungen zu entwickeln. Dieser Forschungszweig heißt *Bionik* – die Verbindung von Biologie mit Technik.

Bei der mikroskopischen Untersuchung der Haut von Fischen stellten sie Erstaunliches fest: Entgegen der allgemeinen Annahme, dass die Haut der Haie besonders glatt ist, fanden sie folgende Schuppenoberfläche:

Abb. 1 Schuppenoberfläche des Hais (stark vergrößert)

D. W. BECHERT und seine Mitarbeiter entwickelten in Anlehnung an die Haihaut eine Folie, die sich durch eine hohe Gleitfähigkeit auszeichnet. Diese Folie wurde auf einen Airbus A 340 aufgetragen, der so im Liniendienst der Cathay Pacific Airways eingesetzt wurde.

Bei optimaler Beschichtung kann so viel Treibstoff eingespart werden, dass statt des entsprechenden Kerosins 15 Passagiere zusätzlich mitgenommen werden können.

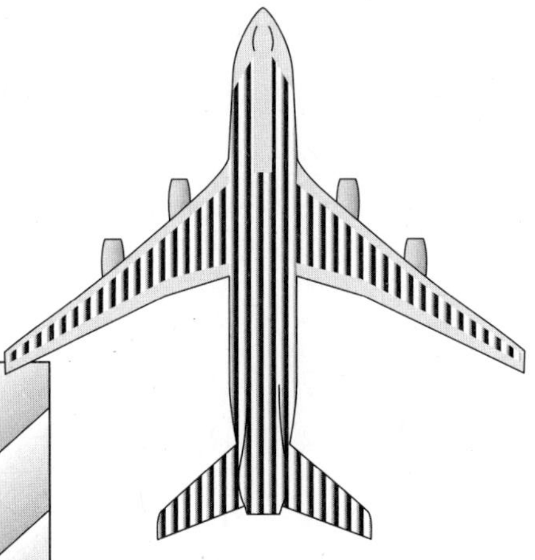

Abb. 3 Beklebungsmuster

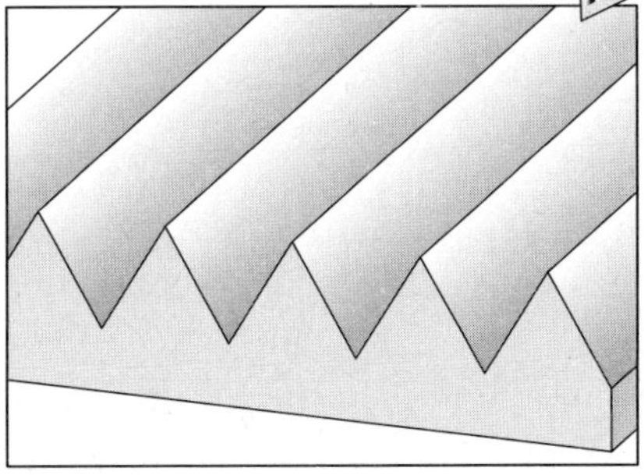

Abb. 2 Folienstruktur (stark vergrößert)

Aufgaben

2. Der von den Technikern gefundene Vorteil für den Flugzeugbau lässt den Schluss zu, dass die beim Hai gefundene Form der Oberfläche auch für ihn von Vorteil ist. Notiere mögliche Vorteile für den Hai.

____

____

3. Für welche technischen Anwendungen könnte diese Folie noch von Nutzen sein?

____

____

____

Fischdomino

Spielanleitung

Schneide die vorgegebenen Kärtchen so aus, dass auf einem Kärtchen jeweils links die Fischabbildung und rechts ein Fischname steht (einmalige Aufgabe). Ein Spielleiter teilt die vorhandenen 22 Kärtchen gleichmäßig unter den Spielern auf. Die letzte Karte wird in die Tischmitte gelegt und stellt somit den Spielbeginn dar. In Uhrzeigerrichtung hat jeder der Spieler die Möglichkeit, an eines der beiden Enden anzulegen (jeweils neben dem Namen die richtige Abbildung). Der Spielleiter, der selbst keine Karten besitzt, entscheidet über die Richtigkeit. Wurde eine Karte falsch gelegt, muss diese zurückgenommen werden. Der betreffende Spieler setzt dann in der nächsten Runde aus. Kann ein Spieler keine Karten anlegen, wird er übersprungen. Gewinner ist, wer zuerst alle Kärtchen richtig angelegt hat.
Das Spiel ist für einen Spielleiter und zwei bis vier Spieler am geeignetsten.

Lösungen für den Spielleiter

1) Hecht,
2) Lachs,
3) Flussbarbe,
4) Dreistacheliger Stichling,
5) Wels,
6) Schmetterlingsfisch,
7) Thunfisch,
8) Hai,
9) Flussbarsch,
10) Rotfeder,
11) Walhai,
12) Bachforelle,
13) Anglerfisch,
14) Karpfen,
15) Aal,
16) Hering,
17) Schlammspringer,
18) Schwertfisch,
19) Schützenfisch,
20) Stör,
21) Makrele,
22) Fliegender Fisch

Hinweis: Diese Auflistung ist für den Spielleiter Entscheidungsgrundlage für die Richtigkeit des Anlegens.

1

Flussbarbe

2
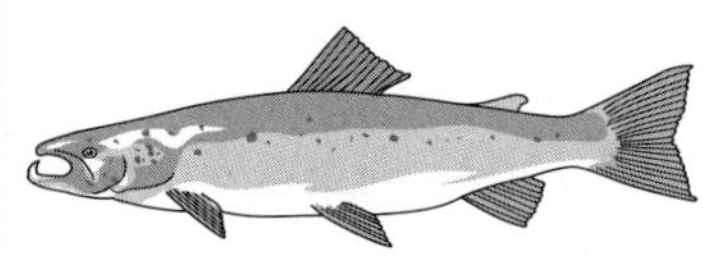
Thunfisch

3
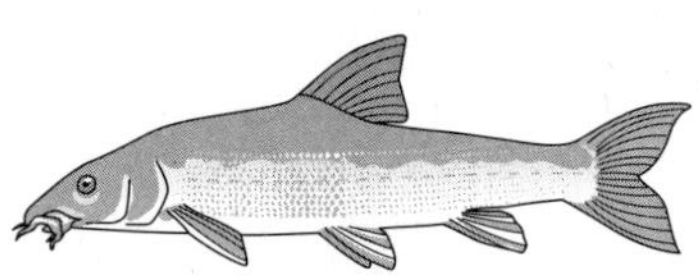
Dreistacheliger Stichling

4
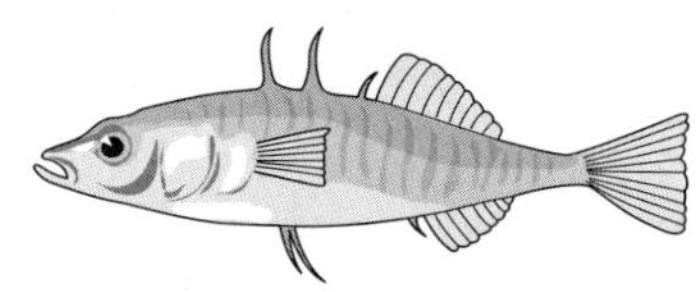
Wels

5
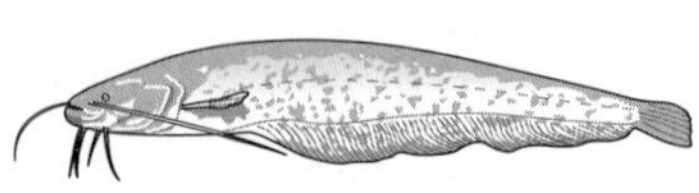
Schlamm-springer

6

Hai

7
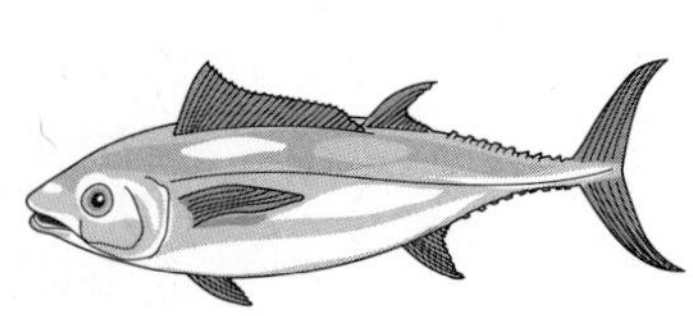
Fliegender Fisch

8

Flussbarsch

9
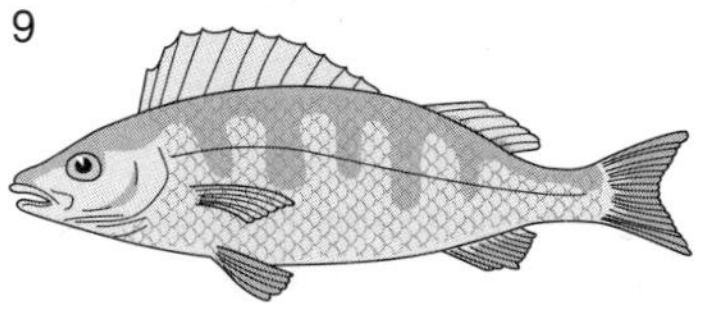
Rotfeder

10
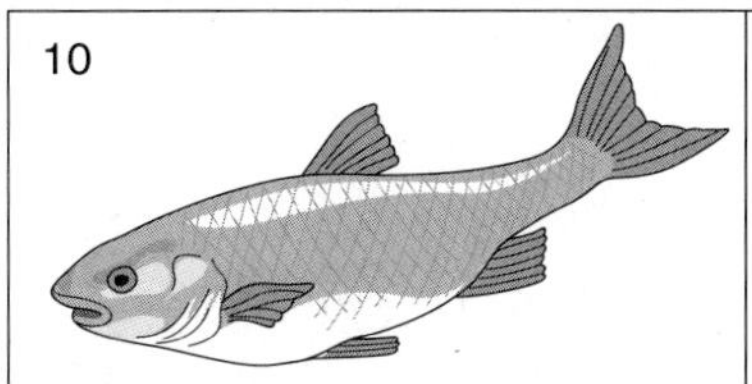
Walhai

11

Bachforelle

12

Hering

13
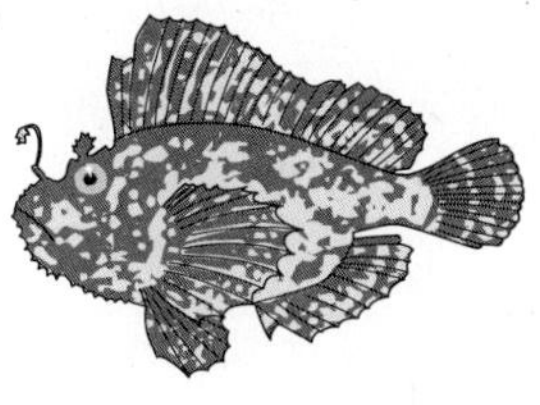
Karpfen

14
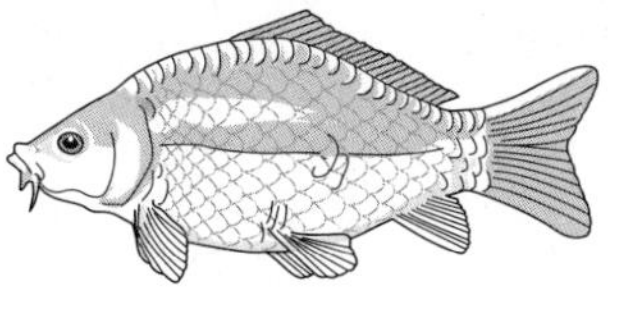
Aal

15

Stör

16
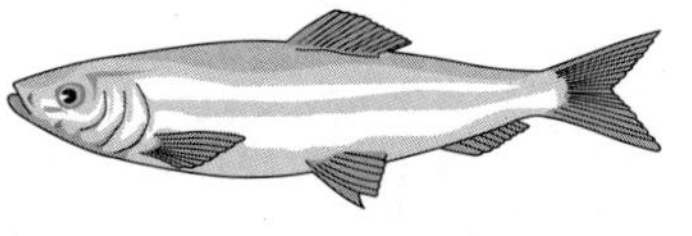
Schützenfisch

17

Lachs

18
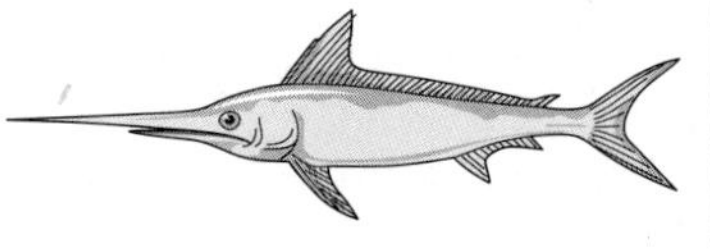
Hecht

19
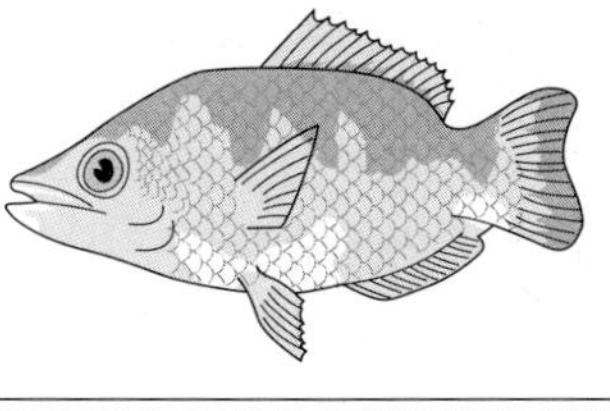
Anglerfisch

20
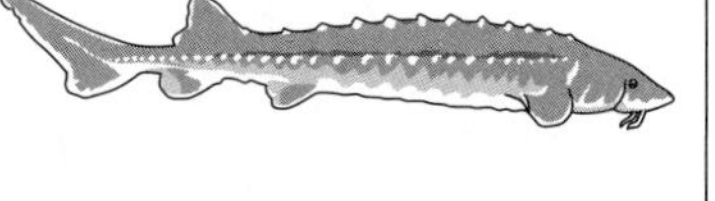
Makrele

21

Schwertfisch

22
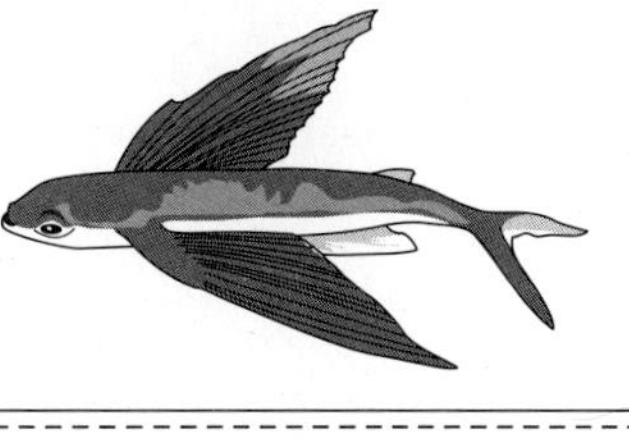
Schmetterlings-
fisch

Das Meer – ein wichtiger Nahrungslieferant
Lachs und Aal sind Wanderfische

Natura 5/6, Seite 150/151

vorgeschichtliche Harpunenspitzen

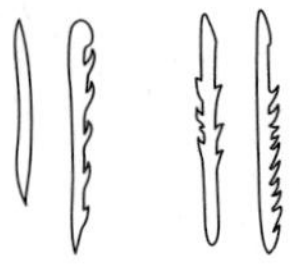

Zugnetzfischerei (etwa 2575 v. Chr.)

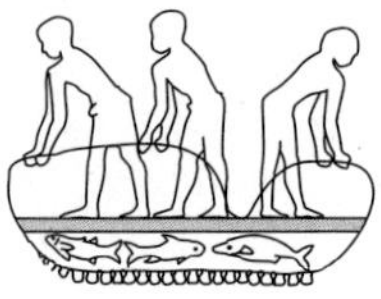

Bootswadenfischerei (um 1250 v. Chr.)

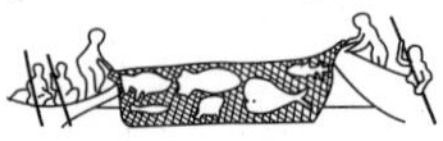

Schülerbuch Seite 151

① In welchem Punkt unterscheiden sich die Laichwanderungen von Lachs und Aal?
– *Lachse leben im Meer und wandern zum Laichen in die Quellbereiche der Flüsse. Aale leben in Seen, Teichen und Flüssen. Die geschlechtsreifen europäischen Altaale wandern zum Laichen in die Sargassosee vor der amerikanischen Küste.*

Arbeitsblatt Seite 181

1. *Süßwasser:* Flussbarsch, Hecht, Rotfeder, Karpfen, Wels
   Salzwasser: Hering, Hai, Rotbarsch, Dorsch, Makrele, Steinbutt
2. Fische können sauer eingelegt, pasteurisiert, gesalzen oder in Dosen (mit Konservierungsmittel) konserviert werden. (Fischkonserven wird in der Regel Benzolsäure und/oder Sorbinsäure zugegeben.)
3. Fische werden zum Trocknen aufgehängt. Durch die Sonneneinstrahlung entweicht das Wasser, es entsteht Trockenfisch. Die Fische können auch gesalzen werden. Das Salz entzieht den Fischen das Wasser und macht sie so länger haltbar.

Medienhinweise

FWU 42 31167 Meeresnutzung
FWU 42 01650 Lachswanderung
FWU 32 03290 Lachszucht
FWU 42 02363 Die Nordsee – Ein Wirtschaftsraum

Hochseefischerei

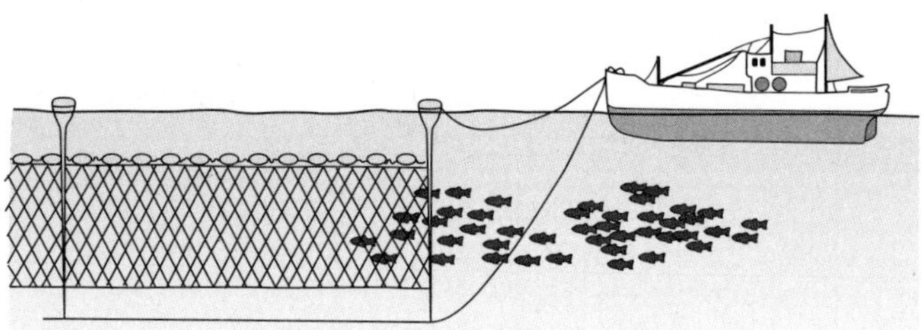

Treibnetz

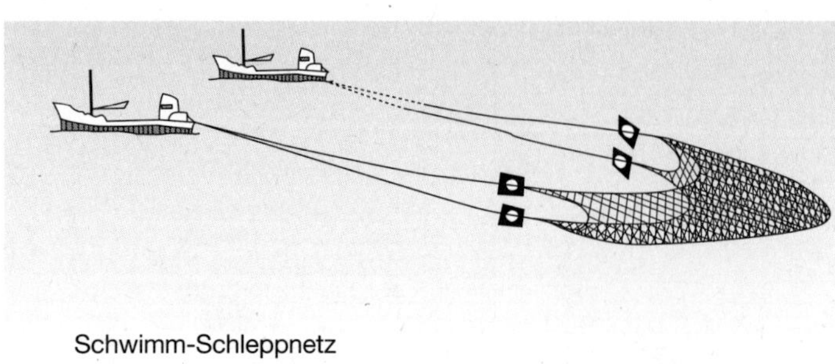

Schwimm-Schleppnetz

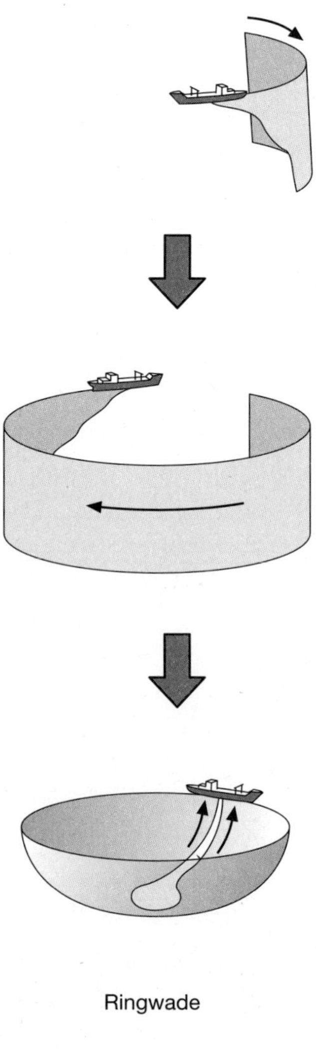

Ringwade

Fische als Nahrung

1. Fische werden sowohl im Süßwasser als auch im Meer gefangen. Finde mithilfe des Schulbuches heraus, wo die folgenden Fische vorkommen und ordne sie in die richtige Tabellenspalte ein: Flussbarsch, Hecht, Hering, Hai, Rotbarsch, Rotfeder, Karpfen, Dorsch, Makrele, Steinbutt und Wels.

Süßwasser	Salzwasser

2. Was verraten dir die Aufschriften der Fischprodukte im Einkaufskorb (s. Abb.) über Möglichkeiten der Haltbarmachung?

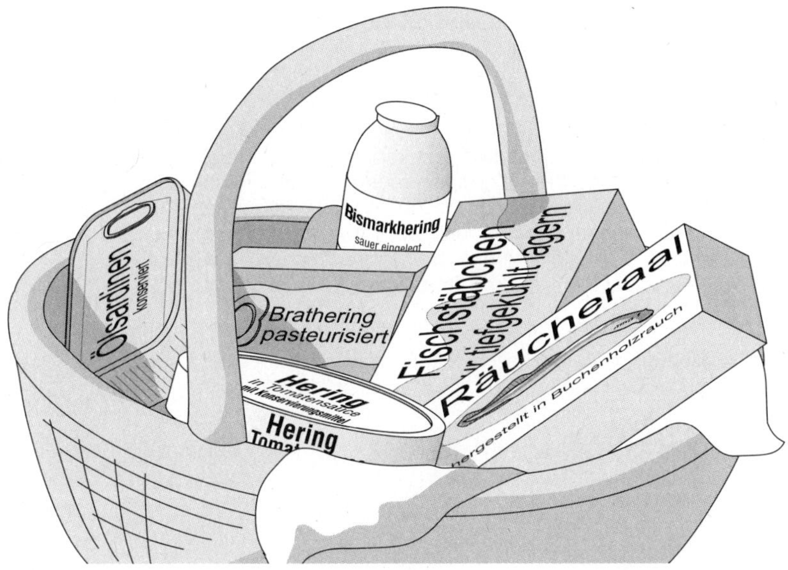

____

____

____

____

____

____

____

3. Beschreibe die beiden weiteren Möglichkeiten zum Haltbarmachen von Fisch aus folgender Abbildung.

____

____

____

____

Projekt: Fische

Aquarium, Artenkenntnis – Fische, Ernährung, Fisch, Fischfang, Spiel, Zoo

Besuch von Tiergärten, Zoos, Fischfarmen oder Aquarien

Die Schüler bekommen (in Gruppen) Erkundungsaufträge, wie z. B. die Flossenvielfalt beobachten und zeichnen, geschlechtsspezifische Merkmale herausfinden und dokumentieren, das Paarungsverhalten beobachten und beschreiben usw. Einige Schüler können Interviews durchführen. Dafür muss zuvor die Strategie sowie ein Fragenkatalog erarbeitet werden. Geeignete Themen könnten die Fütterung der Fische, die züchterischen Besonderheiten einiger Fischarten, das Berufsbild Fischer und viele weitere Themen sein. Möglich ist auch eine „Kamerapirsch“ zur Erstellung von Videos oder Dias.

Schuppendetektive

Untersucht werden kann die Schuppenform, die verschiedenen Maserungen oder am Fisch selbst die Anordnung der Schuppen (Knochen). Es kann auch der Frage nach unterschiedlichen Schuppentypen an einem Fisch nachgegangen werden. Die Grundsubstanz von Schuppen kann experimentell ermittelt werden (in der Brennerflamme erhitzen, dann in verdünnte Salzsäure tauchen). Die Struktur der Schuppen kann mit Jahresringen bei Bäumen verglichen werden.
Mit Vergleichsabbildungen kann zum Teil an einer einzigen Schuppe die Fischart bestimmt werden. Eine „kriminalistische Geschichte“ kann die Motivation dazu erhöhen.

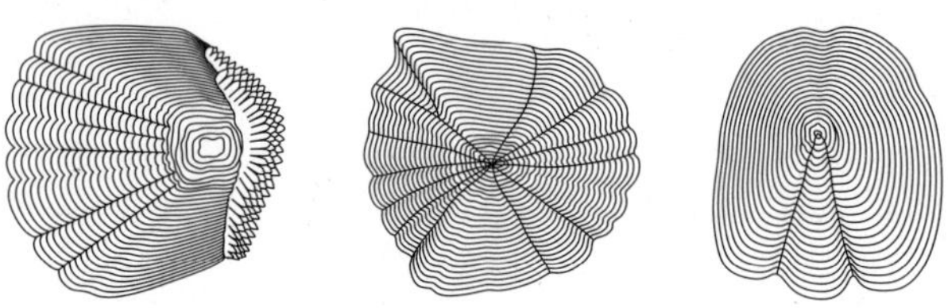

Zanderschuppe — Plötzenschuppe — Hechtschuppe

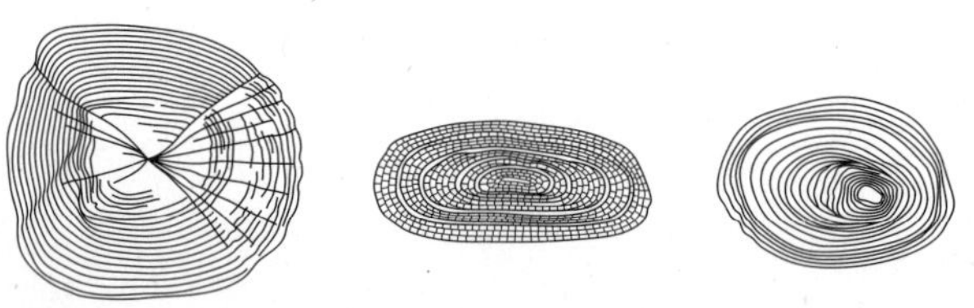

Karpfenschuppe — Aalschuppe — Quappenschuppe

Anfertigen von Informationstafeln

z. B. „Elektrische Fische“:
- Scribonius (Arzt des römischen Soldatenkaisers Claudius I.) empfahl elektrische Entladungen des Zitterrochens gegen Kopfschmerzen und Gicht.
- Chinesische Heiler favorisierten um 1600 bei herabhängendem Augenlid das Aufpressen des abgeschnittenen Schwanzendes vom Zitterwels auf das betroffene Lid.
- Alexander von Humboldt ließ Pferde und Maulesel ins Wasser treiben, um die „Batterien“ der Zitteraale zu entladen.
- Heute kann man bereits schwache elektrische Entladungen mit Lautsprechern hörbar machen.
- Der Zitteraal könnte mit einer Entladung von 750 V sogar einen Schwimmer töten. Mit den elektrischen Impulsen hält er sich unter natürlichen Umständen seine Feinde vom Leib.
- Gebänderte Messerfische benutzen die Elektrizität zur individuellen Erkennung.

Derartige Fakten können die Grundlage zur Gestaltung von attraktiven Anschauungstafeln sein.

Fische und Kunst

Musikstücke wie „Die Forelle“ oder das Lied „In einem Harung jung und schlank“ sowie Grafiken von Heinrich Zille zum Thema Angeln bieten sich für Gesprächsrunden an.

2. Vergiftet ist das Wasser bis weit ins Meer hinaus. Du schwimmst im Unrat hin und her. Du kannst ja nicht heraus (Refrain)

3. Du kannst dich nicht beschweren, denn du bist leider stumm. So leidest du und schwimmst in unserem Schmutz und Gift herum (Refrain)

Ordnung schaffen

Die Schüler listen alle ihnen bekannten Fische auf. Mithilfe von Bestimmungsliteratur werden sie dann den richtigen Ordnungen, wie z. B. Plattfische, Karpfenfische, Heringsfische, Aalartige, Lachsfische, Dorschfische usw. zugeordnet. Finden sich zu jeder Ordnung zwei Vertreter, so lässt sich daraus auch ein Memory-Spiel entwickeln.

Stresemann, Werner: Exkursionsfauna von Deutschland – Wirbeltiere, Gustav Fischer Verlag, Jena 1995

Quiz

Die Schüler erarbeiten eine Wissenskartei zum Thema „Rund um den Fisch“ sowie zu dessen Inhalt ca. 20 interessante Fragen. Das Quiz wird in Gruppen gespielt. Nach einiger Zeit wechseln Frager und Gefragte.

Literatur:

Urania Tierreich, Fische-Lurche-Kriechtiere, Urania-Verlag, Leipzig-Jena-Berlin 1976
Frank, Stanislav: Der große Bildatlas der Fische, Artia-Verlag, Prag 1978

Einrichtung eines Aquariums bzw. Beobachtung von Verhaltensweisen

- Beschaffen und Sammeln von Informationen, die der Vorbereitung dienen (z. B. otimale Fischdichte, sinnvolle Artenzusammensetzung, Gestaltung des Lebensraums, Transport der Aquarienfische).
- Einrichtung des Aquariums unter Nutzung spezieller Literatur und Ratschlägen aus der Zoohandlung.
- Beobachtung von Anpassungsvorgängen in den ersten Stunden und Tagen.
- Beobachtungsaufträge zu individuellem, innerartlichem und zwischenartlichem Verhalten.
- Vergleich des eigenen Aquariums, des Schulaquariums und öffentlicher Aquarien in größeren Einrichtungen der näheren Umgebung.
- Einrichtung eines Pflegedienstes für das Aquarium.

Literatur:
Aquarienfische, Verlagsunion Erich Pabel-Arthur Moewig, Rastatt 1991

Steckbriefe

Die Schüler arbeiten mit Zusatzliteratur für bekannte Fische wesentliche Merkmale heraus. Diese werden gestalterisch in Steckbriefen (mit oder ohne Bilder) eingebracht. Anschließend müssen die Fische, die sich in den Steckbriefen verbergen, erraten werden.

Beispiel Elritze
- Länge: 7–10 cm, manchmal bis 14 cm
- Weibchen größer als Männchen
- mit ein bis zwei Jahren geschlechtsreif
- Laichzeit: April bis Juni
- bis zu 1000 Eier
- 5 bis 10 Tage Entwicklungszeit
- kommen in Europa fast überall vor
- gesellig in flachen, kühlen Gewässern lebend
- leiden unter Gewässerverschmutzung
- gehören zur Ordnung der Karpfenfische
- können ihre Farbe wechseln (bei Gefahr völlig farblos)
- werden häufig von Eisvögeln erbeutet, da sie nahe der Wasseroberfläche schwimmen
- Nahrung: Würmer, Insektenlarven, Krebstiere, Fluginsekten, Pflanzenmaterial

Literatur:
Faszination Tier & Natur, Gruppe 4, Meister Verlag, München 1996

Im Anglerverband wird angeboten

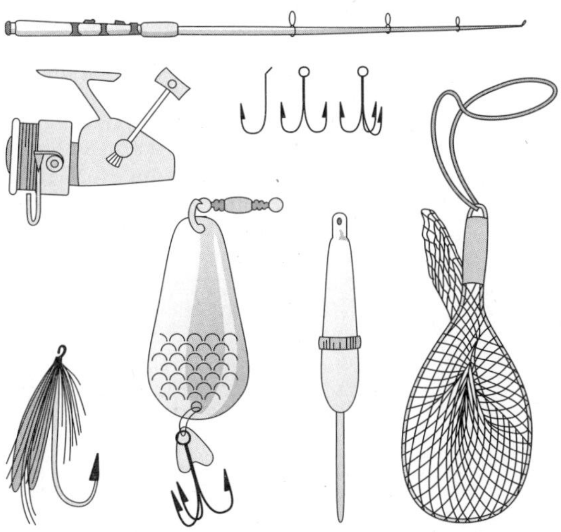

- Kennenlernen von Angelgeräten und Herstellung einer einfachen Angelrute
- Information zu gesetzlichen Bestimmungen
- Inhaltliche Aspekte für einen Angelschein

Eingießtechnik

Nach Anleitungen, die man in Hobby-Läden bzw. Hobby-Büchern bekommt, fertigen die Schüler Einschluss-Präparate mit Gießharz an. Diese Präparate lassen sich als Anschauungsmaterial in die Hände der Schüler geben, da sie nicht so empfindlich sind wie Originalobjekte. Das Einschließen erfordert eine Reihe von Arbeitsschritten, die genau nach Anleitung und mit Geduld durchgeführt werden müssen. Es lassen sich auch kleinere Schmuckstücke (Kettenanhänger) herstellen.

Literatur:
Lührs, K. P.: Einbetten in Gießharz; Verlag hobbytime bastel-system, Neukirch 1982

Tipps für Klassenfahrten

Die Nordsee eignet sich sehr gut zur Erforschung des Lebens im Schlick bzw. in der Gezeitenzone. Die Binnenfischerei lässt sich gut am Bodensee und an den vielen Seen der Berliner und Mecklenburger Seenplatte ergründen.

Literatur:
Malcolm MacGarvin: Das Greenpeace-Buch der Nordsee, Franckh-Kosmos, Stuttgart 1991

Medien:
FWU 42 01651 Lebensraum Wattenmeer

Sternzeichen „Fisch"

Schüler erkunden, wann es am Himmel zu sehen ist, wann man geboren sein muss oder wer in der Klasse diesem Sternzeichen zuzuordnen ist.

Ein Fischessen – der krönende Abschluss

Von unterschiedlichen Zubereitungsmöglichkeiten (vom Grillen im Freien bis zum Feinschmeckermahl), die zunächst kurz vorgestellt werden sollten, wird eine ausgewählt und dann ein Gericht zubereitet.

Informationen zu „Fischesser-Nationen", zum Fisch als Fastenspeise, als Bestandteil von Diäten, zu Besonderheiten der Esskultur (z. B. Fischbesteck) und vielen weiteren interessanten Details können in gemütlicher Runde ausgetauscht werden.

Amphibium
Embryonalentwicklung –
Frosch
Fisch
Froschlurch
Verhalten

2 Lurche sind Feuchtlufttiere

Der Grasfrosch – ein Leben an Land und im Wasser

Natura 5/6, Seite 154/155

Krötenlaich

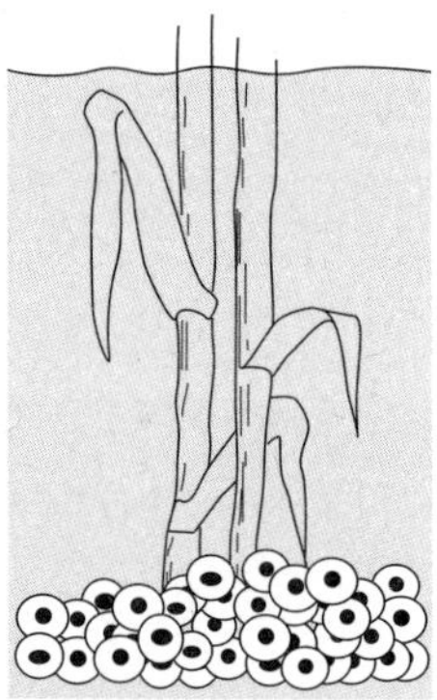

Laich des Wasserfrosches

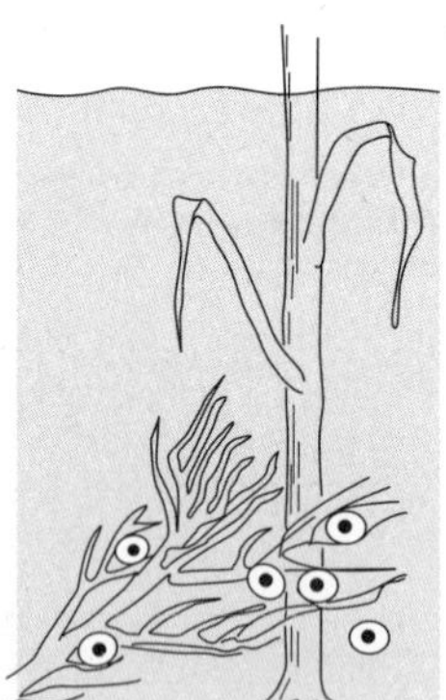

Eier des Teichmolches an einer Wasserpflanze

Schülerbuch Seite 155

① Beschreibe die Veränderungen der Larve während der Metamorphose (Abb. 1–4).

– *Die aus dem Ei geschlüpfte Kaulquappe besitzt Außenkiemen. Erst wenn sich diese zu Innenkiemen umgewandelt haben, beginnt das Fressstadium, verbunden mit intensivem Wachstum (hier 10. April bis 8. Mai). Nun wird die Nahrungsaufnahme eingestellt, die Umwandlung zum Frosch beginnt. Bis die vier Beine ausgebildet sind und der Schwanz resorbiert ist, stellen sich Haut, Augen und die übrigen Sinnesorgane sowie das Atmungs- und Verdauungssystem auf die neue Lebensweise um: Vom überwiegenden Pflanzenfresser zum Beutegreifer, vom reinen Wassertier zum amphibischen Lebewesen.*

② Stelle Unterschiede zwischen Kaulquappe und Frosch zusammen.

– *Kaulquappe:*
  - *ungegliederter Körper*
  - *Ruderschwanz, keine Beine*
  - *kleiner Mund mit Hornleisten*
  - *kleine Augen*
  - *Farbe: schwarz, später bräunlich mit kleinen, hellen Punkten*
  - *zuerst Kiemen-, später Lungenatmung*

  Frosch:
  - *Kopf und Hals abgegliedert vom Rumpf*
  - *kein Schwanz, zwei kurze Vorderbeine, zwei lange Hinterbeine*
  - *breites „Froschmaul“, Schleuderzunge*
  - *große, vorstehende „Froschaugen“*
  - *grün-braune Tarnfarbe*
  - *Lungenatmung beim Überwintern, Hautatmung*

③ Stelle in einer Tabelle Anpassungsmerkmale des Grasfrosches für das Land und Wasserleben einander gegenüber.

– *Landleben:*
  - *lange Hinterbeine zum Springen*
  - *Trommelfell zum Hören, große Augen zur Rundumsicht*
  - *überwiegend Lungenatmung*
  - *Insekten und Schnecken als Beute*
  - *kann sich an Land nicht fortpflanzen*

  Wasserleben:
  - *Hinterbeine mit Schwimmhäuten*
  - *Augen und Nasenöffnungen ragen beim Schwimmen über das Wasser*
  - *überwiegend Hautatmung*
  - *nimmt aus dem Wasser keine Nahrung auf*
  - *äußere Befruchtung, Larve entwickelt sich im Wasser*

Arbeitsblatt Seite 185

Froschentwicklung

1. Lebensraum: erst Wasser, dann Wasser, Land;
   Atmung: erst äußere bzw. innere Kieme, dann Lungen
   Fortbewegung durch: Ruderschwanz, später Beine
2. Bei Froschlurchen entwickeln sich zunächst die Außenkiemen, die dann zu Innenkiemen werden. Die Hinterbeine entstehen vor den Vorderbeinen.

Vergleich Karpfen und Grasfrosch

1. Gliedmaßen: Flossen / Lauf- und Sprungbeine
   Haut: feucht, schuppig / feucht, nackt
   Atmung: Kiemen / Lungen, Haut
   Entwicklung: direkte Entwicklung / Metamorphose
   Ernährung: Pflanzen, Tiere / Tiere
   Lebensraum: Wasser / Wasser, Land
2. Körpergliederung: Kopf, Rumpf, Schwanz
   Skelett: Knochenskelett mit Wirbelsäule
   Fortpflanzungs- und Entwicklungsort: Wasser
   Körpertemperatur: wechselwarm
   Hinweis: Freizeitzentren, Naturschutzverbände, Naturkundestationen sowie ähnliche Einrichtungen bieten zum Ausleihen Laich verschiedener Lurcharten an. Durch Vergleich mit den Abbildungen in Bestimmungsbüchern lässt sich die Laichart auch von Schülern ermitteln. Vorteilhaft ist, dass die Untersuchungsobjekte an den Stationen nach beendeter Untersuchung bzw. Beobachtung der Metamorphose wieder ausgesetzt werden. Bestimmungs- und Beobachtungsübungen lassen sich auch sehr gut bei Unterrichtsgängen zu Tümpeln in der näheren Umgebung realisieren.

Medienhinweise

FWU 42 01776 Grasfrosch
FWU 42 01638 Die Erdkröte – Laichwanderung und Schutz
FWU 42 01176 Entwicklung bei Amphibien

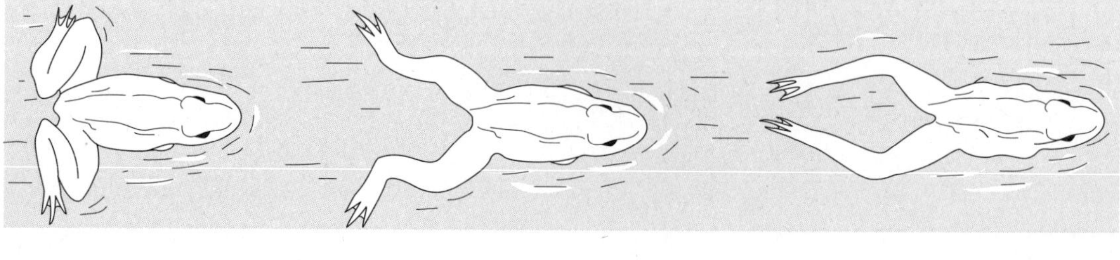

Froschentwicklung

Entwicklungsstadium der Metamorphose:	Laich (Eier)	Larve (Kaulquappe)	Grasfrosch
	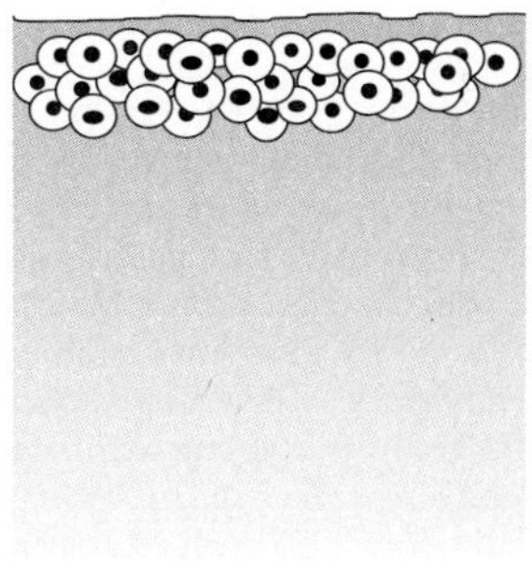	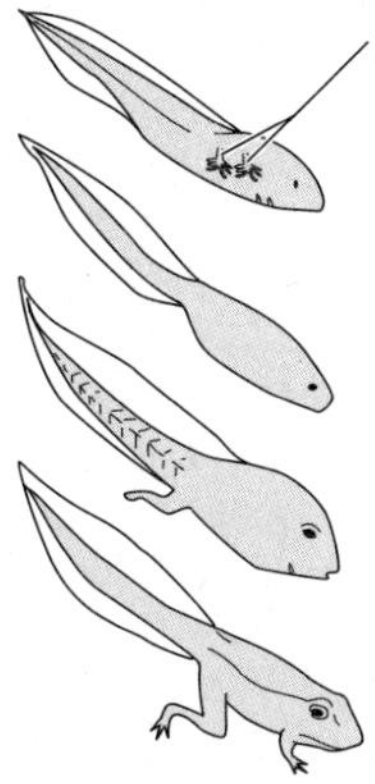	
Lebensraum	Wasser		
Atmung	über die Oberfläche		
Fortbewegung durch	–		

1. Ergänze die Tabelle.

2. Beschreibe die verschiedenen Entwicklungsstadien der Kaulquappe.

____

____

Vergleich Karpfen und Grasfrosch

Merkmal	Karpfen	Grasfrosch
Gliedmaßen		
Haut		
Atmung		
Entwicklung		
Ernährung der erwachsenen Tiere		
Lebensraum der erwachsenen Tiere		

1. Ergänze die Tabelle.

2. Trage zu folgenden Punkten Gemeinsamkeiten zusammen.

   Körpergliederung: ____

   Skelett: ____

   Fortpflanzungs- und Entwicklungsort: ____

   Körpertemperatur: ____

Fortbewegung – Frosch
Frosch
Froschlurch
Krallenfrosch
Kröte
Verhalten

Grasfrosch und Erdkröte sind Froschlurche

Natura 5/6, Seite 156

Arbeitsblatt Seite 187

1. *Frosch:* Der Frosch hat in der „Normalhaltung" die Hinterbeine angewinkelt. Beim Beutefang streckt er die Hinterbeine blitzschnell und drückt sich dabei vom Untergrund ab. Er springt der Beute entgegen. Gleichzeitig schnellt er seine klebrige Zunge, die im Maul sonst aufgerollt liegt, heraus.
   Kröte: Die Kröte stößt sich blitzschnell mit den Hinterbeinen ab, ohne jedoch den Boden zu verlassen. In dieser Vorwärtsbewegung streckt sich der Körper und mit dem aufgesperrten Mund schnappt die Kröte zu.
   Beide fixieren zunächst ihre Beute genau an und fressen sie dann im Ganzen.
2. Kröten können ihre Beutetiere unterscheiden. Die Insekten schmecken wahrscheinlich unterschiedlich gut. Kröten sind lernfähig.
3. Die Kröte richtet sich auf und droht (keine Flucht).

Hinweise

Krallenfrösche können in Kleintierhandlungen oder direkt vom Züchter bezogen werden.
Da diese Frösche ständig im Wasser leben, genügt ein ausreichend großes Aquarium zu ihrer Haltung (Landbereich nicht erforderlich).
Krallenfrösche kann man naturfarben und als Albinos bekommen. Sie eignen sich dadurch nicht nur sehr gut als Anschauungsobjekt für die Schüler der 5. Klassen. In höheren Jahrgangsstufen kann man durch Kreuzung beider Varianten sehr gut die mendelschen Regeln ableiten. Laichen auslösend wirkt im Frühjahr das Absenken des Wasserspiegels im Aquarium und eine größere Temperaturveränderung.

Zusatzaufgaben und Lösungen

① Erkläre, warum der Begriff „Amphibien" sehr treffend für Lurche ist.
– *Das Leben der Lurche spielt sich im Wasser und auf dem Land ab.*

② Die Amphibien im Erdzeitalter des Perm (vor ca. 270 Mio. Jahren) wurden bis zu zwei Meter lang und wogen teilweise mehrere Zentner. Welche klimatischen Bedingungen waren hierfür Voraussetzung?
– *Der Lebensraum muss feucht gewesen sein mit zahlreichen, sehr nährstoffreichen Gewässern, da sonst ein Überleben des Laiches und der Tiere selbst nicht möglich gewesen wäre.*

③ Beschreibe die Schwimmbewegung des Frosches und vergleiche sie mit dem Brustschwimmen des Menschen (Folienvorlage s. S. 184).
– *Der Frosch zieht zunächst seine Hinterbeine an und stößt sie dann kräftig gegen das Wasser ab. Dabei breitet er die Schwimmhäute aus. Durch die Vordergliedmaßen wird die Vorwärtsbewegung kaum unterstützt. Der Mensch führt diese Schwimmbewegung nicht nur mit den Beinen, sondern auch mit den Armen aus. Die Beinleistung ist vergleichweise geringer, da keine Schwimmhäute vorhanden sind und die Beinmuskeln, relativ gesehen, schwächer sind.*

Medienhinweise

FWU 42 01695 Beutefangverhalten bei Wirbeltieren I
FWU 42 02089 Die Tiere mit der Zauberhaut
FWU 42 10249 Die Geburtshelferkröte

Der afrikanische Krallenfrosch

Die Haut der Krallenfrösche ist sehr glatt und mit vielen Schleimkanälen (Seitenlinienorgane) durchzogen. Sie leben ausschließlich im Wasser. Der Kopf ist sehr klein und abgeflacht. Auffallend sind die

langen, schlanken Finger und die kräftigen Beine mit großen Füßen. Zwischen den Zehen der Füße befinden sich Schwimmhäute. Die inneren drei Zehen besitzen schwarze, scharfe Krallennägel.

Krallenfrösche gehören zur Familie der Zungenlosen. Sie ergreifen ihre Nahrung mit den Händen oder mit den Kiefern. Mit den Krallen der Hinterfüße zerreißen sie größere Beutetiere (z. B. Regenwürmer). In Gefangenschaft werden die sehr lebhaften Tiere schnell zahm. Die fresslustigen Frösche schnappen nach jedem Beutetier, das nicht zu groß ist.

Froschlurche

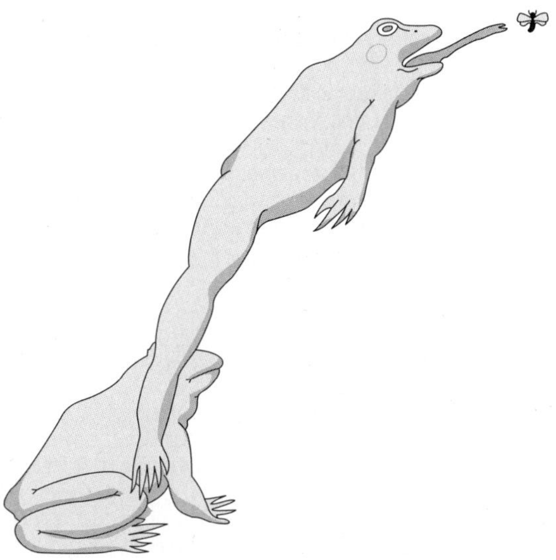

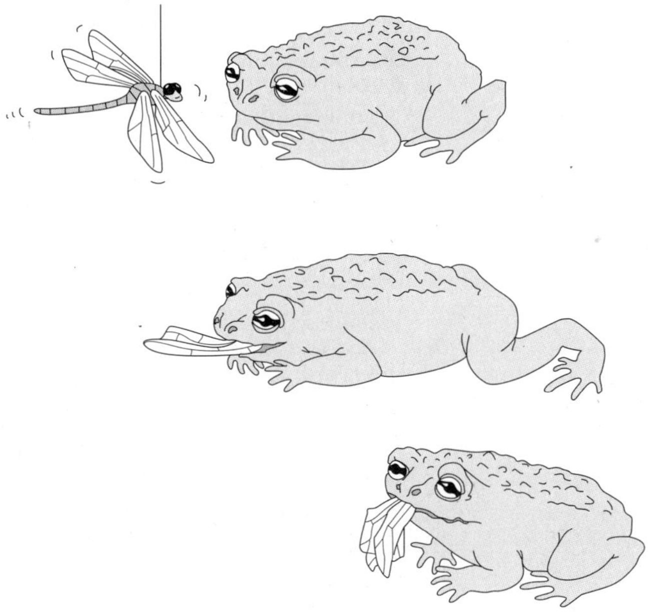

Aufgaben

1. Vergleiche den Beutefang bei Frosch und Kröte.

2. Beim Füttern von Kröten mit unterschiedlichen Insekten stellt man fest, dass einige Insektenarten bevorzugt gefressen werden. Bei weiteren Fütterungen wählen sie gezielt diese Tiere aus. Was schließt du aus dieser Tatsache?

3. Eine Kröte kann auch selbst Beute sein. Wie verhält sich eine Kröte, wenn sie einem Feind gegenübersteht? Antworte mithilfe der Abbildung.

Amphibium
Froschlurch
Molch
Salamander
Schwanzlurch
Systematik – Amphibien
Tarnfärbung
Warnfärbung

Feuersalamander und Kammmolch sind Schwanzlurche

Natura 5/6, Seite 157

Arbeitsblatt Seite 189

1. Einzutragen sind:
   A Lurche
   B Froschlurche C Schwanzlurche
   D Frösche E Kröten F Unken G Molche
   H Salamander I Olme
2. A: Geburtshelferkröte,
   B: Teichmolch
3. Der Grasfrosch hat die gleiche Färbung wie seine Umgebung, wodurch er von Feinden nicht gesehen wird (Tarnfärbung).
   Der Feuersalamander signalisiert mit seinen Leuchtfarben seine Giftigkeit.

Z Froschlurche und Schwanzlurche

Froschlurche

- *Körperform:* gedrungener Körper, kein Schwanz; 4 kräftige Beine, Hinterbeine deutlich länger als Vorderbeine
- *Skelett:* wenige Wirbelknochen; sehr lange Beckenknochen; sehr lange Mittelfuß- und Zehenknochen an den Hinterbeinen; Beinskelett der Hinterbeine länger als der Rumpf
- *Fortbewegung:* an Land: Frösche springen, Kröten krabbeln; im Wasser: Schwimmen mit Hinterbeinen (wie Brustschwimmer)
- *Larven:* Kaulquappen sind Larven mit ovalem Körper und großem Ruderschwanz; bei der Metamorphose entwickeln sich zuerst die Hinterbeine, dann die Vorderbeine.

Schwanzlurche

- *Körperform:* länglicher Körper mit Schwanz; 4 kurze Beine
- *Skelett:* Viele Wirbelknochen; kleine Becken; Skelette der Vorder- und Hinterbeine ohne besondere Größenunterschiede; Beinskelette wesentlich kürzer als der Rumpf
- *Fortbewegung:* an Land: schlängelndes Krabbeln mit seitlich abgespreizten Beinen; im Wasser: schlängelndes Schwimmen beim Molch
- *Larven:* von länglicher Gestalt, Körper verjüngt sich zum Schwanz hin; bei der Metamorphose entwickeln sich zuerst die Vorderbeine, dann die Hinterbeine.

In Europa gibt es 12 *Schwanzlurcharten* (Feuersalamander, Alpensalamander, Goldstreifensalamander, Brillensalamander, Italienischer und Sardinischer Schleuderzungensalamander, Spanischer Rippenmolch, Lytzischer Salamander, Pyrenäen-Gebirgsmolch, Sardischer Gebirgsmolch, Korsischer Gebirgsmolch, Grottenolm).

Die größten heute lebenden Salamander sind die sehr seltenen *Riesensalamander* (1,5 m), die in chinesischen und japanischen Gewässern leben. Die größten landlebenden Salamander sind maximal 38 cm groß.

Einige Salamander gehen zum Laichen selbst nicht mehr ins Wasser, geben aber ihre Eier und Larven ins Wasser ab. Andere Arten sind zeitlebens im Wasser oder vollständig an Land, wo auch die Eiablage und Larvenentwicklung stattfindet.

Arten wie der *Kleinasiatische Salamander* oder der *Alpensalamander* sind lebendgebärend. Die Weibchen produzieren ca. 30 Eier, aus denen sich durch Eikannibalismus ein bis zwei Jungtiere im Körper der Weibchen entwickeln. Die Trächtigkeit kann dabei bis 30 Monate sein, denn diese Lurche machen mehrere Ruhepausen, bedingt durch die ungünstigen klimatischen Verhältnisse, durch.

Der *Axolotl* ist einer der Schwanzlurche, die aufgrund klimatischer und hydrochemischer Faktoren gezwungen sind, ständig im Wasser zu leben. Auch erwachsene Tiere haben Larvenmerkmale, wie Außenkiemen. Diese Erscheinung ist als *Neotenie* bekannt. Die Larven entwickeln sich nur dann zu vollständig landlebenden Lurchen, wenn das Gewässer austrocknet, sich klimatische Faktoren oder die Wasserqualität verändern.

Salamander bewohnen fast ausnahmslos kühlfeuchte Biotope. In warmen Gegenden sind sie in größeren Höhen, Höhlen, schattigen Tälern und tiefen Seen anzutreffen.

Der Name „Salamander" kommt aus dem Griechischen und bedeutet „Tiere des Feuers". Vermutlich ist er entstanden als gesammeltes Holz, in dem sich die Tiere versteckt hatten, angezündet wurde.

Weltweit gibt es 310 Arten, fast nur auf der Nordhalbkugel.

Z Zusatzaufgabe

Nenne Unterschiede in Fortpflanzung und Entwicklung von Frosch- und Schwanzlurchen.

- **Froschlurch:**
  Partnerfindung: Männchen klammert sich an Weibchen, sobald dieses in seiner Nähe ist. (Schon an Land: wird oft ins Wasser getragen)
  Befruchtung: Weibchen gibt Laich ab, der vom Männchen etappenweise außerhalb des Körpers befruchtet wird.
  Larvenentwicklung: Hinterbeine entwickeln sich vor den Vorderbeinen.
  Erwachsene Tiere: Schwanz nicht mehr vorhanden.

  Schwanzlurch:
  Partnerfindung: Männchen erkennt Weibchen am Duft und präsentiert ihm seine Duftstoffe; Weibchen folgt dem männlichen Duft.
  Befruchtung: Weibchen veranlasst Männchen ein Spermienpaket abzugeben, das das Weibchen mit der Kloake aufnimmt (Befruchtung innen).
  Larvenentwicklung: Vorderbeine entwickeln sich vor den Hinterbeinen.
  Erwachsene Tiere: Schwanz zeitlebens vorhanden.

Lurche

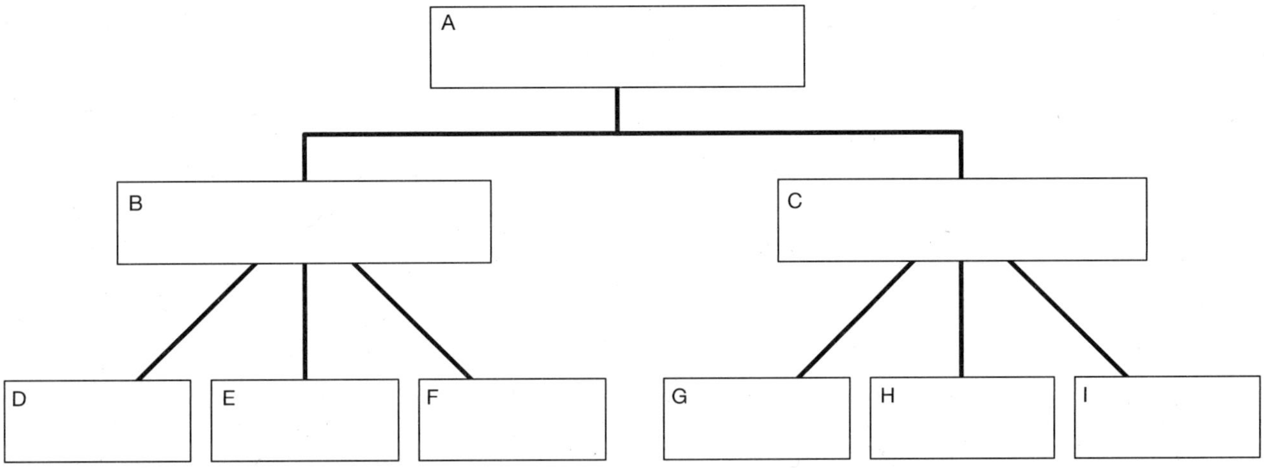

1. Ordne die folgenden Begriffe sinnvoll in die obere Übersicht ein: Kröten, Lurche, Olme, Frösche, Unken, Molche, Schwanzlurche, Froschlurche, Salamander.

Wer bin ich? **A**

Größe: 5,5 cm

Pupille: senkrecht

Farbe: asch- bis silbergrau

Aktivität: nachts

Fortpflanzung: Männchen trägt zwei Monate nach der Paarung die Laichschnüre um die Hinterbeine gewickelt.

Ruf: wie Glockengeläut

Wer bin ich? **B**

Größe: 9,5 bis 11 cm

Alter: bis 30 Jahre

Farbe: lehmfarben, olivgrün bis braunschwarz; Unterseite weißlich bis orange mit runden Flecken

Aktivität: bis Juli im Wasser, danach auf dem Land

Fortpflanzung: 100 bis 250 Eier werden im Wasser abgelegt.

2. Finde mithilfe deines Buches heraus, welche Lurche in den beiden Steckbriefen beschrieben sind.

A: ______________________ B: ______________________

3. Erkläre am Beispiel von Grasfrosch und Feuersalamander die Begriffe „Tarnfärbung" und „Warnfärbung".

____

____

Atmung – Amphibium
Körperbau – Froschlurch
Skelett – Froschlurch
Wirbeltiere

Der Bauplan der Lurche
Material: Atmung bei Lurchen

Natura 5/6, Seite 158/159

Schülerbuch Seite 158

① Fertige eine Tabelle und liste darin die Unterschiede zu den Skeletten der Säugetiere und Vögel auf.
– *s. unten*
② Ergänze die Tabelle noch durch einen Vergleich der inneren Organe und der Haut.
– *s. unten*

Schülerbuch Seite 159

① Beim Einatmen wölbt sich der Mundboden nach außen. So wird das Volumen des Atemtraktes vergrößert und Luft strömt in den Körper. Beim Ausatmen wölbt sich der Mundboden nach innen und presst die Luft aus dem Körper heraus.
② Bei vielen Wirbeltieren, wie auch beim Menschen, erfolgt der Gaswechsel durch Wölben und Abflachen des Zwerchfells sowie durch Anheben des Brustkorbs mithilfe der Zwischenrippenmuskulatur. Diese Organe besitzen Amphibien nicht. Sie führen stattdessen Mundbodenatmung durch.
③ Der Versuchsaufbau erlaubt die Erwärmung des Amphibienbeckens von 0 °C bis zu einer vorgewählten Höchsttemperatur. Die Anfangstemperatur wird durch das im Wasserbad befindliche Eis erreicht. Die Temperaturerhöhung ermöglicht die Tauchheizung im Wasserbad. Das Wasserbad temperiert das Amphibienbecken.
Tatsächlich gemessen wird die Temperatur im Amphibienbecken. Als wechselwarme Organismen haben Amphibien eine Körpertemperatur nahe der Außentemperatur. Deshalb gibt das Thermometer in etwa die Körpertemperatur des Frosches an.
④ Die Tabelle zeigt die Atemfrequenz in Abhängigkeit der Körpertemperatur. Die Atemfrequenz steigt mit zunehmender Temperatur. Auffälligkeiten: Unter 15 °C ist keine Mundbodenatmung vorhanden. Die Atemfrequenz steigt überproportional zur Temperatur an. Beispielsweise ist die Atemfrequenz bei 30 °C 9-mal so hoch wie bei 20 °C.
⑤ Bis zu 10 °C reicht die Sauerstoffversorgung durch die Hautatmung.
⑥ Je stärker gekammert, desto mehr kann die Lunge zur Gesamtatmung beitragen.
Erdkröte: c,
Feuersalamander: b,
Kammmolch: a
⑦ Bei Kältestarre ist keine Mundbodenatmung möglich. Bei niedrigen Temperaturen reicht jedoch die Hautatmung bei den Lurchen zur Sauerstoffversorgung aus, denn Stoffwechselintensität und Sauerstoffbedarf wechselwarmer Organismen nehmen bei sinkender Temperatur ab.

Arbeitsblatt Seite 191

1. a) Magen, b) Rückenmark, c) Gehirn, d) Herzvorkammer, e) Herzkammer, f) Lunge, g) Leber, h) Eierstock, i) Trichter des Eileiters, k) Niere, l) Kloake, m) Harnblase, n) Darm
2. a) Fingerknochen, b) Mittelhandknochen, c) Handwurzelknochen, d) Speiche, e) Elle, f) Oberarmknochen, g) Rippen, h) Beckengürtel, i) Schädel, k) Schultergürtel, l) Wirbelsäule, m) Oberschenkelknochen, n) Unterschenkelknochen, o) Zehenknochen, p) Mittelfußknochen, q) Fußwurzelknochen (verlängert)
3. Gemeinsamkeit: Vorhandensein sich entsprechender Knochen
Unterschied: Knochen des Beinskeletts sind länger und stärker ausgebildet.

Medienhinweise

FWU 42 01176 Entwicklung der Amphibien

Unterschiede Lurche, Vögel und Säugetiere

	Lurche	Vögel	Säugetiere
Skelett	Kiefer mit kleinen Zähnen wenige Halswirbel kein Brustkorb Schwanzlurche mit Schwanz Froschlurche ohne Schwanz	Schädel mit Hornschabel viele Halswirbel Brustkorb mit Brustbeinkiel Schwanz stets vorhanden	Kiefer mit großen Zähnen im Kiefer 7 Halswirbel Brustkorb mit flachem Brustbein Schwanz meist vorhanden
innere Organe:			
Atmungsorgane	Larven: Außen- bzw. Innenkiemen erwachsene Tiere: meist einfache Lungen	sehr leistungsfähige Lunge mit Luftsäcken	leistungsfähige Lunge
Herz	3-kammrig	4-kammrig	4-kammrig
Öffnung der Ausscheidungsorgane	Darm-, Harn- und Geschlechtswege münden in die Kloake	Darm-, Harn- und Geschlechtswege münden in die Kloake	Darm endet mit After, Harn- und Geschlechtswege getrennt
Körperbedeckung	glatte, feuchte, wenig verhornte Haut mit vielen Drüsen Schleimhaut bei Larven	verhornte Haut Federn als Hautausstülpungen nur eine Drüse (Bürzeldrüse)	verhornte Haut Haare als Hautausstülpungen viele Drüsen

Der Bauplan der Froschlurche

Abb. 1

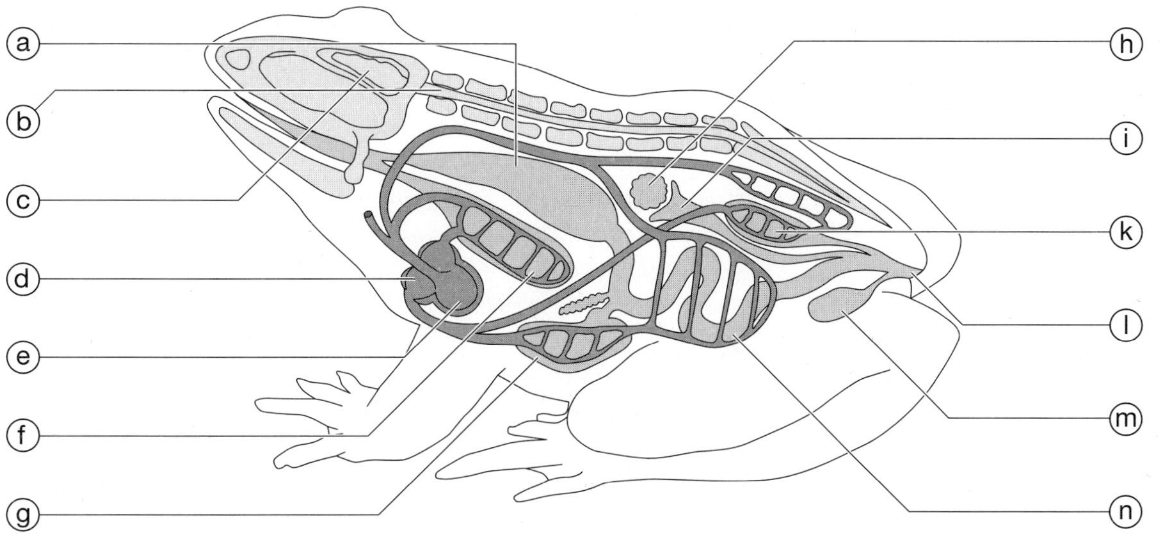

Abb. 2

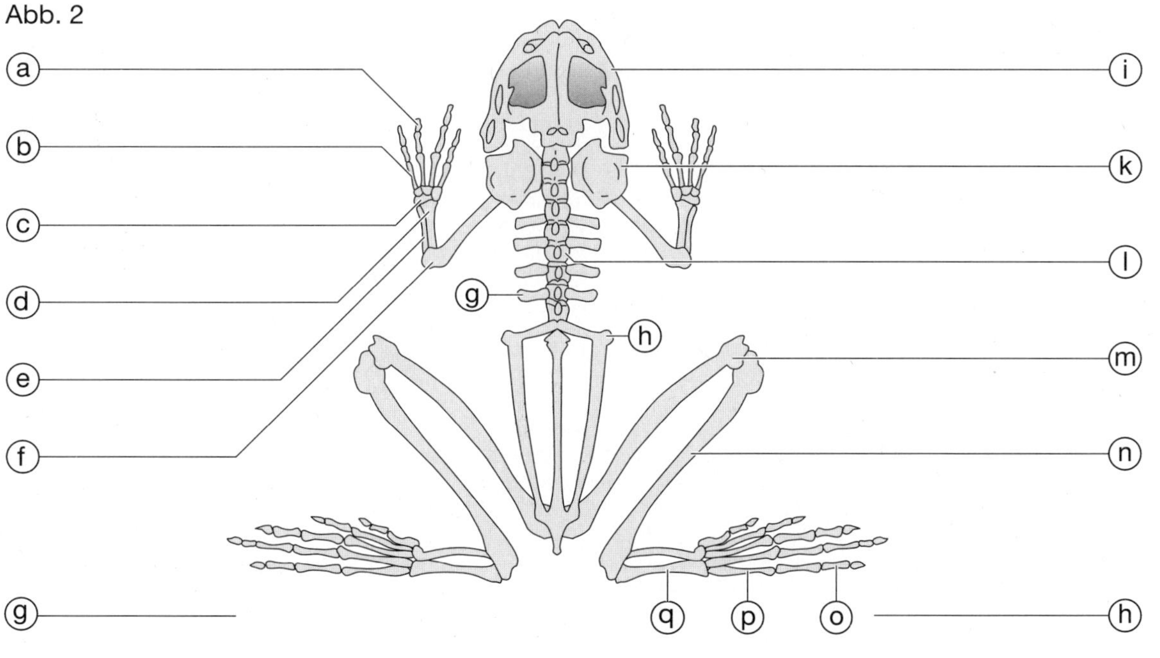

Aufgaben

1. Benenne in der Abbildung 1 die mit den Buchstaben a bis n gekennzeichneten inneren Organe.

2. Benenne die Skeletteile der Abbildung 2 und male die sich entsprechenden Knochen des Arm- und Beinskeletts mit gleichen Farben aus.

3. Vergleiche das Arm- und Beinskelett.

Amphibium
Erdkröte
rote Liste
Terrarium
Tierschutz

Schutzmaßnahmen für Erdkröten

Natura 5/6, Seite 160/161

Schülerbuch Seite 161

① Begründe, warum erwachsene Erdkörten, die man zum Ablaichen in Ersatzgewässer gebracht hatte, im nächsten Jahr zu ihren ursprünglichen Laichgewässern zurückkehrten.

– *Immer wenn Jungkröten an Land gehen, erfolgt eine Prägung auf die Umgebung des Laichplatzes. Bei dieser Art von Lernen gibt es kein Vergessen. Die Erdkröten werden daher immer versuchen, dieses Laichgewässer aufzusuchen, auf das sie geprägt wurden. Ersatzlaichgewässer werden erst im Laufe von Jahren angenommen, wenn die in diesem Gewässer aufgewachsenen Jungkröten geschlechtsreif sind.*

② Die Abbildung zeigt den Lebensraum von Amphibien im Verlauf mehrerer Jahre.
a) Beschreibe die ursprünglichen Wanderungswege der Amphibien im natürlichen Lebensraum.
b) Welche Veränderungen erfährt die Landschaft im Laufe der Zeit? Welche Auswirkungen hat das für die Amphibienwanderung?
c) Beschreibe die Maßnahmen, die in den Einzelabbildungen zum Schutz der Amphibien dargestellt sind.

– *a) 1975: Ursprünglicher Zustand: Wanderung von Grasfröschen und Erdkröten zwischen Gehölzen und Teichen.*
b) 1980: Durch den Straßenbau wurden die angestammten Wanderwege der Amphibien zerschnitten. Die Amphibien können nur noch mit fremder Hilfe gefahrlos zwischen den Gehölzen und den Laichtümpeln hin- und herwandern.
1990: Durch Siedlungen ist der große Laichtümpel verloren gegangen.
c) 1980: An der neu gebauten Straße wurden provisorische Amphibienschutzzäune eingerichtet und Eimer eingegraben, in denen die Tiere während der Hin- und Rückwanderung über die Straße transportiert werden. Diese Maßnahme ist sehr arbeitsintensiv.
1982: Der provisorische Amphibienschutzzaun ist durch einen Dauerzaun ersetzt worden. Amphibien können durch Tunnel zu ihren angestammten Laichgewässern gelangen. Außerdem wurde ein Ersatzlaichgewässer eingerichtet, in das verpaarte Tiere zum Ablaichen gebracht wurden. Ein während des Ablaichens eingerichteter Zaun hindert sie am Entweichen, danach werden sie wieder freigelassen.
1990: Durch die Straße sind die Populationen dauerhaft getrennt worden, auch ohne dass ein Amphibienschutzzaun vorhanden ist. Eine kleine Restpopulation befindet sich auf der rechten Seite der Straße. Durch Siedlungen ist der große Laichtümpel verloren gegangen. Auf der linken Seite der Straße befinden sich zwei Ersatzlaichtümpel, die von den Amphibien angenommen worden sind.
Die Gesamtlösung kann nicht befriedigen, da die kleine Restpopulation auf der rechten Straßenseite wegen geringer Fläche nur mäßige Überlebenschancen besitzt. Auf der linken Straßenseite wurden nicht genügend Ersatzlaichtümpel angelegt, die den Verlust ausgleichen können. Das Naturschutzgesetz erfordert, dass Ausgleichsmaßnahmen für zerstörte Biotope schon in der Straßenplanung geregelt werden und nicht erst nachträglich zur Ausführung kommen.

③ Erkundige dich bei Naturschutzverbänden, ob in deiner Umgebung Maßnahmen zum Schutz von Amphibien durchgeführt werden. Hier hast du eine Möglichkeit, aktiv mitarbeiten. Berichte in der Klasse über Schutzmaßnahmen für Amphibien.

– *Informationen kann man über den BUND oder das Internet bekommen.*
Hinweis: Um Lurche im Klassenzimmer zu halten, bedarf es häufig einer Ausnahmegenehmigung der unteren Landschaftsbehörde. Häufig muss das Zurücksetzen der Tiere garantiert sein.

Arbeitsblatt Seite 193

1. 1) Nadelgehölze sind als Lebensraum ungeeignet. (ablehnen)
   2) Beutetiere bleiben erhalten. (annehmen)
   3) Nicht optimal, aber noch akzeptabel (annehmen oder ablehnen)
   4) Durch Bebauung Unruhe und Nahrungsmangel (Insekten laichen meist im seichten Wasser). Feuchtwiesen sind mittlerweile besonders seltene Biotope. (ablehnen)
   5) Natürliche Schutzmöglichkeiten für die Lurche verschwinden (ablehnen).
2. Nicht sinnvoll sind: Walderde, Alu-Folie, destilliertes Wasser, Maus

Auszug aus der roten Liste

- *vom Aussterben bedroht:* Rotbauchunke
- *stark gefährdet:* Wechselkröte, Laubfrosch, Moorfrosch, Springfrosch
- *gefährdet:* Seefrosch, Geburtshelferkröte, Knoblauchkröte, Kammmolch, Gelbbauchunke, Kreuzkröte

Medienhinweise

Klett 02764 Folienordner Praktischer Naturschutz
CVK 17583 Erdkröte am See
FWU 42 01104 Entwicklung des Molcheies
FWU 42 01638 Die Erdkröte – Laichwanderung und Schutz

Literaturhinweise

KLEINSTEUBER, E.: Lebensräume, Urania-Verlag, Leipzig Jena Berlin 1979
ROBILLER, F.: Lebensräume; Urania-Verlag, Leipzig Jena Berlin 1979
THOMAS-PETERSEIN, G.; KÜHLMANN, D.: BI-Lexikon Heimtiere; Bibliographisches Institut, Leipzig 1989

Lurche und ihre Umwelt

1. Als Ersatzlebensräume werden bei starken Veränderungen in der Landschaft Laichgewässer künstlich angelegt. Da Lurche amphibisch leben, benötigen sie auch günstige Sommerquartiere.
   Folgende Vorschläge werden u. a. dem Landschaftsplaner unterbreitet:
   1) Laubbäume und Hecken werden gerodet, um hübsche Nadelbäume zu setzen.
   2) Für das angrenzende geplante Feld ist biologischer Anbau ohne Gifteinsatz vorgeschrieben.
   3) Kleinere Tümpel in der Umgebung werden durch ein größeres künstliches Gewässer ersetzt.
   4) Die Feuchtwiese wird trockengelegt, um sie bebauen zu können.
   5) Der Schilfgürtel um die Tümpel wird entfernt und das Erdreich planiert, um den Wissenschaftlern bessere Beobachtungsmöglichkeiten zu schaffen.

   Welche Maßnahmen müsste der Landschaftsplaner aus der Sicht des Naturschutzes annehmen bzw. ablehnen? Begründe kurz.

   1) ______________________________

   2) ______________________________

   3) ______________________________

   4) ______________________________

   5) ______________________________

2. Von einer Naturschutzstation wurde für den Biologieunterricht Froschlaich ausgeliehen. Wie muss der Lebensraum gestaltet werden, damit sich aus dem Laich erwachsene Tiere entwickeln können? Nutze für deine Gestaltungsideen das vorgegebene Aquarium und einen Teil der abgebildeten Gegenstände. Zeichne sie ein. (Hinweis: Einige Materialien sind für die Einrichtung des Terrariums nicht sinnvoll!).

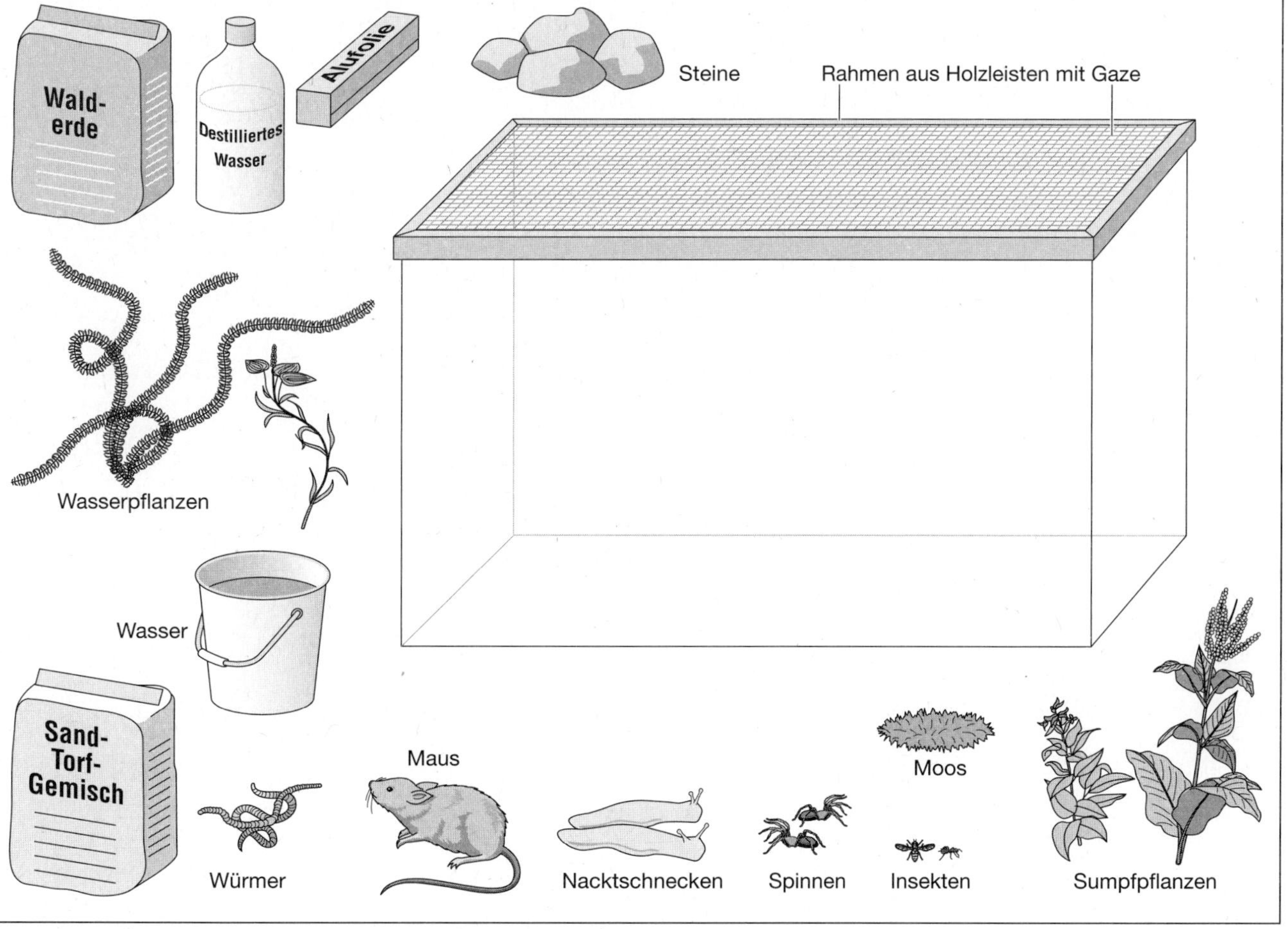

Amphibium
Bestimmungsübung – Amphibien
Körperbau – Amphibium
Systematik – Schwanzlurche

Bestimmungsschlüssel einheimischer Lurche

Natura 5/6, Seite 162/163

Schülerbuch Seite 162

① Verwende den hier aufgezeigten Bestimmungsschlüssel zur Benennung der auf der Seite 163 abgebildeten Lurcharten! Zur Bestimmung jedes Tieres musst du den Linien wie einem Straßennetz folgen. An jeder Weggabelung stehen Wegweiser, die dir Hinweise geben, welchen Weg du nehmen musst!

– *1) Wechselkröte, 2) Knoblauchkröte, 3) Laubfrosch, 4) Erdkröte, 5) Wasserfrosch, 6) Gelbbauchunke, 7) Kreuzkröte, 8) Teichmolch, 9) Geburtshelferkröte*

Artenschutz

Bei der Bestimmung von Lurchen sollte mit Dias, Abbildungen o. ä. gearbeitet werden. Dabei muss klar werden, dass Lurche unter Naturschutz stehen. Sie dürfen nicht (auch nicht zur Bestimmung) aus ihrem Lebensraum genommen werden.

Lösung zum Kammrätsel Lurche

1. Kiemen
2. Grottenolm
3. Hautatmung
4. Laich
5. Kammmolch
6. Erdkroete
7. Sprungbein
8. Kaulquappe
9. Schwimmhaut
10. Kloake
11. Schallblase
12. Amphibien

Querbegriff: Metamorphose

Lösung zum Arbeitsblatt Seite 195

a: 1' – 2' – 3' – 4' – 6 – Kammmolch
b: 1' – 2 – Axolotl

Kammrätsel Lurche

1. Atmungsorgan der Kaulquappe
2. Höhlen bewohnender Schwanzlurch
3. typische Atmungsart bei Lurchen
4. Eiansammlung der Lurche
5. männlicher Lurch mit Rückenkamm
6. bekannteste Krötenart (ö = oe)
7. Hinterbein des Frosches
8. Larve eines Frosches
9. Gebilde zwischen den Froschzehen
10. Ausscheidungsorgan des Frosches
11. Verstärkungsorgan für Froschlaute
12. andere Bezeichnung für Lurche

Der „Querbegriff" ist ein charakteristisches Merkmal in der Froschentwicklung.

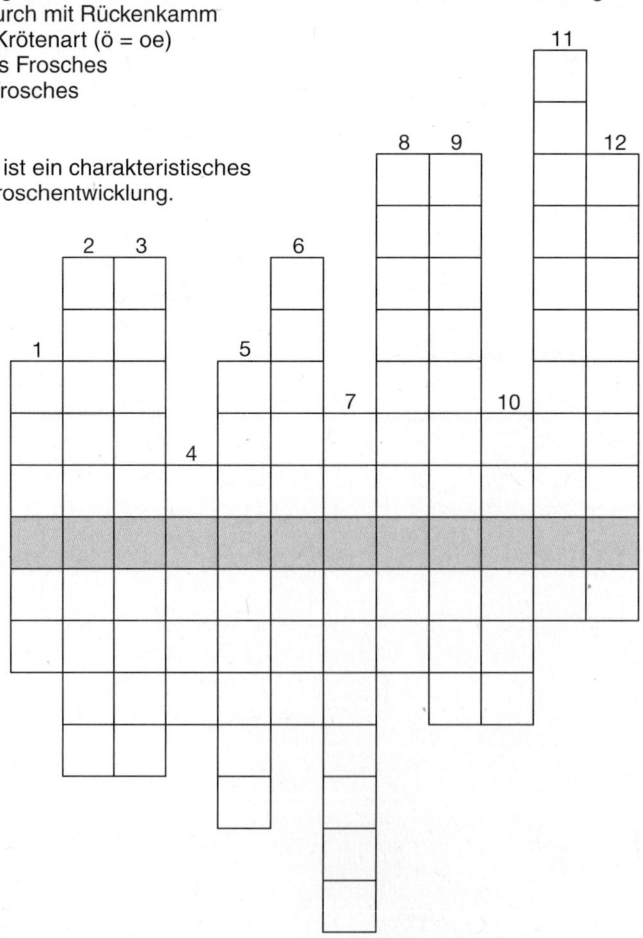

Bestimmungsschlüssel Schwanzlurche

1 Tiere ohne Schwanz ... Froschlurche
1* Tiere mit Schwanz ... Schwanzlurche ... 2

2 Tiere mit büschelförmigen äußeren Kiemen (Abb. 1) ... **Axolotl**
Lebt nur im Wasser und stets im Larvenstadium.
Pflanzt sich auch als Larve fort.
Ist in Mexiko beheimatet.
2* Tiere ohne büschelförmige äußere Kiemen ... 3

3 Schwanz rund ... **Feuersalamander**
Untergrund lackartig glänzend schwarz mit gelben Flecken oder (seltener) Streifen.
Eier entwickeln sich im Muttertier.
Lebt in feuchten Bergwäldern West-, Mittel- und Südeuropas.
3* Schwanz seitlich zusammengedrückt ... 4

4 Bauch einfarbig ... 5

4* Bauch deutlich gefleckt ... 6

5 Bauch blassgelb bis weiß, selten mit wenigen Flecken (Abb. 2) ... **Fadenmolch**
Große Ähnlichkeit mit Teichmolch.
Der Schwanz des Männchens ist mit bis zu 8 mm langen Endfäden scharf abgesetzt.
Er besitzt keinen ausgeprägten Rückenkamm in der Laichzeit.
5* Bauch kräftig orange gefärbt (Abb. 3) ... **Bergmolch**
Außer der auffallenden Bauchseite sind die Seiten marmoriert.
Die Weibchen (bis 110 mm) sind größer als die Männchen (bis 80 mm).
Sie kommen fast ausschließlich in Thüringen und dem Harz vor.

6 Bauch mit großen schwarzen, die Kehle mit kleinen Flecken.
Kann bis 18 cm lang werden (Abb. 4) ... **Kammmolch**
Männchen besitzen zur Paarungszeit einen hohen gezackten Rückenkamm, der am Kopf beginnt und vom oberen Schwanzsaum durch eine tiefe Einsenkung getrennt ist. Die Weibchen besitzen den Rückenkamm nicht.
6* Bauch und Kehle mit gleich großen schwarzen Flecken.
Wird nur bis 11 cm lang (Abb. 5) ... **Teichmolch**

1
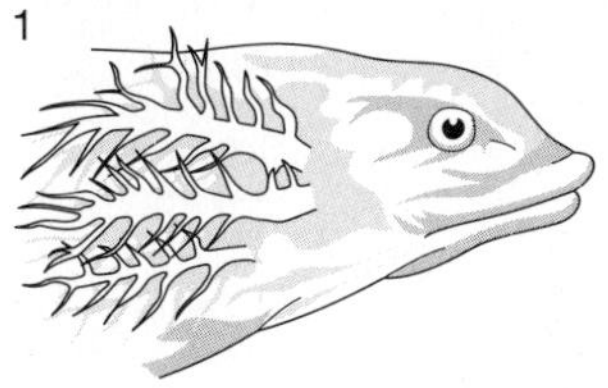

3
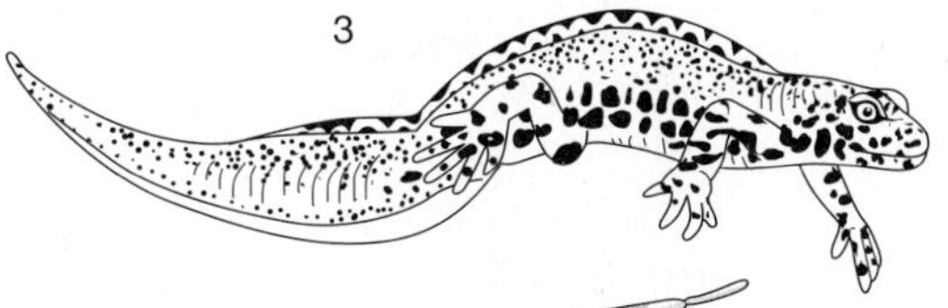

5
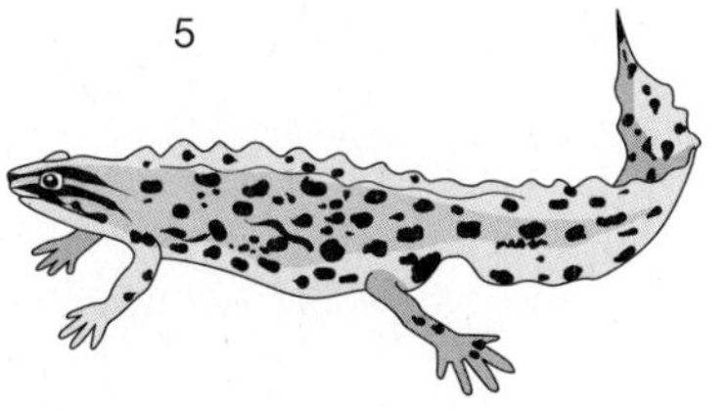

2

4

Aufgabe

Notiere den Bestimmungsweg und den Namen für die beiden abgebildeten Lurche.

____

____

a

b

Bestimmungsübung – Reptilien
Blindschleiche
Körperbau – Reptil
Reptil
Skelett – Reptil
Skelett – Schwanzlurch

Aus dem Leben der Zauneidechse

Natura 5/6, Seite 164/165

! Schülerbuch Seite 165

① Eidechsen leben zwischen Steinhaufen, an Böschungen, Hecken und Zäunen. Welche Vorteile bietet dieser Lebensraum der Eidechse?
– *Es sind sonnenbeschienene, warme Plätze mit Verstecken und vielen Beutetieren (Schnecken, Würmer, Spinnen, Insekten und ihre Larven).*

② Vergleiche Eidechse und Molch in Körperbau und Lebensweise. Welche Unterschiede kannst du nennen?
– *Molch:*
  – *schleimig-feuchte Haut; sie fühlt sich beim aktiven Tier kalt an*
  – *meidet die Sonne, nachtaktiv*
  – *lebt in Feuchtbiotopen oder im Wasser*
  – *sehr einfache Lungen*
  – *legt Eier ins Wasser ab, aus denen Larven schlüpfen*

  Eidechse:
  – *trockene Haut mit Hornhaut; sie fühlt sich beim aktiven Tier warm an*
  – *sucht Sonnenplätze, tagaktiv*
  – *bevorzugt warmes, trockenes Gelände*
  – *gekammerte Lungen*
  – *legt Eier in Erdhöhlen, wo sie von der Sonne ausgebrütet werden; es schlüpfen junge Eidechsen*

  Die äußere Gestalt ist bei beiden ähnlich.

Arbeitsblatt Seite 197

1. Bestimmungsschlüssel einheimischer Eidechsen, z. B.:
   1 Länge unter 30 cm 2
   1* Länge über 30 cm 4
   2 Halsband mit glattem Hinterrand **Mauereidechse**
   2* Halsband mit gesägtem Hinterrand 3
   3 10 Längsreihen schmaler Schuppen **Zauneidechse**
   3* höchstens 2 Längsreihen schmaler Schuppen **Wald- oder Bergeidechse**
   4 2 Paar Gliedmaßen **Smaragdeidechse**
   4* ohne Gliedmaßen **Blindschleiche**
2. 1) Blindschleiche, 2) Wald- oder Bergeidechse, 3) Zauneidechse, 4) Smaragdeidechse, 5) Mauereidechse

Z Farbwechsel bei Reptilien

Einige Reptilien können mehr oder weniger schnell ihre Farbe verändern. Dieser Farbwechsel erfolgt durch Lageverschiebung der Chromatophoren bzw. durch Pigmentverteilung in den Zellen der Pigmentschicht. Er kann durch äußere Faktoren, wie Licht, Trockenheit oder Wärme, verursacht werden. Meist ist diese Reaktion jedoch auf physiologische Vorgänge zurückzuführen. Hierbei spielen Hormone (vorwiegend der Hypophyse) oder Nerven oder auch beide Informationssysteme eine entscheidende Rolle. Unabhängig vom plötzlichen Farbwechsel wird die Körperfarbe im Laufe des Alterns dunkler. Man unterscheidet deshalb Jugend- und Alterskleid eines Reptils.

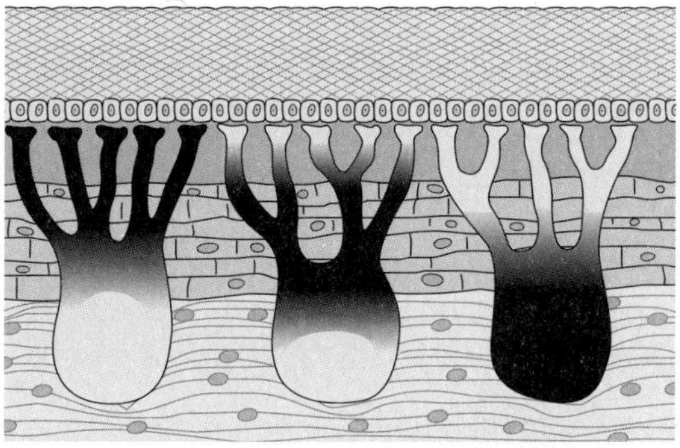

Vergleich eines Schwanzlurch- und Eidechsenskeletts

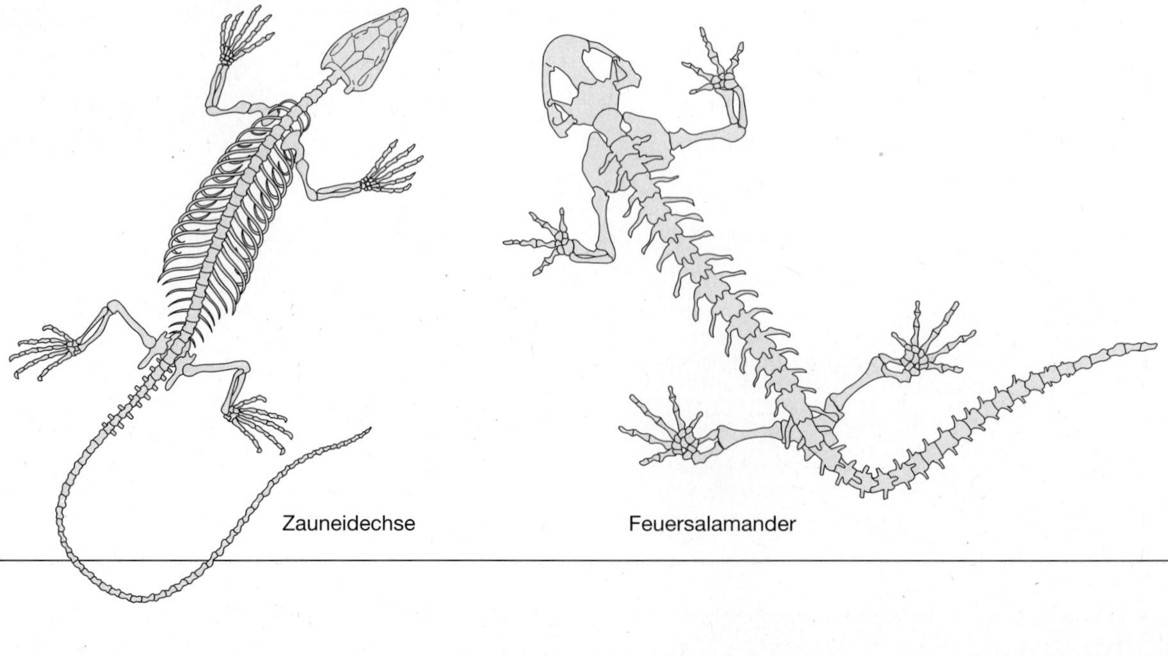

Einheimische Eidechsen

Merkmale allgemein

besitzen alle Merkmale der Wirbeltiere

Atmung: Lungenatmung

Körpertemperatur: wechselwarm

Körperbedeckung: hornige Schuppen und Schilde

Augenlider: können geschlossen werden

Smaragdeidechse

Lebensraum: Feldwege, Sandgruben, Weinberge

Länge: 35 cm (Mitteleuropa), bis 50 cm (Südeuropa)

Aussehen: Rücken leuchtend grün mit höchstens 2 Reihen schmaler Schuppen; Halsband mit gesägtem Hinterrand; 2 Paar Gliedmaßen

Nahrung: Insekten, Weichtiere, kleine Eidechsen, Ringelnattern

Zauneidechse

Lebensraum: Lichtungen, Waldränder, Felsen

Länge: ca. 20 cm

Aussehen: Halsband mit gesägtem Hinterrand; Rücken mit 10 längs verlaufenden Reihen schmaler Schuppen; 2 Paar Gliedmaßen

Nahrung: Insekten, Spinnen, kleine Eidechsen

Mauereidechse

Lebensraum: Kalksteinfelsen, Weinberge, Mauern

Länge: 19 bis 25 cm

Aussehen: Oberseite graubraun mit dunklen, netzartigen Flecken; Halsband mit glattem Hinterrand; 2 Paar Gliedmaßen

Nahrung: Insekten, Spinnen, Würmer

Wald- oder Bergeidechse

Lebensraum: Wälder, Heide, Moor, Gebirgsflur

Länge: ca. 18 cm

Aussehen: bräunlich mit dunklen Längsbändern; Halsband mit gesägtem Hinterrand; Rücken mit höchstens 2 Reihen schmaler Schuppen; 2 Paar Gliedmaßen

Nahrung: Insekten, Spinnen

Blindschleiche

Lebensraum: Lichtungen, halbschattige Feuchtwiesen, Parklandschaften

Länge: 35 bis 50 cm

Aussehen: Rücken bleigrau bis gelbrot; seitlich rotbraun, Bauch grau bis schwarz; Gliedmaßen fehlen

Nahrung: Regenwürmer, Nacktschnecken, Insekten

Aufgaben

1. Erstelle mithilfe der Steckbriefe selbst einen Bestimmungsschlüssel.
2. Ordne den Beschreibungen die richtigen Abbildungen zu.

Schlangen – Jäger ohne Beine

Natura 5/6, Seite 166/167

Schülerbuch Seite 167

① Vergleiche Ringelnatter und Kreuzotter. Stelle Unterscheidungsmerkmale in einer Tabelle zusammen.

– *Ringelnatter*
  - *Lebensraum: Bach, Teich, Tümpel; schwimmt gut*
  - *Nahrung: Fische, Frösche, Molche*
  - *Beutefang: ergreift Beute mit dem Fanggebiss und verschlingt sie bei lebendigem Leib*
  - *Fortpflanzung: legt 20 bis 30 Eier in den feuchtwarmen Boden*
  - *Kopf: oval, am Hinterende des Kopfes zwei halbmondförmige, gelbe Zeichnungen an beiden Seiten; Fanggebiss, keine Giftzähne*
  - *Körper: grauschwarz mit kleinen schwarzen Flecken*

  Kreuzotter
  - *Lebensraum: Wald, Heide, Moor; schwimmt selten*
  - *Nahrung: meist Mäuse*
  - *Beutefang: lauert auf Beute, tötet sie mit Gift, verfolgt die Duftspur; verschlingt das tote Tier*
  - *Fortpflanzung: 6 bis 20 Junge, schlüpfen bei der Eiablage*
  - *Kopf: Kopf flach, kantig; leichte Kreuzzeichnung, die sich in der Zickzackzeichnung auf dem Rücken fortsetzt; Giftzähne*
  - *dunkles Zickzackband auf dem Rücken*

Arbeitsblatt Seite 199

1. Die Kreuzotter bewegt sich nicht, beobachtet aber die Maus. Ist die Maus nahe genug, schnappt sie zu. Die Giftzähne stechen dabei in die Beute. Die Schlange zieht sich gleich danach zurück. Nach kurzer Flucht bleibt die Maus vergiftet liegen und wird von der Schlange verzehrt.
2. Zwischen Schädelknochen und Giftzähnen bestehen Verbindungen über Gelenke. Beim Öffnen des Mauls schiebt sich der Giftzahn heraus, wenn der obere Teil des Schädels zurückgezogen wird.

Mythos Schlange

In der ägyptischen Mythologie mussten sich Verstorbene den Angriffen des Schlangengottes Apophis erwehren, der die Seelen in der Unterwelt behelligte.

Eine germanische Sage berichtet von der Midgardschlange, die die Verkörperung des erdumschlingenden Weltmeeres ist. Als Feind der Götter liegt sie im Meer und greift von dort alle Schiffe an, in denen sich Abtrünnige befinden. Germanische Geschichten erzählen auch von Hausgeistern in Schlangengestalt. Nach böhmischem Glauben wird z. B. die Hausfrau sterben, wenn die weibliche „Hausschlange" stirbt. Dies soll entsprechend auch für alle anderen Familienmitglieder gelten.

Viele preußische Haushalte hielten sich früher Schlangen, die einmal im Jahr mit Nahrung aus ihrem Versteck gelockt wurden. Blieben die Schlangen, die sich ansonsten von Mäusen, Opfergaben u. ä. ernährten, aus oder ließen sie die Speisen unberührt, bedeutete dies Unglück für das kommende Jahr.

Die Azteken in Mexiko huldigten einem Schlangengott, der an jedem Körperende einen Kopf besaß. Noch heute tanzen die Hopi-Indianer den Schlangentanz, um die Regengötter zu besänftigen, damit die Ernte gut ausfällt. Dabei tanzen die Priester mit Klapperschlangen, was durch deren vielfältige Aktivitäten nicht immer ganz ungefährlich aussieht. Zu einem Giftbiss kann es jedoch nicht kommen, da den Schlangen vor dem Tanz die Gift- und Reservezähne ausgebrochen werden.

Fortbewegung von Eidechse und Schlange

Die Kreuzotter

Einige große Schlangen töten ihre Beute, indem sie die Tiere mit ihrer starken Muskulatur immer enger umschlingen. Die Kreuzotter, die eine Giftschlange ist, hat eine andere Taktik: sie ist ein Lauerjäger. Nach dem Biss verfolgt sie die Beute.

Aufgaben

1. Ergänze die Beschreibung der Jagdmethode.

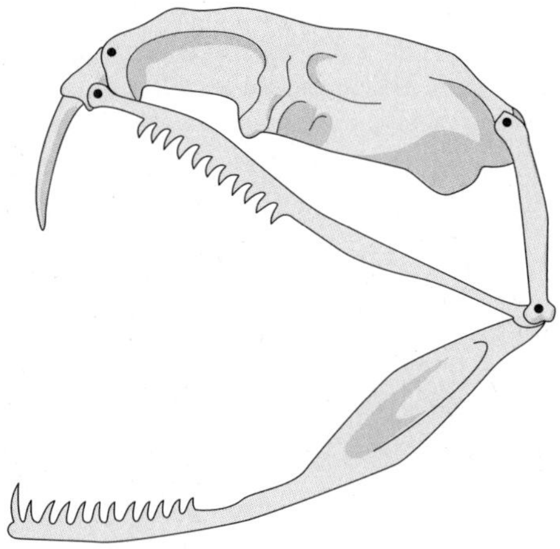

2. Erkläre mithilfe der Abbildung das Herausklappen der Zähne.

3. Baue ein Funktionsmodell des Kopfskeletts der Kreuzotter, um deine Lösung zu Aufgabe zwei zu überprüfen. Nutze dazu die Abbildung oben als „Bauzeichnung“. Schneide alle Einzelteile unten sorgfältig aus. An den markierten Punkten müssen die Einzelteile beweglich miteinander verbunden werden (z. B. mit Musterklammern oder Druckknöpfen). Um die Klammern anbringen zu können, muss die Vorlage auf mindestens das Doppelte vergrößert werden. Es empfielt sich Pappe zur Verstärkung unter die Teile zu kleben.

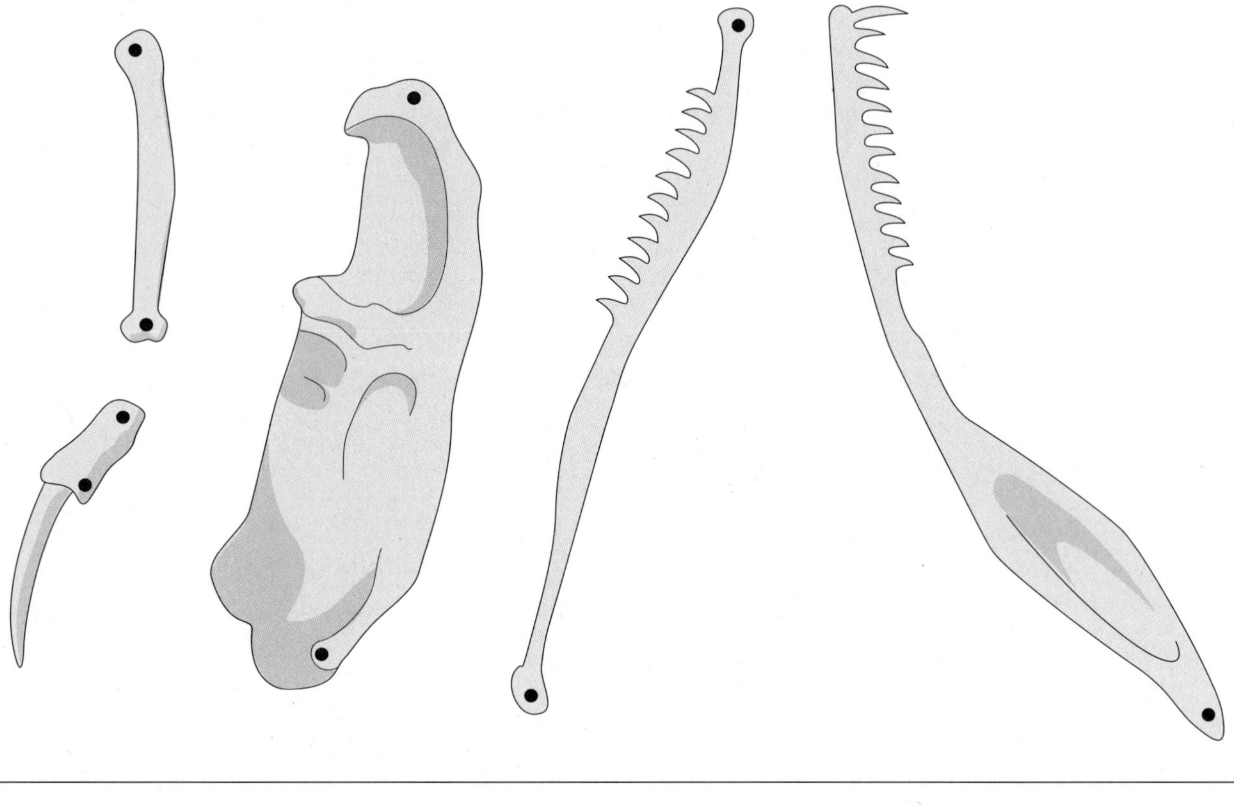

Lexikon: Giftschlangen – wozu benützen sie ihr Gift? Krokodile und Schildkröten

Natura 5/6, Seite 168/169

Arbeitsblatt Seite 201

1. *Gefahren:*
   - Vergiftungen durch Anreicherung von Giftstoffen in der Nahrungskette; Ölverschmutzung
   - Tiere ertrinken, da sie sich beim Auftauchen in den Netzen der Fischer verfangen.
   - Schildkröten verschlucken versehentlich Plastikmüll u. ä., weil sie es mit Kleinstlebewesen verwechseln.
   - Rückgang der Artenzahl, da die Gelege durch Menschen, Ratten usw. vernichtet werden
   - Geburtsplätze sind Menschen bekannt, sodass Schildkröten zur Fleisch-, Öl- und Schildpattgewinnung genutzt werden.
   - Strände werden mit Geländefahrzeugen befahren, Leuchtreklame erhellt die Strände und es ist Lärm (Hotels, Straßen).
   - Jungtiere sind durch Autoverkehr und künstliche Beleuchtung desorientiert und laufen in die falsche Richtung.
2. Von folgenden möglichen Antworten genügt eine:
   - Solange für Krokodilleder sehr viel Geld gezahlt wird, werden skrupellose Geschäftemacher trotz des Verbotes Krokodile fangen.
   - Plaketten zur Kennzeichnung sind hilfreich, können aber auch gefälscht werden.
   - Zuchtfarmen müssen zu Beginn der Zucht auch Tiere aus der freien Wildbahn nehmen. *Hinweis:* Wieder ausgesetzte Tiere müssen 3 bis 5 Jahre alt sein, um eine Überlebenschance zu haben.
   - Trockenlegung bedeutet, dass der Lebensraum der Krokodile immer kleiner wird und sie als Folge des Siedlungs- und Straßenbaus aussterben.

Schlangenfurcht und Giftschlangen

Mögliche Ursachen für Schlangenfurcht:

1. Schlangen müssen sich lautlos bewegen, um erfolgreiche Jäger zu sein. Dabei benutzen sie keine Beine, sondern Rippen, Muskeln oder Bauchschienen. Dies ist für uns abnorm. Ihr plötzliches, unerwartetes Auftauchen erschrickt uns.
2. Die Schlange nimmt mit dem Jacobson'schen Organ, das in der Mundhöhle liegt, Gerüche und Temperaturunterschiede wahr. Um die Duftstoffe der Umgebung dorthin zu transportieren, muss sie ständig züngeln. Nur so kann sie die Spur ihrer Beute verfolgen. Dieses Züngeln stößt viele Menschen ab.
3. Viele Schlangen warnen ihre Feinde vor Angriffen mit Zischen. Die unerwarteten Laute schrecken nicht nur die Angreifer ab. Sie verursachen auch beim Menschen Angst und Panik.
4. Selbst das Gift der Kreuzotter ist für den Menschen kaum gefährlich. Alle anderen einheimischen Schlangen haben entweder keine Giftdrüse, keinen Giftkanal oder beides nicht. Weltweit ist nur etwa ein Drittel der rund 2500 Schlangenarten so giftig, dass ihr Biss für den Menschen gefährlich werden kann. Der bloße Gedanke an einen Schlangenbiss veranlasst viele Menschen, alle Schlangen hysterisch zu erschlagen.
5. Bei Schlangen sind der obere und untere Augendeckel durchsichtig und verwachsen. Dadurch haben sie einen starren Blick, der viele Menschen ängstigt.

Giftnattern

Es gibt mehr als 180 Arten, die alle sehr giftig sind (größte Gruppe von Giftschlangen). Die Gifte haben eine neurotoxische Wirkung. Zu dieser Gruppe gehören die gefährlichsten Giftschlangen der Erde. Sie sind in Amerika, Afrika, Asien und Australien heimisch. Die Wüstenbewohner sind meist unscheinbar grau, Baumbewohner sehen leuchtend grün aus. Einige haben schwarzgelbe bzw. schwarzrote Querbänder als Warnfärbung. Hauptnahrung sind kleine Nagetiere und Schlangen. In Australien sind 80 % aller Schlangen Giftnattern. Dazu gehören: Korallenschlangen, Mambas, Tapains, Bauchdrüsenottern, Kraits und Kobras.

Schlangengift als Verdauungshilfe

Schnürt man bei Giftschlangen die Giftdrüsen ab, kommt es häufig zu Verdauungsstörungen, an denen die Schlange sogar verenden kann. Das Gift hilft nicht nur töten, sondern auch verdauen, da es sofort nach dem Giftbiss mit der Auflösung des Beutetieres beginnt.

Artenschutz

Durch das Washingtoner Artenschutzabkommen (WA), das seit 1975 in Kraft ist, wird der Im- und Export von gefährdeten Arten sowie Artikeln aus ihnen überwacht.

Medienhinweise

FWU 42 01696 Das Nilkrokodil
FWU 42 01983 Schildkröten
FWU 42 02236 Der kurze Sommer der Äskulapnatter

Schildkröten und Krokodile in Gefahr

Nicht nur Seefahrer schätzen das Fleisch der bis zu 500 kg schweren Riesenmeeresschildkröten, wenn sich diese in ihren Netzen verfangen. In Europa wurde ihre zu Suppe verarbeitete Knorpelsubstanz als Delikatesse geschätzt. Obwohl zum Beispiel die Einfuhr von Meeresschildkröten in der Bundesrepublik untersagt ist, stoßen Zöllner immer wieder auf Souvenirs, die aus Meeresschildkröten gefertigt sind. Das Aussterben wird durch die zunehmende, durch den Menschen verursachte Umweltbelastung und die ständige Verkleinerung des Territoriums zur Eiablage beschleunigt. Das Entstehen von ganzen Hotelketten an Schildkrötenstränden verursacht Lärm und eine Lichterflut, was die Tiere nicht verkraften.

Aufgaben

1. Leite aus folgenden Fakten Gefahren für die Meeresschildkröten ab:

Umweltansprüche der Meeresschildkröten	**Gefahren**
Nur in sauberem Wasser kann eine Schildkröte existieren.	
Die Meeresschildkröte ist ein Lungenatmer, weshalb sie jederzeit ungehindert zur Wasseroberfläche kommen muss.	
Schildkröten fressen kleinere Lebewesen, wie Quallen, Algen, Krebse und Muscheln.	
Erwachsene Tiere kommen nur alle drei Jahre zur Fortpflanzung.	
Die weiblichen Schildkröten müssen zur Eiablage an ihren Geburtsort zurückkehren.	
Zur Eiablage ist Ruhe und Dunkelheit unbedingt erforderlich.	
Die geschlüpften Jungtiere orientieren sich hauptsächlich an der hellen Fläche des Meeres, um ins Wasser und damit in Sicherheit zu kommen.	

2. Auch Krokodile sind gefährdet. Stelle das Für und Wider einer der aufgeführten Schutzmaßnahmen dar.

Der Handel mit Krokodilen aus der freien Wildbahn ist heute entweder ganz verboten oder streng kontrolliert.

Der internationale Reptilienderverband hat eine Plakette entwickelt, die Leder aus Zuchtkrokodilen kennzeichnet.

Von 100 gezüchteten Krokodilen müssen fünf Tiere ausgesetzt werden.

Umweltschützer versuchen, die immer rascher fortschreitende Trockenlegung von Sümpfen zu bremsen.

4 Verwandtschaft bei Wirbeltieren

Wir vergleichen Wirbeltiere

Natura 5/6, Seite 170/171

Schülerbuch Seite 171

① Stelle in einer Tabelle übersichtlich die Merkmale der Wirbeltiere im Vergleich dar. Verwende dazu die im Text fett gedruckten Begriffe.
– *siehe Folienvorlage auf Seite 204*

Arbeitsblatt Seite 203

1. Fliege und Regenwurm
2. Knochenskelett mit Wirbelsäule, Schädel, geschlossenes Blutkreislaufsystem, durchgehender Verdauungstrakt, Nieren als Ausscheidungsorgane, Geschlechtsorgane
3. Fische: Flossen, schleimüberzogene Schuppen
Lurche: nackte, feuchte und drüsenreiche Haut
Kriechtiere: trockene Hornschuppen, pergamentartige Eier
Vögel: Flügel mit Federn, Hornschnabel
Säugetiere: Haare, Milchdrüsen bei Weibchen
4. Symbol 1 = Lurch, Symbol 2 = Vogel, Säugetier, Symbol 3 = Kriechtier, Symbol 4 = Fisch

Arbeitsblatt Seite 205

1. Fische: vordere Rumpfhälfte und Schwanzflosse
Kriechtiere: Kopf
Vögel: Flügel und Vorderbeine
Säugetiere: Rumpfhälfte und Hinterbeine
2. Lurche, Merkmale s. Seite 204

Z Wirbeltiere

Erstes Auftreten

– erste Wirbeltiere (Rundmäuler): Ordovizium
– erste Landwirbeltiere (Amphibien): spätes Devon
– Stammform für Kriechtiere, Vögel und Säugetiere: Karbon
– erste echte Säugetiere: Trias

Wirbeltierklassen

Erstmals traten die Wirbeltiere im Ordovizium auf. Der Unterstamm *Vertebrata* (Wirbeltiere) wird in der Sekundarstufe I oft als Stamm bezeichnet. Diese Vereinfachung lässt sich durchaus in dieser Altersstufe rechtfertigen, da die Schüler weder Vertreter der beiden anderen Unterstämme Tunicata (Manteltiere) und Acrania (Schädellose) kennen, noch über die Chorda informiert sind. Sie können dadurch mit der Stammbezeichnung *Chordata* nichts anfangen. Es ist erst in dem Themenbereich Evolution sinnvoll, auf die genaueren verwandtschaftlichen Beziehungen einzugehen und dann u. U. die Begriffe einzuführen.

Von den Wirbeltieren werden lediglich die Klassen Säugetiere, Vögel, Kriechtiere und Lurche behandelt. Die eigentlich voneinander abgegrenzten Klassen Knochenfische und Knorpelfische werden zusammengefasst. Auf die Besprechung der Klasse *Cyclostomata* (Rundmäuler) wird völlig verzichtet.

Größte und kleinste Säugetiere

Das größte Säugetier ist der Blauwal. Seine Körpermasse entspricht der von bis zu 23 ausgewachsenen Elefanten. Das kleinste Säugetier ist die Etruskerspitzmaus. Drei Millionen dieser Winzlinge entsprechen mit ihrer Masse der Körpermasse eines Elefanten.

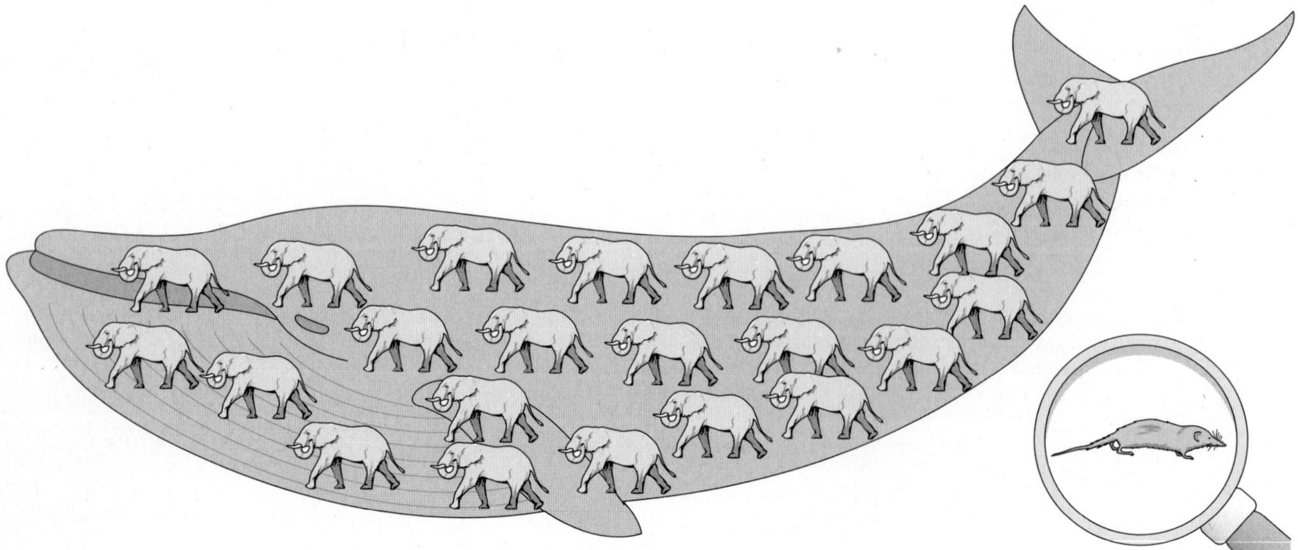

Merkmale der Wirbeltiere

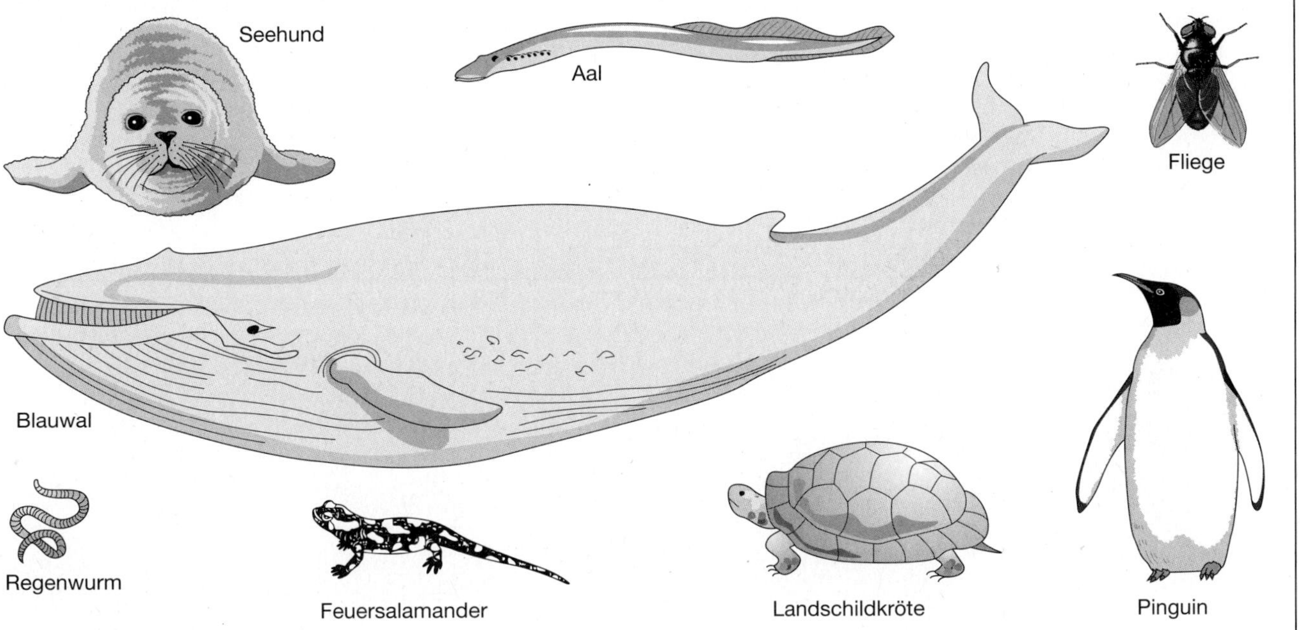

Aufgaben

1. Welche der oben abgebildeten Lebewesen sind keine Wirbeltiere? Begründe.

____

2. Welche Merkmale besitzen alle Wirbeltiere? Begründe kurz.

____

____

3. Nenne zwei wesentliche Merkmale, an denen die jeweilige Wirbeltierklasse leicht zu erkennen ist.

Fische: ______________________________

Lurche: ______________________________

Kriechtiere: ______________________________

Vögel: ______________________________

Säugetiere: ______________________________

4. Ein Lehrer möchte seinen Schülern mit folgenden Symbolen die Stellung der Hintergliedmaßen zum Rumpf bei den unterschiedlichen Klassen der Wirbeltiere verdeutlichen. Bei zwei Klassen verwendet er das gleiche Symbol. Ordne den Symbolen die Bezeichnungen der Wirbeltierklassen zu.

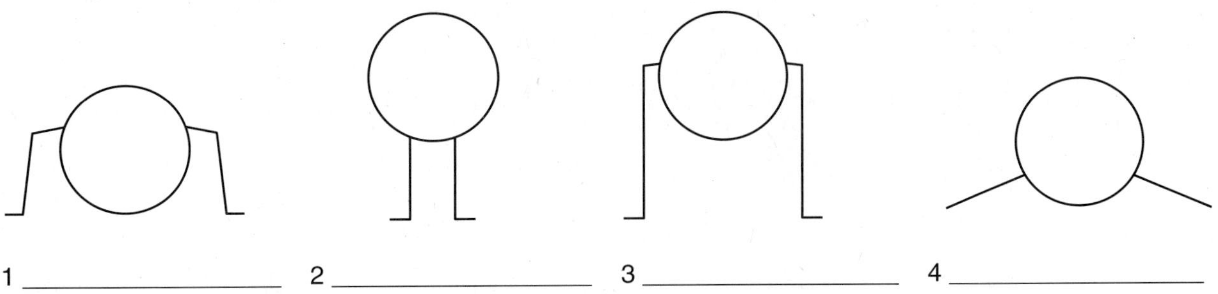

1 ____________ 2 ____________ 3 ____________ 4 ____________

Die fünf Wirbeltierklassen im Vergleich

Wirbeltierklasse	Skelett	Atmung	Körperbedeckung	Körpertemperatur	Fortpflanzung
	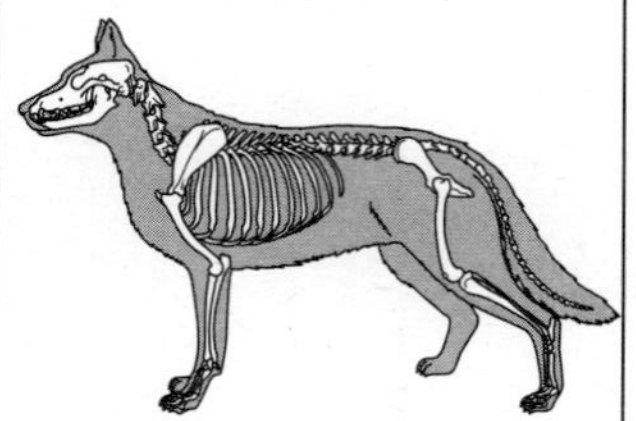	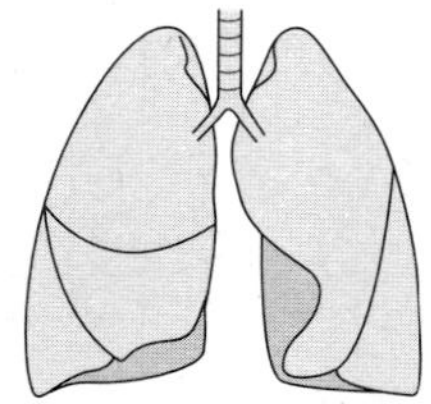	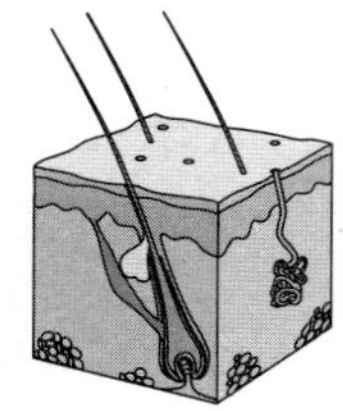	gleichwarm	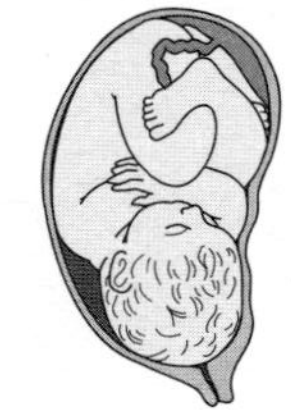
	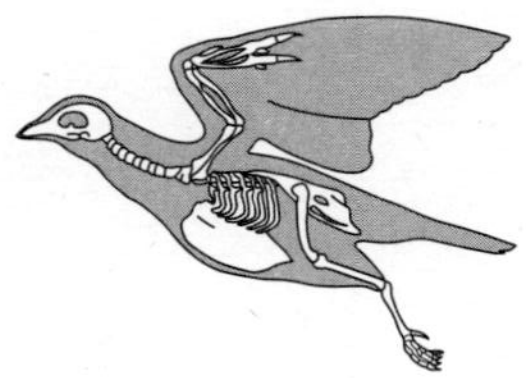	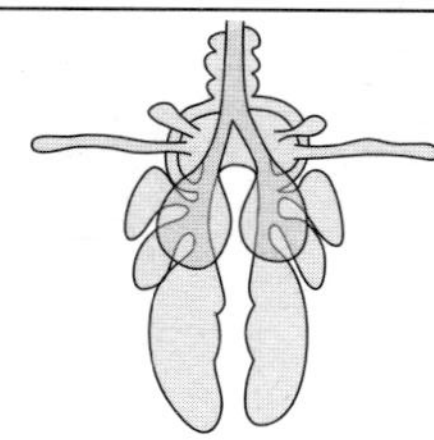	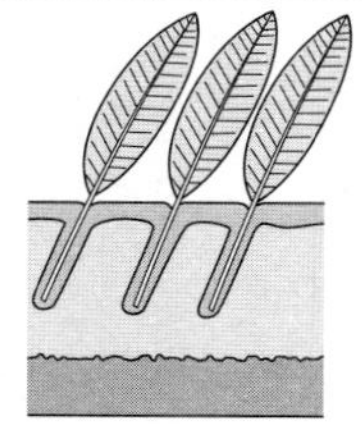	gleichwarm	
	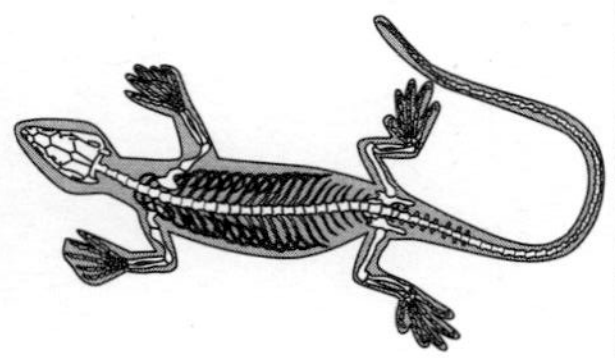	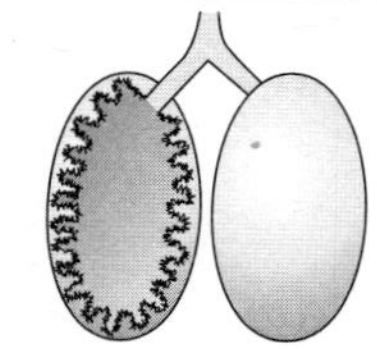	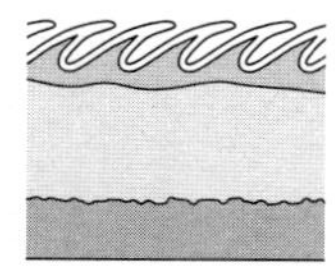	wechselwarm	
	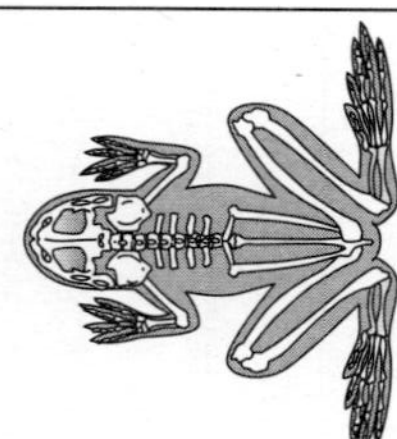	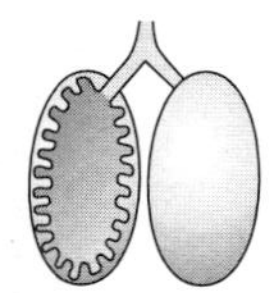	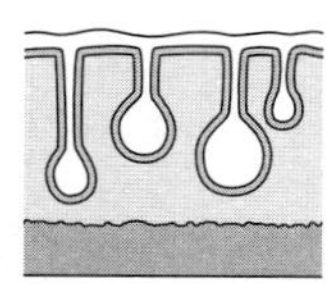	wechselwarm	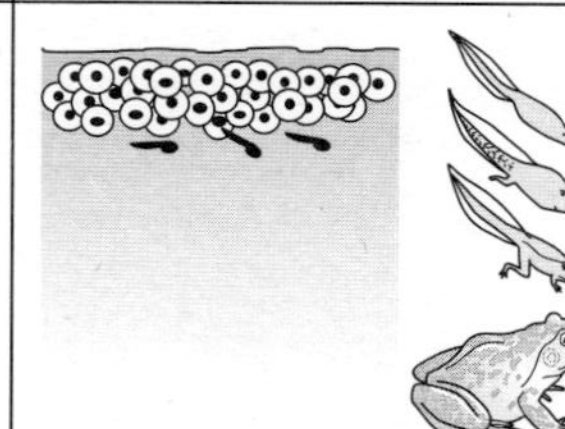
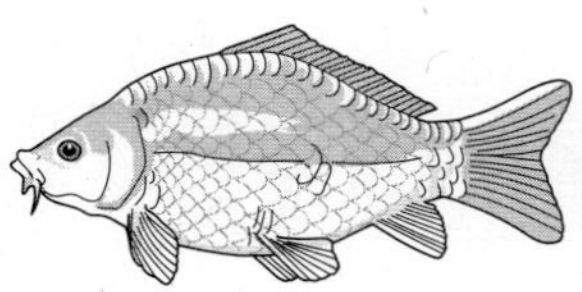	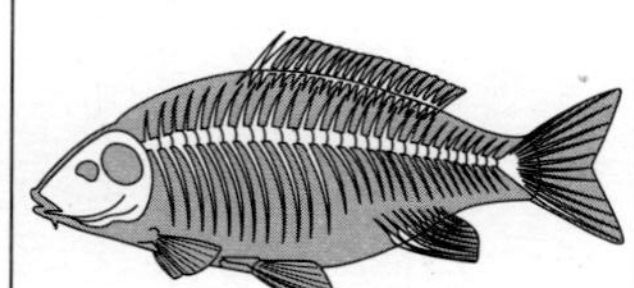	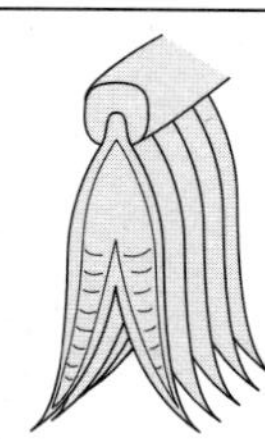	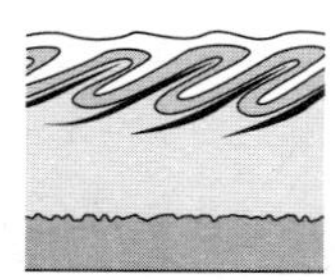	wechselwarm	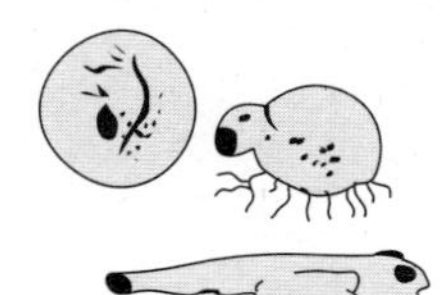

Das Filukrievösäus

Das Filukrievösäus ist sicher ein befremdliches Tier, aber dennoch kommt einem so manches bekannt vor.

Aufgaben

1. Kennzeichne in der Zeichnung des Fabeltiers die Merkmale der genannten Tierklasse mit folgenden Farben:
   Fischmerkmale blau,
   Kriechtiermerkmale grün,
   Vogelmerkmale gelb und
   Säugetiermerkmale rot.

2. Von einer Wirbelklasse fehlen erkennbare Merkmale. Gib den Namen und typische Merkmale dieser Tierklasse an.

   ____

   ____

   ____

   ____

Vom Wasser zum Land

Natura 5/6, Seite 172/173

Arbeitsblatt Seite 207

A „Sago-Exeriment"

1. z.B. Gefäß 1: 20 g; Gefäß 2: 30 g; Gefäß 3: 10 g
2. Wasser
3. Die Lurcheier besitzen eine dünne Haut und häufig auch eine gallertartige Hülle als Schutz. In trockener Umgebung schrumpft das Lurchei zusammen und der Lurchembryo stirbt ab. Abgeschlossen wie in Folie ist Stoffaustausch unmöglich. Nur im Wasser, vergleichbar mit dem Sago im Tee-Ei, kann Lurchlaich existieren.

B „Hühnerei-Experiment"

Das unveränderte Hühnerei ist weitestgehend unbeeinflusst von der Umwelt. Ohne Kalkschale, aber mit unverletzter Schalenhaut, bleibt das Hühnerei, genau wie Kriechtiereier, nur dann intakt, wenn es an naturnahen „Brutstätten" gelagert wird. An der Luft trocknet es schon recht bald aus und der Embryo stirbt ab.

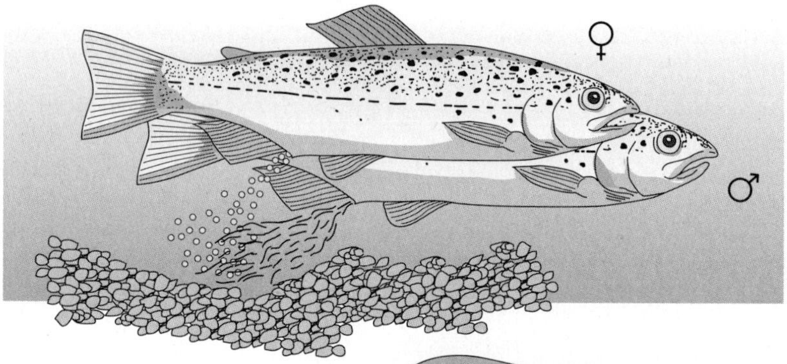

Hinweise

zur Folienvorlage:
Beim Einsatz der Folienvorlage sollte den Schülern bewusst gemacht werden, dass ein entscheidendes Problem für den Übergang zum Landleben eine vom Wasser unabhängige Fortpflanzung war. Die Lösung dieses Problems ist das Amnioten-Ei. Die Flüssigkeit in der Amnionhöhle stellt einen „embryonalen Mikroteich" dar. Ein Nachteil der hartschaligen Eier ist, dass keine Stoffwechselendprodukte abgegeben werden können. Es wird somit ein embryonaler Harnsack, die *Allantois*, für alle Amniota nötig.

zum „Sago-Experiment:
Vor der Auswertung sollte auf den Modellcharakter der Experimente hingewiesen werden, da aus Gründen des Naturschutzes mit Lurchlaich nicht experimentiert werden darf. Die Schülerarbeit ist in kleinen Gruppen ratsam, da dann am besten gewährleistet wird, dass der Sago etwa zur gleichen Zeit in die Folie, das Tee-Ei und auf das Filterpapier kommt. Statt Sago kann auch Grieß oder Langkornreis, bei dem nach langem Quellen die Körper ihre Form verändern, verwendet werden. Die angegebenen Zeiten sind Mindestzeiten. Nach Möglichkeit sollten die Zeiten verlängert werden, um das Ergebnis eindeutiger zu machen.

zum „Hühnerei-Experiment":
Dieses Experiment können die Schüler auch als langfristige Hausaufgabe über eine Woche durchführen. Folgende Hinweise sollten dann gegeben werden: Beim Ablösen der Kalkschale mit Essigessenz sollte das Ei möglichst ständig in der Flüssigkeit bleiben. Besonders gut eignen sich braune Eier, da man hier das Ablösen der Kalkschale durch ständiges Hellerwerden besser verfolgen kann. Die Essigessenz-Lösung darf nicht in die Augen kommen. Wenn die Möglichkeit des Bezugs von Windeiern durch eine nahe gelegende Hühnerfarm gegeben ist, kann man sich das mühevolle Ablösen der Kalkschale ersparen.

Medienhinweise

FWU 42 02138 Entstehung des Lebens – Leben aus dem Wasser

Fortpflanzung bei Wirbeltieren

	Fische	Lurche	Kriechtiere	Vögel	Säugetiere
Befruchtung	äußere Befruchtung	äußere oder innere Befruchtung	innere Befruchtung	innere Befruchtung	innere Befruchtung
Eibeschaffenheit	schalenlos	schalenlos	weichschalig	hartschalig	schalenlos
Eiablage	im Wasser	im Wasser	auf dem Land	auf dem Land	Eier sind im weiblichen Körper
Anzahl der Eier	sehr viele (oft hunderttausende)	oft sehr viele (z. T. wenige)	viele (oft 10 bis 30)	wenige (oft 5 bis 15)	wenige (oft 1 bis 10)
Brutpflege	sehr selten	sehr selten	sehr selten, aber häufig sorgfältige Auswahl des Brutplatzes	Nestbau, Bebrüten der Eier, Aufzucht der Jungen	Trächtigkeitszeit, Säugen der Jungen

Modellexperiment zum Übergang Wasser – Land

A „Sago-Experiment“

Gib in drei halb mit Wasser gefüllte Tassen je einen gestrichenen Teelöffel Sago. Gieße nach 10 Minuten das überstehende Wasser vorsichtig ab (eventuell mit Sieb arbeiten). Der Sago aus Tasse 1 wird dann mit Folie umhüllt und wieder in das Wasser gegeben. Der Sago aus Tasse 2 kommt in ein Tee-Ei und dann ebenfalls zurück in das Wasser. Der Sago aus Tasse 3 wird auf Filterpapier an der Luft belassen. Nach mindestens weiteren 15 Minuten wird auch der Sago aus Gefäß 1 und 2 auf Filterpapier gegeben. Wiege alle drei Proben aus.

Aufgaben

1. Notiere die Wägeergebnisse.

   Gefäß 1: ______________________________

   Gefäß 2: ______________________________

   Gefäß 3: ______________________________

2. Die Masseunterschiede nach den 15 Minuten lassen sich durch Verlust eines Stoffes erklären. Welcher Stoff ist bei den drei Sago-Proben in unterschiedlicher Menge vorhanden?

   ____

3. Stell dir vor, der gequollene Sago aus unserem Experiment wäre Lurchlaich. Beschreibe unter Einbeziehung der Versuchsergebnisse was passieren würde, wenn Lurche an Land laichen würden.

   ____

   ____

   ____

   ____

B „Hühnerei-Experiment“

Maria hat in ca. drei Stunden von zwei Hühnereiern (ca. 70 g schwer) mit 25 %iger Essigessenz-Lösung die Kalkschale abgelöst, um dadurch „pergamentartige Kriechtiereier“ zu erhalten. Ohne Kalkschale wogen sie ca. 50 g. Ein Ei ließ sie an der Luft liegen. Nach dem ersten Tag wog es nur noch 35 g, nach dem dritten Tag ca. 20 g und nach dem fünften Tag nur noch 10 g. Das zweite Ei legte sie in ein Gefäß mit erdfeuchtem Sand. Bei diesem Ei veränderte sich die Masse nur geringfügig. An einem dritten Ei, welches sie mit Kalkschale an der Luft belassen hatte, war keine Gewichtsänderung festzustellen.

Aufgabe

Was kann Maria aus ihrem Experiment ableiten?

____

____

____

____

Projekt: Fossilien und Saurier

Fossilien, Gewölle, Saurier, Spiel

Fossilen auf der Spur

Fossilien werden oft zusammen mit Edelsteinen in Schmuckgeschäften zum Kauf angeboten. Es macht jedoch mehr Spaß, sie selbst zu sammeln, auch wenn es dann nicht immer nur Musterexemplare sind. Man kann sie fast überall finden. An der Nord- und Ostsee sind z. B. nach stürmischem Wetter oft versteinerte Muscheln, Donnerkeile, versteinerte Seeigel u. ä. anzutreffen.

Weitere vielversprechende Fundorte sind Sandsteinschotterwege, Bergwerkshalden (Vorsicht: keine ungesicherten Halden betreten!), die es u. a. reichlich im Mansfelder Raum bzw. Erzgebirge gibt, oder Schiefersteinbrüche oder Plattenkalk wie z. B. in der Nähe von Solnhofen. Eventuell muss das Fossil noch präpariert und bestimmt werden, bevor es in die Sammlung kommt. Kalkstein lässt sich besonders leicht (mit Schraubenziehern etc.) präparieren.

Hilfe geben Präparatoren oder wissenschaftliche Mitarbeiter in Museen oder in Universitäten (zoologisches oder geologisches Institut) und Bücher.

DABER, R.; HELM, J.: Mein kleines Fossilienbuch; Urania-Verlag, Leipzig 1976

KRUMBIEGEL, G. UND B.: Fossilien der Erdgeschichte; Verlag für Grundstoffindustrie, Leipzig 1980

ECKEBRECHT, D.: Lehrerband Evolution; Klett, Stuttgart 1997

Herrscher über 150 Millionen Jahre

Warum wird immer zuerst darüber geredet, wie die Saurier ausgestorben sind? Ist es nicht viel wichtiger, wie sie gelebt haben und warum sie über einen so langen Zeitraum erfolgreich waren? Bei der Betrachtung von Körperteilen verschiedener Saurier (z. B. der Abbildung von Allosaurus) lässt sich deren Zweckmäßigkeit gut diskutieren.
Eine Zeitachse auf Tapete im Klassenraum erleichtert die Übersicht.

Es gibt sehr viele Kinder- und Jugendbücher, in denen Übersichten zur Verwandtschaft der Saurier dargestellt sind. Ein Besuch in einer Kinder- und Jugendbibliothek kann z. B. klären, welche Saurier keine Dinosaurier sind.

FWU 42 02268: Erdgeschichte, Erdmittelalter

Vergleich von Fabeltieren und Sauriern

Funde von Objekten, die keinem bekannten Lebewesen zugeordnet werden konnten, haben häufig die Phantasie der Menschen beflügelt, wodurch eine Vielzahl von Legenden entstand (z. B. Einhorn – Horn des Narwal). In der Sammlung vieler Schulen gibt es Fossilien bzw. Abgüsse. Die Schüler können versuchen, anhand der Objekte das Lebewesen zu rekontruieren. Sie können z. B. Zeichnungen anfertigen und sie bei der Auswertung mit den richtigen Abbildungen vergleichen.
FWU 42 02101 Saurier (Evolution)

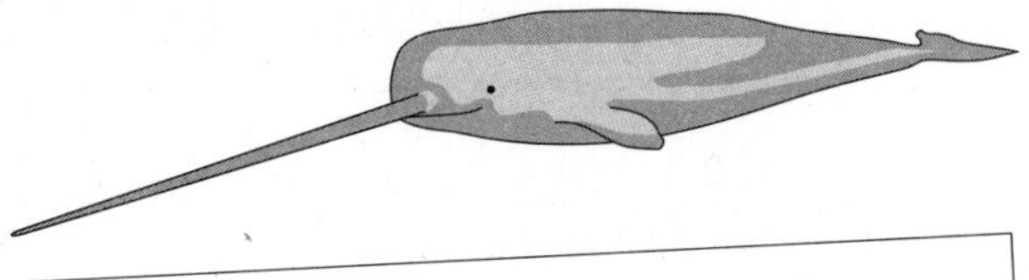

Memory

Es gibt eine Vielzahl von Sauriern, die in den letzten Jahren hauptsächlich durch populärwissenschaftliche Fernsehfilme, Trickfilme und aufwändig inszenierte Kinofilme wie Jurassic-Park vielen bekannt sein dürften.

In der folgenden Auflistung ist jeweils ein Vertreter einer bestimmten Gruppe genannt. Es lässt sich hieraus leicht ein Memory-Spiel erstellen, indem man die Begriffe und Namen einzeln auf gleich große Kärtchen schreibt. Wenn Unterlagen über das Aussehen vorhanden sind, können die Kärtchen noch ansprechend gestaltet werden. Man dreht die Kärtchen um, durchmischt sie und das Spiel kann beginnen.

- Vor-Riesendinosaurier: Ptaleosaurus
- Riesendinosaurier: Brachiosaurus
- große Raubdinosaurier: Allosaurus
- kleine Raubdinosaurier: Compsognathus
- Vogelfußdinosaurier: Iguanodon
- Dickkopfdinosaurier: Pachycephalosaurus
- Stacheldinosaurier: Stegosaurus
- Panzerdinosaurier: Ankylosaurus
- Horndinosaurier: Triceratops
- Flugsaurier: Pterosaurus

Tipps für Klassenfahrten und Exkursionen

- (Wander-) Ausstellungen von Sauriern
- Saurierpark Kleinwelka (bei Bautzen / Sachsen) mit Sauriern in natürlicher Größe
- Sauriermuseum Münchehagen mit Originaltrittsiegeln
- Naturkundemuseen bzw. Museen für Ur- und Frühgeschichte

Zwerge und Riesen

Die Größe der Saurier schwankte zwischen der einer Maus und den Riesenechsen, die bis zu 30 m lang wurden. Schüler können sich dies leichter vorstellen, wenn sie eine Übersicht mit möglichst vielen unterschiedlich großen Sauriern erarbeiten. Umrisse der Tiere lassen sich auf dem Schulhof mit Kreide zeichnen oder mit einem langen Faden legen.

Dino-Puzzles

Die Arbeit der Paläontologen ist oft sehr vielseitig. Wenn sie mühsam Teile eines Skeletts freigelegt haben, beginnt die noch viel schwierigere Aufgabe, die Teile richtig zusammenzusetzen. In vielen Saurierbüchern sind auch Skelette abgebildet. Man kann Kopien herstellen und zu Puzzlestücken zerschneiden. Stellt man mehrere gleichartige Puzzle her, kann das Zusammenfügen als Wettbewerb mit Zeitmessung durchgeführt werden. Wer den Namen des Sauriers als erster nennt, bekommt einen Bonus.

Gewölle als Modell

Was kann man erkennen und identifizieren?
Soweit möglich kann man die Knochen zusammensetzen lassen.
Hierbei wird modellhaft die Arbeitsweise der Forscher deutlich.

DABER, R.; KALM, J.: Das große Fossilienbuch, Urania-Verlag, Leipzig 1978

Trittsiegel

Modelliermasse, Verpackungsmaterial aus Schaumpolysterol oder Bimsstein wird in Größe und Form den Füßen verschiedener Saurier nachmodelliert. Dazu müssen zunächst zahlreiche Daten gefunden und zusammengetragen werden. Sind mehrere „Saurierfüße" fertig, wird Gips eingerührt. Der Gips wird in Formen (z. B. Fotoschalen) gegossen, die mit Folie ausgegleitet sind (um später ein besseres Herauslösen zu ermöglichen). Bevor der Gips fest wird, werden mit den „Saurierfüßen" Spuren hineingedrückt. Diese künstlichen Trittsiegel lassen sich gut als Anschauungsmaterial nutzen.

Steckbriefe

Unter Verwendung geeigneter Literatur (z.B. aus der Gemeinde- oder Stadtbücherei) können die Schüler Informationen über einzelne Dinosaurier zu Steckbriefen zusammenstellen. Steckbriefe ohne Namen können für Bestimmungsübungen mit der entsprechenden Literatur verwendet werden.

Steckbrief (Triceratops)
Größe: 9 m lang, 4 m hoch (vierbeinig)
Masse: über 5 Tonnen
Ernährung: Pflanzenfresser
Merkmale: Hornschnabel, Nackenschild, 3 Hörner

Das Aussterben der Saurier

Es gibt sehr viele, oft auch sehr phantasievolle Theorien, von denen nur die wenigsten belegbar sind. Ende der 70er-Jahre ist ein Horizont mit einer Iridium-Anomalie an der Grenze von Kreide- und Tertiär-Gesteinsschichten entdeckt worden. Durch einen Meteoriten wurde ein Krater mit 180 km Durchmesser in die Erdoberfläche geschlagen. 70 % der damaligen Tierwelt verschwanden, da durch den vielen Staub eine Verdunklung eintrat. Der Winter dauerte jedoch nicht Jahre, wie vor kürzerer Zeit noch angenommen, denn sonst hätten Organismen, wie Palmen, bestimmt nicht überleben können. Er dauerte nur Wochen, kann also keine endgültige Erklärung für das Saurierstehen sein. Die Saurier starben auch nicht, wie oft angenommen, blitzartig aus. Das Aussterben vollzog sich, wie neuere Funde belegen, über 7 Millionen Jahre. Einschläge aus dem Weltall gab es in der Geschichte der Erde häufiger als oft angenommen. Es kann ein Grund, aber nicht der alleinige Grund des Verschwindens der Saurier sein. Weitere Ursachen sind die Veränderungen von Land- und Meeresanteilen, Gebirgsbildungsvorgänge und verstärkter Vulkanismus, der für die späte Kreidezeit belegbar ist. Viele Faktoren haben also über einen längeren Zeitraum zu der vernichtenden Klimakatastrophe geführt. Durch das Aussterben der Saurier ist, nach dem Grundsatz „Leben überlebt immer", Platz für die Entfaltung der Säuger entstanden.

Wäre es denkbar, dass Saurier, wenn sie nicht ausgestorben wären, heute ein Bewusstsein hätten? Wie würde sich dann ein Gespräch von zwei Dinos über die Randgruppe Säuger oder eventuell den Menschen anhören? Provoziert man Schüler mit darartigen Problemstellungen, haben sie, dank ihrer sprühenden Phantasie, schnell ein Gespräch zwischen Sauriern erfunden.

ZÄRNBA, B.: Die Welt der ausgestorbenen Tiere, Artia-Verlag, Prag 1984

Dino-Fakten – Dino-Quiz

Die Schüler können mithilfe von Zusatzliteratur interessante Fragen formulieren und daraus ein Quiz zusammenstellen. Solche Fragen können sich z. B auf die Schallverstärkung, die Trittsiegel, die Größe, die Masse, die Aufzucht der Jungen, den Körperbau, die Gangart, die Körpertemperatur, die Ernährungsweise, die gesellige Lebensweise oder als Einzelgänger und viele Fakten mehr beziehen. Interessant sind auch die Methoden, mit denen die Fragen untersucht werden.

Hier nur einige neue Erkenntnisse zur Warmblütigkeit: Diese Frage ist noch nicht völlig geklärt. Es wird aber angenommen, dass es, ähnlich wie bei Säugetieren, unterschiedliche Regulierungsmechanismen zur Körpertemperatur gab. Insgesamt spricht man von einer *modifizierten Warmblütigkeit* für viele Saurier, bei einigen wenigen Vertretern von einer *echten Warmblütigkeit*.
Für Warmblütigkeit sprechen folgende Anzeichen:
- schnelles Wachstum (lässt sich aus der Feinstruktur der Knochen erkennen);
- schnelles Laufen (zu erkennen an den langen Gliedmaßen und den Fußabdrücken);
- ständiger Verbrauch von Stoffwechselenergie (lässt sich ableiten aus ihrer Körperhaltung; oft aufrecht, nicht ausgestreckt liegend wie heutige Reptilien)

Literatur

MOEWIG, A.: Dinosaurier, Verlagsunion E. Pabel, Rastatt 1990
Neuer Bildatlas: Die Urwelt, Parkland Verlag, Stuttgart 1991

Stammbaum der Wirbeltiere

Natura 5/6, Seite 176/177

Arbeitsblatt Seite 211

1. Brückentiere besitzen Merkmale zweier eng verwandter Tiergruppen und stellen somit ein Bindeglied zwischen beiden Gruppen dar.
2. Zuordnung wie im Schülerband Seite 176/177.

Der Familienstammbaum als Modell

Da evolutionsbiologische Betrachtungen erst später ein zentrales Thema im Unterricht sind, sollten Stammbaum und Verwandtschaft von Lebewesen hier nur phänomenologisch bearbeitet werden.

Ein Familienstammbaum ermöglicht die anschauliche Erklärung der Anordnung, der Bedeutung von Hoch- und Rechtsachse und des Begriffs „Verwandtschaft". Die Unterschiede zum Stammbaum von Arten oder Gruppen von Lebewesen können im Anschluss bearbeitet werden.

Der Familienstammbaum

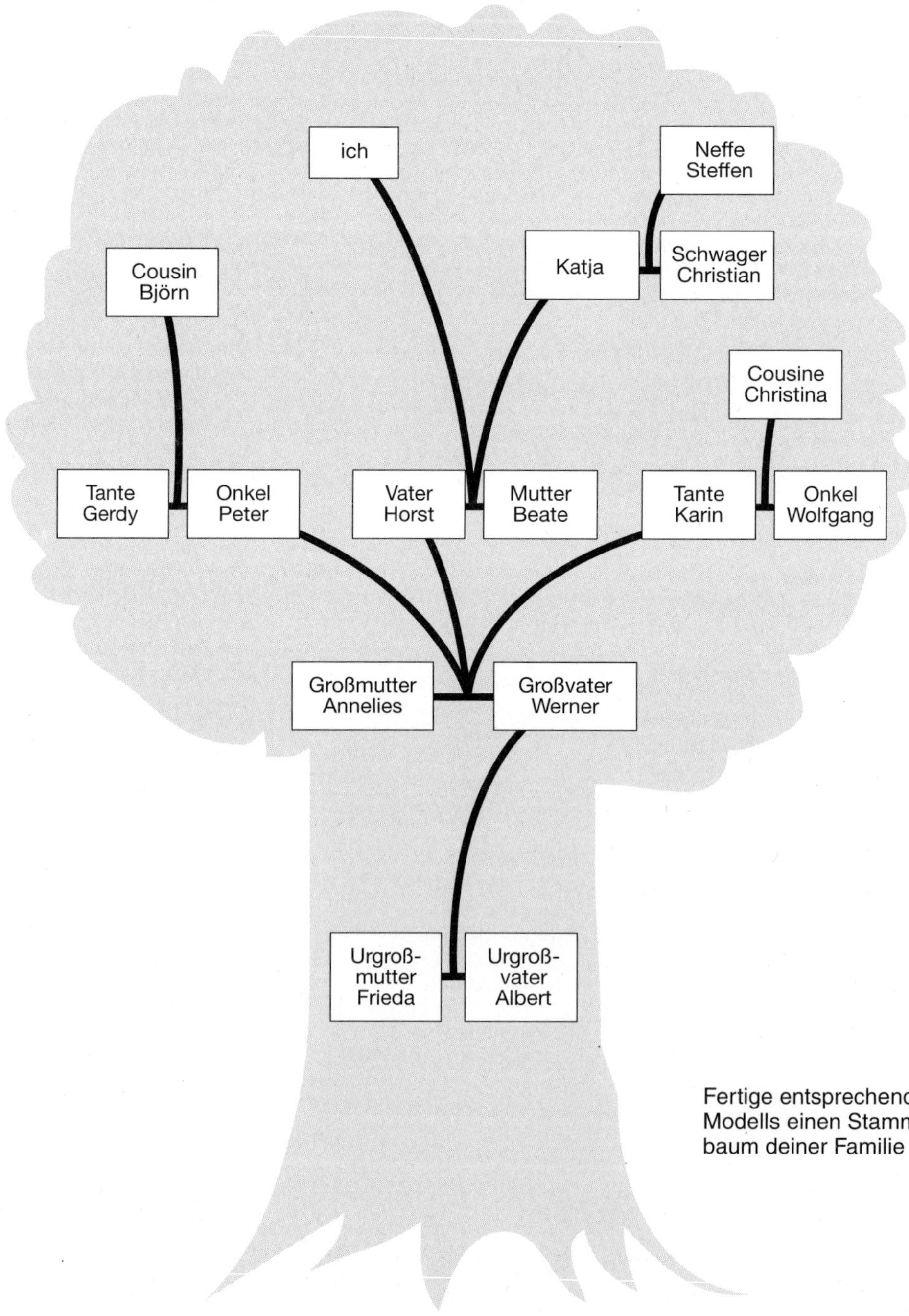

Fertige entsprechend des Modells einen Stammbaum deiner Familie an.

Stammbaum der Wirbeltiere

Wissenschaftler sind besonders um die Einordnung von Lebewesen bemüht, die an der „Schwelle" der Entwicklung einer neuen Tiergruppe stehen und so mögliche Übergänge von einer zur anderen Gruppe darstellen.

Aufgaben

1. Derartige Lebewesen heißen Brückentiere. Was bedeutet der Begriff?

____

____

2. Schneide die vier Lebewesen am unteren Ende des Arbeitsblattes aus und füge sie sinnvoll in den Stammbaum der Wirbeltiere ein.

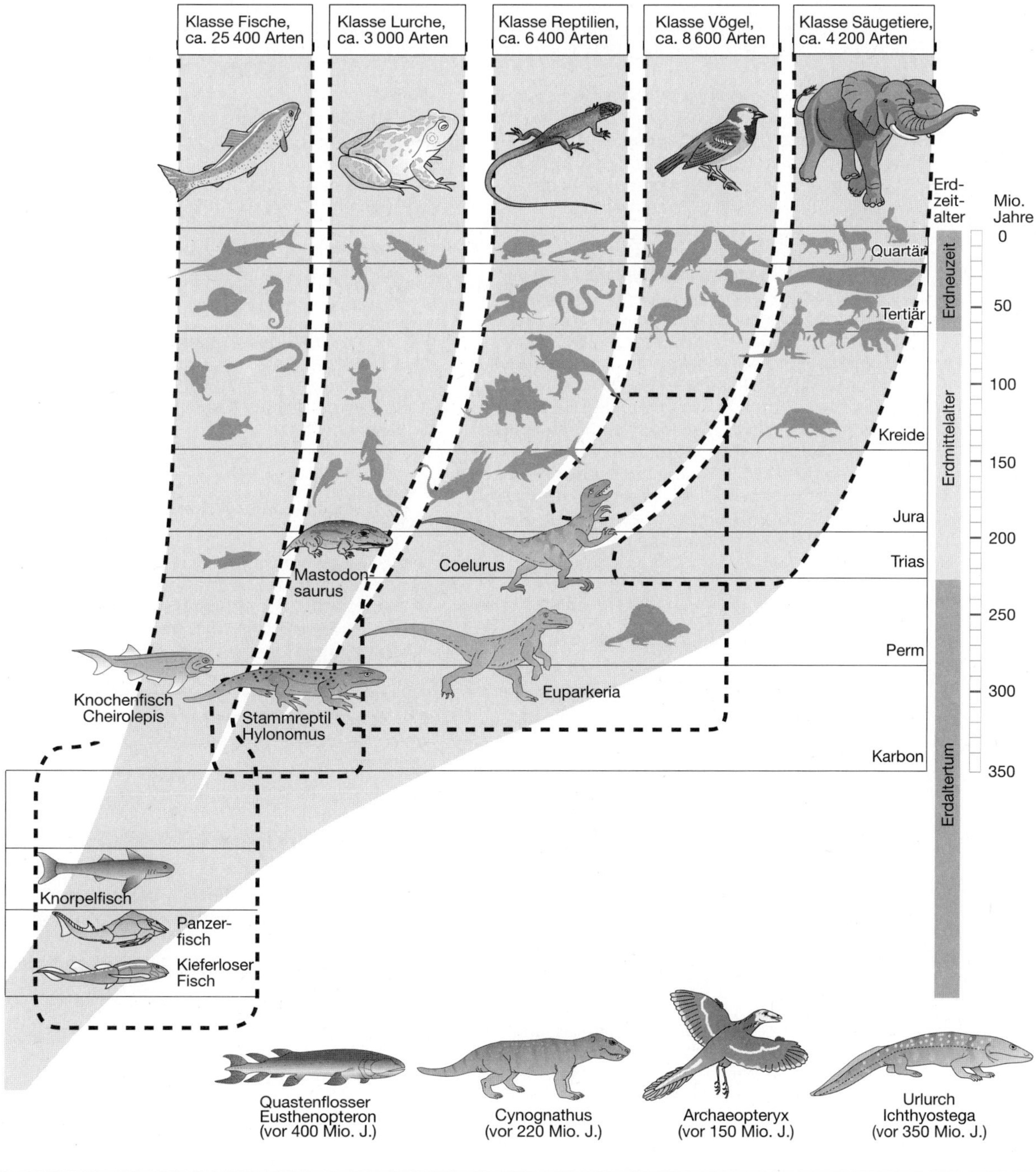

Ackersenf
Aurorafalter
Blüte – Längsschnitt
Blütenpflanze
einkeimblättrig
Embryonalentwicklung – Tier
Insekt
Kreuzblütler
Pflanzenfamilie
Wiesenschaumkraut
zweikeimblättrig

Blütenpflanzen – Bau und Leistung

1 Aufbau einer Blütenpflanze

Der Ackersenf – Steckbrief einer Blütenpflanze

Natura 5/6, Seite 180/181

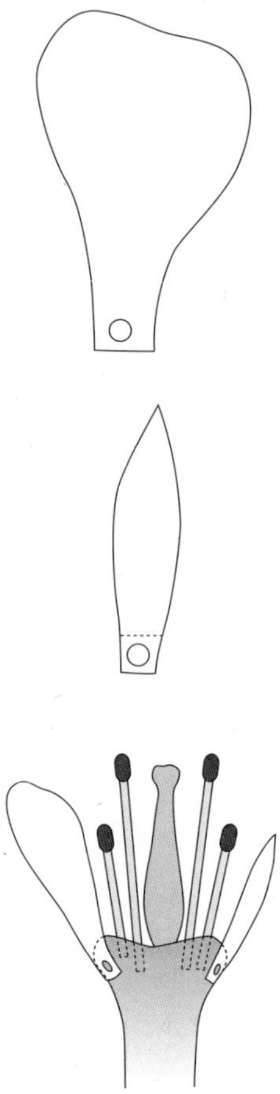

Modell Ackersenfblüte

Schülerbuch Seite 181

① Zergliedere eine Ackersenfblüte. Klebe die Teile entsprechend Abbildung 2 in dein Heft und beschrifte.

– *Die entsprechenden Kreise sind zu zeichnen. Beschriftung der aufgeklebten Blütenteile: Stempel, langes Staubblatt, kurzes Staubblatt, Blütenblatt und Kelchblatt.*

② Gib für einige Schoten die Anzahl der Samen an. Zähle die Blüten und Früchte an einer gut entwickelten Pflanze. Rechne aus, wie viele Samen diese Pflanze in einem Jahr erzeugen könnte.

– *Kräftige Ackersenfpflanzen besitzen etwa 15 Blütenstände mit je bis zu 15 Blüten, in denen sich jeweils bis zu 10 Samen entwickeln können; das sind insgesamt mehr als 2000 Samen. Da nicht alle reif werden, ist eine Zahl von 1000 bis 1200 Samen realistisch.*

③ Schneide eine Knospe quer durch und vergleiche mit dem Blütengrundriss.

– *Der Knospenquerschnitt zeigt die Lage der einzelnen Blütenteile in der gleichen Anordnung wie der Blütengrundriss. Mit der Lupe sind die beiden Fruchtblätter zu erkennen.*

④ Versuche herauszubekommen, woraus Senf hergestellt wird und berichte davon.

– *Speisesenf gewinnt man aus den Samen des Schwarzen Senfs. Die frisch gemahlenen Samen werden mit Weinessig, kochendem Weißweinmost, Mehl und verschiedenen Gewürzen zu Senf verarbeitet. Häufig werden auch die Samen des Weißen Senfs zugegeben. Sie sind nicht so scharf wie die des Schwarzen Senfs.*

Arbeitsblatt Seite 213

1. a) Knospe, b) Blüte, c) Frucht, d) Laubblatt, e) Sprossachse, f) Wurzel, g) Blütenblatt, h) Stempel mit Narbe, i) langes Staubblatt, k) Griffel, l) kurzes Staubblatt, m) Fruchtknoten mit Samenanlagen, n) Kelchblatt
3. Das Wiesenschaumkraut ist
   1. Eiablageplatz,
   2. Nahrungsgrundlage für die Raupen und
   3. Überwinterungsort für die Puppe des Aurorafalters

Kreuzblütler oder Tulpe?

Schülerinnen und Schüler begegnen bei ihren ersten Schritten in der Pflanzenkunde in der Regel den ihnen vertrauteren Zweikeimblättrigen. Warum nicht auch an einem solchen in den Bau der Pflanze einführen? Deswegen sollte hierfür dem Raps oder dem Ackersenf der Vorzug zu Lasten der Tulpe gegeben werden, die ja eine ganze Reihe von Merkmalen hat, die eher für die Einkeimblättrigen typisch sind. Ebenfalls geeignet ist das in Stadt und Land vorkommende Wiesenschaumkraut.

Diese Pflanzen zeigen die Grundorgane in typischer Form. Gleichzeitig sind, vor allem bei Ackersenf und Raps, die Blütenorgane nicht zu klein zum Untersuchen. Erforschung von Blütenbau und Frucht muss als Einheit verstanden werden, auch wenn sie zeitlich auseinander liegen wird, da erst Reife und Fruchtbildung abgewartet werden müssen.

Raps:
- Aussaat: Winterraps (häufigste Form) im Herbst
- Blütezeit: Ende April bis Anfang Juni
- Verwendung: meistens als Ölsaat (42,8% im trockenen Samen; Speiseöl, Margarine, Schmieröl, Ersatz für Diesel) und Silofutter
- Anbau: im Wesentlichen in der nördlichen Hälfte Mitteleuropas, fehlend in Südeuropa
- wichtige Bienenpflanze

Ackersenf:
- Ackerwildkraut, auch auf Brachen, Wegen und Schuttplätzen
- Lehmzeiger, bis 1 m tief wurzelnd
- Blütezeit: Juli bis August
- Bienenpflanze

Modell einer Ackersenfblüte

Die Staubblätter werden durch 4 ganze und 2 gekürzte Streichhölzer dargestellt (s. Randspalte). 4 Kelchblätter und 4 Blütenblätter schneidet man nach den abgebildeten Mustern aus biegsamem Karton aus (z. B. gelbes und grünes Tonpapier). Aus grüner Knetmasse wird der Blütenstiel (ca. 10 cm lang), aus roter Masse der Stempel geformt. Die Streichhölzer werden in den Blütenstiel eingesteckt, die „Kartonblätter“ mit Reißnägeln festgeheftet.

Medienhinweise

FWU 10 02805 Kreuzblütler – Wildpflanzen
FWU 10 02806 Kreuzblütler – Kulturpflanzen
FWU 10 03072 Der Raps
FWU 10 00786 Herkunft der pflanzlichen Eiweißfuttermittel
FWU 10 00475 Tagfalter im Frühjahr
V-Dia: Morphologie und Biologie der Blüte I
V-Dia: Morphologie und Biologie der Blüte II
V-Dia: Morphologie und Biologie der Blüte III
Klett 99803: Aufbau und Funktion einer Blüte (Kreuzblütler) (Aufbautransparent, 5 Folien)

Das Wiesenschaumkraut

Das Wiesenschaumkraut ist ein typischer Kreuzblütler.

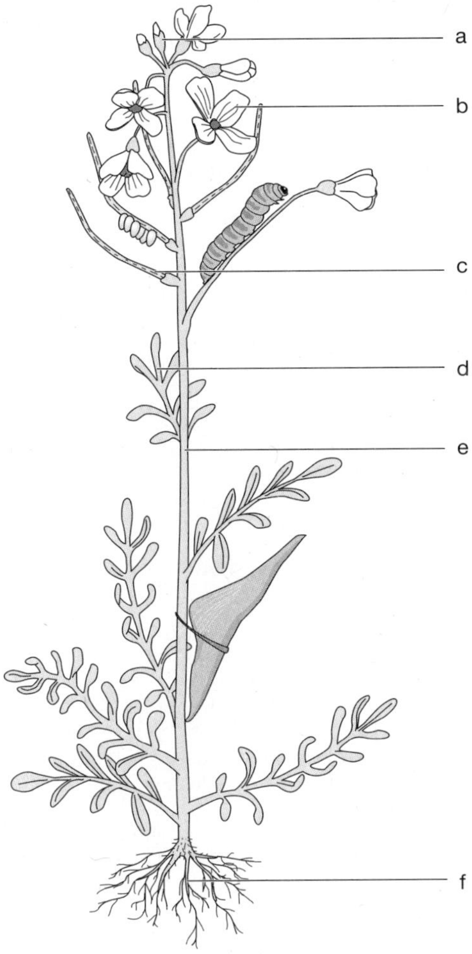

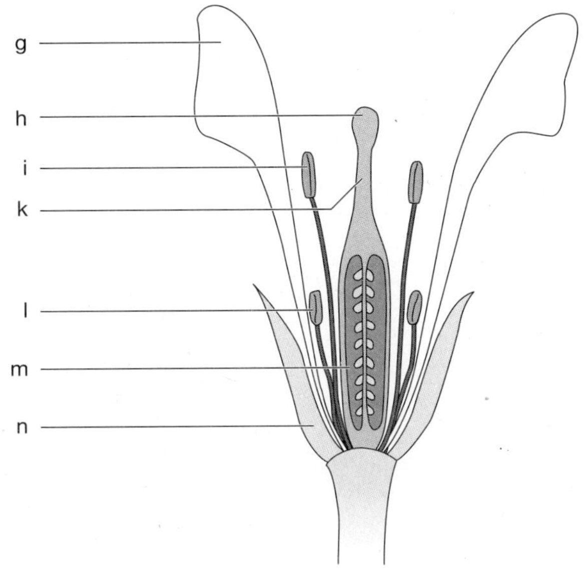

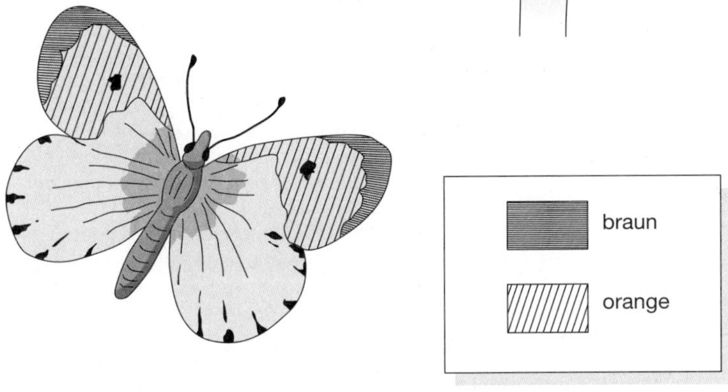

Der Aurorafalter und das Wiesenschaumkraut
Ende April oder Anfang Mai können wir beobachten, wie auf einer Wiese das Wiesenschaumkraut von Schmetterlingen umflattert wird. Mit etwas Glück stellt sich dabei auch der Aurorafalter ein. Manchmal lässt sich das Weibchen am Wiesenschaumkraut nieder und klebt seine Eier an die Blütenstiele. Bald schlüpft eine winzige Raupe, die auf anderen Pflanzen verhungern müsste. Nach ca. 4 Wochen verwandelt sie sich in eine Puppe, die bewegungslos an der verblühten und vertrocknenden Pflanze bis zum nächsten Frühjahr hängen bleibt. Dann schlüpft aus ihr ein neuer Falter. Man hat beobachtet, dass auf wenig gemähten Wiesen mehr Aurorafalter schlüpfen.

Aufgaben

1. Beschrifte Pflanze und Blüte.
2. Lies den Text und zeichne um die Eier, die Raupe und die Puppe des Aurorafalters jeweils einen roten Kreis.
3. Beschreibe, welche Bedeutung das Wiesenschaumkraut für den Aurorafalter hat.

Blüte – Längsschnitt
Blütengrundriss
Blütenpflanze
einkeimblättrig
Pflanzenfamilie
Tulpe
Zwiebel

Die Gartentulpe – ein weiterer Pflanzensteckbrief
Praktikum: Untersuchung der Gartentulpe

Natura 5/6, Seite 182/183

Schülerbuch Seite 183

Beschreibung der Tulpenpflanze

① – Wurzel: Viele unverzweigte, runde Wurzeln an der Unterseite der Zwiebel.
– Zwiebel: am unteren Ende des Stängels; von dünnen, braunen Hüllen umgeben.
– Stängel: Er ist unverzweigt, krautig und drehrund. Er trägt mehrere Laubblätter und die Blüte.
– Blatt: Ungestielt; wechselständig; ganzrandig; Blattadern parallel; von einer Wachsschicht überzogen.
– Blüte: 6 farbige Blütenblätter, 6 Staubblätter, 1 dreikantiger Stempel ohne Griffel.

③ Im Unterschied zum Ackersenf fehlen der Tulpe in der Blüte die grünen Kelchblätter, die Blüte ist dreizählig und aus ihr entsteht eine Kapsel als Frucht. Die sichtbare „Sprossachse" besteht nur aus einem Stängel mit wechselständigen Laubblättern, die ohne Stiel stängelumfassend ansitzen. Die Wurzeln sind nicht in Haupt- und Nebenwurzeln gegliedert.

④ Die Blätter sind von einer schützenden Wachsschicht überzogen, von der das Wasser abperlt. Zum Vergleich Wasser auf eine Wachskerze und auf ein mit Holzschutz gestrichenes Stück Holz tropfen lassen.

⑤ Die Wachsschicht lässt sich mit den Fingern leicht abreiben; das Wasser bildet dann keine Perlen mehr.

Der Grundriss der Tulpenblüte

⑥ Im Legebild liegen auf den beiden inneren Kreisen je drei Staubblätter jeweils auf Lücke. In der gleichen Anordnung folgen auf den beiden äußeren Kreisen die Blütenblätter.

⑧ Der Stempel besteht aus drei miteinander verwachsenen Fruchtblättern.

⑨ vgl. Abbildung unten und Schülerbuch S. 230

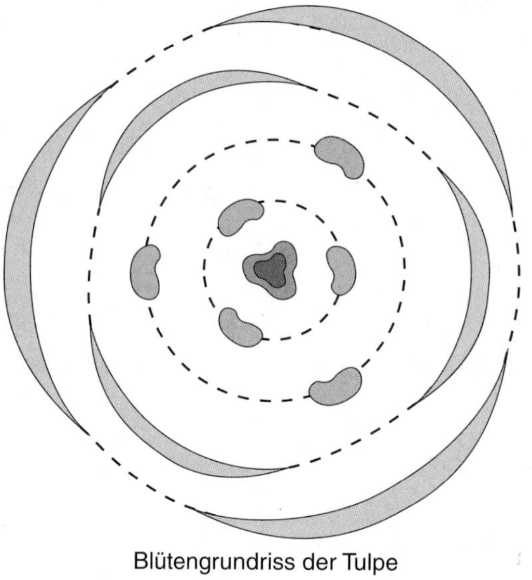

Blütengrundriss der Tulpe

Untersuchung der Zwiebel

⑫ Die schwarzblaue Färbung beweist den Stärkegehalt der Zwiebel (Stärkenachweis im Schülerbuch S. 26). Der Speicherstoff ermöglicht im Frühjahr das schnelle Austreiben.

⑬ Die Zwiebel ist ein stark verkürzter Spross. Sie besteht also aus Laubblättern, Stängel und Blütenanlage. Die Blätter in der Zwiebel sind fleischig, verdickt und farblos.

Arbeitsblatt Seite 215

A = Blüte, B = Sprossachse, C = Wurzel, D = Blätter
a = Blütenblatt, b = Narbe, c = Staubbeutel,
d = Fruchtknoten mit Samenanlagen,
e = Laubblatt, f = Stängel, g = Zwiebel,
h = Wurzelscheibe

Methodisch-didaktischer Hinweis

Die Tulpe ist ursprünglich keine einheimische Pflanze. Sie stammt aus Vorderasien. Zuchtformen wurden im 16. Jahrhundert erstmals in Europa gepflanzt. Die Tulpe weist im Vergleich zum Ackersenf viele Besonderheiten auf. Sie bietet aber durch ihre große Blüte, die Zwiebel und die andersartigen Blätter die Möglichkeit, den unterschiedlichen Bau der einzelnen Pflanzenorgane deutlich zu machen und die Begriffe dadurch zu festigen. Außerdem ist sie in der Regel allen Schülerinnen und Schülern als Gartenpflanze bekannt und leicht zu beschaffen.

Modell zur Zwiebel

Der Aufbau der Zwiebel lässt sich leicht mit einem teleskopartigen Zeige- oder Wanderstock demonstrieren, wenn man an den einzelnen Abschnitten Papierblätter anbringt und den Stock anschließend zusammenschiebt.

Medienhinweise

Modell Tulpenblüte (Schlüter)
Klett 027617 Folienbuch Blütenpflanzen

Die Gartentulpe

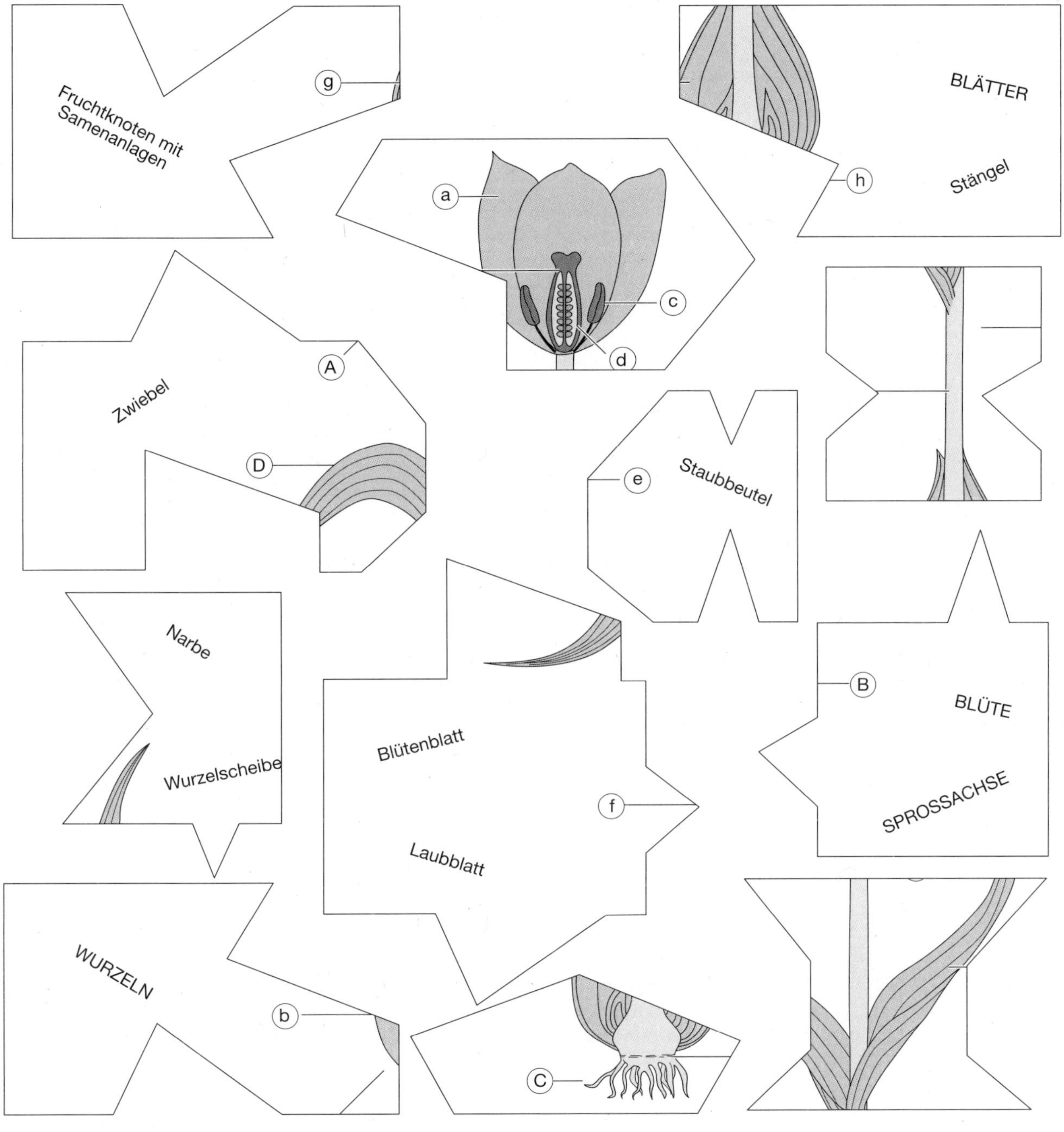

Aufgaben

1. Schneide die Teile des Puzzles aus und füge sie zusammen.
2. Notiere, welche der angegebenen Bezeichnungen zu den markierten Grundorganen (A–C) oder Pflanzenteilen (a–h) gehören.

____

____

____

____

Baum, Strauch und Kraut – Wuchsformen im Vergleich
Lexikon: Wurzel, Sprossachse, Blatt

Natura 5/6, Seite 184/185

Schülerbuch, Seite 184

① Ein Kirschbaum und ein Heckenrosenstrauch sind 20 cm über dem Boden abgesägt worden. Wird sich wieder ein Baum bzw. ein Strauch entwickeln? Begründe die Antwort.

– *Bei der Heckenrose kann sich ein neuer Strauch entwickeln, da sich ein Strauch ja auch normalerweise kurz über dem Boden verzweigt. Aus den abgesägten Stümpfen werden wieder junge Schösslinge knapp über dem Boden austreiben. Der Kirschbaumstumpf dagegen ist nicht in der Lage, einen neuen kräftigen Baumstamm entstehen zu lassen. Zwar entwickeln sich oft mehrere Stämmchen, von denen aber keiner eine große Krone ausbilden wird.*

② Jemand hat vor 20 Jahren einen Meter über dem Erdboden seinen Namen in die Rinde eines jungen Kirschbaumes geritzt. Wo wird er die Buchstaben heute an dem Baumstamm wiederfinden?

– *Der Stamm eines Baumes nimmt in einer bestimmten Höhe nur an Umfang zu. Länger wächst er nur an der Spitze des Stammes. Die Buchstaben sind deshalb noch auf der gleichen Höhe zu finden. Sie sind allerdings jetzt breiter und verzerrt.*

③ Ein Roggenhalm hat am Boden einen Durchmesser von 0,5 cm und er ist 1 m hoch. Bei einem Fernsehturm sollen Dicke und Höhe im gleichen Verhältnis stehen. Wie hoch müsste er sein, wenn der untere Durchmesser 25 m beträgt?

– *Wenn der Durchmesser des Turmes 25 m = 2500 cm beträgt, so ist er 5000-mal so dick wie der Getreidehalm. Er müsste also auch 5000-mal so hoch sein, d. h. 5000 m = 5 km.*

Arbeitsblatt Seite 217

Das Lösungswort lautet: GURKE. Die Gurke lässt sich als Kraut bezeichnen, weil sie an keiner Stelle verholzt ist.

Hinweis zum Arbeitsblatt

Das Bohnenkraut verholzt nur an der Basis, zur Einordnung bei den Sträuchern ist das ausreichend. Rosmarin trägt nicht den Bestandteil „Kraut“ im Namen, durch seine Verwendung als Gewürzpflanze jedoch könnte man es als Küchenkraut auffassen. Durch seine Verholzung zeigt sich jedoch, dass es ein Zwergstrauch ist, genau wie das Heidekraut. Das Sauerkraut ist in dieser Reihe nicht ganz ernst gemeint, hier wird ja nur die zubereitete Pflanze als Kraut bezeichnet. Da der Weißkohl jedoch nicht verholzt ist, ist die Zuordnung Kraut in diesem Fall richtig.

Höhenmessung von Bäumen

Wir nehmen einen 100 cm langen Stock (Wanderstab, Ast, Latte). Dann messen wir bei ausgestrecktem Arm den Abstand zwischen Auge und Faust. Diese Länge tragen wir auf dem Stock ab und markieren mit einer Kerbe, einem Nagel oder einem Farbring. Wir ergreifen den Stock direkt unter der Kerbe, halten ihn mit ausgestrecktem Arm senkrecht, sodass die Faust sich in Augenhöhe befindet. Wir entfernen uns soweit von dem Baum, bis seine Spitze über die Stockspitze anvisiert werden kann. Der Abstand zwischen Baum und messender Person wird ausgemessen. Die Schulterhöhe dieser Person wird dazu addiert. Die Summe dieser beiden Werte entspricht der Höhe des Baumes. (nach STICHMANN 1987)

Höhe und natürliches Alter von einheimischen Bäumen

	max. Höhe (m)	natürl. Höchstalter (Jahre)
Rotbuche	30	250
Trauben-eiche	40	700
Fichte	60	600
Lärche	54	600
Kiefer	48	600
Birke	20	120

Medienhinweise

FWU 10 02693 Baumarten, Waldaufbau
FWU 10 03082 Die Linde
FWU 10 03127 Die Ulme
FWU 10 03166 Der Speierling
FWU 10 03204 Die Eibe
FWU 32 02773 Ein Baum
FWU 32 03722/42 01632 Der Baum – mehr als ein Stück Natur

Strauch oder Kraut?

Auf den Bildern siehst du einige Pflanzen, die häufig als „Kraut“ bezeichnet werden. Entscheide in allen Fällen, ob es sich wirklich um ein Kraut oder etwa um einen Strauch handelt. Aus den Buchstaben in den zutreffenden Feldern kannst du den Namen einer Pflanze bilden, die wirklich ein Kraut ist, obwohl sie wahrscheinlich nur selten so bezeichnet wird.

Bohnenkraut

Kraut **A** — Strauch **G**

Rosmarin

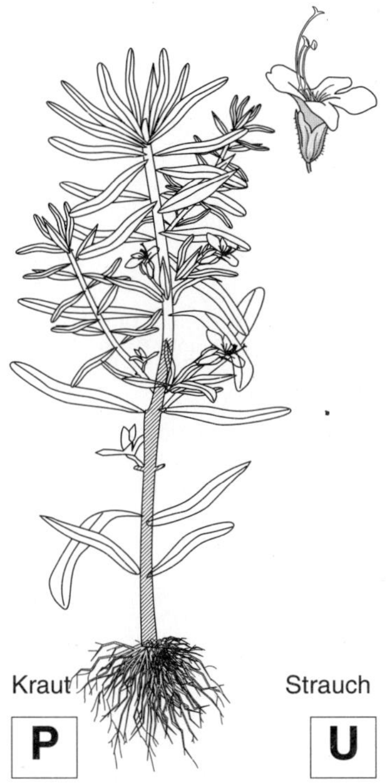

Kraut **P** — Strauch **U**

Sauerkraut (wird aus Weißkohl hergestellt)

Kraut **R** — Strauch **F**

Heidekraut

Kraut **E** — Strauch **K**

Labkraut

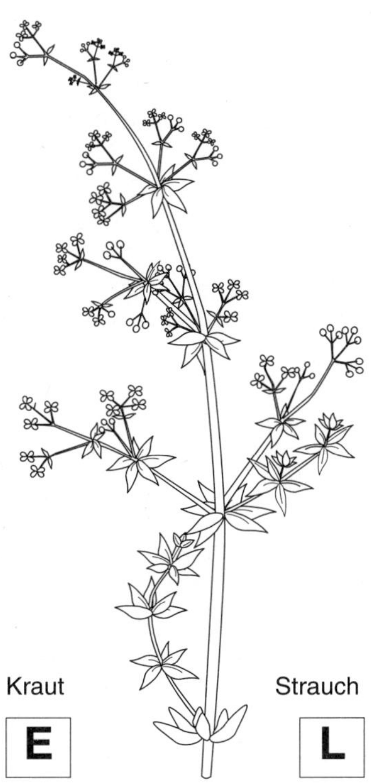

Kraut **E** — Strauch **L**

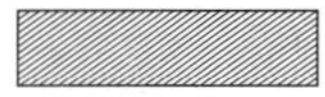 = verholzt

Die ☐☐☐☐☐ ist ein Kraut. Das bedeutet:

____

____

____

____

____

____

____

____

____

____

____

Bestäubung
Blüte – Längsschnitt
Embryonalentwicklung – Bedecktsamer
Frucht
Kirsche
Pollen
Pollenschlauchwachstum

Entwicklung der Kirsche

Natura 5/6, Seite 186/187

Schülerbuch Seite 187

① Zeichne einen Längsschnitt durch die Kirschblüte in dein Heft. Beschrifte deine Zeichnung.
– *Die Zeichnung entspricht der Blütendarstellung im Schülerbuch S. 187, Abbildung 1. Einige Begriffe sind zu ergänzen.*

② Erkläre anhand von Abbildung 1 die Vorgänge bei Bestäubung, Befruchtung und Fruchtentwicklung.
– *Bestäubung liegt vor, wenn Pollen von einem Staubblatt auf die Narbe eines Stempels gelangt. Von Befruchtung spricht man, wenn ein Zellkern aus dem Pollenschlauch mit dem Kern der Eizelle in der Samenanlage verschmilzt. Dazu muss der Pollenschlauch durch den Griffel bis zum Fruchtknoten gewachsen sein. Aus dem Fruchtknoten entsteht die Frucht; in unserem Beispiel ist das eine Kirsche. Aus dem äußeren Teil der Fruchtknotenwand bildet sich das Fruchtfleisch der Kirsche, aus dem inneren Teil der Kirschenstein. In ihm geschützt liegt der Samen, der aus der Samenanlage entstanden ist.*

Arbeitsblatt Seite 219

1. a) Narbe, b) Griffel, c) Staubbeutel, d) Staubfaden, e) Fruchtknoten, f) Kelchblatt, g) Blütenblatt, h) Pollenkorn, i) Pollenschlauch, k) Kern der Spermazelle, l) Eizelle.
2. Eine Biene fliegt von Blüte zu Blüte. Dabei kommt sie an die Staubbeutel, die die Pollenkörner enthalten. Manche bleiben an ihr hängen. Wenn sie jetzt die nächste Blüte besucht, bleiben einige davon auf der klebrigen Narbe. Jetzt hat die Bestäubung stattgefunden.
3. Auf der Abbildung hat die Bestäubung bereits stattgefunden. Wir erkennen das daran, dass bereits *Pollenkörner* auf der *Narbe* liegen. Aus zwei Pollenkörnern ist ein *Pollenschlauch* gewachsen. Er wächst durch den *Griffel* auf die *Eizelle* zu, die sich in der *Samenanlage* im *Fruchtknoten* befindet. An der Spitze des Pollenschlauchs befindet sich der Kern der *Spermazelle*, der mit der *Eizelle verschmilzt.* Diesen Vorgang der Verschmelzung von *Spermazelle* und *Eizelle* nennen wir *Befruchtung.*

Rätsel zum Einstieg

1. Erst weiß wie Schnee,
dann grün wie Klee,
dann rot wie Blut
schmeckt allen Kindern gut.

2. Hoch auf dem Baum ein Fräulein sitzt,
das rund und rot durchs Grüne blitzt.
Nur schade, dass ihr Herz von Stein!
Was mag das für ein Fräulein sein?

Medienhinweise

FWU 32 03532/42 01670 Von der Blüte zur Frucht: Kirsche
FWU 36 00232 Bienen sammeln Nektar
FWU 10 02566 Von der Blüte zum Obst
FWU 10 02761 Von der Blüte zur Frucht. Sauerkirsche
FWU 10 02984 Der Apfelbaum: Blüte, Frucht, Keimling
Klett 02761 Folienbuch Blütenpflanzen
Klett Video 994812 Bestäubung und Befruchtung der Blüte
Westermann: Die Süßkirsche

Demonstration des Pollenschlauchwachstums

Pollenschläuche lassen sich leicht mikroskopisch beobachten. Ein Tropfen Zuckerlösung (ca. 10 %) auf einem Objektträger reicht in den meisten Fällen. Frischer Pollen aus einer Blüte mit reifen Staubbeuteln wird darüber gegeben. Bereits nach 15 Minuten kann man eine Auswölbung an den Pollenkörnern erkennen. Nach 30 bis 60 Minuten hat der Pollenschlauch ein mehrfaches des Durchmessers des Pollenkorns erreicht. Wenn ein Fernsehmikroskop vorhanden ist, empfiehlt es sich, die Pollenschlauchbildung auf Video aufzunehmen und später im Zeitraffer vorzuführen. Mit Filzschreiber kann die Länge des Pollenschlauchs nach verschiedenen Zeiten auf dem Bildschirm markiert werden. Notfalls lässt sich auch tiefgefrorener Pollen verwenden. Tabakpollen beispielsweise behält seine Keimfähigkeit unter diesen Bedingungen etwa ein Jahr.

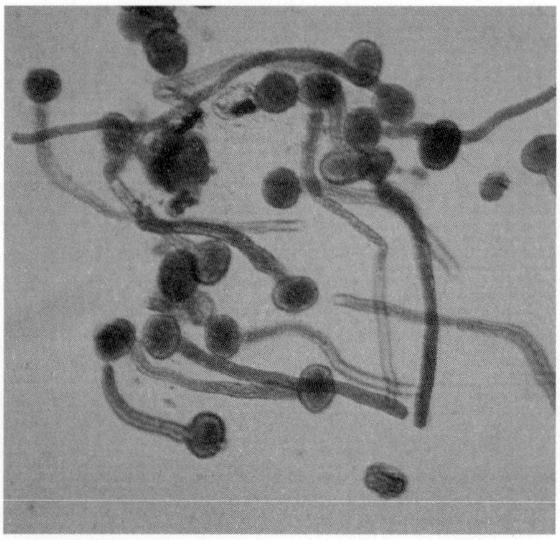

Die Entwicklung der Kirsche

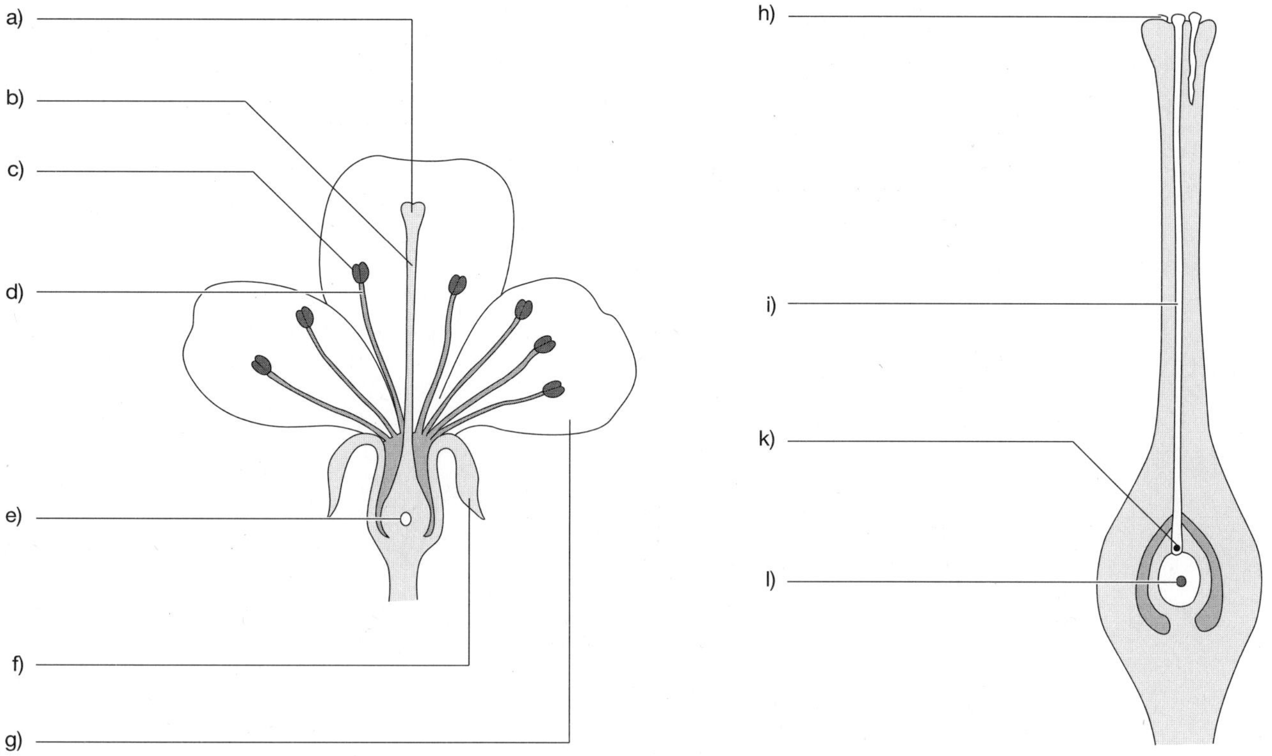

Aufgaben

1. Benenne die Teile der Kirschblüte.

2. Eine Biene fliegt zu einer Blüte und sucht in ihrer Tiefe nach Nektar. Sie saugt ihn auf und besucht die nächste Blüte, wo sich der Vorgang wiederholt. Für die Blüte hat sich dabei etwas Wichtiges abgespielt. Beschreibe diese Vorgänge und benutze dabei folgende Begriffe: *Pollenkörner, Narbe, klebrig, Biene, Bestäubung, Staubbeutel.*

   ____

   ____

   ____

3. Ergänze den folgenden Lückentext:

   Auf der Abbildung hat die Bestäubung bereits stattgefunden. Wir erkennen das daran, dass bereits ______ ______________ auf der ___________ liegen. Aus zwei Pollenkörnern ist ein ________________ gewachsen. Er wächst durch den __________ auf die ______________ zu, die sich in der __________ ____________ im ________________ befindet. An der Spitze des Pollenschlauchs befindet sich der Kern der ________________, der mit der _____________ _____________. Diesen Vorgang der Verschmelzung von ________________ und ______________ nennen wir ______________________.

   (Narbe, Fruchtknoten, Samenanlage, Befruchtung, Pollenschlauch, verschmilzt, Pollenkörner, Spermazelle, Spermazelle, Griffel, Eizelle, Eizelle, Eizelle)

Bestäubung
Blütenpflanze
Pollen
Spiel

Formen der Bestäubung

Natura 5/6, Seite 188/189

Pollenkörner (Durchmesser zwischen 0,0025 bis 0,25 mm)

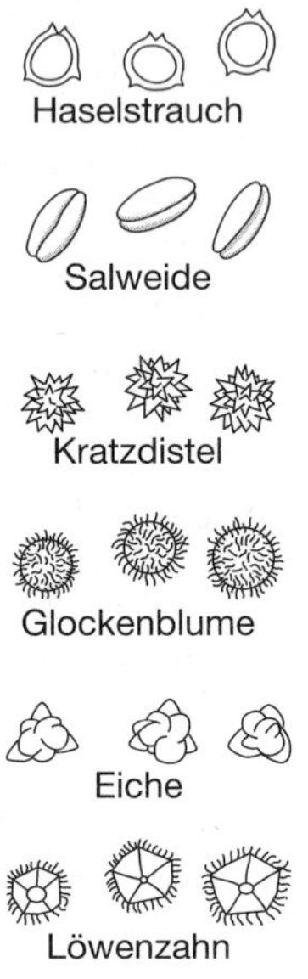

Schülerbuch Seite 189

① Wiederhole anhand Abbildung 188.3, wie Blütenform und Insekt einander angepasst sind.

– *Blüten bilden häufig am Blütenboden zuckerhaltigen Nektar, der Insekten als Nahrung dient. Röhrenförmige Blüten (z. B. Karthäusernelke) werden durch langrüsselige Insekten (z. B. Tagfalter) bestäubt. Hummelblüten besitzen kürzere Röhren und zeichnen sich meist durch einen guten „Landeplatz" für diese relativ schweren Insekten aus. In Bienenblüten liegt der Nektar meist in einer nur wenig versenkten, grubenförmigen Vertiefung des Blütenbodens, erreichbar für den relativ kurzen Saugrüssel der Bienen. Fliegenblüten bieten den Nektar leicht zugänglich auf einem flachen Blütenboden an.*
Als weitere Anpassung kann man den Geruch der Blüten nennen, der als Lockstoff die Riechorgane der bestäubenden Insekten anspricht. Und schließlich ist die Behaarung vieler Insekten eine ideale Voraussetzung für den Pollentransport und die Bestäubung der besuchten Blüten.

② Achte bei blühenden Pflanzen darauf, von welchen Insekten sie besucht werden. Schreibe die Pflanzennamen auf und ordne nach Falter-, Hummel-, Bienen- oder Fliegenblüten.
- *Falterblüten: Karthäusernelke, Rote Lichtnelke, Frühlingsenzian*
- *Hummelblüten: Taubnessel, Wiesensalbei, Klee*
- *Bienenblüten: Kirsche, Glockenblume, Augentrost, Schlehdorn, Salweide*
- *Fliegenblüten: Labkraut, Ehrenpreis, Bärenklau*

③ Den Haselstrauch bezeichnet man als einhäusig, seine Blüten als getrenntgeschlechtig. Erkläre beide Begriffe.

– *Einhäusig: Männliche und weibliche Organe, also Staubblätter bzw. Stempel, befinden sich auf einer Pflanze.*
Getrenntgeschlechtlich ist eine Pflanze mit zwei verschiedenen Sorten von Blüten, die entweder nur männliche (Staubblätter) oder nur weibliche Organe (Stempel) tragen.

④ Besorge dir Pollen von verschiedenen Pflanzen. Mikroskopiere und zeichne einige Pollenkörper. Schreibe den Namen der Pflanze dazu.

– *Siehe Abbildungen in der Randspalte.*

Medienhinweise

FWU 10 02059 Blütenbestäubung durch Insekten
FWU 10 03171 Allergien
FWU 42 01172 Blütenbestäubung durch Insekten
FWU 42 02091 Blütenbestäubung
FWU 42 01670 Von der Blüte zur Frucht
Klett Video 994812 Bestäubung und Befruchtung der Blüte
V-Dia Der Haselstrauch – ein getrenntgeschlechtig-einhäusiger Windblütler

Ereigniskarten

Hummelkarte: Ich besitze einen Rüssel. Behalte diese Karte, wenn du eine Hummel bist, andernfalls mische sie wieder in den Stapel.	**Hummelkarte:** Ich besitze eine pelzige Oberfläche. Behalte diese Karte, wenn du eine Hummel bist, andernfalls mische sie wieder in den Stapel.	**Hummelkarte:** Ich besitze einen Kamm an den Beinen. Behalte diese Karte, wenn du eine Hummel bist, andernfalls mische sie wieder in den Stapel.
Windkarte: Ich blase ziemlich schwach. Behalte diese Karte, wenn du Wind bist, andernfalls mische sie wieder in den Stapel.	**Windkarte:** Ich trage die Pollenkörner 2 km weit. Behalte diese Karte, wenn du Wind bist, andernfalls mische sie wieder in den Stapel.	**Windkarte:** Große Pollenkörner kann ich kaum tragen. Behalte diese Karte, wenn du Wind bist, andernfalls mische sie wieder in den Stapel.
Haselkarte: Ich produziere glatten Pollen. Behalte diese Karte, wenn du eine Hasel bist, andernfalls mische sie wieder in den Stapel.	**Haselkarte:** Ich produziere lockeren Pollen. Behalte diese Karte, wenn du eine Hasel bist, andernfalls mische sie wieder in den Stapel.	**Haselkarte:** Ich produziere zahlreiche Pollenkörner. Behalte diese Karte, wenn du eine Hasel bist, andernfalls mische sie wieder in den Stapel.
Salbeikarte: Ich produziere Pollenkörner mit einer rauen Oberfläche. Behalte diese Karte, wenn du ein Salbei bist, andernfalls mische sie wieder in den Stapel.	**Salbeikarte:** Ich produziere klebrigen Pollen. Behalte diese Karte, wenn du ein Salbei bist, andernfalls mische sie wieder in den Stapel.	**Salbeikarte:** Ich produziere Nektar. Behalte diese Karte, wenn du ein Salbei bist, andernfalls mische sie wieder in den Stapel.

Das Bestäubungsspiel

Man benötigt: 4 Mitspieler, ausgeschnittene Ereigniskarten, mindestens einen Würfel.

Vorbereitung: Die Ereigniskarten werden sortiert und als getrennte Stapel ausgelegt. Vier Personen spielen mit Würfeln aus, wer Hummel, Wind, Salbei oder Hasel ist. Wind und Hummel stellen ihren Stein oben auf Start, Salbei und Hasel unten.

Das Spiel: Es wird reihum gewürfelt. Jeder setzt so viele Felder weiter, wie Punkte gewürfelt wurden. Kommt man auf ein Feld mit Achtungsymbol, so zieht man eine Ereigniskarte und liest die Eigenschaft vor. Trifft man auf das Symbol „Durchfahrt verboten“, so fängt man wieder am Start an, behält aber alle Ereigniskarten.
In der Mitte läuft man so lange im Kreis herum (Hasel und Salbei im Uhrzeigersinn, Wind um Hummel gegen den Uhrzeigersinn), bis sich Hasel und Wind bzw. Hummel und Salbei auf dem selben Feld treffen. Wenn beide jeweils ihre drei Ereigniskarten gezogen haben, so kann die Bestäubung stattfinden. Das Paar hat gewonnen. Treffen die nicht zusammengehörenden Partner aufeinander, so muss jeder eine Karte abgeben. Erst auf dem nächsten Feld mit Achtungzeichen besteht eine neue Gelegenheit, wieder die Karte zu bekommen. Nur wenn die Partner jeweils alle drei Karten besitzen, kann die Bestäubung stattfinden.

Variation: Treffen sich zwei Spieler auf einem Feld, so kann die Pflanze eine ihrer Polleneigenschaften nennen. Der Partner muss dann die Bedeutung dieser Eigenschaft erklären. Kann er das nicht, kann keine Bestäubung stattfinden.

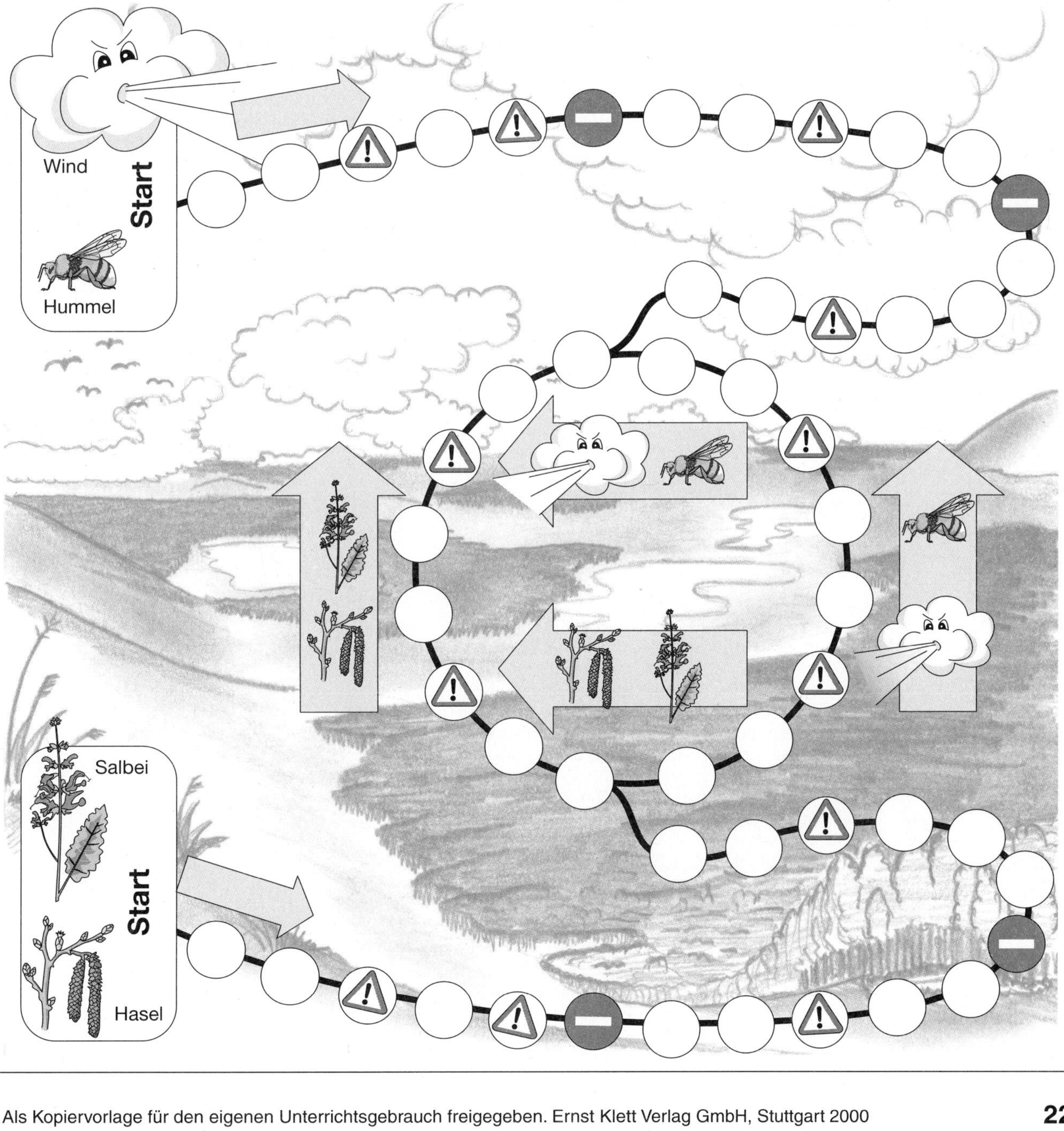

Bestäubung
Blütenpflanze
Koevolution
ökologische Nische

Lexikon: Bestäubungstricks

Natura 5/6, Seite 190/191

Arbeitsblatt Seite 223

1. Kirsche – Biene, Schlüsselblume – Schmetterling, Raps – Biene, Goldnessel – Hummel, Salbei – Hummel, Karthäusernelke – Schmetterling

Blüten und Bestäuber

Pollen werden durch Wasser, Wind und Tiere übertragen. Ca. 20 % der mitteleuropäischen Samenpflanzen sind windbestäubt, der Rest tierbestäubt. In Mitteleuropa kommen dafür nur Insekten in Frage, während in den Tropen auch Vögel, Fledermäuse und in Australien bestimmte Beuteltiere als Pollenüberträger fungieren. Bei den Insekten sind Bienen als Erstes zu nennen, weiterhin Hummeln, Zweiflügler, Schmetterlinge und teilweise Käfer. In der Koevolution von Blüten und ihren Bestäubern haben sich – häufig konvergent – bestimmte Typen herausgebildet. In der Regel wird mit Futter (für Bienen, Hummeln, Schmetterlinge, Schwebfliegen) oder Vortäuschung eines Eiablageplatzes (für Fliegen) gelockt. Ursprünglichstes Lockmittel ist sicherlich der Pollen. Pollenblumen haben einen meist einfachen Blütenbau mit leicht zugänglichen Staubblättern (Rose, Anemone). Bei Nektarblumen ist der Nektar häufig schwer zugänglich, er liegt z. B. in tiefen Röhren oder Spornen (Lichtnelke, Akelei). Dadurch verringert sich die Zahl der Arten, die als Bestäuber in Frage kommen. Die Pflanze erreicht dadurch eine höhere Bestäubungssicherheit, da die Blütenstetheit sich erhöht.

Blütenmerkmale und die der Bestäuber korrespondieren miteinander: Die Tiefe der Blüte bzw. der Röhre passt zur Rüssellänge der Insekten:

Blütenmerkmal	Rüssellänge
Kirsche, Raps: tiefe Blüte	6 mm bei Bienen
tiefe Röhre bei Taubnessel, Salbei oder Sporn bei Rittersporn	9 bis 21 mm bei Hummeln
tiefe, enge Röhre bei Schlüsselblume, Lichtnelke (Schmetterling)	16 bis 18 mm bei Schmetterlingen

Bei manchen Arten ist die *Selbstbestäubung* zur Regel geworden (Erbse). Häufig findet man bei Pflanzen jedoch auch Vorrichtungen oder Entwicklungsabläufe, die die Selbstbestäubung erschweren oder verhindern. Das wird dadurch erreicht, dass bei der individuellen Pflanze die Pollenkörner eher reifen als der Griffel oder dass aufgrund besonderer Einrichtungen der eigene Pollen von dem Griffel ferngehalten wird.

Bei der Glockenblume z. B. reifen die Staubblätter bereits in der noch nicht geöffneten Blüte und stäuben den Pollen an die behaarte Außenseite des noch unreifen Griffels. In der geöffneten Blüte sind die Staubblätter bereits verwelkt. Die eindringende Biene überträgt sich bei der Suche nach Nektar den Pollen von der Griffelaußenseite auf ihren Kopf. Bei älteren Blüten reißt die Spitze des Griffels auf und legt die Äste der Narbe frei. Die Biene streift bei ihrem Besuch den Pollen dort ab.

Bestäubung

Die Beziehung zwischen Farbe (Wellenlänge) des Lichts kann in der Jahrgangsstufe 5/6 nur andeutungsweise besprochen werden.

Bienenblumen sind meist gelb, blau oder weiß, Falterblumen oft leuchtend rot, denn der Sehbereich für Bienen endet bei 650 nm, also bei Gelb, während Schmetterlinge gut rot sehen können. (Die Blüte des bienenbestäubten roten Mohns scheint eine Ausnahme zu bilden, sie reflektiert jedoch noch ultraviolettes – also bienensichtbares – Licht.) Nachtaktive Falter suchen meist weiße Blüten auf, die stark duften. Fliegenblumen locken ihre Bestäuber oft mit dem geruchlichen Vortäuschen von Aas (Aronstab). Schwebfliegenblumen sind Bestäuber für viele Sumpf- und Wasserpflanzen, die an Standorten wachsen, die von Bienen gemieden werden, da es dort zu kühl ist (Blutweiderich). Weiße Doldenblütler bieten auch Insekten mit geringer Rüssellänge und keinen speziellen Anpassungen, wie verschiedenen Käfern, Schlupfwespen oder manchen Schwebfliegen, Pollen und Nektar. Den Gipfel der Anpassung stellen sicherlich manche Orchideenarten dar, die Bienen und Hummeln einen Sexualpartner vortäuschen (z. B. Hummelragwurz). Beim Begattungsversuch werden die Pollenpakete übertragen.

Medienhinweise

FWU 10 02059 Blütenbestäubung durch Insekten
FWU 32 10310, 42 10310 Die Erdhummel
FWU 42 01172 Blütenbestäubung durch Insekten
FWU 42 02091 Blütenbestäubung
Klett Video 994812 Bestäubung und Befruchtung der Blüte
Schlüter Modell: Berberitzenblüte, Bestäubungsvorgang

Wer bestäubt wen?

Aufgaben

1. Alle gezeigten Blüten besitzen leckeren Nektar, der aber in ihrer Tiefe verborgen ist. Um welche Pflanzen und um welche Bestäuber handelt es sich?

____

____

2. Schneide die Bestäuber aus und klebe sie in die passenden Blüten hinein.

Frucht
Früchteverbreitung
Keimfähigkeit
Samenverbreitung

Material: Früchte- und Samenverbreitung

Natura 5/6, Seite 192

Schülerbuch Seite 192

① Nach der Befestigung der Insel nimmt die Artenzahl im Laufe der Jahre deutlich zu. Anfangs sind es etwa 100 Arten in 10 Jahren, am Schluss nur noch 100 Arten in 25 Jahren. Es kommen also immer weniger neue Arten hinzu.

② Möglichkeiten, wie Pflanzensamen zu der Insel gelangen können:
- mit dem Wasser angetrieben,
- durch den Wind angeweht,
- Mit Vogelkot abgeladen,
- Im Gefieder der Vögel hängen geblieben und auf der Insel verloren.

③ Dargestellt sind in der Tabelle Fallzeit und Driftstrecke von ganzen Ahornfrüchten sowie von Ahornsamen ohne Flugeinrichtung aus fünf Metern Höhe. Einmal wird bei Windstille gemessen, einmal bei kräftigem Wind. Ganze Früchte fliegen deutlich länger und weiter als die Samen. Das liegt an den häutigen Flugeinrichtungen, die den Fall abbremsen und dem Wind zusätzlich Angriffsfläche bieten; deshalb ist das Ergebnis bei Wind noch deutlicher als bei Windstille.

⑧ Bei Bäumen ist die Fallstrecke für die Samen bzw. Früchte lang und so ergibt sich bei Wind eine gute Abdrift. Hinzu kommt, dass im Stammbereich oft die Äste fehlen, die den Flug beeinträchtigen könnten. Bei Nadelbäumen finden sich die Zapfen fast nur an der Spitze, die Samen werden durch Aufwind in ihrer Fluglänge begünstigt.
Bei Wiesenpflanzen ragen die Fruchtstände oft über die Vegetation heraus. Der Wind kann gut angreifen und es gibt keine Hindernisse. Das ist nämlich bei Sträuchern der Fall. Herabsinkende Früchte können hier leicht im Zweigwerk hängen bleiben. Sie besitzen möglicherweise aus diesem Grund mehr Lockfrüchte, obwohl es auch Ausnahmen gibt.

⑨ Bei den genannten Samen wird der Bohnensamen als schwerster von Tieren verbreitet. Bis auf den Schwimmsamen der Erle (auch ein Scheibenflieger) werden die leichteren Samen durch den Wind verbreitet. Die Größe der Flugeinrichtungen korreliert mit dem Gewicht.

⑩ Tausendkorn-Gewicht bei Bohne: 500 g, Ahorn: 100 g, Linde: 40 g, Springkraut: 8 g, Erle: 2 g, Löwenzahn: 1 g, Orchidee: 0,008 g.

⑪ Das Gewicht hängt mit der Verbreitungsart zusammen. Der Gewichtsunterschied ist im Wesentlichen bedingt durch die Menge an Reservestoffen, die dem Embryo mitgegeben werden. Bei der Bohne sind diese Reservestoffe zusätzlich in den Keimblättern eingelagert.

zu den Aufgaben 4 bis 7 im Schülerbuch

Solche Versuche lohnen sich mit fast allen Früchten, die durch den Wind verbreitet werden. Nur Körnchenflieger sind im Freien zu klein für die Beobachtung. Die Versuche können im Raum von einer Trittleiter aus durchgeführt werden und auf dem Schulhof bei windigem Wetter wiederholt werden.

Die Beschreibung der Früchte soll zunächst umgangssprachlich geleistet werden. Über die Art der Verbreitung können oft nur Vermutungen angestellt werden, z. B. bei Erle, Ulme und Veilchen. Nach der Bearbeitung des Lehrbuchtextes lassen sich begründet die Verbreitungsarten zuordnen, die dann in der Tabelle um die Fachbegriffe erweitert werden.

Form der Verbreitung und Art der Frucht:
- Linde: Windverbreitung; Schraubenflieger
- Eiche: Tierverbreitung; Trockenfrucht
- Pappel: Windverbreitung; Schopfflieger
- Erle: Wasserverbreitung; Schwimmsamen
- Klatschmohn: Windverbreitung; Körnchenflieger
- Ahorn: Windverbreitung; Schraubenflieger
- Ulme: Windverbreitung; Scheibenflieger
- Löwenzahn: Windverbreitung; Schirmflieger
- Veilchen: Tierverbreitung; Ameisenfrucht
- Klebkraut: Tierverbreitung; Klettfrucht
- Springkraut: Selbstverbreitung; Schleuderfrucht

Samenverbreitung

Maximale Wurfweite einiger Samen durch Schleuderfrüchte (in m):
Springkraut: 0,90, Sumpf-Storchschnabel: 2,50, Stiefmütterchen: 4,75, Spritzgurke: 12,70, tropische Liane *(Bauhinia)*: 15,00
Auch bei Pilzen kennt man die Verbreitung durch das Ausschleudern von Sporangien:
Pillenwerfer *(Pilobolus)*: 2,50

Lebensalter (Keimfähigkeit) von Samen einiger Pflanzen:
Esskastanie: 9 Monate, Kokosnuss: 16 Monate, Eiche: 3 Jahre, Kohl: 19 Jahre, Sellerie: 39 Jahre, indische Lotusblume: 250 Jahre. (Zu bedenken ist, dass das tatsächliche Lebensalter stark von den Lagerbedingungen abhängt.)

Früchte – Objekte von Ästhetik und Schönheit
Bei vielen Früchten bietet sich die genaue Untersuchung mit der Lupe an. Nur so können z. B. die filigranen Verzweigungen des Fallschirms von Löwenzahn oder Wiesenbocksbart in ihrer vollen Schönheit erfasst werden. Hier bietet sich auch das Zeichnen – am besten in schwarzer Tusche – an. Solche Zeichnungen können zusammen mit dem Originalobjekt Schmuckstücke einer biologischen Ausstellung sein.

Objektdias
Viele Früchte eignen sich gut zur Herstellung von Objektdias: Früchte geeigneter Größe und Dicke werden zwischen zwei Diadeckgläser geklemmt, die mit Klebestreifen rundherum verschlossen werden. Von größeren oder dickeren Objekten (Odermennig, Klebriges Labkraut) werden aus der Mitte Scheiben mit einer Rasierklinge herausgeschnitten. Da 5 x 5-Diagläser kaum noch im Handel erhältlich sind, werden hierzu am besten dünne Glasscheiben entsprechend zerschnitten.

Medienhinweise

FWU 10 02786 Samenverbreitung
FWU 32 03465 Samenverbreitung
FWU 42 01662 Samenverbreitung
FWU 42 02090 Verbreitung von Samen und Früchten

Projekt: Pflanzliche Flieger (s. hierzu Projekt Fliegen S. 136–139)

Fliegen, Früchteverbreitung, Projekt, Samenverbreitung

Auch Pollen und Sporen fliegen

Die flugfähigen Pollen mit ihren Luftsäcken oder die als „Staubflieger" ausgebildeten Sporen der niederen Pflanzen kann man im Lichtmikroskop untersuchen, man sollte dies aber durch rasterelektronenmikroskopische Aufnahmen ergänzen. Die Broschüren verschiedener Krankenkassen zum Thema Allergie liefern wertvolles Material zum Bestimmen und Vergleichen.

„Kunstdrucke"

Mit Pilzen lassen sich „Kunstdrucke" herstellen: Für einen Tag werden sie mit der Unterseite auf weißes Papier gelegt und die Bilder verschiedener Pilze verglichen. Verwendet man durchsichtige sebstklebende Folie, so lassen sich die Ergebnisse konservieren.

Experimente: Propeller, Segler und Gleiter

Die Flugfrüchte verschiedener Pflanzen (z. B. Ahorn, Linde, Hainbuche, Kiefer, Birke, Ulme, Weide, Waldrebe, Löwenzahn) werden auf ihrem Flug aus einem oberen Stockwerk des Schulgebäudes beobachtet. Dabei wird sowohl die Art des Fliegens wie auch die Flugzeit (Stoppuhr nicht vergessen!) protokolliert und mit selbst gebauten Flugmodellen verglichen. Bei den größeren Früchten und Samen kann man dann die Flug- und Schwebeeinrichtungen entfernen und das Experiment wiederholen. Um Zufälle auszuschalten, sollten größere Messreihen erstellt werden.
Die Verdriftung wird am besten bei leichtem, gleichmäßigem Seitenwind gemessen.

Dylla, K. & Kratzner, G.: Das ökologische Gleichgewicht in der Lebensgemeinschaft Wald; Quelle & Meyer, Heidelberg 1986

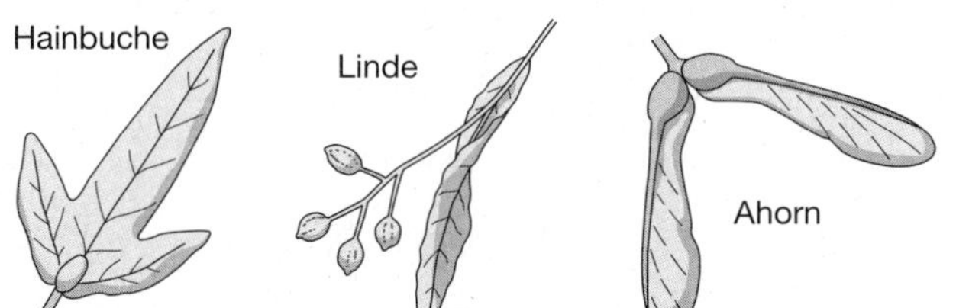

Art	Flugtyp	verbreitet wird	„Flugorgan"	zurückgelegte Entfernung
Pappel (1)	Schirmflieger	Samen	Haarschopf des Samens	mehrere Kilometer
Kiefer (2)	Schraubenflieger	Samen	Flugblatt des Samens	2 km
Ulme (3)	Scheibenflieger	einsamige Frucht	Tragfläche aus Fruchtknotenwand	2 km
Ahorn (4)	Schraubenflieger	einsamige Frucht	wie Ulme	1 km
Hainbuche (5)	Schraubenflieger	einsamige Frucht	Deckblatt	50 m
Linde (6)	Schraubenflieger	Fruchtstand	Hochblatt	20 m

Früchte und Samen

Im Pflanzenreich findet man ausschließlich den passiven Flug. Damit fördern Pflanzen ihre Verbreitung. Die Konkurrenz um Licht, Wasser und Nährstoffen ist so möglichst gering. Den fest an einem Ort verwurzelten Pflanzen bietet sich damit die Möglichkeit, neue Lebensräume zu besiedeln. Im Verlauf der Evolution wurden dazu unterschiedliche Konstruktionsprinzipien für die Verbreitungseinheiten entwickelt:

- häutige Tragflächen bei den Flügel-, Schrauben- und Scheibenfliegern (Ahorn, Birke, Linde, Hainbuche, Esche, Kiefer, Ulme)
- häutige Umhüllungen bei den Blasenfliegern (Orchideen, Wintergrün-Arten, Geißblatt)
- Flughaare als Fallschirm (Pappel, Weide, Baldrian, Löwenzahn), Schweif (Waldrebe), Umhüllung (Hibiskus) oder an den Grannen der Gräser.

Beim Anlegen einer Sammlung aus getrockneten Früchten bzw. Samen kann das Vergleichen und Systematisieren geübt werden. Die Sammlung kann später im Unterricht eingesetzt werden.

Zimmer, U. E.: Früchte der Bäume und Sträucher; BLV, München 1975

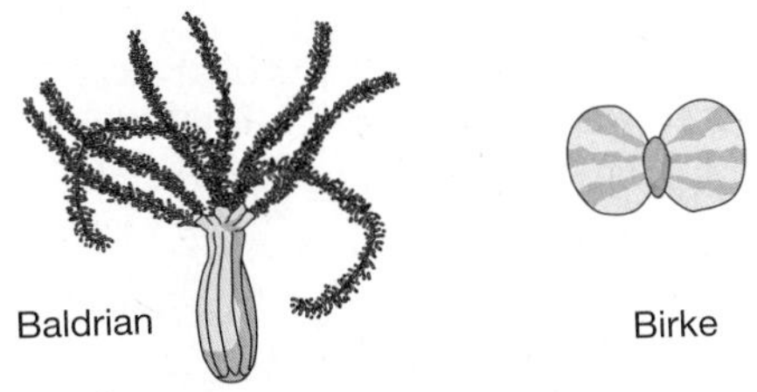

Wurfmaschinen und blinde Passagiere

Die Schleuderfrüchte von Storchschnabel und Springkraut werden zwar „aktiv" von der Pflanze in die Luft geschleudert, können aber den Wind nicht zum Segeln oder Gleiten nutzen, da ihnen Flugeinrichtungen fehlen. Gleiches gilt für die bis zu 5 cm langen, rau behaarten Früchte der im Mittelmeerraum beheimateten Spritzgurke.
Einige Pflanzen „lassen fliegen", indem sie ihre Früchte und Samen durch Klebe- oder Klettmechanismen an Tiere anheften.

Die Schüler können durch Beobachten, Vergleichen und Experimentieren herausbekommen, wie die Verbreitung funktioniert.

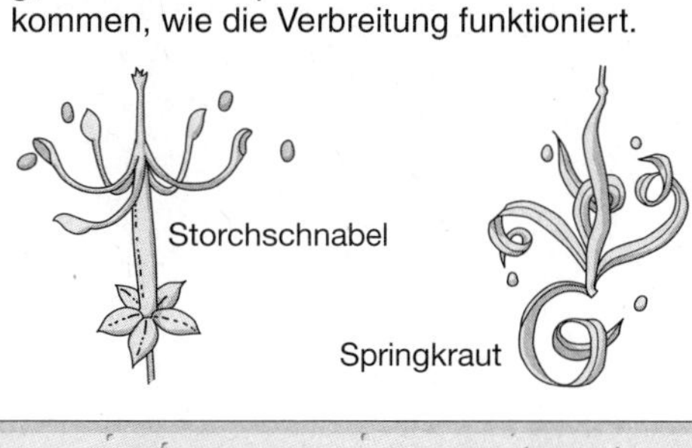

Verbreitung von Früchten und Samen

Natura 5/6, Seite 193

Schülerbuch Seite 193

① Sammle Früchte und Samen und ordne sie nach der Art ihrer Verbreitung.
– *Im Schülerbuch werden wichtige einheimische Früchte und Samen genannt. Je nach Region und Jahreszeit werden sich noch andere Arten finden lassen.*
② In Nordamerika wurde der Breitwegerich von europäischen Siedlern eingeschleppt. Erkläre, warum die Indianer die fremde Pflanze „Fußstapfen des Weißen Mannes" nannten.
– *Der Breitwegerich besitzt Haftsamen. Sie blieben an Schuhen und Wagenrädern hängen und wurden so auf den von weißen Siedlern befahrenen Wegen verbreitet.*

Früchtememory

Die Karten können für ein Memory-Spiel genutzt werden, bei dem statt zweier gleicher Bilder jeweils das Bild, das die Pflanze und ihre Frucht zeigt, und das des Verbreitungsmechanismus zusammen gehören. Das Memory-Spiel kann erschwert werden durch die Verpflichtung, Frucht und Verbreitungstyp nach dem Aufdecken richtig zu benennen. Die Karten können auch zum Sortieren und Illustrieren der Verbreitungsformen im Heft oder zur Lernzielkontrolle genutzt werden. Größere Kopien der Bilder eignen sich mit dahinter geklebten Magnetfolien zur Erarbeitung und Präsentation an der Blechtafel.

Richtige Paarungen (die Angaben in Klammern nach den Informationen sollen bei einer Systematisierung der Verbreitungstypen helfen):

A-6 (Reiherschnabel – Bohrmaschine):
Bei der Fruchtreife springen die Teilfrüchte aus dem Fruchtstand einige Meter weit hinaus. Sie besitzen eine Granne, die sich durch den bei Feuchtigkeit erhöhenden Turgor entspiralisiert. Wenn diese Granne an einem Hindernis Widerstand findet, bohrt sich so der Same in die Erde. Streng genommen handelt es sich beim „Bohrantrieb" des Reiherschnabels also nicht um einen Verbreitungsmechanismus, sondern um ein Mittel, die Frucht in die oberste Bodenlage hineinzubohren und so die Quellung und Keimung sicherzustellen.
(Selbstverbreitung/Bohrfrucht)

B-3 (Mohn – Salzstreuer):
Bei der Reife fallen die Blütenblätter ab, sodass die Fruchtkapsel freiliegt. Dabei trocknet sie auch ein und an der oberen Kante reißen kleine Öffnungen ein. Beim Hin- und Herbewegen durch den Wind werden die winzigen Samen ausgestreut. Wir sprechen von *Streufrüchten.* Einen ähnlichen Mechanismus finden wir beispielsweise auch bei Glockenblumen, Narzissen oder Nelken.
(Selbstverbreitung/Schleuderfrucht)

C-7 (Wiesenbocksbart – Fallschirm):
Als Fallschirmfrucht ist sicherlich der Löwenzahn bekannter. Der Wiesenbocksbart hat im Gegensatz zu diesem größere Fallschirme, deren Härchen verzweigt sind. Zum Öffnen der Fallschirme ist trockene Witterung vonnöten. Weitere Fallschirmflieger sind die Früchte von Pappel, Huflattich, Rohrkolben oder Distel.
(Fremdverbreitung (Wind)/Fallschirmfrucht)

D-12 (Ulme – Gleitflieger):
Die breite Tragfläche, in deren Mitte der Same liegt, erinnert an einen Gleit- oder Drachenflieger. Der Wind kann diese Frucht über weite Strecken verbreiten. Ähnlich werden auch die Früchte von Erle oder Birke verbreitet. Eine der größten Gleitfrüchte stammt von der tropischen Zanonia, die 15 cm Breite erreichen können.
(Fremdverbreitung (Wind)/Scheibenflieger)

E-11 (Ahorn – Propeller):
Die Früchte der Ahornarten sitzen paarweise gegenüber, fallen aber meist einzeln ab. Der Samen sitzt am Ende des Flügels, also unsymmetrisch im Vergleich zur Frucht der Ulme. Beim Fallen dreht er sich deshalb propellerartig. Dadurch wird die Fallzeit erhöht und der Wind hat mehr Gelegenheit, die Samen weiter fortzutragen. Die Früchte von Linden, Eschen, Hainbuchen und Nadelbäumen sind ähnlich gebaut.
(Fremdverbreitung (Wind)/Propellerflieger)

F-1 (Ginster – Schleuder):
Nach der Reife findet man an den Sträuchern des Besenginsters noch die schraubig aufgedrehte Hülse. Beim plötzlichen Aufdrehen werden die Samen meterweit fortgeschleudert. Ähnliches ist bei Wicken oder Lupinen zu beobachten.
(Selbstverbreitung/Schleuderfrucht)

G-9 (Eiche – Eichelhäher) und H-4 (Hasel – Eichhörnchen):
Eichhörnchen und Eichelhäher sammeln Nahrungsvorräte und verstecken Eicheln, Haselnüsse oder Bucheckern und tragen so zur Verbreitung bei.
(Fremdverbreitung (Tiere)/Trockenfrüchte)

I-2 (Eberesche – Amsel) und M-5 (Kirsche – Star):
Kräftig gefärbte Früchte dienen häufig Vögeln als Nahrung. Manche benötigen sogar die Darmpassage, um keimfähig zu werden (z. B. Mistel).
(Fremdverbreitung (Tiere)/Lockfrüchte)

K-8 (Große Klette – Klettverschluss):
Moderne Klettverschlüsse sind angewandte Bionik. Bei der Klette wird die Frucht von einem Hüllkelch, der aus zahlreichen Blättern gebildet wird, umschlossen, deren Spitzen in umgebogene Häkchen auslaufen und die leicht im Fell vorbeistreifender Tiere hängen bleiben. Ähnliches findet sich beim Klebrigen Labkraut, dem Odermennig oder dem Waldmeister.
(Fremdverbreitung (Tiere)/Klettfrüchte)

L-10 (Veilchen – Ameise):
Die Samen von Veilchen, Taubnessel oder Lerchensporn besitzen einen nahrhaften Anhang, der Ameisen als Nahrung dient, die die Samen zu ihren Bauten tragen.
(Fremdverbreitung (Tiere)/Ameisenfrüchte)

Früchtememory

Blüte – Längsschnitt
Frucht
Samen
Scheinfrucht

Lexikon: Früchte

Natura 5/6, Seite 194/195

Arbeitsblatt Seite 229

- Fehler: Apfel: (Schein-)frucht, kein Samen; Zwiebel: Speicherblätter, keine Frucht; Kartoffel: Sprossknolle, keine Frucht; Esskastanie: Frucht, kein Samen; Radieschen: Wurzelknolle, keine Frucht.
- Fruchttypen: Tanne: Sammelfrucht; Apfel: Scheinfrucht, Mohn: Kapselfrucht; Feuerbohne: Hülsenfrucht; Kaffee: Beere; Kakao: Schließfrucht; Birne: Scheinfrucht; Kirsche: Steinfrucht; Esskastanie: Nussfrucht; Wein: Beere; Erdnuss: Hülsenfrucht

Blüten und Früchte im Vergleich

Die Folienvorlage zeigt (von links nach rechts): Heckenrose, Apfel, Kirsche, Erdbeere. Die korrespondierenden Teile können (am besten auf einer zweiten darüber gelegten Folie) mit jeweils gleichen Farben markiert werden:

- Heckenrose: Nüsschen eingesenkt im Blütenboden (Sammelfrucht)
- Apfel: Samen im Kerngehäuse (= Fruchtknoten), Fruchtfleisch aus fleischig verdickter Blütenachse (Scheinfrucht)
- Kirsche: Fruchtknotenwand im Innern verhärtet, außen fleischig (Steinfrucht)
- Erdbeere: Nüsschen auf fleischig verdicktem Blütenboden (Scheinfrucht).

In der biologischen Fachsprache werden Begriffe häufig nicht deckungsgleich mit den identischen umgangssprachlichen Begriffen verwendet. Dass Gurken Beeren sind, erzeugt zunächst Verblüffung. Sobald man sie aber durch sorgfältige Analyse des Aufbaus mit anderen Beeren (im botanischen Sinne) vergleichen kann, erklärt sich die Verwendung des Begriffs. Die präzise Ausdrucksweise kann durch solche Betrachtungen geschult werden. Die Anlage einer Frucht- und Samensammlung ist nicht schwierig, soweit es sich um kleine oder relativ trockene Objekte handelt. Größere Früchte können evtl. konserviert werden. In der Regel aber werden solche Präparate durch unvermeidliche Verfärbungen und ähnliche Veränderungen so unattraktiv, dass sich der Aufwand kaum lohnt.

Definition

Samen bestehen aus dem Embryo, der Samenschale und eventuell Nährgewebe. Sie entstehen aus der Samenanlage.
Früchte sind Blüten im Zustand der Samenreife. Sie entstehen aus dem Fruchtknoten, eventuell unter Beteiligung anderer Blütenteile. Sie enthalten bei Bedecktsamern die Samen.
Bei **Scheinfrüchten** besteht ein großer Teil der „Früchte“ aus Nicht-Fruchtknotengewebe, wie z. B. dem Blütenboden.

Medienhinweise

FWU 10 02566 Von der Blüte zum Obst
FWU 10 02984 Der Apfelbaum: Blüte, Frucht, Keimling
FWU 10 03203 Die Rosskastanie
FWU 1002761, 32 03532, 42 01670 Von der Blüte zur Frucht

Blüte und Frucht

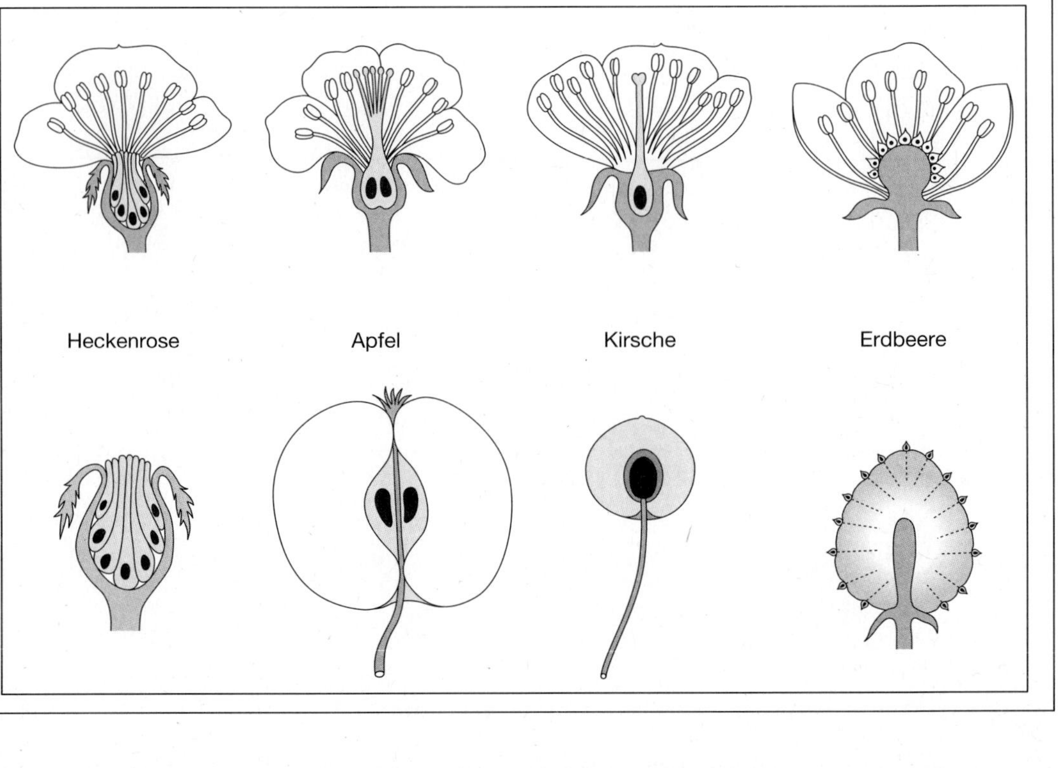

Petras Früchte- und Samensammlung

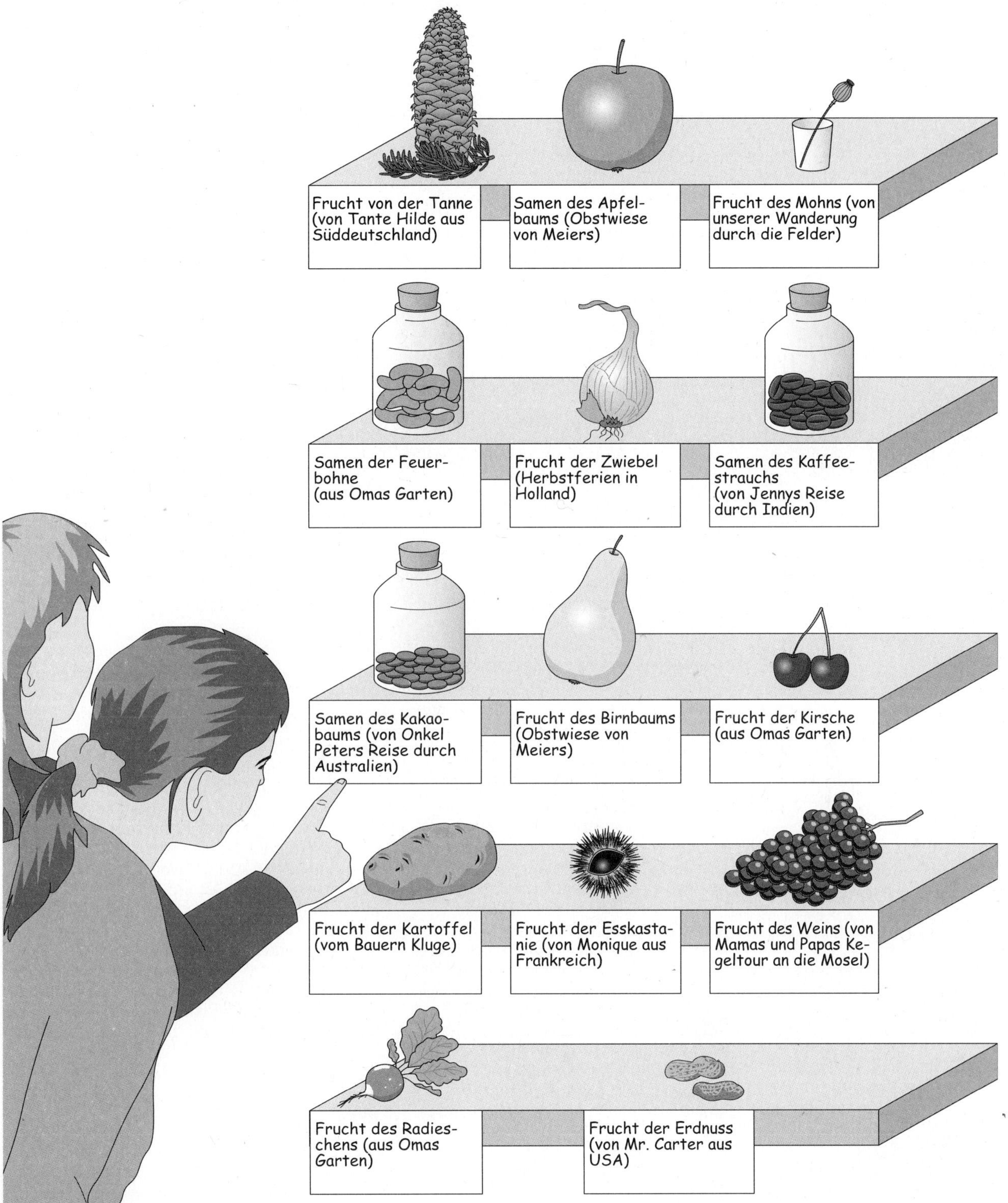

Petra zeigt Hanna ihre Früchte- und Samensammlung. Hanna ist begeistert. Aber plötzlich sagt sie: „Schau mal, Petra, da stimmt doch was nicht!“ Tatsächlich, es haben sich fünf Fehler eingeschlichen. Findest du heraus, welche? Kannst du herausfinden, zu welchen Fruchttypen die dargestellten Früchte und Samen gehören?

Gartenbohne
Hülsenfrüchtler
Quellung
Samen
Schmetterlingsblütler

Die Gartenbohne – aus dem Leben einer Blütenpflanze

Natura 5/6, Seite 196/197

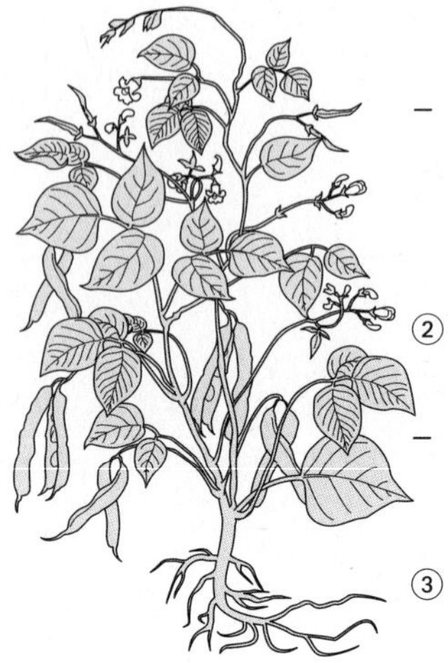

Älteste Darstellung der Gartenbohne in Deutschland. Holzschnitt aus dem Kräuterbuch von LEONHART FUCHS (1543)

Kuhbohne. Holzschnitt aus dem Kräuterbuch des JOACHIM CAMERARIUS (1586)

Schülerbuch Seite 197

① Ziehe einen Bohnenkeimling heran (vgl. Praktikum). Zeichne die Keimblätter und eines der Folgeblätter. Beschreibe deren Form und nenne Unterschiede.

– *Die Keimblätter sind gelbgrün, zunächst dick, später schrumpfend und welk; sie fallen bald ab. Die Blätter des ersten Blattpaares (Primärblätter) sind herzförmig und besitzen eine einfache Blattspreite. Alle weiteren Blätter sind dreizähnig gefiedert.*

② Beschreibe die Stellung der Laubblätter einer Bohnenpflanze bei voller Beleuchtung und nach längerer Dunkelheit.

– *Bei Licht sind die drei Fiederblättchen ausgebreitet. Bei Dunkelheit nehmen sie eine „Schlafstellung" ein; sie klappen seitlich nach unten ab.*

③ Man kann eine Hülse auf den ersten Blick leicht mit einer Schote (z.B. der Frucht des Ackersenfs) verwechseln. Vergleiche beide Fruchtformen und gib an, woran du eine Hülse bzw. eine Schote erkennst.

– *Die Hülse entsteht aus einem Fruchtblatt. Die Samen sitzen in einer Reihe nur an einer Seite. Die Schote entsteht aus zwei Fruchtblättern. Die Samen sitzen in zwei Reihen auf beiden Seiten der Frucht. Beide Fruchtblätter sind durch eine Scheidewand voneinander getrennt.*

④ Untersuche einige Samen (Erbse, Apfelkern, Haselnuss) und Getreidekörner (Roggen, Mais, Gerste). Begründe, ob sie im Aufbau eher einem Bohnensamen oder einem Weizenkorn gleichen.

– *Die Samen von Apfel, Erbse und Haselnuss zerfallen in zwei Hälften und ähneln damit den Samen der Bohne. Diese vier Pflanzen werden daher zu den zweikeimblättrigen Pflanzen gezählt. Getreidekörner lassen sich nicht in zwei symmetrische Hälften zerlegen. Sie gehören zu den einkeimblättrigen Pflanzen.*

⑤ Lege einige dieser Samen und Getreidekörner ein paar Tage in feuchte Watte. Vergleiche dann die sich entwickelnden Keimlinge täglich unter der Lupe und versuche sie zu zeichnen. Welche Unterschiede kannst du erkennen?

– *Der wesentliche Unterschied liegt in der Anzahl der Keimblätter (zwei bzw. eines).*

Arbeitsblatt Seite 231

1. Die getrocknete Bohne ist hart und nicht zwischen den Fingern zu zerdrücken.
2. Der Wasserspiegel sinkt, nach 24 Stunden sind die Bohnen größer geworden. Möglicherweise ragen sie bis zur Wasseroberfläche empor oder sogar darüber hinaus.
3. Die eingeweichten Bohnen keimen.
4. Sie lassen sich zwischen den Fingern zerdrücken, sind also wesentlich weicher geworden.
5. Die gekochten Bohnen keimen nicht mehr, sie faulen allmählich.
6. Die erhitzten Bohnen quellen noch, aber keimen nicht mehr.

Lage der Keimblätter

Keimblätter: Die Lage der Keimblätter ist bei den Bohnenarten unterschiedlich: Bei der Gartenbohne gelangen die Keimblätter über die Erdoberfläche *(epigäische Keimung)*, während sie bei der Feuerbohne in der Erde bleiben *(hypogäische Keimung)*.

Hülsenfrüchtler als Nahrungsmittel

Bohnenarten: Weltweit werden schätzungsweise 30 Arten der Schmetterlingsblüter, ursprünglich in den Tropen, Subtropen und im Mittelmeergebiet beheimatet, für die menschliche Ernährung genutzt. Bereits in der Zeit der Bandkeramik (4500 bis 3800 v. Chr.) kamen die ersten kultivierten Hülsenfrüchtler nach Mitteleuropa. In Deutschland werden heute 4 Arten, davon 3 Bohnenarten, im Freiland angebaut: Gartenbohne *(Phaseolus vulgaris)*, Feuerbohne *(Ph. coccineus)*, Dicke Bohne *(Vicia faba var. major)*, Erbse *(Pisum sativum)*. Die Linse *(Lens culinaris)* wird bei uns nicht mehr in nennenswerten Mengen angebaut. Alle Bohnen sind durch ihren hohen Eiweißanteil im Samen (20 bis 26 %) gekennzeichnet und sind damit einer der wichtigsten pflanzlichen Eiweißlieferanten.

Medienhinweise

FWU 42 10383 Bau und Wachstum von Blütenpflanzen

Schlüter Modell 1690b: Vergleichende Zusammenstellung der Keimung von Roggen, Bohnen und Fichte

Eine lehrreiche Bohnensuppe

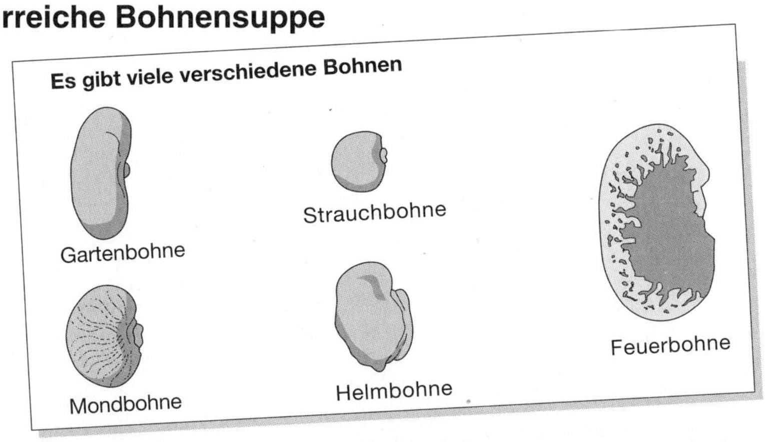

> Bohnensamen enthalten Giftstoffe, die erst beim Kochen zerstört werden. Iss nie rohe Bohnensamen!

Du kannst aus den verschiedenen Bohnen eine Suppe kochen und viel über Samen lernen!

Du brauchst:
- 500 g getrocknete Bohnen
- 1 Bund Suppengrün
- 1 Zwiebel
- 1/2 Teelöffen Salz
- und natürlich Wasser

Wasche das Suppengrün, entferne alle schlechten Stellen und schneide es in kleine Stücke. Schäle die Zwiebel und schneide sie in Viertel.

Schütte die restlichen Bohnen mit dem Einweichwasser, dem Suppengrün, den Zwiebelstückchen und dem Speck bzw. Schweinebauch, in einen Topf, aber gib noch kein Salz hinzu. Gib noch so viel Wasser hinzu, dass alle Zutaten bedeckt sind. Koche für ca. 2 Stunden. Achte darauf, dass der Herd auf einer sehr niedrigen Stufe steht, damit nichts anbrennt. Es darf nur schwach kochen. Rühre öfter mal um.

Die Zwiebel und das Fleisch kannst du herausnehmen, wenn du möchtest. Man kann es aber auch mitessen. Schneide dann das Fleisch in kleine Stücke. Schmecke mit Salz ab. Da Bohnen sehr eiweißreiche Nahrungsmittel sind, kannst du auch das Fleisch weglassen. Dann hast du ein nahrhaftes, gesundes vegetarisches Gericht.

Guten Appetit!

1. Nimm eine der getrockneten Bohnen zwischen die Finger und versuche sie zu zerdrücken. Was fällt dir dabei auf?

____
____
____
____

2. Schütte die getrockneten Bohnen in eine Schüssel und fülle sie so mit Leitungswasser auf, dass es zwei Finger breit über den Bohnen steht. Lasse die Bohnen 24 Stunden stehen. Vergleiche den Wasserstand und erkläre den Unterschied.

____
____
____
____

3. Nimm 5 Bohnen und lege sie in eine Schale, deren Boden mit Küchenpapier bedeckt ist. Halte das Papier während der nächsten Tage immer feucht. Was kannst du beobachten?

____
____
____
____

4. Nimm eine eingeweichte Bohne zwischen die Finger und versuche wieder sie zu zerdrücken. Was fällt dir auf?

____
____
____

5. Nimm 5 Bohnen heraus und lege sie ebenfalls in eine Schale auf Küchenpapier, das du feucht hältst. Was fällt dir nach einigen Tagen auf?

____
____
____
____

6. Führe Experiment 2 und 3 mit Bohnensamen durch, die du eine Stunde lang im Backofen bei 150 °C aufbewahrt hast. Welche Unterschiede stellst du fest?

____
____
____
____

Fototropismus
Geotropismus
Pflanzenwachstum
Quellung
Reiz
Zapfenhygrometer
zweikeimblättrig

Praktikum: Quellung, Keimung, Wachstum

Natura 5 / 6, Seite 198 / 199

Schülerbuch Seite 198 / 199

① Das Gewicht der Erbsensamen dürfte sich etwa verdoppeln.

② *Beispiel:* Bohnensamen mit 1,5 cm Länge quellen zu einer Länge von 2,1 cm. Entsprechend werden sich Bohnensamen anderer Länge auf etwa das 1,4-fache verlängern.

③ Durch Quellung der Erbsensamen werden Platte und Gewicht auf etwa die doppelte Höhe angehoben.

④ Die Bohnensamen nehmen Wasser auf, quellen dabei und sprengen den Gipsblock (Vergleiche: Keimende Pflanzen sprengen sogar Straßenasphalt). Samen, die im Boden liegen, verdrängen und lockern so das Erdreich in der Umgebung. Das erleichtert das erste Wachstum des Keimlings.
Bei diesem Experiment sollte schnell abbindender Gips verwendet werden, da sonst die Bohnensamen schon während des Aushärtens Wasser aufnehmen und den Block zum Platzen bringen. Aber auch dieses Ergebnis ließe sich im Sinne der Aufgabenstellung auswerten.

⑧ Bei der Feuerbohne bleiben die Keimblätter unterhalb der Erdoberfläche innerhalb der Samenschale *(hypogäische Keimung)*. Bei der Gartenbohne werden sie aus der Erde geschoben und ergrünen *(epigäische Keimung)*.

⑨ Die gequollenen Samen haben im Kühlschrank ihre Keimfähigkeit verloren; trockene, ungequollene Samen können dagegen noch normal keimen. In der Natur bedeutet das, dass in unseren Breiten mit ihren frostreichen Wintern nur solche Samen überdauern, die sich in Trockenstarre befinden. (Eine Alternative dazu ist, dass die Samen schon im Herbst keimen und die jungen Pflänzchen den Winter überstehen, wie es z. B. bei unserem Wintergetreide der Fall ist.)

⑩ Siehe Abbildung im Schülerbuch Seite 196.

⑪ Mit Iod-Kaliumiodid-Lösung lässt sich Stärke nachweisen. Die Violettfärbung des Samens zeigt, dass Bohnensamen stärkehaltig sind.

⑫ Siehe Abbildung im Schülerbuch Seite 196.

⑮/⑯ *Beschreibung:* Wurzel und Stängel der Keimpflanzen sind in die Länge gewachsen. Die Tuschemarkierungen sind in die Länge gewachsen. Die Tuschemarkierungen sind durch das Wachstum zum Teil auf mehr als das Doppelte auseinander gezogen.
Vergleich: Der Stängel ist in einem langen Bereich gewachsen, im oberen Abschnitt stärker als im mittleren. Nur im unteren Teil ist kein Längenwachstum zu erkennen.
Die Wurzel hat im Gegensatz dazu eine sehr kurze Streckungszone, ausschließlich im Bereich der Wurzelspitze.

⑰ a) Keimlinge gelbgrün; länger als die Kontrollpflanzen („Vergeilung“).
Begründung: Ohne Licht vergilben Pflanzen, da ohne Licht kein Blattgrün gebildet werden kann. Das überstarke Längenwachstum *(Etiolieren)* ist als „Streben nach Licht“ zu deuten (siehe auch b).
b) Pflanzen im oberen Teil gekrümmt und in Richtung der Öffnung im Karton gewachsen (einseitiges Streckenwachstum). Pflanzen besitzen also die Fähigkeit, auf Licht zu reagieren. Das ist ein Hinweis auf die Notwendigkeit des Lichtes zum Gedeihen.
c) Die Stängel der Keimpflanzen haben sich nach oben gekrümmt, die Wurzeln in der Erde verlaufen entgegengesetzt nach unten.
Erklärung: Der Spross wendet sich dem Licht zu („Streben nach Licht“, siehe a).
Bei der Untersuchung der Wurzel kommt als zweiter Faktor die Schwerkraft ins Spiel.

Arbeitsblatt Seite 233

1. a) Hauptwurzel, b) Nebenwurzeln, c) Laubblätter, d) Blüten, e) Stängel, f) rankende Stängelspitze (Sprossranke).
Pfeile: Laubblätter im Samen → c, Keimknospe → f, Keimstängel → e, Wurzelanlage → a
2. Der Stängel wächst im Bogen, sodass seine Spitze der Öffnung zugewandt ist.
3. Dadurch erreicht die Pflanze maximalen Lichtgenuss.
4. Die Wurzel erreicht auf diese Weise die tieferen Schichten des Bodens, die weniger von Austrocknung gefährdet sind. Die Spitze der Sprossachse wächst nach oben, dem Licht entgegen.

Zapfenhygrometer

Die Quellung lässt sich bei einem Zapfenhygrometer zeigen: Ein Kiefernzapfen auf einem Brettchen befestigt. Auf eine seitliche Schuppe wird ein 5 cm langer Draht geklebt. An der Hinterkante des Brettchens wird ein weißer Karton senkrecht befestigt. Bei Trockenheit (evtl. im Backofen – nur so weit erhitzen, dass der Kleber nicht schmilzt) wird auf dem Karton die Position des Zeigers markiert, ebenso bei 100 % Luftfeuchtigkeit. (In ein Aquarium wird nasses Küchenpapier gelegt, danach verschließen. Das Hygrometer braucht einige Zeit zum Äquilibrieren.) Bei erneuter Austrocknung bewegt sich der Draht, die Reaktion ist reversibel. Durch Vergleich mit einem Hygrometer lässt sich das Zapfenhygrometer sogar eichen.

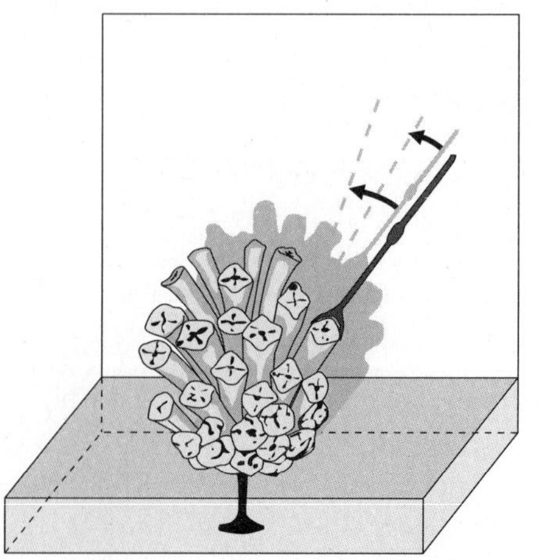

Wachstum und Entwicklung der Bohne

1. Beschrifte die Bohnenpflanze. Zeichne die Pfeile von den Organen des Samens zu den Organen der Bohnenpflanze, die sich jeweils daraus entwickeln.

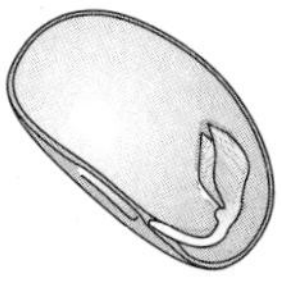

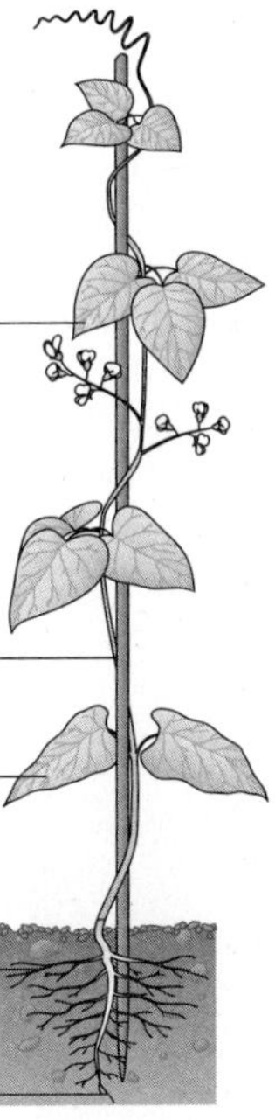

a) ______________________________

b) ______________________________

c) ______________________________

d) ______________________________

e) ______________________________

f) ______________________________

2. In einem Experiment hat man über eine junge Bohnenpflanze eine lichtdichte Schachtel gestülpt, die nur an einer Seite eine Öffnung hatte. Beschreibe die Reaktion der Pflanze.

____

____

____

3. Welche Bedeutung kann die im Versuch beobachtete Reaktion der Pflanze in der Natur haben?

____

____

____

4. In einem weiteren Experiment dreht man einige Zeit nach der Keimung den Keimling so, dass die Wurzel waagrecht liegt. Man beobachtet das Wachstum von Spross und Wurzel über einen längeren Zeitraum (siehe Abbildung).
Welche Bedeutung hat die Reaktion der Pflanze in der Natur?

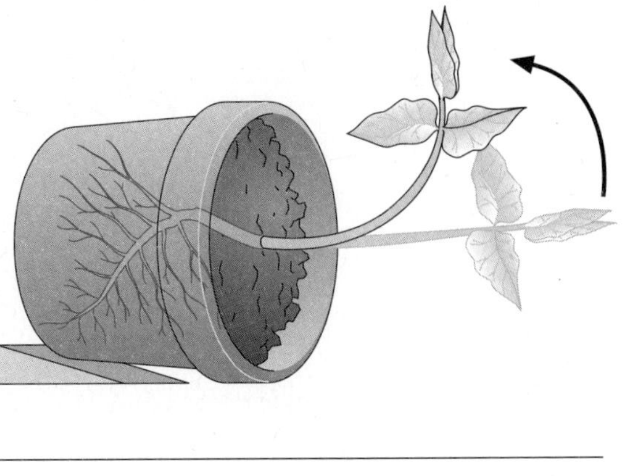

____

____

____

____

Die Ansprüche der Pflanzen an Wasser, Boden und Licht

Natura 5/6, Seite 200/201

Schülerbuch Seite 201

① Stelle den Zweig einer Zimmerpflanze (Buntnessel, Fleißiges Lieschen) oder eines Laubbaumes (Weide, Pappel) für 24 Stunden in mit roter Tinte gefärbtes Wasser. Schneide den Zweig anschließend quer durch.
a) Betrachte den Querschnitt mit der Lupe und zeichne, was du erkennst.
b) Beschreibe und erkläre das Ergebnis.
c) Verfahre ebenso bei einem Längsschnitt.

– *a) siehe Abbildungen*
b) Ein Vergleich mit dem Aufsaugen von Flüssigkeiten in Würfelzucker (bzw. Erdboden) zeigt die Besonderheit des Wassertransports in Pflanzen (vgl. Randabbildung): Der Stängel ist nur in einigen Bereichen rot gefärbt: Hier befinden sich die Gefäßbündel, in denen Wasser von den Wurzeln zu den Blättern geleitet wird (Gefäßteil, Holzteil, Xylem).
c) Der Verlauf der Gefäßbündel wird im Längsschnitt noch deutlicher. Diese Wasserleitungsbahnen befinden sich nicht überall im Stängel, sondern sind (je nach Pflanzenart) in unterschiedlicher Weise im Stängel angeordnet.

② Bringe je einen Tropfen Klebstoff auf die Ober- und Unterseite eines Laubblattes. Den getrockneten Klebstoff kannst du wie eine Haut abziehen. Betrachte dann die beiden Abdrücke mit der Lupe und unter dem Mikroskop. Vergleiche.

– *Als Klebstoff eignet sich ein gut härtender Kleber. In der Regel sind die Abdrücke der Spaltöffnungen (nur auf den Abdrücken der Blattunterseite, s. Abbildung 200.1) leicht zu finden und besser zu untersuchen als am realen Blatt. Auch die Umrisse der ineinander verzahnten Epidermiszellen sind zu erkennen.*

③ Bringe je einen Tropfen destilliertes Wasser, Leitungswasser und Flüssigdünger auf eine saubere Glasplatte. Lass das Wasser verdunsten und beschreibe deine Beobachtungen. Erkläre.

– *Auf der Glasplatte bleiben die im Leitungswasser gelösten Mineralstoffe zurück. Das destillierte Wasser dagegen verdunstet restlos, während der Flüssigdünger besonders viele Stoffe zurücklässt.*
Erklärung: Wasser löst beim Kontakt mit dem Erdreich darin enthaltene Mineralstoffe, die bei der Herstellung von destilliertem Wasser (Destillation) abgetrennt werden. In Dünger dagegen sind viele Stoffe enthalten, die das Wachstum der Pflanzen fördern.

Literaturhinweise

KNUST, INGEBORG: Experimentalunterricht zu „Wasserhaushalt der Pflanzen“; Unterricht Biologie 6/1982, Heft 71, S. 35
THIES, MANFRED: Mikroskopie von Lackabzügen; Unterricht Biologie 11 (1987), Heft 129, S. 53

Arbeitsblatt Seite 235

Die Verdunstung durch Blätter kann alternativ auch durch Wägung bestimmt werden, wenn eine Waage zur Verfügung steht, die bei genügend großem Messbereich auch noch empfindlich genug ist. Eine Ergänzung des Versuchs wäre z.B. das Abdecken von Blattunter- bzw. Oberseite mit Vaseline (s.u.). So lässt sich die unterschiedliche Bedeutung der beiden Blattseiten erschließen. Die mikroskopische Untersuchung könnte dann eine Lösung des Problems liefern. Zu beachten ist, dass viele Pflanzen auch an der Oberseite der Blätter Spaltöffnungen haben, wie z.B. die Geranie (170/mm^2) auf der Oberseite, 140/mm^2 auf der Unterseite), die Erbse (100/200) und die Pappel (20/115).

Spaltöffnungsmodell und Verdunstungswaage

Die turgorabhängige Bewegung der Spaltöffnungszeiten lässt sich am Fahrradschlauchmodell erklären. Man hängt einen Fahrradschlauch mit Stativmaterial so auf, dass zwei parallele, nebeneinander hängende Abschnitt entstehen. Aus einem zweiten Fahrradschlauch geschnittene Streifen klebt man mit Gummilösung auf die Innenseiten des aufgehängten Schlauchs. Diese Streifen entsprechen den innen liegenden verstärkten Zellwänden der Spaltöffnungszellen. Beim Aufpumpen des Schlauchs vergrößert sich der Zwischenraum zwischen den beiden Abschnitten.

Zwei gleichartige Blätter werden dünn mit Vaseline eingerieben, das eine auf der Ober-, das andere auf der Unterseite. Die Blätter werden mit Nähgarn an den Enden eines Strohhalms befestigt. In der Mitte wird der Strohhalm an einem Stativ aufgehängt. Durch Verschieben des Aufhängepunktes stellt man eine waagrechte Linie des Halms ein. Nach einigen Stunden bemerkt man, dass die Seite, an der sich die Vaseline auf der Oberseite des Blattes befindet, absinkt.

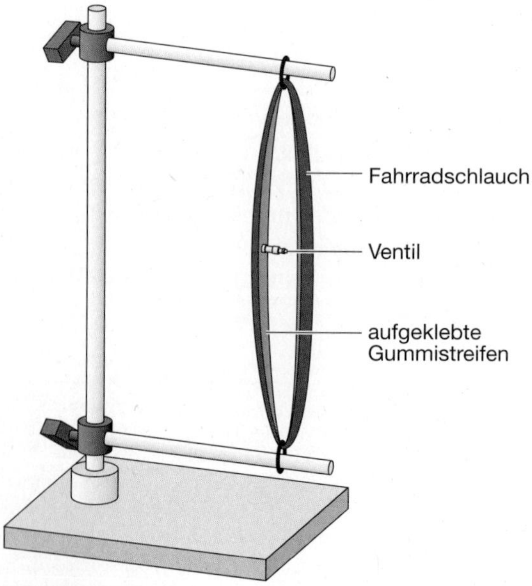

Spaltöffnungsmodell

Wie durstig ist eine Pflanze?

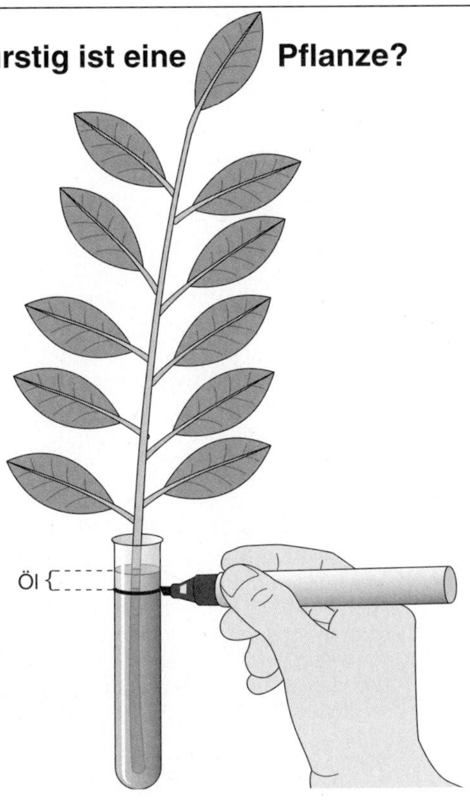

Pflücke drei Zweige eines Laubbaumes (z. B. Rotbuche, Hainbuche oder Eiche). Achte darauf, dass die drei Zweige möglichst ähnlich sind (gleiche Blattzahl, ähnliche Blattgröße usw.). Fülle drei Reagenzgläser gleich hoch mit Wasser. Schneide in einer Schüssel die Zweige unter Wasser mit einem scharfen Messer an und stecke sie in die Reagenzgläser. Markiere den Wasserstand mit einem wasserfesten Filzstift. Schütte ein wenig Speiseöl auf die Wasseroberfläche. Stelle zwei Reagenzgläser in einen Reagenzglasständer. Pflücke bei einem Zweig die Hälfte der Blätter ab. Bring das dritte Reagenzglas mit dem Zweig (natürlich auch in einem Reagenzglasständer) in einen anderen Raum und stelle einen Ventilator davor auf. Markiere täglich den Wasserstand.

Wenn du nach dem Versuch die Gläser ausleerst, die Wassermenge bestimmtst und dann mithilfe eines Messzylinders die Gläser jeweils bis zu den Markierungen füllst, kannst du herausfinden, wie viel Wasser die Zweige verbraucht haben. (Die Zweige müssen dabei noch in den Gläsern stecken!)

Aufgaben

1. Markiere mit drei verschiedenen Farben den Wasserverbrauch der Zweige für die verschiedenen Tage (z. B. rot für Zweig 1, blau für Zweig 2 und grün für Zweig 3) und zeichne ein entsprechendes Balkendiagramm.

2. Lege eines der abgepflückten Blätter auf das Kästchenpapier und zeichne seine Konturen mit einem Bleistift nach. Indem du die Kästchen, die mindestens zur Hälfte bedeckt waren, auszählst, kannst du bestimmen, wie groß etwa die Fläche des Blattes ist.
   Nenne Schlussfolgerungen aus den Ergebnissen.

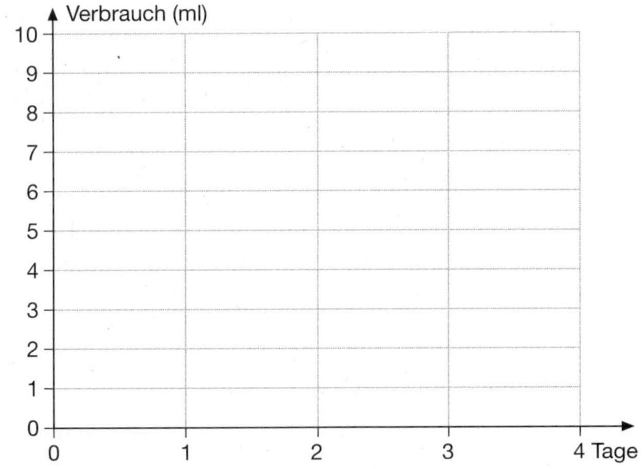

Blattflächen: Zweig 1: ___ cm^2; Zweig 2: ___ cm^2; Zweig 3: ___ cm^2 (1 cm^2 = 4 Kästchen)

____

____

____

____

____

____

____

____

Pflanzen erzeugen Nährstoffe
Fotosynthese und Zellatmung

Natura 5/6, Seite 202/203

Schülerbuch Seite 203

① Beschreibe anhand der Abbildung 1 den Gaswechsel bei der Fotosynthese bzw. bei der Zellatmung.

– *In der grünen Pflanzenzelle wird unter Lichteinwirkung aus Kohlenstoffdioxid und Wasser Zucker bzw. Stärke hergestellt. Dabei wird Sauerstoff frei. Diesen Vorgang nennt man Fotosynthese, weil dabei mithilfe von Licht (griech. fos, fotos = Licht; vgl. „Foto"apparat) Stoffe hergestellt (synthetisiert) werden.*
Bei der Zellatmung wird Zucker bzw. Stärke zusammen mit Sauerstoff zur Energiegewinnung genutzt. Dabei entstehen Kohlenstoffdioxid und Wasser als Abfallstoffe.

② Welche Beobachtung hätte PRIESTLEY gemacht, wenn er eine Maus und eine grüne Pflanze im Dunkeln in einem luftdicht verschlossenen Gefäß gehalten hätte?

– *Die Maus wäre noch schneller ohnmächtig geworden, da die Pflanze bei Dunkelheit ebenfalls Sauerstoff aus der Luft benötigt, um zu atmen.*

③ Auch Wurzeln müssen mit Sauerstoff versorgt werden. Begründe.

– *Wurzeln sind lebende Pflanzenorgane. Sie müssen mit Energie versorgt werden, also Zellatmung betreiben. Da die Wurzeln niemals grün sind, also auch keine Fotosynthese betreiben können, wird in ihnen auch kein Sauerstoff freigesetzt. Wurzeln müssen also anderweitig damit versorgt werden.*

④ Beschreibe den in der Randabbildung dargestellten Versuch. Erkläre seine Bedeutung für die Erforschung der Fotosynthese.

– *Die Beschreibung in der Randspalte des Schülerbuchs sollte vom Schüler mit eigenen Worten wiedergegeben werden. Der Versuch belegt, dass nur an den Stellen des Blattes Stärke gebildet wird, d.h. Fotosynthese stattfindet, auf die Licht auftrifft.*

Hinweise zum Schablonenversuch

Bei der Durchführung des im Schülerbuch beschriebenen „Schablonenversuchs" garantiert die Beachtung einiger Punkte den Erfolg:
Es ist wichtig, dass die Schablone dem Blatt eng anliegt, um Unterstrahlungen zu vermeiden. Weiter muss die Rückseite ebenfalls abgedunkelt werden, um Lichteintritt von hinten und damit am falschen Platz ausgelöste Fotosynthese zu verhindern. Lösen lässt sich dieses Problem, indem das Blatt (gut geeignet und ganzjährig verwendbar sind z.B. Geranienblätter) zwischen eine Glasscheibe und ein Stück Wellpappe gelegt wird. Glasscheibe, Wellpappe, Schablone und Blatt werden durch Wäscheklammern aufeinander gepresst (bei Verwendung eines Geranienblattes muss die Pappe einen Einschnitt erhalten, damit der Blattstiel nicht beschädigt wird). Durch die Verwendung von Wellpappe wird der Gaswechsel auf der Blattunterseite nicht behindert.

Ebenfalls von Bedeutung ist, dass das Blatt vorher kräftig ausgehungert wird. Dazu reicht ein 12-stündiger Aufenthalt im Dunkeln. Das noch an der Pflanze befindliche Blatt, zwischen Glasscheibe und Pappe wie beschrieben eingeklemmt, wird mit Stativmaterial gehalten. Die Pflanze wird in einem dunklen Raum (Keller, großer Karton, z.B. von Fernsehgerät o.ä.) aufbewahrt. 12 Stunden vor dem geplanten Auswertungstermin beginnt die Belichtung mit einer Leuchtstoffröhre (keine Gefahr der Überhitzung, ca. 15–20 cm Entfernung, 30 W), die zweckmäßigerweise mit einer Schaltuhr ein- und ausgeschaltet wird.

Als Schablone kann man z.B. das Foto eines Schülers verwenden, das man einscannt (dabei auf 1 Bit Farbtiefe, also reines Schwarz-Weiss, schalten) und mit einem Bildbearbeitungsprogramm in ein Negativ umwandelt. Nach Ausdruck und Kopie auf Folie hat man eine Schablone, die bei dem geschilderten Versuch wieder ein Positiv ergibt.

Das Entfärben geschieht am besten in einer Kristallisierschale mit Brennspiritus, der auf einer Elektrokochplatte erhitzt wird. Wegen der Geruchsentwicklung empfiehlt sich ein Arbeiten unter dem Abzug oder am geöffneten Fenster.

Arbeitsblatt Seite 237

Ergebnis: Die Bläschenzahl wird mit zunehmender Entfernung von der Lichtquelle geringer. Die Lichtstärke ist umgekehrt proportional dem Quadrat der Entfernung, deshalb müssten die gemessenen Werte ungefähr im Verhältnis 36 : 8 : 2 : 1 stehen.

Sauerstofferzeugung bei der Wasserpest

Wasserpest ist im Aquariengeschäft erhältlich. Der beschriebene Versuch kann bei Vorhandensein eines Luxmeters so abgeändert werden, dass man den Projektor jeweils so weit entfernt, dass die Helligkeit am Standzylinder immer die Hälfte des vorherigen Wertes ausmacht. Die direkte Abhängigkeit von der Lichtintensität lässt sich so leicht demonstrieren. Das entstehende Gas kann mit einem wassergefülltem Trichter und einem Reagenzglas aufgefangen werden. Mit der Glimmspanprobe wird es als Sauerstoff identifiziert.

Wer kann unter Wasser Bläschen machen?

> Unter Wasser Bläschen machen
> Kinder, ein Rätsel! Hört mich an!
> Wer es herausbekommt, kriegt Geld! –
> Wie kann man unter Wasser Bläschen
> machen?
>
> Das müsst ihr versuchen – unbedingt! –
> In der Badewanne. Und wenn es gelingt,
> Werdet ihr lachen.
>
> J. RINGELNATZ

1. Führe folgenden Versuch durch:
   Schneide vom Spross einer Wasserpest ein frisches Stück ab und bringe es sofort mit der Schnittstelle nach oben, also „kopfüber", in ein großes Glas oder einen Standzylinder mit frischem Leitungswasser. Beleuchte das Glas mit dem Licht eines Diaprojektors, den du 50 cm von dem Glas entfernt aufstellst. Zähle, wie viele Bläschen aus der Wasserpest in einer Minute (Stoppuhr) aufsteigen. Wiederhole das Ganze noch 3-mal und berechne den Durchschnittswert. Wiederhole den Versuch mehrere Male, stelle jetzt aber den Diaprojektor 1 m, 2 m und 3 m entfernt auf!

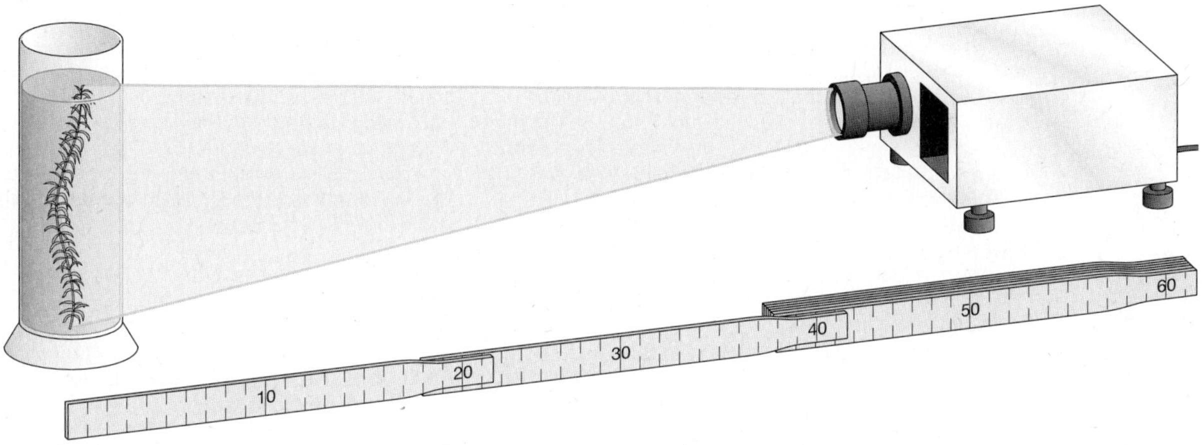

2. Zeichne die Messwerte in das Koordinatensystem ein.

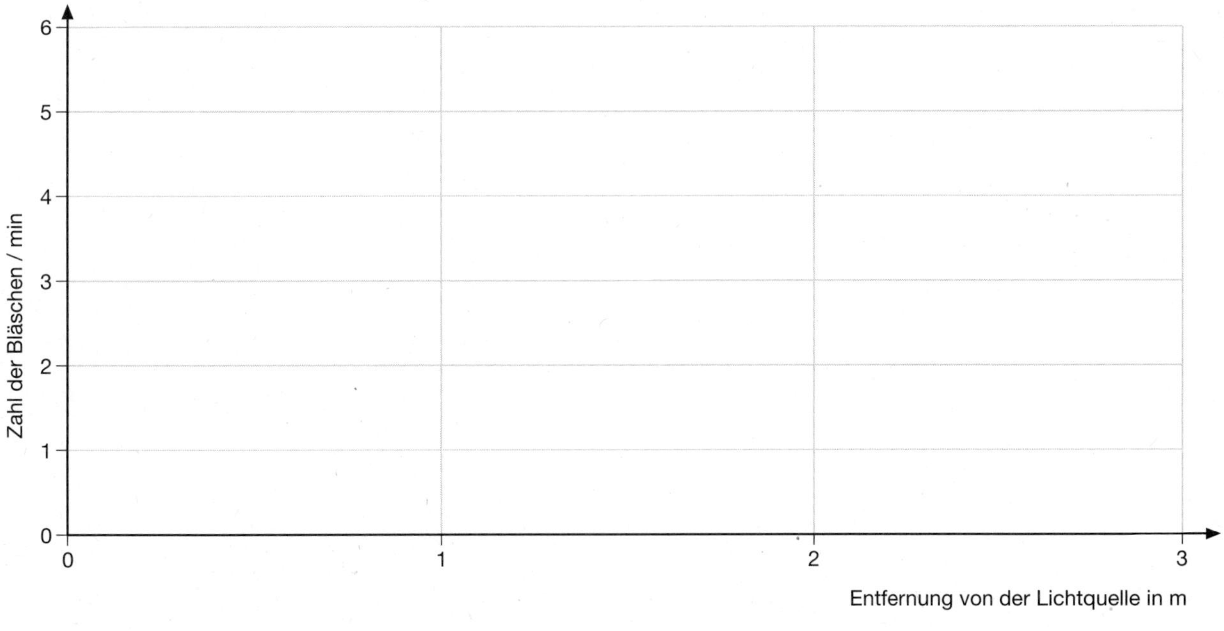

3. Finde eine Erklärung für die Messergebnisse.

____

____

____

Der Besenginster – ein Strauch auf kargem Boden
Lexikon: Pflanzen verschiedener Standorte

Natura 5/6, Seite 204–207

Arbeitsblatt Seite 239

1. Bildreihe I: Wiesenklee,
   Bildreihe II: Besenginster
2. a) Fahne, b) Flügel, c) Schiffchen
3. A: II/3, B: I/2, C: I/1, D: II/2, E: II/1, F: I/3

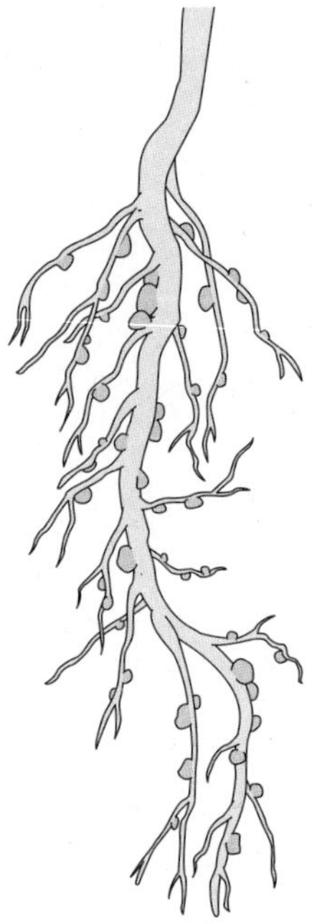

Knöllchen an Schmetterlingsblütler-Wurzel

Hülse und Schote

Häufig werden die Früchte der Schmetterlingsblütler fälschlich als Schote bezeichnet, obwohl der gebräuchliche Begriff „Hülsenfrucht" den richtigen Ausdruck nahelegt. Um den Unterschied zwischen diesen beiden Fruchttypen deutlich zu machen, bieten sich Papiermodelle an. Man benötigt drei Blätter Schreibmaschinenpapier, einen Bogen Durchschlagpapier, einige Papierkügelchen als Samen (1 bis 2 cm Durchmesser) sowie Klebstoff.

Hülse
2 cm von den Längsrändern eines Schreibmaschinenbogens entfernt werden (in der Höhe versetzt) jeweils 4 oder 5 Papierkügelchen aufgeklebt. So wird das Fruchtblatt mit den Samen dargestellt. Der Bogen wird nun der Länge nach gefaltet, sodass rechter und linker Rand aufeinander liegen. Die beiden Ränder werden nun zusammengeklebt. So entsteht die Längsnaht der Hülse. Wenn der Längsknick in der Mitte des Blattes scharf genug ist, ist auch die Mittelrippe des Fruchtblatts der Hülse zu erkennen.

Schote
Die „Samen" werden an den Längsrändern von zwei Schreibmaschinenbogen mit Entfernung zum Rand aufgeklebt und zwar so, dass sie, wenn die Bögen aufeinander gelegt werden, auf Lücke liegen. Das Blatt Durchschlagpapier wird dazwischen gelegt und alle Ränder verklebt.

Z Die Erdnuss – ein Schmetterlingsblütler mit eigenartiger Verbreitung

Die Erdnuss versenkt ihre Früchte durch aktive Wachstumsbewegungen in den Boden. Die Blüte (1) entwickelt nach der Befruchtung ihrer Eizellen an der Basis ihres Fruchtknotens ein Streckungsgewebe (2), das sich abwärts krümmt und den Fruchtknoten bis zu 8 cm unter die Erdoberfläche schiebt (3, 4). Hier entwickelt sich der Fruchtknoten zur braunen, brüchigen Hülse (5, 6), die meist nur zwei Samen enthält. Die feine rote Haut, die wir um die Samen finden, ist die zarte Samenschale. Gegessen werden die Keimblätter, die hauptsächlich Fett und Eiweiß enthalten. Die Folienvorlage zeigt die Erdnuss, die Ziffern kennzeichnen die Entwicklungsstadien der Frucht in ihrer Reihenfolge. Auch die Erdnuss entwickelt Wurzelknöllchen.

Medienhinweise

FWU 36 00095 Natürliche und künstliche Bestäubung der Erbsenblüte
FWU 10 02050 Stickstoffkreislauf

Literaturhinweise

EHRNSBERGER, R.: Blüten und ihre Bestäuber, Unterricht Biologie 8 (1984) Heft 92, 1–8

Erdnuss

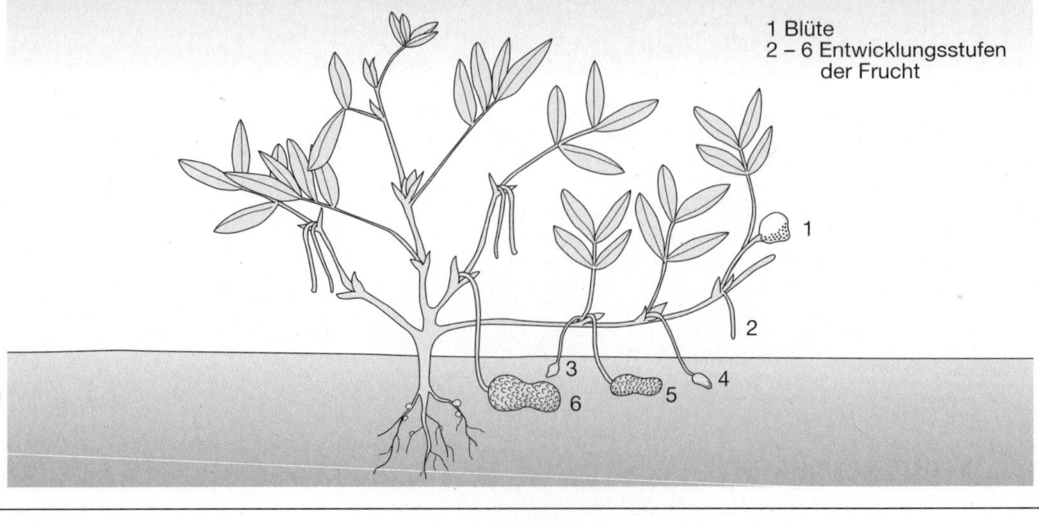

Besondere Bestäubungseinrichtungen bei Schmetterlingsblütlern

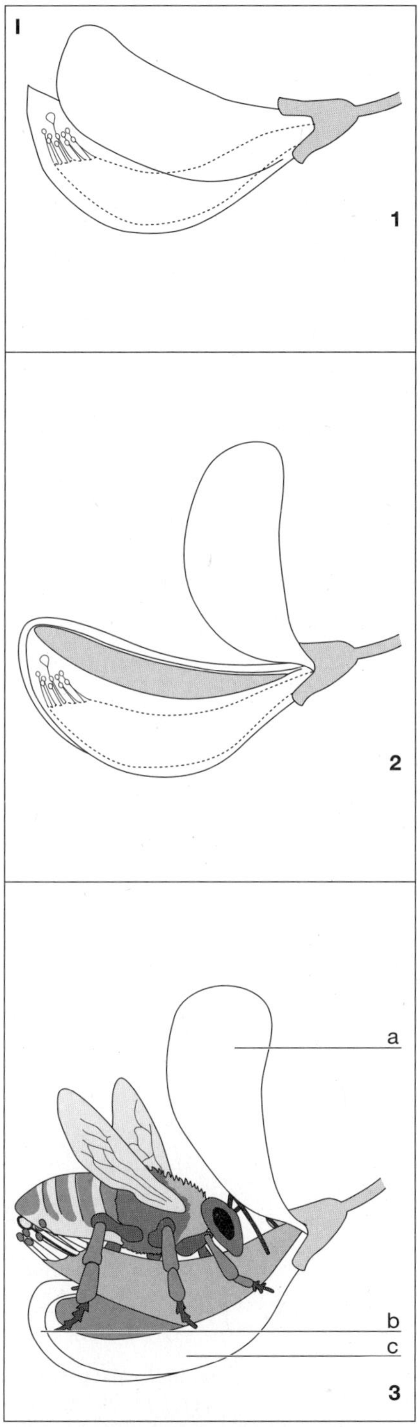

Aufgaben

1. Finde heraus, welche Bildfolge zum **Wiesenklee** und welche zum **Besenginster** gehört.

   I: ____________________

   II: ____________________

2. Beschrifte Abbildung I 3 und II 3.

3. Welche Sätze gehören zu welchem Bild?

B) Wenn die Blüte zur Bestäubung reif ist, klappt die Fahne nach oben. Staubfäden und Griffel liegen frei.

Bild: _____

C) In der geschlossenen Blüte des **Wiesenklees** liegen die verwachsenen Staubfäden und der Griffel.

Bild: _____

D) Wenn die Blüte zur Bestäubung reif ist, klappt die Fahne nach oben. Die Flügel halten das Schiffchen noch mit kleinen Gelenken geschlossen.

Bild: _____

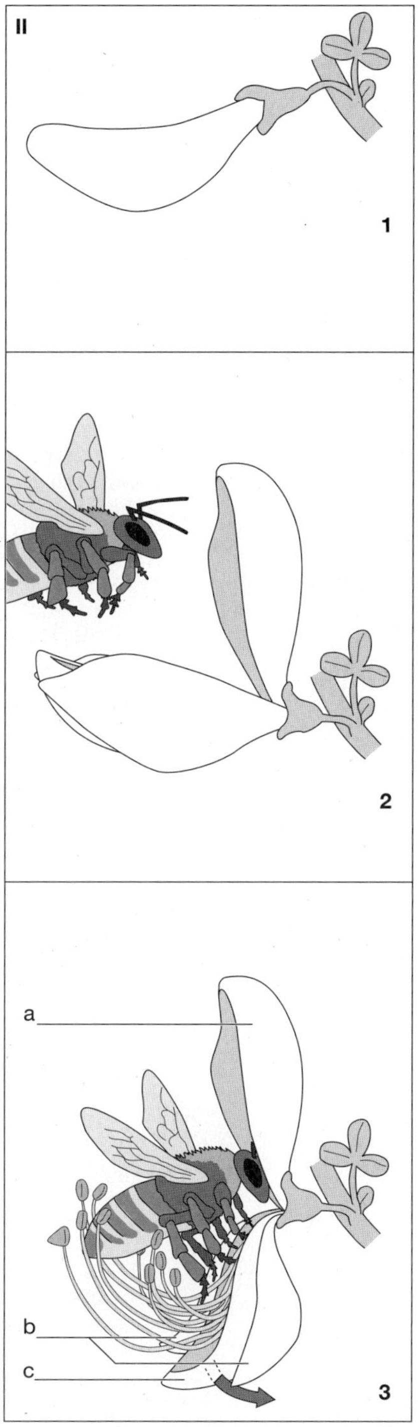

A) Das Insekt landet auf dem Schiffchen. Dieses springt nach unten weg. Staubblätter und Griffel schnellen heraus und treffen Bauch und Rücken des Insekts. Dabei rollen sie sich spiralig auf und können nicht mehr in ihre alte Lage zurückkehren.

Bild: _____

E) In der geschlossenen Blüte des **Besenginsters** sind die verwachsenen Staubfäden und der Griffel im Schiffchen eingeschlossen. Sie stehen unter Spannung.

Bild: _____

F) Das landende Insekt drückt das Schiffchen und die Flügel herab. Griffel und Staubblätter berühren den Bauch. Wenn das Insekt wegfliegt, federn Schiffchen und Flügel wieder zurück. Die Blüte ist bereit für das nächste Insekt.

Bild: _____

Pflanzen schützen sich
Material: Schutz vor Austrocknung – eine trockene Sache?

Natura 5/6, Seite 208/209

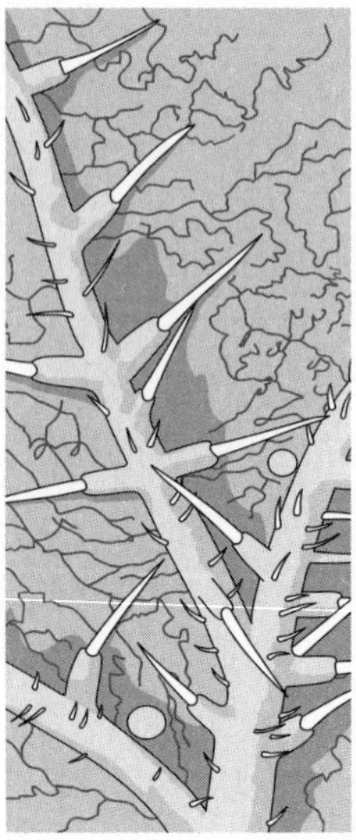

Brennhaar der Brennnessel nach HOOKE, R. (1665)

Schülerbuch Seite 208

① „Keine Rose ohne Dornen." Stimmt diese Redensart?
– *Rosen bilden Stacheln aus, die Redensart ist also falsch. In der Familie der Rosengewächse gibt es aber Arten mit Dornen.*
② Überlege, ob sich Stachel oder Dorn leichter abbrechen lassen.
– *Stacheln sind Gebilde, die aus dem eher weichen Rindengewebe entstehen, das härtere Holz ist an ihrer Bildung nicht beteiligt. Sie brechen bei seitlichem Druck deshalb relativ leicht ab. An der Bildung der Dornen ist auch das Holz beteiligt; man kann sie nur sehr schwer abbrechen.*
③ Suche bei einem Lerngang nach Sträuchern oder Bäumen, die Dornen bzw. Stacheln tragen. Gibt es auch krautige Pflanzen mit derartigen Schutzvorrichtungen?
– *Sprossdornen gibt es bei verschiedenen Sträuchern aus der Familie der Rosengewächse, z. B. Weißdorn und Schlehe. Stacheln finden sich z. B. bei Brombeeren. Disteln weisen Blätter mit dornigen Spitzen auf. Blattdornen gibt es bei der Berberitze und beim Stechginster.*

Schülerbuch Seite 209

③ Die Wertetabelle bzw. die vom Schüler gezeichneten Abbildungen zeigen, dass der Apfel ohne Schale innerhalb einer Woche viel Wasser verliert (79 g), mit Schale aber nur sehr wenig (4 g). Die Schale schützt demzufolge vor Austrocknung.
④ Die Wassertropfen auf dem geschälten Apfel dringen innerhalb einiger Sekunden in den Apfel ein. Auf dem ungeschälten Apfel perlen die Wassertropfen ab. Die Schale des Apfels ist wasserabweisend, d. h. sie verhält sich ähnlich wie z. B. Autowachs oder Silikon.
⑤ Weitere geeignete Versuchsobjekte sind z. B. Kartoffeln.
⑥ Die Schüler sollten mehrere Beispiele finden: Ostfriesennerz (PVC), Sympatex bzw. Goretex, Autowachs, Lacke, Silikon, Plastikfolie, Alufolie.
⑦ Pflanzenorgane mit hohem Wassergehalt, wie Früchte, krautige Sprosse und Laubblätter, sind nicht zum Überwintern geeignet. Pflanzenorgane, die überwintern können, wie Holz oder Samen, haben einen deutlich niedrigeren Wassergehalt.
⑨ Freies Wasser in den Pflanzenorganen kann gefrieren, die Eiskristalle können die Zellen zerstören.
⑩ In Abb. 1 und 2 wird die Änderung einer bestimmten Größe im Laufe der Zeit dargestellt. Die Tabelle zum Wassergehalt zeigt Werte für verschiedene Pflanzenorgane, die unabhängig voneinander ermittelt wurden und die sich nicht verändern. Eine Darstellung wie bei Abb. 1 und 2 ist deshalb nicht sinnvoll.

Arbeitsblatt Seite 241

1. Die Brennhaare stehen unterschiedlich dicht, am dichtesten auf der Blattoberseite, am wenigsten dicht auf der Sprossachse.
2. a) Die kugelige Spitze muss eingezeichnet werden. Die kanülenartige Spitze ist hart, die verbreiterte Basis weich.
   b) Das Brennhaar hat keine Spitze mehr und ist oft umgeknickt.
3. Die Brennnessel wird gut im Boden verankert (z. B. Wachstum an Flussufern). Weiterhin ermöglichen die zahlreichen unterirdischen Ausläufer die ungeschlechtliche Vermehrung.

Die Brennnessel

Die Brennnessel wird bereits bei PLINIUS als die „am meisten verhasste aller Pflanzen" bezeichnet. Sie wird gemeinhin als „Unkraut" angesehen. Ihr Brennen mag der Grund gewesen sein, dass sie in der altgermanischen Mythologie das Symbol des Blitzgottes war, dessen Strahl ebenfalls sengt und brennt. Auch heute noch wird die Brennnessel regional „Donnernessel" genannt. Ihr medizinischer, ökologischer, kulinarischer und gärtnerischer Nutzen wird heute noch oft übersehen.

Ihre verkieselten und dadurch spröden Brennhaare bestehen aus jeweils einer einzigen Zelle, gefüllt mit Ameisen-, Essig- und Buttersäure. An ihrer Spitze befindet sich ein kleiner, etwas seitlich angesetzter knopfartiger Höcker, der bei Berührung abbricht. Die nun offen liegende Spitze ist abgeschrägt wie eine Injektionsnadel und dringt so leicht in die Haut ein. Die Zelle sitzt auf einem kleinen vielzelligen Gewebehöcker. Beim Welken wird dieser Fuß weich, sodass die Haare leicht umknicken und nicht in die Haut eindringen.

Viele Tierarten ernähren sich ausschließlich von der Brennnessel (und engen Verwandten). Hierzu zählt nicht nur der in diesem Zusammenhang oft genannte Kleine Fuchs *(Aglais urticae)*, dessen Raupen Brennnesselblätter fressen, sondern auch Insekten anderer Arten, z. B. Brennnessel-Gallmücke *(Dasineura urticae)*, Brennnessel-Glanzkäfer *(Brachypterus urticae)* und ca. 30 weitere Arten.

Aus den Bastfasern der Brennnessel wurden bis zum 1. Weltkrieg Textilien gewoben. Im „Nesselstoff" ist ihr Name erhalten geblieben, heute werden aber andere Pflanzen *(Ramie)* verwendet.

Medienhinweis

FWU 42 02126 Der Kampf ums Überleben

Literaturhinweise

BAUMANN, B.: Brennnessel-Safari; In: Unterricht Biologie 243 (4/1999). S. 22 ff.

Brennhaare der Brennnessel

1. Schneide von der Sprossachse, der Blattoberseite und der Blattunterseite einer Brennnessel ein kleines Stückchen ab (nicht berühren). Mikroskopiere bei schwacher Vergrößerung. Vergleiche die Menge der Haare!

Sprossachse	Blattunterseite	Blattoberseite

2. Gib einen Tropfen Wasser auf einen Objektträger. Schneide ein kleines Stückchen der Oberfläche eines Brennnesselblattes ab, auf dem einige Haare stehen. Fasse das Blattstückchen nur mit der Pinzette am Rand an, damit die Haare unverletzt bleiben. Gib das Stückchen in den Tropfen, lege ein Deckglas auf und mikroskopiere.
   a) Vervollständige die Skizze. Zeichne ein, wo sich das Gift befindet. Welcher Teil ist hart und spröde, welcher Teil ist weich?

   ____

   ____

   ____

   b) Wie sieht ein Brennhaar aus, das die reizende Flüssigkeit entlassen hat?

   ____

   ____

   ____

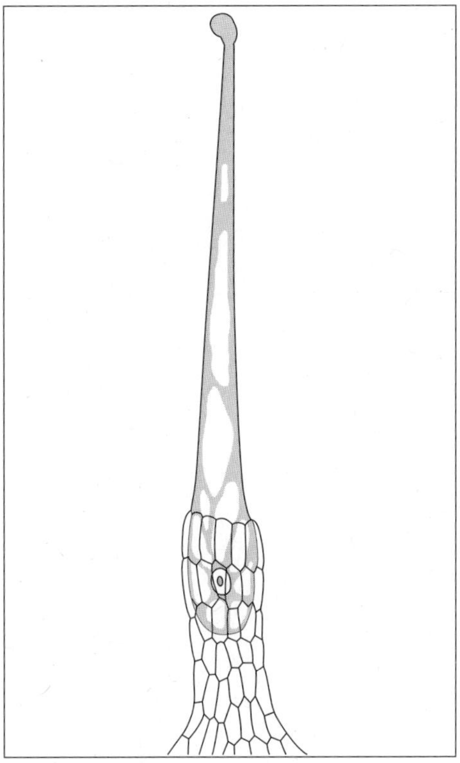

3. Wenn man Brennnesselpflanzen vorsichtig ausgräbt und die unterirdischen Teile mit Wasser abspült, erhält man folgendes Bild. Welche Bedeutung haben die unterirdischen Teile für die Brennnessel?

____

____

____

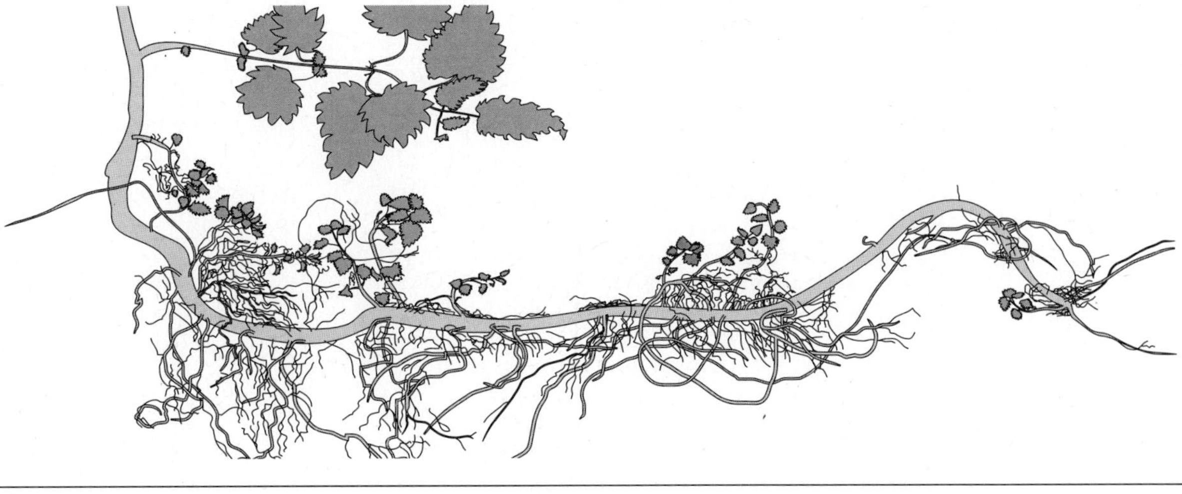

Blütengrundriss
Frühblüher
Krokus
Reservestoffspeicherung
Schneeglöckchen
Überwinterung – Pflanze
Zwiebel

Das Schneeglöckchen – Blüten im Schnee

Natura 5/6, Seite 210/211

Schülerbuch Seite 211

① Ordne den Ziffern der Abb. 1 die richtigen Begriffe zu. Gib an, durch welche Einrichtungen die Blüte des Schneeglöckchens gegen Kälte geschützt ist.

– *1) Hüllblatt, 2) Hochblätter, 3) Blütenblätter, 4) Laubblätter, 5) Frucht (Kapsel), 6) Samen mit Anhängsel.*
Hochblätter, Hüllblätter und Laubblätter schützen die Blüte. Die äußeren Blumenblätter wirken zusätzlich wie Kelchblätter und schützen die inneren Organe der Blüte.

② Beschreibe anhand der Abbildung, wie sich das Aussehen einer Zwiebel im Jahresverlauf verändert.

– *Im Herbst/Winter ist die Zwiebel in Winterruhe. Sie besitzt viele fleischig verdickte Blätter, die Reservestoffe enthalten. Der Spross mit der Blütenanlage ist stark verkürzt. Zwei Seitenknospen sind sichtbar, die sich später zur Brut- und Ersatzzwiebel entwickeln. Im zeitigen Frühjahr streckt sich der Spross und kommt über die Erdoberfläche. Während des folgenden Wachstums verschwinden die mit Reservestoffen gefüllten Zwiebelschuppen. Gleichzeitig wird die Ersatzzwiebel größer, die Brutzwiebel verdickt sich ebenfalls, bleibt aber kleiner. Am Ende des Sommers hat die Ersatzzwiebel das gleiche Aussehen wie die ursprüngliche Zwiebel des Vorjahres.*

③ Der Samen des Schneeglöckchens besitzt ein nährstoffhaltiges Anhängsel, das von Ameisen gerne gefressen wird. Welche Bedeutung hat das für die Schneeglöckchen?

– *Die Ameisen tragen die Samen als Nahrungsvorrat in ihren Bau. Wenn sie unterwegs Samen verlieren, können an neuer Stelle Schneeglöckchen wachsen.*

Arbeitsblatt Seite 243

1. Schneeglöckchen: a) äußere Schalen (Blätter trocken), b) innere Schalen (Blätter fleischig), c) Knospe, d) Ersatzzwiebel, e) Brutzwiebel, f) Zwiebelscheibe, g) Wurzeln, Krokus; h) Laubblätter, i) neue Knollenanlage, k) äußere Schale (trocken, verkümmerte Blattreste), l) letztjährige Knolle, m) Wurzeln
2. Die äußere Schicht der Knolle besitzt verkümmerte Blätter. Nur Sprossachsen entwickeln Blätter.
3. Sprossachse Schneeglöckchen: zwischen Knospe und Wurzel, ebenso Krokus: Knollen unter der trockenen Hülle; Blätter Schneeglöckchen: fleischige und trockene „Schalen", ebenso Krokus: trockene Hülle, grüne Laubblätter; Wurzel: bei beiden Pflanzen entsprechend.

Schneeglöckchenlektine und Kartoffeln

Schneeglöckchen müssen kaum unter Schnecken- und Insektenbefall leiden. Ursache dafür sind Lektine, für Schnecken und Insekten giftige Inhaltsstoffe. Der Gedanke, Lektingene in Nutzpflanzen einzubauen, führte 1999 zu einer Kartoffel, die durch Schneeglöckchenlektine vor Schädlingsbefall geschützt ist. Allerdings zeigte sich nach detaillierten Fütterungsstudien, dass aufgrund des Lektins, das für Wirbeltiere als unschädlich galt, bei Ratten, die intensiv mit diesen Kartoffeln gefüttert wurden, das Immunsystem und die inneren Organe Schaden genommen hatten.

Schutzstatus: Außerhalb von Gärten vorkommende Schneeglöckchen sind genauso wie Märzenbecher geschützt. Der aus dem Mittelmeerraum stammende Krokus vermehrt sich bei uns nicht durch Samen, er ist daher auf Gärten beschränkt und unterliegt keiner Schutzregelung. Für Untersuchungen muss in beiden Fällen auf Gartenexemplare zurückgegriffen werden.

Leben aus der Konserve

„Hässlich, diese verblühten Dinger!" sagt Herr Maier über die verwelkten Schneeglöckchen in seinem Garten und schneidet sie über der Erdoberfläche ab.

Im nächsten Jahr sagt er: „Mickrige Dinger, diese Schneeglöckchen. Wenn sie nächstes Jahr noch kleiner sind, schmeiße ich sie 'raus und setze Neue …"

Was meinst du: Muss Herr Maier nächstes Jahr seine Drohung wahrmachen oder weißt du, wie man den Blumen noch eine Chance geben kann?

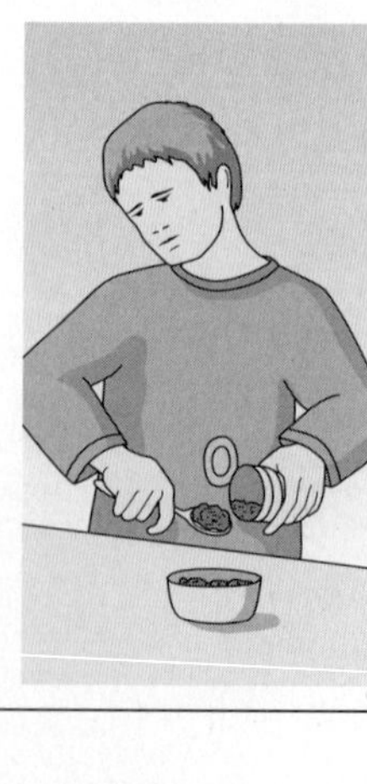

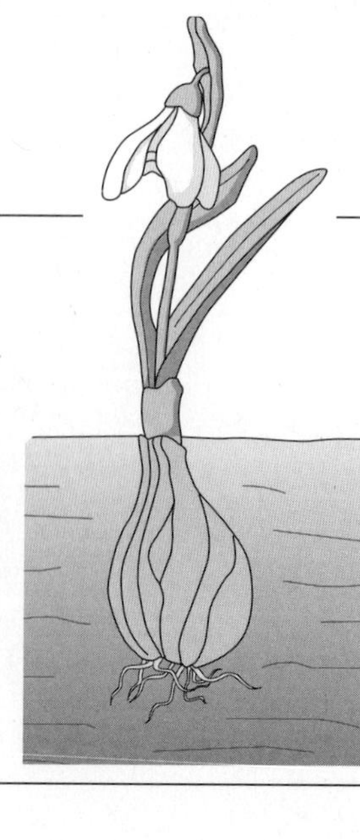

Schneeglöckchen und Krokus – zwei Frühblüher im Vergleich

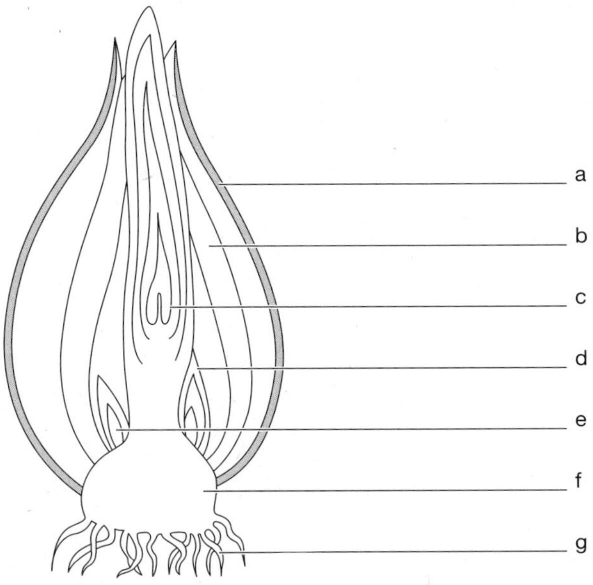

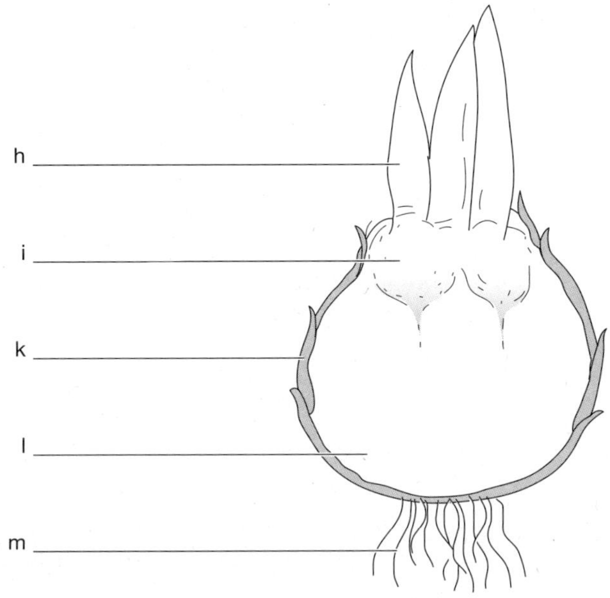

Aufgaben

1. Beschrifte die Abbildungen.

2. Erkläre, woran man erkennen kann, dass beim Krokus ein verdickter Spross die Knolle bildet.

   ____

   ____

3. Male bei den obigen Abbildungen die verschiedenen Grundorgane der Pflanze mit jeweils unterschiedlichen Farben aus. Verfasse eine Legende zu den Farben.

   ____

   ____

   ____

4. Untersuche die Blüte des Schneeglöckchens und des Krokus und zeichne je ein Blütendiagramm, das du den natürlichen Farben entsprechend ausmalst. Benutze dazu die vorgegebenen Kreise als Hilfsmittel. Beschrifte äußere Blütenblätter, innere Blütenblätter, Staubblätter und Fruchtknoten.

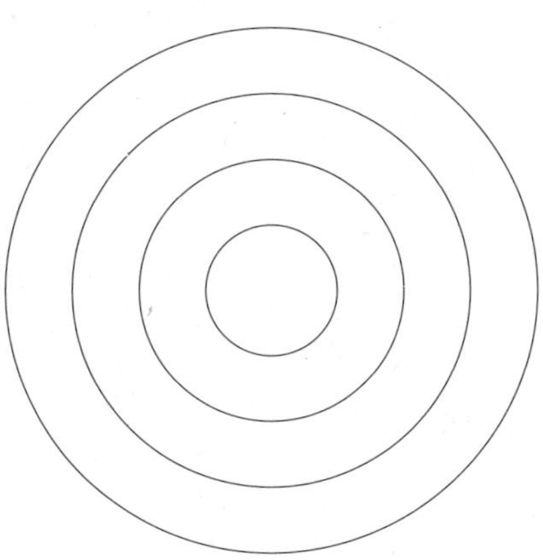

Schneeglöckchen

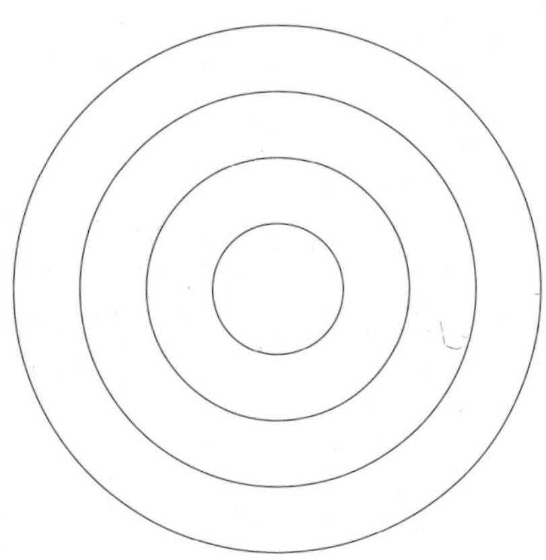

Krokus

Frühblüher leben vom Vorrat
Material: Frühblüher

Natura 5/6, Seite 212/213

Schülerbuch Seite 212

① Ein wesentlicher Speicherstoff bei Frühblühern ist die Stärke. Du kannst sie mit Iod-Kaliumiodid-Lösung nachweisen. Gib ein bis zwei Tropfen auf die Schnittstelle einer Tulpenzwiebel und beschreibe deine Beobachtung.
– *Es stellt sich eine Blau-/Violettfärbung ein.*
② Bei kalter Witterung fehlen häufig die zur Bestäubung benötigten Insekten. Dennoch können sich die Frühblüher auch ohne Samen vermehren. Erkläre diese Aussage.
– *Die Frühblüher vermehren sich vegetativ.*

Schülerbuch Seite 213

① Dargestellt ist das Wachstum eines Erdsprosses des Buschwindröschens im Verlauf von drei Jahren. Er wächst waagrecht unter der Erdoberfläche, verzweigt sich und wächst jeweils nur an der Spitze weiter. Die Blüten entstehen jeweils nur an der Spitze, also an den jüngsten Teilen der Erdsprosse.
② Vermehrung ohne Samen: Die älteren Erdsprossabschnitte sterben nach einigen Jahren ab. Dadurch entstehen getrennte Pflanzen. Massenhaftes Auftreten: Wenn sich ein Trieb pro Jahr nur einmal verzweigt, sind aus einer Pflanze nach 5 Jahren bereits 32 neue Spitzentriebe entstanden.
③ Blütezeit, Vorkommen und Speicherorgan:
- Buschwindröschen: März–April; Laubwald, Erdspross
- Scharbockskraut: März–Mai; Laubwaldrand, Hecken; Wurzelknolle
- Wohlriechendes Veilchen: März–April; Waldrand, Gebüsch; Erdspross
- Krokus: März–April; Wiese, Park, Garten; Sprossknolle
- Märzenbecher: Februar–April; Laubwald, Feuchtwiese; Zwiebel

④ Frühblüher benötigen Licht und Wärme. Am Fuß einer Hecke, vor allem in Südexposition und am Laubwaldboden, sind diese Bedingungen im Frühling am ehesten zu finden. Diese Stellen sind relativ wind- und frostgeschützt.
⑤ Frühblüher stellen häufig das erste Bienenfutter. Außerdem reizt es offenbar nach den blütenlosen Wintermonaten, die ersten Blüten abzupflücken, weshalb einige Arten auch selten geworden sind. Das Ausgraben ist verboten, weil dann die unterirdischen Speicherorgane beschädigt werden.
⑥ Unterirdische Speicherorgane sind besser geschützt vor Frost und Tierfraß.
⑦ Am Boden eines Laubwaldes (Mischwaldes) sind nur in den Wintermonaten hohe Lichtwerte zu messen, d.h. volle Sonneneinstrahlung bis zum Boden. Mit Zunahme der Belaubung gehen die Lichtwerte zurück (Miniumum bei voller Belaubung). Bei höherem Sonnenstand im Sommer nehmen die Werte nur leicht zu. Mit Beginn des Laubfalls steigen die Werte von Oktober bis Dezember wieder an.
⑨ Zum Blühen und Fruchten benötigen die Pflanzen besonders viel Licht. In den Sommermonaten reicht die Lichtmenge offenbar nicht aus.
⑩ Sauerklee ist eine extreme Schattenpflanze. Die geringen Lichtmengen im Halbschatten reichen zur Fotosynthese aus.

Arbeitsblatt Seite 245

A) Löwenzahn: Wurzel, Grundblätter; im Boden bzw. unter Schneedecke;
B) kriechender Hahnenfuß: Ausläufer; auf Boden unter Schneedecke;
C) Krokus: Knolle, im Boden;
D) Gras: Wurzeln, Grundblätter; im Boden bzw. unter Schneedecke;
E) Buschwindröschen: Erdspross; im Boden;
F) Sonnenblume: Samen; trocken, auf Boden unter Schneedecke;
G) Schneeglöckchen: Zwiebel, im Boden;
H) Strauch und
I) Laubbaum: Holz; Entwässerung, Stärke, bei starkem Frost auch Traubenzucker im Holz, kälteresistente Erneuerungsknospen.

Überwinterung

Kälteresistenz

Viele Moose und Flechten sind sehr kälteresistent. Die Kälteresistenz der Moose lässt sich zeigen, wenn man Begonienblätter und Sternmoosstücke in einer feuchten Kammer (mit feuchtem Filterpapier ausgekleidete Petrischale) für einen Tag in den Kühlschrank, einen weiteren Ansatz für einen Tag in die Kühltruhe stellt. Danach werden die Proben noch zwei Tage bei Zimmertemperatur aufbewahrt (die Kammern müssen feucht bleiben). Im Gegensatz zu der bei Zimmertemperatur aufbewahrten Vergleichsprobe ist das Begonienblatt aus der Kühltruhe abgestorben (verfärbt!), das aus dem Kühlschrank geschädigt (Nekrosen zum Teil nur mit der Lupe erkennbar), während das Sternmoos augenscheinlich unverändert ist.

Winterruhe

Die Anlage von Ruheorganen, Laubfall usw. wird hauptsächlich von Hormonen gesteuert. Im Herbst befinden sich die Knospen im Vorruhe-Stadium. Durch pflanzliche Hormone wird die Weiterentwicklung gehemmt (Vollruhe). Im frühen Winter wird, so nimmt man an, das hemmende Hormon unter Kälteeinfluss abgebaut. Jetzt können bei manchen Pflanzen höhere Temperaturen das Austreiben der Knospen bewirken. So ist z.B. das Phänomen der „Barbarazweige“ zu erklären. Mit beginnendem Frühjahr steigt die Konzentration der knospenfördenden Hormone (Nachruhe). Warme Tage fördern dann den Austrieb.

Medienhinweise

FWU 10 02566 Von der Blüte bis zum Obst
FWU 10 02761 Von der Blüte zur Frucht
FWU 10 02861 Frühlingsbilder
FWU 10 03194 Die Schachblume

Überwinterung – aber wie?

1. Benenne die Pflanzen so genau wie möglich und trage die Namen in Zeile 1 ein. Bei manchen Pflanzen wirst du den Artnamen herausfinden können, bei anderen wirst du dich mit allgemeineren Angaben zufrieden geben müssen. Alle Pflanzen findest du in deinem Buch.

2. Welche Teile der Pflanzen überleben im Winter? Male die überlebenden Teile rot an und trage deren Bezeichnungen in Zeile 2 ein.

3. Notiere in Zeile 3, wodurch die überlebenden Teile im Winter geschützt sind.

	A	B	C	D	E	F	G	H	I
1									
2									
3									

Von der Sonne verwöhnt – die Sommerwiese

Natura 5/6, Seite 214/215

Schülerbuch Seite 215

① Wie würde sich der Pflanzenbestand auf den Wiesen ändern, wenn der Mensch die Bewirtschaftung einstellen würde?

– *Die Wiesen würden innerhalb weniger Jahre von Sträuchern und Bäumen überwuchert werden. Es würden z. B. Feldahorn, Wacholder, Schlehe, Weißdorn oder Vogelbeere die krautigen Pflanzen verdrängen.*

② Warum haben verholzte Pflanzen, wie Bäume und Sträucher, auf Wiesen keine Überlebensmöglichkeit?

– *Bäume und Sträucher wachsen langsamer als krautige Pflanzen. In der kurzen, zum Wachstum zur Verfügung stehenden Zeit können sie nicht genug Speicherstoffe bilden, um erneut austreiben zu können. Spezielle Anpassung der Wiesenpflanze, wie z. B. Ausläufer oder Blattrosetten, fehlen ihnen.*

③ Bestimmte Pflanzenarten, die sogenannten Leitpflanzen, können nur an ganz bestimmten Standorten vorkommen. Informiere dich in einem Pflanzenlexikon, für welche Standorte die folgenden Pflanzenarten charakteristisch sind: Flockenblume, Kleiner Wiesenknopf, Wegwarte, Trollblume und Küchenschelle.

– *Flockenblume: magere, trockene Rasen*
Wegwarte: Weiden und Wegränder
Trollblume: feuchte Wiesen, vor allem in höheren Lagen
Küchenschelle: trockene Rasen auf Kalkböden.

Arbeitsblatt Seite 247

Vor Beginn der Beobachtungen muss gegebenfalls rechtzeitig die Erlaubnis zum Betreten der Wiese vom Eigentümer eingeholt werden.
Die Blühperioden können lokal variieren, auch werden nicht alle Pflanzen überall vorkommen.
Man kann ungefähr von folgenden Blühperioden ausgehen:

- Hahnenfuß: Mai (gelb);
- Gänseblümchen: April, Juli (weiß);
- Löwenzahn: April/Mai und Juli (gelb), sein Fruchtstand Ende Mai (weiß);
- Wiesenbocksbart: Mai (gelb), sein Fruchtstand August (weiß);
- Margerite: Ende Mai (weiß);
- Wiesenkerbel: Mai (weiß);
- Wiesenstorchschnabel: Juli (blau);
- Wiesenklee: Juli/August (rot);
- Wiesenschaumkraut: März/April (rosa).

Vorherrschende Farben:
März – April: rosa, April: weiß, April – Mai: gelb, Ende Mai: weiß, Juni: – (1.Mahd), Juli: gelb, Juli/August: blaurot

Temperaturmessung in einer Wiese

Die mikroklimatischen Unterschiede in den Stockwerken einer Wiese können durch Temperaturmessung bestimmt werden. Dazu wird einmal vor und einmal nach der Mahd die Temperatur direkt über dem Boden, in 25 cm, in 50 cm und in 1 m Höhe gemessen.

Bei einer Vegetationshöhe von 1 m wird die Strahlung bis hinab zu 50 cm kaum abgeschwächt. Danach erfolgt durch die Absorption der Blätter ein starker Abfall, sodass die Temperatur merklich sinkt. Es erreichen kaum 20 % der Gesamtstrahlung den Boden.

Grünland, Wiese und Weide

Grünland: Alle landwirtschaftlichen Flächen, die dauernd oder vorübergehend als Wiese oder Weide genutzt werden.

Wiese: Wird zur Gewinnung von Grünfutter oder Silage gemäht. *Intensive Nutzung:* 4- bis 5-maliger Schnitt, hoher Düngereinsatz, Verringerung der Artenvielfalt. *Extensive Nutzung:* 2-maliger Schnitt, keine Stickstoffdüngung (N-Zufuhr durch Leguminosen).

Weide: Der gesamte Pflanzenaufwuchs einer Vegetationsperiode wird von Weidetieren genutzt. Durch Fraßtätigkeit und Vertritt Änderung der Pflanzengesellschaften; bei Überweidung nur Pflanzen, die durch Rosettenbildung dem Biss entgehen.

Mähweide: Abwechselnd als Wiese und als Weide genutzt.

Medienhinweise

FWU 10 02455 Die Wiese im Jahresablauf
FWU 10 02456 Tiere der Wiese
FWU 10 02457 Pflanzen der Wiese
FWU 32 03975, 42 01945 Die Wiese im Jahreslauf
FWU 32 10037, 42 01947 Ökologie der Feuchtwiesen
FWU 42 01534 Wiese
FWU 42 01700 Obstwiesen

Literaturhinweise

Schmidt, Hubert: Die Wiese als Ökosystem; Aulis Verlag, Köln 1981
Kremer, Bruno P.: Naturspaziergang Wiese; Kosmos Naturführer, Stuttgart 1990

Die Wiese – ständig anders

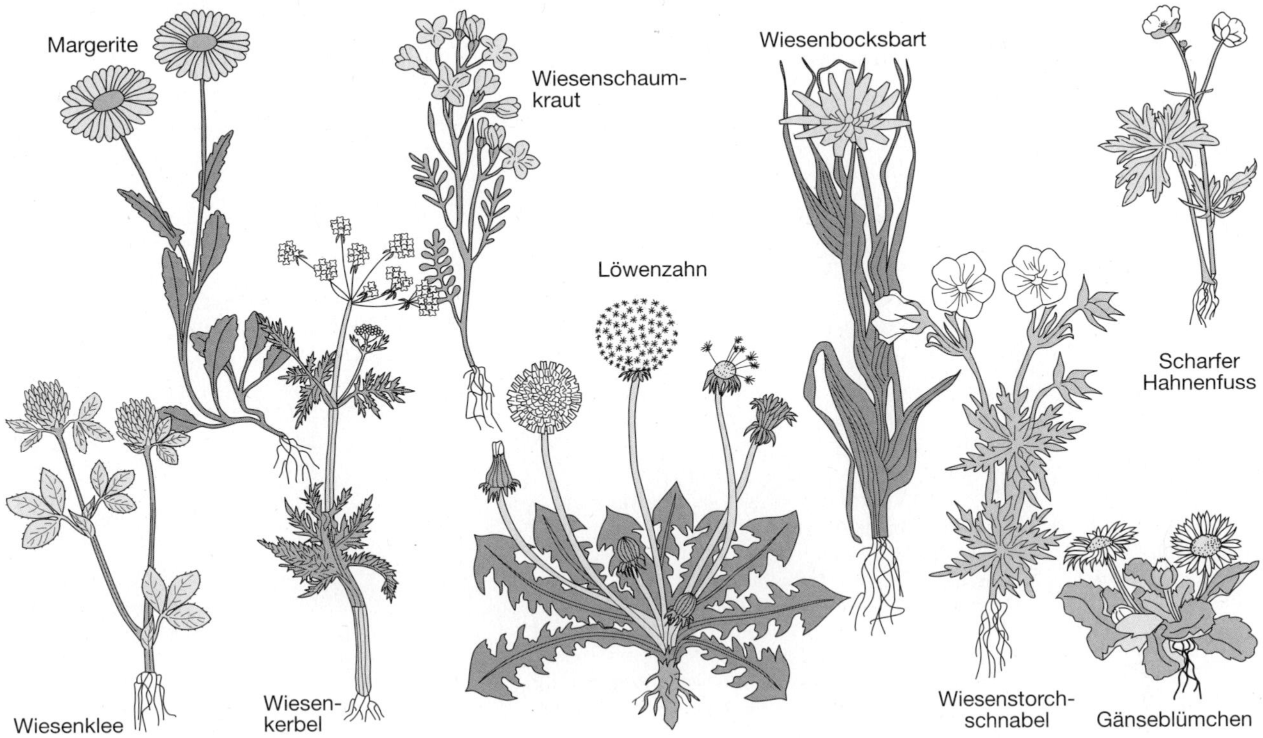

Art	März	April	Mai	Juni	Juli	August	September
Scharfer Hahnenfuß							
Gänseblümchen							
Löwenzahn							
Fruchtstand: Löwenzahn							
Wiesenbocksbart							
Fruchstand: Wiesenbocksbart							
Margerite							
Wiesenkerbel							
Wiesenstorchschnabel							
Wiesenklee							
Wiesenschaumkraut							
vorherrschende Farbe							

Aufgabe

Beobachte eine Mähwiese (keine Weide!) zwischen Ende März und Anfang September und notiere, wann welche Blumen blühen und (bei Löwenzahn und Wiesen-Bocksbart) fruchten. Markiere diese Zeiten in der Tabelle und trage ein, welche Farben jeweils vorherrschen! Zeichne auch den Zeitpunkt der Mahd ein.

Die Rosskastanie – wie ein Baum überwintert

Natura 5/6, Seite 216/217

Schülerbuch Seite 217

① Besorge einen Winterzweig der Rosskastanie. Zeichne ihn und beschrifte mit den im Text genannten Begriffen.
– *Es müssen Seitenknospen, Endknospe, Knospenschuppen und Harzschicht richtig eingezeichnet und beschriftet sein.*

Experimente zum Laubfall

① Wägung von mehreren Blättern im Herbst (frisch nach Laubfall) und Ende Frühjahr (evtl. Blattfläche mit Millimeterpapier vergleichen): Welkung und Trocknung im Herbst.
② Extraktion der Blattfarbstoffe mit kochendem Ethanol (Vorsicht, keine offene Flamme, sondern Heizplatte!) bei grünen und herbstlichen Blättern; durch Eintauchen von Filtrierpapier werden bereits einige (bei dieser vereinfachten Chromatographie nicht alle) Pigmente sichtbar.
③ Das Laub wird zwar abgeworfen, aber viele Zellen leben trotzdem weiter: Knospen, Kambium usw. Wie schützen sie sich vor dem Einfrieren? Gefrierpunktserniedrigung durch Lösen von Stoffen kann annähernd berechnet werden nach: $\Delta T = 1{,}86 \times n \times c$ (wobei n = Zahl der Teilchen, in die ein Molekül zerfällt (n = 1 bei Zucker, n = 2 bei Kochsalz, c = Konzentration der Lösung in mol/l). Eine reine Zuckerlösung von 2,7 mol/l (entspricht etwa 484 g Glukose/l) erniedrigt den Gefrierpunkt um ca. 5 K. Man stellt eine entsprechende Zuckerlösung und reines Wasser (in Plastikgefäßen) in ein Eisfach geeigneter Temperatur! Im Winter wird in Rinde und Ästen Stärke in lösliche Kohlenhydrate umgewandelt, während in den (kältegeschützten) Wurzeln die Stärke erhalten bleibt. Im Frühjahr wird der Zucker wieder in osmotisch unwirksame Stärke zurückverwandelt, beim Laubaustrieb kehrt sich der Vorgang abermals um (s. Kasten).

Die Rosskastanie

Die Rosskastanie ist eine giftige Pflanze! Alle Organe, besonders aber die unreifen Früchte und die grünen Pflanzenteile enthalten Saponine, die über die Schleimhaut aufgenommen werden können und zu Übelkeit, Bauchschmerzen und Erbrechen führen können. Beobachtet wurden auch Hautrötung, weite Pupillen, Angstgefühle und Schläfrigkeit nach Genuss einer Rosskastanie.

Die Rosskastanie eignet sich wegen ihrer charakteristischen und leicht erkennbaren jahreszeitlichen Veränderungen zusammen mit anderen Pflanzen hervorragend für die Anlage eines phänologischen Kalenders. Besonders interessant wird es, wenn Schüler einen solchen Kalender aufstellen, die in unterschiedlich hoch gelegenen Orten beheimatet sind (Verschiebung der Jahreszeiten).

Treiben der Knospen: Erstfrühling, Blüte: Vollfrühling, Früchte fallen: Frühherbst, Laub wird gelb: Herbst, Laub abgeworfen: Winter.

Arbeitsblatt Seite 249

Die Bestimmung sollte möglichst an Naturobjekten geübt werden. Die Farbe wird dann mit der angegebenen Farbe verglichen und die Zweige mit ihren Knospen möglichst realistisch mit Buntstiften (nicht mit Filzstiften) ausgemalt.
a) Spitzahorn, b) Schwarzerle, c) Gemeine Esche, d) Sandbirke, e) Sommerlinde, f) Rosskastanie, g) Bergahorn, h) Stieleiche, i) Feldulme, k) Rotbuche.

Medienhinweise

FWU 10 03203 Die Rosskastanie
FWU 32 02773 Ein Baum
FWU 32 03722 und FWU 4001632 Der Baum – mehr als ein Stück Natur

Stärkespeicherung im Verlauf des Jahres

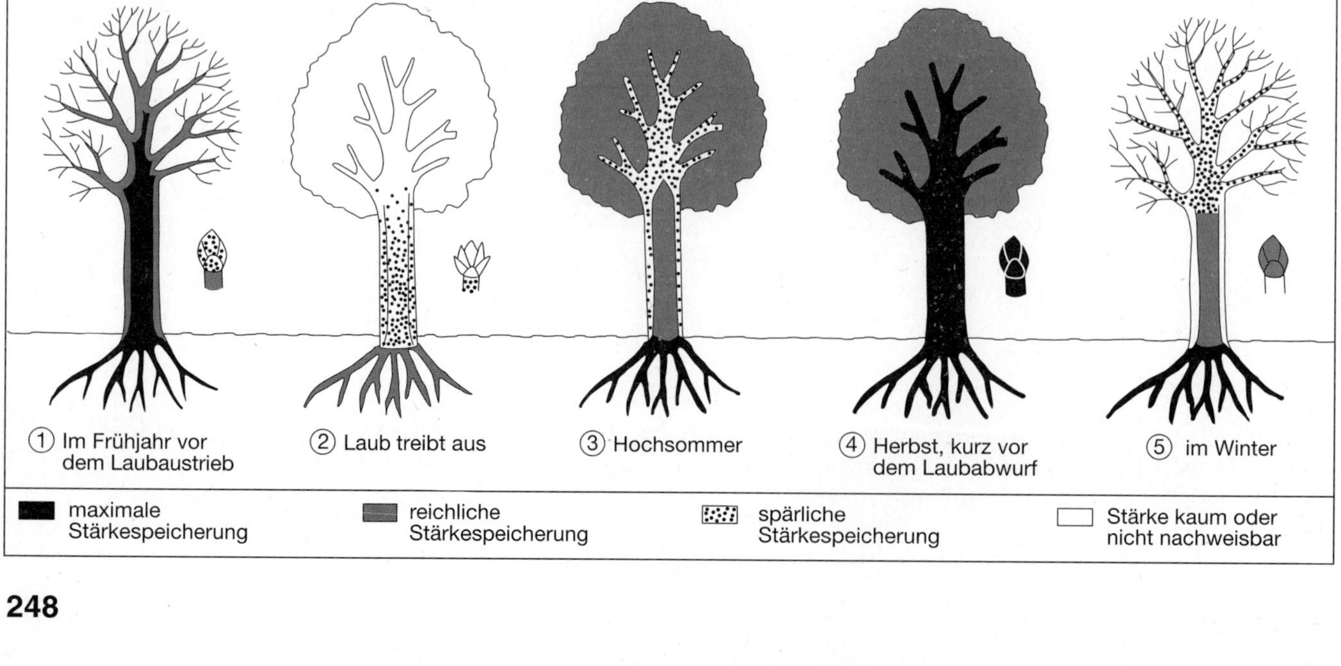

Bestimmung von Zweigen im Winterzustand

1	Knospen gegenständig	weiter nach	2
–	Knospen wechselständig	weiter nach	5
2	Knospen braun oder schwarz	weiter nach	3
–	Knospen grün oder rötlich	weiter nach	4
3	Knospen sehr groß, klebrig, glänzend, braun	*Rosskastanie*	
–	Knospen kleiner, schwarz oder schwarzbraun	*Gemeine Esche*	
4	Knospen grünlich, Knospenschuppen mit dunklem Rand	*Bergahorn*	
–	Knospen rötlich	*Spitzahorn*	
5	Knospen zweizeilig angeordnet	weiter nach	6
–	Knospen spiralig angeordnet	weiter nach	8
6	Knospen mit 2 oder 3 Knospenschuppen, eiförmig, grün bis rötlich, glänzend	*Sommerlinde*	
–	Knospen mit mehr als 3 Knospenschuppen	weiter nach	7
7	Knospen mehr als zweimal so lang wie dick, spitz, vom Zweig abstehend	*Rotbuche*	
–	Knospen weniger als zweimal so lang wie dick, schräg über Blattnarbe stehend dunkelbraun, mehr oder weniger behaart	*Feldulme*	
8	Knospen mit 2 oder 3 Knospenschuppen, auf einem Stielchen stehend	*Schwarzerle*	
–	Knospen mit mehr als 3 Schuppen	weiter nach	9
9	Knospen zu mehreren am Zweigende angeordnet	*Stieleiche*	
–	Knospen nicht am Zweigende gehäuft, eiförmig, oft klebrig	*Sandbirke*	

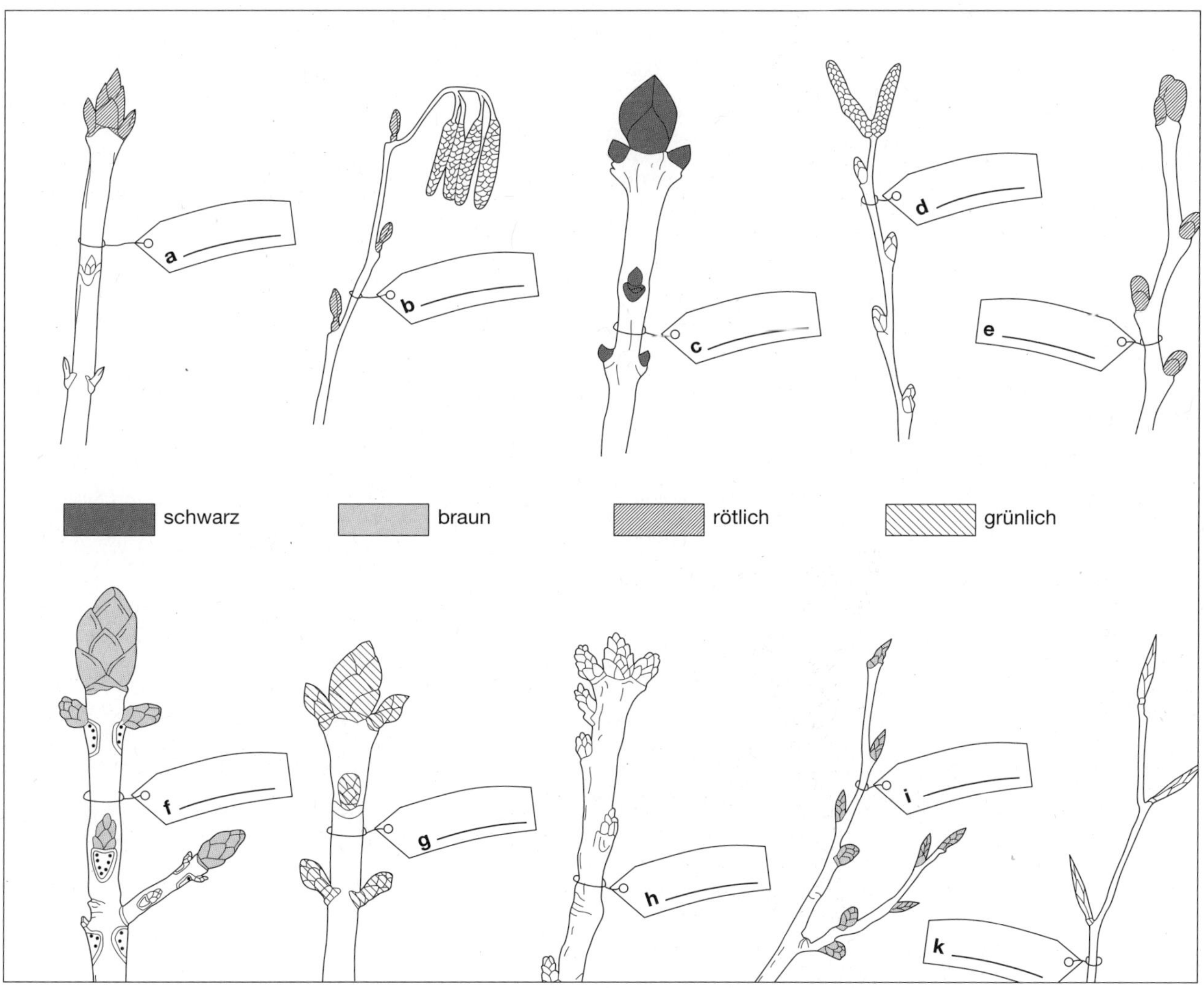

Bestimmungsübung – Tierspuren
Fledermaus
Tierspuren
Wildtier
Winterfütterung
Winterschlaf

Impulse: Winter

Natura 5/6, Seite 218/219

Praktische Biologie im Winter

Auch im Winter braucht sich der Unterricht nicht auf Kreidebiologie zu beschränken. Manche Objekte sind in dieser Jahreszeit sogar besser zu sehen und zu untersuchen als im Sommerhalbjahr. In erster Linie sind hier botanische Themen zu nennen: Laubgehölze in ihrer winterlichen Ausprägung sind eine eigene Unterrichtsreihe wert; Moospolster sind, zumal im Frühwinter, schön entfaltet und meist nicht unter einer Krautschicht versteckt; Nadelgehölze in Gärten und Parks fallen im Winter viel stärker auf als im Sommer. Das Weihnachtsfest mag Anlass zur Untersuchung der Nadelbäume und ihrer Zapfen sein. Auch die Flechten sind in der kalten Jahreszeit gut zu untersuchen.

In der Tierkunde können Fragen der Überwinterung von Vögeln, Fledermäusen oder Insekten in den Vordergrund gerückt werden. Auch das Für und Wider einer Winterfütterung bei Vögeln oder Rotwild sollte nicht ausgespart werden.

Eichhörnchen

Waldmaus

Buntspecht

von Tieren angefressene Zapfen

Futter im Winter

Zapfen auf dem Speisezettel

Zapfen sind für viele Waldtiere eine wesentliche Nahrung – vor allem im Winter, wenn andere Quellen versiegt sind. Die Waldmaus, aber auch Rötel- und Gelbhalsmaus, das Eichhörnchen sowie Spechte und Fichtenkreuzschnabel sind Hauptnutznießer der Zapfennahrung. Die verschiedenen Tiere verfolgen unterschiedliche Strategien, um an die Nahrung heranzukommen. Die Nagetiere entfernen die Schuppen von der Basis des Zapfens her. Mäuse gehen dabei sorfältiger vor als Eichhörnchen, sodass vom Eichhörnchen benagte Zapfen leicht an der faserigen und unordentlich wirkenden Struktur der Spindel erkennbar sind. Spechte bearbeiten die Zapfen in der „Spechtschmiede“, einer Nische an einem schrägen Ast. Dort wird mit dem Schnabel von der Basis her zwischen die Schuppen gehackt, um sie zu spreizen. Dabei können einzelne Schuppen beschädigt oder sogar zerfetzt werden, woran die Bearbeitung durch den Specht erkennbar wird. Die raue Zunge angelt dann die Samen zwischen den Schuppen heraus. Der Fichtenkreuzschnabel spaltet die Schuppen, lockert sie dadurch und kann so den Samen herausholen.

Winterfütterung von Vögeln – ja oder nein?

Heute wird die Winterfütterung häufig als unnötig, teilweise sogar als schädlich angesehen. Gefüttert werden in der Regel nur die Allerweltsarten, die nicht bestandsbedroht sind. Es wird auch argumentiert, die Winterfütterung bewirke eine Bestandszunahme, die in der Zeit ohne künstliche Zufütterung Nahrungsmangel entstehen lasse mit dem Effekt, dass weniger Jungvögel aufgezogen würden. Mit Sicherheit ist die Winterfütterung dann schädlich, wenn ungeeignetes (nasses, salziges, verunreinigtes) Futter gereicht wird.

Für die Winterfütterung spricht, dass dabei viele Vögel beobachtet werden können, die sich sonst nicht ohne weiteres aus der Nähe ansehen lassen. Mit dem Füttern sollte erst bei Temperaturen unter –5 °C begonnen werden, dann aber regelmäßig, am besten abends, damit zu Tagesanbruch von den Vögeln frisches Futter vorgefunden wird. Die Zubereitung von Futter zeigt der Film „Vögel im Winter“.

Überwinterung von Fledermäusen

Während die Überwinterung von Vögeln den Schülerinnen und Schülern meist zumindest in Grundzügen bekannt ist, trifft dies nicht auf Fledermäuse zu. Es lassen sich Sommer- und Winterquartiere unterscheiden. Letztere liegen meist in frostfreien Höhlen, Stollen oder stillgelegten Tunneln, in denen die Fledermäuse im Winterschlaf die kalte Jahreszeit verbringen. Auf Störungen reagieren diese Tiere empfindlich. Das Betreten von solchen Winterquartieren sollte deshalb auf jeden Fall unterbleiben. Vielerorts haben die Naturschutzbehörden veranlasst, dass solche Orte durch (von Fledermäusen passierbare) Türen oder Gitter verschlossen werden. Wenig bekannt ist, dass Fledermäuse – in Analogie zum Vogelzug – jahresperiodische Wanderungen durchführen, um geeignete Winterquartiere zu besiedeln. Beringungsversuche haben solche Wanderungen z. B. für die Teichfledermaus nachgewiesen, mit Sommerquartieren in den Niederlanden und Winterquartieren in westfälischen Höhlen. Die Ortstreue der Fledermäuse ist dabei beachtlich.

Arbeitsblatt Seite 251

1/2. Amsel: A 5, Fasan: B 1, Waldmaus: C 6, Eichhörnchen: D 3, Katze: E 4, Hase: F 7, Fuchs: G 8.
3. 1 nach links, 2 nach rechts, 3 nach rechts, 4 nach rechts unten, 5 nach rechts, 6 nicht erkennbar, 7 nach oben, 8 nach oben

Medienhinweise

FWU 32 00822, 42 00244 Vögel im Winter
FWU 42 10357 Vögel am Futterhaus

Literaturhinweise

Bang, P. ; Dalström, P.: Tierspuren; BLV, München 1973

Dalhoff, B.; Henning, M.: Projketplanung: Vögel / Winter; Klett, Stuttgart 2000

Gerhardt-Dircksen, A.: Blickpunkt Natur; Aulis-Verlag, Köln 1992

Haller, B.; Probst, W.: Exkursionen im Winterhalbjahr; Gustav-Fischer-Verlag, Stuttgart 1979

Spuren im Schnee

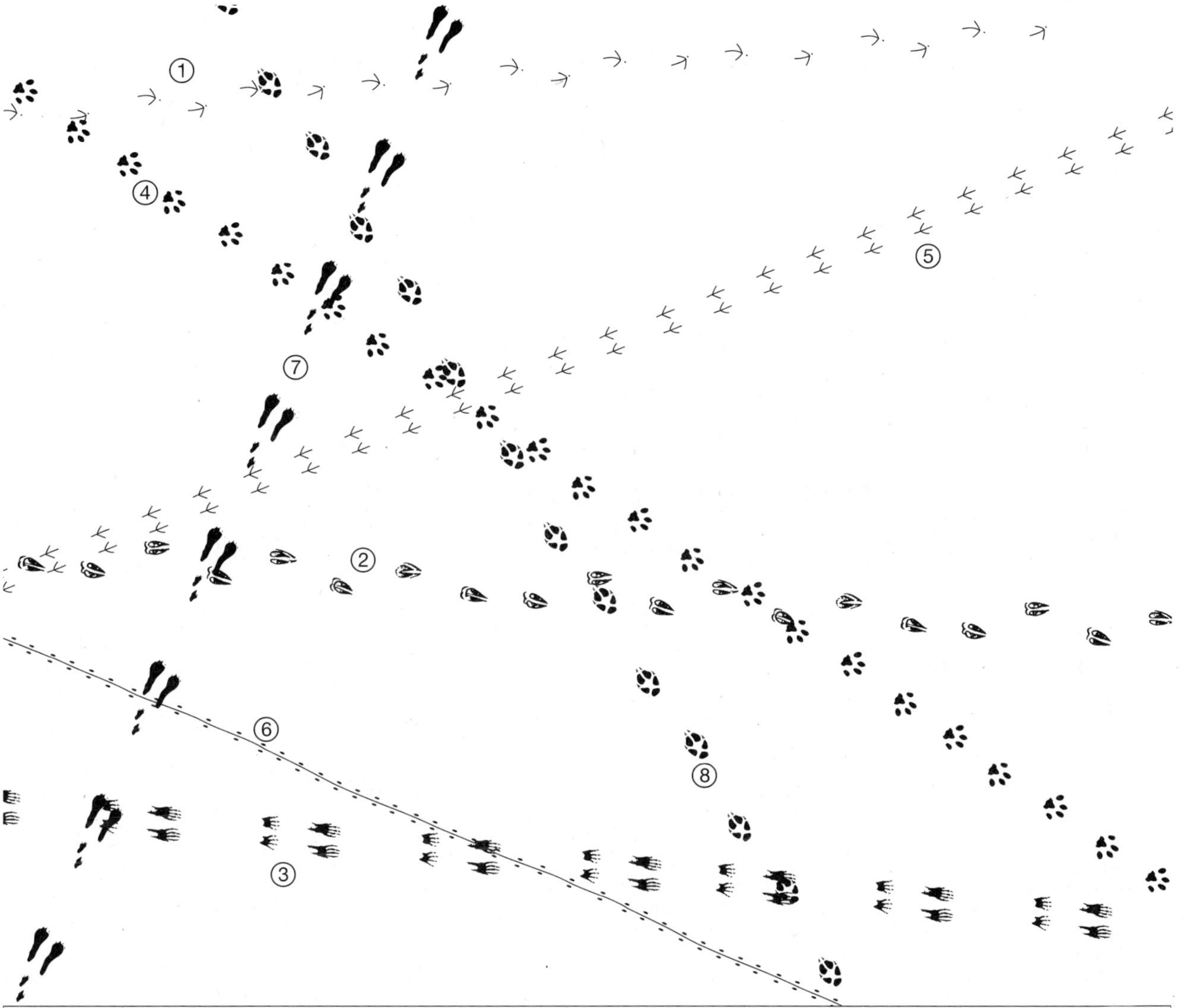

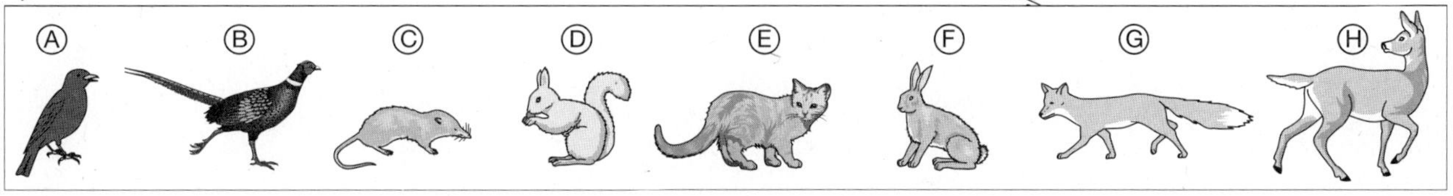

Aufgaben

1. Welche Tierarten sind hier durch den Wald gelaufen? Ordne die Spuren den Tieren zu.

____

____

2. Von zwei Tieren sind zwei Spuren vorhanden. Einmal lief das Tier schnell, einmal langsam. Suche die jeweils dazugehörenden Spuren.

____

____

3. Finde heraus, in welche Richtung die Tiere gelaufen sind. Zeichne Pfeile neben die Spuren.

Blüte – Längsschnitt
Brennnessel
Lippenblütler
Pflanzenfamilie
Taubnessel

1 Verwandtschaft und Ordnung bei Pflanzen

Brennnessel und Taubnessel
Die Familie der Lippenblütler

Natura 5/6, Seite 222/223

! **Schülerbuch Seite 223**

① Viele Lippenblütler weisen eine helmförmige Oberlippe auf. Warum ist es trotzdem nicht sinnvoll, diese Familie als Helmblütler zu bezeichnen?

– *Die helmförmige Oberlippe tritt nicht bei allen Arten der Familie auf, sie fehlt z. B. in der Gattung Günsel. Allen Lippenblütlern ist eine Oberlippe bzw. Unterlippe als typisches Familienmerkmal gemeinsam.*

② Stelle in einer Tabelle Vertreter aus der Familie der Lippenblütler zusammen, die als Heil- oder Gewürzpflanzen verwendet werden.

– *Einige Beispiele für Heil- bzw. Gewürzpflanzen aus der Familie der Lippenblütler:*
  - *Brennnessel: bei Gicht, Rheuma, Nieren- und Blasenerkrankungen, als Tee oder Gemüse verwendbar.*
  - *Majoran: „Wurstkraut", Küchengewürz*
  - *Melisse: wirkt entspannend und beruhigt bei nervlichen Störungen*
  - *Pfefferminze: als Öl zum Einreiben bei Erkältungen, als Tee bei verschiedenen Beschwerden, z. B. bei Übelkeit*
  - *Rosmarin: als Öl in Kölnischwasser*
  - *Salbei: bei Beschwerden in Magen und Darm als Tee, als Aufguss bei Entzündungen im Mund, Küchengewürz*
  - *Thymian: in Hustentees und Hustenbonbons, Küchengewürz*

Arbeitsblatt Seite 253

1. a) Oberlippe
   b) Griffel mit Narbe,
   c) Staubblätter,
   d) Unterlippe,
   e) Kelch,
   f) (vierteiliger) Fruchtknoten;
   weitere Merkmale: Laubblätter kreuzgegenständig; vierkantige, hohle Sprossachse
2. Die Abbildungen 1 und 4 sind keine Lippenblütler.
   Abb. 1: Laubblätter nicht kreuzgegenständig, Blüte nicht eindeutig in Ober- und Unterlippe gegliedert.
   Abb. 4: Sprossachse nicht vierkantig, Blüte stärker gegliedert.
3. Abb. 1: Frauenschuh, Abb. 2: Goldnessel,
   Abb. 3: Wiesensalbei, Abb. 4: Besenginster

Z **Brennnesselkraut (Herba urticae)**

Von der Großen Brennnessel *(Urtica dioica)* und der Kleinen Brennnessel *(Urtica urens)*, die beide als Wildpflanzen weit verbreitet sind, lassen sich Blätter und Sprossachse leicht sammeln. Die Schnittdroge enthält die dunkelgrünen, gefalteten, zusammenhängenden Blattstücke mit steifen Borstenhaaren, hellgrüne, innen markige Stängelstücke und ab und zu Teile der Blütenrispe. Dieses Gemisch ist geruchlos und schmeckt schwach bitter. Man gießt es mit siedendem Wasser auf. Der Aufguss ist harntreibend (harntreibender Tee) und gleichzeitig ein den Stoffwechsel förderndes Diuretikum. Eigentlicher Wirkstoffkomplex ist die Kieselsäure, verschiedene organische Säuren und Glucokinin als blutzuckersenkender Stoff. Brennnesselextrakt ist in verschiedenen Pflanzensäften, die anregend auf den Stoffwechsel wirken sollen, sowie Stoffwechseltee, Gicht- und Rheumatee aber auch in Haarwässern enthalten. Obwohl bekannt ist, dass Kieselsäure am Aufbau des Bindegewebes beteiligt ist, sind die Wirkungen des Brennnesselkrautes nicht gesichert. Klar ist lediglich, dass die Kieselsäure harnpflichtig ist.

Lippenblütler, die leicht verwechselt werden

1. Beschrifte die Blüte und leite aus den Abbildungen die allgemeinen Merkmale der Lippenblütengewächse ab.

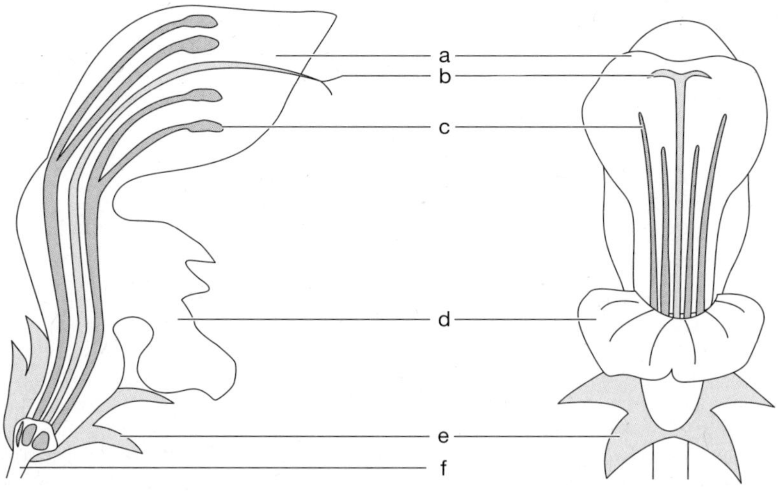

a ______________________

b ______________________

c ______________________

d ______________________

e ______________________

f ______________________

2. Anja hat verschiedene Pflanzen gesammelt, die nicht alle Lippenblütler sind. Finde die „falschen“ Pflanzen heraus und nenne abweichende Merkmale.

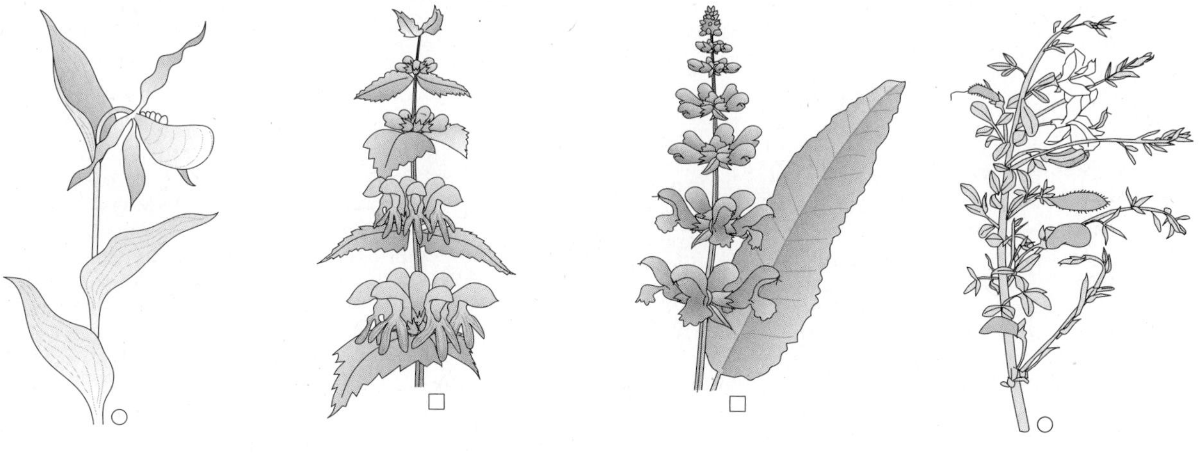

3. Wie heißen die abgebildeten Pflanzen?

Dornen
Hahnenfußgewächse
Pflanzenfamilie
Projekt
Rosengewächse
Stachel

Der Scharfe Hahnenfuß hat viele Verwandte
Die Familie der Rosengewächse

Natura 5 / 6, Seite 224 / 225

Schülerbuch Seite 224

① Besorge dir von einer Wiese, auf der der Scharfe Hahnenfuß reichlich blüht, eine vollständige Pflanze.
a) Zeichne ein grundständiges Blatt und je ein Blatt von der Mitte und vom oberen Teil des Stängels. Gib die Unterschiede an.
b) Untersuche ein Honigblatt mit der Lupe und zeichne es.

– *a) Die oberen Blätter sind nicht so stark fiederteilig gegliedert wie in der Mitte und im unteren Teil des Stängels (5- bis 7-teilig).*
b) Jedes Kronblatt besitzt nahe der Anwachsstelle ein Honigblatt (Nektardrüse). Es ist schuppenförmig gebaut.

② Schreibe Unterscheidungsmerkmale der vier Hahnenfußarten von Abbildung 2 in dein Heft. Versuche, diese Arten im Freien wieder zu erkennen.

– – *Scharfer Hahnenfuß: Obere Blätter am Stängel dreiteilig, untere 5- bis 7-teilig. Standort: gedüngte Wiesen.*
– *Brennender Hahnenfuß: Blätter unten am Stängel gestielt, oben am Stängel sitzend; Lanzettform. Standort: sumpfige Stellen.*
– *Kriechender Hahnenfuß: Obere Blätter am Stängel zungenförmig, unten handförmig geteilt. Stängel oft niederliegend, setzt sich in einem Erdspross fort: Standort: Lehmböden, durch Trittbelastung verdichtet.*
– *Knolliger Hahnenfuß: Die Kelchblätter der Blüten sind auffällig nach unten gerichtet. Alle Blätter am Stängel sind 3-, 5- oder 7-teilig. Der Stängel ist an der Basis knollig verdickt. Standort: Trockenrasen.*

Arbeitsblatt Seite 255

1. viele Staubblätter, 5 Kronblätter, 5 Kelchblätter, Laubblätter wechselständig
2. Strauch, Stacheln, zusammengesetzte Blätter, Nebenblätter, Hagebutten, wohlriechend
3. Herstellung von Wein, Tee und Marmelade.
4. „Stachelröschen“
5. Stacheln sind aufsitzend und deshalb leicht abknickbar. Dornen entspringen dem Rindengewebe, sind also nicht nur oberflächlich verankert. Sie lassen sich nur sehr schwer entfernen.

Hahnenfußgewächse

Die Blütenstiele sind beim Knolligen und Kriechenden Hahnenfuß vierkantig. Nur schwer erkennbar ist, dass die Kelchblätter beim Brennenden und Knolligen Hahnenfuß nicht an den Kronblättern anliegen. Sie sind zurückgeschlagen. Diese Merkmale können den Schülern als Ergänzung für die Unterscheidung der Hahnenfußarten angeboten werden (s. Aufgabe 2 des Schülerbuches).

Projekt: Rosengewächse

Ungeschlechtliche Vermehrung der Hundsrose

Die Hundsrose bildet an geeigneten Standorten eine Vielzahl von Wurzelschösslingen, wodurch sie sich in der Natur ungeschlechtlich vermehrt. Gärtner säen im Herbst oder im Frühjahr vorbehandelte (stratifizierte) Samen auf ein Freilandbeet. Auch die Vermehrung mittels grüner Sprossstecklingen kann mit Schülern im Schulgelände oder im Blumenkasten probiert werden.

Rollenspiel

Wenn man bis zu Adam und Eva zurückgeht, fallen jedem bestimmt sehr viele Erzählungen u. ä. ein, wo Rosengewächse eine Rolle spielen. Gemeinsam suchen die Schüler eine vorgeschlagene Geschichte aus, schreiben dazu Rollen, gestalten Kostüme und Kulissen und nach einigen Proben ist die Vorführung perfekt. Die Schüler können auch eigene Geschichten zu Rosengewächsen erfinden.

Vielfalt der Rosen

Die Blüten der Hundsrose sind sehr kurz gestielt. Viele Rosen gibt es aber auch langstielig oder mit größeren und fülligeren Blüten. Wie dies realisiert wird und wie vielfältig die Sorten sind, kann ein Erkundungsauftrag für einen außerschulischen Lernort, wie Gärtnerei oder Baumschule, sein.

Bau der Rosengewächse

Schüler nehmen Pflanzenteile verschiedener Rosengewächse genauer „unter die Lupe“. Es kann die Anzahl der Blättchen, die Form der Stacheln usw. erkundet werden. Kleinere Teile, wie Pollen, werden mit dem Mikroskop untersucht und dann gezeichnet.

Sprichwortsuche

Viele unserer Obstbäume sind Rosengewächse. Die Schüler kennen Sprichwörter wie „Verbotene Äpfel sind süß“. Das Zusammentragen solcher Sprichwörter von Rosengewächsen in kleinen Schülergruppen bereitet viel Vergnügen.

Bedeutung der Rosengewächse

Rosengewächse lassen sich auf vielfältige Art nutzen. Die Schüler können sich Anregungen z. B. bei einem Tischler oder Drechsler, einer Parfümerie, einer Marmeladenfabrik sowie einem Blumenladen holen. Mit den Erkundungsergebnissen lassen sich schöne Anschauungsobjekte (z. B. Gestecke aus verschiedenen Rosengewächsen) oder auch eine Anschauungstafel erstellen. Einige Schüler können auch beauftragt werden, die Anregungen bzw. die erstellten Anschauungsobjekte zu fotografieren.

Von Bekannten und Verwandten kann man Rezepturen zur Marmeladeherstellung zusammentragen lassen. Bei dieser Gelegenheit sollte man es auch nicht versäumen, Marmelade selbst herzustellen und zu verkosten.

Die Hundsrose

Die Hundsrose wächst an Hängen und Waldrändern wild. Sie ist ein breiter, etwa 2 m hoher Strauch mit grünen, etwas gebogenen Jahrestrieben. Wenn die Triebe älter werden, verfärben sie sich olivbraun und sind mit spärlichen, gekrümmten, leicht abtrennbaren Stacheln versehen. Die Laubblätter sind aus 5 bis 7 elliptischen Blättchen zusammengesetzt. Am Grund des Blattstiels befinden sich zwei Nebenblätter. Die 12 cm langen Blätter sitzen wechselständig an der Sprossachse. Im Winter werden die Sträucher nur durch die scharlachroten Hagebutten geschmückt. Die Hagebutten sind elliptisch bis flaschenförmig. In ihnen sind gelbbraune, bewimperte Schließfrüchte.

Ab Anfang Juni beginnt die Blütezeit. An den Zweigenden bilden sich 1–3 weiß bis rosa gefärbte, wohlriechende Blüten. Die Blüten haben 5 Kelch- und 5 Kronenblätter sowie eine Vielzahl von Staubblättern. Die Hundsrose hat keine besonderen Ansprüche an die Boden- und Luftverhältnisse. Sie wird häufig als Vogelschutzgehölz angepflanzt.

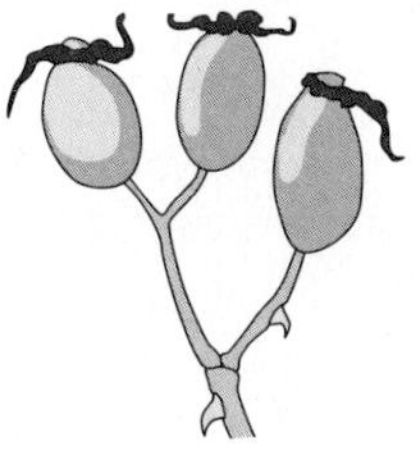

Aufgaben

1. Finde aus dem Text die allgemeinen Merkmale der Rosengewächse heraus.

____

____

2. Unterstreiche in dem Text die Merkmale, die auch bei Zuchtrosen zu finden sind.

3. Die Hagebutten enthalten viel Vitamin C. Wie nutzen wir diese Tatsache?

____

____

4. Das Märchen Dornröschen hat den verkehrten Namen. Wie müsste es richtig heißen?

____

5. Beschreibe den Unterschied zwischen Stachel und Dorn.

____

____

____

____

____

Kamille
Korbblütler
Pflanzenfamilie
Röhrenblüte
Zungenblüte

Die Familie der Korbblütler

Natura 5/6, Seite 226/227

Als *Spreu-* oder *Schuppenblatt* bezeichnet man die schuppenförmigen Tragblätter der Einzelblüten bei Korbblütlern.

Schülerbuch Seite 226

① Vergleiche die Röhrenblüten der Sonnenblume mit den Zungenblüten des Löwenzahns.
– *Der Vergleich von Abb. 226.1 und der Randabbildung ergibt:*
Sonnenblume:
- *Röhrenblüten befinden sich innen, außen Zungenblüten*
- *großer Fruchtknoten mit Spreublatt*
- *Kelchblätter*
- *5-zipfelige Blütenröhre*
- *5 Staubblätter, zu einer Röhre verwachsen*
- *Griffel wächst durch die Staubblattröhre*
- *Frucht fällt aus dem Blütenkorb oder wird durch Vögel verbreitet*

Löwenzahn
- *alle sind Zungenblüten*
- *kleiner Fruchtknoten ohne Spreublatt*
- *Haarkelch, aus dem sich später der „Fallschirm" entwickelt*
- *zungenförmiges Blütenblatt*
- *5 Staubblätter, zu einer Röhre verwachsen*
- *Griffel wächst durch die Staubblattröhre*
- *Frucht trägt auf langem Stiel einen Haarkranz; wird durch den Wind verbreitet*

② Sammle auf Wiesen oder am Wegrand einige Korbblütler und ordne sie nach Röhren- bzw. Zungenblütigen.
– *Die Fotos auf Seite 227 können bei der Bestimmung der Pflanzen helfen. Auf der Wiese findet man jedoch auch weitere Arten.*

Arbeitsblatt Seite 257

1. z.B. gemeine Schafgarbe, Löwenzahn, Gänseblümchen, Garten-Ringelblume, Huflattich, Kleinblütiges Knopfkraut
2. Heilpflanze: Arnika, Wermut, Kamille
   Ölpflanze: Sonnenblume
   Gemüsepflanze: Schwarzwurzel, Salat
   Zierpflanze: Astern, Dahlien, Zinien
3. Abb.1 = b; Abb. 2 = c; Abb. 3 = a

Einteilung der Korbblütler

Eine auch für Schüler leicht nachvollziehbare Einteilung der Korbblütler nach der Art der vorkommenden Blütentypen (s.u.):
- Korbblütler nur mit Zungenblüten
- Korbblütler nur mit Röhrenblüten
- Korbblütler mit Zungen- und Röhrenblüten

Die Schüler üben dabei die Unterscheidung der Blütentypen und erkennen, dass auch die unscheinbaren Röhrenblüten bei größerer Anzahl im Blütenstamm eine hinreichende, Insekten anlockende Wirkung haben.

Schon gewusst?

Die **Silberdistel** wird in einigen Gegenden auch mit dem Beinamen „Jagerbrot", „Wiesenkas", „Stachelkäse" bzw. „Kraftwurz" bezeichnet. Ursache hierfür sind ihre fleischig, saftigen Blütenböden bei jungen Blüten, die teilweise von Kindern gern genascht werden, da sie einen Haselnuss- bzw. Mandelgeschmack haben. Die Namen „Wetterdistel" oder „Donnerkäse" sind nur noch selten in Gebrauch, da sich die althergebrachte Annahme, dass die Silberdistel wetterabwehrend ist, nicht bestätigt hat. Die Silberdistel steht unter Naturschutz.

Die **echte Kamille** wirkt nicht nur entzündungshemmend. Man kann sie auch zur Beruhigung und zum Schweißtreiben nutzen. Auch die **Schafgarbe** hat neben ihrer entzündungshemmenden Wirkung noch weitere Einsatzgebiete. Sie kann beim Stillen von Blutungen, Absonderung von Magensaft und zur Kreislaufförderung eingesetzt werden.

Umschläge des **Huflattich** helfen bei Venenentzündungen und nassen Hautausschlägen. Man kann aber auch einen heilsamen Brusttee aus den getrockneten Pflanzen brauen. Eine entzündungshemmende Tinktur lässt sich auch aus der **Arnika** herstellen. Arnika steht unter Naturschutz.

Die schmalen, hellgrauen, weiß-pelzig behaarten Blätter des **Edelweißes**, die dem Blütenstand den Anschein eines großen samtig-weißen Sterns geben, sind weder Hüll- noch Blütenblätter. Es sind Hochblätter, die zum Anlocken von Insekten dienen. Edelweiß steht unter Naturschutz.

Die Pflanzenteile einiger Korbblütler, wie der **Färberdistel**, der **Färberkamille** oder der **Ringelblume**, können zum Färben von Textilien genutzt werden. Die Färberdistel kann zudem auch als farbgebendes Küchengewürz verwendet werden. Die Ringelblume wird auch in der Kosmetikindustrie zur Cremeherstellung genutzt.

Korbblütler nur mit Zungenblüten	**Korbblütler nur mit Röhrenblüten**	**Korbblütler mit Zungen und Röhrenblüten**
Löwenzahn Gemeine Wegwarte Habichtskraut	Filzige Klette Rainfarn Ackerkratzdistel	Gemeine Schafgarbe Echte Kamille Jakobskreuzkraut

Korbblütler

1. Suche und bestimme mindestens 5 Arten aus der Familie der Korbblütler, die auf dem Schulgelände oder der näheren Umgebung wachsen.

______________________ ______________________

______________________ ______________________

______________________ ______________________

2. Da etliche Korbblütler für den Menschen sehr bedeutsam sind, baut man diese häufig an. Diese Kulturpflanzen könnte man unterteilen in:

Heilpflanzen: ______________________

Ölpflanzen: ______________________

Gemüsepflanzen: ______________________

Zierpflanzen: ______________________

Ergänze die Gruppen mit bekannten Beispielen.

3. Die unten abgebildeten Pflanzen gehören alle zu den Korbblütlern. Ordne den Abbildungen 1, 2 und 3 die richtige Kamillenart zu.
   a) *Acker-Hundskamille:* Blütenboden markig und kegelförmig mit Spreublättern, die in einer Borste auslaufen. Laubblätter unregelmäßig doppelt fiederförmig; Sprossachse verzweigt; Pflanze spärlich weißhaarig oder kahl; kaum riechend.
   b) *Echte Kamille:* Weiße Randblüten hängen schon relativ kurz nach dem Aufblühen herunter; Blütenboden hohl und kegelförmig ohne Spreublätter; Laubblätter 2- bis 3fach fiederförmig; Sprossachse abstehend verzweigt; starker Kamillegeruch.
   c) *Geruchlose Kamille:* Blütenboden halbkugelig, markig, ohne Spreublätter; Laubblätter 2- bis 3fach gefiedert; fast geruchlos.

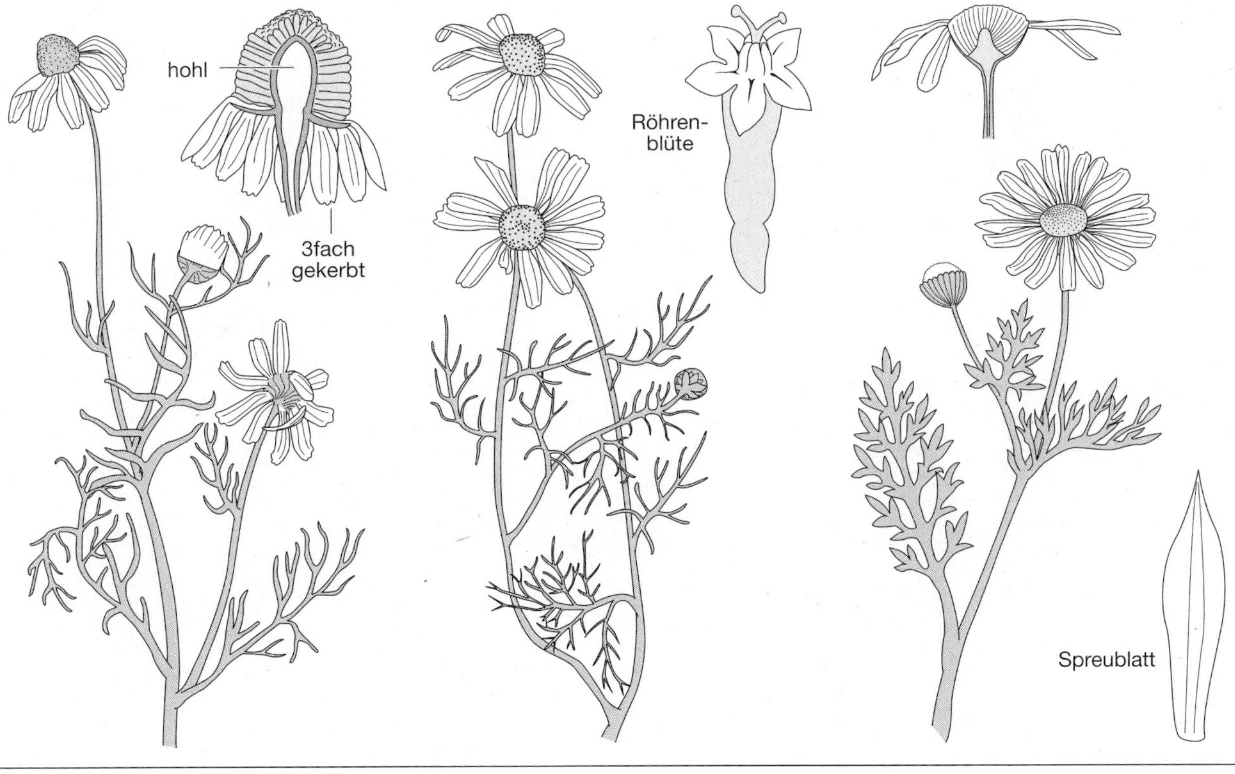

Ähre
Ährenrispe
Doldengewächse
einkeimblättrig
Pastinak
Pflanzenfamilie
Rispe
Sauergräser
Süßgräser

Die Wilde Möhre ist ein Doldengewächs
Die Familie der Süßgräser

Natura 5/6, Seite 228/229

Schülerbuch Seite 228

① Bei vielen Doldengewächsen haben die Blüten am Rand des Blütenstandes eine andere Form als die in der Mitte.
a) Beschreibe die Unterschiede im Aussehen von Rand- und Mittelblüten (Abb. 3).
b) Welche Bedeutung könnte die Form der Randblüten haben?

– *a) Die Blüten am Rand der Dolde sind asymmetrisch und besitzen größere Kronblätter als weiter innen befindliche Blüten. Außerdem haben sie keine Staubblätter.*
b) Durch die größeren Randblüten erscheint die Dolde noch etwas größer und ist dadurch auffälliger für Insekten.

Schülerbuch Seite 229

① Gräser lassen sich leicht sammeln und pressen. Lege eine Gräsersammlung an und unterscheide zwischen Süß- und Sauergräsern. Ordne die Süßgräser nach den Blütenstandsformen.

– *Auf folgende Merkmale der Süßgräser und Sauergräser achten:*
Süßgräser:
- *Halm: hohl, mit Knoten*
- *Blätter: wechselständig, zweizeilig am Halm*
- *Blattscheide: meist offen, mit Blatthäutchen*
- *Blüte in der Regel zwittrig*
- *Frucht: Körner wie beim Getreide*

Sauergräser:
- *Halm: markhaltig, im Querschnitt dreieckig, ohne Knoten*
- *Blätter: wechselständig, dreizeilig, am Halm*
- *Blattscheide: geschlossen, ohne Blatthäutchen*
- *Blüte: meist einhäusige Pflanze mit deutlich getrennten männlichen und weiblichen Blütenständen*
- *Frucht: als Nüsschen, meist von Haut umgeben.*

Arbeitsblatt Seite 259

1. Abb. 1: Ährenrispe
   Abb. 2: Rispe
   Abb. 3: Ähre
2. Abb. 1: Gemeine Quecke
   Abb. 2: Deutsches Weidelgras
   Abb. 3: Wiesenkammgras

Giftige Doldengewächse

Den Schülern sollte bewusst gemacht werden, dass Pflanzen, wie der Gefleckte Schierling, der Wasserschierling und die Hundspetersilie, giftig sind. Nach Berührung müssen die Hände gründlich gewaschen werden, denn bei allen drei Arten sind alle Organe giftig.

Pastinak

- Pflanzenfamilie: Doldengewächse
- Standort: kalkreiche, frische Wiesen; Grabenränder, Raine, Schutthalden; in der Stadt an Straßenrändern in freier Landschaft (wärmeliebend)
- Blüte: gelbe Dolde als Blütenstand
- Wurzeln: rübenartig verdickt
- Bedeutung: Gemüsepflanze
- Sprossachse: gerieft
- Frucht: zweisamige Spaltfrucht

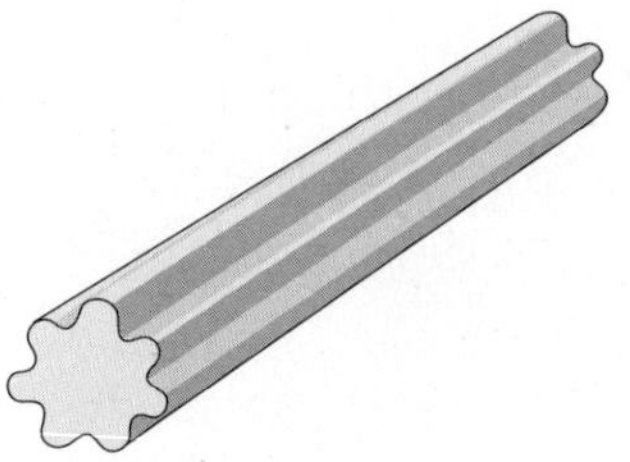

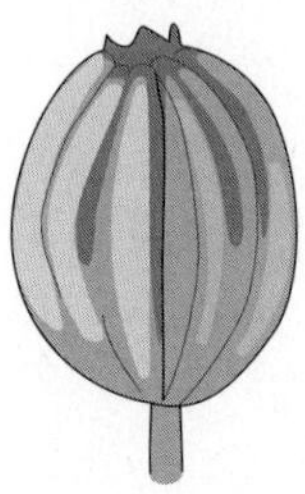

Süßgräser

1. Benenne die Blütenstände.

__________ __________ __________

2. Sehr ähnlich aussehende Gräser sind die Gemeine Quecke, das Wiesenkammgras und das Deutsche Weidelgras. Ordne den Blütenbeschreibungen die richtige Abbildung zu.

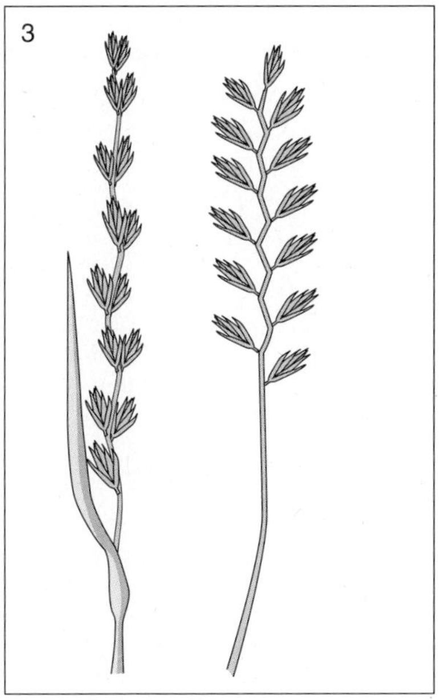

Gemeine Quecke
- lockere Ähre
- Ährchen stehen mit der *Breitseite* zur Hauptachse
- Ährchen meist fünfblütig

Wiesenkammgras
- einer Ähre ähnliche Ährenrispe
- Ährchen 2- bis mehrblütig mit Blättchen am Grund

Deutsches Weidelgras
- unterbrochene echte Ähre
- Ährchen mit der *Schmalseite* zur Hauptachse
- vielblütige, flache Ährchen

Abb. 1: __________ Abb. 2: __________ Abb. 3: __________

Merkmale zum Bestimmen von Pflanzenfamilien
Praktikum: Merkmale von Blütenpflanzen

Natura 5/6, Seite 230/231

Schülerbuch Seite 231

① Für die Bearbeitung dieser Aufgabe bieten sich verschiedene Möglichkeiten an:
- Die Schüler stellen in Form einer Tabelle die zu erläuternden Merkmale zusammen. Dabei wäre zu überlegen, ob alle oder nur ein Teil der abgebildeten Pflanzen bearbeitet werden sollen.
- Der Lehrer bringt einige Pflanzen in den Unterricht mit, die Schüler bearbeiten diese in verschiedenen Arbeitsgruppen. Selbstverständlich können dazu auch andere als die abgebildeten Arten verwendet werden. Wie bei der Auswahl der Abbildungen auf der Schülerbuchseite sollte darauf geachtet werden, dass die vom Lehrer ausgewählten Pflanzen zu interessanten Familien gehören, die sonst im Buch nicht vorkommen (z.B. Enzian, Frauenschuh, Mohn) bzw. zu denen der Lehrer weitere Informationen über deren Bedeutung geben kann (z.B. Roter Fingerhut, Wasserschierling, Echte Kamille).

Arbeitsblatt Seite 261

A Scharfer Hahnenfuß (gefingert, gekerbt, wechselständig)
B Brennnessel (eiförmig, gesägt, kreuzgegenständig)
C Gänsefingerkraut (unpaarig gefiedert, gesägt, grundständig)
D Wiesenschaumkraut (fiederteilig, granzrandig, wechselständig)
E Winterlinde (herzförmig, gesägt, wechselständig)

Blattherbar (siehe auch S. 264)

Bei der Erarbeitung der Vielfalt der Blattformen leistet ein Blattherbar hervorragende Dienste. Es soll als Anschauungsmaterial zur Verfügung stehen, kann aber auch von den Schülerinnen und Schülern selbst angelegt werden. Ein Unterrichtsgang in einen nahe gelegenen Park liefert Material in Hülle und Fülle. Blätter können auch gezeichnet oder als Schattenriss dargestellt werden. Schön ist auch die Herstellung von Fotogrammen (Belichtung mit Objekten auf Fotopapier). Die Kooperation mit dem Kunstlehrer bzw. der Kunstlehrerin bietet sich an.
Wenn ein Scanner zur Verfügung steht, können Blattabildungen für Bestimmungshilfen und Arbeitsblätter auch direkt vom Original gewonnen werden.

Beispiele für Pflanzenmerkmale

Im Folgenden sind Beispiele für die im Schülerbuch auf Seite 230 dargestellten Kennzeichen angegeben.

Blütenformen und Beispiele:
- *gleichartige Blütenblätter, einfach:* Tulpe (jedoch 6-zählig!)
- *Kelch- und Kronblätter verschieden, doppelt:* Hahnenfußgewächse
- *Kelch- und Kronblätter frei:* Rose
- *Kelch- und Kronblätter jeweils verwachsen:* Glockenblume
- *strahlig symmetrisch: Kirsche*
- *zweiseitig symmetrisch:* Stiefmütterchen

Fruchtknoten:
- *oberständig:* Ackersenf
- *mittelständig:* Kirsche
- *unterständig:* Heckenrose

Blütenstände:
- *Einzelblüte:* Mohn
- *Ähre:* Wegerich
- *Traube:* Raps
- *Rispe:* Perlgras
- *Körbchen:* alle Korbblütler
- *Dolde:* alle Doldenblütler

Blattrand:
- *ganzrandig:* Rotbuche
- *gekerbt:* Zwergbirke
- *gesägt:* Linde
- *doppelt gesägt:* Hainbuche
- *gebuchtet:* Traubeneiche
- *gezähnt:* Schwarzpappel

Blattadern:
- *netzadrig:* alle Zweikeimblättrigen
- *paralleladrig:* Einkeimblättrige

Blattform:
- *rundlich:* Hasel
- *eiförmig:* Rotbuche
- *verkehrt eiförmig:* Schwarzerle
- *paarig gefiedert:* Gleditschie
- *schildförmig:* Kapuzinerkresse
- *nierenförmig:* Sumpfdotterblume
- *handförmig:* Ahorn
- *unpaarig gefiedert:* Eberesche

Nebenblätter:
Fingerkraut, Rose

Blattstellung:
- *kreuzgegenständig:* alle Lippenblütler
- *wechselständig:* Aster
- *grundständig:* Schneeglöckchen
- *quirlständig:* Labkraut

Die Schüler können aufgefordert werden, Beispiele für jede Grundform zu suchen oder gesammelte Pflanzen jeweils den Grundformen zuzuordnen.

Literaturhinweise

KREMER, B. P.: Welches Blatt ist das?; Franckh-Kosmos, Stuttgart 1989

Kein Blatt wie das andere

A

Blattform:

Blattrand:

Blattstellung:

Art:

C

Blattform:

Blattrand:

Blattstellung:

Art:

B

Blattform:

Blattrand:

Blattstellung:

Art:

D

Blattform:

Blattrand:

Blattstellung:

Art:

E

Blattform:

Blattrand:

Blattstellung:

Art:

Aufgabe

Benenne die Blattformen, die Blattränder und die Blattstellung. Um welche Pflanzenarten handelt es sich? (Abgebildet sind: Scharfer Hahnenfuß, Wiesenschaumkraut, Brennnessel, Winterlinde und Gänsefingerkraut.)

Bestimmungsübung –
Blütenpflanzen
Kreuzblütler
Lippenblütler
Pflanzenfamilie
Rosengewächse
Schmetterlingsblütler

Pflanzen lassen sich bestimmen

Natura 5/6, Seite 232/233

Schülerbuch Seite 232

① Bevor aber ein Botaniker Pflanzenarten bestimmt, wird er zunächst versuchen herauszubekommen, welchen Pflanzenfamilien sie angehören.
Versuche für die Pflanzenfamilien, die du auf den Seiten 222 bis 229 kennen gelernt hast, einen Bestimmungsschlüssel zu erarbeiten und ihn wie auf Seite 233 aufzuzeichnen.

– *Hinweis: Das Erstellen eines Bestimmungsschlüssels ist für Schüler der Klassenstufe 6 relativ schwierig. Das folgende Beispiel zeigt lediglich eine mögliche Lösung.*

1	*Blüten mit Fahne, Flügel und Schiffchen*	*Schmetterlingsblütler*
–	*Blüte ohne deutliches Schiffchen*	*2*
2	*Blüten mit Unterlippe und oft auch Oberlippe, Stängel vierkantig*	*Lippenblütler*
–	*Blüte ohne deutliche Unterlippe*	*3*
3	*Blüten groß, deutlich erkennbar*	*4*
–	*Blüten entweder unscheinbar klein wie bei Gräsern oder in Dolden bzw. Körbchen*	*5*
4	*Blüten fünfzählig*	*7*
–	*Blüten vierzählig, 2 kurze, 4 lange Staubblätter*	*Kreuzblütler*
5	*Blätter netzadrig*	*6*
–	*Blätter paralleladrig*	*Süßgräser*
6	*Fünfzählige, kleine Blüten bilden doldenförmigen Blütenstand*	*Doldengewächse*
–	*Viele Blüten in körbchenartigem Blütenstand*	*Korbblütler*
7	*Nebenblätter fehlen*	*Hahnenfußgewächse*
–	*Nebenblätter vorhanden*	*Rosengewächse*

Arbeitsblatt Seite 263

A Rosengewächse: Es fehlen je 1 Kelch- und 1 Kronblatt.
B Schmetterlingsblütler: Es fehlen 1 Kronblatt und 4 Staubblätter.
C Lippenblütler: Es fehlen 1 Kron- und 1 Blütenblatt (Unterlippe).
D Kreuzblütler: Es fehlen 2 Kelchblätter, 1 Kronblatt und 2 Staubblätter.

Bestimmen von Pflanzen im Schulumfeld

Für die Hand von Schülerinnen und Schülern existieren kaum geeignete Bestimmungsschlüssel, die auch dem wenig Geübten zu sicheren Ergebnissen verhelfen. Die üblichen Floren sind zu umfangreich und ohne Vergleichsmaterial bzw. Erfahrung oft unsicher. Eine Nachbestimmung durch die Lehrkraft ist unerlässlich. Auch mit den Schlüsseln nach der „Comic-Methode" (Bildschlüssel) sind falsche Bestimmungen oft vorprogrammiert. Mit allerdings erheblichem Aufwand ist der umgekehrte Weg zu empfehlen: Der Artenbestand geeigneter Flächen des Schulumfeldes wird durch die Biologielehrer im Vorhinein aufgenommen. Daraufhin lässt sich ein schulspezifischer Schlüssel entwickeln, der nur die in dem betreffenden Areal vorkommenden Pflanzen berücksichtigt. Dieser Schlüssel könnte auch auf dem Computer vorliegen (etwa als HTML-Dokument). Der damit verbundenen Mühe steht jahrelanger Nutzen gegenüber. Möglicherweise könnte ein solches Unterfangen wertvolle Erkenntnisse für Regionalfloren liefern, hätte also auch wissenschaftlichen Wert. Unter Umständen könnte die Vergabe eines entsprechenden Teilthemas für eine Oberstufen-Facharbeit hilfreich sein.

Literaturhinweise

AICHELE, D.: Was blüht denn da?; Franckh-Kosmos, Stuttgart

FITSCHEN, J.: Gehölzflora; Quelle & Meyer, Heidelberg (dichotomer Schlüssel, sehr ausführlich, alle Bäume und Sträucher Mitteleuropas, auch kultivierte Formen, mit Früchteschlüssel)

KREMER, B. P.: Welches Blatt ist das?; Franckh-Kosmos, Stuttgart (Fotos von Blättern und beschreibender Text, gegliedert nach Blattmerkmalen, deshalb zum Bestimmen geeignet)

MITCHELL, A.: Die Wald- und Parkbäume Europas; Parey, Hamburg (Mischform aus dichotomem und Bildschlüssel, ausführlich)

RAUH, W.; SENGHAS, K.: Schmeil-Fitschen: Flora von Deutschland, Quelle & Meyer, Heidelberg

Blütengrundrisse

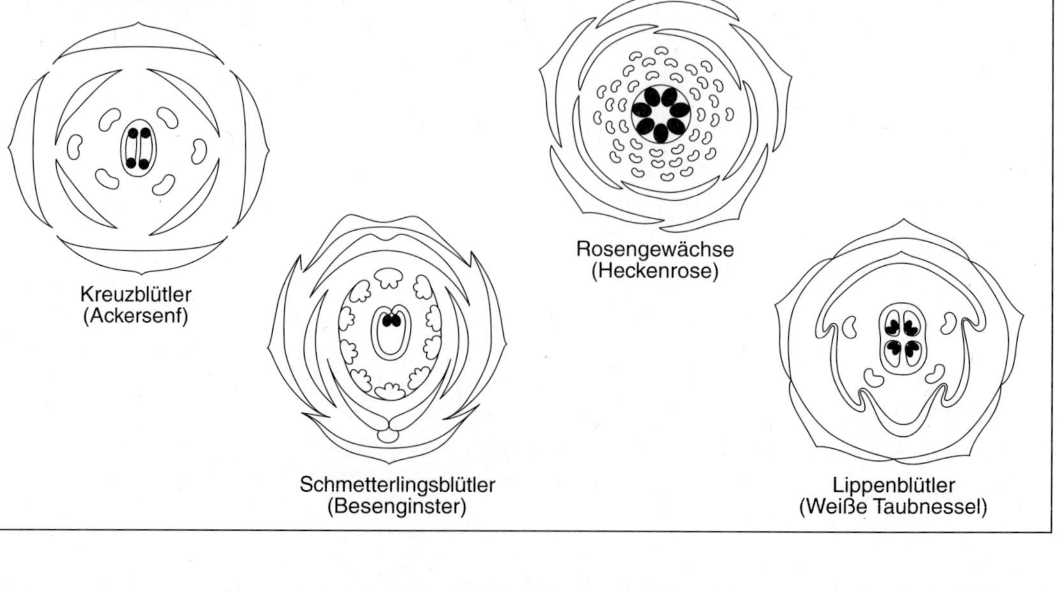

Welche Pflanzenfamilie ist das?

Hier sind die für vier Pflanzenfamilien typischen Blütengrundrisse abgebildet. Leider hat der Zeichner einige Teile vergessen. Finde heraus, welches Diagramm zu welcher Familie gehört. Dabei helfen auch die unten stehenden Informationstexte. Vervollständige die Diagramme.

A: ____________________

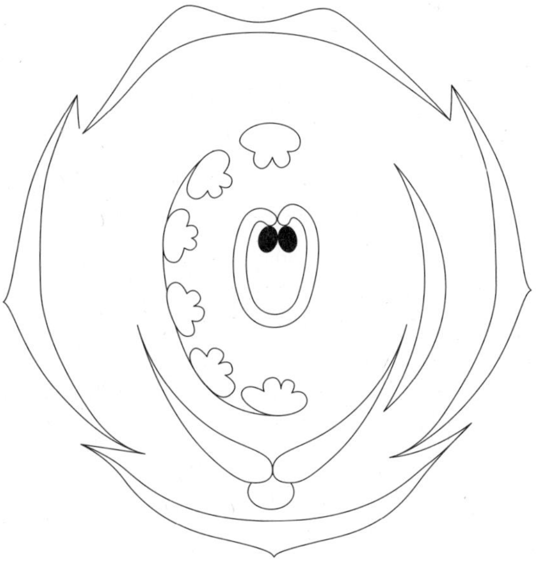

B: ____________________

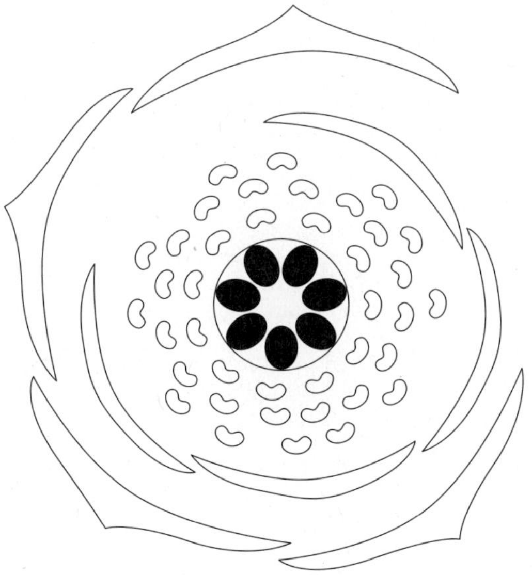

C: ____________________

D: ____________________

Kreuzblütler: 4 Kron- und Kelchblätter, Frucht: Schote, 4 lange und 2 kurze Staubblätter
Rosengewächse: 5 Kron- und Kelchblätter, Staubblätter zahlreich, Frucht oft Sammel- oder Steinfrucht
Lippenblütler: Blüte zweiseitig-symmetrisch, 5 verwachsene und unterschiedlich gestaltete Kronblätter, Ober- und Unterlippe bildend, 5 verwachsene Kelchblätter, meist 4 Staubblätter, Narbe gespalten, Frucht: 4-teilig
Schmetterlingsblütler: Blüte zweiseitig-symmetrisch, 5 unterschiedlich gestaltete Kronblätter, 5 verwachsene Kelchblätter, meist 10 Staubblätter, davon 9 zu einer Röhre verwachsen, Frucht: Schote

Praktikum: Herbarium
Ordnung schaffen im Pflanzenreich

Natura 5/6, Seite 234/235

Gemeines Hexenkraut

Z Herbarien

Bereits zu Linnés Zeiten (1707–1778) sind Herbarien Methoden wissenschaftlicher Forschung gewesen. Seine im schwedischen Museum für Naturkunde und bei der Linné-Gesellschaft in London aufbewahrte Sammlung ist größtenteils heute noch erhalten (s. Randspalte). Das zeigt, wie dauerhaft Pflanzen durch bloßes Trocknen konserviert werden können. In der Wissenschaft dienen Herbarien der Aufbewahrung von Typus-Exemplaren oder der Datengewinnung für historische oder biogeografische Untersuchungen. Aber auch in der Schule haben sie ihren Stellenwert. Sie haben starken Aufforderungscharakter für Schülerinnen und Schüler und können sehr motivierend wirken. Allerdings benötigen die Schüler in der Anfangszeit die Hilfe des Lehrers, soll das Herbar ordentlich aussehen und vorwissenschaftlichen Ansprüchen genügen.

Folgende Punkte sollten beachtet werden:
- Pflanzen „passend machen“. Das bedeutet bei zu großen Pflanzen, dass sie entweder geknickt gepresst werden, wenn sie sonst nicht auf das Herbarblatt passen oder – bei noch größeren Exemplaren – dass nur Teilstücke der Pflanze herbarisiert werden. Dabei ist aber darauf zu achten, dass von allen charakteristischen Teilen ausreichend große Stücke vorhanden sind. Man achte besonders auf evtl. vorhandene Grundblätter, die gerne vergessen werden. Zu dicke Pflanzenteile können mit einem Messer der Länge nach halbiert werden.
- Auf Vollständigkeit achten. Also alle wesentlichen Teile und möglichst auch Entwicklungsstadien (Blüten, Früchte, usw.) pressen.
- Korrekte Anordnung auf dem Trockenpapier. Die Pflanzenteile sollen in möglichst natürlicher Anordnung gepresst werden. Vor- und Rückseite von Organen, wie Blüten oder Laubblättern, sollten erkennbar sein. Man erreicht das, indem man eines der Laubblätter z. B. mit der Rückseite nach oben presst. Überlappende Teile, besonders im Blütenbereich, sollten durch kleine Stückchen Fließpapier getrennt werden.
- Vollständig trocknen. Das dauert mindestens 14 Tage, bei nass gesammelten Pflanzen oder Wasserpflanzen meistens länger. Vor allem bei den feuchteren Exemplaren muss man darauf achten, das Trockenpapier rechtzeitig zu wechseln, ehe sich Schimmelpilze ansiedeln.
- Sofort beschriften. Möglichst sofort beim Sammeln kommt ein Zettel in die Plastiktüte mit der Pflanze, auf dem wenigstens Datum und genauer Fundort notiert sind. Die Bestimmung kann auch später erfolgen. Dieser Zettel wird mit der Pflanze gepresst. Auf das Herbarblatt kommen die Angaben in Reinschrift.
- Wieder ablösbar aufziehen. Die Pflanze soll so aufgeklebt werden, dass eine spätere Untersuchung von allen Seiten noch möglich ist. Dazu verwendet man schmale Papierstreifen, die nur an ihren Enden mit Klebstoff versehen werden, damit die Pflanze noch beweglich ist und auch wieder entnommen werden kann. Unter Klebefolie aufbewahrte Pflanzen sind wissenschaftlich wertlos, obwohl sie im rauen Unterrichtsalltag eine Berechtigung haben.
- Richtig aufbewahren. Keinesfalls in Folientaschen (Prospekthüllen) aufbewahren. Luft muss zirkulieren können und so die Objekte vor Schimmel bewahren. Am besten ist eine Aufbewahrung in entsprechend großen Pappschachteln. Samen und andere kleine Objekte können in dazu geklebten Papiertütchen aufbewahrt werden. Nicht empfehlenswert ist ein Einheften in Ordner o. ä.

Zusätzlich zu den Schülerherbaren kann auch ein Schulherbar angelegt werden. Dies kann unter mehreren Gesichtspunkten erfolgen: Pflanzen des Schulhofs, des Schulteiches, des benachbarten Waldes etc. Bei einer solchen Beschränkung erhält man rasch ein Herbar, das vollständig ist. Es ist auch umfassender einsetzbar als ein allgemein systematisch angelegtes Herbar. Ergänzt werden kann es durch Fotos geschützter Pflanzen, die nicht gesammelt werden dürfen.

Bedeutende Herbarien werden international durch Abkürzungen bezeichnet. So bedeutet S-LINN Linnés Sammlung in Schweden. TUB bezeichnet das Herbar der Universität Tübingen mit 250 000 Exemplaren oder GH das in Harvard beheimatete Herbarium von Gray, Darwins Mitstreiter, mit fast 2 Millionen Pflanzen.

Literaturhinweise

Aichele, D.; Golte-Bechtle, M.: Was blüht denn da? Wild wachsende Pflanzen Mitteleuropas; Franckh-Kosmos, Stuttgart 1979

Fitter, A.: Blumen; Pareys Naturführer, Wild blühende Pflanzen; Parey, Hamburg 1987

Jüngling, H.; Hager, P.: Bestimmungsbuch für Pflanzen; Klett, Stuttgart 2000

Oberdorfer, E.: Pflanzensoziologische Exkursionsflora; Uni-Taschenbücher, Stuttgart 1994

Rothmaler, W.: Exkursionsflora von Deutschland; Spektrum Akademischer Verlag, Heidelberg 1993

Schmeil, O.; Fitschen, J.: Flora von Deutschland und angrenzender Länder; Quelle & Meyer, Heidelberg 1996

Für das Studium geeignete Bestimmungsbücher sind für die Hand des Lehrers unverzichtbar (Rothmaler, Schmeil-Fitschen, Oberdorfer), während sie für Schüler der Sekundarstufe I aufgrund ihrer Komplexität und des intensiv gebrauchten Fachvokabulars in der Regel nicht geeignet sind. Das ist insofern schade, als das Arbeiten mit einem dichotomen Schlüssel mit den Schülerinnen und Schülern geübt werden soll.
Hierfür sollte man aber einen selbst verfassten Schlüssel verwenden, der der jeweiligen lokalen Situation angepasst ist. Ansonsten bleibt nur noch die „Bilderbuchmethode“: Aichele (keine Gräser enthalten!), Fitter, Jüngling et al.

Medienhinweise

Linnés Sammlung ist in Teilen im Internet einzusehen: http://linnaeus.nrm.se

Riesen ...

Der **Affenbrotbaum** (Afrika) hat einen Stammumfang bis zu 47 Metern.

Mammutbäume (Nordamerika) können bis zu 4000 Jahre alt werden und eine Höhe von bis zu 132 Metern erreichen.

Die **Riesenseerose Victoria vegia** (Südamerika) hat Blätter, die bis zu 2 m^2 Fläche haben können.

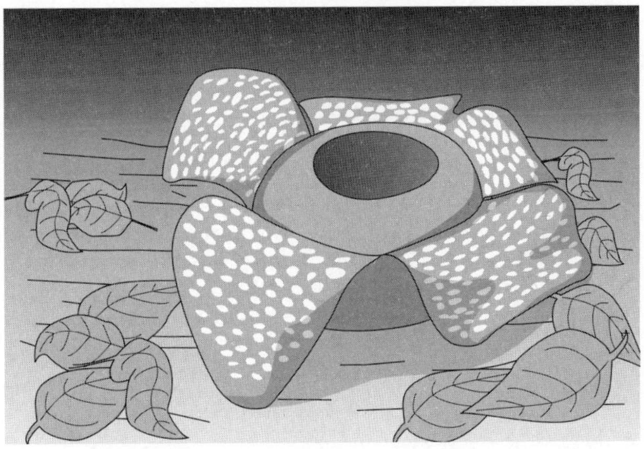

Die **Schmarotzerpflanze Rafflesia arnoldii** (Afrika) hat zwar keine Blätter, aber Blüten mit ca. 1 m Durchmesser

... und Zwerge

Die **Wasserlinse Wolffia arrhiza** ist mit 1,5 mm Länge die kleinste Blütenpflanze der Welt.

Die Pollenkörner des **Vergissmeinnichts** haben einen Durchmesser von nur 0,0025 mm.

Unter den „normalen" Blütenpflanzen hat das **Hungerblümchen** besonders kleine Blüten mit einem Durchmesser von 2,5 mm.

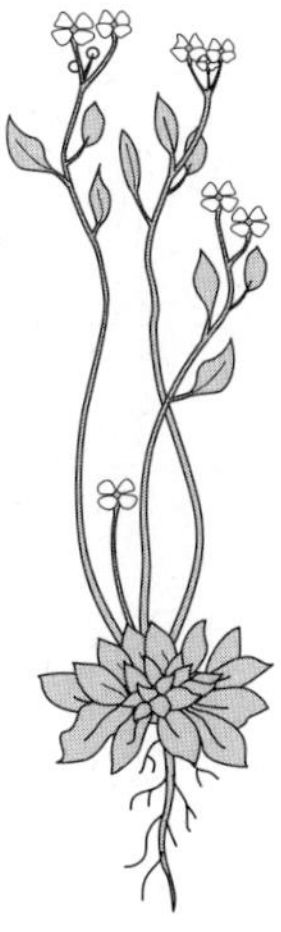

Lexikon: Blütenpflanzen in der Übersicht

Natura 5/6, Seite 236/237

Arbeitsblatt Seite 267

1) männliche Zapfen, 1a) Staubblätter, 1b) Pollen, 2) junger weiblicher Zapfen, 2a) Deckschuppe, 2b) Fruchtschuppe, 2c) Samenanlage, 3) einjähriger Zapfen, 4) zweijähriger Zapfen, 5) Samen mit Flughaut.

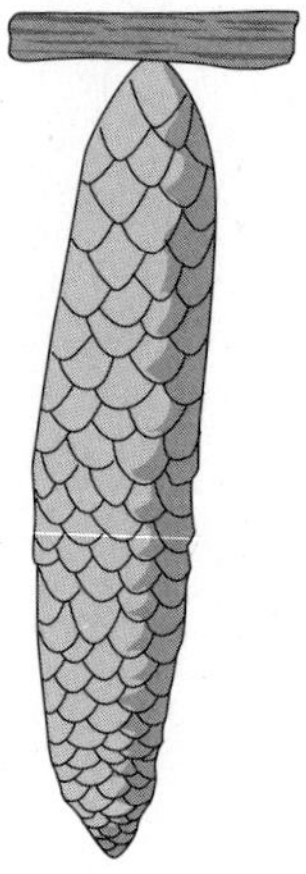

Fichte

Nacktsamer

Die Samenpflanzen beherrschen mit rund 227 000 Arten fast alle festländischen Lebensräume. Davon sind nur etwa 800 Arten Nacktsamer, die sich auf die (parallel entstandenen) Cycadeen (200 Arten, z. B. Samenfarne) und die Nadelbäume (600 Arten) aufteilen. Den Letzteren steht der Ginkgo nahe, die letzte überlebende Art ihrer Klasse, die von Trias bis Kreide eine große Mannigfaltigkeit ausbildete.

Trotz ihrer geringen Artenzahl spielen die Nacktsamer im Erfahrungsraum der Schüler eine große Rolle. So wird ihr Anteil an unseren Wäldern auf 65 % geschätzt (25 % Kiefer und Lärche, 40 % Fichte, Tanne und andere Nadelhölzer). Auch die Verwendung von Fichte oder Tanne als Weihnachtsbaum trägt zum Bekanntheitsgrad der Nacktsamer bei.

Weißtannne

Die Blüten aller Nacktsamer sind eingeschlechtlich und in den meisten Fällen einhäusig. Die Pollenkörner werden in meist zapfenförmigen Blütenständen produziert, die im Wesentlichen nur aus Staub- und Hüllblättern bestehen. Bei den Pollenkörnern bilden sich oft Luftsäcke, die die generell anzutreffende Windverbreitung erleichtern. Die weiblichen Blüten sind meist ebenfalls in Zapfen zusammengefasst. Bei unseren Nadelbäumen finden sich zwei frei liegende Samenanlagen auf einer Fruchtschuppe. Die Samenanlagen sind mit einer starken Lupe bei jungen weiblichen Zapfen zu erkennen.

Nach der Bestäubung lässt die Befruchtung noch lange auf sich warten. Beim Ginkgo (der als nur entfernter Verwandter und ursprüngliche Form in vielen Merkmalen abweicht) findet die Befruchtung oft erst im bereits abgefallenen Samen statt. Auch bei der Kiefer dauert es Monate, bis die Befruchtung stattfindet. Die zunächst rötlichen Deckschuppen werden nach der Bestäubung grün und verkleben mit Harz. In diesen Zapfen wächst der Pollenschlauch zur Samenanlage. Erst im März des Folgejahres verschmelzen die Zellkerne. Ab dann dauert es noch ein weiteres Jahr, bis die Zapfen reif sind und die freiliegenden Samen entlassen.

Medienhinweise

FWU 10 02692 Wald 1: Geschichtliche Entwicklung
FWU 10 02693 Wald 2: Baumarten, Waldaufbau
FWU 10 02694 Wald 3: Waldwirtschaft
FWU 10 02695 Wald 4: Waldfunktionen
FWU 10 02828 Schadbilder bei der Fichte
FWU 10 02829 Schadbilder bei Tanne, Kiefer und Buche
FWU 10 02830 Mögliche Ursachen des Waldsterbens
FWU 10 02832 Mögliche Maßnahmen gegen das Waldsterben
FWU 10 03204 Die Eibe
FWU 10 03207 Pollenanalyse und Landschaftsgeschichte
FWU 42 01317 Waldsterben
FWU 42 01729 Vom Ende der letzten Eiszeit bis zur Gegenwart
FWU 42 31123 Wald
FWU 42 31164 Holz
FWU 62 00090 Ökosystem Wald

Literaturhinweise

LAUDERT, D.: Mythos Baum; BLV, München 1998

Lärche

Ginkgo

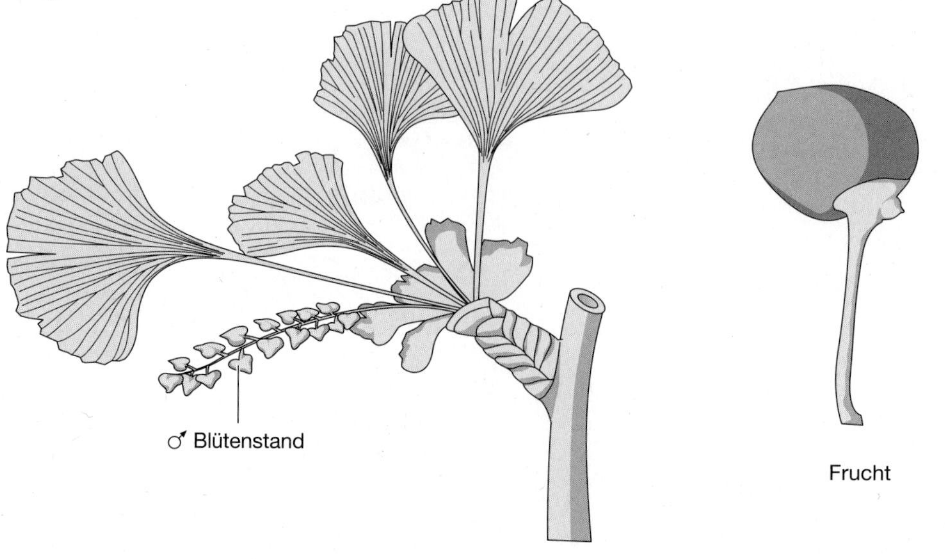

Die Waldkiefer

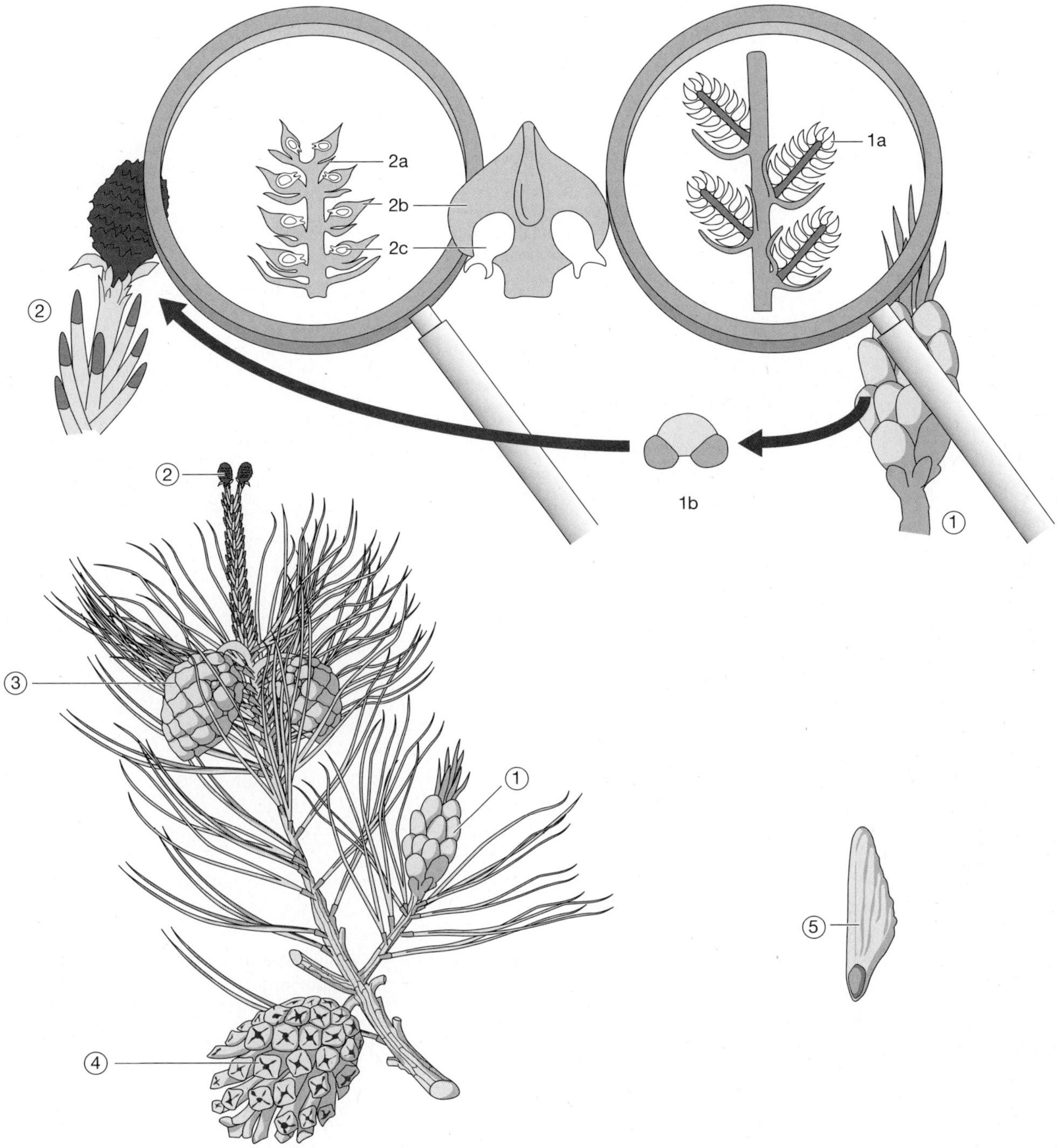

Aufgabe

Benenne die abgebildeten Teile der Waldkiefer.

1) ______________________	2b) ______________________
1a) ______________________	2c) ______________________
1b) ______________________	3) ______________________
2) ______________________	4) ______________________
2a) ______________________	5) ______________________

Ernährung
Getreide
Mais
Nutzpflanzen
Pflanzenzucht
Weizen
Weizenkorn

Futterpflanzen für Nutztiere
Gräser für den Menschen

Natura 5 / 6, Seite 238 / 239

Arbeitsblatt Seite 269

1. Die Samenkörner waren lagerungsfähig, sodass sie für den Verzehr und zur Aussaat aufbewahrt werden konnten. In Hungerszeiten konnte auf die angelegten Vorräte zurückgegriffen werden.
2. Die Ähren der Zuchtsorten haben mehr und größere Samenkörner. Die Grannen sind stark zurückgebildet.
3. Die Samenkörner wären schon auf dem Halm, spätestens aber bei der Ernte der Pflanzen abgefallen und verloren gegangen.
4. Oben: Dreschen der Ähren, Trennung von Weizenkörnern und Spreu.
   Unten: Vorratshaltung und Weiterverarbeitung

Getreide und Mehl

Mais

Mais gehört zur Familie der Süßgräser. Der Stängel ist durch Knoten unterteilt und mit Mark gefüllt, in dem sich die Gefäßbündel befinden. Maispflanzen sind Tief- und Flachwurzler zugleich. Wurzeln können bis zu 2,5 m tief reichen und seitlich bis zu 1 m ausgreifen. Mais gehört zu den einhäusigen Pflanzen, jede Pflanze besitzt einen männlichen und mehrere weibliche Blütenstände. Der männliche Blütenstand, die *Fahne*, befindet sich am Ende der Stängelspitze.

männlicher (a) und weiblicher (b) Blütenstand beim Mais

Die weiblichen Blütenstände sitzen auf kurzen Stielen in Blattachseln und sind von Hüllblättern umgeben. Jeder Fruchtknoten bildet einen Narbenfaden aus, der bis zu 50 cm lang werden kann und die Pollenkörner aufnimmt. Der Pollen einer Pflanze reift zwei Tage vor der Ausbildung der Narbenfäden, der Wind trägt ihn auf benachbarte Pflanzen. Selbstbestäubung ist dadurch weitgehend ausgeschlossen.

Verwendung: Bei uns angebauter Mais wird als ganze Pflanze oder in Teilen siliert und als Viehfutter verwendet.

Erosion durch Maisanbau: Der relativ späte Saattermin (Ende April), die langsame Jugendentwicklung und die großen Reihenabstände lassen die Bodenoberfläche eines Maisfeldes Wind und Niederschlägen gegenüber lange ungeschützt, der Bodenabtrag ist dadurch hoch.

Typenbezeichnung des Mehles

Type	Asche in %	Asche in 100 g
405	< 0,5 %	< 500 mg
1600	< 1,8 %	< 1800 mg

Der Nährstoffgehalt des Mehles hängt vom Ausmahlungsgrad ab. Mehl mit niedrigem Ausmahlungsgrad ist hell, reich an Stärke und zeichnet sich durch gute Backeigenschaften aus. Mehl mit hohem Ausmahlungsgrad ist dunkler, reich an Ballast- und Mineralstoffen sowie Vitaminen. Die Typenbezeichnung des Mehles gibt Auskunft über den Anteil nicht verbrennbarer Mineralstoffe in der Asche.

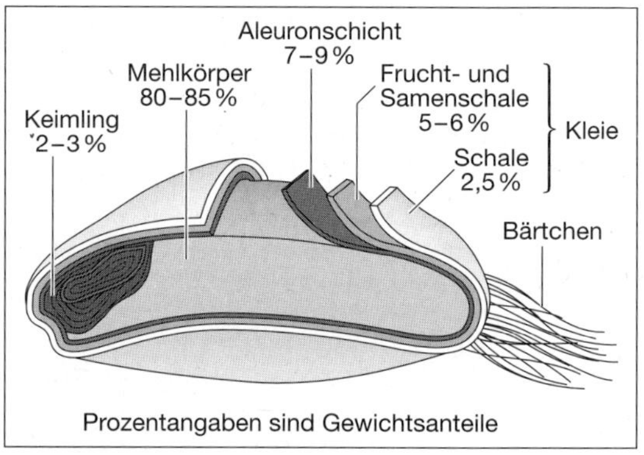

Weizenkorn

Stärke liefernde Pflanzen

Alle Kohlenhydrate gehen aus dem Fotosyntheseprodukt *Glukose* (Traubenzucker) hervor. Diese kann vorübergehend in den Chloroplasten als Stärke gespeichert werden. Die Stärke kann in *Saccharose* (Rohrzucker) abgebaut werden, die über das Phloem der Leitbündel zu den verbrauchenden und speichernden Organen transportiert wird. In Stärke speichernden Organen wird der Rohrzucker in Glukose umgewandelt, die dann zu Stärke verkettet wird.

- Stärke in Wurzelknollen: Batate, Maniok
- Stärke in Sprossknollen: Kartoffel, Knolliger Sauerklee
- Stärke in Rhizomen: Pfeilwurz, Weiße und Gelbe Seerose
- Stärke in oberirdischen Sprossachsen: fast alle Bäume, Sagopalme
- Stärke in Samen: alle Getreidearten
- Stärke im Fruchtfleisch: Mehlbanane, Dattel

Literaturhinweise

Agrarwirtschaft, Fachstufe Landwirt, 5. Aufl.; BLV-Verlag, München 1997

Getreide – unser wichtigstes Grundnahrungsmittel

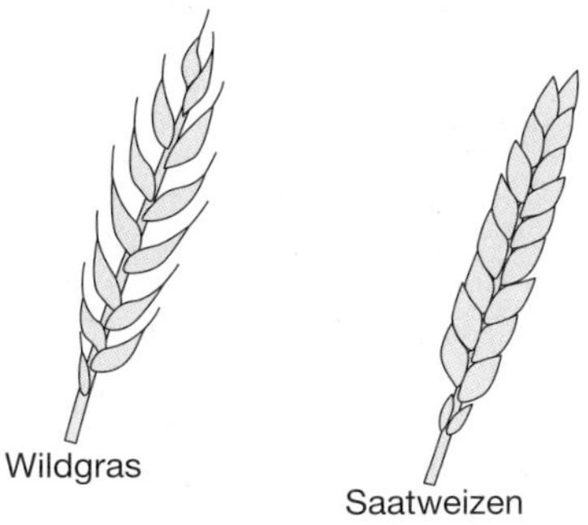

Abb. 1 Ursprungsform und Zuchtform von Weizen

Getreide ist das wohl wichtigste Grundnahrungsmittel des Menschen. In der Steinzeit kamen Jäger und Sammler auf die Idee, freie Flächen planmäßig mit Wildgräsern als Getreide zur Gewinnung der stärkehaltigen Samenkörner zu bepflanzen. Die Samenkörner halten sich in trockenem Zustand mehrere Jahre lang und sind dann auch noch keimfähig.

Allerdings unterscheiden sich die heutigen Getreidesorten erheblich von den Wildgräsern, von denen sie abstammen. Dadurch, dass die Menschen über lange Zeit hinweg nur diejenigen Ähren auswählten und die darin enthaltenen Samenkörner weiter anbauten, die ihnen geeignet erschienen, entstanden aus den ursprünglichen Wildgräsern unsere heutigen Getreidesorten.

In den Ähren sind die Samenkörner fest verankert und zudem noch durch eine derbe, ungenießbare Hülle, die *Spelze*, geschützt. Um an die Körner zu gelangen, werden die Ähren gedroschen, d.h. sie werden im einfachsten Falle auf einen festen und sauberen Boden gelegt und mit Holzstöcken bearbeitet. Beim Dreschen werden die Samenkörner aus den Ähren und von Spelzen befreit.

Abb. 2 Getreideernte und -lagerung bei den Ägyptern

Aufgaben

1. Welche Eigenschaft der Samenkörner machten die sesshaft gewordenen Menschen unabhängiger vom Jagdglück und halfen ihnen, Hungerzeiten besser zu überstehen?

2. Worin unterscheiden sich die Ähren des ursprünglichen Weizens von den heutigen Weizensorten?

3. Es gibt Wildgräser, deren Samenkörner im reifen Zustand sehr lose in den Ähren sitzen. Der Anbau dieser Gräser hätte das sehr mühsame und durch Staubentwicklung unangenehme Dreschen weitgehend überflüssig gemacht. Warum haben unsere Vorfahren nicht diese Gräser angebaut?

4. Im alten Ägypten wurde auch schon Weizen angebaut. Die Abbildung 2 zeigt einige Arbeitsschritte der Gewinnung von Getreidekörnern. Welche Arbeitsschritte kannst du erkennen?

Projekt: Die Geschichte der Kartoffel

Ernährung, Kartoffel, Nutzpflanzen, Pflanzenschutz, Pflanzenzucht, Projekt

Geschichte der Kartoffel

Die Kartoffel stammt aus dem peruanisch-bolivianischen Raum und wird dort seit ca. 8000 Jahren kultiviert. Bis heute ist die Entdeckung und Übertragung der Kartoffel auf die Alte Welt unklar. Die älteste Nachricht geht auf den spanischen Eroberer und Berichterstatter PEDRO CIEZA DE LEON zurück. Der Autor berichtet 1553, er habe auf einer Expedition in Kolumbien u.a. Kartoffeln gesehen: „Eine Art Erdnuss, die, wenn man sie kocht, weich wie eine gekochte Kastanie wird, aber eine Schale hat, die nicht dicker als jene einer Trüffel ist." Kartoffeln *(Solanum tuberosum,* Subspezies *andigena)* gelangten in der zweiten Hälfte des 16. Jh. nach Europa. Die an das südamerikanische Kurztagsklima angepassten Pflanzen kamen unter den Langtagsbedingungen im Norden Europas schnell zur Blüte, bildeten aber kaum Knollen aus. Fast 200 Jahre wurden Kartoffeln in Ziergärten gehalten. In dieser Zeit vollzog sich – unterstützt durch die Selektion des Menschen – die Umwandlung in eine tagneutrale Form (Subspezies *tuberosum*). Im Laufe der Zeit kamen dann weitere Tuberosum-Formen aus Südchile dazu, die bereits dort einen entsprechenden Anpassungsprozess durchlaufen hatten. Kartoffeln lösten nach der Lockerung der Dreifelderwirtschaft zusammen mit Futterrüben und Kleearten das Brachefeld ab. In Schlesien und Pommern bedurfte es königlicher Zwangsmaßnahmen durch FRIEDRICH WILHELM I. und FRIEDRICH II., um den Kartoffelanbau durchzusetzen. Hungersnöte in Folge des siebenjährigen Krieges steigerten Anbau und Verzehr der Kartoffel.

Die Hungersnot in Irland 1845/46

In Irland setzte sich die Kartoffel als Grundnahrungsmittel rasch durch. Verschiedene Kartoffelkrankheiten gefährdeten die Versorgung der Bevölkerung, am schlimmsten war der Befall der Kulturen durch den Pilz *Phytophthora infestans*, dem Erreger der Braunfäule, der die gesamte Ernte der Jahre 1845/1846 vernichtete. Man schätzt, dass damals bis zu einer Million Menschen verhungerte. Bis zu 1,5 Millionen Iren verließen das Land infolge dieser Hungersnot. Sie waren damit Wegbereiter einer Migration, die noch bis zum Ersten Weltkrieg anhielt. In Verbindung mit Geografie und Geschichte können Karten und Plakate entstehen.

Krankheiten und Schutz

Pflanzenschutz: Pflanzkartoffeln können in hohem Maße zur Verbreitung von Krankheiten beitragen. Das Pflanzgut soll nicht aus eigenem Bestand entnommen werden, vielmehr soll auf anerkanntes Pflanzgut zurückgegriffen werden. Im Handel befindliches Kartoffelpflanzgut unterliegt den Bestimmungen des Saatgutverkehrs bzw. der Kartoffelpflanzgutverordnung und wird auf Virus-, Pilz- und Bakterienbefall geprüft.

Braunfäule: Der Sommer 1845 schien in Irland eine reiche Kartoffelernte zu versprechen. In wenigen Tagen jedoch wurden die überirdischen Pflanzenteile braun und starben ab, die Knollen verfaulten. Die Krankheit breitete sich unglaublich schnell aus. Heute wissen wir, dass sich der Erreger der Braunfäule, der Pilz *Phytophtora infestans,* mithilfe von Sporen ausbreitet. Früher dienten Kartoffelfeuer nicht nur als geselliger Abschluss der Ernte. Das Verbrennen des Kartoffelkrautes vernichtete die Pilze bzw. ihre Sporen.

Anbau der Kartoffel

In der Andenregion sind über 150 Wildarten der Kartoffel bekannt, die sich von den Kulturformen unterscheiden: Knollen können fehlen oder sind klein und unregelmäßig ausgebildet. Das Fleisch kann weiß, gelb oder rot gefärbt sein. Die Kulturformen sind an die unterschiedlichsten Standortbedingungen angepasst, z.B. frostresistente Pflanzen. In Mitteleuropa werden Saatkartoffeln Mitte April als Knollen bis 10 cm tief ausgesetzt. Der Abstand in der Reihe beträgt 80 cm, der Abstand der Reihen 20 bis 50 cm. Nach dem Austreiben werden die Reihen mit 20 cm hohen Dämmen überhäufelt, um die Knollenbildung zu verstärken. Stirbt das Kraut ab, sind die Knollen reif (Erntezeit: Juni bis Oktober).

Kartoffeln im Eimer

In den Boden eines 12-Liter-Plastikeimers werden einige Löcher gebohrt. Dann wird der Eimer zur Hälfte mit einem Gemisch aus einem Teil Gartenerde und einem Teil Kompost gefüllt. Auf die Erde werden im April zwei bis drei vorgekeimte Saatkartoffeln gelegt (auf dem Wochenmarkt oder beim Bauern erhältlich). Auf die Kartoffeln wird eine 10 cm mächtige Schicht Erde gegeben. Die Erde wird angefeuchtet und in eine warme Ecke nach draußen gestellt. Nach ca. zwei Wochen sind die ersten grünen Spitzen zu sehen. Diese Triebe werden sofort mit Erde bedeckt. Zwischendurch wird gegossen. Ist der Eimer voll, lässt man die Pflanze ungehindert weiterwachsen. Kartoffelpflanzen benötigen große Mengen an Nährstoffen: Einmal in der Woche gibt man biologischen, wasserlöslichen Dünger auf die Pflanzen. Nach rund 10 Wochen hängen an jeder Pflanze bis zu drei Pfund Kartoffeln.

Invasionsbiologie des Kartoffelkäfers

Kartoffelkäfer sind ein gutes Beispiel für die Konsequenzen ungewollter Organismentransporte. Nordamerika ist ihre Heimat (Coloradokäfer). Vor der Kultivierung der Kartoffel ernährten sie sich von wild lebenden Nachtschattengewächsen. Großflächiger Kartoffelanbau bot ihnen eine ideale Ernährungsgrundlage. 1874 überzog die Käferpopulation die gesamten USA. 1876 wurden die ersten Tiere in Bremen gefunden. Einzelne Befallsherde wurden durch Absammeln der Käfer bekämpft. Begünstigt durch die Wirren des 1. Weltkriegs gelangte er nach Westfrankreich. Von dort breitete er sich nach Osten aus und vernichtete die Ernten. Ganze Dörfer rückten aus, sammelten die Tiere mit der Hand ab oder vernichteten sie mit Blei- oder Kalkarsenat. Die Böden, in denen sich eingegrabene Käfer befanden, wurden mit Schwefelwasserstoff, Benzol oder Rohpetroleum behandelt. Heute ist der Kartoffelkäfer zwar in ganz Europa verbreitet, wird aber durch Pflanzenschutzmittel, resistente Kartoffelsorten und Insektenfresser an der Massenvermehrung gehindert.
Auf dem Höhepunkt des Kalten Krieges warf die russische Presse den USA vor, Osteuropa mit Kartoffelkäfern „bombardiert" zu haben (die „sechsbeinige Botschaft der Wall-Street").

GEBHARDT, H.; KINZELBACH, R.; SCHMIDT-FISCHER, S.: Gebietsfremde Tierarten, ecomed, Landsberg 1990

Kartoffelqualität

Kartoffelsorten unterscheiden sich hinsichtlich Form, Größe, Geschmack und Kocheigenschaften. Für Trockenerzeugnisse (Chips, Pommes frites, Puffer) ist ein hohes Trockengewicht erforderlich und ein niedriger Gehalt an reduzierenden Zuckern, da sich sonst beim Braten Verfärbungen zeigen. Für Chips und Pommes Frites werden ovale Sorten verwendet. Für andere Zwecke werden runde Sorten wegen der besseren Schälbarkeit bevorzugt. Sorten mit hohem Stärkegehalt werden zur Stärke- und Alkoholproduktion verwendet. Da Kartoffeln im Anbau kostspieliger als Getreide sind, werden sie nicht in der Mast verwendet.

In Supermärkten und auf dem Wochenmarkt sind etliche Kartoffelsorten erhältlich. Klassifizierungen, wie mehlig oder fest kochend, findet man auf den Etiketten. Etwa gleich große Knollen können roh und gekocht verglichen werden: Farbe, Schnittfestigkeit, Geschmack usw.

Aus dem Natura-Kochstudio

Kartoffelpuffer indisch
Man benötigt für 6 bis 8 Puffer: 1 kg mehlig-kochende Kartoffelsorte, 3 Teelöffel Koriandersamen, 3 Esslöffel Sesamsamen, 3 Esslöffel Currypulver, 12 Frühlingszwiebeln, 3 Stück frischer Ingwer, Butterschmalz zum Braten.

Koriander und Sesam in einer trockenen Pfanne 1 Minute rösten, Curry dazugeben, abkühlen lassen. Die Kartoffeln waschen, schälen und nicht zu fein reiben. Die Masse in einem Tuch ausdrücken. Zwiebeln in feine Streifen schneiden, Ingwer schälen, reiben und alles mit der Masse vermischen. Reichlich Fett erhitzen, Masse in das Fett setzen und glattstreichen. Puffer nacheinander ca. 5 Minuten auf beiden Seiten knusprig braten.
Übrigens: Echte Kartoffelpuffer brauchen kein Ei – die Kartoffelstärke gibt dem Puffer Halt.

Kartoffelchips mit Paprika
Kartoffeln schälen und mit einem Gurkenhobel in hauchdünne Scheiben schneiden. Kurz waschen und gründlich abtrocknen. Portionsweise in Ausbackfett (180 °C) knusprig braten. Chips abtropfen lassen und mit Paprika und Salz bestreut servieren.

Was ist die Kartoffel?

Die Kartoffel ist ein umgewandelter Seitenspross. In die Blattnarben (Augen) einer länglichen Kartoffel werden Nadeln gesteckt. Vom Nabelstrang aus wird ein Faden von Nadel zu Nadel gelegt. Das Ergebnis kann mit „normalen" Pflanzensprossen oder einem Kaktus mit wenigen großen Stacheln verglichen werden.

Schlomms, M.: *Physiologische Schulversuche mit der Kartoffelknolle. Aulis, Köln 1981*

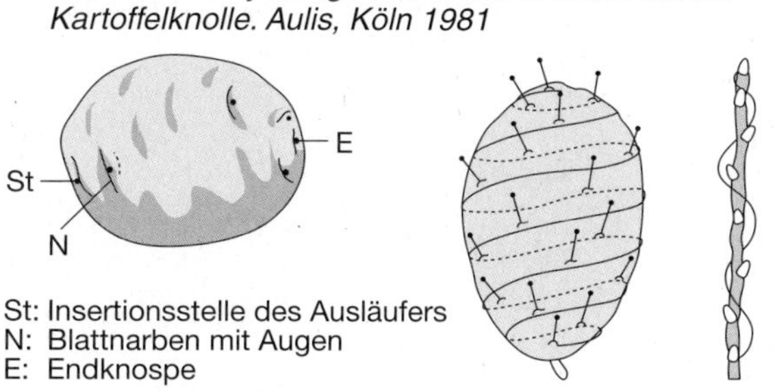

St: Insertionsstelle des Ausläufers
N: Blattnarben mit Augen
E: Endknospe

Die Kartoffel als Rohstoff

Stichworte liefern Anlässe, eine „Detektivarbeit" zu leisten.

Stärke-Industrie: Kartoffelmehl, Dextrine, Sago, Sirup, Stärkezucker Puddingmehl, Textilappreturen

Spiritus-Industrie: pharmazeutische Erzeugnisse, Liköre, Kraftstoff, kosmetische Erzeugnisse, Brennspiritus, Rohstoffe für die Industrie

Trocknungs-Industrie: Trockenspeisekartoffeln, Kartoffel-Pressschrot, Walzmehl als Backhilfsmittel, Kartoffelflocken und Schnitzel, Kartoffelkloßmehl, Püree-Pulver für Chips, Walzmehl für industrielle Zwecke, Pommes Frites

Batate – die Süßkartoffel

Die Süßkartoffel ist eine in den gesamten Tropen beheimatete Nahrungspflanze. Das einjährige Kraut gehört zu den Windengewächsen und kriecht mit den Stängeln am Boden. An den Knoten der langen Sprosse bilden sich Wurzeln, die entweder der Ernährung der Pflanze dienen oder zu spindelförmigen Knollen anschwellen. Die Knollen schmecken süß, da sie neben Stärke auch Zucker enthalten. Zur Vermehrung der Pflanze nimmt man meist bewurzelte Schösslinge oder Stecklinge.

Tipps und Adressen

Beim Besuch auf einem Schulbauernhof oder einem erkundungsoffenen Betrieb können Schüler konventionelle bzw. alternative Methoden des Anbaus kennen lernen.

Adressen sind bei den Landesbauernverbänden erhältlich:

- Deutscher Bauernverband e. V., Godesberger Allee 142–148, 53175 Bonn. Tel.: 0228/81980, E-Mail: presse@bauernverband.de
  Homepage: http://www.bauernverband.de
- Arbeitsgemeinschaft ökologischer Landbau, Brandschneise 1, 64295 Darmstadt, Tel.: 06155/2081
  E-Mail: agoel@t-online.de
  Homepage: http://www.agoel.de
- AID e.V, Konstantinstr. 124, 53179 Bonn, E-Mail: aid@dvg.dsb.net

Literatur

Dostal, B.: Kartoffeln im ökologischen Landbau. In: Ökologie & Landbau, Heft 97, S. 37 1996
Handelsklassen für Speisekartoffeln. AID e. V., Best. Nr. 1251
Kartoffeln. 200 köstliche Rezepte mit Warenkunde. Mosaik Verlag, München 1992
Kennwort Lebensmittel – ein Handbuch für den täglichen Einkauf. AID e. V., Best. Nr. 3017
Kooperation: Vier Bauern erzeugen Kartoffeln. In: Bio-Land. Fachzeitschrift für den ökologischen Landbau. Heft 6, S. 8, 1995
Schloms, M.: Physiologische Schulversuche mit der Kartoffelknolle. Praxis Schriftenreihe Biologie, Band 30. Aulis Verlag 1981
Wir erkunden einen Bauernhof. AID e. V., Best. Nr. 1296

Kohl
Nutzpflanzen
Pflanzenzucht
Zuckergewinnung
Zuckerrübe

Viele Gemüsepflanzen sind Kreuzblütler
Lexikon: Gemüse

Natura 5 / 6, Seite 242 / 243

33,7 kg Zucker verbrauchte durchschnittlich jeder Bürger der EU-Mitgliedsstaaten im Jahr 1995.

Arbeitsblatt Seite 273

1. Die Wildkohlpflanzen unterschieden sich etwas in ihren Merkmalen. Es gab Pflanzen, die etwas dickere Stängel besaßen. Samen dieser Pflanzen wurden weiter angebaut. Samen von Pflanzen mit den dicksten Stängeln wurden wiederum weiter angebaut usw.
2. Weiß-/ Rotkohl: Blätter; die Sprossachse wurde gestaucht, die Blätter wurden größer sowie fleischiger und bilden einen Kopf.
   Grünkohl: Blätter; die Blätter sind stark gekraust.
   Rosenkohl: Knospen; die Knospen (Rosen) werden aus verkleinerten Blättern gebildet.
   Kohlrabi: verdickte Sprossachse; die Sprossachse (Blattnarben) hat sich verkürzt und ist stark angeschwollen.
   Blumenkohl: Blütenstände; die Blütenstandachse hat sich verkürzt, die Blüten haben sich vermehrt und sind mächtiger geworden.
   Brokkoli: Blüten und Blütenstandachse; Brokkoli kann als eine Fortentwicklung des Blumenkohls aufgefasst werden. Die Blütenstandachsen sind länger.

Salat liefernde Pflanzen

Die Organe Salat liefernder Pflanzen dienen als Beikost und werden roh oder gekocht gereicht. Sie liefern Ballaststoffe, Vitamine, Mineralstoffe sowie Extraktstoffe und etherische Öle, die geschmacksbildend wirken.

- Algengemüse: Meeressalat (Grünalge Ulva lactuca)
- Gartenkresse, genutzt werden meist Keimpflanzen
- Kopfsalat, Schnittsalat, Sommerendivie, Spargelsalat. Diese Sorten leiten sich vermutlich vom Wilden Lattich (Lactuca serriola), einer Steppenpflanze Südeuropas ab, die bei uns auf Schuttplätzen zu finden ist.
- Cichorium: Winterendivie, winterhart, die Blätter können schon im Frühjahr geerntet werden.
- Löwenzahn: Wildsalat, bedeckt man die Rosetten mit Stroh, vergeilen die Blätter und bleiben zart.
- Feldsalat: Wintersalat, die Rosetten sind winterhart
- Gartensauerampfer (Rumex rugosus): Wildsalat, die Blätter werden in der Frühjahrssuppe gegessen.

Literatur

Scharf, V.; Kaufmann, H.: Zucker – ein natürlicher Stoff? In: Friedrich Jahresheft (17), Mensch-Natur-Technik, S. 14–16; Friedrich-Verlag, Seelze 1999

Vollmer, G. (Hrg.): Von der Zuckerrübe zum Zucker. Schriftenreihe der Gesellschaft „Industrie und Schule GmbH"; in Vorbereitung

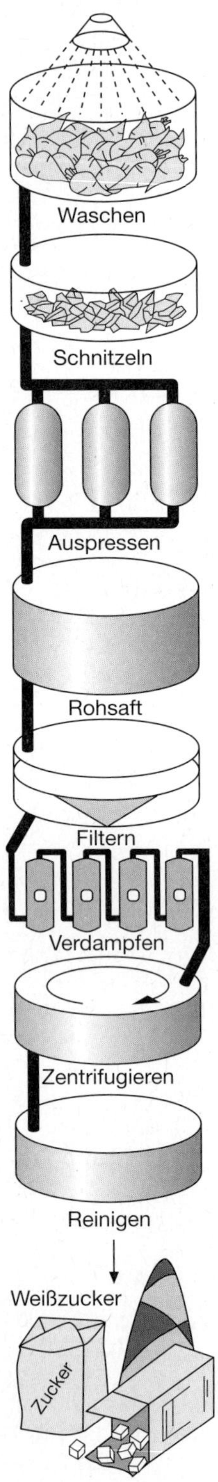

Zuckergewinnung

Zuckerrüben

Botanik

Zuckerrüben, Futterrüben (Runkelrüben) und Rote Rüben gehören zur Art *Beta vulgaris* und werden deswegen auch als *Betarüben* bezeichnet. Die Pflanzen sind zweijährig; im ersten Jahr entwickelt sich der Rübenkörper, im zweiten der Samenträger.

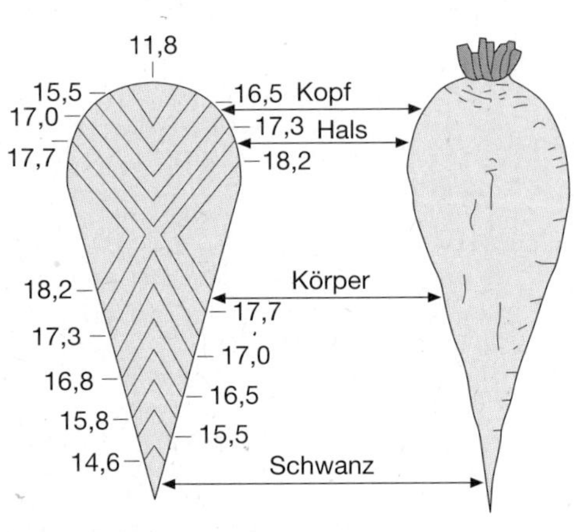

Zuckergehalt von Rüben

Geschichte

Schon im 8. Jahrhundert v. Chr. bauten die Babylonier Rüben mit süßem Geschmack an. Auch in den Küchenverzeichnissen Karl des Großen finden sich Angaben über süße Rüben, als Zuckerlieferant waren sie unbekannt. Erst die Berliner Chemiker Marggraf und Achard beschrieben den Zuckergehalt von Betarüben. Achard gründete 1801 die erste Zuckerfabrik in Cunern (Schlesien). Zuerst wurde er mit Hohn und Spott bedacht und angefeindet. Die Kontinentalsperre unter Napoleon I und die ausbleibenden Einfuhren von Zucker aus Zuckerrohr bewirkten ein Umdenken. Man begann systematisch mit der Züchtung von Betarüben mit hohen Zuckergehalt (16 bis 17 Gewichtsprozente). Heute wird $^1/_3$ der Weltzuckerproduktion aus Betarüben gewonnen.

Zuckergewinnung

Den Zucker (Rohrzucker) gewinnt man durch Auslaugen von Rübenschnitzeln. Unerwünschte Begleitstoffe, wie Säuren und Eiweiße, werden mit Calciumhydroxid ausgefällt. Die Lösung wird in Vakuumverdampfern eingedampft. Die Rückstände werden zu Alkohol vergoren oder als Viehfutter verwendet.

Gemüsekohl

Die verschiedenen Kohlsorten, die wir heute kennen, gehen auf eine Ursprungsform, den Wildkohl, zurück. Die Blätter des Wildkohls wurden bereits im alten Rom gegessen. Die Menschen damals machten wohl die Beobachtung, dass bei der einen oder anderen Kohlpflanze die Blüten größer, die Blätter fleischiger, zarter oder wohlschmeckender waren oder gar die Stängel an Dicke zugenommen hatten. Diese Pflanzen wurden getrennt von den anderen weiter vermehrt. Unter den Nachkommen wurden diejenigen ausgewählt, die bestimmte gewünschte Merkmale besonders stark ausgeprägt hatten. Über viele Jahrhunderte hinweg wurden auf diese Weise die heutigen Spielformen des Wildkohls herausgezüchtet.

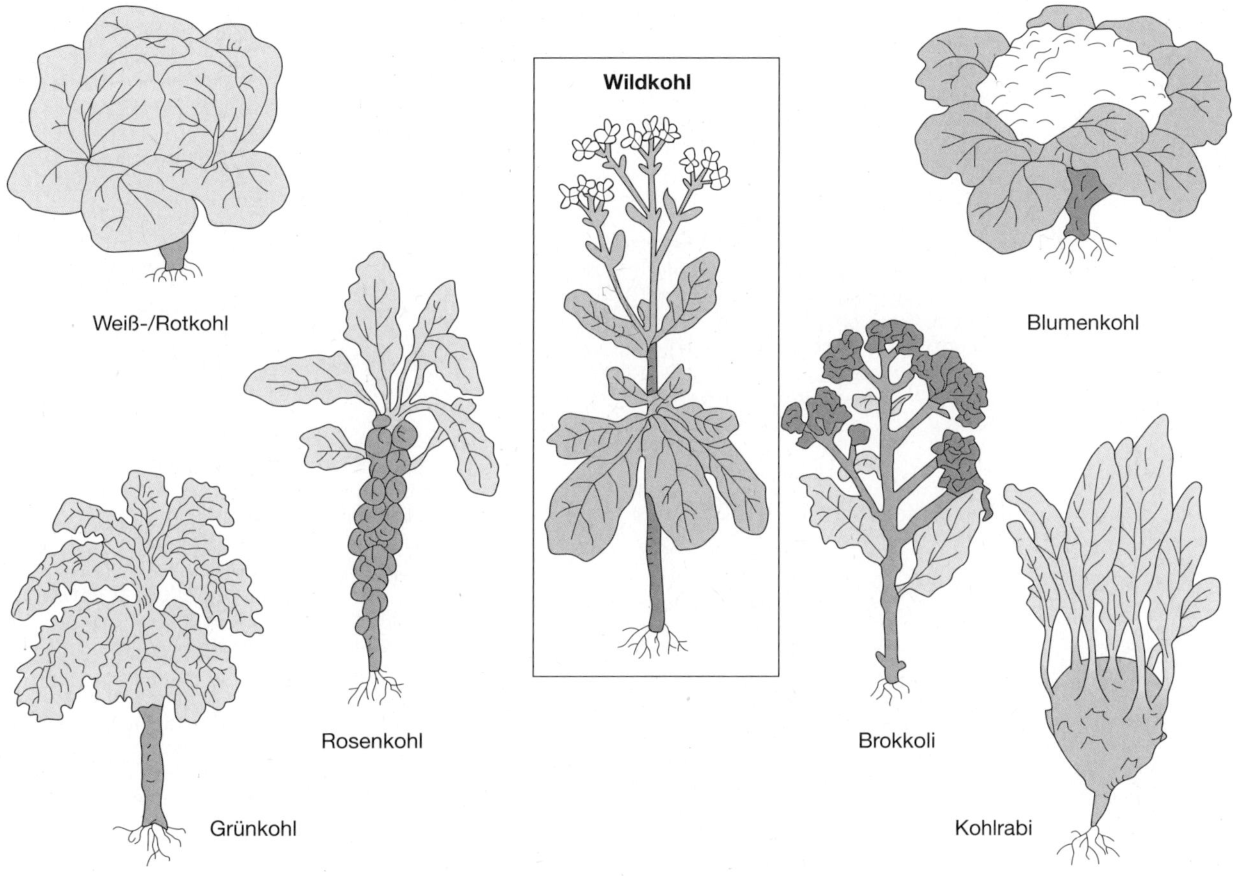

Aufgaben

1. Wie aus dem Wildkohl der Kohlrabi gezüchtet wurde, weiß zwar keiner genau, dennoch gibt es begründete Vorstellungen. Erläutere, wie aus dem Wildkohl durch Züchtung der Kohlrabi entstanden sein könnte.

___

___

___

2. Welche Pflanzenteile verzehrt der Mensch von den dargestellten Kohlsorten? Wie haben sich die Pflanzen im Vergleich zum Wildkohl verändert?

___

___

___

Pflanzen können sich ungeschlechtlich vermehren

Natura 5/6, Seite 244

Schülerbuch Seite 244

① Manche Zuchtformen von Bananen, Apfelsinen und Mandarinen weisen keine Samen auf. Wie kann man sie vermehren?
– *Die Vermehrung kann durch Stecklinge oder Pfropfen auf Unterlagen erfolgen.*
② Informiere dich bei einem Gärtner, wie man Obst- und Ziergehölze durch Okulieren und Kopulieren veredelt.
– *Pfropfen: siehe Schülerbuch*
Okulieren: Knospen (Augen) werden verpflanzt.
Kopulieren: Auf dem abgesägten Stamm wird der Kopf einer anderen Sorte aufgesetzt.
④ Das Brutblatt, vom Gärtner auch Bryophyllum genannt, weist eine besondere Art der Vermehrung auf: Am Blattrand der Mutterpflanze entstehen viele kleine Tochterpflänzchen, die nach einer gewissen Zeit abfallen und zu neuen Brutblattpflanzen heranwachsen. Handelt es sich um eine geschlechtliche oder ungeschlechtliche Vermehrung?
– *Da die Tochterpflanzen nicht aus dem Samenkorn hervorgegangen sind, handelt es sich um eine ungeschlechtliche Vermehrung.*

Arbeitsblatt Seite 275

1. Begonie: Die Blätter werden zerschnitten und bewurzeln sich, wenn sie in Erde gesetzt werden.
   Grünlilie: Die Mutterpflanze bildet Ausläufer, die sich bewurzeln.
   Forsythie: Äste der Mutterpflanze werden als Stecklinge in Wasser gestellt und bewurzeln sich.
   Ananas: Die rosettigen Kronschöpfe werden aus der Ananas gebrochen und bewurzeln sich, wenn sie in Wasser gestellt werden.
   Stachelbeere: Wenn ein Ast den Boden berührt, wachsen dort Wurzeln. Es entsteht eine neue Pflanze, wenn man den Ast später abtrennt,
2. Begonie, Ananas (Schnitte erforderlich)
3. Die meisten Zimmerpflanzen (siehe Zusatzinformation), Erdbeeren, etc.

Vegetative Vermehrung

Bei zahlreiche Pflanzenarten dominiert die vegetative Vermehrung. Dazu gehören das *Scharbockskraut* (Ranunculus ficaria), die *Quecke* (Agropyron spec.) und zahlreiche Wasserpflanzen. Bei der Erdbeere und beim *Kriechenden Hahnenfuß* (Ranunculus repens) sind vegetative und generative Vermehrung von gleichem Gewicht für den Fortbestand der Art. Alle einjährigen Pflanzenarten verlassen sich ausschließlich auf die Samenbildung.

Selbst gezogene Pflanzen im Klassenzimmer

Vermehren die Schüler Pflanzen, entsteht meist eine gewisse emotionale Bindung, wenn diese heranwachsen und gedeihen. Die Pflanzen haben einen hohen Aufforderungscharakter für die Schüler. Werden die selbst vermehrten Pflanzen im Klassenzimmer gehalten, werden sie meist ordentlich gepflegt und in den Ferien auch bereitwillig mit nach Hause genommen. Bei der Auswahl der Pflanzenarten sollte Wert darauf gelegt werden, dass die Wasserversorgung mit den Eigentümlichkeiten des Schulbetriebs verträglich ist.

Folgende Arten, die sich vegetativ vermehren lassen, haben sich im Klassenzimmer bewährt:
– *Streifenlilie* (Chlorophytum comosum, Steppenpflanze aus Südafrika): Ausläuferpflänzchen von den langen Trieben abschneiden; unterste Blätter entfernen, damit keine Fäulnis entsteht; in Wasser halten, bis die Wurzeln ca. 3 cm lang sind; in Komposterde auspflanzen.
– *Zyperngras* (Cyperus alternifolius; C. papyrus, Sumpfpflanze aus Madagaskar): Blütenschopf mit kurzen Halmstück abschneiden und die Hochblätter auf die Hälfte einkürzen; Blütenschopf in Wasser oder ein Gefäß mit nassem Sand setzen; bewurzelte Pflänzchen in Komposterde auspflanzen; Topfballen muss stets feucht sein; Töpfe in tiefen Untersetzer stellen, der mit Wasser gefüllt ist.
– *Dreimastblume* (Tradescantia spec., tropisches und subtropisches Amerika): 6 cm lange Kopfstecklinge in wassergefüllte Gläser setzen; wenn die Wurzeln 3 cm lang sind, in Komposterde auspflanzen.
– *Sansevieria* (Steppenpflanze aus Afrika): Ausläufer der Pflanzen mit einem scharfen Messer abschneiden; damit die Schnittstellen nicht faulen, werden sie mit pulverisierter Holzkohle bestreut; Ableger in ein Gemisch aus zwei Teilen Erde und einem Teil Sand setzen; Topf warm und hell stellen, nur wenig feucht halten.
– *Brutblatt* (Kalanchoe daigremontiana; K. laxifolia, K. tubiflora, Wüsten und Halbwüsten Madagaskars): An den Blatträndern des Brutblattes wachsen zahlreiche violette Brutknospen. Fallen sie ab, wachsen vollständige Pflanzen heran. Normalen Dünger vertragen die Brutblätter nicht, im Sommer wenig Kakteendünger geben.

Außerschulische Lernorte

Die Schüler besuchen eine Gärtnerei und lassen sich alle Einrichtungen zeigen, die zu einem Vermehrungsbeet gehören. Gefragt werden kann nach: Vermehrungsweise der angebauten Arten, Bewurzelungsdauer, Lichtmenge, Luftfeuchtigkeit, Bodenfeuchtigkeit, Bodentemperatur und Bodenmischung im Vermehrungsbeet.

Botanische Gärten halten für Schulen meist kostenlos eine Reihe von vegetativ vermehrbaren Pflanzen bereit.

Ungeschlechtliche Vermehrung

Es gibt verschiedene Möglichkeiten Pflanzen ungeschlechtlich zu vermehren.

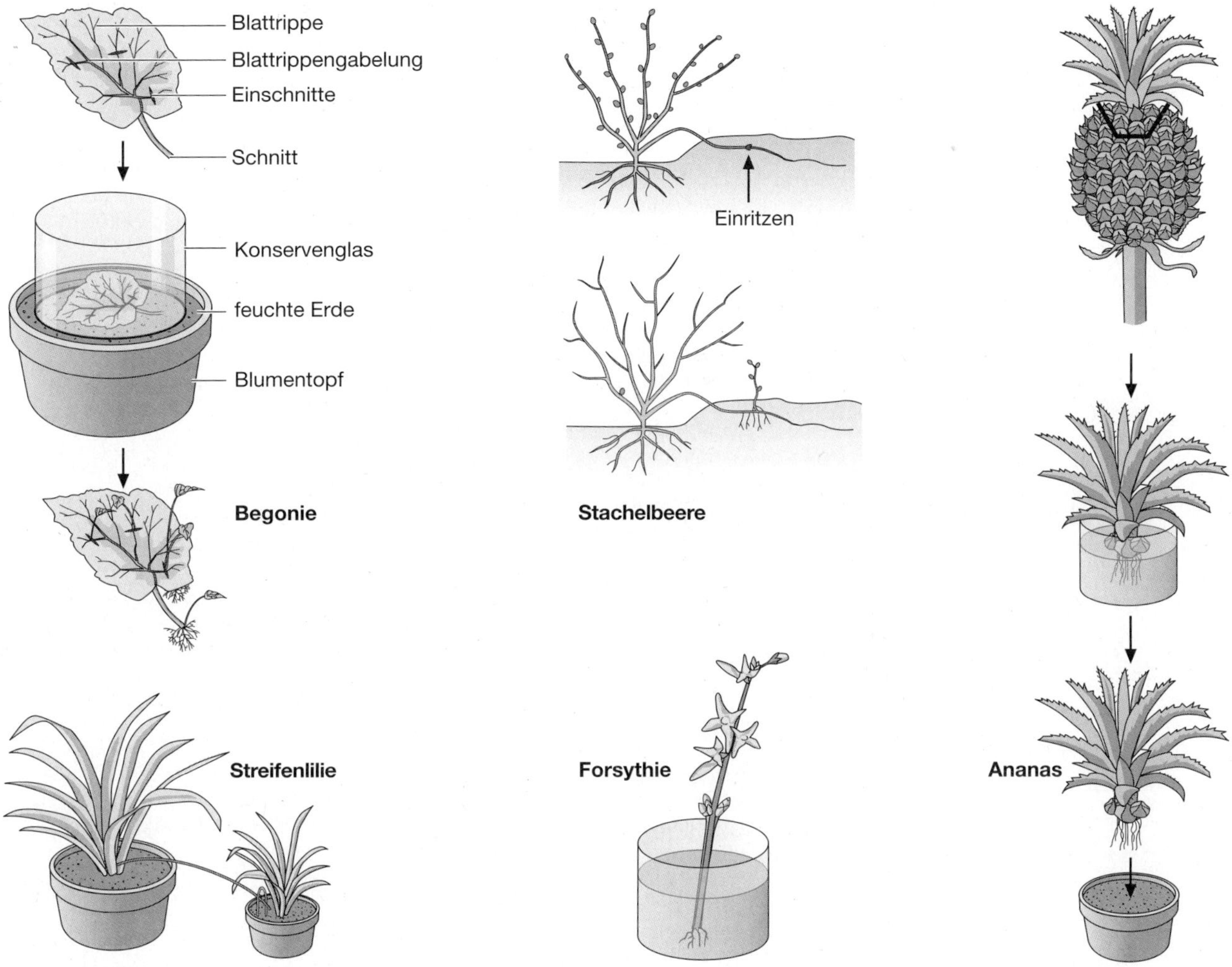

Aufgaben

1. Schau dir die Abbildungen genau an und schreibe auf, was dargestellt ist. Notiere auch jeweils, aus welchen Teilen der Mutterpflanze die neue Pflanze herangezogen worden ist.

   Begonie: ______________________________

   Grünlilie: ______________________________

   Forsythie: ______________________________

   Ananas: ______________________________

   Stachelbeere: ______________________________

2. Welche der gezeigten ungeschlechtlichen Vermehrungsarten kommen in der Natur nicht vor? Begründe.

   ____

3. Kennst du weitere Pflanzenarten, die ungeschlechtlich vermehrt werden? Schreibe die Namen auf.

   ____

Ernährung
Gewürzkräuter
Kosmetik
Nutzpflanzen
Pflanzenzucht

Praktikum: Pflanzen in Haus und Garten

Natura 5/6, Seite 245

Z Kräuter – Anzucht und Verwendung

Man besorgt im Gartenbedarfshandel: Blumentöpfe, Kräutersamen, Topfkräutererde, Flüssigdünger.

- *Vorbereitung der Töpfe*
  Man legt zuerst eine Schicht Tonscherben oder kleiner Steine in den Blumentopf, darauf eine Schicht Holzkohle (verhindert ein Versauern). Dann füllt man mit Topfkräutererde auf und durchfeuchtet die Erde gut.

- *Aussäen*
  Kräutersamen werden auf die Erde gestreut und leicht angedrückt. Wenn Frischhaltefolie über die Töpfe gespannt und mit kleinen Löchern versehen wird, entsteht eine Treibhausatmosphäre, in der die Samen besser keimen.

- *Pflege*
  In einen Topf mit 18 cm Durchmesser passen 10–15 Triebe, die nicht zu dicht stehen sollten. Gedüngt wird alle 3 Wochen mit Flüssigdünger. Wenn die Wurzeln durch die Öffnung am Boden wachsen, brauchen die Pflanzen einen größeren Topf. Die sonnenliebenden Pflanzen kommen dicht an die Fensterscheibe.

- *Ernte*
  Geerntet wird morgens, weil dann durch die Sonne die etherischen Öle noch nicht verdunstet sind. Niemals mehr als $1/5$ aller Blätter ernten. Das Erntegut getrennt aufbewahren, damit sich das Aroma nicht vermischt.

- *Lagerung*
  Die Kräuter können bis zum Gebrauch eingefroren werden. Man reinigt zuerst das Erntegut und taucht die Blätter dann kurz in kochendes Wasser (blanchieren) und danach kurz in Eiswasser. Die Kräuter werden in Plastiktüten verpackt und eingefroren. Sie halten sich ca. 6 Monate.

Riechgarten

Ein Schüler verbindet sich die Augen und setzt sich bequem hin. Der „Blinde" bekommt nacheinander verschiedene Kräuterblättchen gereicht, die er zerreibt und am Geruch erkennen soll. Nach jeder Riechprobe wäscht der „Blinde" sich die Finger in einer bereitgestellten Schüssel mit Wasser.

Rezepte

Die Kräuter, die man nicht selber gezogen oder nicht in ausreichender Menge vorliegen hat, kann man in der Apotheke kaufen.

Säckchen zum Reinigen der Haut
Man braucht:
3 Teile Löwenzahnblätter
3 Teile Brennnesselblätter
2 Teile Blätter der schwarzen Johannisbeere

Man füllt einen Waschlappen mit den Kräutern, verschließt ihn und gibt ihn in das Badewasser.

Haarpflege

Blondes Haar
Man braucht:
1 Esslöffel Kamillenblüten (frisch oder getrocknet)
1 Esslöffel Ringelblüten (frisch oder getrocknet)
2 Esslöffel Zitonensaft

Man gibt $1/2$ Liter kochendes Wasser über die Blüten und lässt das Ganze 30 Minuten ziehen. Nachdem man die Pflanzenteile ausgesiebt hat, gibt man den Zitronensaft hinzu. Die Flüssigkeit benutzt man als letzte Haarspülung.

Dunkles Haar
Man braucht:
2 Esslöffel Salbeiblätter
2 Esslöffel Rosmarinblätter
$1/2$ Liter schwarzen Tee

Man gibt $1/2$ Liter kochenden Tee über die Kräuter und lässt ihn 30 Minuten ziehen. Nachdem man die Pflanzenteile ausgesiebt hat benutzt man die Flüssigkeit als letzte Haarspülung.

Bei Halsschmerzen
Man gibt einen Teelöffel frischer oder getrockneter Salbeiblätter in eine Tasse und gießt kochendes Wasser darüber. Der Tee wird ungesüßt und schluckweise getrunken, wenn er etwas abgekühlt ist.

Herstellung einer Creme
Man braucht:
1 Tasse Öl (z. B. Sonnenblumenöl, Olivenöl)
20 g Bienenwachs
1 Tasse lauwarmes Wasser
30–50 Tropfen etherisches Öl (Apotheker fragen, welches er empfiehlt)

Öl in eine hitzefeste Tasse geben, Tasse in einen Topf mit Wasser stellen. Bienenwachs raspeln und zugeben. Das Ganze zum Kochen bringen. Etwas abkühlen lassen (Wachs darf nicht fest werden!) und mit dem Mixer (höchste Stufe) langsam in das Wasser einrühren. Wenn die Creme fest zu werden beginnt, Mixer auf kleinste Stufe stellen und etherisches Öl zugeben. Creme in Gläschen geben. Im Kühlschrank hält sie sich ein bis zwei Wochen.

Pizzabrötchen mit Käse
Man halbiert ein Brötchen und bestreicht die Hälften mit Butter. Auf jede Hälfte kommen eine Salami- und 2 Tomatenscheiben. Darauf streut man Majoran, Thymian und Oregano und legt eine Scheibe Käse darauf. Im Backofen bei 160 °C überbacken, bis der Käse zerlaufen ist.
Guten Appetit.

Kräuterdrehscheibe

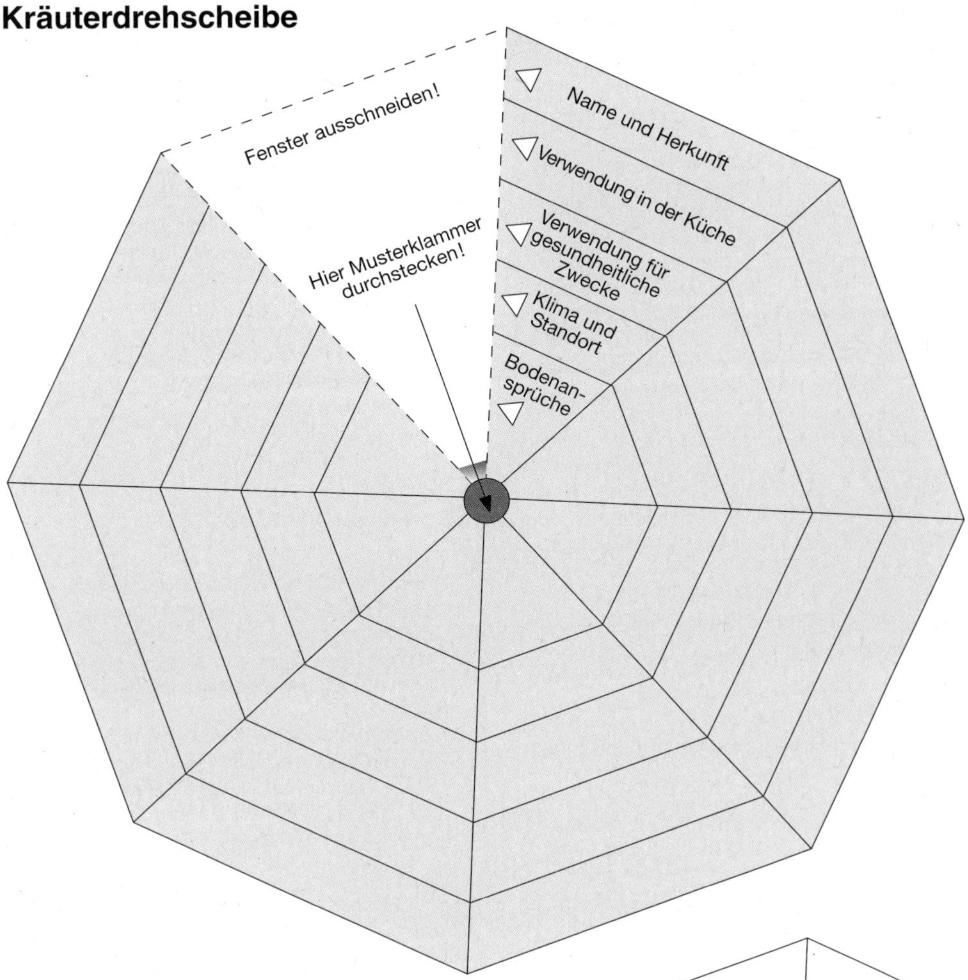

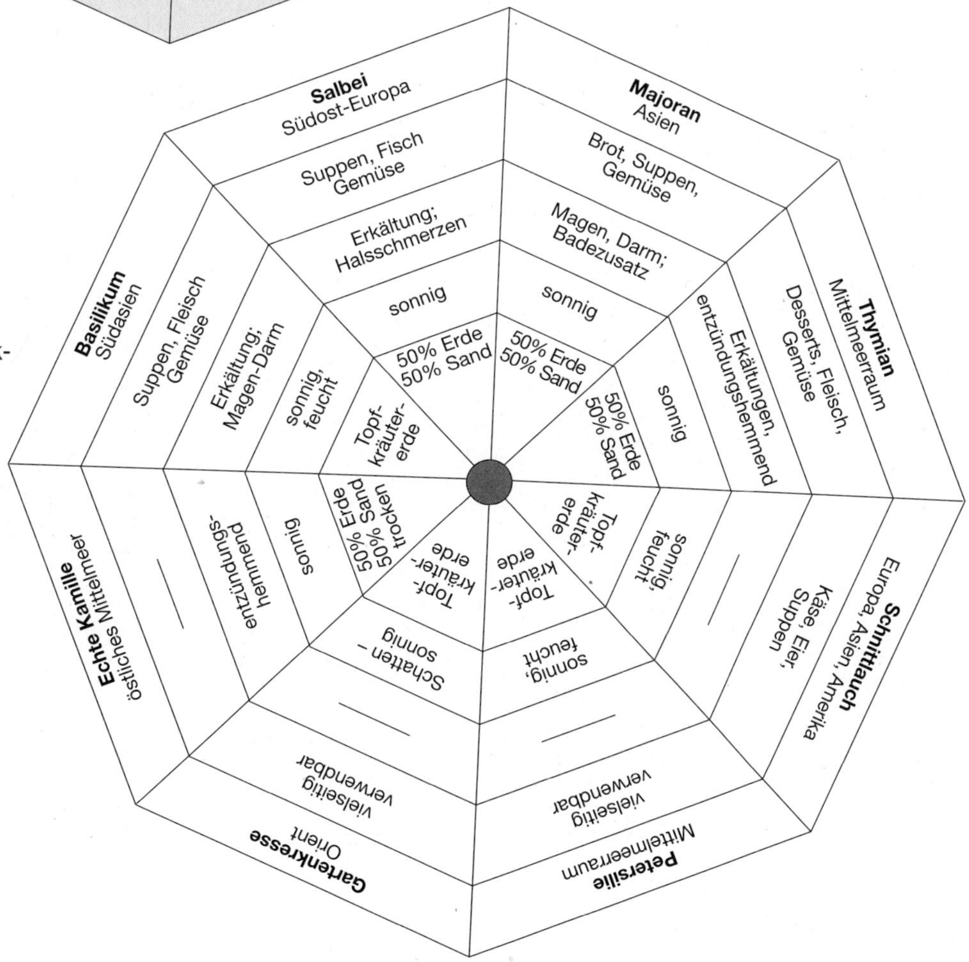

Aufgabe

Schneide beide Scheiben aus. Schneide in die Deckscheibe ein Fenster. Lege beide Scheiben genau übereinander und versehe sie in der Mitte mit einem Loch. Mit einer Musterklammer werden beide Scheiben zusammengehalten.

Baumwolle
Bionik
Kakao
Lotuseffekt
Naturfasern
Nutzpflanzen
Pflanzenfasern
Sisal

Lexikon: Nutzpflanzen

Natura 5/6, Seite 246/247

Fasern liefernde Pflanzenarten

Baumwolle

Bei der Baumwolle handelt es sich um eine alte Kulturpflanze der warmen Gebiete der Erde. Archäologische Funde belegen, dass Baumwolle bereits 2500 vor Chr. in Peru und 500 v.Chr. in Ägypten verarbeitet wurde. Im 19. Jahrhundert gewann die Baumwollpflanze mit der industriellen Revolution und dem Bevölkerungswachstum an Bedeutung. Insbesondere die Erfindung von Entkernungsmaschinen (Abtrennung der Haare vom Samen) beschleunigte ihren Aufstieg zur Weltwirtschaftspflanze. 1988 macht die weltweite Baumwollproduktion mit rund 18 Millionen Tonnen 78 % aller produzierten Pflanzenfasern aus. Baumwollhaare können bis zu 4 cm lang werden, sind fest, gut spinnbar und anfärbbar (Jeans). Da die Haare innen hohl sind, haben sie wärmeisolierende Wirkung. Aus den abgetrennten Samen wird Öl und Protein gewonnen.

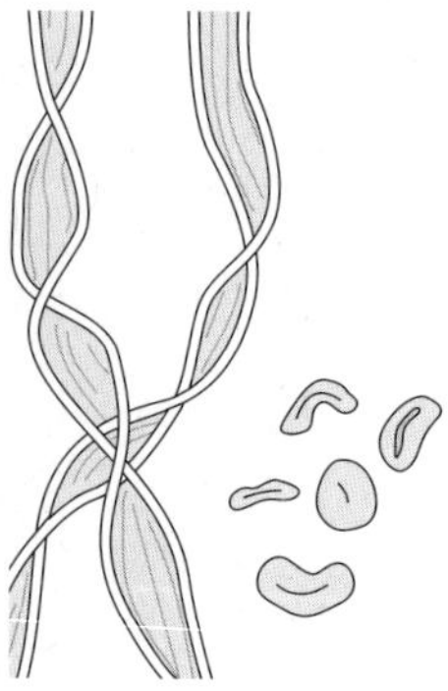

Baumwollfaser

Sisal

Zur Gewinnung von Hartfasern werden die Blätter der Agave sisalana in tropischen Ländern angebaut. (Die besonders fleischigen Blätter der Agave americana, die aus dem Mittelmeerraum bekannt ist, eignen sich nicht dazu.) Die lanzettlichen, stachelspitzen Blätter können bis zu 2 Meter lang werden. Nach 6 bis 9 Jahren bilden die Pflanzen Blütenstände aus und sterben ab; bis dahin können bis zu 250 Blätter geerntet werden. 1986 wurden weltweit 436 000 Tonnen Siaslfasern produziert.

Weitere Faserpflanzen

- Fasern aus Sprossachsen: Faserlein (Flachs), Hanf, Große Brennnessel, Jute
- Fasern aus Früchten: Cocos

Arbeitsblatt Seite 279

2. Baumwollfasern fühlen sich weich an, Sisalfasern sind rau.
3. Das Baumwollgran reißt zuerst.
4. Baumwollfasern lassen sich gut anfärben.
5. Beim Verbrennen von Pflanzenfasern riecht es wie verbranntes Papier, das ebenfalls aus Zellulose besteht.
6. Baumwolle: sie ist weich, reißfest und gut anfärbbar. Die Fasern des Baumwollsamens dienen der Verbreitung der Samen, Sisalfasern dienen der Verstärkung der Blätter, die mechanischen Einwirkungen (z. B. Wind, Regen) besser widerstehen können.

Arbeitsblatt Seite 280

1. Ernte der Kakaofrüchte, Trennung von Kakaobohnen und Fruchtfleisch, Gären der Bohnen (Bildung von Aromastoffen und brauner Farbe, Abbau von Bitterstoffen), Trocknung (Wasserentzug), Röstung (Bildung von Aromastoffen), Mahlen (Zerkleinern der Bohnen), Pressen der Bohnen (Trennen von Kakaopulver und Kakaobutter).
2. Kakaopulver ist ein hochwertiges Lebensmittel, weil es reich an Eiweiß, Kohlenhydraten, Fett, Ballast- und Mineralstoffen ist.

Arbeitsblatt Seite 281

1. Auf glatten Oberflächen überrollen die Wassertropfen die Schmutzpartikel, die an der glatten Oberfläche haften bleiben. Auf genoppten Oberflächen haften die Tropfen schlecht an, sie rollen die Schmutzpartikel ein und nehmen sie mit.
2. Der *Lotus-Effekt*: Autos, Fenster oder Hausfassaden bräuchten nicht mehr geputzt werden, riesige Mengen an Wasser, Reinigungsmitteln und Energie könnten eingespart werden.

Fasern im Unterricht

Baumwollgarn kann im Handarbeitsgeschäft, Watte und Sisal im Haushaltsgeschäft besorgt werden. Watte, in der die einzelnen Fasern keine Vorzugsrichtung aufweisen, lässt sich leicht zerzupfen, Baumwollgarn hingegen, in dem die Fasern versponnen sind, zeichnet sich durch eine gewisse Reißfestigkeit aus. Die Schüler können mithilfe des Mikroskops den Grund dafür herausfinden.
Die Dehnbarkeit von Pflanzenfasern im Vergleich zu Haaren kann mit dem Versuchsaufbau von Aufgabe 3 untersucht werden. Haare (Wolle) führen bei der Verbrennung zum typischen Ammoniakgeruch (Protein).

Literaturhinweise

FRANKE, W.: Nutzpflanzenkunde; Thieme-Verlag, Stuttgart 1992
Heimische Faserpflanzen. In: Praxis der Naturwissenschaften, Biologie. Themenheft 2/47, März 1998
NACHTIGALL, W.: Vorbild Natur; Springer Verlag, Berlin 1997

Baumwolle und Sisal – zwei Naturfasern

Der Mensch versteht sich schon mehrere tausend Jahre lang darauf, Fasern aus Pflanzen zu gewinnen. Die Samenkörner der Baumwolle besitzen Fasern, die bis zu 4 cm lang werden können. Sie werden vom Samenkorn abgetrennt und zu Baumwolle versponnen. In den Blättern der Agave befinden sich bis zu 2 m lange Fasern (Sisal), die aus den Blättern herausgelöst werden können.

Aufgaben

1. Bringe wenige Baumwollfasern aus Watte, Baumwollgarn sowie Sisalfasern auf einen Objektträger. Füge dann mit einer Pipette einen Tropfen Wasser zu jeder Faserart hinzu. Lege jeweils ein Deckgläschen auf und untersuche die Fasern bei geringer Vergrößerung unter dem Mikroskop. Fertige möglichst genaue Zeichnungen der Fasern an.

2. Wie fühlen sich die Fasern der Baumwolle und der Agave an?

____

____

____

3. Hänge Gewichte (z.B. zwei Liter-Plastikflaschen) an einer Sisalfaser bzw. einem dünnen Baumwollfaden auf. Fülle die Flaschen langsam mit Wasser. Welche Faser reißt zuerst?

____

4. Lege die Fasern in eine Färbelösung (z.B. Saft aus grünen Pflanzenteilen oder Kirschsaft). Welche Faser färbt sich besser?

____

5. Lege Faserproben in eine Porzellanschale und zünde sie an. Welchen Geruch stellst du fest?

____

6. Welche Faser eignet sich zur Herstellung von Kleidungsstücken? Begründe deine Meinung. Welche Aufgabe haben deiner Meinung nach die Fasern des Baumwollsamens, welche die Fasern im Blatt der Sisal-Agave?

____

____

____

7. Mikroskopiere Fasern verschiedener ausrangierter Kleidungsstücke und stelle fest, in welchen Baumwollfasern verarbeitet wurden.

Kakao – ein anregendes und gehaltvolles Getränk mit einer langen Geschichte

Die Heimat des Kakaobaumes ist das Amazonasgebiet Brasiliens. Indianer nutzten Kakao schon lange bevor Europäer den amerikanischen Kontinent betreten haben. Kakaosamen waren so kostbar, dass sie sogar als Zahlungsmittel wie bei uns das Geld dienten. Spanier brachten Kakaosamen nach Europa. Erst im 17. Jahrhundert wurden das Kakaogetränk und die mithilfe von Kakaobutter sowie Zucker und Milch hergestellte Schokolade in Europa bekannt. Kakaobohnen enthalten viel Fett, Eiweiß, Kohlenhydrate, Ballaststoffe und Theobromin. Theobromin ist mit dem im Kaffee enthaltenen Coffein verwandt und hat ebenfalls anregende Wirkung.

Der immergrüne Kakaobaum treibt das ganze Jahr über Blüten an seinem blattlosen Stamm und an Seitenästen. Nach 6 Monaten haben sich aus diesen Blüten gurkenartige, rotgelbe Früchte entwickelt. Die 15–20 cm langen reifen Früchte werden mit einem langen Hakenmesser geerntet. Die Früchte enthalten bis zu 50 Samenkörner, die *Kakaobohnen*. Noch am Sammelplatz werden die weißen Bohnen aus den Früchten entfernt und zur Gärung zu Haufen aufgeschichtet. Bei der Gärung, die 6 Tage lang dauert, entwickeln sich Aromastoffe, die Bohnen färben sich braun, ungenießbare Bitterstoffe werden abgebaut. Dann werden die Bohnen in der Sonne ausgebreitet und getrocknet. In Säcke verpackt werden sie z. B. nach Deutschland transportiert. Die Bohnen werden geröstet. Beim Rösten werden sie ca. 30 Minuten lang Temperaturen bis zu 140 °C ausgesetzt. Dabei bilden sich weitere Aromastoffe. Dann werden die Bohnen gemahlen und in großen Pressen ausgequetscht. Dabei wird ein Teil des Fettes, das *Kakaobutter* genannt wird, entfernt. Die Kakaobutter wird zur Herstellung von Schokolade benötigt, das Pulver ist Hauptbestandteil von Kakaogetränken.

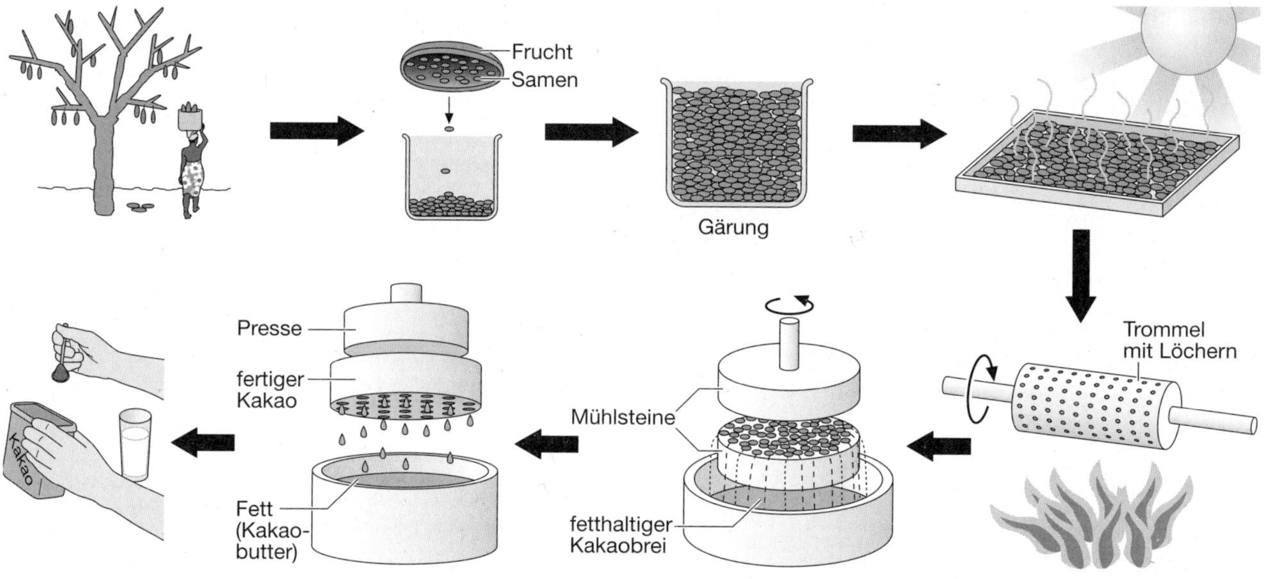

Aufgaben

1. Notiere, welche Veränderungen mit den Kakaobohnen bei der Verarbeitung nach der Ernte stattfinden.

2. Kakaopulver enthält Theobromin. Theobromin ist mit dem im Kaffee enthaltenen Coffein verwandt und hat ebenfalls anregende Wirkung auf unseren Körper. Man sagt, Kakao sei ein Genussmittel.
Begründe die Meinung, dass Kakao aber gleichzeitig auch ein hochwertiges Lebensmittel ist.

Der Lotuseffekt

Der deutsche Botaniker BARTHLOTT entdeckte vor 20 Jahren, dass die Blätter der Lotuspflanze die Fähigkeit zur Selbstreinigung besitzen. Er nannte diese Eigenschaft den *Lotuseffekt*.

出污泥而不染

Abb. 1 Chinesisches Sprichwort im Original: „Er kommt aus dem Schlamm und ist trotzdem rein".

Mittlerweile hat man diesen Effekt auch bei Kohlrabi und der Kapuzinerkresse beobachtet. Schmutzpartikel werden bei Regen von den Blättern gewaschen. Pflanzen sind vor Verschmutzung und Krankheitserregern durch ihre äußere Schicht, die *Kutikula*, geschützt. Die Kutikula besteht aus Wachs. Doch Wachs alleine reicht nicht aus, um den Schmutz abzuweisen. Das belegen die vielen Versuche, Autos dauerhaft mit Wachs zu schützen.

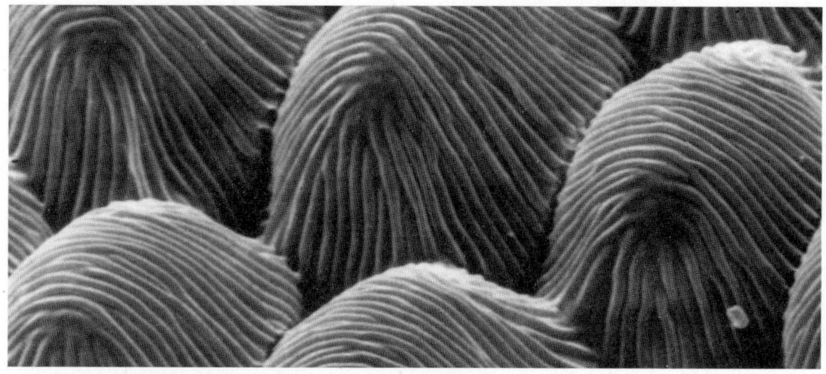

Abb. 2 Oberfläche vom Blatt der Hundskamille

W. BARTHLOTT und seine Mitarbeiter untersuchten die Oberfläche der Blätter bei starker Vergrößerung mit dem Rasterelektronenmikroskop und entdeckten, dass diese von kleinen Noppen übersät sind, 10 000 pro mm^2. Sie fanden heraus, dass sich Wassertropfen auf solchen Oberflächen anders verhalten als auf glatten Oberflächen.

Tipp: Du kannst den Lotuseffekt an Kohlrabiblättern beobachten. Nimm Wasser, das Aktivkohle enthält, und gib es auf die Blätter. Halte die Blätter schräg und spüle sie mit Wasser ab. Führe den Versuch zum Vergleich mit nicht beschichteten Oberflächen (z. B. Eichenblatt, künstliche Oberfläche) durch.

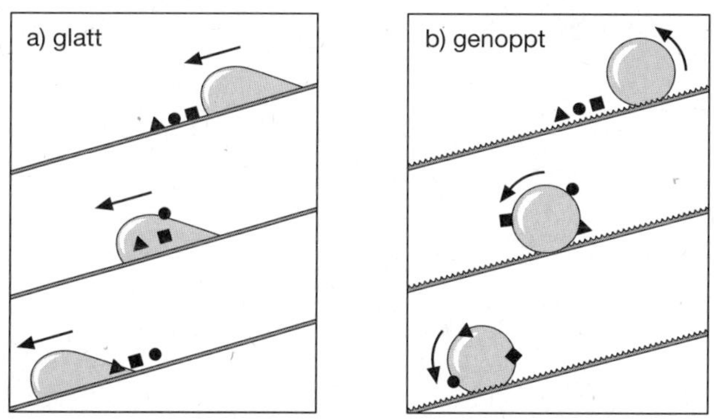

Wasser ▲●■ Schmutzteilchen

Abb. 3 Der Lotuseffekt im Schema

Aufgaben

1. Schaue dir die beiden Abbildungen genau an. Sie zeigen das Verhalten von Wassertropfen auf glatten und genoppten Oberflächen stark vereinfacht. Schreibe zu den Abbildungen einen Text.

2. Die Lotus-Forscher haben einen Lack entwickelt, der die schmutzabweisenden Eigenschaften der Blattoberfläche nachgestaltet. Welchen Vorteil könnnten uns derartige Lacke bieten?

Projekt: Landbau

Düngung, Ernährung, Fruchtfolge, Landwirtschaft, Naturschutz, Nutzpflanzen, Nutztier, ökologischer Landbau

Projektideen in Kürze

- Bauernhof gestern und heute
- Arbeiten auf dem Bauernhof
- Maschinen des Bauern
- Tiere auf dem Bauernhof
- Pflanzen auf dem Bauernhof
- Schädlingsbekämpfung
- Milch und Milchprodukte
- Erkundung eines Museumsbauernhofes (Museumspädagogische Dienste erteilen Auskünfte)
- Besuch eines erkundungsoffenen Betriebs (Auskünfte einholen bei Landwirtschaftskammern oder beim Deutschen Bauernverband e.V., Godesberger Allee 142–148, 53175 Bonn, Tel.: 0228/81980)
- Konventionelle und ökologische Landwirtschaft im Vergleich

Aus der Geschichte

Alte Feldgraswirtschaft: Bis vor ca. 200 Jahren waren die Getreidearten die einzigen Feldfrüchte. Wegen fehlender Nährstoffversorgung wechselte sich der Anbau mit einer Brache ab, die auch als Weide genutzt wurde.

Alte Dreifelderwirtschaft: Auf niederschlagsärmeren Böden wurde die Gemeindeflur – nicht zuletzt wegen des Flurzwanges – in drei gleichgroße Bezirke aufgeteilt, in denen jeder Hof einen Anteil hatte. Wintergetreide, Sommergetreide und Brache wechselten sich auf den Flächen nach dem Rotationsprinzip ab.

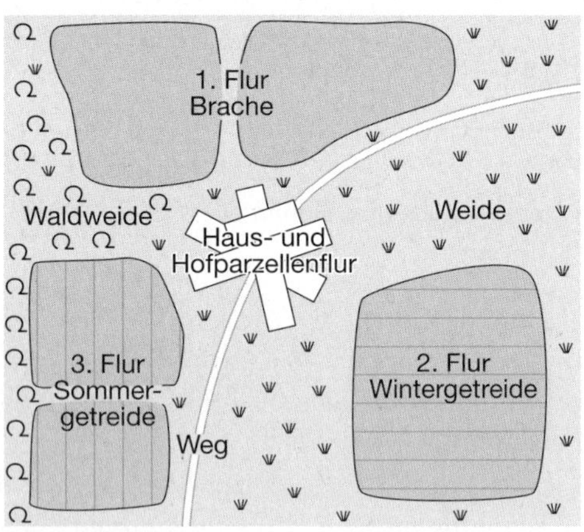

Verbesserte Dreifelderwirtschaft: Im 18. Jahrhundert löste der Rotklee, später die Kartoffel sowie Futter- und Zuckerrüben die Brache ab. Die Folge Wintergetreide – Sommergetreide – Blattfrucht stellt auch heute in der Bundesrepublik Deutschland die Grundform der Fruchtfolge dar.

Düngung im ökologischen Landbau

Gedüngt wird durch Zufuhr von organischer Masse (Frischmist, Gülle, Kompost). Mineralische Ersatzdüngung (Gesteinsmehl, Algenmehle, Kalkdünger, Rohphosphate, Patentkali, und Spurenelementdünger) dürfen nur dann eingesetzt werden, wenn der Nährstoffbedarf der Pflanzen nicht durch Fruchtwechselwirtschaft, organischen Dünger oder Leguminosen sichergestellt werden kann. Eine Kontrollstelle muss den Bedarf anerkennen (EG-Verordnung „Ökologischer Landbau" Anhang 2 A).

Zahlen

- Seit 1950 sind ca. 1,4 Millionen bäuerliche Betriebe mit bis zu 4 Millionen Arbeitsplätzen verloren gegangen.
- Pro Jahr sterben in der BRD rund 20 000 Höfe.
- 1992 gaben deutsche Wasserwerke 260 Millionen DM aus, um das Trinkwasser frei von Pestiziden zu halten.
- Die Landwirtschaft gilt als Hauptverursacher des Artensterbens.
- 650 000 Tonnen Ammoniakemissionen aus der industriellen Landwirtschaft sind Mitverursacher des Waldsterbens.
- Auf 5 % wird der Anteil der Landwirtschaft an der gesamten Treibhausgasemission Deutschlands geschätzt.
- 75 % der Bundesbürger greifen schon heute gelegentlich zu Ökowaren (Natur 3/95); sie tolerieren einen Preisaufschlag von höchstens 30 %.
- 1,2 % der deutschen Betriebe (1,9 % der landwirtschaftlich genutzten Fläche) bewirtschafteten am 1.1.1997 ihre Höfe nach den Richtlinien des ökologischen Landbaus.

Leitgedanke: Ökologischer Landbau

Im ökologischen Landbau soll das Wirtschaften im Einklang mit der Natur stehen. Natürliche Lebensprozesse sollen gefördert und Stoffkreisläufe weitgehend geschlossen werden. Pflanzenbau und Tierhaltung müssen gekoppelt werden. Der landwirtschaftliche Betrieb mit den Menschen, Böden, Pflanzen und Tieren wird als ein vielseitiges Ganzes, als eine Art Organismus verstanden.

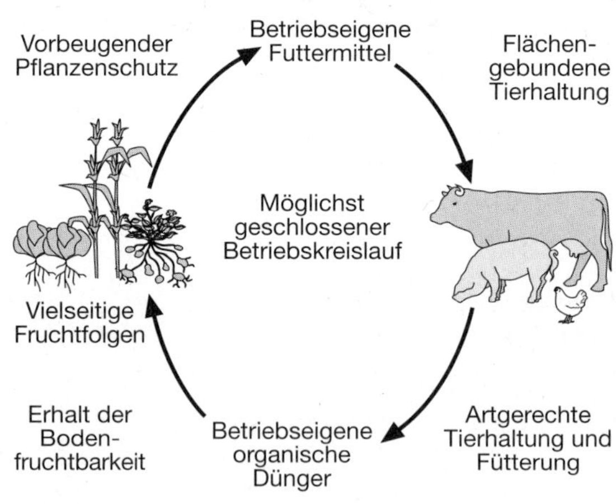

Bodenpflege

Die Bodenfruchtbarkeit wird erhalten und gesteigert durch
- eine sorgfältige, schonende Bodenbearbeitung,
- eine vielseitige Fruchtfolge,
- eine regelmäßige organische Düngung.

Mit der Spatenprobe kann man erkennen, ob der Boden locker oder verdichtet ist und die Feuchteverteilung und eingearbeitete organische Rückstände feststellen sowie Knöllchen an Leguminosenwurzeln beobachten.

Fruchtfolge

- Nach Flachwurzlern sind Tiefwurzler anzubauen.
- Wurzelarme wechseln sich mit wurzelreichen Arten ab.
- Pflanzen mit langsamer Jugendentwicklung werden nach Unkraut unterdrückenden Pflanzen angebaut.

Die Schüler können Beispiele suchen und den Sinn des Wechsels erklären.

Pflege der Pflanzenbestände

Die chemisch-synthetischen Pflanzenschutzmittel zur Bekämpfung von Wildkräutern und Schädlingen sind im ökologischen Landbau verboten. Eine Erhöhung der Artenvielfalt bietet Lebensraum und Nahrungsgrundlage für Nützlinge und hilft, ein stabiles Gleichgewicht aufzubauen. (AGÖL-Rahmenrichtlinien 3.1.2.).

Wenn die Schüler Nahrungsketten kennen, können sie geeignete Maßnahmen herausfinden.

Tierhaltung

Die Tierhaltung hat nach artgemäßen Gesichtspunkten zu erfolgen. Die Liegeplätze der Tiere sind mit Einstreu zu versehen, die Tiere müssen ungehindert aufstehen und abliegen können. Erstrebenswert ist ein Auslauf der Tiere. Die vollständige Selbstversorgung mit Futtermitteln ist anzustreben. Zugekaufte Futtermittel sollen aus ökologischem Anbau stammen. Die Gesundheit der Tiere ist in erster Linie durch vorbeugende Maßnahmen sicherzustellen. Bei Gesundheitsstörungen sind Naturheilverfahren zu bevorzugen. Ist der Behandlungserfolg nicht sicher zu prognostizieren, muss auf Chemotherapeutika zurückgegriffen werden. Routinemäßige oder prophylaktische Behandlung mit chemisch-synthetischen Mitteln ist nicht zugelassen (Auszüge aus: AGÖL-Rahmenrichtlinien 4.1.; 4.3.; 4.5.).

Integrierter Pflanzenbau

Konventionell wirtschaftende Betriebe haben im „integrierten Pflanzenbau“ die Möglichkeit, ökonomische und ökologische Zielsetzungen miteinander zu vereinen. Das Grundgerüst des integrierten Pflanzenbaus sind Standort, Fruchtfolge, Sortenwahl, Anbautechnik, Pflanzenernährung und Pflanzenschutz. Die Teilbereiche werden nicht isoliert voneinander betrachtet, sondern in ihrer gegenseitigen Abhängigkeit.

Folienserie Integrierter Pflanzenbau, Hrsg.: Gesellschaft zur Förderung des Integrierten Pflanzenbaus, Rochusstr. 18a, 53123 Bonn, Tel.: 0228/ 979930; e-Mail: FIP-Bonn@t-online.de

Kennzeichnung von Produkten aus ökologischem Landbau

Die Verbände des ökologischen Landbaus haben sich zu der Arbeitsgemeinschaft Ökologischer Landbau (AGÖL) zusammengeschlossen. Ökologischer Landbau erfasst immer den Gesamtbetrieb und ist auf Dauer angelegt. Betriebe, die nur teilweise oder zeitweise Flächen nach ökologischen Gesichtspunkten bewirtschaften, um in den Genuss der höheren Erlöse zu gelangen, kennzeichnen ihre Produkte oft mit dem Schriftzug „Aus kontrolliertem Anbau“.

Nachhaltige Landwirtschaft

Das 1992 auf der Konferenz für Umwelt und Entwicklung in Rio de Janeiro verabschiedete Aktionsprogramm Agenda 21 befasst sich in Kapitel 14 mit dem Thema „nachhaltige Landwirtschaft“. „Die Landwirtschaft muss intensiviert werden, damit künftige Nachfrage nach landwirtschaftlichen Erzeugnissen gedeckt und ein weiteres Vordringen auf marginale Standorte und empfindliche Ökosysteme verhindert werden kann.“ Damit wird einer flächendeckenden Extensivierung und der breiten Einführung des ökologischen Landbaus eine Absage erteilt.

Linckh, G., Sprich, H., Flaig, H., Mohr, H.: Nachhaltige Land- und Forstwirtschaft. Springer-Verlag, Berlin 1997

Warum brauchen ökologisch wirtschaftende Landwirte höhere Preise?

- Sie erzielen geringere Erträge.
- Die Vielseitigkeit der Betriebe verursacht höhere Kosten und höheren Arbeitszeitaufwand.
- Die Futterfläche der Tiere muss ausgedehnt werden.
- Ca. ein Drittel der Fläche muss mit Leguminosen bepflanzt werden, höhere Preise für Marktfrüchte müssen die Kosten dafür ausgleichen.

Adressen

AID e.V., Konstantinstr. 124, 53179 Bonn,
E-Mail: aid@dvg.dsb.net
Arbeitsgemeinschaft ökologischer Landbau e.V.
Brandschneise 1, 64295 Darmstadt;
Tel.: 06155/2081; Fax: 06155/2083;
E-Mail: agoel@t-online.de;
Homepage: http://www.agoel.de
Ökomarkt Verbraucher und Agrarberatung e.V.
Schulprojekt Arnoldstraße 77, 22763 Hamburg.
Tel./Fax: 040/39905140

Literatur

AID-Broschüren: Ökologischer Landbau, Nr. 1070/1996; Umweltschutz – Was kann der Landwirt tun? 1068/1994
Agrarwirtschaft, Fachstufe Landwirt 5. Aufl. BLV Vlg., München 1997
Diercks, R., Heitefuss, R.: Integrierter Landbau. 2. Aufl. Verlagsunion Agrar, München 1994
Franz, J. M., Krieg, A.: Biologische Schädlingsbekämpfung. Vlg. Paul Parey, Berlin 1982
Herrmann, G., Plakholm, G.: Ökologischer Landbau. Verlagsunion Agrar, München 1993
Hemmer, I.: Ökologischer Landbau. In: Geografie heute, Sammelband Landwirtschaft, Friedrich Verlag, Seelze 1997
Nissen, N. R.: Landwirtschaft im Wandel. Natur und Technik einst und jetzt. Heide 1989

Medien

FWU 42 00772 Hat die Kornblume noch eine Chance?
FWU 42 40496 Früchte ohne Gift
FWU 42 40500 Milch vom Biohof

Baum
Stockwerke des Waldes
Wald
Wildtier

Lebewesen und ihre Umwelt

1 Lebensraum und Lebensgemeinschaft

Die Stockwerke des Waldes

Natura 5/6, Seite 250 / 251

Schülerbuch Seite 251

① Stelle einige Unterscheidungsmerkmale von Laub- und Nadelwald zusammen. Achte dabei auf die Anzahl der Baumarten, Lichtverhältnisse im Frühjahr und Sommer, Ausbreitung von Sträuchern und Dichte der Krautschicht. Lege eine Tabelle an.

– *Laubwald:*
  - *viele verschiedene Baumarten*
  - *Sträucher und junge Bäume zahlreich (Naturverjüngung)*
  - *Waldboden im Frühjahr mit Blumen und Kräutern*
  - *wenige Moose*
  - *viel Licht im Frühjahr, wenig Licht im Sommer*

  Nadelwald:
  - *wenige Baumarten*
  - *wenige Sträucher und junge Bäume (wenig Naturverjüngung)*
  - *Waldboden mit Farnen, Heidelbeeren, Preiselbeeren, wenig Blumen und Kräuter*

– *viele Moose*
  - *Lichtverhältnisse immer gleich*

② Begründe, warum viele Pflanzen der Krautschicht Frühblüher sind.

– *Die Frühblüher nutzen die Zeit bis Ende April, solange die Laubbäume noch kahl sind. Diese Blumen und Kräuter blühen und fruchten im Frühjahr und lagern Reservestoffe ein (in Zwiebeln, Knollen, Wurzelstöcken).*

③ Die Stockwerke des Waldes sind Wohnräume und Nahrungsgrundlage verschiedener Tiere. Ordne folgende Tiere den einzelnen Stockwerken zu. Achte auf die Überschneidungsmöglichkeiten: Buchfink, Rötelmaus, Reh, Fuchs, Eichhörnchen, Ameise, Dachs, Kleiber, Baummarder, Dompfaff.

– *Fast alle Tiere leben nicht nur in einem Stockwerk des Wades:*
Das Reh frisst Kräuter, die auf dem Boden wachsen, nimmt aber auch Triebe und Knospen von Sträuchern und jungen Bäumen. Fuchs, Dachs, Kaninchen und Rötelmäuse haben ihren unterirdischen Bau und kommen an die Erdoberfläche, um sich zu ernähren. Eichhörnchen und Baummarder durchstreifen alle Schichten des Waldes. Dompfaff und Fichtenkreuzschnabel halten sich vor allem in der Baum- und Strauchschicht auf, ebenso der Kleiber. Der Sperber jagt Vögel in der Strauch- und Baumschicht.
Der Maikäfer lebt als Larve (Engerling) von den Wurzeln der Waldpflanzen, als erwachsenes Insekt frisst er Blätter von Bäumen und Sträuchern. Ameisen sind am beweglichsten: Ihr Bau ist unterirdisch: Sie suchen in allen Stockwerken des Waldes nach Nahrung.

Arbeitsblatt Seite 285

1. Baumschicht, Strauchschicht, Krautschicht und Moosschicht.
2. Baumkrone: Habicht
   Baumstamm: Kleiber, Baummarder, Fichtenkreuzschnabel, Dompfaff
   Strauchschicht: Eichhörnchen, Reh
   Krautschicht: Dachs, Rötelmaus, Fuchs, Kaninchen

Der Wald in Zahlen

– Auf die Bundesrepublik rieseln jährlich ca.
  - 2 Millionen Tonnen Staub und Ruß,
  - 5 Millionen Tonnen chemische Abgase,
  - 2 Millionen Tonnen Schmutz

  herunter. 1 Hektar Waldfläche filtert pro Jahr 68 Tonnen Staub. Waldluft enthält deshalb 200- bis 1000-mal weniger Staub und Ruß als die Luft über Industriegebieten. Durch den Regen landet der Schmutz letztendlich auf dem Boden.
– Um 1 kg Holz zu produzieren, nimmt ein Baum 500 m^3 Kohlenstoffdioxid aus der Luft auf.
– Eine große Eiche trägt ungefähr 250 000 Blätter.
– Eine 100-jährige Buche verdunstet 400 Liter Wasser am Tag und erhöht dadurch die Luftfeuchtigkeit in ihrer Umgebung um 10 %.
– 50 bis 200 Liter Wasser können unter einem Quadratmeter Waldboden gespeichert werden.
– 20 Fichten erzeugen durch Fotosynthese den Sauerstoffbedarf eines Menschen.
– Der Blütenstaub einer Fichte fliegt drei bis fünf Kilometer weit.
– 300 bis 500 Samen sind in einem Fichtenzapfen.
– Jedes Jahr werden in Deutschland 300 Millionen Jungbäume gesetzt.

Medienhinweise

FWU 42 02145 Stockwerke des Waldes

Stockwerke des Waldes

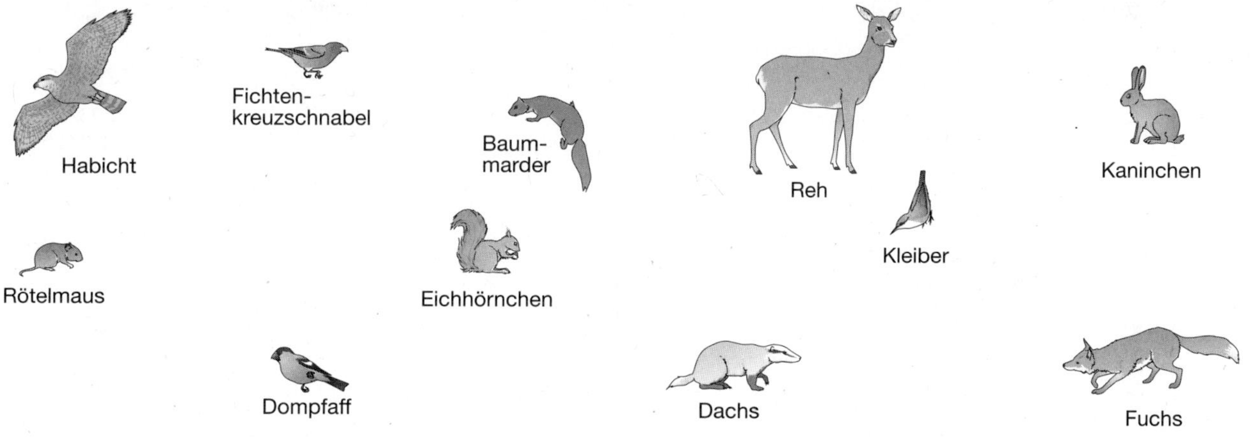

Aufgaben

1. Kennzeichne und benenne die Schichten des Waldes.

____

____

2. Ordne die Tiere den Stockwerken zu, in denen sie sich überwiegend aufhalten. Unterteile dabei die Baumschicht in Baumkrone und Baumstamm.

____

____

____

3. Zeichne in deinem Heft einen schmalen Ausschnitt maßstabsgerecht; daneben die kaum zu sehende Moos- und Krautschicht in 10facher (Lupen-) Vergrößerung.

Projekt: Wald

Bestimmungsübung – Bäume, Holz, Naturschutz, Wald, Waldnutzung

Der Wald als Bestimmungsort

Vielfältige Möglichkeiten bieten sich zur Bestimmung im Wald. Besonders leicht lassen sich die Baumarten anhand von Blättern, der Borke, Knospen, Früchten oder Samen bestimmen. Etwas schwieriger sind die Bestimmungen von Fraßbildern, Beeren, Pilzen, Kräutern, Nesttypen der Waldvögel, die Waldvögel selbst und was sonst noch im Wald kreucht und fleucht. Am günstigsten ist es, wenn sich die Teilgruppen für dieses Projekt jeweils einen Gegenstand bzw. eine Gruppe von Organismen zur Bestimmung vornehmen.
Die Vögel des Waldes sind oft sehr schwer zu sehen. Am besten orientiert man sich an ihren Stimmen. Man sollte jedoch vorher etwas üben, um die Vögel im Wald besser auseinander halten zu können. Dazu kann man verschiedenste Tonträger mit Vogelstimmen nutzen.
Um andere Wirbeltiere zu sehen, benötigt man vielfach ein besonders geschultes Auge. In sehr kleinen Gruppen bieten sich hier Exkursionen mit dem Förster an, der es den Schülern auch ermöglichen kann, an Beobachtungen auf einem Hochstand teilzunehmen. Dazu muss man jedoch eine Menge Zeit und Disziplin mitbringen.

Projektwoche im Wald

Auen sind interessante und sehr spezifische Landschaften. Trotzdem gehören Auwälder zu den am meisten gefährdeten Wäldern Deutschlands.
Jugendwaldheime oder Jugendherbergen in ihrer Nähe sind ein idealer Ausgangspunkt für die Begegnung mit der Natur und ihrer Untersuchung.

Papierherstrellung

Die Bäume des Waldes liefern u.a. unser Schreibpapier. Die Schüler können sich über die Papierherstellung informieren und selbst Papier „schöpfen". Anleitungen findet man z. B. in Hobbybüchern.
Mit Lupe und Mikroskop kann man Papiersorten unterscheiden.
Die Borke der Birken, Pergament und Papyrus waren Vorläufer unseres Schreibpapiers. Bücher oder Museen sind Informationsquellen. In Geschichtsbüchern findet man z.T. Beispiele abgebildet.

Waldgesetze

Der Wald ist durch die Waldgesetze der einzelnen Bundesländer und durch das Bundeswaldgesetz geschützt. Erkunde deren Inhalte. Inwiefern bieten Naturschutzgebiete, Landschaftsschutzgebiete und Naturparks auch Schutz für den Wald?

Ordnung schaffen in der Artenfülle

Nach den Bestimmungen wird jede einzelne Projektgruppe in der Lage sein, eine Vielzahl von Lebewesen zu benennen. Diese Einzelergebnisse müssen der Übersicht halber sortiert und dokumentiert werden. Es ist dazu ratsam, die Organismen zunächst in bestimmte Gruppen, wie häufigste Pflanzen der Krautschicht, häufigste Tiere in den Baumkronen, Pilze an Baumstümpfen, Tiere der Blattstreuschicht usw., zu ordnen. Von diesen Organismen können dann in der Schule Kopien oder Zeichnungen angefertigt werden, um auf einer Anschauungstafel das untersuchte Waldstück vorzustellen. Aus biologischer Sicht wäre auch noch eine weitere Unterteilung, z.B. der Pflanzen in einjährige, zweijährige bzw. mehrjährige, ergänzend möglich. Die Artenfülle kann in unterschiedlichen Waldgebieten sehr stark voneinander abweichen. Dafür ist hauptsächlich der Waldtyp verantwortlich. Aus der nachfolgenden Tabelle sind einige Ursachen ersichtlich.

Des Försters Sorgen

Informiert euch bei einem Förster über seine Arbeit, die Schwierigkeiten, die dabei zu bewältigen sind und die Erlebnisse, die erfreulich waren. Mögliche konkretere Fragen könnten das Aufforsten, die Schäden an Bäumen durch Luftverschmutzung oder durch zu große Wildpopulationen, das Werkzeug der Forstarbeiter und die Waldpflegemaßnahmen beinhalten. Versucht in der Vorbereitung dieses Gesprächs einen undurchforsteten und einen durchforsteten Bestand in einem nahegelegenen Wald zu erkennen (s. Tabelle).

Merkmal	durchforsteter Bestand	undurchforsteter Bestand
Kronen	gut entwickelt	gering entwickelt
Stammzahl	geringer, aber Stämme mit guten Stärkeklassen	zu hoch
Gesamtmasse	hoch	hoch
Zuwachs	an begünstigten Stämmen (durch Pflegehiebe) hoch	stagnierend
kranke Bäume	werden entfernt	bilden für die umstehenden Bäume Infektionsherde
Standfestigkeit	gut	gering
Bestandsdach	aufgelockert	dicht
klimatische Verhältnisse	günstiger Licht-, Wärme- und Wasserhaushalt	Licht-, Wärme- und Wasserhaushalt durch dichtes Kronendach ungünstig
Tätigkeit der Bodenorganismen	gut (gesunder Boden)	gering (negative Beeinflussung) durch klimatische Faktoren
Vorerträge	bis zu 40 % der Gesamtmasse durch Ausholzung	kaum verwertbare Vorerträge
Holzbewertung	astarmes, hochwertiges Stangenholz	gering und mäßig bezahlte Hölzer

Das Wachstum und Alter von Bäumen

Das Alter von Forstbäumen richtet sich vielfach nach der Nutzung des Holzes. Das maximale Alter für die im Forst wachsenden häufigsten Baumarten ist wie folgt: Kiefer: 100–120 Jahre, Fichte: 80–120 Jahre, Tanne: 90–130 Jahre, Rotbuche: 120–140 Jahre, Eiche: 200– 300 Jahre, Ulme: 120–140 Jahre. Obwohl uns ein derartiges Alter sehr hoch erscheint, ist es fast unbedeutend, wenn man z. B. an die Borstenkiefer *(Pinus aristata)* aus den White Mountains (Kalifornien) denkt. Dieser Baum hat über 4600 Jahresringe.

Das Alter von gefällten Bäumen lässt sich durch Zählen der Jahresringe bestimmen. Man kann versuchen, Abnormitäten in deren Wachstum zu finden und zu erklären.

Bäume, besonders im Hochgebirge, sind trotz hohem Alter nicht besonders groß und häufig stark nach einer Seite gebogen. Stehen Bäume in Überflutungsregionen, so bilden einige *Stelzwurzeln*, andere *Luftwurzeln* aus. Es gibt auch Bäume mit *Brettwurzeln*.

In botanischen Gärten oder Parks gibt es häufig Beispiele für verschiedene Wuchsformen (auch einzelner Organe) der Bäume. Die Angepasstheit kann herausgearbeitet werden.

Experimente nach dem Waldbesuch

1. Ein intakter, moosbedeckter Waldboden kann auf einem Hektar bis zu 30 000 Liter Wasser festhalten. Das Wasserhaltevermögen von Erde ohne Bewuchs ist wesentlich geringer. Zur Untersuchung entnimmt man unterschiedlichen Stellen des Untersuchungsgebietes Bodenproben und bestimmt deren Wasserhaltevermögen, z. B. durch Platzieren der Probe auf einem Sieb und Auffangen des Restwassers nach Begießen mit einer definierten Wassermenge.
2. Man nimmt mit einem Klebestreifen einen Abdruck von der Borke verschiedener Bäume. Nach dem festen Andrücken und dann vorsichtigem Abziehen klebt man ihn auf einen Objektträger und betrachtet ihn mit Lupe oder Mikroskop. Man erhält so einen Eindruck vom Algen- oder Flechtenbewuchs bzw. von der Luftverschmutzung am jeweiligen Standort. Manchmal findet man auch Pollen.
3. Zur Untersuchung des Blattabbaus eignet sich folgender Langzeitversuch: Man gibt in mehrere Gefäße jeweils gleich große Mengen von Walderde und legt ein Blatt auf die Erdoberfläche des ersten Gefäßes, ein Blatt der gleichen Art in die Mitte der Erdschicht des Gefäßes 2 und ein gleichartiges Blatt in Gefäß 3 auf den Boden. Weitere Varianten entstehen, wenn gezielt zusätzliche Bodenorganismen eingesetzt werden.
4. Gallen können mit Präparierbesteck untersucht werden.

Der moderne stadtnahe Wald

Viele Städte sind von sogenannten Stadtwäldern umgeben, die in erster Linien der Naherholung dienen. Immer häufiger findet man hier speziell angelegte Rastplätze mit rustikalen Sitzgruppen, Fitnesspfade, Grillplätze, Waldlehrpfade, Waldspielplätze und Wildgehege, die zum Verweilen einladen. Vielleicht ist es möglich, diese Anlagen nicht nur zu nutzen, sondern auch mitzugestalten.

Was lässt sich alles aus Kräutern, Beeren und Pilzen zubereiten?

In Koch- und Backbüchern lassen sich viele tolle Rezepte finden, um die Früchte des Waldes zu nutzen. Voraussetzung ist eine sichere Bestimmung, um Vergiftungen zu vermeiden.

Waldspiele

Für eine spielerische Begegnung mit dem Wald gibt es viele Möglichkeiten: sportliche Wettkämpfe, wie Zapfenzielwurf, Hangeln an einem starken Seil zwischen zwei kräftigen Bäumen, Balancieren auf umgestürzten Bäumen usw.
An Stationen kann erworbenes Wissen unter Beweis gestellt werden beim Wiedererkennen oder Ertasten von Objekten, wie Früchten, Blättern und Borke von bestimmten Bäumen.

Die Geschichte des Waldes

Viele Gemeinden und Städte verfügen über alte Karten und Grundbucheintragungen über frühere Besitzverhältnisse eines Waldstückes. Befragungen älterer Menschen können helfen, die Geschichte des Waldes zu rekonstruieren. Heute nicht mehr übliche Nutzungen, wie Beweidung durch Vieh, Holzkohlegewinnung, Brennholzeinschlag usw., lassen sich möglicherweise rekonstruieren.

	Mischwald	Reinbestand
Bodenverhältnisse	vielseitige Nutzung der Nährstoffe, gute Humusbildung, gute Wasser- und Durchlüftungsverhältnisse	einseitige Nutzung der Nährstoffe, schlechte Humusbildung, schlechte Wasser- und Durchlüftungsverhältnisse
Strauch- und Krautschicht	gut bis sehr gut ausgebildet	spärlich oder gar nicht ausgebildet
Bäume	verschiedenartig und ungleichaltrig	gleichartig und gleichaltrig
Tiere	verschiedenenartig, kein Massenvorkommen einer Art	wenige Arten, die in Massen auftreten können (Schädlinge)
Gefährdung	geringere Schäden bei Sturm, Schnee und Feuer	stärkere Schäden durch Sturm, Schnee, Feuer und Insekten
Bewirtschaftung	Stämme werden einzeln oder in Gruppen gefällt (Maschineneinsatz erschwert)	meist Kahlschlag, wodurch der Einsatz von Maschinen begünstigt ist
Walderneuerung	ständige natürliche und künstliche Verjüngung	Wiederaufforstung der kahl geschlagenen Flächen

Fleischfresser
Nahrungsbeziehungen
Nahrungskette
Nahrungsnetz
Naturschutz
Pflanzenfresser
Wald
Waldschäden

Nahrungsbeziehungen im Wald

Natura 5/6, Seite 254

Schülerbuch Seite 254

① Benenne Pflanzen- und Fleischfresser in der Abbildung 1.

– *Pflanzenfresser: Raupen des Eichenwicklers, Eichhörnchen, Waldmaus*
Fleischfresser: Fuchs, Kohlmeise, Habicht, Waldkauz

② Gib einige Nahrungsketten aus der Abbildung 1 an.

– *Eichenblatt → Eichenwicklerraupe → Kohlmeise → Waldkauz.*
Haselnuss → Eichhörnchen → Fuchs (oder Habicht).
Gräser (bzw. ihre Samen) → Waldmaus → Waldkauz.

Arbeitsblatt Seite 289

1. Grassamen, Himbeere, Waldmaus, Steinmarder, Milan, Amsel
2. Pflanzen: Grassamen, Himbeere
   Pflanzenfresser: Waldmaus, Amsel
   Fleischfresser: Steinmarder, Milan
3. Himbeere → Amsel → Steinmarder
   Grassamen → Waldmaus → Milan
   (Grassamen → Amsel; Waldmaus → Steinmarder)

Waldschäden durch Pilze, Insekten und Nagetiere

Die Infektion mit waldschädigenden Pilzen geschieht fast nur über Wunden, die aus überhöhten Wildbeständen resultieren, bei Windbruch entstehen oder durch den Menschen, z. B. beim Fällen der umstehenden Bäume, hervorgerufen werden. In derartigen Fällen können Destruenten, deren zersetzerische Tätigkeit ansonsten sehr nützlich sind, zu gefährlichen Feinden der Bäume werden. Die *Schütte* z. B. befällt bevorzugt Kiefernadeln, der *Mehltau* zersetzt Eichenblätter. Die *Rot-* und die *Weißfäule* schädigen den Baum im Bereich der Wurzeln und des Stammes.

Massenvermehrungen von Schadinsekten können durch mehrere Faktoren begünstigt werden. Ein sehr wichtiger Auslöser sind Monokulturen. Sobald auch noch günstige klimatische Bedingungen und ein ausreichendes Nahrungsangebot dazukommen, werden Insekten, wie der Fichtenborkenkäfer, der Nutzholzborkenkäfer, die Nonne, der große braune Rüsselkäfer, der Eichenwickler, die Kieferneule und der Kiefernspanner, zu Plagegeistern. Der Borkenkäfer wird dann mit Pheromonfallen, die in vielen Waldgebieten zu sehen sind, dezimiert. Alle anderen Schadinsekten werden auf Betreiben der Forstbehörden von der Luft aus bekämpft.

Die teilweise stark überhöhten Bestände an verschiedenen Mäusearten versucht man durch Unterstützung der natürlichen Feinde, wie Wiesel und Bussard, zu regulieren. Große Populationen von Wald- und Gelbhalsmäusen reduzieren die ausgebrachte Saat so stark, dass Neuansiedlungen nur schwer über Samen realisiert werden können. Erd- und Rötelmaus schädigen junge Pflanzen durch das Abfressen der Rinde. Schermäuse fressen die Wurzeln an, sodass die Pflanzen nur unzureichend mit Nährstoffen versorgt werden und eingehen.

Zusatzaufgaben und Lösungen

① Suche die Blattstreuschicht mit der Lupe nach feinen Pilzfäden und verschiedenen Kleinstlebewesen ab.

– *Die wichtigsten Bodenorganismen sind tabellarisch auf der Seite „Stoffkreislauf im Wald" erfasst.*

② Welche Bedeutung haben die Kleinstlebewesen des Waldbodens?

– *Sie zersetzen das abfallende Laub, abgestorbene Pflanzen, tote Tiere und die Ausscheidungsprodukte der Tiere.*

Eichenwickler  spezialisert auf Eichen; Raupen fressen Knospen und junge Blätter; überwintern im Eistadium	**Nonne** 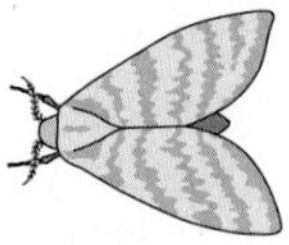 bevorzugt Fichten; Raupen fressen zuerst Maitrieb und Knospe; Raupe überwintert	**Buchdrucker**  bevorzugt Fichten; Käfer fressen Hauptgang in kränkelndes Holz; Larven fressen seitliche Gänge
Eichenbock  Eichen bevorzugt; Larven entwickeln sich 3 Jahre; fressen Gänge ins kränkelnde Holz	**Kiefernspinner**  Kiefern bevorzugt; Raupen überwintern in der Streudecke; fressen alte Nadeln und Maitrieb	**Forleule**  befallen alle Nadelbäume; nagen erst Maitrieb an, dann weitere Nadeln; überwintern als Puppe

Nahrungsbeziehungen im Wald

Im abgebildeten Suchworträtsel sind 6 Bezeichnungen für Pflanzen und Tiere versteckt (auch diagonal bzw. rückwärts), mit denen man Nahrungsbeziehungen im Wald darstellen kann.

C	U	Q	E	U	R	H	K	K	H	G	C	P	S	S
W	N	O	E	Q	M	P	M	I	O	K	A	Q	V	O
O	I	R	E	D	R	A	M	N	I	E	T	S	E	N
U	Z	R	U	X	H	B	R	G	O	Y	P	O	C	M
G	T	Y	X	P	E	U	R	M	Y	J	H	R	M	P
C	A	A	L	E	E	A	L	M	V	C	E	S	T	W
W	O	Y	R	L	S						S	F	F	A
V	K	E	A	S	W						A	O	B	Z
N	J	H	A	Q	M						M	B	O	S
Q	V	M	G	O	H						S	M	K	B
C	E	A	G	G	T						E	X	A	U
N	K	B	Q	F	T						L	Q	P	O
I	N	A	L	I	M	L	O	G	D	Y	Z	G	H	H
Z	V	T	Y	Z	T	W	R	Q	H	O	K	J	R	I
V	G	U	X	D	F	B	S	U	A	M	D	L	A	W
A	U	E	B	L	Z	F	Q	C	V	R	C	U	B	R

Aufgaben

1. Finde diese Begriffe und markiere sie.

2. Ordne diese Lebewesen in die Gruppen Pflanze, Pflanzenfresser und Fleischfresser.

   Pflanze: ______________________

   Pflanzenfresser: ______________________

   Fleischfresser: ______________________

3. Erstelle mit diesen Organismen mindestens ein Nahrungsnetz.

biologisches Gleichgewicht
Gewölle
Jagd
Nahrungskette
Nahrungsnetz
Nutria
Raubwürger

Das biologische Gleichgewicht

Natura 5/6, Seite 255

Arbeitsblatt Seite 291

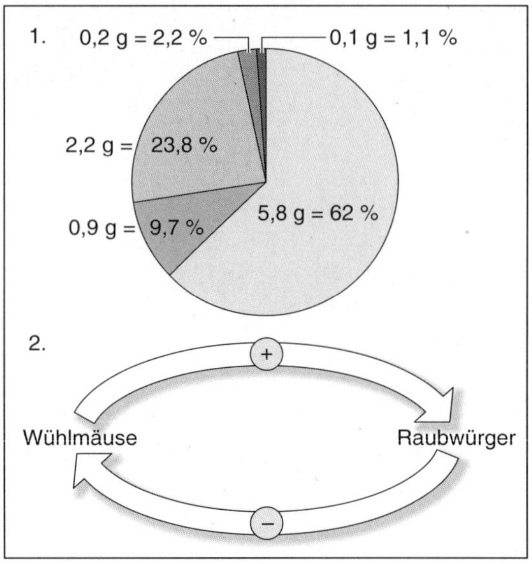

b) Die Raubwürger hatten mehr Nahrung und könnten so eventuell mehr Junge großziehen. Die Wirkung auf die Population wäre positiv.

c) Wenn nicht andere Fleischfresser, wie Waldohreule oder Steinkauz, die Population dezimieren, können die Mäuse überhand nehmen.

Jäger heute

In unseren Wäldern gibt es kaum noch größere Raubtiere. Das verbreitetste „Raubtier" ist der Mensch. Jagen kann heutzutage jeder, der eine Jägerprüfung abgelegt und somit das Jagdausübungsrecht in Verbindung mit einem Jagdschein erworben hat. Das Jagdrecht ist außerdem untrennbar an Grund und Boden gebunden. Da die Jagdreviere sehr teuer sind, besitzt nur ein kleiner Teil aller Jagdscheininhaber ein eigenes Revier. Die Mehrzahl der Jäger hat nur die Möglichkeit, gelegentlich zu einer Treibjagd eingeladen zu werden, denn die Pachtpreise für Jagdreviere sind in letzter Zeit stärker gestiegen als die besten Wertpapiere an der Börse.

Die Jagdleidenschaft ist, nicht wie im Mittelalter, nur Privileg des Adels; sie durchzieht alle Berufsgruppen:

– Angestellte	12 %
– Arbeiter	8 %
– Kaufleute und Fabrikanten	16 %
– Handwerker	8 %
– Beamte	13 %
– Landwirte	22 %
– Freie Berufe	9 %
– Auszubildende	3 %
– Hausfrauen	2 %
– Sonstige	7 %

Wichtigste Aufgabe der Jagd ist heute eine verantwortungsbewusste Regulierung der Wildbestände. Dabei muss das wichtigste Kriterium für die Größe des Wildbestandes ein gesunder Wald sein. Die wichtigsten Baumarten dürfen nicht daran gehindert werden, sich ohne technischen Schutz natürlich zu verjüngen. Insgesamt sind die tatsächlichen Gegebenheiten eines Revieres allumfassend zu betrachten, um Maßstäbe festzulegen. Nicht außer Acht sollte dabei gelassen werden, dass unter anderem von der intensiven Bewirtschaftung in der Landwirtschaft eine große Bedrohung der frei lebenden Tiere ausgeht.

Die Hauptwildarten in Deutschland sind derzeitig:

– Schwarzwild	40 000
– Hasen	1 340 000
– Rehwild	1 490 000
– Damwild	23 000
– Rotwild	89 000

Der hohe Bestand an Reh- und Rotwild in vielen Gebieten Deutschlands zeigt sich dem aufmerksamen Beobachter an abgebissenen Trieben junger Bäume. Die Tiere selbst bekommt man kaum mehr zu Gesicht, da das Wild in seinen Aktivitäten immer heimlicher wird. Leider wird in vielen Jagdrevieren noch immer durch Zufütterung eine zu starke Vermehrung des Wildbestandes provoziert. Die dann notwendig werdende Schadensbegrenzung ist somit vorprogrammiert.

In einigen Regionen Deutschlands werden Jäger auch eingesetzt, um die Bestände von „Ausreißern", wie z. B. die Nutria, zu dezimieren. Diese Tiere, die ursprünglich aus Amerika stammen, sind aus Farmen entflohen bzw. freigelassen worden, weil ihre Haltung nicht mehr lohnenswert war. Dies ist durch den Wechsel der Modebranche von Natur- zu Kunstpelzen verursacht worden.

Die Nutria kann sich aufgrund ihrer Größe und ihrer Lebensgewohnheiten gut zwischen Bisam und Biber einnischen. Genauere Untersuchungen müssen jetzt zeigen, welche Schäden im Ökosystem durch die Nutria verursacht werden. Sie siedeln sich bevorzugt auch in Gegenden mit Steinschüttung an, wo ihre Grabaktivitäten die Sicherheit von Dämmen und Böschungen beeinträchtigen. Von der tief liegenden Marschlandschaft Ostenglands ist z. B. bekannt, dass sie dort Dämme erhöht angelegter Entwässerungskanäle so stark unterwühlt haben, dass die Dämme brachen und die Felder überflutet wurden. Andere „Ausreißer", wie der amerikanische Nerz, bringen zwar anders gelagerte, aber nicht minderwichtige Probleme mit sich. Sie verdrängen an einigen Stellen in Deutschland die einheimischen kleineren Räuber.

Der Raubwürger

Sehr wenige Brutpaare (ca. 2000) dieses interessanten Vogels finden sich nur noch in Deutschland (einige in Baden-Württemberg, Nordrhein-Westfalen, Schleswig-Holstein, die Mehrzahl in Ostdeutschland). Er jagt relativ große Beutetiere, die er nie im Ganzen verschlingen könnte. Er spießt sie auf Dornen bzw. klemmt sie in Astgabeln, um dann kleinere Portionen abzureißen und zu fressen. Die unverdaulichen Reste würgt er als Gewölle wieder aus. Täglich entstehen so 3 bis 4 Gewölle mit durchschnittlich 11,3 g Gewicht.

In 3 Raubwürger-Gewöllen (insgesamt 9,2 g) während der Brutzeit war die Herkunft der Nahrung wie folgt verteilt: 5,8 g Wühlmäuse, 0,9 g Vögel, 2,2 g andere Wirbeltiere, 0,2 g Insekten (Laufkäfer/ Hummeln) und 0,1 g andere Wirbellose.

Aufgaben

1. Erstelle ein Kreisdiagramm für diese konkrete Nahrungszusammensetzung des Raubwürgers.

2. Die Hauptbeute des Raubwürgers sind Wühlmäuse.
   a) Stelle in einem Pfeildiagramm die Abhängigkeit der Bestandsentwicklung beider Arten mit den Zeichen + und – dar.

   Wühlmäuse   Raubwürger

   b) Erkläre die möglichen Auswirkungen auf die Anzahl der Raubwürger, wenn sich z. B. in einer größeren Windwurffläche des Waldes die Anzahl der Mäuse sehr stark erhöht.

   ____

   ____

   c) Was passiert, wenn die Anzahl der Raubwürger noch weiter zurückgeht?

   ____

   ____

biologisches Gleichgewicht
Holz
Stoffkreislauf
Wald
Waldnutzung

Der Stoffkreislauf im Wald
Lexikon: Lebewesen im Stoffkreislauf des Waldes

Natura 5/6, Seite 256/257

! Schülerbuch Seite 256

① Erläutere die Unterschiede in der Lebensweise von Erzeugern, Verbrauchern und Zersetzern.

– *Erzeuger können durch den Vorgang der Fotosynthese selbst Nährstoffe aufbauen (synthetisieren). Im Gegensatz dazu müssen die Verbraucher und die Zersetzer Nährstoffe aufnehmen, die von grünen Pflanzen aufgebaut worden sind. Zersetzer leben von Resten toter Lebewesen.*

② Beschreibe anhand der Abbildung mit eigenen Worten den Stoffkreislauf im Wald.

– *Im Wald dominieren die grünen Pflanzen, die Fotosynthese durchführen und Nährstoffe aufbauen. In der Baum- und Strauchschicht saugen Blattläuse den Saft aus den Blättern. Diese und andere Pflanzen fressende Insekten werden von Kleinvögeln erbeutet, die wiederum dem Habicht oder dem Baummarder zum Opfer fallen können.*
Von den grünen Pflanzen in der Kraut- und Strauchschicht des Waldes leben Kaninchen. Sie werden vom Fuchs erbeutet, während Rehe keine natürlichen Feinde haben und vom Menschen bejagt werden.
Alle verwelkten Blätter, das Falllaub, der Kot und der Urin der Tiere und auch tote Tiere selbst werden von den Zersetzern verarbeitet. Schnecken fressen angewelkte und abgestorbene Blätter. Würmer, Tausendfüßer und sehr viele kleine Lebewesen beschleunigen den Abbau toter Substanzen von Pflanzen und Tieren. Bakterien und Pilze vollenden dieses Werk. Dabei entsteht Humus, ein lockerer, nährstoffreicher Bestandteil des Bodens.

③ Menschen stören in vielfältiger Form diesen Stoffkreislauf. Nenne Beispiele.

– *Die Bäume werden gefällt. Menschen pflanzen Jungbäume ein, dünnen Schonungen aus, schützen junge Bäume durch einen Zaun oder einen Anstrich gegen den Verbiss der Tiere. Menschen bejagen Tiere, Erholungssuchende stören das Wild.*

Arbeitsblatt Seite 293

1. Richtige Reihenfolge:
Zettel 5, Zettel 3, Zettel 2, Zettel 1, Zettel 4.
2. oben: Sauerstoff; unten: Kohlenstoffdioxid

Z Der Wald-Holz-Kreislauf

Theoretisch ist ein geschlossener Wald-Holz-Kreislauf möglich (s. Abb.). Praktisch wird dem Kreislauf Holz entzogen, z.B. wenn es mit Kunststoff beschichtet oder mit giftigen Holzschutzmitteln getränkt wird. Dieses Holz wird zum Teil als Müll (nicht thermisch) entsorgt.

Der Wald-Holz-Kreislauf

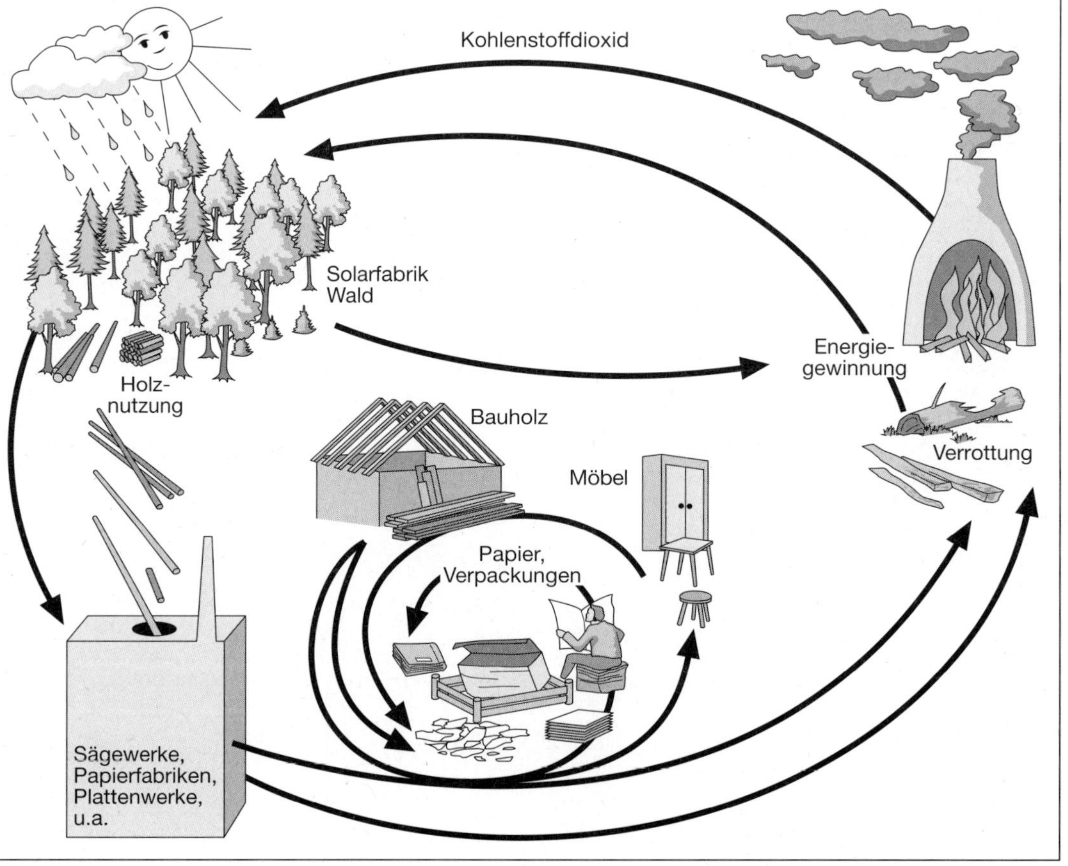

Der Stoffkreislauf im Wald

1. Ein Schüler hat über ein Jahr hinweg die Zersetzung eines starken Astes, der durch Windbruch von einer Hainbuche gefallen ist, beobachtet. Seine Notizen gerieten leider durcheinander. Lies die Zettel aufmerksam durch und ordne sie sinnvoll.

1) Der Stamm liegt zwischen Moospflanzen, die beginnen, ihn zu überwuchern. Im Schutz der Moose dringen vorwiegend Tiere und Pilze an der Bruchstelle und seitlich in die Borke und Rinde ein.

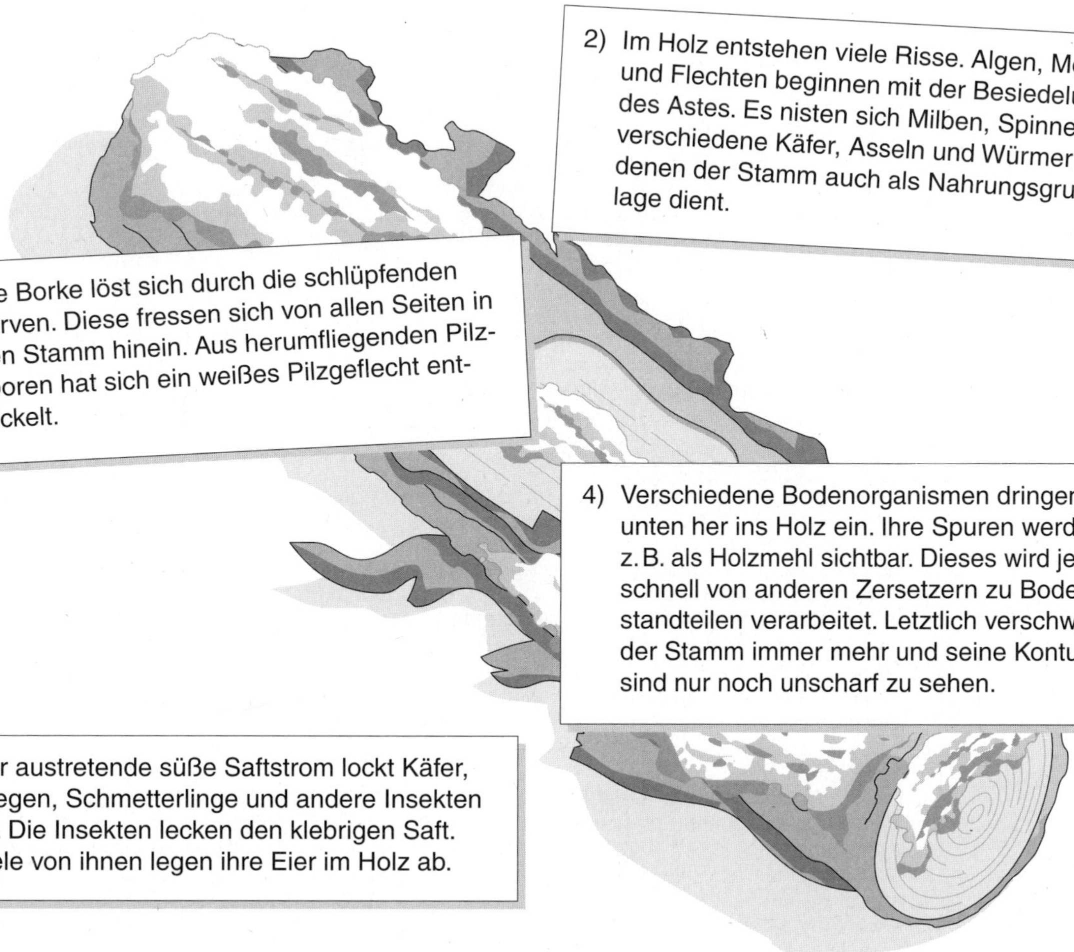

2) Im Holz entstehen viele Risse. Algen, Moose und Flechten beginnen mit der Besiedelung des Astes. Es nisten sich Milben, Spinnen, verschiedene Käfer, Asseln und Würmer ein, denen der Stamm auch als Nahrungsgrundlage dient.

3) Die Borke löst sich durch die schlüpfenden Larven. Diese fressen sich von allen Seiten in den Stamm hinein. Aus herumfliegenden Pilzsporen hat sich ein weißes Pilzgeflecht entwickelt.

4) Verschiedene Bodenorganismen dringen von unten her ins Holz ein. Ihre Spuren werden z. B. als Holzmehl sichtbar. Dieses wird jedoch schnell von anderen Zersetzern zu Bodenbestandteilen verarbeitet. Letztlich verschwindet der Stamm immer mehr und seine Konturen sind nur noch unscharf zu sehen.

5) Der austretende süße Saftstrom lockt Käfer, Fliegen, Schmetterlinge und andere Insekten an. Die Insekten lecken den klebrigen Saft. Viele von ihnen legen ihre Eier im Holz ab.

Die richtige Reihenfolge lautet: ______________________________

2. Im Kreislauf der Stoffe im Wald kommen auch Kohlenstoffdioxid und Sauerstoff vor. Vervollständige die Abbildung und nenne die Vorgänge.

____

____

____

____

____

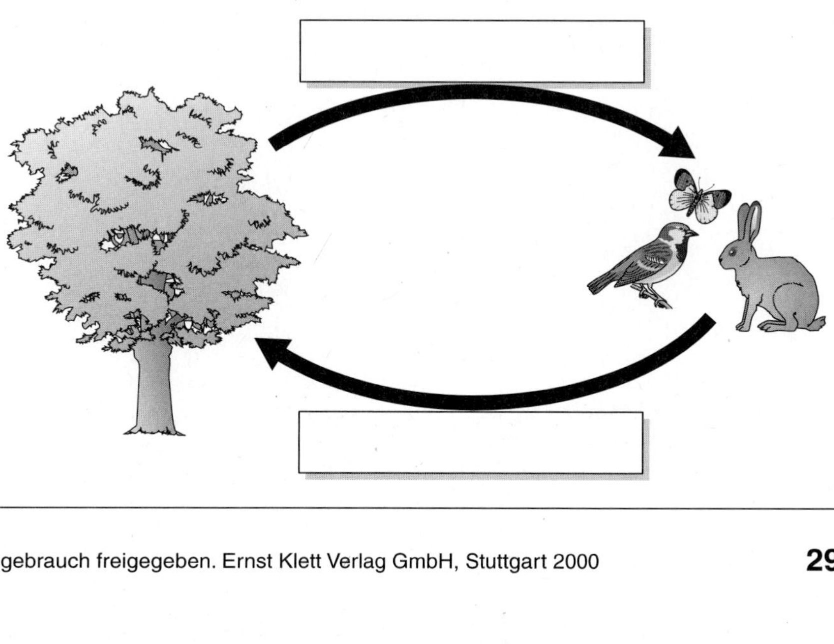

Warum ist der Wald so wichtig?

Natura 5/6, Seite 258/259

Schülerbuch Seite 259

① Welche Dinge des täglichen Bedarfs sind aus Holz gefertigt? Liste Gegenstände aus Holz auf, die du bei dir zuhause und in der Schule findest.
– *Für die Küche z.B. Holzlöffel, Holzschalen, Brettchen, Küchenunterlagen, Brotkästen, Besenstiele, Küchenmöbel.*

② Wozu werden die in der Randspalte (s. Seite 258) abgebildeten Holzprodukte verwendet?
– *Rundhölzer zum Abstützen in der Bauindustrie; Balken für Dachkonstruktionen im Hausbau; Bretter für Möbel; Profilleisten, um Fugen an Holzdecken zu verdecken; Pressspanplatten für Möbel; Furnier, um es auf Spanplatten zu kleben, um den Eindruck von vollem Holz zu erzeugen; Sperrholz als Rückwand von Schränken; Holzwolle zu Verpackungszwecken; Papier, um Hefte oder Bücher herzustellen.*

③ Wieso verwendet man heute zur Möbelherstellung häufig furnierte Spanplatten statt massivem Holz?
– *Zur Spanplattenherstellung kann Holz schlechter Qualität und geringer Größe verwendet werden, das z.B. beim Ausdünnen von Wäldern anfällt. Sie lassen sich problemlos fertigen und verziehen sich nicht so schnell wie gewachsene Holzbretter.*

④ Welche Vorteile hat die Herstellung von Spanplatten?
– *s. Lösung zu Aufgabe 3.*

⑤ Warum wird in Deutschland weniger Holz zu Heizzwecken verwendet? In welchen Ländern ist das anders und warum?
– *In Deutschland haben sich Zentralheizungen wegen des höheren Komforts durchgesetzt. Diese werden meist mit Erdöl oder Erdgas betrieben. Holz wird bevorzugt in Kaminen oder funktionsgleichen Öfen verfeuert.*

⑥ Weshalb solltest du Umweltschutzpapier nutzen?
– *Bei der Herstellung wird Altpapier eingesetzt. Dies erspart Holz und Energie bei der Papiererzeugung.*

⑧ Nennt Maßnahmen, wie die Waldschäden verringert werden können.
– *Am wichtigsten ist die Verringerung der Luftverschmutzung durch geringere Emissionen aus Kraftfahrzeugen, Hausbrand, Kraftwerken und der Industrie. Außerdem: den Holzverbrauch verringern, langlebige Holzprodukte Wegwerfprodukten vorziehen, Papierverbrauch einschränken bzw. mehr Umweltschutzpapier nutzen.*

⑨ Schlagt eine Liste von Verhaltensregeln vor, die ein Besucher des Waldes einhalten sollte.
– *Er geht nur auf Fußwegen, fährt nicht mit Fahrzeugen in den Wald, raucht nicht und macht kein Feuer. Er macht keinen unnötigen Lärm, um die Tiere des Waldes nicht zu beunruhigen, hält den Wald sauber und nimmt den eigenen Müll mit nach Hause. Er füttert und streichelt die Tiere nicht (Ansteckungsgefahr bei Tollwut).*

Arbeitsblatt Seite 295

1. z.B. Lebensraum, Nahrungsquelle, Sauerstofflieferant und Wasserreservoir.
2. – Schwankungen im Wald insgesamt geringer.
   – Wald hält die Wärme über Nacht.
   – Wald heizt sich über Mittag nicht so auf.
   – Bei beiden Standorten Zunahme der Temperatur von früh bis Mittag und Abnahme der Temperatur zum Abend hin.

Traditionelle Waldnutzung

Harznutzung: Durch Anlegen von künstlichen Rindenwunden gibt der Baum Harz ab, der für Kollophonium oder die Herstellung von Lacken, Farben und Klebstoff genutzt werden kann.
Waldweide und Streunutzung: In siedlungsnahe Wälder wurden im Herbst Schweine, Ziegen, Rinder und Schafe getrieben, die dort besonders gern Eicheln, Bucheckern usw. fraßen. Auf Waldlichtungen kann man verschiedene Kulturen, wie z.B. Klee, anpflanzen. Einige Lichtungen werden auch zur Gewinnung von Heu genutzt.
Köhlerei: Köhler errichten einen Meiler aus Holzscheiten, in dem ein Feuer schwelt. Es entsteht Holzkohle, die wir heute hautpsächlich zum Grillen nutzen.
Imkerei: Durch die Waldimkerei werden Honigsorten, wie Tannen- oder Weidenhonig, gewonnen.

Eigenschaften von Holz

Ökologische Bedeutung des Waldes

1. Welche Bedeutung hat der Wald für andere Lebewesen als die Bäume?

2. In der nachfolgenden Tabelle ist die Veränderung von Klimadaten im Laufe des Tages an unterschiedlichen Standorten erfasst.

Uhrzeit	**Temperatur im Wald (°C)**	**Temperatur auf einer kurz gemähten Wiese (°C)**
8.00	16,6	10,7
10.00	17,1	15,5
12.00	20,6	22,8
14.00	21,0	23,9
16.00	20,2	21,6
18.00	18,3	17,7
20.00	17,8	13,4

a) Stelle die Werte für beide Standorte mit unterschiedlichen Farben (Wald: grün, Wiese: blau) in einem Säulendiagramm dar.

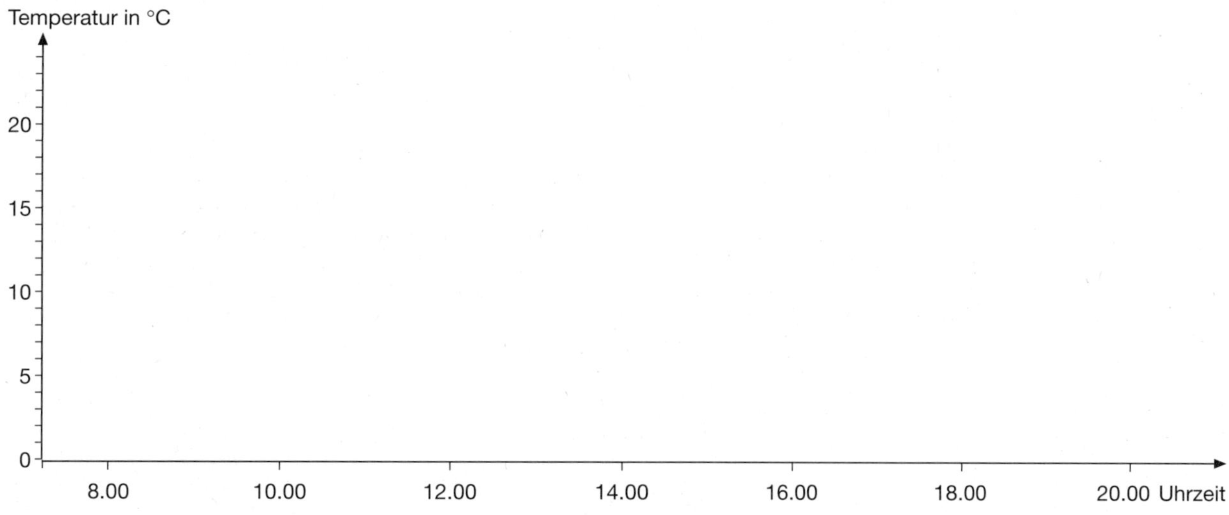

b) Erkläre die unterschiedliche Veränderung der Temperatur im Tagesverlauf für beide Standorte.

Wie Menschen die Natur verändern

Natura 5/6, Seite 260/261

Arbeitsblatt Seite 297

1. Z. B. Feuersalamander, Erdkröte, Ringelnatter, Rohrdommel, Weißstorch, Sumpfrohrsänger
2. Feuchtlufttiere können wegen der nötigen Hautatmung nur in Feuchtgebieten überleben. Sie sind auch bei der Fortpflanzung auf Wasser angewiesen.
3. In Auen besteht immer Überschwemmungsgefahr, z. B. schon bei einem Frühjahrshochwasser. Bauten müssen aufwändig geschützt werden oder die Feuchtgebiete müssen durch Trockenlegung zerstört werden.

Landschaftsentwicklung

Viele Gemeinden und Städte verfügen über Kartenmaterial (Gemeinde-/Stadtverwaltung), aus dem die Veränderungen der Nutzung hervorgehen. Der Vergleich erlaubt eine Besprechung des Themas mit Bezug zu lokalen Gegebenheiten.

Einteilung vom Bäumen

Die vielen in Deuschland vorkommenden Baumarten lassen sich nach unterschiedlichen Kriterien ordnen:
- Die Unterscheidung von Nadel- und Laubbäumen ist eine für Schüler leicht nachvollziehbare Einteilung.
- Diese könnnen nach ihrer Herkunft weiter unterteilt werden. Einheimische Nadelbäume (gemeine Fichte, europäische Lärche, Grautanne, gemeine Kiefer); Nadelbäume aus anderen Regionen (z. B. Hemlocktanne, Blaufichte, Douglasie, Mammutbaum); einheimische Laubbäume (z. B. Traubeneiche, Rotbuche, Winterlinde, Hängebirke); Laubbäume aus anderen Regionen (z. B. Götterbaum, Platane, Rosskastanie, Trompetenbaum)
- Auch andere Kriterien, wie Obstbäume oder Ziergehölze, können angesprochen werden.

Diese Einteilungen bzw. Bestandsaufnahmen können Anlass sein, Eingriffe des Menschen in die Zusammensetzung der Pflanzenwelt zu diskutieren.

Baumartenverteilung / Besitzverhältnisse

Nach der letzten Eiszeit entwickelten sich in Mitteleuropa Birken-Kiefern-Wälder. Durch die sich weiter verändernden klimatischen Verhältnisse entstanden daraus Eichen-Mischwälder. Der natürliche mitteleuropäische Wald ist heute ein Buchen-Mischwald. Noch um 1300 war mehr als die Hälfte der Fläche der heutigen Bundesrepublik Deutschland mit reinem Laubwald bedeckt. Ca. $^{1}/_{4}$ der Fläche war Wald mit über 50 % Nadelgehölzen. Der restliche Teil war nur etwas mit Nadelgehölzen durchsetzt. Um 1900 war schon etwa die Hälfte der Waldfläche reiner Nadelwald. Dieser Wald war angepflanzt und kein Ergebnis von klimatischen Veränderungen. Heute sind 30,5 % Laubwald und 69,5 % Nadelwald vorhanden.
Diese teilen sich auf folgende Baumarten auf:
- Buche: 17,6 %
- Eiche: 7,5 %
- Pappel: 2,0 %
- sonst. Laubholz: 3,4 %
- Fichte, Douglasie: 40,2 %
- Kiefer: 25,9 %
- Tanne: 2,2 %
- Lärche: 1,2 %

Etwa 30 % (10,4 Mio. ha) der Gesamtfläche der Bundesrepublik Deutschland sind heute mit Wald bedeckt. Fläche und Artenzusammensetzung der Wälder wird heute schwerwiegend von wirtschaftlichen Überlegungen bestimmt, trotz der Bemühungen um Umweltschutz und Lawinenschutz (s. Seite 298/299).

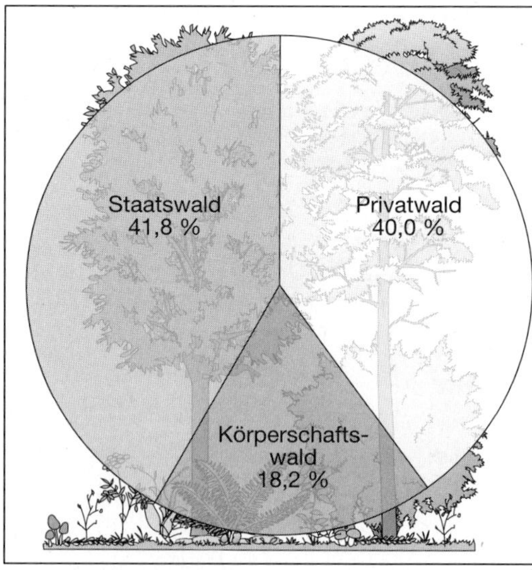

Besitzverhältnisse beim Wald in der Bundesrepublik Deutschland

Feuchtgebiete

Entlang der Flussläufe können sich nur Pflanzen entwickeln, die einige Zeit größere Überschwemmungen vertragen. Solche natürlichen Überschwemmungsgebiete nennt man *Auen*. In diesen Lebensräumen findet man Bäume, wie z. B. Weiden, Pappeln, Ulmen, eine Vielzahl von krautigen Pflanzen und Tieren, die teilweise nur in Feuchtgebieten leben können.

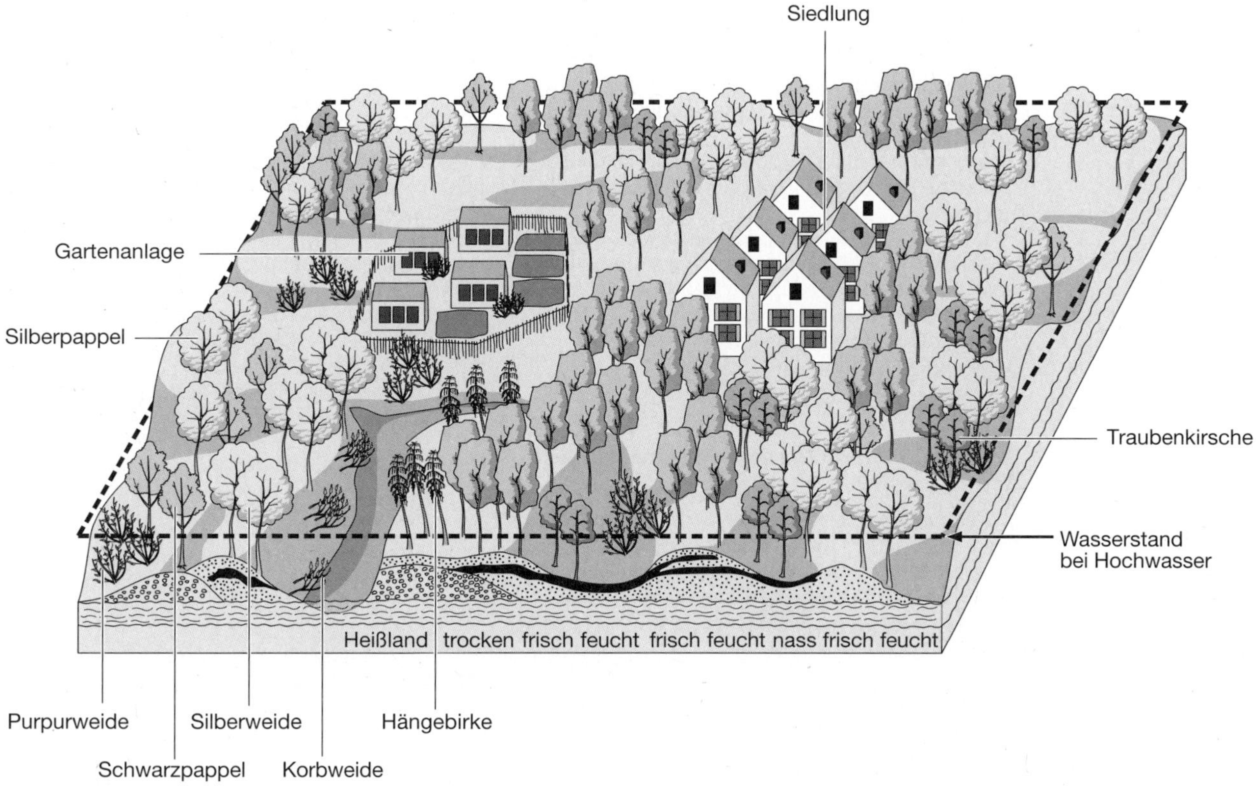

Aufgaben

1. Nenne typische Tiere der Feuchtgebiete.

____

____

2. Begründe, weshalb bei der Zerstörung der Feuchtgebiete die Erhaltung einiger Tierarten gefährdet ist.

____

____

3. Erkläre mithilfe der nebenstehenden Abbildung, warum die Bebauung von Auen wenig sinnvoll ist.

____

____

____

____

____

Einst bedroht – heute schon gerettet? Lexikon: Bedrohte Tiere

Natura 5/6, Seite 262/263

Arbeitsblatt Seite 299

1. Durch das massive Abholzen von ganzen Hängen kann die Wind- und Wassererosion ungehindert wirken. Bei Regenfällen entstehen Schlammlawinen und durch den Wind werden Steinschläge sowie das Abrutschen ganzer Berghänge bewirkt. Im Winter ist die Lawinengefahr auf einem kahlen Berghang um ein Vielfaches höher als in Waldregionen. Alljährlich müssen aus diesen Gründen viele Menschen sterben.
2. Gerade in der Ruhezeit des Rehwildes sind die Skifahrer aktiv. Störungen sind besonders beim Verlassen der Pisten unvermeidlich. Ähnliches gilt für das balzende Auerwild. (Diese Tiere werden durch Störungen besonders beeinträchtigt.)

Die Begründung eines Waldbestandes

Der Waldbestand kann durch künstliche oder natürliche Verjüngung nach seiner Nutzung wieder aufgebaut werden. Die langen Fristen zwischen Aufforstung und Nutzung bedingen eine umso sorgfältigere Planung des Vorhabens.

Soll ein Bestand begründet werden, müssen die Standortverhältnisse genauestens geklärt und ggf. Maßnahmen, wie Entwässerung, besondere Düngungen, vollständiger Bodenumbruch o.ä, veranlasst werden. Vor dem Säen oder Pflanzen wird der Boden bearbeitet. Dies ist bei stark verunkrauteten Schlägen besonders wichtig, um den Keimlingen bzw. Setzlingen eine bessere Ausgangsposition zu verschaffen. Setzlinge kann man aus der Baumschule beziehen. Die 1 bis 5 Jahre alten Pflanzen sind dort meist schon mehrfach verpflanzt (verschult) worden. Das Saatgut zur direkten Aussaat bzw. für die Baumschule stammt aus Waldbeständen mit hoher Qualität. Die Zapfen, Früchte oder Samen werden gepflückt (z.B. Nadelbäume, Birken), abgestreift (z.B. Ahornarten, Hainbuche) oder vom Boden aufgesammelt (z.B. Rotbuche, Eiche). Die natürliche Verjüngung nutzt den alljährlichen Samenausfall der Bäume aus. Die Samen keimen überall dort, wo sie günstige Bedingungen finden.

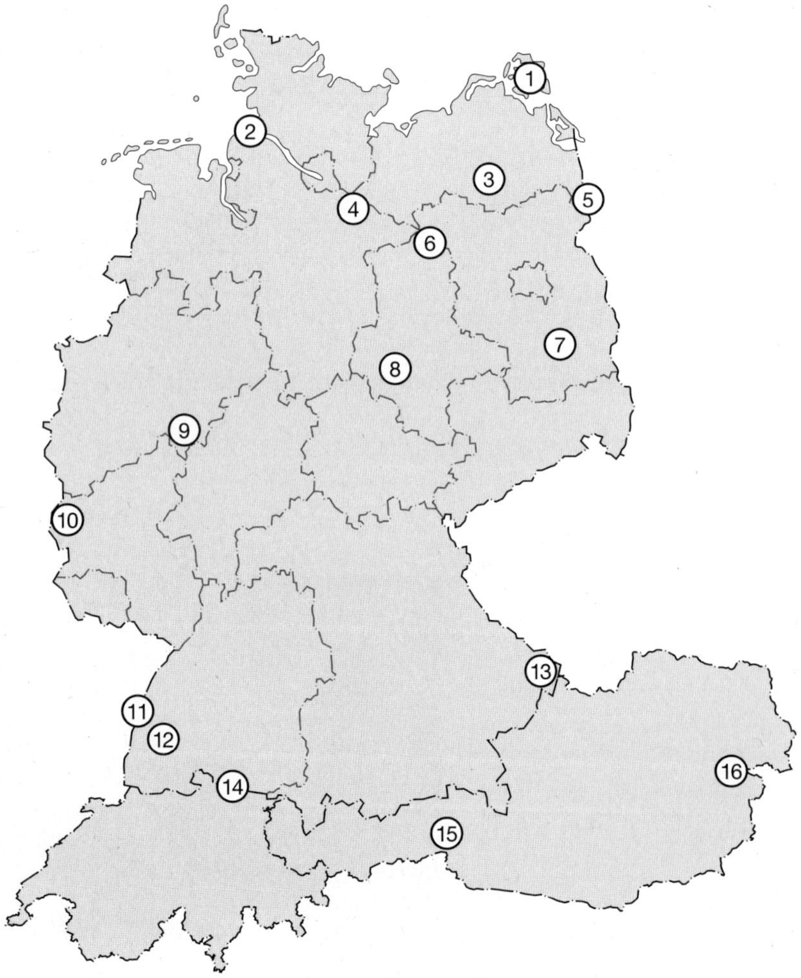

1. Rügen, Nationalparks
2. Wattenmeer, Nationalparks
3. Mecklenburgische Seenplatte
4. Lüneburger Heide
5. Schorfheide, Naturregion
6. Wendland, Naturregion
7. Spreewald, Naturregion
8. Hochharz, Nationalpark
9. Sauerland, Naturregion
10. Hohes Venn, Naturregion
11. Rhein-Aue, Naturregion
12. Schwarzwald, Naturregion
13. Bayerischer Wald, Nationalpark
14. Bodensee, Naturregion
15. Alpen, Nationalparks
16. Neusiedler See, Nationalpark

Der Bergwald

Beulsberger Nachrichten

„Eine Lawine hat gestern 55 Menschen in Beulsberg verschüttet, von denen viele nur noch tot geborgen werden konnten. ... Es war ein Glück, dass mehrere Ärzte unter den Urlaubern waren, die sofort mit der Versorgung von Verletzten begannen.

... Teile Ischgls wurden gestern evakuiert und abgesperrt. Zu groß ist dort die Gefahr, dass sich ähnlich Schreckliches wie im Nachbarort zutragen könnte."

Petras Erlebnisbericht

„Jedes Jahr freue ich mich, wenn beim Skifahren in den Bergen neue Skilifte und -pisten dazugekommen sind. Nur immer die gleichen Abfahrten zu nutzen ist nicht besonders toll. Noch interessanter ist es, etwas abseits von den vorgeschriebenen Wegen zu fahren. Urplötzlich sieht man dabei, wie Wildtiere unter einem Busch hervorkommen und versuchen, die letzten Reste des noch nicht abgeholzten Bergwaldes zu erreichen. In den letzten zwei Jahren habe ich aber vergeblich nach Tieren Ausschau gehalten, jedoch einige Spuren gesehen."

Aufgaben

1. Stelle einen Zusammenhang zwischen den zwei Berichten her.

2. Werte Petras Bericht im Zusammenhang mit den nachfolgenden Abbildungen.

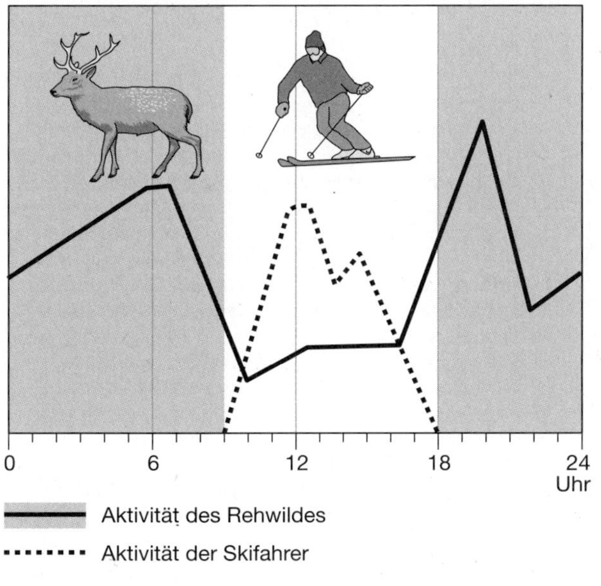

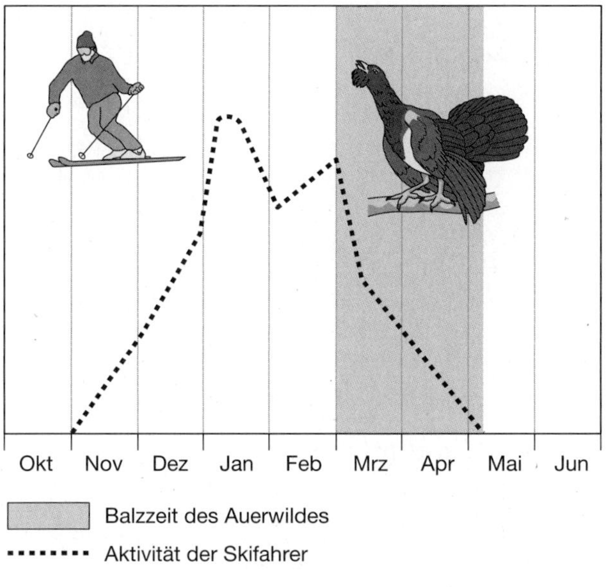

Projekt: Schulgelände wahrnehmen und gestalten

Die Skizze

Die Schüler fertigen eine Skizze des Schulgeländes an. Als Orientierungsrahmen dient eine Auszugsvergrößerung aus einem Stadtplan mit Schulgelände und angrenzenden Straßen. Die Skizze soll enthalten: die Gebäudekörper, das Wegenetz innerhalb der Schule, angrenzende Straßen, Rasenflächen, versiegelte Flächen, Biotope, Baumbestand, Sträucher und Hecken. Die Skizzen werden mit Grundrisszeichnungen der Schule, die der Schulleitung vorliegen, verglichen. Die Himmelsrichtungen werden in die Schülerskizzen eingetragen, nötigenfalls Korrekturen vorgenommen.

Die Schüler stellen auf Beobachtungsgängen fest, wie die verschiedenen Flächen in den Pausen genutzt werden: Wo wird gespielt (Trittindikator Breitwegerich, s. Kasten), gibt es Ruhezonen und laden sie zum Verweilen ein? Wo halten sich ältere und wo jüngere Schüler auf? Gibt es besonders laute und leise Ecken? Wo sammelt sich bevorzugt Müll an? Gibt es besonders schöne, besonders hässliche Gegenden und wodurch unterscheiden sich diese?

Bei der Protokollierung des Schulgeländes können räumliche Gegebenheiten (Geländemorphologie, Kletterbäume, Gebüsche zum Verstecken, unpassierbare Hecken usw.) und zeitliche Wechsel eine Rolle spielen. Das betrifft tageszeitliche Phänomene, wie Sonnengang und Schattenwurf durch Bäume (Schattenlänge zu verschiedenen Tageszeitpunkten feststellen) und jahreszeitliche Veränderungen (z. B. Belaubung, Blühen und Fruchtreife von Bäumen).

Gestaltungsvorschläge

Die Schüler halten in Text und Bild fest, wie sie ihr Schulgelände gestalten würden, um sich noch wohler zu fühlen. Die Umgestaltungsvorschläge betreffen die Bewegungsräume (Grünflächen, stationäre Spielelemente), die Ruhezonen und die Ästhetik (Ökoinseln, Bepflanzung, Fassaden, Mauern usw.). Die Gestaltungsvorschläge werden gesammelt. Es wird eine Präsentationsmappe angefertigt, die den Ist-Zustand und den angestrebten Soll-Zustand des Schulgeländes wiedergibt. An diesem Punkt kann das Projekt enden.

Die Mappe kann aber auch der Schulkonferenz vorgelegt werden. In diesem Gremium wird entschieden, welche Vorschläge wünschenswert und umsetzbar sind.

Ein Teil der Vorschläge lässt sich schulintern realisieren (z. B. Weidengänge, Anschaffung von Spielgeräten für die aktive Pause, Aufsichten), andere (stationäre Spielgeräte, Erdbewegungen, Fassadenbegrünung) bedürfen der externen Unterstützung.

Aktive Pause. Anregungen für bewegte Pausen. Handreichung Behörde für Schule, Jugend und Berufsbildung, Freie Hansestadt Hamburg, 1987. Bezugsadresse: Amt für Schule – Referat Sport. Humboldtstr. 30, 22083 Hamburg.

BAUMANN, R.: *Begrünte Architektur. Callwey-Verlag 1985*

STICHMANN, W.: *Biotope aus zweiter Hand. Themenheft, Unterricht Biologie, Heft 135, 1988*

Durchführung und Finanzierung von Schulhofumgestaltungen

Eigenleistungen: Präsentationsmappe, Einsatz der Arbeitskraft von Eltern, Schülern und Lehrern. Sind bereits Eigenleistungen erbracht, sind die Erfolgschancen auf den nachgeordneten Ebenen größer.

Eigenmittel: Geld wird auf Veranstaltungen, wie Bazaren, Flohmärkten und Schulfesten, eingenommen. Im Rahmen der Schulautonomie, die in einigen Bundesländern weit fortgeschritten ist, haben Schulen die Möglichkeit, Gelder des Etats umzuwidmen. Firmen im Stadtteil werden zu Spenden aufgefordert (der Schulverein stellt Spendenquittungen aus).

Mittel der Kommune: Als Schulträger ist die Kommune für die Außenanlagen verantwortlich. Auf Seiten der Verwaltung ist das Gartenbauamt oder das Hoch- bzw. Tiefbauamt zuständig. Stehen ohnehin Erdbewegungen auf dem Schulgelände an, ist die Gelegenheit, Gestaltungsvorschläge einzubringen, günstig. Politisch sind die Stadtparlamente oder Bezirksgemeinderäte und Parteien zuständig.

Stiftungsmittel: Es gibt zahlreiche lokal und regional tätige Stiftungen, die auch Schulhofumgestaltungen unterstützen.

Adressbuch Umweltschutz, 4. Aufl.: Hrsg. Deutsche Umweltstiftung, BAV-Verlag, Wiesbaden 1996

EDINGER-ACHENBACH, S. (1993): *Der Schulhof – ein Spielraum für Kinder. In: Motorik, Schorndorf, Heft 1, 13–20.*

Bäume

Laubbäume des Schulgeländes können gut mithilfe gesammelter und gepresster Blätter bestimmt werden. Nötigenfalls können diese Blätter auch Experten zur Bestimmung vorgelegt werden oder mit Bäumen eines Baumlehrpfades verglichen werden. Die Höhe von Bäumen kann leicht abgeschätzt werden: Es wird eine Markierung (z. B. Baustellenabsperrband) 2 Meter über dem Boden am Baumstamm angebracht. In ausreichender Entfernung wird der Baum mit einem Lineal „angepeilt". Die Skala des Lineals wird mithilfe der Teilstrecke von 2 Metern geeicht. Da nun bekannt ist, wie viele Zentimeter auf der Skala des Lineals 2 Metern Stammhöhe entsprechen, kann die Gesamthöhe des Baumes leicht errechnet werden.

AICHELE, R.; SCHWELGER, A.: *Welcher Baum ist das? Franckh-Kosmos, Stuttgart 1985*

Von anderen lernen

Besuchen Sie eine Modell-Schule, die bereits eine Umgestaltung des Schulgeländes vorgenommen hat. Adressen sind über die Schulbehörden erhältlich. Beratung zum Thema Gestaltung des Schulgeländes bieten oft auch Schulbiologie- und Umweltzentren an.

Extremstandorte und Überlebens-künstler auf dem Schulgelände

Kletterer: Efeu

Winder: Blauregen, Geißblatt, Zaunwinde, Windenknöterich

Ranker: Wilder Wein, Waldrebe, Wicke, Weinrebe

Trittpflanzen: Breitwegerich, Löwenzahn, Vogelknöterich, Hirtentäschelkraut, Strahlenlose Kamille, Liegendes Mastkraut, einjähriges Rispengras

Mauerpflanzen: Scharfer Mauerpfeffer, Rispengras, Echte Hauswurz

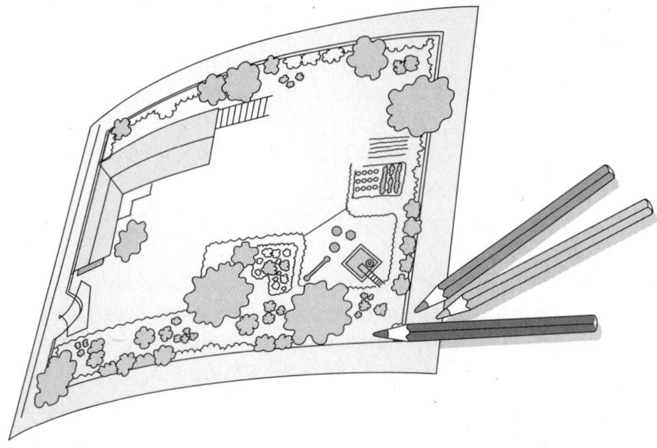

Der Breitwegerich – ein Trittanzeiger

Der Breitwegerich *(Plantago major)* ist eine mehrjährige Pflanze, deren Blätter grundständige Rosetten bilden. Die Pflanze kommt auf Schuttplätzen und Wegen insbesondere dort vor, wo aufgrund von hoher Tritthäufigkeit und Bodenverdichtung kein Gras mehr wachsen kann. Gummiartige derbe Blattstiele und Blätter ermöglichen der Pflanze ein Überdauern auf stark strapazierten Flächen (z. B. Eckfahne und Tor eines Bolzplatzes, Garageneinfahrten, Gehsteige). Auch auf dem Schulgelände sind stark betretene Flächen durch das Vorkommen des Breitwegerichs markiert.

Untersuchung eines Breitwegerichs

Beim Ausreißen der Blätter und Blattstiele wird die Zähigkeit der Pflanze festgestellt.
Der Breitwegerich bildet eine Ähre als Blütenstand aus. Die zahlreichen kleinen Samen werden bei Feuchtigkeit klebrig, bleiben an Tierhufen oder Schuhen hängen und werden so verbreitet. Da der Breitwegerich von Europa auf diese Weise nach Amerika gelangte und sich entlang der Wirtschaftswege ausbreitete, nannten ihn die Indianer auch „Fußstapfen des Weißen Mannes". Das Klebrigwerden kann unter dem Mikroskop beobachtet werden.
Schneidet man mit einem scharfen Messer die Pflanze dicht über dem Boden ab, so kann man an den Jahresringen ihr Alter ablesen.

Bestimmungsschlüssel Pflanzen in Pflasterritzen, Beihefter. In: Unterricht Biologie, Themenheft Stadtökologie, H. 143.
POPPENDIECK, H.: Breitwegerich als Bioindikator. In: Unterricht Biologie, Heft 131, S. 50, 1987

Adressen

Fassadenbegrünung, Kletterhilfen, Dachbegrünung, Wildpflanzen: Zentralverband Gartenbau, Godesberger-Allee 142–148, 53175 Bonn.
Nisthilfen für Vögel: Schwelger Vogel- & Naturschutzprodukte GmbH, Heinkelstraße 35. 73614 Schorndorf
Bund für Umwelt und Naturschutz Deutschland (BUND) Im Rheingarten 7, 53225 Bonn
Pro Natur Gesellschaft zur Förderung des Naturschutzes m.b.H., Geleitsstr. 14, 60599 Frankfurt

Untersuchung der Trittgesellschaft auf dem Schulgelände:

Auf einer stark betretenen Fläche (Bolzplatz, Wege) wird eine Fläche von 1 m^2 abgesteckt.
Man stellt die Zahl der verschiedenen Pflanzenarten fest (Belegexemplare können herbarisiert werden).
Dann wird die Häufigkeit der einzelnen Pflanzenarten bestimmt.

Dann lassen sich die Lebensbedingungen der Trittpflanzen abschätzen: Feuchtigkeit, Temperatur, Sonneneinstrahlung, Bodenbeschaffenheit. Eine Fläche, die etwa im Schattenbereich eines Baumes liegt, kann zum Vergleich herangezogen werden.

GEBHARD, K.; GEBHARD, R.: Pflanzen in Pflasterritzen. In: Unterricht Biologie, Themenheft Stadtökologie, Heft 143, S. 16–19, 1989

Aktion Tierwohnung

Bei der Planung können auch die Bedürfnisse unterschiedlicher Tierarten berücksichtigt werde. Schüler können Nisthilfen für Vögel, Fledermäuse und Wirbellose (z. B. Holzscheite mit Bohrlöchen für Goldwespen) bauen und anbringen. Dabei lernen sie gleichzeitig Wissenswertes über die Lebensweise der Tiere und ggf. über ihre Gefährdung. Nach der Besiedlung entstehen so auch schulnahe Beobachtungsmöglichkeiten für den Unterricht.

LUDWIG, H. W.; BECKER, N.: Tiere im Gartenteich; BLV Verlag, München 1991
REICHHOLF, J. H.: Wir tun was für kleine Säugetiere. G. Steinbach (Hrsg.) Aktion Ameise; Franckh-Kosmos, Stuttgart 1991
SCHREIBER, R. L.: Tiere auf Wohnungssuche: Ratgeber für mehr Natur am Haus; Dt. Landwirtschaftsverlag, Berlin 1993
STEINBACH, G. (Hrsg.): Wir tun was für unsere Singvögel. Franckh-Kosmos, Stuttgart

Anmerkungen zum Register

Das folgende Register entspricht der Verschlagwortung auf der CD-ROM zum Lehrerband. Es weist einige Besonderheiten auf:

- Seiten mit Lösungen und Informationen zu einem Thema und die dazu gehörenden Arbeitsblätter werden als eine Einheit aufgefasst. Die im Register aufgeführten Seitenzahlen geben immer die Seite für die Lehrkraft an, auch dann, wenn der entsprechende Inhalt sich u.U. auf einem Arbeitsblatt befindet.
- Bei Themen, die häufig vergleichend betrachtet werden, sind die Schlagworte so formuliert, dass man die Angebote zu diesem Thema auf einen Blick erkennen kann. Beispiel: Statt „Fleischfressergebiss" wurde der Begriff „Gebiss – Fleischfresser" gewählt. So ist im Register einfach zu erkennen, welche anderen Gebisstypen ebenfalls behandelt sind.
- Einige Schlagworte beziehen sich in erster Linie auf die Art des Materials und nicht nur auf den Inhalt. Beispiele: Bestimmungsübungen werden für unterschiedliche Tier- und Pflanzengruppen angeboten. Sie sind so auf einen Blick erkennbar. Auch die in diesem Buch enthaltenen Spiele und Projektvorschläge sind so leicht zu finden.
- Einige Materialien eignen sich auch zum Einsatz in den folgenden Klassen, möglicherweise mit anderer Schwerpunktsetzung bei der Auswertung. Deshalb sind entsprechende Schlagworte aufgenommen. Beispiele: ökologische Nische, Koevolution und Konvergenz.

Register

Bildnachweis

S. 9 Württembergische Landesbibliothek, Stuttgart – S. 53 Superbild (Eric Bach), Grünwald – S. 97 Okapia (Hans Reinhard), Frankfurt – S. 218 Okapia (Frieder Sauer) – S. 236 Klett-Archiv, Stuttgart – S. 269 Bildarchiv preussischer Kulturbesitz, Berlin – S. 281 Wilhelm Barthlott, Bonn – S. 297 dpa (Fotoreport), Frankfurt